ADHEMAR FERREIRA MACIEL
(1928 – 2014)

"Ao idealizar o juiz, no início de minha carreira, imaginei-o honesto e independente, humano e compreensivo, sereno e dinâmico, firme e corajoso, culto e inteligente, justo sobretudo. Adhemar Ferreira Maciel foi um dos juízes com esse perfil."

Sálvio de Figueiredo Teixeira
in: Dimensões do Direito Público, Del Rey, 2000.

ADHEMAR FERREIRA MACIEL
Ministro aposentado do Superior Tribunal de Justiça.
Ex-professor da Faculdade de Direito Milton Campos.
Ex-professor da Universidade de Brasília.
Ex-presidente da Academia Mineira de Letras Jurídicas.
Membro da Academia Mineira de Direito Militar.
Membro do Instituto Histórico e Geográfico de Minas Gerais.
Membro (cofundador) do Instituto de Direito Constitucional do Brasil.
Consultor Jurídico.

O *BILL OF RIGHTS* AMERICANO: REFLEXOS NO DIREITO CONSTITUCIONAL BRASILEIRO

Del Rey Editora

Belo Horizonte
2016

Impresso no Brasil | *Printed in Brazil*

EDITORA DEL REY LTDA.
www.livrariadelrey.com.br

Editor: Arnaldo Oliveira

Editor Adjunto: Ricardo A. Malheiros Fiuza

Editora Assistente: Waneska Diniz

Coordenação Editorial: Wendell Campos Borges

Diagramação: Lucila Pangracio Azevedo

Revisão: RESPONSABILIDADE DO AUTOR

Capa: Wendell Campos Borges

Ilustração capa: JAMES MADISON.
John Vanderlyn (1816). Óleo sobre tela, 66,04x56,36 cm. Washington, DC - USA, White House, Blue Room.

Editora / MG
Rua dos Goitacazes, 71 – Sala 709-C – Centro
Belo Horizonte – MG – CEP 30190-050
Tel: (31) 3284-5845
editora@delreyonline.com.br

Maciel, Adhemar Ferreira
M152b O bill of rights americano: reflexos no direito constitucional brasileiro. / Adhemar Ferreira Maciel. Belo Horizonte: Del Rey, 2016.

592 p.

ISBN: 978-85-384-0377-7

1. Direitos humanos. 2. Direitos e garantias individuais. 3. Brasil. [Constituição (1988)]. 4. Declaração de direitos (Bill of Rights). 5. Declaração de Direitos Americana. I. Título.

CDU: 342

Nilcéia Lage de Medeiros
Bibliotecária
CRB6: 1545

Dedico esta obra aos netos

Laura
Pedro
Marcos
Luca
Thomas
Marie
Theo
Franziska
Hannah e
Lisa

À minha esposa, *Maria Ângela*, companheira há 55 anos,
e aos nossos filhos

Paulo e Ângela
Flávio e Karen
Sérgio e Kerstin
Rosângela e Jérôme
Rivane e Jochen

IN MEMORIAM de três grandes amigos e colegas, a quem muito devo:

José Pereira de Paiva (1913-2011), ministro aposentado do antigo Tribunal Federal de Recursos;

Milton Luiz Pereira (1931-2012), ministro aposentado do Superior Tribunal de Justiça e

Maurício José Corrêa (1934-2012), ministro aposentado do Supremo Tribunal Federal.

AGRADECIMENTOS:

Ao ministro *Paulo Laitano Távora*, do antigo Tribunal Federal de Recursos, pela sugestão do título do livro.

Ao professor *Luiz Pereira dos Santos*, pela revisão do português.

Mordacidade à parte, é irrecusável a evolução das legislações anglo-saxônicas. Tanto que quando queremos pesquisar temas constitucionais, muitas vezes nos valemos dos votos de juízes da América do Norte, altamente categorizados, como é o caso de Marshall, até hoje invocado, em qualquer parte do mundo, para a solução de litígios por ele resolvidos.

(Caio Mário da Silva Pereira. *Algumas lembranças.* Rio de Janeiro: Editora Forense, 2001, p. 177).

SUMÁRIO

PREFÁCIO

O ministro Adhemar Ferreira Maciel, falecido no ano passado, deixou-nos um belo livro, *O BILL OF RIGHTS AMERICANO: REFLEXOS NO DIREITO CONSTITUCIONAL BRASILEIRO,* obra escrita com cientificidade e, sobretudo, com amor. É que a Corte Suprema e o Direito Constitucional norte-americano sempre estiveram presentes na vida do juiz e professor Adhemar Maciel.

Intelectual primoroso, magistrado garantista, que bem compreendia que a balança da justiça tem dois pratos, que num deles estão os sagrados direitos individuais e que, no outro, os não menos sagrados direitos da sociedade – o bom magistrado há de realizar o equilíbrio entre essas duas realidades – Adhemar foi um grande juiz, foi o juiz.

Quando fiz a apresentação do livro escrito em sua homenagem por um pugilo de juristas, sob a coordenação do saudoso ministro Sálvio de Figueiredo Teixeira – *Estudos em Homenagem ao Ministro Adhemar Ferreira Maciel* – anotei que, depois de aposentado, Adhemar Maciel passou a dedicar-se ao magistério, ao estudo e à pesquisa do Direito Constitucional e da Suprema Corte americana, dos quais era especialista. Jurista de escol, cidadão e chefe de família exemplar, Adhemar era um ser humano que cativava e enobrecia a todos os que dele se tornavam próximos.

Nosso conhecimento, registrei, datava de muitos anos, e a minha amizade por ele veio através de meu pai, o juiz Achilles Velloso, com quem Adhemar trabalhara, na Justiça Eleitoral mineira. Recordei, então, que o meu pai, rigoroso nos conceitos, costumava dizer que Adhemar Maciel, pelo seu caráter, é um homem invulgar, daqueles que é preciso cultuar e enaltecer, porque homens desse tipo vão se tornando raros.

Pois esse homem de personalidade invulgar nos deixou. Deixou-nos, porém, fisicamente. Seus livros e seus artigos de doutrina, suas sentenças e seus acórdãos consagram a sua imortalidade. Este livro notável -- *O Bill of Rights Americano*: *Reflexos no Direito Constitucional Brasileiro* -- é obra de direito comparado e será de leitura obrigatória pelos juristas brasileiros.

Tem sido grande a influência, no direito brasileiro, das decisões da Suprema Corte americana, principalmente no que dizem respeito ao *Bill of Rights* da Constituição da Filadélfia. É que, assinala Adhemar Maciel, "*O Bilff of Rights* da Constituição norte-americana reúne os principais direitos, franquias e garantias que singularizam a Civilização Ocidental dentre outras, constituindo motivo de admiração para todas as constituições democráticas do mundo." O *Bill of Rights* é mesmo invejado pelos povos civilizados. E a fascinação dos americanos "*pela ideia dos direitos individuais, que é o signo zodiacal sob o qual o seu país nasceu,*"[1] inspira a Suprema Corte americana a fazer cada vez mais viva a Constituição de 1787.

Dizíamos que tem sido significativa – significativa e benfazeja – a influência, no direito brasileiro, do Direito Constitucional norte-americano. O instituto, por exemplo, do devido processo legal, processual e substantivo, hoje incorporado ao direito brasileiro, fomos buscar na jurisprudência da Suprema Corte americana. Em voto que proferi, quando, para honra minha, integrava a Corte Su-

---

1 Dworkin, Ronald, "*O direito da liberdade. A leitura moral da constituição norte-americana,*" tradução de Marcelo Brandão Cipolla, S. Paulo, Martins Fontes, 2006, p. 134, e Dworkin, Ronald, "*Uma questão de princípio,*" tradução de Luís Carlos Borges, S. Paulo, Martins Fontes, 2000, p. 37. *Ap.* Maciel, Adhemar Ferreira, "*O Bill of Rights Americano: Reflexos no Direito Constitucional Brasileiro.*"

prema brasileira,[2] referi-me à cláusula do *due process of law*, anotando que a Constituição de 1988 consagra o devido processo legal nos seus dois aspectos, substantivo e processual – artigo 5º, incisos LIV e LV. O *due process of law,* tão caro ao direito norte-americano, registrei no prefácio que elaborei para o livro de José Renato Nalini,[3] e que constitui garantia libertária, passou por três fases.

A primeira, marca o seu surgimento na *Magna Charta Libertatum*, de 1215, como garantia processual penal, como *law of the land* – julgamento por um tribunal formado entre seus pares e segundo as leis da terra – onde se desenham dois princípios, o do juiz natural e o da legalidade (fato definido como crime, pena previamente cominada).

Na 2ª fase, no Estatuto de Eduardo III, de 1354, *law of the land* foi substituída por *due process of law*, passando a ser garantia processual geral, constituindo, o processo regularmente ordenado, requisito de validade da atividade jurisdicional. Expressamente ficou consignado no Estatuto: "*nenhum homem, de qualquer estado ou condição que seja, será expulso de suas terras ou posses, nem detido, nem preso, nem indiciado nem levado à morte sem que seja chamado para responder (a uma acusação) sob o devido processo legal.*"

A 3ª fase de *due process of law* é a mais rica. Mediante a interpretação das Emendas V e XIV, pela Suprema Corte americana, *due process of law* adquire postura substantiva ao lado de seu caráter processual, passando a limitar o mérito das ações estatais, o que se tornou marcante a partir da Corte Warren, nos anos 1950/1960, em que se tornou realidade a defesa das minorias étnicas e econômicas.[4]

---

2 ADI 1.511-MC/DF, Rel. Min. Carlos Velloso, em www.stf.jus.br/jurisprudência.

3 Nalini, José Renato, "*O Juiz e o Acesso à Justiça,*" Editora R,T, 1994).

4 Rodrigues, Leda Boechat, "*A Corte Warren (1953-1969 – Revolução Constitucional),*" Civilização Brasileira, Rio, 1991.

Due process of law com conteúdo substantivo – *substantive due process* – constitui limite ao Legislativo, no sentido de que as leis devem ser elaboradas com justiça, devem ser dotadas de razoabilidade (*reasonableness*) e de racionalidade (*rationality*) e devem guardar, segundo Holmes, um real e substancial nexo com o objetivo que se quer atingir. Paralelamente, *due process of law*, com caráter processual – *procedural due process* – garante às pessoas um procedimento judicial justo, com direito de defesa.

Substantive due process viu-se incluído na Constituição brasileira de 1988, em razão do trabalho desenvolvido, no âmbito da Assembleia Constituinte, por Carlos Roberto de Siqueira Castro, constitucionalista eminente, conforme dá notícia José Afonso da Silva, no prefácio do livro de Siqueira Castro.[5]

Due process of law substantivo realiza-se, sobretudo, através dos princípios da razoabilidade e da proporcionalidade. Caio Tácito, em precioso artigo de doutrina, leciona que em sentido equivalente ao princípio da razoabilidade, "*o direito alemão adotou o princípio da proporcionalidade, ou o princípio da proibição de excesso, conferindo-lhe a natureza de norma constitucional não escrita, que permite ao intérprete aferir a compatibilidade entre meios e fins, de modo a evitar restrições desnecessárias ou abusivas contra os direitos fundamentais.*" Na Espanha, "*domina igual princípio, que se transmite ao direito comunitário.*"[6]

A ministra Carmen Lúcia também dissertou sobre o tema, distinguindo o princípio da proporcionalidade do princípio da razoabilidade, podendo aquele ser visualizado sob dois aspectos: pelo primeiro, enfocando-se "*a proporcionalidade dos valores protegidos pelos*

---

5 Castro, Carlos Roberto de Siqueira, "*O Devido Processo Legal e a Razoabilidade das Leis na Nova Constituição do Brasil*", Forense, 1989.

6 Barnes, Javier, "*Introducion al principio de proporcionalidad en el derecho comparado y comunitario*", "Revista de Administración Publica", 1994, ps. 495/535; Tácito, Caio, "*A Razoabilidade das Leis*", Revista de Direito Administrativo, 204/1.

princípios constitucionais," e, pelo segundo, examinando-se o "*aspecto da proporção entre o quanto contido no princípio e a sua aplicação, proibindo-se qualquer excesso na prática do princípio, donde ser ele também chamado de princípio da vedação de excessos*", segundo o magistério de Gomes Canotilho. Já o princípio da razoabilidade assenta-se em que "*cada norma tem uma razão de ser*", tem uma razão. "*Enquanto a proporcionalidade impede excessos, a razoabilidade faz com que se conheça o espírito dos princípios constitucionais a serem aplicados.*"[7]

Suzana de Toledo Barros examinou com profundidade o tema, inclusive na jurisprudência do Supremo Tribunal Federal, que, segundo a autora, "*vem, aos poucos, abrindo caminho para a recepção do princípio da proporcionalidade na latitude com que os Tribunais Constitucionais europeus, o T.E.D.H (Tribunal Europeu dos Direitos Humanos) e a Suprema Corte americana o admitem.*"[8] Certo é que a matéria vem sendo debatida, não é de agora, no Supremo Tribunal.

Suzana Barros informa que o primeiro acórdão do Supremo Tribunal Federal, a respeito do tema, foi tomado no RE 18.331, relatado pelo ministro Orozimbo Nonato, em que ficou assentado que "*o poder de taxar não pode chegar à desmedida do poder de destruir, uma vez que aquele somente pode ser exercido dentro dos limites que o tornem compatível com a liberdade de trabalho, comércio e da indústria e com o direito de propriedade.*" No RMS 16.912, foi debatida a questão do arbítrio do legislador. O ministro Victor Nunes deixou expresso, então, que "*havendo abuso evidente do Congresso, sempre é possível enquadrar esse abuso na infração de algum princípio constitucional*". No HC 45.232, relatado pelo ministro Themístocles Cavalcanti, o Supremo Tribunal, com

---

7 Rocha, Carmen Lúcia Antunes, "*Princípios Constitucionais da Administração Pública*", Del Rey Editora, Belo Horizonte, 1994, ps. 52/54.

8 Barros, Suzana de Toledo, "*O Princípio da Proporcionalidade e o Controle de Constitucionalidade das Leis Restritivas de Direitos Fundamentais*", Brasília, DF, Editora Brasília Jurídica, 1996, ps. 98 e segs.

base no princípio da proporcionalidade, declarou a inconstitucionalidade do artigo 48 do D.L. 314, de 1967 (Lei de Segurança Nacional). Na Rp 930-DF, o tema voltou ao debate, quando foi discutida a regulamentação do exercício da profissão de corretor de imóveis em face da reserva legal prevista no art. 153, § 23, da Constituição de 1967, ferindo-se o debate a respeito da liberdade do legislador para fixar as condições de capacidade para o exercício das profissões. O ministro Rodrigues Alckmin afirmou, então, a existência, na ordem jurídica brasileira, do princípio da razoabilidade, explicando-o com apoio em Fiorini. Na Rp 1.077, de 28.03.1984, o Supremo Tribunal reiterou a aplicabilidade do princípio da proporcionalidade. Na ementa do acórdão, lavrado pelo ministro Moreira Alves, registrou-se: "*se a taxa judiciária, por excessiva, criar obstáculo capaz de impossibilitar a muitos a obtenção de prestação jurisdicional, é ela inconstitucional, por ofensa ao disposto na parte inicial do § 4º do artigo 153 da Constituição.*" (Constituição de 1967). Também na Rp 1.054, de 04.04.1984, foi exercido o controle da razoabilidade ou da proporcionalidade da lei. No julgamento do MS 21.033-DF, por mim relatado, decidiu o Supremo Tribunal que o limite de idade fixado para advogado de ofício da Justiça Militar não é razoável. O acórdão invoca o precedente tomado no RMS 21.046-RJ, da relatoria do ministro Sepúlveda Pertence. Há outros casos semelhantes: RREE 156.404, 157.863, 175.548, 136.237, 146.934 e 156.971. Cuidando do princípio da razoabilidade ou invocando-o, é possível mencionar, ademais: ADI 223, ministro Sepúlveda Pertence, em que se fez o controle da razoabilidade das leis restritivas ao poder cautelar; ADI 855, ministro Sepúlveda Pertence, na qual ocorreu a suspensão dos efeitos de lei que previa a obrigatoriedade de pesagem de botijão de gás à vista do consumidor; ADI 1.040, ministro Néri da Silveira: arguição de inconstitucionalidade do art. 187 da Lei Complementar 75 (Estatuto do Ministério Público da União), que estabelece que poderão inscrever-se no concurso público bacharéis em direito há pelo menos dois anos; ADIs 966 e 958, ministro Marco Aurélio: arguição de inconstitucionalidade do art. 5º da Lei 8.713, de 1993, que estabeleceu normas para as eleições gerais de 1994; ADI 1.158, ministro Celso de Mello: arguição de inconstitucionalidade do art. 9º, § 2º, da Lei 1.897, de 1989, que estendia vantagem pecuniária de um terço da remuneração, a ser paga por ocasião das férias, aos servidores inativos do Amazonas; na ADI 1.105, ministro Paulo Brossard – arguição de inconstitucionalidade de dispositivo do Estatuto da OAB, que estabelece a sustentação oral após o voto do relator, art. 7º, inciso IX, da Lei 8.906, de 1994, a questão do princípio da razoabilidade voltou ao debate. Com base nesse princípio, deu-se a suspensão dos efeitos do citado dispositivo legal.

Decisões outras, com inspiração em decisões da Suprema Corte americana, poderiam ser mencionadas. Indico, por exemplo, a decisão tomada na questão do aborto do feto anencéfalo. Certo é que a influência, ou os reflexos do Direito Constitucional americano, é dizer, decisões da Suprema Corte, no direito brasileiro tem sido relevante. É bom que assim seja, porque as decisões daquela Corte têm como rumo os direitos fundamentais.

O livro do ministro Adhemar Maciel vem, portanto, em boa hora. Em dezesseis capítulos, rigorosamente concatenados, a obra traz ao leitor os mais importantes momentos do Direito Constitucional americano e como este tem servido de inspiração na construção da história do direito brasileiro.

No Capítulo I, Adhemar explica as razões por que os constituintes da Filadélfia "*não puseram, desde logo, um Bill of Rights na Constituição.*" E o livro a demonstra a influência da Constituição e do *Bill of Rights* na Constituição republicana de 1891, sob a batuta de Ruy Barbosa.

No Capítulo II, tem-se lição básica sobre o direito americano, com a exposição a respeito da razão pela qual o direito romano-germânico, que já se espalhara pela Europa no Século XII, não prevaleceu sobre o *common law*. Registre-se, como faz o autor, que a "*geração dos convencionais do Primeiro Congresso Continental, da Declaração da Independência, da votação da Constituição e da discussão do Bill of Rights, era de homens forjados na cultura clássica greco-romana. Homens que tinham consciência do que estavam fazendo. Souberam, assim, aproveitar as ideias de Locke (1632-1704) e Montesquieu (1689-1755), que priorizavam* a liberdade e a propriedade." E Adhemar Maciel acrescenta: "*Monumentos constitucionais escritos, como a Magna Carta Libertatum (1215), a Petition of Rights (1628), o Agreement of the People (1649) e o Bill of Rights (1688-1689) alicerçaram os novos Estados norte-americanos, refletindo nacionalmente na Declaração da Independência, na Constituição de 1787 e no Bill of Rights.*" Segue-se exposição sobre temas importantes do direito americano, enriquecidos com citações de casos julgados pela Suprema Corte.

O Capítulo III trata do que Adhemar considera, na linha de Dworkin,[9] o "*orgulho e enigma dos norte-americanos*", a *judicial review*. O livro, no Capitulo IV, dá as razões por que Hamilton, Madison e Washington, na Convenção de 1787, optaram por um governo nacional forte, em vez de simplesmente revisarem os Artigos da Confederação. No Capítulo V, o livro volta ao que denomina de "*conjecturas sobre a razão da ausência de um bill of rights ou de uma declaration of rights no texto da Constituição.*"

O Capítulo VI é dos mais interessantes, porque cuida da liberdade de ideias, a resistência contra a Igreja e contra o poder do Estado. Seguem-se casos notáveis, como, por exemplo, sobre a

---

[9] Dworkin, Ronald, "*Uma questão de princípio*", tradução de Luís Carlos Borges, S. Paulo, Martins Fontes, 2000, p. 1. *Ap.* Maciel, Adhemar Ferreira, "*O Bill of Rights Americano; Reflexos no Direito Constitucional Brasileiro.*"

liberdade de imprensa, a liberdade religiosa, a liberdade de pensamento, convindo mencionar que as "*cláusulas religiosas*" da Emenda 1 se dividem em duas: a que veda a instituição de religião oficial (*Establishment Clause*) e a que assegura o livre exercício religioso (*Free Exercise Clause*). Adhemar Maciel analisa, com propriedade, importantes decisões da Suprema Corte, não deixando de referir-se, também, a decisões de tribunais brasileiros na mesma linha. O episódio da reação do governador do Estado do Mississipi à decisão do Tribunal Federal que ordenara a matrícula de estudante negro na Universidade do Estado, originou reação do governo federal, tendo o presidente John Kennedy baixado decreto federalizando a Guarda Nacional do Estado, além de ter enviado tropas federais para efetivar o cumprimento da decisão judicial. O discurso do presidente John Kennedy, em cadeia nacional, revela o estadista. Disse Kennedy: "*Se este País chegar ao ponto em que qualquer grupo de homens, ou qualquer homem, pela força ou ameaça da força, puder desafiar as ordens de nossos tribunais e de nossa Constituição, então nenhuma lei estaria livre de dúvida, nenhum juiz teria certeza de que seus mandados seriam cumpridos, nenhum cidadão estaria protegido contra o seu vizinho.*"

No Capítulo VII o livro cuida da Emenda nº 2, sempre com indicação de decisões da Suprema Corte. Da mesma forma, quanto à Emenda nº 3, no Capitulo VIII. Seguem-se os exames das Emendas nº 4 (Capítulo IX), Emenda nº 5 (Capítulo X), Emenda nº 6 (Capítulo XI), Emenda nº 7 (Capítulo XII), Emenda nº 8 (Capítulo XIII), Emenda nº 9 (Capítulo XIV), Emenda nº 10 (Capítulo XV) e Emenda nº 14 (Capítulo XVI). Todos esses capítulos estão ilustrados por decisões da Suprema Corte, relacionadas, de regra, com questões havidas no direito brasileiro.

A bibliografia referida pelo ministro Adhemar Maciel é das mais ricas. Os acórdãos mencionados, sejam da Suprema Corte, sejam do Supremo Tribunal Federal, revelam alta compreensão científica dos temas versados. Enfim, *"O Bill of Rights Americano: Reflexos no Direito Brasileiro"* é das melhores coisas ocorridas no mundo jurídico brasileiro, que carecia de trabalho de fôlego sobre o tema. A obra póstuma que ora prefaciamos, com o selo da Editora Del Rey, é produto de demorada reflexão, embasada em ampla e rigorosa pesquisa doutrinária e jurisprudencial.

O livro é precioso e vai enriquecer bibliotecas. Será de consulta obrigatória pelo jurista e pelo professor, pelo advogado e pelo juiz, pelos demais operadores do direito e por todos os que se interessam pelo tema. Enfim, será de grande utilidade na academia e no foro.

É pena que o ministro Adhemar Ferreira Maciel, cuja memória reverenciamos, não esteja conosco para conosco festejar o sucesso de sua obra escrita com engenho e arte e, sobretudo, com amor. Virgílio, na Roma antiga, já lembrava, no seu verso -- *sic vos non vobis mellificatis, apes* -- que a abelha não faz o mel para si, mas para outrem.

Brasília, DF, na primavera de 2015

Carlos Mário da Silva Velloso[10]

---

[10] Ministro aposentado, ex-presidente do Supremo Tribunal Federal e do Tribunal Superior Eleitoral; professor emérito da Universidade de Brasília (UnB) e da PUC/Minas, em cujas Faculdades de Direito foi professor titular de Direito Constitucional e Teoria Geral do Direito Público; advogado.

EXPLICAÇÃO

Quando eu ainda era juiz do Superior Tribunal de Justiça (STJ), coisa de quinze anos atrás, o ministro *Evandro Gueiros Leite*, entusiasta do direito norte-americano, pediu-me para escrever um *artigo* enfocando as repercussões do *Bill of Rights* dos Estados Unidos no Direito Constitucional brasileiro. *Seria estudo inédito.* Ao conversar com o velho amigo professor *Ricardo Arnaldo Malheiros Fiuza*, ele foi mais longe: sugeriu um *livro*... Achei que a tarefa, por sua complexidade, dificilmente poderia ser cumprida. Não tínhamos, ainda, acesso *on-line* às decisões da Suprema Corte estadunidense. O tempo foi passando. Veio a Internet. Veio outro colega do STJ, que se tornou companheiro de escritório em Belo Horizonte, o ministro *Sálvio de Figueiredo Teixeira*, que passou a insistir no término do estudo de direito comparado.

O tempo continuou, e o *livro* não saía: foi envelhecendo comigo. A Morte nos privou do amigo Sálvio. Hoje, a publicação do *Bill of Rights Americano: Reflexos no Direito Constitucional Brasileiro* se tornou mais uma questão de dívida para com amigos.

Belo Horizonte, novembro de 2013.

A.F.M.

Capítulo I

Introdução: o porquê do trabalho doutrinário.

Por que os constituintes norte-americanos, que já contavam com precedentes em quase todas as constituições dos Estados[1] da então Confederação,[2] não puseram, desde logo, um *Bill of Rights* na Constituição da Filadélfia (1787)? A razão dessa lacuna não deixa de ser estranha, levando-nos a especular a respeito.

O *Bill of Rights* da Constituição norte-americana reúne os principais *direitos*, *franquias* e *garantias* que singularizam

---

1 Oito Estados já tinham um *bill* ou uma *declaration of rights* "prefaciando" suas constituições (cf. SCHWARTZ, Bernard. *The bill of rights: a documentary history*. New York: Chelsea House Publishers, in association with Hill Book Company, 1971, v. 1, p. 383).

2 Em 1781, as treze ex-colônias britânicas adotaram os *Articles of Confederation and Perpetual Union between the States*. O primeiro artigo desse documento emprestava o nome à confederação americana: *The United States of America* (cf. STORY, Joseph. *Commentaries on the constitution of the United States*. New York: Da Capo Press, 1970, v. 1, p. 217, § 229-230).

a Civilização Ocidental dentre todas as outras. Hoje é modelo para todas as constituições democráticas do mundo. Desse modo, não há exagero ou bairrismo de Ronald Dworkin (1931-2013), quando ele assevera que em todo o mundo democrático a "aventura constitucional" norte-americana é imitada e invejada: em Déli, Estraburgo, Ottawa, Westminster e, amanhã ou depois, em Moscou e Johannesburgo.[3] Os norte-americanos "são fascinados pela ideia dos direitos individuais, que é o signo zodiacal sob o qual seu país nasceu".[4]

No tocante à nomenclatura, os constituintes norte-americanos preferiram o tradicional termo inglês "Bill of Rights" (1689)[5] no lugar de "Declaration of Rights". Curiosamente, só após o advento da Emenda constitucional n. 14, de 1868, proposta pelo republicano John Bingham (1815-1900), que se passou a falar em *Bill of Rights* como um decálogo de direitos individuais contra o poder público, fosse ele federal, estadual ou local. Antes era comum referir-se a *bill of rights* de determinado Estado-membro.[6] As dez primeiras emendas, ratificadas em 1791,

---

3 DWORKIN, Ronald. *O direito da liberdade. A leitura moral da constituição norte-americana.* Trad. Marcelo Brandão Cipolla. São Paulo: Martins Fontes, 2006, p. 134.

4 DWORKIN, Ronald. *Uma questão de princípio.* Trad. Luís Carlos Borges. São Paulo: Martins Fontes, 2000, p. 37.

5 A "Gloriosa Revolução" (1688) impôs condições aos príncipes de Orange – Mary e William – para que eles assumissem o trono. No dia 13.02.1689, em Whitehall, os novos soberanos receberam das duas Casas do Parlamento a coroa e o *Bill of Rights* (cf. TREVELYAN, George McCaulay. *A revolução inglesa.* Trad. Leda Bozacian. Brasília: Editora da Universidade de Brasília, 1982, p. 69).

6 Cf. AMAR, Akhil Reed. *Bill of rights: creation and reconstruction.* New Haven: Yale University Press, 1998, p. 284 e seg.

valiam para a União, não para os Estados federados.[7] Na Suprema Corte dos Estados Unidos, os juízes não usavam os adjetivos *national* ou *federal* para particularizar o conjunto das dez primeiras emendas à Constituição dos Estados Unidos. Lentamente, porém, passou-se a lançar mão dos adjetivos *federal* e *national* quando não se tratasse de *Bills* ou *Declarations* dos Estados-membros. No caso *Maxwell v. Dow, 176 U. S. 581 (1900)*, por exemplo, o *justice* John Marshall Harlan (1833-1911) menciona em seu voto o termo "national" por quatro vezes.[8] Daí para frente, os qualificativos caíram em desuso e se passou, pela lei do menor esforço, a mencionar somente *Bill of Rights* quando se queria referir ao conjunto de emendas ratificadas em 1791. Algumas dessas emendas, tal como ocorre com a Emenda n. 1, são altamente abstratas: oferecem *princípios políticos*, não regras propriamente ditas. Outras, como a Emenda n. 3, são objetivas, concretas.

Como ainda observa Ronald Dworkin, o *Bill of Rights* é o "arcabouço constitucional de uma sociedade de cidadãos tanto iguais quanto livres".[9]

Fiz pesquisa na riquíssima jurisprudência da Suprema Corte dos Estados Unidos sobre as dez primeiras emendas constitucionais, que ficaram conhecidas, como se disse mais acima, como *Bill of Rights*.[10] Em sentido técni-

---

7 Ver *Barron v. Major and City Council of Baltimore, 32 U. S. (7 Pet.), 243(1833).*

8 AMAR, ob. cit., p. 287.

9 No original: (...) *the constitutional skeleton of a society of citizens both equal and free.* DWORKIN, Ronald. *Freedom's law – the moral reading of the American constitution.* Harvard University Press, 1996, p. 73.

10 Há situações esdrúxulas e inusitadas em matéria de ratificação de emendas nos Estados Unidos. É o caso da Emenda n. 27. Embora votada e aprovada pelo Primeiro Congresso (1789), ela só foi ratificada mais de duzentos

co, rigoroso, só as oito primeiras emendas deveriam ser consideradas como integrantes do *Bill of Rights*, uma vez que as Emendas n. 9 e 10 não cuidam especificamente de garantias individuais de liberdade.[11] Incluí em minha pesquisa a Emenda n. 14, que, sob o aspecto *material*, também integra o *Bill of Rights*.[12] A *14th Amendment* é a "emenda da integração", uma vez que estendeu aos cidadãos dos entes federados os mesmos direitos fundamentais que antes protegiam somente os cidadãos contra o poder público da União.

Trago alguns casos judiciais esparsos para exame e reflexão. Casos que mostram, na prática, a aplicação dos princípios sintetizados ou – embora possa parecer contraditório – *não escritos* na Constituição. Como se verá a seu tempo, a Constituição norte-americana é a "Grande Constituição do Silêncio". A Suprema Corte[13] dos Estados Unidos, *par excellence*, é que vai, por meio de *cons-*

---

anos depois... Na época de sua aprovação, trinta e oito eram os Estados-membros; quando da ratificação, em 1992, o número já havia subido para cinquenta (Para mais informações, ver as considerações de TRIBE, Laurence H. *The invisible constitution*. New York: Oxford University Press, 2008, p. 1 e seg.).

11 Cf. NOWAK, John E.; ROTUNDA, Ronald D. *Principles of constitutional law*. 3. ed. St. Paul, MN: West, 2007, p. 211.

12 Cf. SINNOTT-ARMSTRONG, Walter; BRISON, Susan J. A philosophical introduction to constitutional interpretation *in* BRISON, Susan-SINNOTT-ARMSTRONG, Walter (Ed.). *Contemporary perspectives on constitutional interpretation*. Boulder: Westview Press, Inc., 1993, p. 3.

13 Nos Estados Unidos, os tribunais estaduais de última instância têm nomes diferentes. Assim, o da Califórnia é "supreme court" (*Constitution, art. V, § 1º*). A mesma denominação recebe a mais alta corte do Missouri (*Constitution, art. V, § 2º*); já em Massachusetts e no Maine, "supreme judicial court". Há Estados com duas "supreme courts": uma para matéria civil, outra para questões penais.

tructions,[14] dizer o significado daquilo que foi expresso há mais de duas centúrias e, na maioria das vezes, traduzir em votos a propositada mudez constitucional. Muitas de nossas indagações e aflições constitucionais têm respostas na *Invisible Constitution*, como diz Laurence H. Tribe (1941-...), professor da Universidade de Harvard.[15]

Em uma ou outra decisão, a Suprema Corte mostrou-se preservadora do *establishment*,[16] barrando o avanço da democracia,[17] afastando-se dos postulados da Declaração da Independência (1776), impedindo o progresso social[18] ou deixando de fazer cumprir suas próprias decisões.[19]

---

14 Pode-se fazer uma distinção entre "interpretation" e "construction". Na interpretação, o exegeta procura um sentido novo para o texto sob exame; na construção, diferentemente, ele parte de elementos existentes, tomando a Constituição como um todo (cf. BULOS, Uadi Lammêgo. *Manual de interpretação constitucional*. São Paulo: Saraiva, 1997, p. 91). O termo *construction* – lembra o Black's Dictionary (5. ed. St. Paul Minn: West Publishing Co., 1979, p. 734) – é mais abrangente do que o termo *interpretation*, uma vez que leva em conta os efeitos e as consequências do instrumento legal utilizado.

15 TRIBE, ob. cit., p. 2 e seg.

16 J. A. G. GRIFFITH (*The politics of the judiciary*. 5. ed. London: Fontana Press, 1997), ao estudar a atuação do juiz britânico, conclui que na sociedade hodierna o juiz não pode mais ser encarado como "o protetor da liberdade, do direito do homem, dos desvalidos"... "o judiciário tem naturalmente servido às forças prevalentes, políticas ou econômicas" (p. 342). Griffith – lembra McLEAN – pode, como Jennings, Laski e Bellamy – ser rotulado de "parliamentary sovereigntist", isto é, partidário da soberania do Parlamento, que apequena a liberdade exegética do juiz (cf. McLEAN, Iain. *What's wrong with the British constitution?* Great Britain: Oxford University Press, 2010, p. 314).

17 Ver o caso *Dred Scott v. Sandford, 60 U. S. (19 How.) 393 (1857).*

18 Ver os casos *Hammer v. Dagenhart, 247 U.S. 251 (1918)* e *Lochner v. People of State of New York, 198 U. S. 45 (1905).*

19 Para impedir o negro de votar, alguns Estados do Sul *inventaram* a denominada *grandfather clause* ("cláusula do avô"): só podia ser eleitor quem tivesse

Seria ela um instrumento do liberalismo para garantir por mais tempo o capitalismo nascente? Carl Schmitt

---

um ascendente que votara antes... Em julgamento de 1915, a Suprema Corte teve tais leis como inconstitucionais (*Guinn v. United States, 238 U. S. 347*). A decisão simplesmente ficou no papel, não foi cumprida (cf. FRIEDMAN, Lawrence. *A history of American law.* 3. ed. New York: A Touchstone Book, ed. by Simon & Schuster, 2005, p. 524). O não cumprimento de decisão da Suprema Corte não era novidade. Em 1831, famosa ficou a frase do presidente Andrew Jackson (1767-1845) quando do julgamento de *Cherokee Nation v. Georgia*: "John Marshall proferiu sua sentença. Agora que a faça cumprir" (cf. SELLERS, Charles; MAY, Henry; McMILLEN, Neil R. *Uma reavaliação da história dos Estados Unidos.* Trad. Ruy Jungmann. Rio de Janeiro: Jorge Zahar Editor, 1990, p. 142). Outro descumprimento de decisão da Suprema Corte que se tornou antológico foi o do presidente Lincoln (1809-1865) em *writ of habeas corpus* concedido pelo *chief justice* Taney (ver o Caso *Ex parte Merryman.* Disponível em: http://www.tourolaw.edu/Patch/Merryman/. Acesso em: 17.10.2006). BRASIL. Também temos nossos casos de desrespeito ao Supremo Tribunal Federal, que não são poucos, como os da época do marechal Floriano Peixoto (1839-1895) e de Prudente de Morais (1841-1902) [cf. NOGUEIRA, Octaciano. *O poder legislativo no Brasil (1821-1930).* Brasília: Ministério da Justiça, Fundação Petrônio Portella e Fundação Milton Campos, 1981, p. 103]. Nos primórdios da última ditadura militar (Castello/Geisel), o STF concedeu, por unanimidade, o *habeas corpus* 42.108/PE, relator ministro Evandro Lins e Silva (1912-2002), ao governador Miguel Arraes (1916-2005), que estava preso na ilha Fernando de Noronha. A decisão judicial foi considerada abusiva pelo impetrado. O paciente, ao invés de ser solto, foi transferido para outra prisão. O presidente do Supremo, ministro Álvaro Ribeiro da Costa (1897-1967), ameaçou de prisão o militar responsável pelo não cumprimento da ordem. Pela intervenção do presidente Castello Branco (1897-1967), o ex-governador Arraes foi solto e asilou-se na embaixada da Argélia. Desde 01.10.2002, os autos do *HC 42.108/PE*, impetrado pelo advogado Sobral Pinto (1893-1991), se acham no Museu do STF (Dados disponíveis, em parte, em http://www.stf.gov.br/processos/. Acesso em: 17.10.2006). Álvaro Moutinho Ribeiro da Costa foi um dos grandes presidentes do STF. Tamanho eram seu denodo e prestígio, que seus pares, na sessão de 25.10.1965, fizeram uma alteração no Regimento Interno da Corte: "O Ministro Álvaro Moutinho Ribeiro da Costa exercerá a Presidência do Supremo Tribunal Federal até o término de sua judicatura". (Disponível no site do STF. Acesso em: 26.09.2012).

(1888-1985), ao estabelecer um paralelo entre a *Supreme Court* dos Estados Unidos e o *Reichsgericht* da Constituição de Weimar, lembra que a Suprema Corte norte-americana é, em face do Estado, um "poder transcendente" que muitas vezes age arbitrariamente com o propósito de proteger "uma ordenação social e econômica indiscutível por natureza".[20] Só sob essa perspectiva é que se poderia entender a razão pela qual, durante muitos anos, o Tribunal norte-americano tenha "posto obstáculos a certas leis protetoras do trabalhador e outras disposições sociais, inclusive as referentes ao trabalho das mulheres e das crianças".[21] Mas, de qualquer sorte, podemos, com Bernard Schwartz (1923-1997), repetir que a Suprema Corte dos Estados Unidos, tirante um ou outro caso de aberração, tem cumprido bem a tarefa que a Constituição lhe deu.[22] Seus juízes, como *guardiões da Constituição*, foram investidos de "tremenda autoridade de anular qualquer ato governamental tido por eles em conflito com qualquer dispositivo do documento básico".[23] Como tribunal de

---

20 SCHMITT, Carl. *La defensa de la constitución*. Trad. Manoel Sánchez Sarto. Madrid: Labor, 1931, p. 22 e seg.

21 *Ibidem*. Na versão espanhola: *(...) este Tribunal haya puesto obstáculos a ciertas leyes protectoras del trabajador y a otras disposiciones sociales, incluso las referentes al trabajo de las mujeres y de los niños.*

22 Nos Estados Unidos, em estatística já velha (1995), a Suprema Corte foi o órgão governamental que mais mereceu a confiança dos americanos (cf. FUKUYAMA, Francis. Trad. Nivaldo Montingelli Jr. *A grande ruptura: a natureza humana e a reconstituição da ordem social*. Rio de Janeiro: Rocco, 2001, p. 61.

23 SCHWARTZ, Bernard. *A history of the supreme court*. New York: Oxford University Press, 1995, p. 379. No original: (...) *the awesome authority to nullify any governmental act deemed by them in conflict with any provision of the basic document.*

grande conotação política,[24] seus julgados não deixam de sofrer influência marcante de seus presidentes. Daí, mais recentemente, falar-se em "Corte Warren" (1953-1969), "Corte Burger" (1969-1986), "Corte Rehnquist" (1986-2005) e, quem sabe, daqui algum tempo, até mesmo em "Corte Roberts".[25] Cada um desses colegiados com sua "personalidade" própria.

Não tenho – nem poderia ter – nenhuma pretensão de dar uma visão crítica, sistêmica e abrangente do tema. É tarefa que está fora de meu alcance, nem mesmo comportaria em um estudo desta natureza. Meu objetivo é transmitir noção dos Direitos Fundamentais norte-americanos àqueles que lidam com Direito Constitucional no Brasil. Dentro do possível, também pretendo fazer uma ou outra incursão no direito comparado brasileiro, que muito deve ao direito federal norte-americano.[26] Vez por outra, faço uma ou outra chamada ao malogrado Projeto da Constituição do Império do Brasil (1823), à Carta de 1824, à Constituição de 1891 e à Constituição em vigor (1988).

Como vamos ficar limitados ao texto formal[27] do *Bill of Rights* e de seus reflexos jurisprudenciais e doutrinários,

---

[24] DWORKIN, ao estudar a atuação política do juiz na Inglaterra e nos Estados Unidos, faz uma distinção entre decisões baseadas em "princípio político" e decisões baseadas em "procedimento político" (cf. DWORKIN, Ronald. *Uma questão de princípios*, ob. cit., p. 4 e seg.).

[25] John G. Roberts (1955-...), atual presidente da Suprema Corte, tomou posse em 29.09.2005.

[26] Para facilitar ao leitor, quando se fizer alusão ao direito brasileiro, coloca-se a palavra BRASIL na nota de rodapé.

[27] Ainda assim, alguns tópicos não são discutidos, como é, por exemplo, o caso das seções (§§) 2, 3, 4 e 5 da Emenda n. 14, uma vez que não tratam diretamente de direito fundamental.

deixaremos fora de nossos comentários institutos da mais alta importância para os direitos dos povos civilizados. É o caso do *habeas corpus*, da vedação constitucional de *bills of attainder* e de leis *ex post facto*, que repercutiram diretamente no direito brasileiro. Não serão abordados. Ficam, pela delimitação proposital de nosso campo, à margem do estudo.

Vou antecipar minhas observações, sedimentadas ao longo de pesquisas sobre a história, a jurisprudência, a doutrina do direito federal e, o que talvez seja mais importante, tentar sublinhar o traço da "mentalidade" do norte-americano. Minhas observações, à evidência, padecem do pecado de toda generalização.

A primeira diferença entre a "mente inglesa" e a "brasileira" é que os ingleses – e por extensão os norte-americanos – "nascem aristotélicos", para tomar de empréstimo síntese de Samuel Coleridge (1772-1834), transcrita por Jorge Luis Borges (1899-1986) em *O Rouxinol de Keats*.[28] Dentro desse conceito, os brasileiros, como os franceses, alemães etc. "nascemos platônicos", isto é, temos maior capacidade de raciocínio abstrato. "Da mente inglesa" – diz Borges – "cabe afirmar que nasceu aristotélica. O real, para essa mente, não são os conceitos abstratos, e sim os indivíduos".[29] Nada demonstra mais o contraste entre a "mente inglesa" e a "mente francesa" do que cotejar as *Déclarations des Droits* de 1789, de 1793 e 1795 com

[28] BORGES, Jorge Luis. *Obras completas*. Trad. Sérgio Molina. São Paulo: Globo, v. II, 1999, p. 106.

[29] André MAUROIS registra: "(...) é que o Inglês atribue maior importância às realidades concretas do que aos direitos abstratos" (*História da Inglaterra*. Trad. Carlos Domingues. Rio de Janeiro: Irmãos Pongetti Editores, p. 373).

o *Bill of Rights*, votado cerca de um mês antes da primeira *Déclaration* francesa.[30] O primeiro documento (francês), com aspiração universal, tendo como bandeira as ideias revolucionárias de Rousseau; o segundo (americano), bem mais modesto, prático, com alcance nacional, pautado no pensamento conservador de Locke. A "igualdade" foi valorizada pela *Déclaration*; a "liberdade", pelo *Bill of Rights*. Pouco importa tenham ambos os estatutos políticos conquistado o mundo.[31]

A herança cultural do norte-americano é bem diferente da nossa, ainda que, no fundo, ambas as culturas tenham o mesmo leito: a civilização ocidental.[32] Os Estados Unidos foram colonizados por ingleses, povo que já trazia uma tradição de liberdade, de experiência parlamentar, de luta contra o despotismo da Coroa, de supremacia do direito.[33] No Brasil, não tivemos, como nosso colonizador

---

30 No particular, o *Bill of Rights* americano seguia o mesmo caminho prático do *Bill of Rights* inglês (1689), que "não anunciava princípios abstratos" (*ibidem*, p. 351).

31 A Declaração de Direitos francesa "mostrou-se bem diferente da americana – era mais condensada, mais abstrata e mais adequada às situações peculiares da França" (SCURR, Ruth. *Pureza fatal. Robespierre e a revolução francesa*. Trad. Marcelo Schild. Rio de Janeiro: Editora Record, 2009, p. 119).

32 Samuel HUNTINGTON (*Choque de civilizações*. Trad. M. H. C. Côrtes. Rio de Janeiro: Objetiva, 1997, p. 52) tem a Civilização Latino-Americana como uma *subcivilização*, intimamente ligada à Civilização Ocidental. O elemento indígena teria sido suficiente para marcar a diferença. Tenho para mim que a generalização não cabe no tocante ao Brasil. Nossos indígenas, diferentemente dos nativos que formaram as civilizações andina e mesoamericana, eram culturalmente atrasados.

33 O Parlamento inglês, diferentemente do órgão de representação da França e da Espanha, era constituído também de pequenos proprietários (cf. FUKUYAMA, Francis. *As origens da ordem política: dos tempos pré-humanos até*

não teve, bons exemplos a seguir. O despotismo, o mandonismo, o centralismo, o aparente liberalismo, foi sempre a tônica política bragantina.[34] Um exemplo está na própria gênese do Estado brasileiro. Antes mesmo de proclamada a Independência (setembro de 1822), o então Príncipe Regente convocou uma constituinte, que foi eleita sem maiores percalços. Instalada solenemente a Constituinte em 3 de maio de 1823 no antigo prédio da Cadeia Velha, no Rio de Janeiro, pouco mais de seis meses depois já estava extinta por ato de força. A Assembleia Geral Constituinte e Legislativa, por inexperiência política e despreparo da maioria de seus membros, mediu forças com dom Pedro I. Em 12 de novembro, na "Noite da Agonia", o já Imperador comandou o fechamento da Assembleia Constituinte.[35]

Outra diferença marcante está no próprio direito em si. O direito norte-americano é de cunho judicial, em parte em virtude da lacunosidade da própria Constituição. Repousa no *case law*. É o *judge-made law*, isto é, o direito feito pelos juízes, que se acha alicerçado no precedente judicial

---

a Revolução Francesa. Trad. Nivaldo Montingelli Jr. Rio de Janeiro: Rocco, 2013, p. 436).

34 Gilberto FREYRE (*Casa-grande & senzala*. 47 ed. São Paulo: Global, 2003, p. 114) observa que o masoquismo do senhor de engenho ultrapassou sua intimidade sexual e refletiu em nossa política. "A nossa tradição revolucionária, liberal, demagógica, é antes aparente e limitada a focos de fácil profilaxia política (...)".

35 Muitas foram as causas que levaram à dissolução da Constituinte. Uma delas – a da repartição da competência política – nasce com a instalação da Constituinte. Na Fala do Trono, discurso escrito pelo ministro José Bonifácio (1763-1838), o imperador dom Pedro I disse que "só aprovaria a Constituição digna de Mim e do Brasil" (cf. DEIRÓ, Eunápio. *Fragmentos de estudos da história da assembléia constituinte do Brasil*. Brasília: Edições do Senado Federal, 2006, p. 194).

vinculativo.[36] Desse modo, sempre se fica na expectativa de decisão dos tribunais e, em especial, de julgados da Suprema Corte, que funciona como "bússola jurídica nacional". Há uma verdadeira *judicialização* do direito. Muitas vezes, a jurisprudência da Suprema Corte se mostra vacilante e contraditória, como ocorre com a interpretação da *Establishment Clause* da Emenda Constitucional n. 1, que levou alguns senadores a ensaiar emendas constitucionais com o intuito de pôr fim à sua "falta de consistência" (*lack of consistency*) jurisprudencial.[37] Daí a necessidade do *concreto*, do *individual*, ressaltada por Coleridge/Borges. A ética protestante, por outro lado, com suas conotações capitalistas, é bem diferente da ética católica, que prega a igualdade e ressalta valores morais como a humildade e o conformismo. Essa linha filosófica parece ter influído em nosso maior espírito de tolerância, que frequentemente degenera na cômoda "política de fechar os olhos".[38] Por consequência, o poder público nos Estados Unidos goza de maior efetividade e presteza. A Justiça, lá, ainda que

---

36 Cf. HARRIS, Phil. *An introduction to law*. 7. ed. Cambridge: Cambridge University Press, 2007, p. 199.

37 Ver BELL, Ashley M. God save this honorable court: how current establishment clause jurisprudence can be reconciled with the secularization of historical religious expressions *in American university law review*, v. 50, p. 1.280, nota de rodapé.

38 Há autores que debitam ao "catolicismo" e ao "absolutismo" as principais causas da 'lacuna" entre os Estados Unidos e a América Latina (cf. HALPERIN DONGHI, Tulio. Dois séculos de reflexões sul-americanas sobre a lacuna de desenvolvimento entre os Estados Unidos e a América Latina *in* FUKUYAMA, Francis (Ed.). *Ficando para trás*. Trad. Nivaldo Montingelli Jr. Rio de Janeiro: Rocco, 2010, p. 26.

possa não ser a melhor, responde rápido. Aqui, diferentemente, não anda.[39]

Penso que as diferenças acima, rapidamente assinaladas, já seriam suficientes para explicar por que os modelos institucionais norte-americanos, por nós imitados, não funcionaram bem no Brasil, como seria de se esperar.[40]

A Constituição norte-americana, como observa A. J. Carlyle (1861-1943),[41] imprimiu impulso imenso no desenvolvimento da liberdade política na Europa, e, podemos acrescentar, na América Latina. Na verdade, a Constituição americana serviu de "inspiração" para os Estados latino-americanos e africanos.[42] As próprias Constituições

---

39 Na *Carta aos Senhores Eleitores da Província de Minas Gerais,* datada de 30.12.1827, o deputado Bernardo Pereira de Vasconcellos (1795-1850) faz alusão otimista (capítulo XIII) a uma lei de outubro daquele ano de 1827, que, imitando instituição inglesa, havia criado um "juiz de paz em cada freguesia e em cada capela filial". O *justice of the peace*, que sempre se mostrou eficiente e instrumento poderoso para a tranquilidade social nos países de *common law*, simplesmente não funcionou a contento no Brasil. De qualquer sorte, merecem registro as observações de Carl Seidler, um jovem alemão que se engajou no Exército brasileiro de dom Pedro I. Por ocasião da Regência Trina, ele testemunhou o respeito e acatamento que o povo tinha pela figura do juiz de paz, sempre portando uma faixa verde-amarela (cf. SEIDLER, Carl. Trad. Bertoldo Klinger. *Dez anos no Brasil.* Brasília: Senado Federal, 2003, p. 100).

40 Nossa proverbial tendência para a centralização governamental, a concentração individual de terras, a dependência do governo nas mínimas coisas, a falta de representatividade de nossos partidos políticos e a fraqueza do primado da lei (*rule of law*) também concorreram para que o presidencialismo norte-americano não desse muito certo no Brasil e na América Latina, de um modo geral.

41 CARLYLE, A. J. *La libertad política.* Versão espanhola de Vicente Herrero. México: Fondo de Cultura Económica, 1942, p. 214.

42 A Constituição federal mexicana de 1824 foi influenciada, "até certo ponto", pela Constituição de Filadélfia [cf. KRAUZE, Enrique. Olhando para

francesas de 1791 e 1848, bem como a Constituição de Weimar (1919), também foram vivamente influenciadas por ela.[43] Mas, como registram com acerto André Hauriou (1897-1973), Jean Gicquel (1937-...) e Patrice Gélard (1938-...), o resultado de transplante nem sempre é animador.[44] É bom lembrar que no Brasil, pouco antes da Independência, as *Instruções* que traçariam os rumos do governo provisório a ser adotado em virtude da Revolução do Porto (1820) recomendavam (por certo pela pena de José Bonifácio) que se evitassem "códigos plagiados",

---

eles in FUKUYAMA, Francis (Ed.), *Ficando para trás*. Trad. Nivaldo Montingelli Jr. Rio de Janeiro: Rocco, 2010, p. 67]. A constituição do efêmero "Estado Livre de Orange e Transvaal" (África do Sul) recebeu influência da Constituição estadunidense (cf. CREVELD, Martin van. *Ascensão e declínio do estado*. Trad. Jussara Simões, versão Silvana Vieira. São Paulo: Martins Fontes, 2004, p. 409). Jorge MIRANDA (1941-...) lembra que a difusão do direito constitucional norte-americano se fez por "transplantações globais e parciais". No caso do Brasil, após a adoção da República, e na América de língua espanhola, após as respectivas independências, a transplantação (global) se fez por imitação (*Manual de direito constitucional*. 5. ed. Coimbra: Coimbra Editora, 1996, v. I, p. 155). FRIEDMAN (ob. cit. p. 79) observa que, embora as constituições dos Estados-membros norte-americanos fossem diferentes umas das outras, muitos tópicos eram copiados, constituindo um autêntico *constitutional stare decisis*.

43 Pela manhã de 4 de agosto de 1789, a Assembleia Nacional francesa decidiu que sua Constituição seria precedida, à semelhança das constituições dos Estados norte-americanos, de uma "Declaração dos Direitos do Homem" (cf. GODECHOT, Jacques. *A revolução francesa: cronologia comentada. 1787-1799*. Trad. Julieta Leite. Rio de Janeiro: Nova Fronteira, 1989, p. 77).

44 HAURIOU, André; GICQUEL, Jean; GÉLARD, Patrice. *Droit constitutionnel et institutions politiques*. 6. éd. Paris: Éditions Montchrestien, 1975, p. 438. Robert A. DAHL (*How democratic is the American constitution?* New Haven: Yale University Press, 2001, p. 42 e seg.), professor emérito da Yale, recentemente falecido (fev. de 2014), ao teorizar sobre o "sistema constitucional" norte-americano, diz que é uma "ilusão" achar que a Constituição dos Estados Unidos tenha sido "modelo" para o resto do mundo democrático. Trata-se de sistema constitucional único.

"leis importadas e mal traduzidas".[45] Essa linha de pensamento coincidiu com tese defendida em 1798 por Jesse Root (1736-1822), do Connecticut: os tribunais norte-americanos, ao invés de adotar leis e interpretações estrangeiras, deviam atuar como uma autêntica *Republic of Bees* (República de Abelhas).[46] Com a metáfora, Root quis dizer que o pólen é colhido em muitas flores, mas o mel em si é produto exclusivo das próprias abelhas.

Nos primeiros anos que se seguiram à proclamação da Independência dos Estados Unidos, ficou visível a animosidade contra os juízes e mesmo contra o sistema do *common law* inglês, instituição apodada de "anacrônica", "feudal", "bárbara" e "rude".[47] Alguns poucos liberais andaram mesmo flertando com o direito francês, impressionados com a clareza e sistematização do Código de Napoleão,[48] e com as obras de Pothier (1699-1772). A maioria dos políticos e advogados de então, porém, via o *common law* como uma "herança preciosa" (*precious herita-*

---

45 Cf. SOUSA, Octavio Tarquinio de. *História dos fundadores do império do Brasil: Fatos e personagens em torno de um regime.* Rio de Janeiro: Livraria José Olympio Editora, 1957, v. IX, p. 44.

46 Cf. FRIEDMAN, ob. cit., p. 68. Jesse Root representou o Connecticut no *Continental Congress* (1778-1782). Foi *chief justice* da Suprema Corte de seu Estado de 1796 a 1807. (Disponível em: http://en.wikipedia.org/wiki/Jesse_Root. Acesso em: 21.04.2008).

47 *Ibidem*, p. 66. James Mill (1773-1836) considerava o *common law* um "barbarous product of a barbarous age" [cf. HAMBURGER, Joseph. Utilitarianism and the constitution *in* BLOOM, Allan (Ed.). *Confronting the constitution.* Washington, D.C.: The AEI Press, 1990, p. 242].

48 Antes da codificação de Portalis (1804), a Baviera, em 1756, e a Prússia, em 1794, já tinham feito codificações (cf. PERELMAN, Chaïm. *Ética e direito.* Trad. Maria Ermantina Galvão G. Pereira. São Paulo: Martins Fontes, 1996, p. 391).

ge), da qual não se poderia abrir mão.[49] Na Inglaterra, o *common law*, mesmo antes da Conquista Normanda, já era encarado com "um sentimento de propriedade do direito pelo povo".[50] Essa linha atávica prevaleceu no Novo Mundo: o Primeiro Congresso Continental (1774), em sua *Declaration,* sublinhava "que as respectivas colônias são detentoras do *common law* da Inglaterra, e sobretudo do grande e inestimável privilégio de julgamento por pares do lugar onde se praticou a infração, de acordo com o disposto naquele direito".[51] Na verdade, o primeiro passo para a formação política da futura Nação americana foi dado em 1606, com a outorga pela Coroa britânica da *Charter of Virginia* aos colonos ou a seus descendentes para que pudessem gozar "de todas as liberdades, franquias e imunidades" dos ingleses da mãe-pátria.[52] Esse tratamento, ainda que sumamente genérico, foi repetido nas Cartas régias de New England (1620), Massachusetts Bay (1629), Maryland (1632), Connecticut (1662), Rhode Island (1663), Carolina (1663) e Geórgia (1732).[53]

Quanto ao perigo da importação e nacionalização de institutos jurídicos estrangeiros, é prudente ouvir Samuel Huntington (1927-2008):

---

49 *Ibidem.*

50 FUKUYAMA, *As origens...*, ob. cit., p. 440.

51 A tradução foi livre. No original: *That the respective colonies are entitled to the common law of England, and more especially to the great and inestimable privilege of being tried by their peers of the vicinage, according to the course of that law* (COMMAGER, Henry Steele, ed. *Documents of American history*. 6. ed. New York: Appleton-Century-Crofts, Inc., 1958, p. 83).

52 Cf. SCHWARTZ, Bernard, *The bill of rights...*, ob. cit., v. I, p. 53.

53 *Ibidem*, p. 53.

> *Por ocasião da independência, os países latino-americanos herdaram e mantinham uma estrutura essencialmente feudal. Eles tentaram sobrepor a essa estrutura social instituições políticas republicanas copiadas dos Estados Unidos e da França revolucionária. Tais instituições não tiveram vez numa sociedade feudal.*[54]

O projeto da nossa Constituição Federal de 1891,[55] elaborado pela "Comissão dos Cinco" e "retocada" por Ruy Barbosa (1849-1923) a pedido do Governo Provisório, teve como paradigma a Constituição americana.[56] Não foi cópia servil, uma vez que o modelo americano foi modificado em muitos pontos importantes.[57] Outros estatutos políticos, como o suíço e o argentino, bem como nossa velha Carta imperial (1824) e o esboço anterior (1823), além dos projetos para a "Constituição de Pouso Alegre" (1832) ou para a "República de Piratini" também foram examinados pelos constituintes de 1890/91.[58] Nossa legislação infraconstitucional, como aconteceu com o Decreto n. 848/1890 e com a Lei n. 221/1894,[59]

---

54 HUNTINGTON, Samuel. *Political order in changing societies.* New Haven: Yale University Press, 1968, p. 135. No original: *At independence the Latin American countries inherited and maintained an essentially feudal structure. They attempted to superimpose on this social structure republican political institutions copied from the United States and revolutionary France. Such institutions had no meaning in a feudal society.*

55 Decreto n. 510, de 22.06.1890 (*Constituição Provisória*), mais tarde revogado pelo Decreto n. 914-A, de 23.10.1890.

56 Cf. NOGUEIRA, Octaciano, ob. cit., p. 83.

57 LEAL, Aurelino. *Historia constitucional do Brazil.* Brasília: Ministério da Justiça, 1994, p. 226.

58 *Ibidem*, p. 225/6.

59 BRASIL. O Decreto n. 848/1890 criou a Justiça Federal e o Supremo Tribunal Federal. Em seu art. 386, literalmente mandava aplicar, subsidiariamente ao processo federal, "os casos de *common law* e *equity* da República dos Estados Unidos da América do Norte". Quanto à Lei n. 221/1894 ("Ação Sumaríssima Especial"), que resultou de um projeto de Campos Salles (1841-1913), a maioria dos magistrados brasileiros não estava à sua

trouxe a marca da experiência norte-americana. Ainda hoje, em plena vigência da Constituição de 1988, continuamos trazendo, nem sempre com as devidas precauções, institutos do direito norte-americano, como o *amicus curiae*, a *class action,* as *administrative agencies* e, ultimamente, as *affirmative actions*, que, em tema de "quotas raciais nas escolas públicas ou no serviço público", podem oferecer uma série de dificuldades em sua solução.[60] É indiscutível o alcance social dos programas de quotas na reparação da "injustiça social". Mas, a situação americana é bem diversa da situação brasileira. Nos Estados Unidos, a Constituição foi feita por uma elite branca e em seu favor. Só mesmo a partir do julgamento de *Brown v. Board of Education*, em 1954, e com as leis de Direitos Civis dos governos Kennedy e Johnson, que as minorias passaram a ter direitos antes reservados aos homens brancos. A implantação desses direitos, porém, foi lenta e traumática. Um acontecimento fala por si: em 20 de janeiro de 1961, um veterano de guerra tentou matricular-se na Universidade de Mississippi. Não conseguiu, por ser negro. O Tribunal Regional Federal da Quinta Região (*Fifth Circuit*) assegurou-lhe a matrícula. O governador do Estado tomou a defesa da Universidade. Desafiou o poder público federal. A população branca mais exaltada se armou. Robert Kennedy (1925-1968), então ministro da Justiça e procurador-geral, requisitou tropas federais para intervir no Estado. O presidente John Kennedy (1917-1963) baixou um decreto federalizando a Guarda Nacional local. Houve refrega no *campus*, com muitos feridos e dois mortos.

---

altura, perdendo a oportunidade que ela oferecia no controle dos atos administrativos (cf. BARBI, Celso Agrícola. *Do mandado de segurança.* 11. ed. Revisão e atualização pelo professor Bernardo Pimentel Souza. Rio de Janeiro: Forense, 2008, p. 31).

[60] BRASIL. Em sessão de 26.04.2012, o Supremo Tribunal Federal julgou, à unanimidade, *constitucional* a reserva de cotas para negros e pardos feita pela Universidade de Brasília (ADPF 186-2/DF). A ação de arguição de descumprimento de preceito fundamental, prevista expressamente no § 1° do art. 102 da Constituição, acha-se regulada pela Lei n. 9.882/1999.

Os estudantes, de braços dados, cantavam o refrão *Glória, Glória. Segregação. Morte aos desgraçados que gostam de negros!*[61]

Nos Estados Unidos, o ódio contra negros, índios, hispânicos e orientais era uma constante. Aqui no Brasil, ainda que se pudesse falar em "discriminação racial", não se podia falar em "ódio racial".[62] A implementação das quotas raciais nas universidades americanas, que praticamente aflorou em *Regents of the University of California v. Bakke, 438 U. S. 265 (1978)*, ainda não oferece critério seguro para sua solução.[63] Mas, já é um começo testado em *Grutter v. Bollinger, 539 U.S. 306 (2003)* e *Gratz v. Bollinger,*

---

61 SCHLESINGER JR., Arthur. *Mil dias – John F. Kennedy na casa branca.* Trad. Waltensir Dutra. Rio de Janeiro: Civilização Brasileira S.A., v. I, 1966, p. 941 e seg. Pouco tempo depois, chegou a vez do governador do Alabama, que, pessoalmente, impediu que dois negros se matriculassem na Universidade (Tuscaloosa). Diante de tropas da Guarda Nacional, federalizada, recuou (*ibidem*, p. 965).

62 Quanto ao "mito da democracia racial no Brasil", ver COSTA, Emília Viotti da. *Da monarquia à república – momentos decisivos.* 7. ed. São Paulo: UNESP, 1998, p. 365 e seg.

63 Ver a interessante discussão sobre os votos a favor e contra o programa de quotas universitárias no livro de DWORKIN, Ronald. *Uma questão de princípio*, ob. cit., p. 473 e seg. No caso concreto, discutido em *Regents of the University of California*, a Escola de Medicina da Universidade da Califórnia (*UC Davis Medical School*) oferecia (1973/4) cem vagas para estudantes, reservando dezesseis para minorias raciais. Allan Bakke, branco de 32 anos de idade, ocuparia uma vaga se não houvesse a quota reservada. Com a reserva, não pôde matricular-se. Não se conformou. Ajuizou uma ação, alegando que o critério fixado padecia de inconstitucionalidade por ferir a *Equal Protection Clause* da Emenda n. 14: baseava-se em fator puramente racial. Bakke acabou por ser matriculado. O *justice* Lewis Powell (1907-1998), que desempatou a votação, entendeu que o candidato jamais poderia ser excluído por questão puramente racial, mas o fator raça, nas circunstâncias (minoria étnica sub-representada), justificava as quotas universitárias. Em 2003, a Suprema Corte reafirmou o entendimento de Powell (*Grutter v. Bollinger, 539 U.S. 306* e *Gratz v. Bollinger, 539 U.S. 244*).

539 U.S. 244 (2003): o fator racial pode ser, constitucionalmente, um dos critérios válidos para a implementação de programas de cotas nas universidades.

Como já se antecipou, o transplante da Constituição norte-americana para nossos trópicos, para gente de outra formação política, jurídica (família romano-germânica), social e religiosa (católica), pode não ter sido dos mais felizes.[64] Mas é uma realidade. Logo, temos que lidar com ela. Os outros Estatutos Políticos brasileiros que se seguiram à Constituição de 1891[65] – nosso primeiro Estatuto político republicano – continuaram a refletir, ora direta, ora reflexamente, o documento de maior importância que os ingleses da América legaram ao mundo. Lamentavel-

---

64 O presidencialismo na América Latina oscila entre "abuso de poder e deficiência de poder" (*power abuse and power deficiency*), agravado por causas econômicas, desigualdades sociais e herança cultural (cf. SARTORI, Giovanni. *Comparative constitutional engineering – an inquiry into structures, incentives and outcomes*. 2. ed. New York: New York University Press, 1996, p. 92 e seg.).

65 Embora para muitos estudiosos de direito constitucional não haja diferença entre "carta" e "constituição", prefiro tomar como termos formalmente distintos. Reservo "Constituição" para o documento feito por constituintes eleitos pelo povo, ainda que sem a ortodoxia recomendada pela doutrina; "Carta", àquele documento elaborado pelo governante, diretamente ou através de comissão por ele escolhida. Sempre lembrado é o episódio do registro da "Constituição" de Louis XVIII (1755-1824). A comissão encarregada de datar o Estatuto recusou-se a dar-lhe o nome de *Constitution*. A averbação se fez como *Charte Constitutionnele du 4 Juin 1814* (cf. MELO FRANCO, Afonso Arinos de. *Estudos de direito constitucional*. Rio de Janeiro: Forense, 1957, p. 241). Para os antecedentes históricos da Carta de 1814 (Louis XVIII), ver a resenha em *Les constitutions de la France depuis 1789*, ob. cit., p. 208 e seg. Sob o aspecto formal, o Estatuto de 1814 afastou-se do princípio da *Souveraineté Nationale*, assentado pela Revolução de 1789. É o que observam HAURIOU, GICQUEL e GÉLARD (ob. cit., p. 804): *L'octroi d'une Charte implique donc la négation du principe de la Souveraineté nationale. C'est surtout en ce fait, qu'en 1814, la Souveraineté est réputée redevenir royale, que réside la Restauration.*

mente, os políticos do fim de nossa monarquia parlamentar[66] mostraram-se indiferentes à sorte das instituições então vigentes.[67] Mostraram-se abúlicos, incapazes de defendê-las, de lutar por elas. Era como se *deterministicamente* tudo se arrastasse para o advento inevitável de um novo regime político: a república federativa. *O Império já havia dado o que tinha a dar. Estava politicamente exausto.* Por outro lado, temia-se pelas incertezas do Terceiro Reinado, que não se achava distante. O pensamento republicano/federativo de 1817, 1824 e 1831 frutificou no *Manifesto de 1870*. Jovens e inquietos militares da Praia Vermelha e do Clube Militar pregavam abertamente a derrocada do Império e seu regime. A elite pensante – civil e militar – queria a República.[68] A Monarquia não contava com defensores. Militares respeitados e queridos, como Benjamin Constant Botelho de Magalhães (1833-1891),

---

[66] Nem a Carta imperial de 1824, nem o Ato Adicional de 1834 previam o regime parlamentar, que foi sendo sedimentado aos poucos (cf. NOGUEIRA, Octaciano, ob. cit., p. 40). Nosso parlamentarismo começa, na verdade, com a criação do cargo de presidente do Conselho de Ministros, em 1847 (*Ibidem*, p. 42), pelo Decreto n. 523. Foi um período de "honestidade e brilho suficientes para deixar saudades" [OLIVEIRA LIMA, Manuel. *O império brasileiro (1821-1889)*. Belo Horizonte: Itatiaia, 1989, p. 70].

[67] Após a Proclamação da República, o general Deodoro da Fonseca (1827-1892), seu chefe, desfilou à frente da tropa vitoriosa pelas principais ruas do Rio de Janeiro. Não houve manifestação a favor do regime velho. Não houve rixas ou vinganças. Daí o republicano Aristides Lobo (1838-1896), em carta de 17.11.1889, publicada em jornal, ter afirmado que "o povo assistiu bestificado à proclamação da República" (ROCHA POMBO: *História do Brasil*. Rio de Janeiro: W. M. Jackson, Inc. v. V, 1953. p. 337).

[68] A Doutrina Monroe, que pregava a não ingerência de países europeus nas Américas, está presente no *Manifesto de 1870*, assinado por cinquenta e oito republicanos (cf. BARRETTO, Vicente; PAIM, Antonio. *Evolução do pensamento político brasileiro*. Belo Horizonte: Editora Itatiaia Limitada, 1989, p. 134 e seg.).

estavam enfeitiçados pelas ideias positivistas de Auguste Comte (1798-1857) e Pierre Laffitte (1823-1903). Pediam a adoção imediata de uma "república científica", de uma "ditadura republicana".[69] E a república veio. Com ela vieram seus males, que perduram até hoje. Os republicanos, perturbados pelos pruridos cientificistas pombalinos e pelo comtismo, foram incapazes de extrair os bons frutos de nossa experiência parlamentar, que deitava suas raízes em sólida cultura política modernizadora.[70] É inegável que muitos dos fundadores de nossa República eram dotados de espírito público, de preocupação com o coletivo e com o bem do país. Mas, aos poucos, essas virtudes foram sendo solapadas pela prevalência de interesses particulares, do militarismo renitente. Hoje, em pleno século XXI, somos levados a afirmar que temos uma "república sem republicanos"...

Uma série de fatos apressou a chegada de nossa República. O historiador Rocha Pombo (1857-1933) aponta os principais: atitude liberal de dom Pedro II, a indiferença

---

69 O pensamento comtiano contou com diversos defensores na elaboração da Constituição de 1891. Alguns, extremados, ligados ao Apostolado Positivista do Brasil, igreja fundada por Miguel Lemos (1854-1917) e Teixeira Mendes (1823-1903) no Rio de Janeiro. A propósito, impende destacar a ideologia do gaúcho Júlio de Castilhos (1860-1903), que se opunha ao republicanismo moderado de Ruy Barbosa na primeira constituinte republicana. O castilhismo deixou profundas marcas na política brasileira, refletindo-se na política do Estado Novo. Um dos cânones castilhista estava na supressão do sistema representativo tradicional: "Não há parlamento: o governo reúne à função administrativa a chamada legislativa, decretando as leis, porém após exposição pública dos respectivos projetos, nos quais podem assim colaborar todos os cidadãos" (BARRETTO/PAIM, ob. cit., p. 200).

70 Cf. VÉLEZ RODRÍGUEZ, Ricardo. A propaganda republicana *in* BARRETTO, Vicente; PAIM, Antonio (Coord.). *Evolução do pensamento político brasileiro.* Belo Horizonte: Editora Itatiaia Limitada, 1989, p. 201.

dos chefes políticos pelas instituições monárquicas, a questão religiosa, a questão militar, a lenta e insidiosa propaganda republicana e a abolição da escravatura.[71]

Em parte influenciados pelo jurista Ruy Barbosa,[72] os republicanos de 1889 abraçaram um tanto açodadamente o modelo norte-americano, ainda que com profundas modificações. Ao que consta, trinta anos após a implantação do regime presidencialista, Ruy teria se mostrado desencantado.[73] Efetivamente, em discurso proferido em 15 de dezembro de 1920, na Liga da Defesa Nacional, Ruy lembrou que dom Pedro II (1825-1891), em 1889, "queria, aceitava e considerava oportuna a federação". "A intransigência política da época não permitiu. Se o imperador tivesse sido ouvido" – prosseguiu Ruy – "teríamos visto consumar-se a federação sob a Monarquia e, obtida a federação, a República não viria senão mais tarde, mais a tempo, mais sã, mais madura, mais consciente, mais apoiada na opinião nacional".[74]

---

71 *Ibidem*, p. 305.

72 Ruy Barbosa foi, sem dúvida alguma, a figura central da "construção" do regime republicano brasileiro. Mais da metade dos decretos coletivos da primeira fase é de sua autoria (cf. MANGABEIRA, João. *Ruy – o estadista da república*. Brasília: Senado Federal, 1999, p. 44 e 58). A confiança que lhe depositava o chefe do Governo Provisório, general Deodoro da Fonseca, era irrestrita. Com a crise política instaurada por Francisco Glycerio (1849-1916), em 17 de janeiro de 1890, Ruy, por três vezes, ameaçou exonerar-se do Ministério, não o fazendo porque Deodoro lhe dissera que sairia com ele (*ibidem*, p. 46).

73 LINS, Álvaro. *A glória de César e o punhal de Brutus: Ensaios e estudos*. 2. ed. Rio de Janeiro: Civilização Brasileira S/A, 1963, p. 252.

74 *Apud* MANGABEIRA, João, ob. cit., p. 396.

Capítulo II

Noção prévia do direito americano. A razão pela qual o direito romano-germânico, que já se havia espalhado pela Europa no século XII, não prevaleceu contra o *common law*. O *common law*. O período Tudor. Modernização do Estado inglês. Preservação dos costumes tudors nos Estados Unidos. Mistura de funções políticas e jurídicas. A *Judicial Review*. O *Case Law*. A invocação do direito natural nas decisões judiciais. Direito natural na Antiguidade, Idade Média e na atualidade. Hobbes, Locke e Montesquieu. A importância de Locke para o constitucionalismo americano e francês. Aversão histórica do americano a normas legais. Eras ou períodos do direito americano.

Para que o estudioso do direito constitucional brasileiro melhor entenda o *Bill of Rights*, julgo importante fazer, ainda que superficialmente, algumas considerações preliminares sobre "direito natural" e também sobre a "formação político-jurídica americana".

Os Fundadores da Nação norte-americana, como se verá a seu tempo, criaram uma *nova* sociedade política.[1] A *Founding Generation*, como dizia o professor David J. Bederman (1961-2011)[2] ao referir-se à geração dos convencionais do Primeiro Congresso Continental, da Declaração da Independência, da votação da Constituição e da discussão do *Bill of Rights*, era de homens forjados na cultura clássica greco-romana.[3] Homens que tinham consciência do que estavam fazendo.[4] Souberam, assim,

---

1 CREVELD, Martin van (*Ascensão e declínio do estado.* Trad. Jussara Simões, versão Silvana Vieira. São Paulo: Martins Fontes, 2004, p. 409), lembra que os norte-americanos criaram um sistema de governo "quase *ex nihilo*". DEWEY (1859-1952), ao sintetizar o pensamento de Thomas Jefferson, diz que Jefferson, quando da Independência, não buscou nos sistemas europeus, com reis e parlamentos, um modelo para a nova República que se estava fundando: os revolucionários foram buscar na *natureza* e em seus *corações* os materiais para a construção de um novo modelo político (DEWEY, John. *O pensamento vivo de Thomas Jefferson.* Trad. Leda Boechat Rodrigues. São Paulo: Livraria Martins, 1942, p. 46). Como se percebe com facilidade, as expressões "natureza" e "corações" dos revolucionários se acham coloridas pela ética do direito natural moderno.

2 Cf. BEDERMAN, David J. *The classical foundations of the American constitution – prevailing wisdom.* Cambridge: Cambridge University Press, 2008, Cap. One (The Framers' classical education and world view).

3 A cultura clássica se achava disseminada na América colonial. Alguns constituintes liam grego e latim. Thomas Jefferson, de certa feita, teria ironizado: "Os fazendeiros americanos são os únicos capazes de ler Homero (*Ibidem*, p. 20).

4 "Em resumo, os Fundadores tinham plena consciência de que estavam estabelecendo uma nova ordem política" [*In short, the Framers were acutely self-conscious that they were establishing a new political order* (...), BEDERMAN, ob. cit., p. 31]. TOCQUEVILLE, a propósito da formação da Comissão Constituinte francesa logo após a Revolução de 1848, frisa que os constituintes "(n)ao se assemelhavam em nada com os homens que, sob a presidência de Washington, haviam redigido sessenta anos antes a Constituição da América, tão seguros de seus objetivos e tão conhecedores dos meios que deviam ser adotados para atingi-los" (TOCQUEVILLE, Alexis de.

aproveitar as ideias de Locke (1632-1704) e Montesquieu (1689-1755), que priorizavam a liberdade e a propriedade. Monumentos constitucionais escritos, como a *Magna Carta Libertatum* (1215), a *Petition of Right* (1628), o *Agreement of the People* (1649) e o *Bill of Rights* (1688-9) alicerçaram os novos Estados norte-americanos,[5] refletindo nacionalmente na *Declaração da Independência*, na *Constituição* de 1787 e no *Bill of Rights.*

Karl Loewenstein (1891-1973), ao discorrer sobre a originalidade da Constituição dos Estados Unidos – elaborada em plena era do Racionalismo e do Iluminismo –, ressalta seis características (*Merkmale*): o sistema federativo, a forma republicana de governo, a separação de poderes, a limitação de poderes, a soberania do povo e a supremacia do judiciário.[6]

Antes de falar sobre os dois tópicos deste capítulo – *direito natural* e *formação político-jurídica americana* – quero encarecer, desde logo, a razão pela qual o direito romano-germânico, que se espalhara como fogo pela Itália, França e Alemanha no século XII, não vingou na Inglaterra. Trata-se de acontecimento da mais alta relevância histórica, uma vez que cindiu duas famílias do sistema jurídico ocidental nos dias de hoje: a família romano-germânica e a família do *common law.*

Lembranças de 1848 – as jornadas revolucionárias em Paris. Trad. Modesto Florenzano. São Paulo: Companhia das Letras, 2011, p. 222).

5 SCHWARTZ, Bernard. *The bill of rights: a documentary history.* New York: Chelsea House Publishers in association with McGraw Hill Book Company, v. I, 1971, p. 4 e seg.

6 LOEWENSTEIN, Karl. *Verfassungsrecht und Verfassungspraxis der Vereinigten Staaten.* Berlin: Springer, 1959, S. 14-15.

No século XI e início do século XII, a Europa era uma verdadeira colcha de retalhos em matéria de direito, uma autêntica *legal anarchy*.[7] Não existia, ainda, a figura do Estado moderno, que, na prática, nasce com Hugo Grotius (1583-1645)[8] e Thomas Hobbes (1588-1679).[9] Cada senhoria feudal (solar, casa real, condado) tinha suas regras jurídicas, seus estamentos.[10] Pois bem, no último quartel do século XI foi descoberto no norte da Itália, abandonado em prateleira de biblioteca, exemplar do *Corpus Iuris Civilis*[11] do imperador Justiniano,[12] possivelmente trazido

7 Cf. CANTOR, Norman F. *The civilization of the middle ages*. New York: HarperCollins Publishers, 1993, p. 308.

8 Cf. BALLADORE PALLIERI, Giorgio. *A doutrina do estado*. Trad. Fernando de Miranda. Coimbra: Coimbra Editora, v. I, 1969, p. 30.

9 A ciência do Estado começa no século XVI (cf. JELLINEK, Georg. *Teoría general del estado*. Versão espanhola por Fernando de los Ríos. Buenos Aires: Julio César Faira, Editor, 2005, p. 199). Quer entre os gregos ou entre os romanos, a *pólis* ou a *civitas* não correspondiam ao que hoje conhecemos por Estado. A necessidade de *palavra nova* apareceu na Itália. Nem o termo *città* e muito menos *regno* ou *imperio* traduziam organizações políticas como Florença, Pisa ou Gênova. Passou-se, então, a dizer *Stato de Firenze* etc. (*Ibidem*, p. 200). É curioso observar que Shakespeare (*circa* 1564-1616) usava tecnicamente a palavra “state” em suas peças (*ibidem*, p. 201).

10 Até o ano de 1400, na Inglaterra, os senhores feudais tinham jurisdição absoluta (cf. FUKUYAMA, Francis. *As origens da ordem política: dos tempos pré-humanos até a Revolução Francesa*. Trad. Nivaldo Montingelli Jr. Rio de Janeiro: Rocco, 2013, p. 288).

11 O imperador Justiniano reinou por trinta e oito anos. Morreu em 565 a.D. Sua atividade no mundo jurídico é dividida em três períodos: 1º – a grande fase de compilações –, que vai de 528 a 534: o primeiro Código (528-29), Digesto (530-33), Instituições (533) e o segundo Código (534). O 2º período, quando foram editadas as *Novellae Constitutiones,* entre 535 e 541-42. O último período, de 543 a 565 (cf. TALAMANCA, Mario *et al*. *Lineamenti di storia del diritto romano*. Milano: Giuffrè Editore, 1989, p. 636 e seg.).

12 Justiniano, ao ordenar que se fizessem as compilações (*Digesta*, *Codex*, *Institutiones*), não fazia mera obra histórica de “documentação”. Na verdade,

de Constantinopla por mercadores. O *Digesto* (*Pandectas*), em particular, foi comentado e, por sua relevância, objeto de verdadeiro culto. Professores da Universidade de Bolonha[13] passaram a ocupar-se da obra, fazendo glosas em suas páginas. À maneira da exegese bíblica, Irnerius (1050-1130) comentava e interpretava para seus alunos os textos de Justiniano com objetivo prático. As interpretações se espalharam rapidamente pelo vazio legal da Itália, França e Alemanha.[14] Aos reis Capetos (*Capétiens*) e a Frederico Barbarroxa (1122-1190)[15] interessava sobremaneira um governo forte, tal como alicerçado no princípio *princeps legibus solutus*. O próprio direito canônico foi afetado pela descoberta.[16] Na Inglaterra, nessa ocasião, já estava em curso o incipiente sistema jurídico anglo-normando[17]

---

estava "legislando". Autorizou a Triboniano que modificasse o direito anterior por meio de "interpolações". A exigência legislativa se fazia premente em razão das profundas modificações sociais do fim da época clássica (cf. BIONDI, Biondo. *Istituzioni di diritto romano.* 2. ed. Milano: Dott. A. Giuffrè Editore, 1952, p. 50).

13 A *Universitas Bononiensis*, hoje contando mais de vinte e três faculdades e cerca de cem mil estudantes, é considerada a mais velha do mundo ocidental. Acredita-se tenha sido fundada no ano de 1088. (Disponível em: http://en.wikipedia.org/wiki/University_of_Bologna. Acesso em: 30.05.2008).

14 O *Corpus* de Justiniano influenciou todo o direito europeu continental, atingindo até o distante Japão (cf. FUKUYAMA, *As origens...*, ob. cit., p. 297). O Digesto passou a ser estudado em escolas de Direito europeias, como Oxford, Cracóvia, Paris, Heildeberg e Copenhagen (*Ibidem*, p. 298).

15 Em 1158, o imperador Frederico Barbarroxa baixou o edito *Constitutio Habita*, declarando a Universidade de Bolonha uma *societas socii*, permitindo pesquisas livres (Ver o *2007 European Symposium Lund* na Internet).

16 CANTOR, ob. cit., p. 312.

17 René DAVID (1906-1990) divide o direito inglês em quatro períodos: a) período anglo-saxônico, que vai até a conquista normanda, em 1066; b) a formação do *common law* (1066-1485); c) o desenvolvimento do *common law* (1485-1832) e d) o período moderno (DAVID, René. *Os grandes sistemas do*

que, em matéria de centralização, porém, achava-se a alguns passos à frente do sistema continental como um todo.[18] Henrique II, que subiu ao trono inglês em 1154, foi o primeiro a perceber que estrategicamente o direito romano-germânico lhe seria bem mais conveniente, pois lhe daria mais poder, com o enfraquecimento das tradições locais. Mesmo reconhecendo a superioridade do direito romano-germânico e a sua vantagem pessoal, Henrique preferiu acomodar-se e deixar que na Inglaterra ganhasse corpo o direito anglo-normando: a administração da justiça por tribunais itinerantes era mais fácil, exigia menos juízes e era bem menos dispendiosa;[19] a oralidade no processo prevalecia; a prova estava ainda alicerçada no bárbaro "juízo de Deus" (*judicium Dei*).[20] Desse modo, com

---

direito contemporâneo. 2. ed. Trad. Hermínio A. Carvalho. Lisboa: Meridiano, 1978, p. 331).

18 Averba CANTOR (p. 316, ob. cit.): (...) *because the Anglo-Norman monarchy was at least half a century ahead of every other government in Europe in the development of strong centralizing institutions, it ultimately refrained from adopting the Roman law*. FUKUYAMA (*As origens...*, ob. cit., p. 301) diz que até o século XIV, a Inglaterra "era de longe o (Estado) mais centralizado e poderoso" da Europa.

19 O tirano Pisístrato (607?-528? a.C.), para evitar que os fazendeiros deixassem seus afazeres e rumassem para Atenas a fim de resolver suas pendengas judiciais, introduziu em sua reforma político-social os tribunais itinerantes (cf. MARTIN, Thomas R. *Ancient Greece: from prehistoric to Hellenistic times*. New Haven: Yale University Press, 1996, p. 86). Ver, ainda, JAEGER, Werner. *Paidéia: a formação do homem grego*. Trad. Artur M. Parreira. São Paulo: Martins Fontes, 1986, p. 191. No mesmo sentido HATZFELD, Jean, *História da Grécia antiga*. Trad. Cristóvão Santos. Lisboa: Publicações Europa-América, 1965, p. 93.

20 Como se acreditava que Deus se manifestava para ajudar os inocentes e punir os culpados, duas modalidades de ordálio eram comuns na Idade Média: pelo fogo e pela água (cf. BLACK, Henry Campbell. *Law dictionary*. St. Paul Minn.: West Publishing Co, 1979, p. 988). Algumas das modalida-

o propósito de "nacionalizar" o atomizado direito anglo-normando, Henrique mandou compilar os costumes e os precedentes judiciais, estabelecendo as bases do mais tarde denominado *common law*,[21] que deveria ser aplicado em todo o reino. Com isso, o direito romano-germânico, mesmo com sua nítida superioridade, certeza, racionalidade e equidade,[22] não conseguiu prevalecer na Inglaterra e no País de Gales.[23]

O *common law*, como se verá daqui a pouco, foi transplantado para o Novo Mundo tal como existia em plena Era Tudor (1485-1603). As instituições tudors se incorporaram às constituições dos Estados norte-americanos logo após a Independência, e, um pouco mais tarde, à própria Constituição nacional. Na Inglaterra, todavia, tais padrões já tinham sofrido alterações. O país se modernizava. O mesmo, porém, não se deu com os Estados Unidos, que continuaram à sombra dos costumes, do *common law* e da tradição do século XVI. "O sistema político

---

des de juízo de Deus remontam ao Código de Hamurábi. (Disponível em: http://en.wikipedia.org/wiki/Trial_by_ordeal. Acesso em: 04.03.2008). A *Assize of Clarendon*, de Henrique II, dispunha sobre o ordálio por meio de água, a *water ordeal*. (Disponível em: http://britannia.com/history/docs/assize.html. Acesso em: 19.09.2006).

21 A regra do precedente começou no século XIII, só se firmando em definitivo no século XVI (Ver HARRIS, Phil. *An introduction to law*, 7. ed. Cambridge: Cambridge University Press, 2007, p. 199).

22 Norman CANTOR ressalta que "the principle of equity is a major aspect of Roman law" (ob. cit, p. 12).

23 O Reino Unido (*United Kingdom*) é formado pela Inglaterra, País de Gales, Escócia e Irlanda do Norte. O *common law* inglês vale tanto para a Inglaterra (*England*) quanto para o País de Gales (*Wales*). A partir de 1999, o Parlamento do Reino Unido instituiu uma Assembleia Nacional para o País de Gales. (cf. http://en.wikipedia.org/wiki/England_and_Wales. Acesso em: 30.05.2008).

americano do século vinte ainda traz uma aproximação mais estreita com a política Tudor do século dezesseis do que com o sistema político britânico do século vinte", de acordo com a observação de Samuel Huntington.[24] Das nações ocidentais, os Estados Unidos foram os últimos a se modernizarem politicamente: dos três elementos que compõem a modernização política – *racionalização da autoridade*, *diferenciação de estruturas* e *expansão política* –, somente o último – *expansão política* – se desenvolveu mais na América do que na Inglaterra ou no Continente europeu.[25] Se na Europa a autoridade política repousava no monarca (França, Espanha, Portugal) ou no Parlamento (Inglaterra), nos Estados Unidos ela se achava "dispersa pela sociedade como um todo e entre muitos órgãos do corpo político".[26] Daí se ter elaborado um estatuto político escrito que pudesse, digamos, "congelar" a *fundamental law of the Land*, que estava acima dos homens e de suas leis na Inglaterra, no fim da Idade Média.

Quando da Independência americana (1776), o *common law* foi sendo, aos poucos, modificado e aclimatado.[27] O súdito inglês das Colônias[28] ou das *Plantations*, ainda que se

---

[24] HUNTINGTON, Samuel. *Political order in changing societies.* New Haven: Yale University Press, 1968, p. 98.

[25] *Ibidem*, p. 93.

[26] *Ibidem*, p. 99.

[27] Cf. STORY, Joseph. *Commentaries on the constitution of the United States.* New York: Da Capo Press, 1970, v. I, p. 141 e seg. Story (1779-1845), que ingressou na Suprema Corte dos Estados Unidos em 1811, foi, por certo, a principal voz a mostrar que o *Common Law* inglês sofrera modificações fundamentais no Novo Mundo.

[28] No século XVI, as colônias europeias no Novo Mundo fracassaram de um modo geral: falta de recursos financeiros. No início do século XVII, dois fatores principais concorreram para despejar colonos ingleses na América:

considerasse com os mesmos direitos e prerrogativas de seu irmão europeu,[29] tinha necessidade de "documentos escritos" que lhe transmitissem mais segurança e certeza, tanto na vida pública quanto na vida privada.[30] Era o espírito *whig*, cevado na leitura e interpretação livre das Escrituras Sagradas.[31] Valia o que estava no papel. Samuel Adams (1722-1803), um dos mais ardorosos defensores de uma constituição escrita, ao falar sobre a Magna Carta inglesa, lembrou que documento escrito oferecia melhor proteção contra "o perigo de uma dependência indefinida sobre um poder indeterminado".[32]

---

forte expansão comercial e brigas religiosas. Um terceiro fator também pode ser somado: desemprego e colheitas fracas. Para a Nova Inglaterra vieram mais de trinta mil puritanos; para Maryland, católicos, e quakers para a Pennsylvania, Rhode Island e parte de New Jersey. (Disponível em: http://www.digitalhistory.uh.edu/database/article_display_printable.cfm?HHID=668. Acesso em: 09.10.2006). Para fins de comparação, é bom lembrar que, diferentemente da inglesa e da francesa, a população de Portugal era pequena: menos de um milhão e trezentos mil habitantes.

29 A *Declaration* do Primeiro Congresso Continental (13.10.1774) firmou que os ancestrais dos colonos que primeiro se fixaram nas colônias "(já) se achavam, por ocasião de sua emigração da mãe-pátria, habilitados a todos os direitos, liberdades e imunidades dos súditos livres e natos do reino da Inglaterra" (... *were at the time of their emigration from the mother country, entitled to all the rights, liberties, and immunities of the free and natural-born subjects with the realm of England*).

30 Hoje, o excesso de normas regulamentadoras anda transtornando e infernizando a vida da população. O fenômeno é mundial. Nos Estados Unidos, a partir da década de 1960, não só as pessoas políticas, mas também as agências reguladoras passaram a expedir normas e mais normas para tudo. Veja, a propósito, a crítica feita por Philip K. HOWARD em livro publicado pela Random House, 1994, *The death of common sense: how law is suffocating America.*

31 Cf. RUSSELL, Bertrand. *A filosofia entre a religião e a ciência.* Database/media/books.

32 *Apud* WOOD, Gordon S. *The creation of the American republic, 1776-1787.* New York: W. W. Norton & Company, 1972, p. 267.

Pois bem, ainda que contasse com uma *Charter*[33] outorgada pelo rei, o inglês da América pedia e queria mais segurança jurídica. Desse modo, foi com o propósito de limitar o abuso de autoridades reais, sobretudo de juízes, que o colono passou a exigir também "códigos". Em 1636, surge o primeiro *code* com algumas regras de natureza processual (por ordem alfabética de assunto), o *New Plymouth Code*. Pouco depois, em 1638(9), em Hartford, foi promulgado um pacto político – *Fundamental Orders of Connecticut* –, que Karl Loewenstein considera a primeira constituição escrita do mundo moderno, já que, cronologicamente, precedeu ao *Instrument of Government*, de Cromwell, que data de 1653-4.[34] Esse documento pioneiro, conside-

---

33 Com a descoberta do Novo Mundo, os soberanos ingleses passaram a expedir "cartas" (*charters*) ora a favor de companhias (Massachusetts Bay Company, Geórgia), ora a favor de povoações já existentes (Connecticut), ora em benefício de fidalgos (George Calvet, duque de York), contendo determinados privilégios e prerrogativas (cf. Encarta, Microsoft Corporation, 1992. Ver, ainda, http://www,usahistory.info/colonial/government.html. Acesso em: 09.10.2006). BRASIL. Com a descoberta oficial do Brasil, o rei português, preocupado com as invasões estrangeiras, sobretudo francesas, dividiu as terras em capitanias. A doação das terras se fazia por meio de "cartas de doação". A "carta" vinha acompanhada de um documento, denominado "foral", um verdadeiro "contrato enfitêutico", estabelecendo os deveres do donatário para com a Coroa e para com aqueles que habitassem ou viessem a habitar os coutos, ou seja, as terras doadas (cf. VARHNAGEN, Francisco Adolfo. *História geral do Brasil.* 7. ed. São Paulo: Melhoramentos, v. I, 1962, p. 152. Cf., ainda, ABREU, Capistrano de. *Capítulos de história colonial – 1500-1800.* 7. ed. Belo Horizonte/São Paulo: Itatiaia/Empresa Folha da Manhã, 2000, p. 65.

34 Cf. LOEWENSTEIN, ob. cit., S. 4: "... die *Fundamental Orders of Connecticut,* erlassen in Hartford im Jahre 1638, kann wohl als die erste geschiebene Verfassung gelten und geht zeitlich dem mutterländischen *Instrument of Government* von Cromwell (1654) vor". Georg JELLINEK (1851-1911) lembra que as *Fundamental Orders of Connecticut* exerceram influência na elaboração do *Agreement of the People* inglês (ob. cit., p. 631).

rado a "mais velha Constituição política da América" por lorde Bryce (1838-1922), na verdade não contém dispositivo assegurando direitos e garantias individuais. Praticamente, só dispõe sobre a criação rudimentar de órgãos de governo.[35] A preocupação com documentos escritos continuou com um "código" para Massachusetts, que ficou conhecido como *Laws and Liberties of Massachusetts*.[36]

MAITLAND (1850-1906), em seu livro *The constitutional history of England* (Cambridge: University Press, 1950, p. 22 e seg.), acredita que a expressão *common law* começou a ser usada logo após o reinado de Eduardo I (1239-1307). *Common* significava "comum", no sentido de "geral", em oposição a "especial" e a "eclesiástico". É que cada condado possuía seu próprio direito, suas próprias regras de conduta, como também a Igreja. O *common law*,[37] porém, se achava revestido de caráter nacional, aplicando-se em toda a Inglaterra, sem particularidades, quer se tratasse de costumes locais ou do direito canônico. Por extensão, *common law* passou também a significar "direito não escrito" quando se queria contrapor a provimentos legislativos (*acts, statutes* etc).[38]

---

35 SCHWARTZ, Bernard, ob. cit., v. 1, p. 62.

36 FRIEDMAN, Lawrence. *A history of American law*. 3. ed. New York: A Touchstone Book, ed. by Simon & Schuster, 2005, p. 51. Quanto ao *The Book of the Lawes and Libertyes*, consulte http://www.law.du.edu/russell/lh/alh/docs/lawslibertyes.html. Acesso em: 28.02.2008.

37 Traduzir-se *common law* por "direito costumeiro" é erro conceitual.

38 A Suprema Corte dos Estados Unidos procurou conceituar "common law": *Common Law consists of those principles, usage and rules of action applicable to government and security of persons and property which do not rest for their authority upon any express and positive declaration of the legislature* (BLACK, ob. cit., p. 251).

Na Inglaterra, os parlamentos começaram a se reunir desde o século XIII. No início seu papel era judicial.[39] As instituições políticas e jurídicas foram, aos poucos, sendo consolidadas com base na experiência histórica e na grande capacidade de adaptação do povo inglês.[40] Diferentemente, no continente europeu, com as ideias iluministas, a política e o direito se contaminaram de racionalismo, que buscava universalizar suas teses, muitas vezes distanciadas da realidade da vida.[41] Na França, em particular, no século XVIII, e até mesmo no início do século XIX, grande ainda era a preocupação de inserir nas constituições políticas e nos próprios códigos civis, que então se consolidavam, princípios vazados na linguagem grandiloquente do Iluminismo. Com base nessa linha juspolítica é que se procurou pôr no projeto preliminar do Código de Napoleão os seguintes dispositivos:

> (art. 1º) *existe um direito universal e imutável, fonte de todas as leis positivas: ele não é mais do que a razão natural que governa todos os homens*;
>
> (art. 2º) *em matéria cível, o juiz, na falta de lei aplicável, é um ministro da eqüidade; a eqüidade é o recurso à lei natural e aos usos acolhidos no silêncio da lei positiva.*[42]

---

39 Cf. FUKUYAMA, Francis. *As origens...*, ob. cit., p. 447.

40 É oportuno lembrar que na Inglaterra, mesmo antes da época dos reis tudors, a administração era descentralizada e honorífica. Nessa mesma ocasião, na França, os servidores públicos eram controlados e estipendiados pelo poder central (cf. MAUROIS, André. *História da Inglaterra.* Trad. Carlos Domingues. Rio de Janeiro: Irmãos Pongetti Editores, p. 206).

41 MELO FRANCO, Afonso Arinos de. *Política e direito.* Brasília: Editora Universidade de Brasília, 1981, p. 18.

42 GROPPALI, Alessandro. *Introdução ao estudo do direito.* 3. ed. Trad. Manuel de Alarcão. Coimbra: Coimbra Editora, 1979, p. 81-82. Também o *Allge-*

A *Declaration of Rights made by the representatives of the good people*[43] *of Virginia*, de 12 de junho de 1776, proclamava em alto e bom-tom:

> *1. Que todos os homens são, por natureza, igualmente livres e independentes, e têm determinados direitos inatos, dos quais, quando eles entram num estado de sociedade, não podem, por nenhum pacto, ser privados ou despojados* (...).[44]

Pouco depois da *Virginia Declaration*, mais precisamente no dia 28 de junho de 1776, uma comissão (*Committee of Five*) constituída por Thomas Jefferson (1743-1826),[45] John Adams (1735-1826), Benjamin Franklin (1706-1790), Roger Sherman (1721-1793) e Robert R. Livingston (1746-1813)

---

meines Landrecht da Prússia (1794) está recheado de expressão de direito natural (cf. HÖFFE, Otofried. *Justiça política: fundamentação de uma filosofia crítica do direito e do estado*. Trad. Ernildo Stein. São Paulo: Martins Fontes, 2001, p. 73). O mesmo se deu com o Código de Processo Civil Geral austríaco de 1811 (*ibidem*, p. 73).

43 BRASIL. A expressão "homens bons" também era usada em Portugal e, consequentemente, no Brasil. Explica VARNHAGEN (1816-1878), ao tratar da justiça de primeiro grau: "A jurisdição primária em cada terra era exercida pelos *juízes ordinários*, mudados anualmente, e eleitos dentre os 'homens bons' ou pessoas mais graduadas do concelho" (*História geral do Brasil*. 7. ed. São Paulo: Melhoramentos, t. III-IV, t. I, 1962, p. 154). No mesmo sentido, ARMITAGE (1807-1856), João. *História do Brasil*. 3. ed. Brasileira. Rio de Janeiro: Zelio Valverde, 1943, p. 23. Ver também ABREU, Capistrano de, ob. cit., p. 45.

44 *That all men are by nature equally free and independent, and have certain inherent rights, of which, when they enter into a state of society, they cannot by any compact deprive or divest*... (COMMAGER, Henry Steele (ed.). *Documents of American history*. 6 ed. New York: Appleton-Century-Crofts, Inc., 1958, p. 103).

45 Em 1774, os ingleses fecharam o porto de Boston. O jovem advogado Thomas Jefferson redigiu um panfleto intitulado *Summary View of the Rights of British America*, que o consagrou definitivamente (cf. BERAN, Michael Knox. *Jefferson's demons*. New York: FreePress, 2003, p. 17).

apresentou o esboço,[46] elaborado por Jefferson, da Declaração da Independência, que foi solenemente assinado por representantes das antigas colônias britânicas.[47]

Feitas as considerações acima, comecemos pelo "direito natural", tão caro ao mundo jurídico anglo-americano.[48]

Vamos falar sobre a gênese do direito natural, ainda que por alto. Comecemos pelos gregos, os primeiros a especular sobre o "direito natural".[49] A fase de Hesíodo (nascido e morto no fim do séc. VIII a.C.), que atribuía aos deuses as desgraças dos homens, dera lugar à de Sólon (638-558 a.C.), na qual a razão preponderava sobre o fundo mítico.[50] Sólon observou que somente o culto irrestrito à Dike (Justiça) seria capaz de manter os homens em sociedade. As pestes, as más colheitas e as guerras não advinham da cólera dos deuses, mas eram fruto da cupidez e da corrupção do próprio homem. A punição para quem não seguia as regras jurídicas preestabelecidas chegava mais cedo ou mais tarde. A injustiça sempre

---

[46] Jefferson, pessoalmente, e a Comissão dos Cinco reescreveram a *Declaração* por oitenta e seis vezes... (cf. HUNT, Lynn. *A invenção dos direitos humanos*. Trad. Rosaura Eichenberg. São Paulo: Companhia das Letras, 2009, p. 16).

[47] COMMAGER, ob. cit., p. 100-103. Para mais informações: http://www.ushistory.org/Declaration/document/index.htm. Acesso em: 30.05.2008.

[48] HÖFFE (ob. cit., p. 74) diz que a expressão "direito natural" anda tão desacreditada que já não é mais empregada. Efetivamente, na atualidade muitos filósofos-políticos preferem utilizar para uma "instância suprapositiva" termos como "justiça política" (Höffe), "teoria da justiça" (Rawls) etc. Vamos, porém, continuar a usar a expressão consagrada "direito natural".

[49] Cf. BODENHEIMER, Edgar. *Teoría del derecho*. Versão espanhola por Vicente Herrero. México: Fondo de Cultura Económica, 1946, p. 108.

[50] Sólon, não obstante, acreditava na presença da divindade na ordem do mundo (cf. JAEGER, ob. cit., p. 210).

era temporária.[51] Já os sofistas, como Trasímaco (459-400 a.C.), Protágoras (481?-411 a.C.) e Timão (326-235 a.C.), não admitiam supernormas, normas universais e gerais. As leis – afirmavam – eram impostas pelo mais forte, e quase sempre em seu benefício.[52] Assim, podiam variar de *pólis* para *pólis*.[53] Outros filósofos, por sinal os mais destacados, como Hípias (460?-399? a.C.), Demócrito (460-370 a.C.) e Heráclito (535-475 a.C.), entendiam que todos os homens, independentemente do lugar, tempo e raça, comungavam de "elementos comuns da natureza".[54] A ordem universal (*physis*) era a mesma para todos os seres, fossem eles homens ou deuses; as normas elaboradas pelos homens (*nómoi*) deveriam harmonizar-se com as normas da natureza. Na época de Péricles (495-429 a.C.), com a crise religiosa e social instauradas, dá-se uma antítese entre a regulação humana (*nomos*) e a ordem natural (*physis*).[55] As normas de conduta do homem passam a espelhar-se não mais no *kosmos*, mas na "natureza do próprio homem", que podia cambiar com o tempo ou lugar. As leis para o homem deviam sair da observação do próprio homem, não da natureza como um todo. O "direito natural", então, passou a ser encarado como "comum", e o direito positivo, como "especial". No caso de conflito

---

51 *Ibidem*, p. 123,

52 Cf. BODENHEIMER, ob. cit., p. 108 e 109.

53 Segundo Thomas R. MARTIN, ob. cit., p. 52 e seg., a Cidade-Estado surgiu entre os anos 750 a 500 a. C. Compreendia não só os habitantes da "cidade", mas também os que viviam no campo. Todos faziam parte da mesma comunidade política, adorando publicamente os mesmos deuses.

54 BODENHEIMER, ob. cit., p. 109.

55 Cf. WELZEL, Hans. *Derecho natural y justicia material.* Versão para o espanhol por Felipe González Vicén. Madrid: Aguilar, 1957, p. 4.

entre ambos, prevalecia o último (especial). Foi o que se deu com Antígona,[56] donzela que invocou contra as leis escritas de seu tio Creonte, vale dizer, contra o direito positivo, costumes imemoriais (direito natural) para que ela, Antígona, pudesse dar sepultura ao irmão tido como traidor da pátria. Prevaleceram as leis do Estado (Tebas), ou seja, o direito especial.[57]

Alguns pensadores viam no homem um animal que se guiava pela razão. O legislador divino havia posto as leis físicas e humanas. Cabia ao homem, por meio da razão, descobri-las e interpretá-las. É a vertente mais tarde denominada "iluminista". Outros pensadores, ao contrário, defendiam a tese de que o homem agia mediante mero impulso instintivo. É a vertente "historicista". Daí o nascimento de duas escolas de direito natural: a idealista e a existencial.[58] Com a primeira (idealista), ficaram Platão [424(?)-348/347 a.C.] e Aristóteles (384-322 a.C.); com a última (existencial), os sofistas. Se os idealistas viam no direito natural regras universais e imutáveis, os sofistas entendiam que tais regras tinham conotação individual e relativa.

Mas, só com o advento do estoicismo é que o conceito de direito natural atingiu sua maturidade.[59] O homem – afirmavam os estoicos – é ser racional por natureza. A

---

56 Ver MACIEL, Adhemar Ferreira. Um pouco de Antígona e de Direito Natural *in Dimensões de direito público*. Belo Horizonte: Del Rey, 2000, p. 139. Há versão inglesa do mesmo artigo (A little of Antigone and of natural right) e alemã (Etwas über Antigone und Naturrecht), publicadas pela BDJur do STJ.

57 Em português há tradução em linguagem accessível e atualizada do drama de Sófocles, feita por Millôr Fernandes (Sófocles. *Antígona*. São Paulo: Paz e Terra, 1997).

58 Cf. WELZEL, ob. cit., p. 6.

59 BODENHEIMER, ob. cit., p. 110.

razão é de sua essência, de sua substância. Zenão de Cicio (350-260 a.C.) identificava direito natural e razão.[60] Argumentava-se, então, que na "idade de ouro" do direito natural, quando então se podia falar em "direito natural absoluto", todos os homens eram livres e iguais. Não havia propriedade privada ou mesmo família. A razão divina habitava o coração de todos. A todos guiava. Com o correr do tempo, todavia, alguns homens, sequiosos de poder, seduzidos pela violência e insolência (*Hybris*), acabaram por perturbar a paz social. Novas instituições tiveram que ser criadas. O direito natural perdeu seu caráter absoluto e passou a coexistir com as leis criadas pelos homens.

O conceito estoico de *jus naturale* passou para os juristas romanos, que lhe deram conotação prática, e foi repercutir nos Padres da Igreja, sendo adaptado aos seus cânones. Já não mais era um direito advindo do *universo físico*. Tratava-se de um direito manifestado pela *revelação divina*. Um bom exemplo está em santo Isidoro de Sevilha (560-636), que falava que todas as leis eram divinas ou humanas. As leis divinas se fundavam na natureza, as humanas, nos costumes. Passou-se a atribuir nova conotação ao direito natural, que se dicotomizou: "direito natural absoluto" e "direito natural relativo". O primeiro – absoluto –, existente antes da Queda do Homem; o segundo – relativo-, depois do advento do pecado no mundo. De qualquer sorte, tocava à Igreja conciliar os dois. Santo Agostinho (354-430) já havia afirmado que a lei injusta não era lei, e a ela não se devia obedecer. Era a prevalência do direito natural sobre o direito positivo.

---

60 *Ibidem*, p. 111.

Coube a Tomás de Aquino (1225-1274), mais de meio milênio depois, criar um sistema complexo, conciliando os ensinamentos de Aristóteles com os princípios da Igreja. O direito natural configurava uma *participatio legis aeternae in rationali creatura.* Mas, por outro lado, Aquino não deixa de reconhecer que o direito humano regrava áreas não abrangidas pelo *ius naturale.*[61] O mundo da Idade Média era um mundo que se acreditava imutável. O homem era o centro de tudo, pois era a imagem de Deus. As coisas já estavam preestabelecidas pelas leis divinas.[62]

E o direito natural hodiernamente? Tem significado? Tem algum valor? Historicamente, é fácil verificar que na época de crise institucional, a invocação ao direito natural é feita com mais frequência. Assim foi na época das revoluções americana e francesa, nos pós-Grandes Guerras Mundiais do século passado. Em decorrência, os altos e baixos do direito natural. Na realidade, o denominado "direito natural", que já serviu para tudo, inclusive para reforçar o próprio "direito positivo", continua, a despeito de suas inúmeras "sentenças de morte",[63] sendo invoca-

---

[61] Cf. LLOYD, Dennis. *A idéia de lei.* Trad. Álvaro Cabral. São Paulo: Martins Fontes, 1998, p. 92.

[62] Na sociedade feudal, a mobilidade de classes era praticamente inexistente (cf. HUNTINGTON, ob. cit., p. 149 e seg.).

[63] Heinrich HENKEL (*Introducción a la filosofía del derecho – fundamentos del derecho.* Versão espanhola por Enrique Gimbernat Ordeig. Madrid: Taurus, 1968, p. 635 e seg.) ensina que o positivismo legal forneceu os seguintes elementos para a análise do direito natural: "1) Não existe *nenhuma ordem jurídica dada aprioristicamente ao homem,* mas unicamente um Direito que está confiado à ação conformadora do homem; 2) Não existe um *Direito 'absoluto' e geral* que paire acima da realidade da vida social, e que seja independente dos agrupamentos humanos, mas só um Direito histórico concreto, criado com base no espírito comum de grupos ou de uniões de

do, ainda hoje, em decisões da Suprema Corte dos Estados Unidos. Aqui no Brasil, é certo, não é muito fácil deparar-se com decisão judicial invocadora de "direito natural",[64] ainda que obliquamente o juiz possa, no caso de lacuna da lei, aplicar "por obra e graça do direito positivo" *os princípios gerais do direito* (Lei de Introdução ao Código Civil, art. 4º [65]). A formação juspositivista brasileira nos dá certa aversão ao denominado "direito natural".[66]

Para muitos críticos, o direito natural, digamos para extremar, pode ser bom para o *historiador constitucional*, para o *jusfilósofo*, para o *juspolítico*, não para o *aplicador oficial do direito*... O mesmo, porém, não se dá com o juiz norte-americano, ainda que utilize de floreios mais retóricos do que mesmo de fundo.

---

grupos concretos; 3) Nem a idéia de um Direito devido, nem tão pouco a 'correção' objetiva de uma ordem de normas imaginadas são constitutivas, por si só, para o caráter de Direito existente. A idéia de um 'Direito desejado' ou de um puro 'Direito essencial' é totalmente irreal. Sem a passagem para o processo da realidade, que é a positivação, todas as idéias jurídicas, por mais fundamentadas que materialmente possam estar, permanecem no estágio do plano ou do projeto; contêm, por certo, a idéia do Direito que deve ser, mas não o conteúdo do Direito existente, isto é, aplicável".

64 BRASIL: Na sessão de 16.08.2006, no Supremo Tribunal Federal, quando se discutia animadamente a questão que envolvia a teoria da "separação de poderes" (ADI 2391/SC, *Ellen Gracie*), o ministro Eros Grau (1940-...) tocou *obiter dictum* em "direito natural".

65 A Lei n. 12.376, de 2010, alterou a rubrica da LICC, passando-a para "Lei de Introdução às Normas do Direito Brasileiro".

66 BRASIL: Não se pode deixar de fazer um registro histórico: para os Cursos Jurídicos de Olinda e São Paulo, foi criado, em 1827, um curso de "Direito Natural", inserido na cadeira "Direito Público e Análise da Constituição do Império" (cf. MELO FRANCO, Afonso Arinos de, ob. cit., p. 37 e 52).

Na visão jusnaturalista clássica, a partir de quando o Homem[67] começou a se organizar politicamente ele teve um sonho: o de viver em uma sociedade justa. É o sonho do "Estado perfeito" de Platão. É a *Weltregierung* de Albert Einstein (1879-1955). É claro que esse sonho continuará sendo uma "bolha de sabão". Nunca se concretizará às inteiras, pois a injustiça estará sempre presente no mundo. Os próprios discípulos da Stoa[68] já se tinham inteirado disso, quando falavam em "direito natural relativo". Esses visionários imaginaram um conjunto de princípios que pudessem ser aplicados ao Homem enquanto Homem. A esse feixe de princípios ideados, de conteúdo ético, deu-se o nome de *Direito Natural*.[69]

Hans Kelsen (1881-1973), um dos críticos mais mordazes do denominado "direito natural", via no direito natural uma autêntica "ideologia", um apanhado de "fórmulas vazias, como *suum cuique, a cada um o seu*, ou em tautologias sem sentido como o *imperativo categórico* (...)" de Kant (1724-1804).[70] Antes de Kelsen, Jeremy Bentham (1748-1832) comprazia-se em dizer que o direito natural

---

67 Para De Maistre (1753-1821), não existe homem com "H" maiúsculo, isto é, "com caracteres fundamentais sempre iguais e imutáveis". Podem existir "franceses", "italianos", "russos" etc. (*apud* BOBBIO, Norberto. *O positivismo jurídico – lições de filosofia do direito.* São Paulo: Ícone, 1995, p. 48).

68 *Poikile Stoá* (Colunata Pintada). Cf. LAÊRTIOS, Diôgenes. *Vidas e doutrinas dos filósofos ilustres.* Trad. Mário da Gama Kury. Brasília: Editora Universidade de Brasília, 1988, p. 182.

69 Platão, em sua visão puramente idealista, entendia que o direito natural podia ser percebido por meio de intuição racional muito embora jamais pudesse ser efetivamente concretizado (cf. LLOYD, ob. cit., p. 87).

70 BOBBIO, Norberto. *Teoria geral do direito e do estado.* Trad. Luís Carlos Borges. São Paulo: Martins Fontes, 2000, p. 14.

era pura tolice, "tolice com ondas".[71] Norberto Bobbio (1909-2004), o grande juspositivista do século XX, ensina que o que antigamente se chamava *jus naturale* equivale, hoje, à "filosofia de direito".[72]

Denominações outras foram sugeridas para direito natural: "direito racional", "direito da razão",[73] "direito ideal", "direito filosófico",[74] "direitos das gentes".[75] Falou-se até em "direito do direito"[76] ou em "direito existencial" (*Existenzrecht*),[77] de Werner Maihofer (1918-2009). Paul Foriers aludiu a "direito natural positivo".[78]

Outros autores, mesmo com todas essas assacadilhas, continuam a insistir na existência e superioridade do direito natural. É o que faz Mitteis (1889-1952) em *Über das Naturrecht*:

> (é) *um Direito superior que dá resposta a todas as nossas perguntas, que coloca um espelho diante do Direito positivo, um Direito 'correto', com o qual nossa consciência jurídica (o sentimento imediatamente evidente para o justo e para o injusto) fica satisfeita.*[79]

---

[71] LLOYD, ob. cit., p. 115.

[72] BOBBIO, Norberto. *Locke e o direito natural.* 2. ed. Trad. Sérgio Bath. Brasília: Universidade de Brasília, 1998, p. 13.

[73] HÖFFE (ob. cit., p. 72) lembra que a expressão "direito da razão" apareceu na Europa a partir do Iluminismo.

[74] Cf. GROPPALI, ob. cit., p. 79.

[75] BOBBIO, Norberto. *O positivismo...*, ob. cit., p. 18 e seg.

[76] Cf. HENKEL, Heinrich, ob. cit., p. 648.

[77] Ver WELZEL, Hans, ob. cit. p. 669.

[78] *Apud* PERELMAN, Chaïm. *Ética e direito.* Trad. Maria Ermantina Galvão G. Pereira. São Paulo: Martins Fontes, 1996, p. 453.

[79] *Apud* HENKEL, ob. cit., p. 644.

Dennis Lloyd, professor de *Jurisprudence*[80] da Universidade de Londres, em seu livro *A Idéia de Lei*, ressalta a forte presença do "direito natural" na Constituição da Filadélfia:

> *A Constituição dos Estados Unidos é, essencialmente, um documento de direito natural que estabelece a autoridade funda-*

---

80 A palavra *jurisprudence*, em inglês, não deixa de ser imprecisa. Muitas vezes é alusiva a *decisões reiteradas* de um tribunal judicial em determinado sentido. Equivale, nesse caso, a "jurisprudência" em português. Todavia, pode significar "ciência do direito". O Black´s Law Dictionary tem *jurisprudence* como *philosophy of law* (*In the proper sense of the word, 'jurisprudence' is the science of law, namely, that science which has for its function to ascertain the principles on which legal rules are based, so as not only to classify those rules in their proper order, and show the relation in which they stand to one another, but also to settle the manner in which new or doubtful cases should be brought under the appropriate rules*). Wayne MORRISON, em seu livro *Jurisprudence: from the Greeks to post-modernism* (London: Cavendish Publishing Limited, 1997), no primeiro capítulo, gasta um bocado de palavras para discutir e conceituar *jurisprudence*. A seguir, arremata o professor da Queen Mary & Westfield: *In broader terms jurisprudence may be defined as the wisdom of law, or the understanding of the nature and context of the 'legal enterprise.* Em alemão, o termo *Jurisprudenz* é normalmente empregado como sinônimo de *Rechtswissenschaft* – ciência do direito (ver, a propósito, a conferência de KIRCHMANN *La jurisprudencia no es ciencia.* 2. ed. Versão espanhola por Antonio Truyol y Serra. Madrid: Instituto de Estudios Políticos. 1961, p. 11 e seg.). Alguns autores têm *Rechtswissenschaft* como abrangente da *Rechtsphilosophie.* Etimologicamente, "filosofia" e "ciência" significam a mesma coisa: "amor ao saber". Como ensina Luis LEGAZ Y LACAMBRA (1906-1980) em sua *Filosofía del derecho* (Barcelona: Bosch, 1953, p. 10 e 17), no início os problemas fundamentais e radicais do direito eram tratados pela "filosofia do direito"; hoje, tais problemas são objeto da "ciência do direito". Toda ciência tem um objeto específico, concreto. Já o objeto da filosofia é de natureza transcendental, fugidia. *La ciencia considera las cosas que son y tales como son; la filosofía las considera en cuanto son. El objeto de la filosofía es, pues, trascendental, sólo accesible a la reflexión, y no hay otro modo de aprender filosofía que ponerse a filosofar.* Manuel GARCÍA MORENTE (1886-1942) adverte que "filosofia não é ciência". "Cada ciência tem um objeto delimitado", ao passo que "a filosofia se ocupa de qualquer objeto em geral" (*Fundamentos de filosofia. Lições preliminares.* 5. ed. Trad. Guilhermo de la Cruz Coronado. São Paulo: Mestre Jou, 1952, p. 37).

mental do povo, sob a égide do direito natural, e garante os direitos naturais dos cidadãos.[81]

Realmente, os princípios éticos informadores do direito natural moderno, sedimentados no pensamento europeu de Grotius, Spinoza (1632-1677), Bodin (1530-1596), Rousseau (1712-1778), Hobbes, Locke, Cumberland, Thomasius (1655-1728), Wolff (1679-1754) e Kant plasmaram as revoluções americana e francesa. Trouxeram, como consequência política prática, o conceito de *Estado de direito*, de *constituição escrita*, de *direitos fundamentais*,[82] de *direitos comunitários* etc.[83]

Hoje, passados mais de dois séculos, ao ler-se a Declaração da Independência dos Estados Unidos, é que se pode verificar como esse documento condensa princípios do *soi-disant* direito natural, seja na vertente do *common law* inglês ou da doutrina da maturidade de John Locke. O mesmo fenômeno se deu com as Constituições francesas do fim do século XVIII e com as atuais constituições do mundo ocidental.[84]

Por paradoxal que possa parecer, Thomas Hobbes, considerado o precursor do positivismo moderno,[85] par-

81 LLOYD, Dennis, ob. cit., p. 97.

82 Modernamente, os juízes preferem falar em "direito fundamental", expressão que tem o mesmo significado do antigo "direito natural individual" [*Chase Securities Corp. v. Donaldson, 325 U. S. 304, 314 (1945)*].

83 Cf. HÖFFE, ob. cit., p. 72 e 73.

84 "Do otimismo oficial de Locke iam sair o *Contrato Social* de Rousseau, a Declaração dos Direitos do Homem e do Cidadão e a Declaração da Independência Americana' (MAUROIS, André, ob. cit., p. 373).

85 Cf. BOBBIO, *O positivismo...*, ob. cit., p. 34. BOBBIO, *Locke e o direito...*, ob. cit., p. 41. John Austin (1790-1859), por sua vez, é tido como o "fundador do positivismo jurídico (BOBBIO, *O positivismo*, ob. cit., p. 34).

tiu exatamente do jusnaturalismo para sustentar o direito posto pelo rei e pelo Parlamento. Ainda hoje, bem mais de três centúrias depois, ressoa a histórica polêmica travada entre Hobbes e o juiz Edward Coke (1552-1634),[86] que obstinadamente defendia a supremacia e a excelência do *common law*. A tese de Coke, que tinha seus antecedentes históricos no mundo helênico (os *psefísmata* tinham que se conformar com os *nómoi*[87]) e aragonês, foi o germe da *judicial review* de John Marshall (1755-1835), um dos institutos marcantes do constitucionalismo norte-americano, que se espalhou pelo mundo ocidental. A *Judicial Review*, "oficializada" em 1803 com *Marbury*, é um dos marcos do direito norte-americano. O professor Laurence H. Tribe lembra que o caso *Marbury v. Madison* é um autêntico "superprecedente",[88] com *status* constitucional. Por sua vez, o professor Richard H. Fallon Jr., da Harvard, fala em "pedra fundamental" (*foundation stone*). O *case Marbury v. Madison* será abordado com mais vagar no próximo capítulo.

O direito – apregoava Hobbes – não era fruto de decisões de juízes, por mais sábios que eles pudessem ser, mas

---

86 Coke se revelou como magistrado (era presidente do *King's Bench*), escritor e parlamentar. Foi o principal elaborador da *Petition of Right* (1628). Em 1621, como membro do Parlamento, ressuscitou o instituto do *impeachment*, que permanecia inativo durante a era Tudor. A função do *impeachment* era punir e ao mesmo tempo responsabilizar o servidor público (cf. ROSANVALLON, Pierre. *Counter-democracy – politics in the age of distrust*. Versão inglesa por Arthur Goldhammer. Cambridge: Cambridge University Press, 2008, p. 203 e seg.).

87 Cf. CAPPELLETTI, Mauro. *O controle judicial de constitucionalidade das leis no direito comparado*. Trad. Aroldo Plínio Gonçalves. Porto Alegre: Sergio Antonio Fabris Editor, 1984, p. 58 e seg.

88 TRIBE, Laurence H. *The invisible constitution*. New York: Oxford University Press, 2008, p. 19.

resultado da vontade do rei e do Parlamento. Nota-se aí, no ataque ao *common law*, a brecha aberta no flanco do direito natural, pois muitos de seus fundamentos eram comuns. Já Coke tinha o *common law* como a "consubstanciação da razão humana". No caso de conflito entre uma lei positiva (*statute*) e o *common law*, deveria prevalecer o último.[89] "O Parlamento não pode fazer com que 2 e 2 dê 5: não dispõe dessa onipotência. O supremo poder de um Estado é somente o *jus dicere*; o *jus dare*, estritamente falando, pertence somente a Deus", enfatizou James Otis (1725-1783) em *Rights of the British Colonies*.[90]

Thomas Hobbes, ao utilizar-se da palavra *Commonwealth*, foi o primeiro dos autores modernos a nos dar a "ideia abstrata" do Estado, separando a figura do soberano da figura da entidade pública.[91] Desmontou, em decorrência, os dois pilares do Estado de Bodin: o direito natural e o direito divino do rei. Os homens, por meio de um pacto, alienavam incondicionalmente a soberania ao governante, que poderia ser uma pessoa física (soberano) ou um colegiado (assembleia), como sustentara o próprio Jean Bodin antes dele.[92] Cada unidade política (*Commonwealth*) tinha suas leis, feitas por seu governante, para valer exclusivamente em seu território. Trata-se, como ressalta o professor Martin van Creveld (1946-...), do positivismo levado a seu extremo.[93]

---

89 LLOYD, ob. cit., p. 95.

90 *Apud* WOOD, ob. cit., p. 264. O texto *Rights of the British Colonies Asserted and Proved* se acha disponível em: http://www.constitution.org/bcp/otis_rbcap.htm. Acesso em: 02.09.2009.

91 Cf. CREVELD, ob. cit., p. 254.

92 *Ibidem*, p. 254.

93 *Ibidem*, p. 254.

Com as revoluções mercantil e industrial na Grã-Bretanha, o direito inglês[94] estava em plena adaptação. Blackstone, em atitude conservadora, procurava, em suas lições, glorificar o *common law*, buscando afastar qualquer tentativa de reformas. O *common law* – afirmava ele – é um "sistema perfeito", capaz, ainda, de guiar os ingleses. Daí a deificação dos precedentes judiciais, do *stare decisis*. Por mais de um século, os ensinamentos radicais de *sir* William Blackstone (1723-1780) foram seguidos de um lado e do outro do Atlântico.[95]

Antes de encerrarmos esse capítulo, vamos falar, ainda que pouco, sobre John Locke, uma vez que ele foi o filósofo e teórico político que mais influenciou na edificação do Estado norte-americano.[96] Também teremos que consignar uma ou duas linhas a Montesquieu, cuja doutrina da "separação" dos três poderes foi concretamente aproveitada pelos Fundadores dos Estados Unidos.[97]

A obra de Locke "é a obra mais completa e mais feliz do constitucionalismo moderno", ressalta Norberto Bobbio.[98] Seus escritos formam uma espécie de ponte entre os republicanos da época de Cromwell (1599-1658) e os revolucionários americanos e franceses.[99] Em seu

---

94 "Direito inglês" é o da Inglaterra e o do País de Gales.

95 Cf. CREVELD, ob. cit. p. 16.

96 Cf. LUCAS, John Randolph. *Democracia e participação*. Trad. Caio Paranhos Rocha. Brasília: Editora Universidade de Brasília, 1975, p. 19.

97 CREVELD, ob. cit., p. 259, ao falar sobre a separação dos poderes de Montesquieu, enfatiza: "Quis o destino que os Estados Unidos fossem o primeiro país a pôr essa idéia em prática".

98 BOBBIO, Norberto. *Locke e o direito...*, ob. cit., p. 167.

99 Cf. WELLS, H. G. *História universal*. 8. ed. Trad. Anísio Teixeira. Rio de Janeiro: Companhia Editora Nacional, v. 7, 1970, p. 119.

Second Treatise on Government, escrito na década de 1680, segundo Peter Laslett (1915-2001), Locke argumenta que os homens, saindo do estado de natureza, fizeram um pacto e criaram uma sociedade para que pudessem *usufruir e preservar em paz e segurança suas propriedades* (*§ 124* e *§ 134*).[100]

Como ressalta van Creveld,[101] John Locke, embora pouco mencione o nome de Hobbes em seus livros, procurou refutar suas ideias. Também procurou combater em seu *Primeiro Tratado* as ideias de Robert Filmer (1588-1653) do "direito divino dos monarcas". Locke foi um dos primeiros iluministas ingleses. Tal como Hobbes, Locke tinha na "razão" a essência do homem. Mas, diferentemente de Hobbes, entendia que o homem não era mau por natureza (*homo homini lupus*). A sociedade civil criara o Estado (*Commonwealth*) para proteger os direitos naturais como a vida, a liberdade e a propriedade.[102] Somente a sociedade politicamente organizada era capaz de tirar o homem do estado da natureza, onde imperava a força bruta. Se Hobbes via no Leviatã a encarnação do absolutismo, Locke, ao contrário, frisava que um governante tirano poderia ser substituído pelo povo (pequenos proprietários).[103] Os governantes só podem governar com o assen-

---

100 Cf. LOCKE, John. *Two treatises of government*. (Disponível em: www.lonang.com/exlibris/locke. Acesso em: 07.07.2013). O filósofo enfatiza a importância da "propriedade": "A razão pela qual os homens constituem sociedade é a preservação de suas propriedades" (*The reason why men enter into society is the preservation of their property*).

101 *Ibidem*, p. 255 e seg.

102 *Ibidem*, p. 256.

103 Em sua mocidade, Locke estava mais preocupado com as honrarias e menosprezava o povo (cf. BOBBIO, *Locke e o direito*..., ob. cit., p. 246).

timento dos governados. Advogava a tese da periodicidade dos detentores do poder: os governantes deveriam ser eleitos por período certo. O pacto social firmado entre sociedade e governante não era um "contrato de submissão absoluta", que não pudesse ser resilido, como profligava Hobbes.[104] No Capítulo XIX de seu *Second Treatise*, que fala sobre a dissolução do governo (*Of the Dissolution of Government*), Locke diz que o indivíduo, quando ingressa na sociedade, perde seu poder político, que não lhe pode mais ser devolvido enquanto existir a sociedade. Mas, de qualquer sorte, esse poder fica com a sociedade e no caso de malogro dos governantes "(...) o povo tem o direito de agir como se fosse supremo, e continuar com o governo (legislativo) por sua própria conta; ou erigir nova forma ou (então) pôr sob a forma antiga (o governo) em novas mãos, do jeito que achar melhor."[105]

O pensamento de Locke foi de influência capital na elaboração das declarações políticas norte-americanas (1776

Realmente, em "Segundo opúsculo sobre o governo" (Ensaios Maiores), Locke sustenta: "(1) Que o súdito está obrigado a uma obediência passiva, quaisquer que sejam os decretos do magistrado, justos ou injustos, não podendo um cidadão particular, seja com que fundamento for, opor-se aos decretos do magistrado pela força das armas, embora, de fato, se a matéria for ilegítima o magistrado peque ao ordená-la" [LOCKE, John. *Ensaios políticos* (org. Mark Goldie). Trad. Eunice Ostrensky. São Paulo: Martins Fontes, 2007, p. 77]. Já na sua velhice, Locke mudou de ideia. Passou a legitimar a substituição do governante tirano.

104 Cf. PISIER, Evelyne *et al. História das idéias políticas*. Trad. Maria Alice Farah Calil Antonio. Barueri, SP: Manole, 2004, p. 64.

105 A tradução foi livre. No inglês do século XVII: "(...) and the people have a right to act as supreme, and continue the legislative in themselves; or erect a new form, or under the old form place it in new hands, as they think good" (*Project Gutenberg*. Disponível em: http://www.gutenberg.org/catalog/wc. Acesso em: 31.07.2013).

e 1787) e francesas (1789).[106] A essência de seu pensamento está no conceito da igualdade. A igualdade de Locke não é a igualdade mais tarde apregoada por Rousseau. Para Locke, a igualdade é formal. Depois, cada um que procurasse desenvolver suas potencialidades segundo sua capacidade.[107] O que não poderiam existir eram privilégios.[108] Sua teoria política forcejava para distinguir o "poder paterno" (sobre os filhos) do "poder civil" (sobre os súditos) ou do "poder despótico" (sobre escravos).[109]

Evidentemente, a ideia do fracionamento do poder político em benefício do governado não era nova na época de Montesquieu ou de Locke. Tinha raízes mais remotas no tempo e na História: em Sólon, Aristóteles, Políbio (203-120 a.C.), Maquiavel (1469-1527), Fortescue [1531(?)-1607], Bolingbroke (1678-1751) e em muitos outros. Mas, inegavelmente, foi o barão de Montesquieu, em o *Espírito das Leis* (1748), que lhe deu sistematização e vida. No livro décimo primeiro, no tópico relativo à "Constituição da Inglaterra", ele enfatiza:

> *Tampouco existe liberdade se o poder de julgar não for separado do poder legislativo e do executivo. Se estivesse unido ao poder legislativo, o poder sobre a vida e a liberdade dos cidadãos seria arbitrário, pois o juiz seria legislador. Se*

---

106 *Ibidem*, p. 67. A importância de Locke não foi só política. Voltaire, em seu ensaio sobre "A Alma", não perde a oportunidade de invocar a autoridade de John Locke.

107 A desigualdade em si nunca trouxe maior preocupação nos Estados Unidos. A cultura política americana enfatiza a "igualdade de oportunidades e não de resultados" (FUKUYAMA, *As origens...*, ob. cit. p. 23).

108 Cf. BALLADORE PALLIERI, ob. cit., p. 62.

109 Cf. BOBBIO, *Locke e o direito...*, ob. cit., p. 208.

> *estivesse unido ao poder executivo, o juiz poderia ter a força de um opressor.*[110]

As ideias de "governo misto", desenvolvidas por Políbio e Maquiavel, atingiram os iluministas ingleses das décadas de 1640 e 1650, dentre os quais John Milton (1608-1674), Marchamont Nedham (1620-1678) e Charles Dallison.[111]

Embalado pelo pensamento de John Locke, Montesquieu valorizou as leis feitas pelo homem, as quais se achavam acima dos provimentos elaborados pelo rei e pelo parlamento. Somente por intermédio da "divisão" da soberania em três poderes, ramos ou departamentos é que se conseguiria equilibrar e neutralizar a prepotência do governante, preservando, desse modo, a liberdade do súdito.[112] Mas Montesquieu jamais poderia imaginar, como ocorreu anos depois com a Suprema Corte dos Estados Unidos, que o Judiciário, logo o "mais fraco dos três poderes", fosse revestir-se de poder para anular atos dos dois outros congêneres sob o pretexto de ofensa à Constituição.

Falamos sobre instituições inglesas. Vamos nos voltar, agora, para os Estados Unidos.

Como já andamos ressaltando pouco mais acima, as instituições político-jurídicas americanas se acham ligadas historicamente à tradição do período Tudor,[113] época

---

110 MONTESQUIEU. *O espírito das leis*. Trad. Cristina Murachco. São Paulo: Martins Fontes, 1996, p. 168.

111 Cf. BEDERMAN, ob. cit., p. 72.

112 CREVELD, ob. cit., p. 259.

113 A Casa Tudor, que começa com a vitória do galês Henrique Tudor (Henry VII) sobre o iorquista Ricardo III (1485), durou cento e dezoito anos. Ter-

em que grandes levas de emigrantes ingleses deixaram a Inglaterra em direção ao Novo Mundo.

Na *Tudor England* (1485-1603), o poder político se achava disseminado pelo Parlamento, Coroa e outras instituições públicas. As mesmas funções eram comumente exercidas por mais de um órgão. "Uma única instituição frequentemente exercia muitas funções, e uma só função era comumente dispersa entre diversas instituições", averba Huntington.[114] No século XV, os tribunais gozavam de autonomia, neutralidade, constituindo um "*terceiro poder*, com competência para julgar questões constitucionais, como o direito do parlamento de revogar uma patente real".[115]

Depois que os colonos vieram para a América, e com eles trouxeram seus costumes e o *common law*[116] da épo-

---

minou com Elizabeth I (1603). Henry VII, duque de Richmond, reinou por vinte e quatro anos. Foi um período de tranquilidade e prosperidade para a Inglaterra. A marinha mercante cresceu muito, concorrendo com as frotas de Gênova e Veneza (cf. MAUROIS, ob. cit., p, 203). Se a França se modernizava por meio da centralização e burocratização de sua administração, a Inglaterra Tudor primava por uma administração descentralizada feita por voluntários. Os governos municipais ingleses estavam nas mãos dos *justices of the peace* e dos *constables*, esses últimos mantendo a ordem, aqueles, a justiça. Cada povoado, cada condado era "uma célula viva de um grande corpo que será o Estado" (MAUROIS, ob. cit., p. 210).

114 *A single institution often exercised many functions, and a single function was often dispersed among several institutions* (HUNTINGTON, ob. cit., p. 109).

115 FUKUYAMA, *As origens...*, ob. cit., p. 441.

116 Ao falar sobre o *common law* transplantado para o Novo Mundo, Cooley assinala: *The colonists claimed that this code of law accompanied them, as a standard of right and of protection in their emigration, and that it remained their law, excepting as some particulars it was found unsuited to their circumstances in the New World* (COOLEY, Thomas. *The general principles of constitutional law in the United States of America.* 4. ed. Boston: Little, Brown, and Company, 1931,

ca Tudor, a Inglaterra começou a mudar, a modernizar-se. À semelhança da Europa continental – França, em especial –, houve concentração de poder, com funções diferenciadas. Mas nos Estados Unidos, nessa mesma ocasião, o poder continuava tal como na época dos Tudors, repartido, porém com as funções misturadas entre as diferentes instituições. "A América perpetuou a fusão de funções e a divisão de poder, enquanto a Europa desenvolveu a diferenciação de funções e a centralização de poder".[117] Em razão da fusão das funções, os tribunais americanos, em comparação com as cortes inglesas de então, detinham um poder político peculiar ao legislativo.[118] "Na América, a mistura de funções judiciais e políticas permaneceram. O poder do judiciário de declarar aquilo que a lei é converteu-se numa mistura judiciário-legislativo de poder dizer ao legislativo aquilo que a lei não poderia ser".[119] Daí se dizer que a Suprema Corte é

---

p. 7). LOEWENSTEIN (*Verfassungsrecht und Verfassungspraxis...*, ob. cit., p. 3) ressalta que os colonos ingleses trouxeram para a América os direitos consagrados no *Bill of Rights* (1689), a tradição da autoadministração local, a instituição do júri e o instituto do *habeas corpus*.

117 *America perpetuated a fusion of functions and a division of power, while Europe developed a differentiation of functions and a centralization of power* (HUNTINGTON, ob. cit., p. 110).

118 No Reino Unido sempre houve resistência à *judicial review*. Tradicionalmente, os grandes doutrinadores ingleses defendiam a soberania do Parlamento. A tecla era sempre a mesma: "os juízes não são eleitos pelo povo", diferentemente dos deputados. A essa "fé na soberania do Parlamento" (*faith in the sovereignty of Parliament*), Iain McLean chama de "Diceyanism" (cf. McLEAN, Iain. *What's wrong with the British constitution?* Great Britain: Oxford University Press, 2010, p. 314).

119 *In America (...) the mixture of judicial and political functions remained. The judicial power to declare what the law is became the mixed judicial-legislative power to tell the legislature what the law cannot be* (*ibidem*, p. 112).

uma *third chamber*, que age ao lado das duas outras casas políticas (*House of Representatives* e *Senate*).[120] Como se viu mais acima, essa atuação era herança do período Tudor.

A principal base do direito estadunidense está nas decisões das cortes de justiça. Daí se falar em "direito judicial" (*judicial law* ou *case law*). É o direito advindo dos precedentes judiciais. É a *rule of precedent* ou o *stare decisis*.[121] Já o direito brasileiro, como se delineou no Capítulo I, que tem como fonte quase exclusiva a lei, pode ser, para

120 LOEWENSTEIN, Karl. *Teoría de la constitución*. Versão espanhola por Alfredo Gallego Anabitarte. Barcelona: Ediciones Ariel, 1970, p. 310. BRASIL. Ainda que a Carta imperial de 1824 falasse em "Poder Judicial independente" (art. 151), somente com a República, que instituiu um Supremo Tribunal à americana, é que tivemos um Judiciário capaz de interpretar as leis e os atos administrativos à luz da Constituição (cf. NOGUEIRA, Octaciano. *O poder legislativo no Brasil (1821-1930)*. Brasília: Departamento de Imprensa Nacional. Fundação Petrônio Portella e Fundação Milton Campos, 1981, p. 103).

121 *Stare Decisis*. Trata-se de forma simplificada da expressão latina *stare decisis et non quieta movere* (*mantenha-se a decisão, e não se disturbe o que foi decidido*). O "decisis", na linguagem forense corrente, é pronunciado "dissais". É a consagração da doutrina que prioriza a estabilidade das regras jurídicas. Se não houver forte razão político-jurídica para se mudar a interpretação ou aplicação de determinada regra legal, o tribunal deve enquadrar o fato novo no mesmo clichê anterior. Em decorrência, os tribunais ou juízes *a quo* ficam presos aos precedentes. O Black's Dictionary registra: *to adhere to precedents, and not to unsettle things which are established* (ob. cit., p. 1.261). Todavia, o *justice* Cardozo adverte quanto à rigidez dos precedentes na área do direito constitucional: "Mas estou pronto a admitir que a regra de adesão ao precedente judiciário, embora não deva ser abandonada, deveria ser relaxada em certo grau. Penso que quando uma regra de direito, depois de devidamente provada pela experiência, é considerada inconciliável com o senso de justiça ou com o bem-estar social, deveria haver menos hesitação no franco reconhecimento deste fato e no completo abandono da referida regra" (CARDOZO, Benjamin. *A natureza do processo e a evolução do direito*. Trad. Lêda Boechat Rodrigues. São Paulo: Editora Nacional de Direito Ltda., 1956, p. 85).

fins de contraste, rotulado de "direito legal". Ainda que grandes sejam as diferenças entre o *common law* e o *civil law* (nosso direito), pode-se afirmar que, no caso específico do direito norte-americano, ele caminha lentamente rumo aos direitos da família romano-germânica.[122] O direito norte-americano, sobretudo o federal, está cada vez mais carregado de "codificações", uma das características do direito europeu continental.[123]

Quando da elaboração da Constituição americana e do *Bill of Rights,* o prestígio do denominado "direito natural" já estava começando a declinar, embora tenha sido reavivado mais de um século e meio depois, tanto na Europa quanto nos Estados Unidos.[124] Ainda hoje há um movimento doutrinário conhecido como "renascimento do direito natural", que conta com a adesão de destacados

---

122 DAVID, René. *Tratado de derecho civil comparado – introducción al estudio de los derechos extranjeros y al método comparativo.* Versão espanhola por Javier Osset. Madrid: Editorial de Derecho Privado, 1953, p. 296. Pizzorusso, por sua vez, observa: "(...) nos países de *common law* a produção legislativa aumenta, com a consequente redução do papel dos precedentes judiciais, e aplicam-se instrumentos de racionalização do ordenamento como o que resulta do trabalho da *Law Comission* inglesa" (PIZZORUSSO, Alessandro. *Curso de derecho comparado.* Versão espanhola por Juana Bignozzi. Barcelona: Editorial Ariel SA, 1987, p. 57). Na Inglaterra existe a operante *Law Commission*, órgão independente, instituído pelo Parlamento (1965) com o objetivo de aperfeiçoar o sistema legal. É composto de um presidente, um juiz da *Court of Appeal* e quatro conselheiros. Estatística recente mostra que quase setenta por cento de suas sugestões são acatadas. [Disponível em: http://en.wikipedia.org/wiki/Law_Commission_(England_and_Wales). Acesso em: 14.01.2012].

123 BRASIL. Em compensação, o direito brasileiro, ao reverso, já caminha no sentido da *obrigatoriedade do precedente* (súmula com "efeito vinculante" em matéria constitucional: Constituição, art. 103-A).

124 LLOYD, ob. cit., p. 97 e 99.

positivistas.[125] No século passado, Arnold Brecht (1884-1977) chegou mesmo a fazer um estudo para demonstrar que desde os tempos antigos o direito natural tem passado ora por fases de esplendor, ora por fases de declínio em relação ao direito positivo.[126]

Mais umas linhas sobre o comportamento sócio-político do americano. O americano da fundação da República, e mesmo aquele da época da expansão geográfica do país, tinha aversão a qualquer interferência do Estado em sua vida privada.[127] Possuía alto grau de sociabilidade espontânea,[128] de confiança em seus próprios valores. Ele devia obediência ao *common law* e a seus costumes, não a leis positivas. No fundo, sua conduta social era reflexo distante da ancestralidade protestante.[129]

---

125 Cf. BOBBIO (*Locke e o direito...*, ob. cit., p. 19). Um exemplo de mudança de lado se deu com o célebre jurista alemão Gustav Radbruch (1878-1949): antes do advento do nazismo, ele era positivista. Passou, depois, a ser um ferrenho jusnaturalista (cf. BOBBIO, *Locke...*, p. 19). Chaïm PERELMAN (1912-1984) lembra que os tribunais europeus pouco aludiam ao direito natural. Com o advento do nacional-socialismo "generalizou-se o recurso aos princípios gerais do direito, comuns a todos os povos civilizados" (ob. cit., p. 391).

126 Cf. BOBBIO, *Locke e o direito...*, ob. cit., p. 23.

127 Fukuyama (1952-...) faz a seguinte observação: "Continua sendo exato que os americanos tendem a ser antiestatistas, a despeito da substancial expansão do governo nos Estados Unidos do século XX. Mas esses mesmos americanos antiestatistas submetem-se à autoridade de uma série de grupos sociais intermediários, inclusive famílias, igrejas, comunidades locais, locais de trabalho, sindicatos e organizações profissionais" (FUKUYAMA, Francis. *Confiança. As virtudes sociais e a criação da prosperidade*. Trad. Alberto Lopes. Rio de Janeiro: Rocco, 1996, p. 297).

128 Hoje, a "sociabilidade espontânea" nos Estados Unidos está em queda (*Ibidem*, p. 66).

129 Com a Dieta de Worms (1521), o imperador Carlos V tinha por objetivo fazer com que os luteranos voltassem, à força, ao seio da Igreja (católica). Mais tarde, com a assembleia de Speyer, Carlos V passou a exigir a revoga-

Procurava contar somente consigo mesmo ou com seus vizinhos para resolver seus próprios problemas, nunca com o governo.[130] Daí seu isolacionismo, paroquialismo e aparente individualismo.[131] Com o tempo, porém, o americano foi perdendo sua marcante "arte de associação",[132] descambando para o desprezo para com as leis e, consequentemente, passou a utilizar a violência como *ultima ratio*. Foi à sombra desse modo de encarar a vida que medraram instituições como a dos *vigilantes*, dos *punishers* (justiceiros) e da *Ku Klux Klan*,[133] e

---

ção de concessões dadas aos luteranos. Os príncipes luteranos, liderados pelo *Landgrave* Felipe de Hesse, fundaram a Liga Schmalkáldica para se defenderem do imperador do Santo Império Romano-Germânico. A tese de Lutero (1483-1546) e Calvino (1509-1564) da "não resistência" perdeu força. Os "protestantes", escudados em juristas e teólogos, advogavam uma resistência ativa contra os católicos (cf. SKINNER, Quentin. *As fundações do pensamento político moderno*. Trad. Renato Janine Ribeiro e Laura Teixeira Motta. São Paulo: Companhia das Letras, 1996, p. 470 e seg.). Quanto a Gregor Brück (1484-1557), um dos consultados sobre o direito de resistência ativa, ver http://de.wikipedia.org/wiki/Gregor_Br%C3%BCck. Acesso em: 14.02.2008.

130 Cf. FINER, Samuel E. *Governo comparado*. Trad. Sérgio Duarte. Brasília: Universidade de Brasília, 1981, p. 186.

131 A sociedade norte-americana é, segundo FUKUYAMA, "incorretamente retratada como individualista" (*Confiança*..., ob. cit., p. 66).

132 *Ibidem*, p. 25.

133 *Ibidem*, p. 187. É claro que sempre houve atentados contra a vida de políticos. Modernamente, a lista americana é, por certo, a maior delas. Quatro presidentes norte-americanos morreram assassinados: Lincoln (1865), Garfield (1881), McKinley (1901) e Kennedy (1963). Theodore Roosevelt (1912) e Reagan (1981) escaparam com ferimentos. Sofreram atentados: Jackson (1835), Lincoln (1861), Hoover (1928), Franklin D. Roosevelt (1933), Truman (1950), Kennedy (1960), Ford (1975), George W. Bush (1993 e 2001) e Clinton (1994). [Disponível em: http://en.wikipedia.org/wiki/List_of_United_States_presidential_assassination_attempts_and_plots#Abraham_Lincoln. Acesso em: 30.12.2011].

parecem ter explicação crimes de multidão como o de Mary Turner que, grávida de oito meses, foi dependurada em uma árvore e teve o ventre rasgado a faca. O fato é que o apego ao passado mais recente continua, pois ainda hoje a "cultura de Rambo" está presente não só em Hollywood, mas no campo, nas escolas, nas praças e ruas das grandes cidades do país.[134] Porém, a despeito de tudo isso, ou talvez por tudo isso, a democracia liberal americana continua a florescer e a assombrar o mundo. Agora, pela Internet, contamina povos inteiros do norte da África e do Oriente Médio. Há cinquenta ou quarenta anos, seria impensável uma pessoa de cor, um *colored*, assentar-se na cadeira ocupada nos albores da República por Marshall, Madison ou Edmund Randolph: seria imediatamente escorraçada como um Homer Plessy do vagão de trem só para brancos... Quem, há trinta anos ou menos, poderia imaginar um *presidente da República negro*? Infelizmente, Octavio Paz (1914-1998), poeta e pensador mexicano, não viveu para testemunhar a eleição de Barack Obama (1961-...).[135] Porém escreveu com

---

134 BRASIL. O brasilianista Kenneth MAXWELL (1941-...), em "Riscos Ignorados", artigo publicado na *Folha de S. Paulo* de 14.02.2008, lembra, com Doris Lessing (1919-2013), que quem conhece bem os Estados Unidos não pode subestimar o risco que um presidente da República negro corre de ser assassinado por "um atirador solitário decidido a conquistar um lugar na história". Foi o que se deu em novembro de 2011: um desses "atiradores solitários" disparou sete tiros contra a Casa Branca, estilhaçando uma vidraça. O presidente Obama, porém, se achava longe, no Havaí.

135 O conceituado constitucionalista norte-americano Laurence Tribe, professor da Universidade de Harvard, diz que em 1989, quando escreveu um artigo doutrinário inspirado em Einstein (*The Curvature of the Constitutional Space*), teve a sorte de contar com a colaboração de um "notável jovem" (*remarkable young man*), seu aluno, chamado Barack Obama (cf. TRIBE, Laurence H. *The invisible constitution*, ob. cit., p. 201).

sabedoria que os Estados Unidos, "embora tenham passado por muitas vicissitudes e experimentado enormes mudanças, seus fundamentos políticos, sociais e econômicos estão, não obstante, intatos".[136]

Mais algumas linhas devem ser dedicadas à gênese do direito norte-americano.[137] Podemos começar lembrando, com Roscoe Pound (1870-1964), que a *ignorância* foi o principal fator da formação do direito americano.[138] Diferentemente do que se deu no Brasil, onde se adotaram, ainda que provisoriamente, as leis portuguesas,[139] nos Estados Unidos, com a independência política, o direito inglês sofreu verdadeiro repúdio em um ou outro Estado. Tamanha era a anglofobia no Estado de Nova Jersey, por exemplo, que se fez promulgar lei proibindo citação de "qualquer compilação, comentário, digesto, tratado ou

---

136 PAZ, Octavio. *Tempo nublado.* Trad. Sônia Régis. Rio de Janeiro: Guanabara, 1986, p. 43.

137 Antes da Independência, algumas colônias da Nova Inglaterra gozavam de maior ou menor autonomia em matéria de legislação local (cf. COOLEY, ob. cit., p. 3). As colônias eram independentes, e não guardavam relação entre si. Mas, o colono sempre se considerou um súdito inglês, com os seus direitos, prerrogativas e fidelidade à Coroa britânica (cf. STORY, ob. cit., 1. v., p. 163).

138 *Apud* DAVID, René. *Os grandes sistemas...*, ob. cit., p. 417.

139 BRASIL. A Assembleia Constituinte baixou em 20 de outubro de 1823 uma lei (art. 1.º), dispondo que a legislação portuguesa promulgada até 25 de abril de 1821 continuaria em vigor até que fosse substituída por provimento nacional (cf. GOMES, Orlando. *Introdução ao direito civil.* Rio de Janeiro: Revista Forense, 1957, p. 86). Os códigos criminal (1830) e comercial (1850) foram promulgados ainda no Império. O Código Civil, só na República (1916). O art. 1.807 do Código Civil (velho) dizia: *Ficam revogadas as Ordenações, Alvarás, Leis, Decretos, Resoluções, Usos e Costumes concernentes às matérias de direito civil reguladas neste Código.*

outra explicação ou exposição" do *common law*.[140] Essa lei foi revogada em 1819.[141] Só a partir de 1820 é que começaram a surgir as primeiras publicações sobre o direito americano, que "acumulara uma massa substancial de material jurídico".[142] A ojeriza ao direito inglês já havia passado. Blackstone e Mansfield voltaram a ser invocados pelos advogados e pelos juízes do Estado. Mansfield, mais que Blackstone.[143] Em outros Estados, a reação foi menos drástica. Foi o caso de uma lei da Virgínia (1776), que considerou em vigor o *common law* e todas as leis do Parlamento que vigoravam até quatro anos antes do reinado de James I. Outro o posicionamento da Constituição de Delaware (art. 25), que incorporou tanto o *common law* inglês quanto as leis do Parlamento, salvo naquilo que fossem "*repugnant to the rights and privileges*" expressos na Constituição e na declaração de direitos.[144]

O direito norte-americano pode, por razões didáticas, ser dividido em fases, ou, como hiperbolicamente quer Grant Gilmore (1910-1982), em "eras": a primeira, que vai de 1800 à Guerra Civil; a segunda, que vai da Guerra Civil à Primeira Guerra Mundial; a última, da Primeira Grande Guerra até nossos dias. O professor da Yale denominou esses períodos de "Era da Descoberta", "Era da Fé" e "Era da Ansiedade", respectivamente.

---

140 GILMORE, Grant. *As eras do direito americano.* Trad. A. B. Pinheiro de Lemos. Rio de Janeiro: Forense-Universitária, 1978, p. 34.

141 *Ibidem.*

142 *Ibidem.*

143 *Ibidem*, p. 35.

144 FRIEDMAN, Lawrence, ob. cit., p. 67.

Laurence Tribe prefere falar em "modelos". Depois de acentuar que uma constituição nem sempre é resultado de compromissos coerentes, ou de uma filosofia, pois pode refletir noções e ideais conflitantes, Tribe apresenta sete "modelos básicos" para que melhor se entendam os momentos do constitucionalismo americano: Modelo I, *separated and divided powers*; Modelo II, *implied limitations on government*; III, *settled expectations*; IV, *governmental regularity;* V, *preferred rights*; VI, *equal protection* e VII, *structural justice.*[145]

Para finalizar esse capítulo, não se pode deixar de mencionar, ainda que pela rama, um documento que ficou na gaveta do Parlamento inglês em 1649 (*Rump Parliament*[146]). Esse "esboço de constituição" veio, mais de cem anos depois, influir nos constituintes americanos de 1787 e 1789, como já se ressaltou anteriormente. Refiro-me ao já mencionado *Agreement of the People.* Trata-se de um "ensaio de uma Constituição republicana", de um verdadeiro "marco da história da teoria constitucional (...). Como o

---

[145] TRIBE, Laurence. *American constitutional law.* 2. ed. Mineola, New York: The Foundation Press, Inc., 1988, p. 2.

[146] A denominação "*rump*" se deve ao fato de o Parlamento (dezembro de 1648) ter ficado com pouca representatividade. Após a vitória dos parlamentaristas (*Parlamentarians*) sobre Carlos I, houve a expulsão de nada menos que cento e quarenta e três de seus membros. Esse acontecimento ficou conhecido como "Expurgo de Pride" ("*Pride's Purge*") [cf. *The Concise Columbia Encyclopedia* – Microsoft Bookshelf '94]. Will e Ariel DURANT falam na expulsão de "*140 Royalist and Presbyterian members*", sendo que quarenta resistiram e foram encarcerados (cf. *The story of civilization: 7 – The age of reason begins. A history of European civilization in the period of Shakespeare, Bacon, Montaigne, Rembrandt, Galileo, and Descartes – 1558-1648.* New York: MJF Books, 1961, p. 219). Bertrand RUSSELL (1872-1970) alude a "cerca de cem membros presbiterianos" (*Historia da filosofia ocidental.* Trad. Brenno Silveira. 2. ed. São Paulo: Companhia Editora Nacional, v. 3, 1967, p. 130).

primeiro instrumento orgânico escrito da história anglo-americana, ele, sugestivamente, antecipou muitos dos fundamentos das Constituições americanas que vieram depois".[147] Após a decapitação de Carlos I (1600-1649), a Inglaterra experimentou um vácuo governamental. As forças revolucionárias cogitaram de uma "república", com "rei eleito". Uma república que nunca funcionou por falta de efetividade. O Conselho do Exército (*Council of the Army*) fez um esboço de uma constituição escrita – *Agreement of the People* – que foi apresentado ao Parlamento em janeiro de 1649.[148] Nele estavam previstas eleições bienais, sufrágio quase universal, liberdade de consciência, sistema unicameral etc.[149] Também foram acrescentados ao *Agreement* alguns direitos fundamentais: proibição de autoincriminação, de prisão por dívidas, da usura etc. Outros direitos positivos, como a instituição do júri, da igualdade perante a lei etc., também foram lembrados. O Parlamento, porém, não lhes deu a chancela por razões óbvias: estava prevista a supressão de uma câmara legislativa e os poderes parlamentares sofreriam algumas limitações (*reserved points*).[150] Oliver Cromwell, o *Lord Protector*, não teve alternativa: dissolveu o Parlamento, nomeando militares (*majors-general*) para ocupar postos-chaves da administração pública.[151] Em 1653, elaborou seu próprio

---

147 Cf. SCHWARTZ, ob. cit., p. 22. Como se percebe, Bernard Schwartz coloca em plano secundário as *Fundamental Orders of Connecticut*.

148 SCHWARTZ faz um paralelo interessante entre a morte de Charles I e a derrubada do governo colonial britânico na América (cf. ob. cit., p. 22).

149 MAUROIS, ob. cit., p. 316 e seg.

150 SCHWARTZ, ob. cit., p. 22 e seg.

151 *Ibidem*, p. 24.

Instrument of Government, documento que, na verdade, não limitava o poder do governo.[152]

Bernard Schwartz (1923-1997) chega mesmo a pôr em dúvida se os constituintes norte-americanos – caso não existissem os antecedentes ingleses – teriam logrado elaborar o *Bill of Rights*.[153]

Mais de cem anos depois, a constituição cromwelliana, que nunca foi posta em prática na vetusta Albion, repercutiu na América. Como já se mencionou mais acima, nas Colônias inglesas da América já havia, bem antes do advento do *Instrument of Government*, a Primeira Carta da Virginia (1606), que dava aos colonos as mesmas "Liberdades, Franquias e Imunidades" concedidas aos ingleses da Metrópole.[154] Como os órficos da Grécia Antiga[155] e o cidadão romano do tempo de Saulo – *civis romanus natus sum!* –, o colono inglês mantinha aquele mesmo orgulho, aquela mesma "atitude de espírito" na intransigência com sua liberdade e com sua fé. É a lição que perdura até hoje, como bem nos mostra *sir* Ivor Jennings (1903-1965) em seu livro *A Constituição Britânica*.[156]

---

152 *Ibidem*, p. 23.

153 *Ibidem*, p. 3.

154 A *Charter* dispunha: *Also we do (...) DECLARE (...) that all and every the Persons, being or Subjects, which shall dwell and inhabit within every or any of the several Colonies and Plantations, and every of their children, which shall happen to be born within any of the Limits and Precincts of the said several Colonies and Plantations, shall HAVE and enjoy all Liberties, Franchises, and Immunities (...) to all Intents and Purposes, as if they had been abiding and born, within this our Realm of England* (COMMAGER, ob. cit., p. 10).

155 No sul da Itália, foram achadas tabuinhas de ouro nas sepulturas de órficos com a inscrição: "Também eu sou da raça dos deuses". Era a senha para entrar-se no outro mundo (cf. JAEGER, ob. cit., p. 145).

156 JENNINGS, Ivor. *A constituição britânica*. Trad. Carlos Alberto Lamback. Brasília: Universidade de Brasília, 1981, p. 142.

Capítulo III

A *Judicial Review*: "orgulho e enigma dos norte-americanos". Precedentes estaduais. John Marshall. *Marbury v. Madison*. Subsídios de Hamilton. A substituição da votação *seriatim* pela votação *opinion of the Court*.

Como se falou no Capítulo II, os norte-americanos souberam pôr em prática a "doutrina da separação dos poderes". No tocante ao Judiciário, pode-se dizer que seu apogeu se deu com o *controle da constitucionalidade das leis e dos atos da administração pública*. Sua politização, como já se explicou no capítulo anterior, teve início com os costumes tudors. Na prática, a *judicial review* – "orgulho e enigma" dos norte-americanos, como salienta Dworkin[1] – distanciou-se do modelo europeu. Na época de William Blackstone, seria impensável a *judicial review* de atos do

1 DWORKIN, Ronald. *Uma questão de princípio*. Trad. Luís Carlos Borges. São Paulo: Martins Fontes, 2000, p. 41.

Parlamento. O Parlamento, por representar a vontade do povo, não tinha como fazer leis inconstitucionais. A presunção era de que toda a lei era boa e justa.[2] Ademais, os próprios precedentes judiciais de tribunais ingleses só podiam ser alterados pelo Parlamento. Só mesmo a partir de 1966 é que a Câmara dos Lordes (última instância judicial[3]) pôde alterar seus precedentes sem a necessidade de beneplácito parlamentar.[4] Na ocasião, o *Lord Chancellor*[5] buscou justificar que ficar rigidamente preso aos próprios precedentes poderia se traduzir em injustiça. Nos Estados Unidos, diferentemente, os tribunais dos Estados-membros já declaravam nulas leis contrárias às respectivas constituições, mesmo antes do advento da Constituição da Filadélfia.[6] Também podiam mudar seus próprios precedentes, sem as bênçãos legislativas. Tudo isso decorria de uma *competência política*, como se se tratasse de um órgão que "legislasse negativamente", sem dispor de mandato popular, como se ressaltou no Capítulo II. Na Inglaterra,

---

2 Cf. WOOD, Gordon S. *The creation of the American republic*. New York: W. W. Norton, 1972, p. 264.

3 Em 01.10.2009, foi criada a *Supreme Court for the United Kingdom* (England, Wales and Northern Ireland), que assumiu competência que durante mais de seiscentos anos ficou afeta à Câmara dos Lordes. (Disponível em: http://www.supremecourt.gov.uk/about/history.html. Acesso em: 25.03.2013).

4 Cf. LLOYD, Dennis. *A Idéia de lei*. Trad. Álvaro Cabral. São Paulo: Martins Fontes, 1998, p. 350.

5 Até recentemente (2005), o *lord chancellor* atuava como membro do Gabinete de Ministros e presidente do Judiciário. Hoje, sua função é puramente política. A função judicial toca ao *lord chief justice* (cf. HARRIS, Phil. *An introduction to law*. 7. ed. Cambridge: Cambridge University Press, 2007, p. 179).

6 Cf. SCHWARTZ, Bernard. *A history of the supreme court*. New York: Oxford University Press, 1993, p. 42.

porém, uma *senior court* (corte superior) pode até deixar de aplicar leis (*acts*) ou decisões (*decisions*) administrativas, não por questão de "ilegalidade" ou "inconstitucionalidade", como fazem os juízes norte-americanos e os brasileiros, mas por "injustiça" ou "desarrazoabilidade".[7] As decisões da *High Court,* da *Court of Appeal* e da *House of Commons* podem declarar que o ato governamental (ou a lei) é incompatível com a *Human Rights Act 1998*, sem invalidá-lo.[8] Abrem, todavia, uma autêntica "political challenge".[9]

Georges Burdeau (1905-1988), em seu *Traité de Science Politique,* observa que o controle da constitucionalidade das leis nos Estados Unidos não foi um instrumento só para corrigir o aspecto formal da legislação, mas, sobretudo, de censura à política legislativa. Frisa que, com a eleição de Thomas Jefferson, os federalistas passaram a temer pela unidade política da Federação, colocando em risco todo o edifício constitucional construído a duras penas por eles. Daí a nomeação, feita às pressas no final do governo de John Adams, de mais de quatro dezenas de *justices of the peace*, todos sintonizados com os ideais de centralização de poder na mão da União.[10]

---

7 *Over the last few years judges have been moved to deny validity to acts and decisions of ministers, and other public authorities, not so much on the ground of illegality but from a sense of injustice and unfairness* (GRIFFITH, J. A. G. *The politics of the judiciary*. 5. ed. London: Fortuna Press, 1997, p. 332 e seg.).

8 Desde o início de 1960, lorde Anthony Paul Lester ((1936...) já havia começado a fazer lobby a favor da incorporação, pelo Reino Unido, da Corte Europeia de Direitos Humanos (cf. McLEAN, Iain. *What's wrong with the British constitution?* Great Britain: Oxford University Press, 2010, p. 206).

9 Cf. HARRIS, ob. cit., p. 179.

10 Cf. BURDEAU, Georges. *Traité de science politique.* Paris: Librairie Générale de Droit et Jurisprudence, t. III, 1950, p. 380 e seg.

Antes de abordar o caso *Marbury v. Madison* – um marco do constitucionalismo americano -, quero lembrar, mais uma vez, que anteriormente à criação da Federação norte-americana, tribunais de um ou outro Estado da então Confederação dos Estados Unidos já tinham proferido decisões no sentido de que cabia ao poder judiciário controlar, por meio da *judicial review,* leis contravenientes às respectivas constituições (argumento usado por Alexander Hamilton, como se verá mais abaixo). Há registros de mais de duas dezenas de casos judiciais.[11] Foi o que se deu em 1780, em Nova Jersey (*Holmes v. Walton*), ocasião em que se anulou uma lei daquele Estado.[12] Um segundo caso ocorreu na *Court of Appeals* da Virgínia, considerado *contrary to the constitution* (*Commonwealth v. Caton*).[13] Mais outro, desta vez na Carolina do Norte, julgado pouco antes da promulgação da Constituição da Filadélfia. Refiro-me a *Bayard v. Singleton.*

Mesmo antes de John Marshall[14] assumir a presidência da Suprema Corte (04.02.1801), a própria Corte já havia aplicado o princípio da *judicial review.* Em 1795, William Paterson (1745-1806), no caso *Van Horne's Lesse v. Dorrance, 2. U.S. 304*, e Samuel Chase (1741-1811), no julgamento de *James Callender*, sustentaram a prevalência da Constituição em relação a leis infraconstitucionais.[15] Em 1796, em

---

11 Cf. SCHWARTZ, ob. cit., p. 22.

12 *Ibidem*, p. 6.

13 *Ibidem*, p. 8.

14 John Marshall é considerado o maior presidente que a Suprema Corte já teve (cf. MEHREN, Arthur T. von; MURRAY, Peter L. *Law in the United States.* 2. ed. Cambridge: Cambridge University Press, 2007, p. 12).

15 Cf. GERBER, Scott Douglas. *Seriatim: the supreme court before John Marshall – introduction.* New York: New York University Press, 1998, p. 10. (Trecho do livro disponível na Internet)

Ware v. Hylton, 3 U.S. 3 Dall. 199, os *justices* Chase, William Cushing (1732-1810), Paterson e James Wilson (1742-1798) fulminaram de inconstitucionalidade lei do Estado da Virgínia.[16] De qualquer sorte, o *leading case* que se espalhou pelo mundo foi *Marbury v. Madison*, decisão que mostra, de modo nítido e seguro, a autoimpregnação política do juiz John Marshall. Essa decisão judicial é de 1803, traduzindo-se no julgado mais importante do constitucionalismo americano, como já se falou e se repete. Esse caso ajuda a entender o sistema jurídico norte-americano, que repercutiu no controle da constitucionalidade no Brasil e em muitos Estados ocidentais.[17] Por causa de sua relevância para a fixação da denominada *judicial review*, vamos nos deter um pouco mais neste *marco universal* do direito. Sua história merece ser contada, pois encerra medo, astúcia, inteligência e visão de um juiz – John Marshall. À evidência, o controle da constitucionalidade das leis e dos atos da administração não é invenção norte-americana. Tem-se notícia de que no Reino de Aragão (Espanha), no século XIII, já existia um arremedo de jurisdição constitucional: uma corte, denominada *Consistorio*, presidida por um *justicia mayor*, encarregava-se de controlar as leis do reino (*fueros*).[18] Por outro lado, não podemos esquecer que na Grécia Antiga, em Atenas particularmente, fazia-se distinção entre os *nómoi*, que tinham natureza de leis

---

16 *Ibidem*, p. 11.

17 Na Exposição de Motivos do Decreto n. 848/1890, o então ministro da Justiça (Campos Salles) faz alusão expressa a *Marbury v. Madison* (cf. BASTOS, Celso Ribeiro; MARTINS, Ives Gandra. *Comentários à constituição do Brasil*. São Paulo: Saraiva, 1988, v. 1, p. 379).

18 Cf. FAIREN GUILLÉN, Victor. *Temas del ordenamiento procesal*. Madrid: Tecnos, 1969, t. I, p. 134 e seg.

constitucionais, e os *psefísmata*, decretos. O *nómos*, por ser considerado de origem divina, superior, prevalecia sobre o *pséfisma*. Na França do *Ancien Régime*, as *lois fondamentales du royaume* prevaleciam sobre as *lois du roi*.[19]

Básicas para o desenvolvimento da teoria da "nulidade de leis contrárias à constituição" junto aos constituintes norte-americanos (originais ou derivados), foram as lições teóricas e práticas de *sir* Edward Coke. Já falamos sobre ele, de suas dissensões com Hobbes, de sua influência no sistema jurídico americano. Coke, quando presidente da *Court of Common Pleas* da Inglaterra,[20] ao julgar o caso de um médico (Thomas Bonham) preso por ordem de sua entidade de classe, considerou o estatuto da corporação como inválido por ser contrário à lei (*common law*): a lei se achava acima do rei e do Parlamento, cabendo ao julgador decretar a nulidade de qualquer provimento que se lhe mostrasse contrário. Os livros de Coke (*Institutes*), que teriam sido trazidos por alguns peregrinos do Mayflower (1620), faziam parte da aprendizagem de todo bom advogado do lado de cá do Atlântico. Assim, a teoria da *judicial review* estava, digamos, "no sangue" do norte-americano que lidava com o direito. O próprio John Marshall, quando era convencional da assembleia da Virgínia no mo-

19 Cf. CAPPELLETTI, Mauro. *O controle judicial de constitucionalidade das leis no direito comparado*. Trad. Aroldo Plínio Gonçalves. Porto Alegre: Sergio Antonio Fabris Editor, 1984, p. 49, 54 e 55.

20 A *Court of Common Pleas* inglesa, de competência civil, surgiu no fim do século XII, adquirindo grande relevância no século XV. Em 1873, com a *Judicature Act*, sofreu alteração. Antes da Reforma de 1873, era constituída de um presidente (*chief justice*) e cinco *associates*, denominados *puisne judges*. (Disponível em: http://en.wikipedia.org/wiki/Court_of_Common_Pleas. Acesso em: 10.09.2008).

mento da ratificação da Constituição nacional, enfatizou que toda lei que fosse contrária à Constituição deveria ser declarada "nula e írrita" (*null and void*).[21] Por último, é oportuno ressaltar que Hamilton, no *Paper* n. 78 de *O Federalista*, já havia fornecido todo o *substractum* doutrinário para o voto de Marshall em *Marbury*:

> *Relativamente à competência das cortes para declarar nulos determinados atos do Legislativo, porque contrário à constituição, tem havido certa surpresa, partindo do falso pressuposto de que de tal prática implica em (sic) uma superioridade do Judiciário sobre o Legislativo. Argumenta-se que a autoridade que pode declarar nulos os atos de outra deve necessariamente ser superior a esta outra. Uma vez que tal doutrina é muito observada em todas as constituições americanas, convém uma breve análise de seus fundamentos.*
>
> *Não há posição que se apóie em princípios mais claros que a de declarar nulo o ato de uma autoridade delegada, que não esteja afinada com as determinações de quem delegou essa autoridade. Conseqüentemente, não será válido qualquer ato legislativo contrário à Constituição. Negar tal evidência corresponde a afirmar que o representante é superior ao representado, que o escravo é mais graduado que o senhor, que os delegados do povo estão acima do próprio povo, que aqueles que agem em razão de delegações de poderes, estão impossibilitados de fazer não apenas o que tais poderes não autorizam, mas sobretudo o que eles proíbem.*[22]

---

21 Cf. SCHWARTZ, ob. cit., p. 12 e seg. É curioso observar que John Marshall, como advogado, havia sustentado ponto de vista inteiramente diferente em *Ware v. Hylton* perante tribunal da Virgínia. Sustentou que o juiz não tinha autoridade para questionar a validade de uma lei (*Ibidem*, p. 22).

22 HAMILTON, Alexander; MADISON, James; JAY, John. *O federalista*. Trad. Heitor Almeida Herrera. Brasília: Universidade de Brasília, 1984, p. 577.

Desse modo, quando do julgamento de *Marbury*, John Marshall já tinha na cabeça a teoria e os precedentes judiciais. Sua dificuldade estava exatamente em *resolver* o caso concreto sem incorrer em *impeachment*, pois o presidente da República (Jefferson), seu inimigo,[23] arrastava com ele um Congresso com maioria antifederalista. Aí, então, assoma toda a sagacidade de John Marshall.

Feitas as observações acima, já se pode considerar o julgamento *Marbury v. Madison*.

No final do governo do federalista[24] John Adams (1791 a 1801), o Congresso promulgou a Lei Orgânica do Dis-

---

[23] Albert J. Beveridge (1862-1927), biógrafo de John Marshall, conta que Marshall tinha dois grandes inimigos: Jefferson e Spencer Roane. Jefferson estava planejando indicar, tão logo assumisse a presidência da República, o juiz Roane (1762-1822), da *Court of Appeals*, para o cargo de presidente da Suprema Corte. À última hora, porém, o presidente Adams, que estava deixando o cargo, nomeou John Marshall para o lugar.

[24] Quando da fundação dos Estados Unidos, ainda não se podia, como hoje, falar em "partido político". Os termos *Tory* e *Whig*, usados na Inglaterra, eram imprecisos, indicando mais "temperamentos" e "ideias" (cf. CHARLOT, Jean. *Os partidos políticos*. Trad. Carlos Alberto Lamback. Brasília: Editora Universidade de Brasília, 1982, p. 18). Durante a assembleia constituinte americana (1787), os "nacionalistas" se dividiram em dois grupos com interesses nitidamente opostos. Aqueles que queriam um executivo forte, centralizado, ficaram conhecidos como *Federalists*. Essa facção recebeu o nome de *Federalist Party*. Dentre eles se destacavam Hamilton e Adams. Outros nacionalistas, como Patrick Henry (1736-1799), Jefferson e Madison, estavam mais preocupados com a autonomia dos Estados-membros da futura Federação e com as liberdades fundamentais dos cidadãos. A facção recebeu a designação inicial de *Anti-Federalist Party*. (Disponível em: http://74.1911enciclopedia.org/F/FE/Federalist-Party.htm. Acesso em: 28.07.2004). Os antifederalistas, liderados por Jefferson e Madison, formaram o *Democratic-Republican Party* que, na época de Andrew Jackson, se dicotomizou em *Jacksonian Democrats* e *Whigs*. É importante registrar que a ideia central de Hamilton era restabelecer fortes laços comerciais com a Inglaterra, daí sua desconfiança quanto aos rumos que a

trito Federal (*District of Columbia Organic Act*), atribuindo ao presidente da República (Adams) o provimento, com a aprovação do Senado, de quarenta e dois cargos de *justice of the peace*.[25] Alguns nomeados receberam imediatamente seus títulos de nomeação. Dezesseis outros, porém, ficaram para trás, uma vez que o *secretary of State* (John Marshall) não teve tempo – ainda que tenha varado boa parte da noite – de colocar o *Great Seal of the United States*

Revolução Francesa estava tomando; já os *Democrat-Republicans* viam com simpatia os acontecimentos na França. (Disponível em: http://www.hank-edmondson.com/amgovchapt7/a-brief-history-of-america.html. Acesso em: 07.09.2013). Em *A Democracia na América*, Tocqueville observa que na Fundação da República americana uma das facções queria restringir o poder popular (federalistas); a outra (republicanos), estendê-lo indefinidamente (cf. TOCQUEVILLE, Alexis de. *A democracia na América: leis e costumes*. Trad. Eduardo Brandão. São Paulo: Martins Fontes, 1998, p. 201). Charles MEE Jr. diz que os "federalistas" se apropriaram indevidamente do termo "federalista". Assim, os "verdadeiros federalistas" não tiveram alternativa senão chamar a si próprio de "antifederalistas" (cf. MEE Jr., Charles L. *A história da constituição americana*. Trad. Octávio A. Velho. Rio de Janeiro: Expressão e Cultura, 1993, p. 243).

25 BRASIL. Seria enganoso traduzir *justice of the peace* por "juiz de paz". As funções não são totalmente coincidentes com a de nossos juízes de paz. A competência desse *magistrate* varia de Estado-membro para Estado-membro. Em alguns, o cargo foi extinto, com a transferência de suas funções para juizados municipais. Na Grã-Bretanha, em 1995, havia mais de trinta mil *justices of the peace*, o que solucionava grande parte dos pequenos conflitos de interesse naquele país. No Brasil do Império, sobretudo com o advento do Código de Processo Criminal, o juiz de paz tinha uma gama maior de atribuições, como a de formação de culpa, poder de prisão, julgamento etc. (Disponível em: http://www.multirio.rj.gov.br/historia/modulo02/cod_proc.html. Acesso em: 08.08.2006). O deputado mineiro Bernardo Pereira de Vasconcellos, como já se falou alhures, foi um intransigente defensor da ampliação da jurisdição do juiz de paz no Brasil (Lei de 15 de outubro de 1827). Hoje, pela Constituição vigente (art. 98, I), o papel do juiz de paz, lamentavelmente, fica concentrado, na prática, na celebração do casamento civil.

(equivalente às "Armas da República" do Brasil) em todos os documentos. No dia seguinte, muda o governo, que passa a ser (pela primeira vez) da oposição. Jefferson assume a presidência da República, nomeando Madison *secretary of State*. John Marshall, por sua vez, por designação do governo que findara (Adams), passou a ocupar a presidência da Suprema Corte (*chief justiceship*). Alguns *justices of the peace* nomeados e não titulados (dentre eles William Marbury, um próspero comerciante de Georgetown) ajuizaram, por intermédio do advogado Charles Lee (1758-1815), um *writ of mandamus* na Suprema Corte no mês de dezembro de 1801 com o escopo de forçar o novo *secretary of State* (Madison) a lhes entregar os títulos de nomeação. Com o governo republicano e as duas Casas do Congresso, ambas dispondo de maioria republicana, os juízes da Suprema Corte de linha federalista corriam sério risco de *impeachment*.[26] A impetração de Marbury se fizera com base na seção 13 da Lei Orgânica da

---

[26] Até 1811, quando entraram para a Suprema Corte Gabriel Duvall (1752-1844) e Joseph Story, o colegiado era constituído de maioria federalista, que comungava dos ideais centralistas de John Marshall (cf. SCHWARTZ, ob. cit., p. 58). A partir de 1811, a Suprema Corte passou a ter mais juízes republicanos. Mas, nem por isso a política nacionalista de Marshall mudou. Story, indicado e nomeado pelo presidente Madison quando contava apenas trinta e dois anos de idade, foi o maior *learned scholar* que a Corte já teve até hoje. Depois que ele proferia seu voto, quase sempre na mesma linha de Marshall, ninguém mais discutia a questão jurídica: era a *opinio doctoris*. Antes de assumir o cargo na Suprema Corte, Story havia se destacado como parlamentar e publicista. Foi presidente da Ordem dos Advogados (*American Bar*). Gostava de fazer versos. Não foi uma "sombra" de Marshall. Foi sua complementação. Story teve papel importante na fixação do *common law* americano, nem sempre coincidente com o *common law* inglês. Seus votos foram decisivos na consolidação do direito de propriedade, do direito comercial e do direito marítimo (cf. SCHWARTZ, ob. cit., p. 59-61).

Magistratura, o *Judiciary Act* de 24 de setembro de 1789.[27] A redação do dispositivo legal não era clara, uma vez que dava competência, dentre outras, à Suprema Corte para julgar *writs of mandamus, in cases warranted by the principle and usages of law.*[28] Embora não se pudesse extrair do dispositivo em questão, de modo inquestionável, a competência originária da Corte para julgamento do *writ* aforado por Marbury e outros, Marshall, de modo sub-reptício e altamente engenhoso, disse que a seção 13 da Lei Orgânica atribuía inconstitucionalmente competência à Suprema Corte para julgar o *writ.* A competência – argumentou – estava reservada à Constituição, e não à lei infraconstitucional. Lendo-se hoje a decisão, depreende-se, com clareza, que ficou dito que acima do Congresso (que havia editado a Lei Orgânica) estava a Constituição e, mais, que cabia ao *Judiciário* fazer o confronto entre a lei ordinária, ainda que elaborada pelo Congresso, com a Constituição. Em decorrência, a ação judicial de Marbury não tinha como tramitar na Suprema Corte. A vitória (na aparência) do Governo (Jefferson) estava assegurada. Afastada estaria a quase certa tentativa de *impeachment*[29] de juízes federalistas da Suprema Corte. Todavia, antes de chegar ao resultado (inconstitucionalidade da seção 13), Marshall,

---

27 BRASIL. A *Judiciary Act* norte-americano foi modelo para o Decreto n. 848/1890, da Primeira República brasileira.

28 Cf. COMMAGER, Henry Steele (Ed.). *Documents of American history*. 6. ed. New York: Appleton-Century-Crofts, Inc., 1958, p. 158 e seg.

29 O instituto político-penal do *impeachment* foi utilizado no ano de 1376 pelo Parlamento britânico contra lorde Latimer e alguns comerciantes de Londres, acusados de fraude e malversação do patrimônio público (cf. ROSANVALLON, Pierre. *Counter-democracy – politics in the age of distrust.* Versão inglesa por Arthur Goldhammer. Cambridge: University of Cambridge Press, 2008, p. 203).

manhosamente, antecipou *obiter dictum* o mérito da questão, afirmando que William Marbury e seus companheiros tinham, sim, direito de receber os títulos de nomeação... A nomeação dos *justices of the peace* fora válida, já que precedida do assentimento do Senado.

Na votação do caso *Marbury*, John Marshall introduziu uma "novidade" na apuração dos votos que até então era, como no Brasil, "voto por voto" (*seriatim opinion*). Seu antecessor na presidência, Oliver Ellsworth (1796 a 1800), havia tentado o voto *per curiam*, sem êxito.[30] A modalidade *opinion of the Court*, já utilizada na Inglaterra por *sir* James Mansfield (1733-1821) quando na presidência do *Common Pleas*, consistia em o condutor do voto (quase sempre o presidente) falar pelo colegiado.[31] Com isso se ganhava tempo.

Robert McCloskey (1916-1969), ao referir-se ao julgamento de *Marbury*, um marco histórico, repita-se, disse que a

> *decisão foi uma obra-prima de artimanha, um exemplo brilhante da capacidade de Marshall de contornar o perigo ao mesmo tempo em que parecia atraí-lo, de avançar numa direção, enquanto seus oponentes estavam atentos em outra.*[32]

---

30 CUSHMAN, Clare (Ed.). *The supreme court justices – illustrated biographies, 1789-1993*. Washington, D. C.: Congressional Quarterly, 1993, p. 49.

31 Henry C. BLACK averba em seu *Law dictionary* (St. Paul, Minn.: West Publishing Co, 1979, p. 1.023): *Per curiam. Lat. By the court. A phrase used to distinguish an opinion of the whole court from an opinion written by any one judge. Sometimes it denotes an opinion written by the chief justice or presiding judge, or to a brief announcement of the disposition of a case by court not accompanied by a written opinion.* Já *seriatim opinion* implica votação individual, proferida separadamente. O advérbio latino *Seriatim*, em contraposição, quer dizer "one after another; in a series" (cf. o Black's Dictionary. 9. ed., editado por Bryan A. Garner, 2009, p. 1.489).

32 *The decision was a masterwork of indirection, a brilliant example of Marshall's capacity to sidestep danger while seeming to court it, to advance in one direction while*

Marshall procurou, cartesianamente, dividir o problema jurídico apresentado pelos impetrantes em três partes: a) os autores da ação tinham direito aos cargos pleiteados? Ele respondeu "sim"; b) as leis do país forneciam um instrumento processual (*legal remedy*) para a solução do caso? Sua resposta também foi afirmativa; c) a Suprema Corte tinha competência para o julgamento? "Não".

Marshall, batendo-se na tecla que vinha desde Péricles, Platão e Cícero, passando por Coke e outros, disse que "o Governo dos Estados Unidos tem sido enfaticamente rotulado de um governo de leis e não de homens" (*a government of laws and not of men*). E a lei maior era a Constituição, devendo as leis infraconstitucionais – no caso a *Judiciary Act* – conformarem-se com ela.

Cerca de um ano depois do julgamento de *Marbury*, os republicanos de Jefferson apresentaram na Câmara dos Deputados (*House of Representatives*) "artigos de *impeachment*" contra Samuel Chase, federalista militante, membro da Suprema Corte. Fatal seria a condenação de Chase no Senado, não fora acontecimentos políticos de última hora, envolvendo republicanos de Jefferson, e se achar na presidência do Senado o vice-presidente da República Aaron Burr (1756-1836), que abriu a oportunidade para que Chase se defendesse. A absolvição no Senado se deu por apenas um voto.[33]

---

his opponents are looking in another (*Apud* CHEMERINSKY, Erwin. *Constitutional law – principles and policies.* New York: Aspens Law & Business, 1997, p. 38).

33 Cf. Disponível em: http://www.michaelariens.com/ConLaw/Justices/chaseam.htm. Acesso em: 10.08.2006.

Marbury v. Madison foi julgado em 1803,[34] como já se sublinhou. Com esse caso abriu-se, na prática, a possibilidade de o judiciário rever atos do executivo e do legislativo federais. Alguns doutrinadores entendem que a questão era tão pacífica e consensual entre os constituintes, que se deixou de colocar a competência expressamente na Constituição. Jefferson, de maneira mordaz, apelidou a nomeação dos *justices of the peace*, feita na calada da noite, de *midnight appointment*.[35] Somente em 1857, com o estrepitoso caso *Dred Scott v. Sandford*, é que a Suprema Corte voltou a declarar a inconstitucionalidade de outra lei federal. Em dois outros casos, *Martin v. Hunter's Lessee,14 U.S. (1 Wheat) 304* e *Cohens v. Virginia 19 U.S. (6 Wheat) 264,* respectivamente de 1816 e 1821, a Corte deu-se por competente para rever casos julgados por tribunais estaduais.[36] Na realidade, o primeiro caso estadual julgado pela Suprema Corte data de 1810: *Fletcher v. Peck*. Como observam John Nowak e Ronald Rotunda,[37] a importância do julgamento repousa no fato de a Suprema Corte ter resistido a pressões, a partir de 1803, para não anular atos

---

34 A Suprema Corte, então, era composta de seis juízes. Votaram com Marshall: William Paterson, Samuel Chase e Bushrod Washington (1762-1829). Uma semana depois do julgamento de *Marbury*, a Suprema Corte julgou *Stuart v. Laird, 5 U.S. 299.* Embora tenha agido nos bastidores, Marshall não participou da sessão. Nesse caso discutiu-se se o Congresso (republicano), com o *Repeal Act of 1802*, tinha competência para anular as nomeações de juízes federais (federalistas) feitas pela legislatura anterior (Adams).

35 Cf. PADOVER, Saul K. *Jefferson – a great American's life and ideas.* The New American Library, 1944, p. 127.

36 CHEMERINSKY, ob. cit., p. 44.

37 NOWAK, E. John; ROTUNDA, Ronald D. *Principles of constitutional law.* 3. ed. St. Paul, MN: Thomson – West, 2007, p. 8.

praticados no seio de ente federado. No caso concreto, o legislativo estadual da Geórgia anulou a transferência de terras públicas, feita anteriormente, sob a alegação de fraude. A Suprema Corte, todavia, entendeu que os adquirentes das terras públicas agiram de boa-fé. Não podiam sofrer prejuízo. O Estado figurara como garante da alienação. O princípio universal do *pacta sunt servanda* também se aplicava a contrato celebrado entre a administração pública e o particular. Daí a inconstitucionalidade do provimento estadual.

Dentro do princípio federativo, as supremas cortes estaduais (ou outro nome que possam ter) se acham no mesmo nível da Suprema Corte dos Estados Unidos. Soberanamente, decidem em última instância. Pelo sistema difuso de controle judicial, os tribunais estaduais, como se dá no Brasil,[38] têm competência para julgar atos estaduais ou leis estaduais em cotejo com leis federais ou com a Constituição (federal). Não podem, todavia, contrariar decisões da Suprema Corte na interpretação de leis federais ou da Constituição (federal). Por outro lado, nada impede que a legislação de um Estado-membro conceda mais direitos individuais do que a legislação federal. Há casos simplesmente curiosos: vamos supor – o exemplo é de Nowak e Rotunda – que uma suprema corte estadual, com base na Emenda n. 8 à Constituição (federal), tenha

---

38 BRASIL. No início de nossa vida republicana, adotamos o controle de constitucionalidade das leis à americana. Com o tempo, porém, fomos desviando para um sistema misto, peculiar. Hoje, nosso sistema de *judicial review* tem um pouco do *diffuse control* americano e um pouco do sistema concentrado europeu (cf. COLE, Charles D. *Comparative constitutional law: Brasil and the United States*. Birmingham, AL: Samford University Press, 2006, p. 17 e seg.).

como inconstitucional lei estadual que instituiu a pena de morte. Nesse caso, se a suprema corte do Estado declarar inconstitucional a lei, estaria simplesmente contrariando entendimento da Suprema Corte. Todavia, se a decisão da suprema corte anular a lei estadual que decretou a pena de morte em contraposição ao estatuído pela constituição estadual, válido será seu julgamento.[39]

Com *Marbury* ficou firmada, inquestionavelmente, a competência do Poder Judiciário para confrontar atos dos dois outros poderes em face da Constituição. A tirada de Marshall, ainda que possa ser condenável sob o ponto de vista da "ética de princípios" (para lembrar Max Weber, 1864-1920), uma vez que ele, como juiz, estava apreciando decisão praticada por ele mesmo como administrador (*secretary*). Por outro lado, sob a óptica hermenêutica, o dispositivo legal (seção 13 da Lei Orgânica de 1789) levaria, com maior facilidade, a outra interpretação. De qualquer sorte, o lance de John Marshall foi de gênio. É evidente que a "falta de ética" se deu no passado. Hoje, isso não seria mais viável. Foi o que ocorreu em *Griggs v. Duke Power Co., 401 U.S. 424 (1971),* ocasião em que o *justice* Brennan (1906-1997) deu-se por impedido por haver, anos antes, sido advogado da ré.[40]

A importância de Marshall para a consolidação política dos Estados Unidos foi incomensurável. John Quincy

---

[39] NOWAK, E. John; ROTUNDA, ob. cit., p. 12.

[40] Cf. WOODWARD, Bob; ARMSTRONG, Scott. *Por detrás da Suprema Corte.* Trad. Torrieri Guimarães. São Paulo: Saraiva, 1985, p. 159. BRASIL. Aqui no Brasil há incontáveis decisões de juízes se dando por suspeitos para participar de julgamento por terem sido, antes, advogados de uma das partes.

Adams (1767-1848), quando ficou sabendo do falecimento de John Marshall (1835), externou seu sentimento:

> (...) *pela ascendência de seu gênio, pela amenidade de seu comportamento, e pelo imperturbável comando de seu temperamento, (Marshall) deu permanente e sistemático caráter às decisões da Corte e firmou grandes questões constitucionais favoravelmente à continuidade da União.*[41]

Em janeiro de 1833, pouco mais de dois anos antes da morte de Marshall, Joseph Story, em sua notável obra *Commentaries on the Constitution of the United States,* ressaltou em sua dedicatória ao colega Marshall:

> *A posteridade indubitavelmente confirmará por sua deliberada recompensa aquilo que hoje já se acha reconhecido, como um ato de irrecusável justiça. Vossas exposições de direito constitucional gozam de uma rara e extraordinária autoridade. Elas constituem um monumento de fama muito acima dos memoriais da glória política ou militar. Elas são destinadas a iluminar, instruir e convencer futuras gerações.*[42]

Em 1866, Édouard de Laboulaye (1811-1883), ao reconhecer a importância de Marshall, assim se expressou:

> *Marshall, qui fut nommé chef justice in 1801, et qui mourut in 1835 dans un âge très-avancé, était de cette école fédéraliste à laquelle a appartenaient Washington, Hamilton et les patriotes qui voulaient l'unité nationale e la toute-puissance de la constitution. Pendant trente-cinq ans, il fut donc donné à John Marshall d'interpréter la constitution dans le sens de l'unité contre toutes les tentatives faites pour rompre le lien fédéral.*

---

41 SCHWARTZ, ob. cit., p. 33.

42 STORY, Joseph. *Commentaries on the constitution of the United* States: Da Capo Press, 1970, v. 1, p. iv.

C'est là un service immense, car, si l'Amérique est engagée dans une lutte terrible, c'est que depuis soixante-quinze ans ele a souvent trouvé parmi les présidents des États-Units des hommens quyi se sont donné la tâche d'amoindrir le bien fédéral, d'affaiblir l'unité.[43]

[43] LABOULAYE, Édouard. *Histoire des États Unis, 1783-1787. La constitution des États Unis.* 3. éd. Paris: Charpentier, Libraire-Éditeur, 1868, p. 488.

Capítulo IV

A opção de Hamilton, Madison e Washington por um governo nacional forte. A reunião dos constituintes em Filadélfia, maio de 1787, para "revisar" os Artigos da Confederação. Leitura de credenciais. Eleição do presidente dos trabalhos. Candidatos. Regra do sigilo absoluto. O Plano da Virgínia. O Plano de Nova Jersey.

Karl Loewenstein faz observação, que não deixa de ser rigorosa, sobre o *Bill of Rights* (*Grundrechteerklärungen*) dos Estados Unidos. Diz que as dez emendas constitucionais não podem ser consideradas tecnicamente *verdadeiras emendas* (*Verfassungsänderungen*), uma vez que já se achavam previstas por acordo entre federalistas e antifederalistas.[1]

---

1 LOEWENSTEIN, Karl. *Verfassungsrecht und Verfassungspraxis der Vereinigten Staaten*. Berlin: Springer, 1959, S. 35. Loewenstein, embora já destacado publicista, sofreu perseguição racial por parte do regime nazista. Fugiu para os Estados Unidos, naturalizando-se americano. Durante a Segunda Grande Guerra Mundial, foi conselheiro (*Berater*) do Ministério Público do Governo Militar americano na Alemanha. Depois de aposentado, lecionou como professor-convidado (*Gastprofessor*) em diversas universidades alemãs, japonesas, mexicanas e suíças. (Disponível em: http://de.wikipedia.org/wiki/Karl_Loewenstein. Acesso em:

Não vamos discutir o acerto ou desacerto dessa afirmação do grande publicista germânico. Mas, de qualquer sorte, a questão levantada pelo professor Loewenstein nos leva a escrever algumas poucas linhas sobre a gênese da Constituição dos Estados Unidos.

Quase no fim de maio de 1787, os constituintes norte-americanos reuniram-se na cidade de Filadélfia, no velho prédio da *State House* (Edifício da Assembleia),[2] para dar curso à convocação formalizada pelo Congresso Continental de 21 de fevereiro daquele mesmo ano.[3] A convo-

---

18.08.2008). Cf., ainda, AMAR, Akhil Reed. *The bill of rights: creation and reconstruction*. New Haven: Yale University, 1998, p. 14, nota de rodapé.

2 BRASIL. Decreto de 03.06.1822, de dom Pedro I (1798-1834), então regente, convocou uma assembleia constituinte. As instruções para as eleições dos deputados constituintes foram baixadas pelo ministro do Império e dos Estrangeiros, José Bonifácio (cf. DEIRÓ, Eunápio. *Fragmentos de estudos da história da assembléia constituinte do Brasil.* Brasília: Edições do Senado Federal, 2006, p. 64). Na verdade, também nossa primeira constituinte (Assembleia Geral Constituinte e Legislativa) teve abertura oficial solene. Em 1º de maio de 1823, no Rio de Janeiro, os constituintes saíram da "Sala da Câmara" (Igreja do Rosário, na Rua da Vala) e foram para a capela imperial. Um dos constituintes, o bispo José Caetano da Silva Coutinho (1768-1833), rezou missa. Os trabalhos começaram efetivamente no dia 3, durando até 12 de novembro de 1823, quando dom Pedro, por ato de força, dissolveu a assembleia [cf. MENCK, José Theodoro Mascarenhas. *A liberdade religiosa e o parlamento imperial brasileiro (1823-1889).* Brasília: Ser, 1996, p. 92]. Quanto ao discurso pronunciado por dom Pedro, "Imperador Constitucional e Defensor Perpétuo do Brasil", por ocasião da abertura da constituinte, ver BONAVIDES, Paulo; PAES DE ANDRADE. *História constitucional do Brasil.* 3. ed. Rio de Janeiro: Paz e Terra, 1991, p. 18 e seg. Robert WALSH (1772-1852), em seu livro *Notícias do Brasil (1828-1829),* conta que foi visitar o bispo José Caetano da Silva Coutinho em seu palácio. Ficou impressionado com sua simplicidade, tolerância, ascetismo e cultura humanística.

3 A Grã-Bretanha, para sustentar seus gastos com as tropas militares, aumentou os impostos. Passou a exigir dos fiscais aduaneiros das colônias maior rigor no cumprimento das leis que regulavam o comércio (*Acts of*

cação era "(...) com o propósito de revisar os Artigos da Confederação, e relatar ao Congresso e às diversas legislaturas tais alterações e provisões que se tomassem a respeito (...)".[4] Bem antes, no início de 1780, Hamilton já havia laborado a ideia de uma convenção (constituinte)[5] para revisar

---

Trade). Nunca houve tanto abuso, como então, dos *Writs of Assistance*. James Otis, procurador real em Massachusetts, revoltado com essa situação abusiva, renunciou a seu cargo. Essa atitude é considerada como *le prélude à la Révolution américaine* (BURDEAU, Georges. *Traité de science politique*. Paris: Librairie Générale de Droit et de Jurisprudence, t. II, 1949, p. 452 e seg.). O governador de Massachusetts, contrariando os costumes, autorizou despesas sem prévia anuência do corpo legislativo local. Dois anos depois (1763), na Virgínia, Patrick Henry fez discursos inflamados, exigindo a participação do corpo legislativo em matéria de impostos e gastos governamentais. O rei vetou o imposto sobre fumo, votado pelo legislativo da Virgínia, pois o considerou excessivamente modesto. Patrick Henry acusou o rei de descambar para a tirania. Veio novo imposto: o do selo (*Stamp Act*). Açulados por Otis e Henry, os colonos se reuniram em Nova York, em 7 de outubro de 1765. Famosa ficou a frase de Henry: *Give me liberty, or give me death*. A oratória inflamada de Henry muito influenciou o jovem Thomas Jefferson (cf. FERLING, John. *Jefferson and Hamilton: the rivalry that forged a nation*. New York: Bloomsbury Press, 2013, cap. I).

4 COOLEY, Thomas. *The general principles of constitutional law in the United States of America*. 4. ed. Boston: Little, Brown, and Company, 1931, p. 13.

5 Os anglo-americanos preferem *convention*; os romano-germânicos, *constituinte*. BRASIL. Não deixa de ser interessante o porquê da utilização, aqui no Brasil, de "assembleia geral" ou "parlamento" para designar o corpo legiferante. A tradição lusa era por "Cortes ou Cúria" (cf. AMEAL, João. *História de Portugal*. Porto: Tavares Martins, 1940, p. 101). Assim: Cortes de Leiria, Cortes de Lamego e Cortes de Lisboa. No Brasil do primeiro reinado, usou-se "Assembleia Geral", por influência francesa. Com a difusão do jornal "Correio Braziliense", escrito em português e publicado em Londres, passou-se a utilizar "parlamento", termo empregado na Inglaterra desde 1240. É bom ressaltar que os franceses, entre o século XIII e meados do século XIX, empregavam *parlement* para designar um tribunal judicial (cf. MENCK, ob. cit., p. 65). Os parlamentos franceses foram adquirindo, com o correr do tempo, independência em relação ao monarca e passaram a reivindicar poder normativo (*arrêts de règlement*). O constituinte

os Artigos da Confederação, uma vez que os Estados individualmente jamais aprovariam tal reforma.[6] Também Madison enfatizara que "a verdadeira diferença entre uma liga ou tratado e uma Constituição" era a mesma diferença existente entre "um sistema fundado só nos Legislativos (dos Estados) e aquele fundado no povo".[7] George Washington, que já afirmara (1785) que a Confederação lhe parecia "pouco mais do que uma sombra sem conteúdo",[8] temia a anarquia.[9] Todos os três – Hamilton, Madison e Washington – optaram por um governo nacional, com laços mais fortes, ainda que em possível prejuízo da liberdade dos povos das entidades confederadas.[10] Por iniciativa

---

de 1791 suprimiu tais tribunais (parlamentos), impondo a eleição de juízes leigos (cf. PIZZORUSSO, Alessandro. *Curso de derecho comparado*. Versão espanhola por Juana Bignozzi. Barcelona: Editorial Ariel SA, 1987, p. 130). Com efeito, o art. 2°, do capítulo V (*Du Pouvoir Judiciaire*), da Constituição de 1791, dizia: *La justice sera rendue gratuitement par des juges élus à temps par le peuple (...)* [*Les constitutions de la France depuis 1789*. Paris: Garnier-Flammarion, 1979]. Na Inglaterra, até o início do século XVII, o Parlamento era encarado como um tribunal, e não como um órgão legislativo (HUNTINGTON, Samuel. *On reading the constitution*. Cambridge: Harvard University Press, 1991, p. 111).

6 Cf. WOOD, Gordon S. *The creation of the American republic, 1776-1787*. New York: W.W. Norton & Company, 1972, p. 532.

7 *Apud* WOOD, ob. cit., p. 533.

8 SCHWARTZ, Bernard. *The bill of rights: a documentary history*. New York: Chelsea House Publishers, in association with Hill Book Company, 1971, v. 1, p. 435.

9 BRASIL. José Bonifácio, delegado da Província de São Paulo na constituinte de 1823, também temia que a demora na votação do Projeto de Constituição levasse à anarquia. Os constituintes estavam divididos em quatro ou cinco grupos que não se entendiam (cf. SOUSA, Octavio Tarquinio de. *História dos fundadores do império do Brasil: José Bonifácio*. 2. ed. Rio de Janeiro: José Olympio Editora, v. 1, 1957, p. 271 e seg.).

10 Para estudiosos como George Bancroft (1800-1891) e John Fiske (1842-1901), a Constituição foi a realização da *Revolution* (Independência); já para outros, como Charles Beard (1874-1948) e Merrill Jensen (1905-1980), o

de Madison, delegados de Virgínia e Maryland se reuniram em Mount Vernon e Alexandria, em 1785, para estudar e discutir questões atinentes ao comércio e à navegação de interesse comum. Marcou-se nova reunião, a ser realizada em Annapolis, no ano seguinte (1786). O objetivo da segunda reunião seria o mesmo: *comércio comum* a diversos Estados confederados. Apenas cinco unidades políticas se fizeram representar. Hamilton, delegado de Nova York, convenceu os demais delegados a se reunirem no ano seguinte, no verão, na cidade da Filadélfia. Efetivamente, em maio de 1787, com exceção de representantes de Rhode Island (Estado onde se concentrava o maior número de endividados), compareceram delegados de doze Estados.[11] Ao todo, tinham sido eleitos sessenta e um constituintes. Seis não compareceram.[12] Os deputados da Virgínia, que chegaram primeiro, propuseram um plano ("Plano da Virgínia") de elaboração de um *novo documento* (Constituição), com a criação de um governo central. O corpo legislativo seria constituído de acordo com o número da população de cada Estado-participante. Os Estados menos populosos, por sua vez, apresentaram outro plano ("Plano de

---

documento de 1787 foi fruto de uma plutocracia egoísta, um *coup d'état* nos ideais democráticos firmados pela Declaração da Independência (cf. SELLERS, Charles; MAY, Henry; McMILLEN, Neil R. *Uma reavaliação da história dos Estados Unidos*. Trad. Ruy Jungmann. Rio de Janeiro: Jorge Zahar Editor, 1990, p. 9).

11 *Ibidem*, p. 85 e seg.

12 A média de idade dos constituintes era de quarenta e dois anos. O mais novo, Jonathan Dayton, de Nova Jersey, tinha vinte e seis; o mais velho, Benjamin Franklin, já havia completado oitenta e um (cf. L. MEE JR., Charles. *A história da constituição americana: relato da criação do governo durante a Convenção Constitucional*. Trad. Octávio A. Velho. Rio de Janeiro: Expressão e Cultura, 1993, p. 115, 119 e 120).

Nova Jersey"): os Artigos da Confederação seriam mantidos, ainda que profundamente alterados. O legislativo seria unicameral,[13] com igual representação por Estado.[14] Por fim, para desagrado de Hamilton, houve conciliação entre as duas vertentes: o legislativo passou a bicameral, com uma câmara formada de acordo com a população do Estado-membro (*House of Representatives*) e outra câmara com igual número (dois) de representantes por Estado (*Senate*).

Após a leitura das credenciais, o primeiro ato formal dos convencionais foi o da escolha de um presidente para os trabalhos. Certamente não faltaria candidato credenciado: Edmund Randolph (Virgínia),[15] o juiz Oliver Ellsworth (Connecticut),[16] Thomas Mifflin (1744-1800),

---

13 Como já se falou em outro capítulo, a ideia de legislativo unicameral vinha do *Instrument of Government*, documento apresentado ao Parlamento inglês pelos oficiais do exército de Oliver Cromwell.

14 Para as diferenças entre os Planos – Virgínia e Nova Jersey -, ver o resumo de Charles L. MEE JR., ob.cit., p. 134 e seg.

15 Mais tarde, Randolph tornou-se *secretary of state* do governo de George Washington (cf. *Encyclopaedia Britannica CD.* 1999, Standard Edition).

16 Ellsworth (1745-1807) era um dos três delegados do Connecticut à Convenção de 1787. Tornou-se figura de proa no difícil impasse da representatividade nas casas legislativas. O denominado "Paterson Plan" vindicava um sistema unicameral, no qual os Estados-membros teriam o mesmo número de representantes. Já o "Virginia Plan" previa uma câmara legislativa com o número de deputados proporcional à população de cada Estado. Ellsworth encampou a ideia de outro delegado do Connecticut, Roger Sherman: o sistema seria bicameral. Uma das câmaras, o Senado, teria igual representação; a outra câmara, a *House of Representatives*, seria preenchida de acordo com a população representada. Ellsworth foi nomeado *chief justice* por George Washington, ficando na presidência da Suprema Corte por quatro anos (1796 a 1800). Como já se disse em capítulo anterior, Ellsworth celebrizou-se por haver insistido na votação *per curiam*: o presidente da Corte, dependendo da matéria, fazia um voto para todos os pares. Coube a John Marshall, em sua longa gestão (1801 a 1835), viabilizar a tentativa

da Pensilvânia, e muitos outros se disporiam a lançar seus nomes.[17] Apenas dois convencionais, porém, tinham condições de polarizar os votos dos representantes dos Estados: o general George Washington (1732-1799), com cinquenta e cinco anos, e o octogenário Benjamin Franklin.[18] Esse último, todavia, já havia combinado com os delegados da Virgínia e da Pensilvânia a indicação do general. No dia da escolha, Franklin, por estar atacado de gota, não pôde comparecer aos trabalhos. Robert Morris (1734-1806), delegado da Pensilvânia, submeteu ao plenário o nome de Washington, que foi unanimemente eleito. James Madison,[19] de trinta e seis anos de idade, representante da Virgínia, ao lado de William Jackson (1759-1828), secretário oficial da Convenção, fez anotações das discussões dos constituintes durante toda a

---

de Ellsworth (cf. BUCHANAN, James. Oliver Ellsworth. in CUSHMAN, Clare (Ed.). *The Supreme Court Justices – illustrated biographies, 1789-1993.* Washington, D. C.: Congressional Quarterly, 1993, p. 46 e seg.).

17 PADOVER, Saul K. *A constituição viva dos Estados Unidos: história, textos, retratos dos signatários.* 2. ed. Trad. A. Della Nina. São Paulo: IBRASA, 1987, p. 9.

18 Thomas JEFFERSON em *Biographical sketches of famous men* registra traços de George Washington e Benjamin Franklin [cf. KOCH, Adrienne; PEDEN, William (Ed.), ob. cit., p. 173 e seg.].

19 "James Madison (1751-1836), errada ou acertadamente, é considerado por muitos como *o pai da Constituição*" (HICKOK, Eugene W.; McDOWELL, Gary L. *Justice vs. law – courts and politics in American society.* New York: The Free Press – a Division of MacMillan, Inc.- , 1993, p. 124). Madison morreu quase meio século após a elaboração da Constituição. Antes da convenção da Filadélfia, montou, para sua própria orientação nos debates, estudo denominado *Notes on Ancient and Modern Confederacies.* Sem dúvida alguma, foi o constituinte mais destacado na Filadélfia de 1787. Nutria uma verdadeira veneração por seu amigo Thomas Jefferson, a ponto de o presidente Theodore Roosevelt (1858-1919) galhofar que Madison era uma "pálida cópia de Jefferson" (MUNRO, William Bennett. *The government of the United States – national, state, and local.* 5. ed. New York: MacMillan, 1947, p. 39).

elaboração da Constituição. Só após a morte de Madison (1836) é que os Anais da Constituinte vieram a público.[20] Madison não tinha o brilhantismo de Hamilton,[21] mas era mais lido, metódico e minucioso.[22]

---

20 Os *Records of Federal Convention of* 1787 estão disponíveis na Internet: http://memory.loc.gov/amem/amlaw/lwfr.html. Trata-se de uma coletânea, em três volumes, organizada por Max Farrand, publicada em 1911. William Jackson (1759-1828) deu ao presidente Washington a documentação da constituinte. Washington, por sua vez, em 1796, passou a papelada para o *Department of State*. Em 1818, o Congresso mandou imprimir todo o material coletado, sob a supervisão de John Quincy Adams. Não só as Notas de Madison, algumas revisadas por ele, fazem parte da documentação. Também lembretes, cartas, anotações, propostas e planos.

21 Três traços fortes avivam o perfil de Alexander Hamilton (1755/7-1804): inteligência espantosa, autoconfiança e vontade férrea (cf. FERLING, John, ob. cit. cap. I). Por outro lado, Hamilton tinha planos mirabolantes de expansão territorial do país. Quando inspetor-geral (1798), chegou mesmo a traçar o esboço de um Novo Exército, que ficou no papel. Daí o presidente John Adams o apelidar de "César". Mesmo antes das eleições presidenciais de 1800, Alexander Hamilton vinha-se desentendendo com Aaron Burr, acusando-o de "esperteza política". A eleição (1800) de Burr para a presidência da República seria – prenunciou Hamilton – um verdadeiro "political suicide" (*ibidem*, cap. 14). Nas eleições seguintes (1804), Hamilton, ao fazer um discurso, atacou a honorabilidade de Burr, que pediu satisfações. Em 11 de julho de 1804, em um duelo às margens do rio Hudson (New Jersey), Burr atingiu mortalmente Hamilton com um tiro na barriga. Não resistindo ao sangramento interno, Hamilton morreu no dia seguinte, deixando viúva, sete filhos e uma nação estarrecida. (Disponível em: http://www.laughter-genealogy.com/bin/history/hamilton3.html. Acesso em: 05.10.2006). Burr foi absolvido. Em 1807, quando já havia deixado a vice-presidência, Burr tentou implantar uma nova república no Sudoeste dos Estados Unidos. Buscou o apoio dos ingleses, pedindo dinheiro e navios. Nada conseguiu. Em março, foi preso e conduzido a Richmond, sendo inocentado. Jefferson, que via em Aaron Burr um "caráter catilinário", disse que o julgamento, sob a presidência do *chief justice* Marshall, não passou de uma mera encenação política (cf. BERAN, Michael Knox. *Jefferson's demons. Portrait of a restless mind.* New York: Free Press, 2003, p. 180).

22 MUNRO, ob. cit., p. 39.

Algumas regras básicas foram logo estabelecidas. Uma delas, a do "sigilo absoluto" do que se passasse no seio da constituinte.[23] Com isso se evitariam boatos e maledicências, sobretudo por parte dos jornais. Por outro lado, a revelação imediata das desavenças e discussões dos convencionais não deixaria de abalar a fé cívico-religiosa que se esperava fosse depositada no documento.[24]

Durante o árduo trabalho da constituinte, houve impasse entre o grupo liderado por Madison e o grupo de Sherman.[25] Franklin contribuiu para uma proposta conciliatória.[26] Gouverneur Morris (1752-1816) se encarregou da redação final do texto.[27] Ninguém ficou inteiramente satisfeito com a Constituição, o que teria levado Edmund Randolph (1753-1813) a propor nova constituinte. Sua proposta foi rejeitada na hora, sem votação formal. Fez-se uma pausa nos trabalhos para que copistas preenchessem quatro folhas grandes de pergaminho. Nascera a Constituição dos Estados Unidos da América! Dos sessenta e um convencionais eleitos, quarenta e um assinaram o

---

23 Thomas Jefferson ficou profundamente magoado, pois acabaria por não ficar sabendo o que se passaria na convenção (cf. MEE JR, ob. cit., p. 66).

24 Irving Kristol (1920-2009), no artigo "O espírito de 87", referindo-se à Constituição, diz: "Palavras como *gloriosa* e até *sagrada* tornaram-se clichês convencionais. Tão forte foi esse sentimento, e tão positiva a consideração que se passou a dar ao fato político, que James Madison se recusou a publicar em vida suas *Notes on the Constitution*, com receio de que a revelação de discordâncias, debates e compromissos perante a Convenção Constitucional exercessem uma influência subversiva" (KRISTOL, Irving *et alii*. *A ordem constitucional americana -1787/1987*. Trad. José Lívio Dantas. Rio de Janeiro: Forense-Universitária, 1987, p. 6).

25 MEE JR., ob. cit., p. 158.

26 *Ibidem*, p. 175.

27 *Ibidem*, p. 227.

documento (alguns por procuração). Na segunda-feira, dia 17 de setembro de 1787, Benjamin Franklin, que não aguentava ficar muito tempo em pé, pediu ao colega James Wilson (1742-1798) para que ele lesse seu discurso, que principiava com um toque um tanto socrático:

> *Senhor Presidente, confesso haver diversas partes desta Constituição que atualmente não aprovo, mas não estou seguro de jamais vir a aprová-las. Por ter vivido tanto tempo, experienciei muitos casos em que, por ter tido melhores informações ou meditado mais tempo, mudei de opinião mesmo acerca de temas importantes, que certa vez achei adequados, mas depois encarei de maneira diversa. Por conseguinte, quanto mais velho fico, mas apto me torno a duvidar de meu próprio julgamento e a respeitar melhor o do outro.*[28]

Correu o boato que Franklin teria chorado ao assinar a Constituição.[29] Cumprida a estafante tarefa, alguns convencionais regressaram imediatamente às suas bases; outros preferiram comemorar na "Taberna da Cidade" (Filadélfia). Nada mais acertado do que vinho do Porto, Madeira, conhaque e ponche.[30] No dia 19, em primeira mão, o *Pennsylvania Packet and Daily Advertiser*, editado por John Dunlap e David Claypoole, publicou o texto constitucional na íntegra, ao preço de quatro pences.[31]

---

28 *Ibidem*, p. 235. Madison, em suas *Notes*, observa que Gouverneuer Morris foi quem inseriu texto ambíguo no discurso de Franklin com o propósito de angariar a simpatia de dissidentes (cf. McLEAN, Iain. *What's wrong with the British constitution?* Great Britain: Oxford University Press, 2010, p. 38.

29 *Ibidem*, p. 238.

30 *Ibidem*, p. 238.

31 Disponível em: http://constitutioncenter.org/experience/exhibitions/main-exhibition/public-printing-of-the-constitution. Acesso em: 13.10.2013.

É interessante assinalar que no Brasil, por ocasião da tentativa de elaboração de nossa primeira Constituição, deu-se exatamente o oposto: decidiu-se que seriam divulgadas diariamente as discussões travadas no âmago da constituinte. José Bonifácio, que estava mais preocupado com a unidade nacional do que mesmo com um estatuto político,[32] contratou taquígrafos (muitas vezes execrados por incompetência) para que registrassem tudo. A publicação no *Diário* ficou a cargo de Theodoro José Biancardi (1777?-1854).[33] Também nossa constituinte de 1823 teve boa receptividade, irradiando "fé e ardor patrióticos",[34] entusiasmo e esperança. A independência brasileira acabara de ser feita. Estava na hora de se nos dar uma constituição política. Como já se delineou no Capítulo I, durante os pouco mais de seis meses de atividade da Assembleia Geral, uma série de incidentes acabou por desencadear o Decreto de 12 de novembro de 1823, por meio do qual dom Pedro dissolveu a Constituinte por ele convocada no ano anterior.[35] Na realidade, educação política alguma é feita de uma hora para a outra. Requer tempo. Amadure-

---

32 José Bonifácio, diante das pressões maçônicas, cedeu. Em 23 de maio de 1822, o Senado da Câmara fez uma representação a dom Pedro, pedindo a convocação de uma constituinte. Menos de um mês depois, o governo expediu decreto convocando a Assembleia Geral Constituinte e Legislativa (cf. SOUSA, Octavio Tarquinio de. Ob. cit., p. 195 e seg.).

33 Cf. MENCK, ob. cit., p. 13. Os "Annaes" podem ser consultados no site do Senado Federal: www.senado.gov.br/publicacoes/anais/pdf/Anais_Imperio/1823%.

34 OLIVEIRA LIMA, Manuel de. *O império brasileiro (1821-1889)*. Belo Horizonte: Editora Itatiaia Limitada, 1989, p. 57.

35 Em 1831, dom Pedro foi levado a abdicar em favor de seu filho. A "abdicação" – lembra OLIVEIRA LIMA – "foi a consequência do ato violento da dissolução" (ob. cit., p. 63).

cimento. Tradição. Não tínhamos nada disso, muito embora a Assembleia Constituinte fosse composta de nossa intelectualidade, e alguns poucos delegados tivessem participado de Cortes em Portugal. Perdia-se muito tempo com discussões estéreis, como a colocação no Preâmbulo das palavras "Sabedoria Divina" ou "Santíssima Trindade" ou com o nome do projeto: "Projeto da Constituição do Brasil" ou "Projeto da Constituição para o Império do Brasil"?[36] Dom Pedro I, que esteve presente na abertura dos trabalhos constituintes, leu um discurso que provocou mais desconfiança do que a sensação de apoio.[37] Criticou as constituições francesas de 1791 e 1792, dizendo que "a experiência nos tem demonstrado que (elas) são totalmente teóricas e metafísicas e por isso inexequíveis". O Projeto foi lido na sessão de 01.09.1823.[38] Pouco mais de uma vintena de artigos, de um total de duzentos e setenta e dois, chegaram a ser votados. Por outro lado, o Ministério do Império e dos Estrangeiros, chefiado por José Bonifácio, com suas prisões arbitrárias e as célebres "devassas", trouxe uma série de embaraços para a Assembleia Geral e para o próprio imperador.[39] Questões relativas à competência do legislativo ou do exe-

---

36 DEIRÓ, ob. cit., p. 229 e seg.

37 "Com minha espada defenderei a pátria, a nação e a Constituição, se for digna do Brasil e de mim" (SOUSA, Octavio Tarquinio de, ob. cit., p. 252).

38 SOUSA, Octavio Tarquinio de, ob. cit., p. 271.

39 A Assembleia Constituinte deveria ser composta de cem deputados, número reduzido para noventa. Compareceram cinquenta e um. Houve problemas na Bahia, Cisplatina e Pernambuco. A Província do Pará, que teria três delegados, não enviou seus representantes. Um representante do Ceará, Costa Barros, já eleito e com diploma expedido, ficou preso sem culpa formada por três meses (cf. DEIRÓ, ob. cit., p. 64 e seg.).

cutivo, à expulsão em massa de portugueses etc. apressaram a dissolução da Assembleia.[40] O povo, em parte açulado pela imprensa, passou a galhofar dos deputados, apodando o projeto de "Projeto da Constituição Farinha de Mandioca".[41] O imperador, é certo, ao dissolver a Assembleia Constituinte, convocou nova constituinte. Convocação que ficou no papel...[42] Por fim, em 25 de março de 1824, veio embrulhadinho o novo Estatuto político, que foi outorgado por Pedro I, que se dizia "vacinado" de discussões "metafísicas" do Projeto anterior, da relatoria do deputado Antônio Carlos (1773-1845).[43] A figura que mais se destacou no segundo Projeto (1824) foi, sem dúvida, a de José Joaquim Carneiro de Campos (1768-1836), futuro marquês de Caravelas.[44]

---

40 No dia seguinte à dissolução da Assembleia Constituinte, dom Pedro baixou mais três decretos. Em um deles, procurou "justificar" seu ato de força: a existência de "facciosos" entre os convencionais, que buscavam a anarquia da ordem instituída. Citou, expressamente, *O Tamoyo* e a *Sentinela da Praia Grande*, periódicos tidos como dos irmãos Andradas.

41 O voto, censitário, tomava como parâmetro monetário o valor do alqueire de farinha de mandioca. O eleitor de primeiro grau (paroquial) deveria ser maior de vinte cinco anos, do sexo masculino e ter uma renda mínima equivalente a cento e cinquenta alqueires de farinha de mandioca.

42 SOUSA, Octavio Tarquinio, ob. cit., p. 283. Cf. BONAVIDES/PAES DE ANDRADE, ob. cit., p. 71 e 75.

43 O Projeto de Antônio Carlos Ribeiro de Andrada Machado e Silva, como ele mesmo esclarece, padecia de falta de rigor e sistematização. Mas, inegavelmente, respeitou bem de perto os direitos fundamentais, dando-lhes feição moderna e liberal (*Dos Direitos Individuaes dos Brasileiros*). Alguns dos constituintes se achavam em Portugal quando da Revolução de 1820. Testemunharam pessoalmente o entusiasmo contagiante pela liberdade e democracia (cf. HOMEM DE MELLO, F. I. Marcondes. *A constituinte perante a história*. Ed. *fac-similar*. Brasília: Senado Federal, 1996, p. 5).

44 BONAVIDES/PAES DE ANDRADE, ob. cit., p. 77.

Capítulo V

Conjecturas sobre a razão da ausência de um *bill of rights* ou de uma *declaration of rights* no texto da Constituição. A Declaração da Virgínia. Mason e Patrick Henry. Moção de Mason e Gerry. Recusa e justificativa. Exigência de alguns Estados-membros. Correspondência entre Jefferson e Madison. As *Objections* de George Mason. As explicações de *Publius*.

Nunca se soube muito bem por que alguns constituintes eram contra a inclusão do *Bill of Rights*[1] ou de uma *Declaration of Rights*[2] na Constituição, uma vez que quase

---

1 KILLIAN, Johnny H. (Ed.). *The constitution of the United States of America – analysis and interpretation.* Washington: Library of Congress, 1987, p. 949.

2 No plano puramente teórico, pode-se estabelecer diferença entre *bill of rights* e *declaration of rights*. Essa última expressão, à semelhança da *Déclaration des Droits de l'Homme et du Citoyen*, de 26 de agosto de 1789, é mais solene; a primeira, diferentemente, tem natureza prática. É interessante observar que Thomas Paine (1737-1809), na época da votação das Emendas do *Bill of Rights*, ao objetar ilações doutrinárias, falou que muita gente confundia "princípios" com "direitos" (Certamente ele tinha em mente a *Déclaration des Droits*). O *Bill of Rights* deveria conter uma série efetiva de direitos, e não de simples princípios e enunciados. No fundo, trata-se da conhecida tendência do povo de língua inglesa para a tradição, para a

todos os estatutos políticos dos Estados confederados já os tinham. O mais importante deles, por ter sido o primeiro e por haver influenciado os revolucionários franceses (1789)[3] e os constituintes americanos de 1787, foi o da Virgínia, que data de 12 de junho de 1776.[4] Esse documento foi esboçado por George Mason (1725-1792). Consta que Patrick Henry também teria colaborado na elaboração da cláusula sobre "liberdade de religião".[5] Bem mais tarde, em 16 de janeiro de 1785, foi aprovada a lei do Estado da Virgínia sobre liberdade religiosa (*Virginia Statute of Religious Liberty*). O autor do projeto, Thomas Jefferson, buscou "absoluta" liberdade religiosa, separando Estado e igreja. Os presbiterianos e episcopais se opuseram ferozmente ao projeto. Com o apoio de Mason,

---

valorização da experiência histórica; já os franceses, com o advento do Iluminismo, procuraram sistematizar suas normas político-jurídicas à luz da razão. Como se ressaltou no Capítulo I, é a mente "aristotélica" em contraposição à mente "platônica".

3 Zippelius observa que o marquês de La Fayette (1757-1834) pediu à Assembleia constituinte francesa que fizesse uma declaração de direitos semelhante àquela do Estado da Virgínia. No projeto, que mais tarde resultou na *Déclaration des Droits de l'Homme et du Citoyen*, colaborou Thomas Jefferson (ZIPPELIUS, Reinhold. *Teoria geral do estado.* Trad. António Cabral de Moncada. 2. ed. Lisboa: Fundação Calouste Gulbenkian, 1984, p. 166). Ver também CADART, Jacques. *Institutions politiques et droit constitutionnel.* 2. éd. Paris: Librarie Générale de Droit et de Jurisprudence, t. II, 1979, p. 760-761. Ver, mais, DUGUIT, Léon. *Las transformaciones del derecho – público y privado.* Versão espanhola por Adolfo G. Posada, Ramón Jaén e Carlos G. Posada. Buenos Aires: Editorial Heliasta S.R.L., 1975, p. 15.

4 No mesmo ano, Nova Jersey, Pensilvânia, Delaware, Maryland e Carolina do Norte fizeram suas constituições, seguindo recomendações do *Continental Congress* (cf. POUND, Roscoe. *The development of constitutional guarantees of liberty.* New Haven: Yale University Press, 1957, p. 82).

5 COMMAGER, Henry Steele (Ed.). *Documents of American history.* 6. ed. New York: Appleton-Century-Crofts, Inc., 1958, p. 103.

Madison, Taylor, George e W. C. Nicholas, o projetou logrou aprovação legislativa.[6]

No Brasil, a separação entre Estado e Igreja se fez por meio do Decreto n. 119-A, de 07.01.1890. Sua autoria é atribuída a Ruy Barbosa.[7] Todavia, impende registrar que Demétrio Ribeiro (1853-1933) reivindicava para si a glória de haver, um pouco antes, em 09.12.1889, feito a proposta da laicização do Estado brasileiro.[8] A separação no Brasil não foi violenta como em alguns países da Europa: o ensino continuou nas mãos de religiosos, não houve confisco de bens etc.[9]

Nos Estados Unidos houve muita especulação em torno da ausência de um *bill of rights* na Constituição de 1787. Muitos federalistas temiam que um rol de garantias e direitos fosse enfraquecer o governo central em prol dos Estados-membros.[10] Outros acreditavam que os trabalhos dos convencionais já estavam atrasados, e a inclusão de garantias e direitos iria retardar, ainda mais, a ultimação da Constituição. Constituintes, como James Wilson, defendiam a tese de que os poderes não enumerados expressamente em favor do governo central pertenciam

---

6 COMMAGER, ob. cit., p. 125.

7 Cf. MANGABEIRA, João. *Ruy: o estadista da república*. Brasília: Senado Federal, 1999, p. 44.

8 Cf. ROCHA POMBO. *História do Brasil*. Rio de Janeiro: W. M. Jackson, Inc., v. V, 1953, p. 349.

9 Ver GOMES, Edgar da Silva. *A separação Estado-Igreja no Brasil (1890): uma análise da Pastoral Coletiva do episcopado brasileiro ao marechal Deodoro da Fonseca*. (Disponível em: http://www.nepp-dh.ufrj.br/ole/textos/t_g_gomes.pdf. Acesso em: 19.11.2012).

10 Cf. WOOD, Gordon S. *The creation of the American republic, 1776-1787*. New York: W.W. Norton & Company, 1972, p. 537.

ao povo. Desse modo, era simplesmente *superfluous and absurd* cogitar-se de um *bill of rights*.[11] Roger Sherman lembrou que um *bill of rights* federal era *unnecessary*, uma vez que os Estados já tinham tais dispositivos assecuratórios de direitos e prerrogativas.[12] Alguns federalistas, como o jurista Edmund Pendleton (1721-1803), partiam de um princípio, hoje um tanto ingênuo e prosaico, de que no novo Estado (federal) "governo e liberdade eram amigos e aliados" (*government and liberty were friends and allies*), ficando assim preservada a "virtude", que era reconhecidamente o pilar sobre o qual repousaria a nova república.[13] Theophilus Parsons,[14] quando da ratificação da Constituição pelo Estado de Massachusetts, argumentou que, mesmo na hipótese de não haver um catálogo de direitos, o Congresso não teria legitimidade para fazer leis que infringissem os direitos naturais, uma vez que o povo não lhe havia dado expressamente tal poder. Se o Congresso tentasse, seu ato seria nulo.[15] Essas especulações já mostravam, por si, a imperiosidade de se colocar no Documento um rol de direitos fundamentais.

---

11 *Ibidem*, p. 540. Trata-se de discurso proferido na *State House*, em 6 de outubro de 1787 [cf. STORING, Herbert. A constituição e a carta de direitos in *A cidadania nos EUA*. PORTO, Walter Costa (Coord.) Brasília: Ministério do Interior. Fundação Projeto Rondon, 1988, p. 49].

12 Cf. SCHWARTZ, Bernard. *The bill of rights: a documentary history*. New York: Chelsea House Publishers, in association with Hill Book Company, v. 1, 1971, p. 436.

13 Cf. WOOD, ob. cit., p. 544.

14 Theophilus Parsons (1750-1813) foi mais tarde *chief justice* da Suprema Corte de Massachusetts (cf. Comptons´s Interactive Encyclopedia).

15 STORING, artigo cit., p. 51.

Muita discussão fatalmente afloraria durante os trabalhos da constituinte. Realmente, faltando apenas cinco dias para o fim dos trabalhos, dois convencionais – Mason e Gerry – apresentaram uma moção no sentido de que fosse designada uma comissão para elaborar o *Bill*. Mason chegou mesmo a argumentar que tal relação de direitos e franquias "daria grande tranquilidade ao povo; e que, com a ajuda das declarações dos Estados, um *bill* poderia ser preparado em poucas horas".[16] Gerry endossou a sugestão de Mason, propondo a criação de uma comissão "para preparar um *Bill of Rights*". Mason apoiou a proposta. Tudo isso se acha sumariamente anotado nas ocorrências diárias de James Madison. A proposta foi rejeitada.[17] Outros convencionais não viam necessidade de um *bill* ou de uma *declaration*: as garantias já vinham da velha Inglaterra, e já estavam arraigadas nos costumes dos povos da América.[18]

---

16 Cf. FRAY, William C.; SPAR, Lisa. *The debates in the federal convention of 1787 reported by James Madison: September 12* (cf. Avalon Project – 1996. http://www.yale.edu/lawweb/avalon/debates).

17 Segundo as anotações de Madison, um Estado, o de Massachusetts, foi o único que se absteve de votar. Os demais votaram contra.

18 BRASIL. João Severiano Maciel da Costa (1769-1833) foi o crítico mais contundente na Assembleia Geral Constituinte e Legislativa (1823). Posicionou-se desde o início contra a inserção de uma declaração de direitos individuais na Carta: "(...) não é tal declaração, por mais fastuosa que ela seja, que há de assegurar esses direitos". Por outro lado, além de aumentar de muito o tamanho da Carta, tais direitos demandavam definições, algumas dificílimas (cf. MENCK, José Theodoro Mascarenhas. *A liberdade religiosa e o parlamento imperial brasileiro (1823-1889)*. Brasília: Editora Ser, 1996, p. 95). Os utilitaristas ingleses se mostram contra a colocação de direitos individuais em constituições (cf. HAMBURGER, Joseph. Utilitarianism and the constitution *in* BLOOM, Allan (Ed.). *Confronting the constitution*. Washington, D.C.: The AEI Press, 1990, p. 243).

Em 14 de setembro de 1787, Charles Pinckney,[19] da Carolina do Sul, e Elbrigde Gerry,[20] de Massachusetss, tentaram introduzir uma emenda dizendo que a "liberdade de imprensa deveria ser inviolavelmente observada". A proposta não passou. Roger Sherman, ainda segundo as *Notes* de James Madison, teria ponderado que "as Declarações de Direitos dos Estados não eram repelidas pela (nova) Constituição e, por estarem em vigor, já eram (por si) suficientes". O próprio Hamilton pugnava pela omissão da cláusula constitucional de liberdade de imprensa ao fundamento de que ela era *indefinable* e, no fundo, dependia do espírito geral do povo e do governo para sua efetivação.[21]

Giovanni Sartori (1924-...) enfatiza:

> *Estou de acordo com Madison e Hamilton em que as declarações de direitos não representam uma condição necessária para as constituições (...) sem uma carta de direitos, uma constituição ainda é uma constituição; mas se ela não está centralizada numa moldura de governo, não é uma constituição.*[22]

---

19 Charles Pinckney (1757-1824) foi um dos que lutaram pela revisão dos Artigos da Confederação. No início era federalista, depois bandeou para o partido de Jefferson (cf. *Encyclopaedia Britannica CD.* Standard Edition).

20 Elbrigde Gerry (1744-1814) foi vice-presidente da República (Madison) e governador de Massachusetts, quando engenhou uma redistribuição territorial com repercussão em resultados eleitorais. O sistema ficou conhecido pejorativamente como *gerrymandering*. Gerry recusou-se a assinar a Constituição de 1787: ausência de um *bill of rights*.

21 CHAFEE JR., Zechariah. *Free speech in the United States*. Cambridge, Massachusetts: Oxford University Press, 1942, p. 5.

22 SARTORI, Giovanni. *Engenharia constitucional: como mudam as constituições*. Trad. Sérgio Bath. Brasília: UnB, 1996, p. 209-210.

Mas, de qualquer sorte, convém destacar as palavras atribuídas a James Winthrop (1758-1821) em *Carta a Agrippa* (XIII):

> *Uma assembleia legislativa tem direito inerente de alterar o* common law, *e de abolir qualquer de seus princípios que não estejam particularmente ressalvados na constituição. Desse modo, todo sistema que estabelece uma legislatura, sem qualquer reserva dos direitos individuais, abdica para o governo todo o poder em qualquer dos ramos do legislativo.*[23]

O fato é que a não inclusão dos direitos individuais num dispositivo ensejou, posteriormente, um dos argumentos levantados por aqueles que eram contra a ratificação da Constituição.[24] Muitos condicionavam a ratificação ao compromisso da inclusão do *Bill of Rights*. George Washington tinha como "insensata" (*ill-advised*) a estratégia utilizada pelos antifederalistas. Em diversas cartas a amigos, ele disse que a Constituição, depois de ratificada, poderia ser emendada. Mas impor como condição de ratificação a inclusão de um *bill* atingia as raias da insensatez. De qualquer sorte, os federalistas se comprometeram após a ratificação da Constituição a fazer emendas garantindo os direitos fundamentais. A promessa foi cumprida.

---

23 *A legislative assembly has an inherent right to alter the common law, and to abolish any of its principles, which are not particularly guarded in the constitution. Any system therefore which appoints a legislature without any reservation of the rights of individuals, surrender[s] all power in every branch of legislation to the government* (Disponível em: http://www.infoplease.com/t/hist/antifederalist/agrippa13.html#ixzz1mGmUS48h. Acesso em: 13.02.2012).

24 Cf. COOLEY, Thomas. *The general principles of constitutional law in the United States of America*. 4. ed. Boston: Little, Brown, and Company, 1931, p. 15.

Além dos Estados da Virginia e de Massachusetts, outros Estados, como Carolina do Sul, New Hampshire, Nova York, Carolina do Norte e Rhode Island exigiam o compromisso de apresentação de emendas constitucionais com a inserção do *Bill of Rights* para que pudessem ratificar a Constituição.[25] Por ocasião da votação das então doze Emendas propostas (foram ratificadas dez), a Primeira Legislatura (Primeiro Congresso) enviou cópia delas para os governos da Carolina do Norte e de Rhode Island, que ainda não integravam a União. Seria seguramente um modo de atraí-los para o seio da Federação.[26]

Outra justificativa para a não inclusão desde logo de um inventário de direitos, franquias e liberdades na Constituição era de que se tratava de um "documento próprio para a União", e não para os Estados-membros. Assim, em princípio, o *Bill* podia não obrigar os Estados federados, salvo se ficasse expressamente clausulada a vinculação para eles.[27] Tanto isso era verdade – argumentaram os partidários dessa ilação – que na seção 9 do Art. I, a Constituição fala que "nenhum *Bill of Attainder* ou lei *ex post facto* será aprovado" (pelo Congresso). Na seção seguinte (10), a Constituição torna, agora para os Estados federados, a repetir a mesma cláusula proibitiva: (...) *pass any Bill of Attainder, ex post facto Law* (...).[28]

---

25 *Ibidem*, p. 16, nota de rodapé.

26 Cf. AMAR, Akhil Reed. *America's constitution – a biography*. New York: Random House, 2005, p. 319.

27 Em *Barron v. Mayor & City Council of Baltimore, 32 U. S. (Pet.) 243 (1833)*, a Suprema Corte reconheceu que o *Bill of Rights* não se aplicava aos Estados. Fora feito para a União.

28 *Ibidem*, p. 16.

Thomas Jefferson,[29] que era ministro plenipotenciário dos Estados Unidos na França, escreveu uma série de cartas a Madison, dizendo que não se conformava com a ausência do *Bill of Rights*.[30] Em carta datada de 20 de dezembro de 1787, Jefferson relaciona para Madison

[29] BRASIL. O nome de Jefferson ficou ligado à malograda "Inconfidência Mineira". Alguns brasileiros que estudavam na Europa e já sonhavam com a independência da colônia portuguesa na América ficaram alvoroçados com o sucesso da *Revolution* nas colônias inglesas. Dentre eles, José Joaquim da Maia e Barbalho, que estudava medicina em Montpellier. Maia escreveu cerca de quatro cartas a Thomas Jefferson. Vindicava o apoio dos Estados Unidos para nossa causa. Jefferson, à evidência, não se pôde comprometer. Seu país acabara de assinar um acordo comercial com Portugal. De qualquer modo, assentiu em encontrar-se com Maia em Nîmes. O fato foi registrado pelo diplomata norte-americano em carta enviada a John Jay, em 4 de maio de 1787 (cf. VARNHAGEN, Francisco Adolfo de. *História geral do Brasil.* 7. ed. São Paulo: Melhoramentos, t. III-IV, 1962, p. 307 e seg. Ver, ainda, ROCHA POMBO. *História do Brasil.* Rio de Janeiro: W. M. Jackson, Inc., v. III, 1953, p. 209 e seg.). Nos autos do processo instaurado contra os sediciosos (inconfidentes) havia um exemplar do *Recueil des loys constitutives des colonies angloises confédérées sous la dénomination d'États-Unis d'Amérique Septentrionale,* que foi apreendido em poder de José Joaquim da Silva Xavier (1746-1792), o Tiradentes. Esse livro foi doado pelo historiador Alexandre de Mello Moraes à biblioteca pública da cidade catarinense de Desterro, hoje Florianópolis (cf. LUCAS, Fábio. *Mineiranças.* Belo Horizonte: Oficina do Livro, 1991, p. 72). Bem mais tarde, em 21.04.1984, o governador Esperidião Amin (1947-...), de Santa Catarina, devolveu ao então governador Tancredo Neves (1910-1985) o exemplar para o Museu da Inconfidência, em Ouro Preto (cf. JOSÉ, Oiliam. *Tiradentes.* Belo Horizonte/São Paulo: Itatiaia/USP, 1985, p. 26). Na época, o mencionado *Recueil de Loys* circulava entre os inconfidentes. Tratava-se de trabalho impresso na Filadélfia, em 1778, contendo os Artigos da Confederação, bem como as Constituições da Virgínia, Nova Jersey, Massachusetts, Pensilvânia, Delaware, Carolinas e Maryland (cf. MAXWELL, Kenneth. *A devassa da devassa – a inconfidência mineira: Brasil e Portugal – 1750/1808.* 3. ed. Trad. João Maia. Rio de Janeiro: Paz e Terra S/A, 1985, p. 147).

[30] KILLIAN, ob. cit., p. 949 e seg.

aquilo que ele mais gostaria que estivesse na Constituição e, em seguida, o que lhe desagradara:

> *primeiro, a omissão de um bill of rights, que assegurasse claramente, e sem a ajuda de sofisma, liberdade de religião, liberdade de imprensa, proteção contra exércitos permanentes, restrição de monopólios, a eterna e incansável força das leis do habeas corpus, e julgamentos pelo júri em todas as matérias de fato que possam ser julgadas pelas leis do país, e não pelas leis das nações.*[31]

A preocupação com as garantias formais era tamanha que, mal tinham sido encerrados os trabalhos dos convencionais de Filadélfia (1787), Richard Henry Lee (1732-1794) porfiou para que o *Continental Congress* fizesse uma emenda à Constituição recém-elaborada, introduzindo-lhe um *bill of rights.*[32] George Mason, mesmo vencido na Convenção de Filadélfia, continuava renitente.[33] Fez pu-

---

31 *First, the omission of a bill of rights, providing clearly and without the aid of sophism, for freedom of the press, protection against standing armies, restriction of monopolies, the eternal and unremitting force of habeas corpus laws, and trials by jury in all matters of fact triable by the laws of the land, and not by the laws of nations* [KOCH, Adrienne; PEDEN, William (Ed.). *The life and selected writings of Thomas Jefferson.* New York. The Modern Library, 1944, p. 437].

32 A carta de James Madison a George Washington data de 30 de setembro de 1787 (cf. SCHWARTZ, ob. cit., p. 441).

33 Mason (1786-1860) se negou a assinar a Constituição. Quando da convenção estadual da Pensilvânia para ratificar ou não a Constituição, correu o boato de que Mason teria dito que preferia cortar sua mão a apor sua assinatura no documento (cf. MEE JR, Charles L. *A história da constituição americana – relato da criação do governo durante a convenção constitucional.* Trad. Octávio A. Velho. Rio de Janeiro: Expressão e Cultura, 1993, p. 245). Dois outros constituintes não assinaram a Constituição: Edmund Randolph e Elbridge Gerry, como já se falou. BRASIL. No Brasil, o constituinte fluminense Luís Murat não assinou a Constituição de 1891, alegando que ele era "parlamentarista" (cf. ROURE, Agenor de. *A constituinte republicana.* Brasília: Senado Federal, coedição com a UnB, v. 1, 1979, p. 8 e 242).

blicar suas *Objections to the Constitution* no jornal *Pennsylvania Packet*, que alcançaram muita repercussão, reforçando ainda mais as hostes antifederalistas:

> *Não existe nenhuma declaração de direitos* – referia-se ele à Constituição – *e as declarações de direito dos diferentes Estados ficam sem garantia (...). Não existe declaração de qualquer espécie no tocante à preservação da liberdade de imprensa, do tribunal do júri civil, nem contra o perigo de exércitos permanentes em tempo de paz* (...).[34]

Não tardaram as respostas dos federalistas às *Objections*. James Iredell[35] frisou que uma declaração de direitos era inteiramente supérflua, uma vez que o novo governo era de "poderes enumerados". Oliver Ellsworth, que mais tarde se tornaria presidente da Suprema Corte dos Estados Unidos, foi mais incisivo ainda: um *bill of rights* é inteiramente insignificante, pois, de acordo com a Constituição, o governo federal tinha sua sustentação única e exclusiva no povo.[36]

Luís Morton Barreto Murat (1861-1929), Lúcio de Mendonça (1854-1909) e Medeiros e Albuquerque (1867-1934) foram os principais fundadores da Academia Brasileira de Letras. Murat posicionou-se politicamente contra o presidente Floriano Peixoto. Em artigos de jornal (*Um louco no cemitério*), atacou duramente seu colega Raul Pompéia (1863-1895), florianista inflamado, levando-o ao suicídio em uma noite de Natal (cf. MONTELLO, Josué. *Os inimigos de Machado de Assis*. 2. impressão. Rio de Janeiro: Nova Fronteira, 1998, p. 249).

34 SCHWARTZ, ob. cit., p. 443.

35 Iredell (1751-1799) nasceu na Inglaterra. Tornou-se líder do movimento federalista na Carolina do Norte. Foi surpreendido com sua indicação para a Suprema Corte, pois estava pleiteando de George Washington um simples cargo de juiz federal (CUSHMAN, Clare (Ed.). *The supreme court justices*. Washington, D.C.: Congressional Quarterly, 1993, p. 28 e seg.).

36 SCHWARTZ, ob. cit., p. 444.

Alexander Hamilton, com o pseudônimo de *Publius*,[37] gastou boa tinta tentando explicar ao "povo do Estado de Nova York" por que a Constituição não contemplara metodicamente os direitos e garantias fundamentais. No mais tarde enumerado *Paper no. 84*[38] de *O Federalista*,[39] Hamilton asseverou que as declarações de direito, em sua origem inglesa, não passavam de "acordos entre os reis e seus súditos", com "reduções de prerrogativas reais em favor de privilégios, restrições de direitos não-cedidos aos príncipes". Nomeia, em seguida, os diversos documentos ingleses que trataram esparsamente da questão.[40]

Conhecida ficou a argumentação de James Wilson,[41] já mencionada, em seu discurso de 6 de outubro de 1787, contra a inserção de um *bill of rights*: a União só tinha poderes especificamente enumerados na Constituição. Diferentemente, os Estados possuíam poderes gerais. Daí

---

37 O pseudônimo "Publius" se refere a Publius Valerius Publicola, eleito cônsul romano nos anos 508, 507 e 504 a. C. (Disponível em: http://en.wikipedia.org/wiki/Federalist_Papers. Acesso em: 28.03.2011).

38 São oitenta e cinco ensaios. Hamilton, que não participara assiduamente dos trabalhos convencionais de Filadélfia, convidou, além de James Madison, John Jay, que não estivera na Convenção, mas era um notável advogado. Jay, que participou com apenas quatro ensaios, tornou-se, mais tarde, o primeiro presidente da Suprema Corte dos Estados Unidos.

39 Dos oitenta e cinco *papers*, cinquenta e um são atribuídos a Hamilton.

40 HAMILTON, Alexander; MADISON, James; JAY, John. *O federalista*. Trad. Heitor Almeida Herrera. Brasília: Editora Universidade de Brasília, 1984, p. 623 e seg.

41 Também conhecida é a argumentação contrária de Patrick Henry: "Todas as nações têm adotado esta construção – que todos os direitos não expressa e univocamente reservados ao povo se acham implícita e incidentalmente deixados para os governantes" (*All nations have adopted this construction – that all rights not expressly and unequivocally reserved to the people are impliedly and incidentally relinquished to* rulers. Cf. WOOD, ob. cit., p. 541).

a desnecessidade de uma declaração formal de direitos e garantias no texto da Constituição. Mesmo sem o saber, Wilson acabava por articular um princípio fundamental da Constituição norte-americana: o governo federal só detém os poderes que lhe foram expressamente dados.[42] É claro que objeções a essa tese foram logo levantadas: mesmo os poderes enumerados contêm poderes implícitos. Madison procurou colocar a tese de Wilson na futura Emenda n. 10: *The powers not delegated to the United States by the Constitution, nor prohibited by it to the States are reserved to the States respectively, or to the people.*[43] Por sugestão de Charles Carroll (1737-1832), Madison acresceu a frase *or to the people.*[44]

---

42 STORING, Herbert J, artigo cit., in PORTO, Walter Costa (Coord.), ob. cit., p. 49.

43 BRASIL. Essa cláusula passou para as Constituições e Cartas brasileiras. O art. 65 da Constituição de 1891 dizia: "É facultado aos Estados: § 1° (...). § 2° Em geral todo e qualquer poder, ou direito que lhes não for negado por cláusula expressa ou implicitamente contida nas cláusulas expressas da Constituição". No Projeto (Governo) da Constituição de 1891 havia sido proposta a seguinte redação: "Tudo quanto não se acha definido nesta Constituição como pertencendo ao poder federal, é da competência dos Estados". Sugeriu-se o advérbio "expressamente" para modificar os "poderes outorgados à União". João BARBALHO (1846-1909) lembra que, tal como se deu com a proposta da Emenda n. 10 à Constituição dos Estados Unidos, o "expressamente" tolhia o poder central, afastando os poderes implícitos da União (cf. BARBALHO, João U. C. *Constituição federal brazileira – commentarios.* Rio de Janeiro: Typographia da Companhia Litho-Typographia, 1902, p. 273). A mesma cláusula dos poderes reservados foi nutrir a Constituição argentina: "As Províncias conservam todo poder não delegado ao Governo Federal por esta Constituição e o que hajam reservado para si expressamente em pactos especiaes na época da sua incorporação" (cf. MAXIMILIANO, Carlos. *Commentarios a constituição brasileira.* Rio de Janeiro: Jacintho Ribeiro dos Santos, 1918, p. 653).

44 STORING, artigo citado.

Capítulo VI

A Emenda n. 1

A liberdade de ideias: resistência permanente contra a Igreja e contra o Estado. A questão da supremacia do poder. O cesaropapismo. Henrique II e as Constituições de Clarendon. Santo Agostinho. Dante. Anteprojeto de Madison. As *Religious Clauses*: a *Establishment Clause* e a *Free Exercise Clause*. O medo: obstáculo para a exteriorização do pensamento. Mutação constitucional. Casos notáveis. Notícia da aprovação, em março de 1998, de proposta de Emenda Constitucional pela *Judiciary Committee* da Câmara dos Deputados dos Estados Unidos. Orações nas escolas secundárias e ajuda governamental a instituições de ensino religioso: proibições constitucionais que andaram por um fio na *Bush Court*. A *Kruzifixentscheidung* do Tribunal Constitucional Federal alemão. O crucifixo do Superior Tribunal de Justiça. Uso de peiote em ritual religioso. Liberdade de expressão. Liberdade de imprensa. Portugal. Brasil. O caso *New York Times Co. v. Sullivan, 376 U.S. 254 (1964)*: sua importância para a liberdade de imprensa. O antecedente *Near v. Minnesota ex rel. Olson, 283 U.S. 697 (1931)*. A doutrina *Clear and Present Danger*, de Holmes. Contribuição ou auxílio para organizações terroristas e a norma penal em branco do art. 18, § 2339B, do *U.S. Code*. Queima pública de bandeira: jurisprudência. Tentativa do Governo Bush de emendar a Constituição para evitar a *Flag Desecration*. Obscenidade e pornografia. A proteção do menor de idade. A instalação de filtro em computador de biblioteca pública. Decisão recente sobre *Film* ou *Video Crush*. Problemas da divulgação, pela imprensa, de nomes de vítimas de estupros. Liberdade de propaganda comercial. *Outdoors*. Direito de petição. Direito de ação. Jogos de azar. Isenção tributária de jornais e organizações religiosas.

De todo o *Bill of Rights*, a Emenda n. 1 é, por certo, a mais importante, uma vez que lida diretamente com o maior bem do Homem: *a liberdade de expressão*. O curso da História – pondera Laurence Tribe – tem mostrado que a devoção à Emenda n. 1 ora aumenta, ora diminui ao sabor das marés políticas.[1]

A Emenda n. 1 é um reflexo do Renascimento[2] e do Iluminismo, que abriram a possibilidade de crítica pela

---

1 TRIBE, Laurence H. *Constitutional choices*. Cambridge, Massachusetts: Harvard University Press, 1985, p. 188.

2 No sentido amplo, o Renascimento ou Renascença, que começou no século XV, é mais do que um simples movimento intelectual de retorno à cultura greco-romana. É muito mais. "A saber, é o fato considerável de que a majestosa construção medieval, fundada sobre a dupla autoridade do Papa no espiritual e do Imperador no temporal, desaba definitivamente." (CHEVALLIER, Jean-Jacques. *As grandes obras políticas de*

razão e cindiram as duas forças que se aliavam para oprimir o homem: Igreja e Estado.[3] Talvez não haja maior mal para a liberdade do que o cesaropapismo, quando a Igreja se submete ao poder político do Estado. Ou vice-versa, a teocracia, quando o Estado é comandado por religiosos, como se dá com alguns Estados do Oriente Médio da atualidade. O homem só gozará de liberdade individual quando as forças políticas e religiosas forem mantidas em separado e, no caso do Estado, quando o poder político for mantido fracionado.

A crítica ao Direito e ao Estado começa bem antes da idade moderna, com os gregos antigos, que, imbuídos da ideia de "direito natural", rejeitaram as instituições político-sociais então existentes.

Dispõe a Emenda n. 1:

> *O Congresso não legislará no sentido de estabelecer uma religião, ou proibindo o livre exercício dos cultos; ou cerceando a liberdade de palavra, ou de imprensa, ou o direito do povo de*

Maquiavel a nossos dias. Trad. Lydia Christina. Brasília: Universidade de Brasília, 1982, p. 17 e seg.).

3 Por certo, o próprio Cristo já antevia a imperiosidade da separação entre Estado e Igreja. É o que se pode inferir dos evangelhos sinóticos, em especial, *Mateus* (22:21): "Dai, pois, a César o que é de César, e a Deus o que é de Deus". De qualquer sorte, é justo lembrar que foi a Igreja (católica), com a Reforma Gregoriana, que propiciou o desenvolvimento do primado da lei na Europa (cf. FUKUYAMA, Francis. *As origens da ordem política: dos tempos pré-humanos até a Revolução Francesa*. Trad. Nivaldo Montingelli Jr. Rio de Janeiro: Rocco Ltda., 2013, p. 318). Em seu livro *Freedom for the thought that we hate*, Anthony Lewis traça um perfil da evolução jurisprudencial da Emenda n. 1 (cf. LEWIS, Anthony. *Liberdade para as ideias que odiamos*. Trad. Rosana Nucci. São Paulo: Aracati, 2011). Aos poucos, as cláusulas da Emenda foram sendo flexibilizadas para proteger a liberdade religiosa e, acima de tudo, a liberdade de expressão do americano.

se reunir pacificamente, e de dirigir ao Governo petições para a reparação de seus agravos.[4]

A Emenda n. 1, como se vê de sua redação, tem como base um dos *droits plus précieux de l'homme*: a liberdade de comunicação de pensamento e de opinião, tanto no campo religioso, como político, científico ou artístico, tal como sintetizado pelo Revolucionário francês de 1789 (*Declaração*, art. 11).[5]

No princípio do século IV, os bispos da Igreja conseguiram pôr na cabeça dos imperadores romanos que só havia uma religião verdadeira. O imperador Galério (255-311) resistiu o quanto pôde. Supersticioso e já muito doente, acabou por ceder e expedir, em 30 de abril de 311, o mais tarde denominado *Edito da Tolerância*, por meio do qual pedia aos cristãos, como paga de sua imperial indulgência, que implorassem aos deuses deles por sua saúde e pela prosperidade do Estado romano.[6] No final de outubro de 312, Constantino,[7] que acabara de derrotar Magêncio, escreveu a Maximiano Daia, pedindo

---

4 Constituição do Brasil e constituições estrangeiras. Textos. Brasília: Senado Federal, v. I, 1987.

5 Curiosamente, não há na Declaração francesa de 1789 um dispositivo específico, como na Constituição norte-americana, mencionando a liberdade de religião ou culto. Todavia, no art. 10, vem expresso que ninguém pode ser perturbado por suas opiniões, "même religieuses".

6 LOT, Ferdinand. *El fin del mundo antiguo y comienzo de la edad media.* Versão espanhola por José Amoros Barra. México: Unión Tipográfica Editorial Hispano Americana, 1956, p. 24.

7 Alguns historiadores dizem que Constantino era um "livre pensador". Como explica Ferdinand LOT (ob. cit., p. 26), não existiam livres-pensadores naquela época. Todos, inclusive Marco Aurélio e Diocleciano, eram religiosos, isto é, supersticiosos.

para que ele pusesse fim à perseguição de cristãos.[8] No ano seguinte, Constantino (272/4-337) convocou Licínio [271(?)-324(?)] à cidade de Milão. Em conjunto, fizeram uma "Constituição Imperial", que, historicamente, ficou conhecida como *Edito de Milão*. Trata-se de um dos documentos mais importante da História antiga: a Igreja foi separada do Estado, adquirindo personalidade jurídica própria.[9] Promulgou-se o princípio da "liberdade de consciência", que pouco durou. O Cristianismo tornou-se a religião oficial do Império. Constantino, de acordo com o bispo Eusébio, seu amigo e biógrafo (*Vita Constantini*), passou a acreditar em seu papel messiânico de salvar a religião cristã e o próprio Império.[10] Daí em diante, só o cristianismo podia existir.[11]

No ano de 324, em Dídima (Ásia Menor), os templos pagãos foram saqueados e seus sacerdotes trucidados. A intolerância prosseguiu, e se fortificou com Flavius Theodosius (347-395), que em 380 baixou edito firmando a exclusividade da religião cristã em todo o império.

Na era cristã, as duas forças políticas – Estado e Igreja – não se entendiam. A partir do ano 1000, em plena vigência do impropriamente denominado Sacro Império Romano-Germânico, a desavença se agravou. A quem cabia nomear bispos e abades? Ao papa ou ao imperador? No Oriente, a "Questão das Investiduras" não apre-

---

8 *Ibidem*, p. 24.

9 MELO FRANCO, Afonso Arinos de. *Amor a Roma*. 2. ed. Rio de Janeiro: Nova Fronteira, 1982, p. 102-3.

10 LOT, Ferdinand, ob. cit., p. 24.

11 CANTOR, Norman F. *The civilization of the middle ages*. New York: HarperCollins Publisher, 1993, p. 47 e 53.

sentava problema maior, uma vez que a Igreja (ortodoxa) continuava submissa ao Estado: o *jus sacrum* era parte integrante do *jus publicum*. O mesmo, porém, não ocorria na Europa, onde o imperador insistia em seu direito de nomeação, encontrando resistência por parte da Igreja.[12] Em 1107, o rei inglês, ao firmar acordo com o papa, acabou por fornecer elementos para a Concordata de Worms (1122): à Igreja ficou reconhecido o direito de estabelecer seus cânones, criar sua burocracia, nomear seus bispos. Na Inglaterra de 1164, todavia, Henrique II (1133-1189) sancionou as denominadas Constituições de Clarendon, que tiravam dos tribunais eclesiásticos o poder de julgar conflitos entre leigos e religiosos. Em 21 de maio de 1172, Henrique, diante da pressão do papa Alexandre, cedeu em alguns tópicos de suas Constituições. O regime do padroado, no entanto, permaneceu e, veladamente, o rei continuava a influir na jurisdição canônica. A luta entre Estado e Igreja, ainda que maquiada, prosseguiu até o advento da Reforma Protestante.[13] Diante da fragmentação de poderes na Europa (principados, ducados, Estados livres etc.), a desinteligência entre Estado e Igreja ensejou o aparecimento do "primado da lei" (*rule of law*) antes mesmo da chegada da democracia representativa e da formação do próprio Estado nacional.[14]

---

[12] Gregório VII, que excomungou o imperador (Henrique IV) por duas vezes, não conseguiu apeá-lo do trono. Foi Henrique, com apoio no concílio de bispos, que destronou o papa.

[13] Disponível em: http://www.bbc.co.uk/history/british/middle_ages/becket_01.shtml. Acesso em: 15.06.2010.

[14] Cf. FUKUYAMA, Francis, *As origens...*, ob. cit., p. 318.

Para manter a liberdade de ideias, de pensamento, o homem teve de lutar. Teve que resistir.[15] Primeiro, resistir contra a tirania religiosa, em seguida, contra a tirania do Estado e, por último, contra a tirania de grupos sociais.[16] Se ele pensasse em desacordo com a igreja estabelecida, cometia heresia; se seu pensamento fosse de encontro ao Estado, sublevava; se suas ideias e ações divergissem da maioria, deveria ser silenciado. Muitas vezes, o homem tinha de resistir contra a tirania da Igreja e do Estado, que se aliavam para sufocá-lo.[17] Em outras, era o próprio Estado que se opunha às igrejas, criando-lhes toda espécie de dificuldades e embaraços, como se deu com o México em 1917, com a União Soviética, Países Bálticos, China e Cuba.[18]

No início, a intolerância partiu da "religião dominante", fosse ela católica ou protestante.[19] Foi o que se deu na

---

15 Harold J. LASKI (1893-1950) enfatiza que, no fundo, o segredo da liberdade de pensar está na coragem de resistir (*Liberty in the modern state*. London: Penguin Books, 1937, p. 94).

16 Em alguns países da Europa, países que sofreram, direta ou indiretamente, a ocupação nazista, é *crime* (*Verbrechen*) dizer que não existiu o Holocausto. É o caso da Alemanha, Áustria, França, Espanha, Portugal.

17 Edward GIBBON (1737-1794) anota em o *Declínio e queda do império romano* (Edição abreviada). Trad. José Paulo Paes. São Paulo: Companhia das Letras, 1980, p. 71: "é tão íntima, porém, a ligação entre o trono e o altar, que raras vezes se viu a bandeira de Igreja do lado do povo".

18 Após o colapso da União Soviética, a Igreja Ortodoxa voltou a ser hegemônica. Conta, ainda hoje, com legislação que a favorece. Nos países bálticos, o quadro é diferente: a legislação enseja maior pluralismo religioso (cf. GILL, Anthony. *The political origins of religious liberty*. Cambridge: Cambridge University Press, 2008, p. 223).

19 Ainda hoje, no início da segunda década do século XXI, a intolerância religiosa continua grassando assustadoramente: alguns fundamentalistas mulçumanos estão tomados de verdadeira "cristofobia". Igrejas católicas são

madrugada de 24 de agosto de 1572 (Noite de S. Bartolomeu): católicos de Paris trucidaram milhares de protestantes, em minoria. Muitos anos depois, em 13 de abril de 1598, Henrique IV, rei da França, assinou o Edito de Nantes, garantindo aos calvinistas franceses (huguenotes) que eles não seriam mais perseguidos por motivo de crença religiosa. Foi um passo importante para a liberdade de consciência na Europa.[20] Durou pouco essa trégua, pois Luís XIV (1638-1715), em 1685, para satisfazer o fanatismo da rainha (católica), revogou o edito, substituindo-o por outro (Edito de Fontainebleau). Muitos huguenotes fugiram para as Ilhas Britânicas e para a Prússia.[21]

O fanatismo religioso do outro lado do Canal da Mancha não era diferente. No solo britânico, o Catolicismo Romano e a Igreja Anglicana não se toleravam, como também não toleravam suas próprias dissidências. O rei James II (1633-1701), com o segundo casamento, bandeou para o catolicismo. Aumentou, por consequência, o temor e a insegurança por parte dos protestantes. Com o nascimento de um filho varão, o povo, maciçamente

---

incendiadas e dizimadas famílias inteiras de católicos no Egito (coptas), Paquistão, Iraque, Nigéria e outros países da África, Oriente Médio e da Ásia. Se o Alcorão tolera o pluralismo ("eu tenho minha religião e tu tens a tua religião"), na prática não é isso que tem ocorrido (cf. DEMANT, Peter. *O mundo mulçumano*. 2. ed. São Paulo: Editora Contexto, 2008, p. 163).

20 Cf. GILL, Anthony, ob. cit., p. 1.

21 Em 1700, em Berlim de Frederico II (1712-1786), de quase cinco berlinenses um era huguenote francês. Certamente por ser agnóstico, Frederico o Grande (*Friedrich der Große*) tolerava todas as religiões. Também incentivou a imigração e permitia "irrestrita liberdade de imprensa". BRASIL. Em 1565, sob o comandado do almirante Villegaignon (1510-1571), huguenotes franceses vieram para o Brasil e fundaram a "França Antártica" (baía da Guanabara). Foram expulsos pelos portugueses em 1567.

protestante, perdeu a paciência. Passou a clamar pela saída do rei. Acintosamente, cantava o refrão de *Lillibulero* pelas vias públicas.[22] Emissários ingleses foram aos Países Baixos pedir à protestante Mary (1662-1694), filha do rei James com sua primeira esposa, para que assumisse imediatamente o trono. Em 15 de novembro de 1688, William de Orange (1650-1702), marido de Mary, rumou para Londres.[23] Era a *Glorious Revolution* de 1688, que alijou sem derramamento de sangue o rei católico. Proclamada herdeira, Mary recusou-se a governar sem o concurso do marido. O novo reinado passou a ser o de "William and Mary".[24]

Em 24 de maio de 1689, o Parlamento promulgou uma lei (*Act of Tolerance*) concedendo àqueles que discordavam da Igreja Anglicana (salvo aos católicos romanos...) liberdade de crença. A desconfiança, porém, persistia. Alguns dissidentes foram para a Holanda,[25] que havia pouco se libertara definitivamente do jugo espanhol (católico). Lá encontraram liberdade religiosa. Alguns divergentes, dentre eles os "peregrinos" (*pilgrims*),[26] buscaram refúgio

---

22 Cf. MAUROIS, André. *História da Inglaterra.* Trad. Carlos Domingues. Rio de Janeiro: Irmãos Pongetti Editores, p. 339.

23 *Ibidem*, p. 340.

24 *Ibidem*, 341.

25 Sete Províncias do Norte dos Países Baixos se uniram contra o domínio espanhol em 1581. Mas só em 1648, com a Paz de Vesfália, é que a independência foi reconhecida pela Espanha. Era o fim das guerras religiosas na Europa (cf. ROBERTS, J. M. *History of the world.* New York: Oxford University Press, 1993, p. 481).

26 O termo "peregrino" teria sido usado por William Bradford (1590-1657) para descrever os separatistas de Leiden, na Holanda (cf. o artigo "A brief history of the pilgrims", de Ron COLLINS. (Disponível em: http://www.mayflowerfamilies.com/colonial_life/pilgrims.htm. Acesso em: 06.05.2011).

no Novo Mundo (Massachussets). Nas Colônias também houve, logo no início, lutas por predomínio religioso. Com o passar do tempo, porém, imperou a liberdade de crença, que hoje é um dos traços culturais dos Estados Unidos.[27]

Sob o ponto de vista doutrinário, pode-se fazer distinção entre "liberdade de pensamento", "liberdade de consciência" e "liberdade de expressão". A primeira – liberdade de pensamento – tem foro interno, fica na mente de quem pensa. A segunda – liberdade de consciência – implica um *plus*: o pensamento é revelado a outrem, mas em círculo íntimo, fechado. Se permitida essa revelação fora do âmbito restrito, pode-se falar em "liberdade de expressão".[28] É a liberdade que interessa à sociedade democrática.

A liberdade de consciência se traduz na possibilidade de se professar uma crença religiosa (ou nenhuma), não importa qual.

Como a liberdade de religião[29] é a matriz de todas as liberdades, a Emenda n. 1 começa por ela: *Congress shall make no law respecting an establishment of religion, or prohibiting the free exercise thereof.*[30] O objetivo dos legisladores norte-a-

---

27 Daí serem os Estados Unidos considerados o "berço da liberdade religiosa" (*the cradle of religious liberty*), no dizer de Anthony GILL, professor da Universidade de Washington (ob. cit., p. 5).

28 Ver as considerações de PONTES DE MIRANDA. *Comentários à constituição de 1946*. 4. ed. Rio de Janeiro: Borsoi, t. IV, 1963, p. 430.

29 PONTES DE MIRANDA (1892-1979) lembra que, hoje, a "liberdade de consciência" é mais ampla do que a "liberdade de religião". A Constituição de 1988 sufragou esse entendimento no art. 5°, VI, tornando inviolável a "liberdade de consciência e de crença" (*ibidem*, p. 425).

30 Vez por outra, aparecem no Congresso norte-americano tentativas de emendas constitucionais com o objetivo de alterar a cláusula religiosa da Emenda n. 1. Um dos deputados mais insistente e persistente tem sido Ernest Istook Jr., de Oklahoma. (Disponível em: http://www.watch.pair.

mericanos de 1789 era evitar a instituição de uma igreja do Estado (*established church*), não de fomentar uma nação de ateus e incréus.[31] Por volta de 1789, pelo menos seis Estados da Federação americana subvencionavam igrejas.[32]

O manancial próximo da liberdade de crença da Emenda n. 1 está na seção II do esboço feito por Thomas Jefferson para a Assembleia-Geral da Virgínia, que, após vedar discriminação religiosa, dá tônica positiva: (...) *que todos os homens sejam livres para professar, e através da razão, manter suas opiniões em assunto de religião, de modo que não tenham suas capacidades civis diminuídas, ampliadas ou afetadas.*[33]

Na Inglaterra do século XVII, a ideia da separação entre o Estado e a Igreja Anglicana recrudesceu. O teólogo inglês Roger Williams (c.1603-1683), ao desembarcar em Boston (1631), passou a pregar contra a imbricação da igreja oficial e do governo de Massachusetts Bay.[34] Seu entendimento teológico influiu na doutrina jeffersonia-

---

com/amendment.html. Acesso em: 12.10.2007). BRASIL. Com a anunciada reforma da Constituição de 1891 pelo Governo Artur Bernardes (1922-1926), o deputado Plínio Marques tentou reintroduzir a Igreja Católica Romana como "religião oficial do Brasil".

31 Esse entendimento é conhecido como teoria da "cooperação mútua" (*Theory of Mutual Cooperation*).

32 AMAR, Akhil Steel. *The bill of rights: creation and reconstruction.* New Haven: Yale University Press, 1998, p. 32.

33 No original: (...) *that all men shall be free to profess, and by argument to maintain, their opinions in matter of religion, and that the same shall in no wise diminish, enlarge, or affect their civil capacities*. (Disponível em: http://www.religioustolerance.org/virg_bil.htm. Acesso em: 11.03.2008).

34 Os opositores ao rei Carlos I constituíram duas companhias destinadas ao Novo Mundo. A primeira, a New Providence, buscou riquezas; a segunda, a Massachusetts Bay, transformou-se em um Estado teocrático (cf. FRASER, Antonia. *Oliver Cromwell. Uma vida.* Trad. Marcos Aarão Reis. Rio de Janeiro: Record, 2000, p. 66).

na da necessidade da construção de um "muro" entre o Estado e a igreja, base da cláusula *establishment of religion.*[35]

A fim de que melhor se entenda o "muro de separação entre a Igreja e o Estado", que é considerado um autêntico *dogma* do Estado norte-americano,[36] vamos tomar como ponto de partida, ainda que a passos largos, um autor que influenciou toda a civilização ocidental, sendo, ainda hoje, importante para que se possa compreender bem a posição atual da Igreja Católica Romana em questões como graça, livre-arbítrio, predestinação, suicídio, adultério, eutanásia, procriação, divórcio, células-tronco, Estado laico: Agostinho (354-430).

Santo Agostinho, que conseguiu conciliar o cristianismo com o neoplatonismo, escreveu a *Cidade de Deus* (*De Civitate Dei*)[37] com o propósito inicial de pôr fim ao catastrofismo que buscava explicar a queda do Império do Oci-

---

[35] Historicamente, três correntes de pensamento repercutiram nos constituintes (*drafters*) da cláusula de "noninvolvement" entre Estado e igreja: a de Roger Williams, a de Thomas Jefferson e a de James Madison (cf. TRIBE, Laurence H. *American constitutional law*. 2. ed. New York: The Foundation Press, Inc., 1988, p. 1.158).

[36] A frase "building a wall of separation between Church and State" acha-se em carta escrita por Jefferson no dia 01.01.1802 à Associação Batista de Danbury. A expressão "wall of separation", todavia, remonta ao teólogo batista Roger WILLIAMS, fundador da colônia de Rhode Island, em seu livro *The Bloudy Tenent of Persecution*. (Disponível em: http://en.wikipedia.org/wiki/Separation_of_church_and_state_in_the_United_States#Jefferson.2C_Madison.2C_and_the_.22wall_of_separation.22. Acesso em: 02.04.2010). Há autores, como Anthony GILL (ob. cit., p. 21), que evitam a consagrada expressão "muro de separação".

[37] As expressões contrastantes *Civitas Dei* e *Civitas Diaboli* são anteriores a santo Agostinho (cf. FERRATER MORA, J. *Dicionário de filosofia*. Trad. Maria Stela Gonçalves *et alii*. São Paulo: Edições Loyola, t. I, 2000, p. 454 e seg.).

dente (410) pelo abandono do culto aos deuses pagãos.[38] Agostinho estabelece uma correlação entre verdade, razão e fé. Diferentemente dos empiristas, não prescinde da razão para atingir a verdade. Mas, afasta-se dos racionalistas, afirmando que a verdade não pode ser alcançada somente pela razão, pela educação.[39] Para atingi-la, é necessária a fé, não uma fé cega, mais uma "fé iluminada". Iluminada pela caridade e pelo amor. E a luz, por sua vez, vem de Deus. Vem de Cristo. Deus dotou o homem de livre-arbítrio. Afastando-se de seu maniqueísmo inicial, Agostinho de Hipona doutrina que se o homem faz uso inadequado de seu livre-arbítrio, tendendo para o mal, afasta-se da Verdade. A maior mensagem da filosofia de Agostinho está na compreensão da natureza humana.[40]

A *Cidade de Deus* é uma visão da História pelo prisma da fé cristã. "É a tradução cristã da República de Platão", segundo Werner Jaeger.[41] O livro foi muito além de seu propósito, pois ofereceu a leitores diversos interpretações também diversas.

Agostinho, como se falou, foi influenciado diretamente por Platão,[42] Cícero (106-43 a. C) Paulo (o Apóstolo), Caio

---

38 Cf. PERROY, Édouard. *História geral das civilizações* (Direção de CROUZET, Maurice). 2. ed. Trad. Pedro Moacyr Campos. São Paulo: Difusão Européia do Livro, t. III, v. 1, 1958, p. 21.

39 Nesse particular, Agostinho contraria o pensamento clássico greco-romano da moral e da ética, que podem ser alcançadas pela educação, pela razão. A ignorância, no fundo, era a causa de todo o mal (cf. CANTOR, Norman F., ob. cit. p. 75).

40 *Ibidem*, p. 76.

41 JAEGER, Werner. *Paidéia: a formação do homem grego*. Trad. Artur M. Parreira. Brasília: Martins Fontes/Editora Universidade de Brasília, 1986, p. 401.

42 AGOSTINHO, Santo. *A cidade de Deus*. Trad. Oscar Paes Leme. 5. ed., Petrópolis: Editora Vozes, 2000, p. 313 e seg.

Mário Vitorino (285-362) e Plotino (204-270). Assim, para alguns, quando santo Agostinho fala em *Cidade de Deus*, estaria se referindo ao Cosmos, ao Mundo, à Natureza. Para outros estudiosos, a *Civitas Dei* era alusiva ao Papado, que então lutava contra o Império (*Civitas Diaboli*) pelo domínio político e espiritual. Para outros, como Gilson (*Les métamorphoses de la cité de Dieu*), a *Cidade de Deus* seria uma "cidade mística", uma "congregação" de autênticos cristãos, reservada aos eleitos, ao passo que a cidade terrena seria destinada aos réprobos. É importante lembrar que quando Agostinho foi batizado por santo Ambrósio (387), a influência política do Bispo de Milão chegava a rivalizar com as forças do próprio Império.

De santo Agostinho, vamos para outro autor medievo importante: Dante Alighieri (1265-1321), cujo pensamento influenciou bem de perto Martinho Lutero, que nos interessa em particular. Dante, por sua vez, foi profundamente tocado por Agostinho e Tomás de Aquino (1225-1274).[43] Em sua obra *De Monarchia*,[44]dividida em três livros, Dante, no Livro III, por intermédio de silogismos, refuta a tese de que o poder temporal (Império) se achava submetido ao poder espiritual (Igreja). Os defensores da

---

[43] Para muitos estudiosos, *A Divina Comédia* é uma visão poética das ideias de Tomás de Aquino. Harold BLOOM (*O cânone ocidental: os livros e a escola do tempo*. Trad. Marcos Santarrita. Rio de Janeiro: Objetiva, 2001, p. 80), porém, diz que a "intensidade herética" de Dante foi mascarada por comentários eruditos, afirmando que a *Divina Comédia* era "essencialmente Santo Agostinho versificado"... Em *A Monarquia,* o grande poeta invoca expressamente a *Cidade de Deus* (cf. ALIGHIERI, Dante. *Tratado de monarquia*. Versão para o espanhol por Angel María Pascual. Madrid: Instituto de Estudios Políticos, 1947, p. 154).

[44] Disponível em: http://www.classicitaliani.it/index091.htm. Acesso em: 15.03.2007.

submissão do Estado à Igreja argumentavam que das Sagradas Escrituras se tirava, com segurança, a submissão: Samuel (poder eclesiástico) destronou Saul (poder temporal). Do mesmo modo – argumentavam – o Vigário de Cristo, vale dizer, o papa, se achava investido de poder divino para apear o imperador do trono.[45] Dante contra-argumenta, asseverando que, no caso da deposição de Saul, Samuel agiu por ordem expressa de Deus. Era seu núncio.[46] O mesmo não acontecia com os papas.[47] Também lembrava que antes de existir a Igreja, existia o Estado. Logo, a Igreja não é causa do Império e, por consequência, não tinha ascendência sobre ele.[48]

Dos dois autores medievos, vamos passar para a Reforma protestante, que, como se antecipou, nos interessa mais de perto em razão de seu reflexo no *Bill of Rights.*

A era pré-moderna foi marcada por três eventos: *a invenção do telescópio, a descoberta da América e a Reforma.* Foi a "irremediável cisão do cristianismo ocidental" que "trouxe a imediata ameaça à tranquilidade espiritual dos homens".[49] Efetivamente, na Baixa Idade Média, a Igreja

---

45 Tese guelfa. Na Bula *Si Fratum*, João XXII (1244-1334), papa de Avignon, deixou bem claro que cabia ao Sumo Pontífice, no caso de incerteza quanto ao poder temporal, avocar para si o poder jurisdicional antes deferido ao imperador.

46 Para a civilização ocidental, o sistema jurídico-político teocrático começa em torno do ano 3200 a.C., no Egito e na Mesopotâmia, e vai até a vizinhança do séc. XVIII da era cristã: o rei (ou imperador) era a "imagem de Deus" (cf. CANTOR, Norman, ob. cit., p. 6/7).

47 ALIGHIERI, Dante, ob. cit., p. 158.

48 *Ibidem*, p. 175. "Provamos que a autoridade do Império não depende em nada da Igreja" (p. 178).

49 ARENDT, Hannah. *A condição humana.* 10. ed. Trad. Roberto Barroso. Rio de Janeiro: Forense Universitária, 2000, p. 261.

caiu em profunda decadência e descrédito. Ao cisma da Igreja Ortodoxa Greco-Russa (1054), seguiu-se uma série de dissensões na Igreja. Em decorrência, reformadores começaram a espocar em diversos pontos da Europa. John Wycliff (1320?-1384), professor de Oxford, foi um deles. Batia-se contra a corrupção dos padres, e insistia que, em matéria de religião, a autoridade não estava no papa, mas na Bíblia.[50] As ideias de Wycliff, temperadas com o nacionalismo antigermânico, repercutiram na Boêmia, com Jan Hus (1369-1415) e seus seguidores (hussitas), que foram influenciar o Movimento Protestante.[51]

Em 1314, a Dieta dos Eleitores germânicos (*Kurfürstentag*[52]), que se dividiu em duas facções, elegeu dois imperadores para o Sacro Império Romano-Germânico: Luís da Baviera (*Ludwig des Bayern*) e Frederico da Áustria. João XXII, papa de Avignon, reconheceu os dois como "reis".

---

50 No final do século XIV, os seguidores de Wycliff ("os pobres pregadores") se sentiram com força política bastante para apresentar no Parlamento uma "declaração de princípios": abolição do celibato de padres, o repúdio à doutrina da transubstanciação, à veneração de imagens, à oração pelos mortos, à participação de padres em cargos políticos etc. (cf. DURANT, Will. *A história da civilização – VI – a reforma – história da civilização européia de Wyclif a Calvino: 1300-1564.* 2. ed. Trad. Mamede de Souza Freitas. Rio de Janeiro: Record, 1957, p. 98.).

51 Os livros de Jan Hus e John Wycliff foram confiscados e queimados em Portugal por ordem de Afonso V (Alvará de 18.08.1451).

52 *Küren,* eleger + *Fürsten,* príncipes + *Tag,* congresso. O *Kurfürstenkollegium,* ou seja, o Colégio Eleitoral que elegia o imperador romano-germânico era pequeno (cf. *Der Brockhaus multimedial.* Leipzig: FA Brockhaus AG, 1998). Luís (Ludovico) da Baviera foi eleito com cinco votos (incluindo o seu próprio); Frederico ficou com três votos (cf. SOUZA, José Antônio Camargo Rodrigues de (Trad. e notas); BERTELLONI, Francisco; PIAIA, Gregório. Introdução *in* MARSÍLIO DE PÁDUA. *Defensor Pacis.* Petrópolis: Vozes, 1997, p. 16).

"Imperador", porém, só poderia haver um, que deveria ser por ele sagrado. Em 31 de março de 1317, João XXII baixou a Bula *Si Fratum*:

> *(...) não sendo possível recorrer a nenhuma autoridade secular, devolva-se a jurisdição e o governo do Império e o regime do Estado ao Sumo Pontífice, a quem Jesus, na pessoa de Pedro, conferiu o poder sobre os impérios celeste e terrestre, poder esse que ele deve exercer pessoalmente ou por intermédio de outras pessoas.*[53]

Os eleitos, porém, optaram pela guerra. Frederico foi aprisionado por Luís. Mais tarde, Luís, tendo dois professores da Universidade de Paris como conselheiros – Marsílio de Pádua (1280-1343) e João de Jandun –, destituiu o papa, e colocou a tiara na cabeça de Pedro de Corvara.[54] O caminho de Martinho Lutero estava, assim, preparado.[55] O Agostiniano fixou suas noventa e cinco teses[56] na

---

53 SOUZA, José Antônio Camargo Rodrigues de *et alii*. Introdução cit. p. 17, nota de rodapé n. 10.

54 DURANT, Will. *A história da civilização – VI* ..., ob. cit., p. 125 e seg.

55 As ideias de Lutero obtiveram endosso oficial em diversas cidades alemãs, ganhando, a seguir, a Dinamarca, Suécia e Inglaterra (RUSSELL, Bertrand. *História da filosofia ocidental*. 2. ed. Trad. Brenno Silveira. São Paulo: Companhia Editora Nacional, v. 2, 1967, p. 362). Ao governante interessava livrar-se das imunidades legais dos padres, bem como afastar seu súdito da jurisdição eclesiástica. À Igreja cabia a *congregatio fidelium*, sem nenhuma intromissão na política laica. Na Inglaterra, a Câmara dos Comuns, em 1529, rebelou-se contra a "onerosa taxação e a extrema extorsão" praticada pelo clero, bem como contra a jurisdição da Igreja. Aberta, pois, continuou a porta da separação entre Igreja e Estado (*Ibidem*, p. 365 e seg.).

56 As teses, escritas em latim, foram intituladas *Disputatio pro declaratione virtutis indulgentiarum*. Lutero, além de enviar cópia para o bispo da Mogúncia (Mainz), fez uma versão para a língua alemã a fim de que o povo pudesse

porta principal da igreja do castelo de Wittenberg,[57] trazendo para o mundo ocidental duas consequências políticas importantes: a Igreja não deve ter jurisdição (civil) alguma, e o súdito não deve resistir a seu soberano, ainda que ele seja um déspota.[58] O universo é governado por Deus. Se os homens têm mau governo, é porque Deus assim o quer. Como enfatiza Quentin Skinner (1940-...), os primeiros teóricos do luteranismo[59] desempenharam papel importante na legitimação das monarquias absolutas: "negaram explicitamente a alegação da ortodoxia católica de que os tiranos podiam ser julgados e depostos pela autoridade da Igreja".[60]

Em 1522, a Dieta de Nuremberg formulou os "Cem Agravos" (*Centum Gravamina*), afirmando que mais da me-

---

tomar conhecimento (cf. DURANT. *A história da civilização...*, ob. cit., v. VI, p. 281 e seg.).

57 Não se sabe se Lutero afixou, efetivamente, suas teses na porta da igreja (cf. SKINNER, Quentin. *As fundações do pensamento político moderno*. Trad. Renato Janine Ribeiro e Laura Teixeira Motta. São Paulo: Companhia das Letras, 1996, p. 285).

58 No início, Lutero pregava que o príncipe, como representante de Deus, governava em benefício do povo. Daí a possibilidade de resistência ao mau governante. Mais tarde, com base em são Paulo (Epístola aos Romanos), passou a insistir na obrigação de o súdito submeter-se passivamente ao governante: " (que) Toda alma se sujeite à autoridade governante, pois não há autoridade que não provenha de Deus" (cf. SKINNER, ob. cit., p. 294 e seg.). John LOCKE, em seu *Segundo opúsculo sobre o governo*, escrito provavelmente em 1662, defendia, na linha de Lutero, a "obediência passiva" do governado, mesmo se o governante (magistrado) fosse injusto (cf. *Ensaios políticos* (Org. Mark Goldie). Trad. Eunice Ostrensky. São Paulo: Martins Fontes, 2007, p. 77).

59 Melanchthon (1497-1560), Tyndale (1490/94-1536) e Robert Barnes (1495-1540).

60 SKINNER, ob. cit., p. 355.

tade da riqueza da Alemanha estava nas mãos dos padres, que só a empregavam em seu favor. Efetivamente, parte expressiva da Igreja havia abandonado os alicerces de Pedro e Paulo,[61] descambando para o lodaçal da luxúria, da corrupção e da simonia.

A diversificação religiosa continuou. Na Inglaterra, Henrique VIII (1491-1547), com sua ideia fixa de conseguir um herdeiro para o trono, não logrou obter o assentimento do papa para divorciar-se de Catarina de Aragão (1485-1536). Casou-se secretamente com Ana Bolena (1533), rompendo com Roma.[62] No ano seguinte, com a Lei de Supremacia, passou a chefiar a Igreja Anglicana (*Church of England*).[63]

---

61 São Tiago e são Pedro, esse último com menos intensidade, tinham o cristianismo como um judaísmo reformado. São Paulo, porém, universalizou a Igreja, atraindo os gentios (cf. RUSSELL, Bertrand, ob. cit., p. 22).

62 Henrique VIII, o segundo rei tudor, fizera um casamento político e... econômico (o dote da princesa espanhola era muito alto): casou-se com Catarina, viúva de seu irmão Arthur. Catarina de Aragão, após muitos abortos, conseguira dar à luz a uma menina (Mary). Acontece que Henrique queria um herdeiro varão. O herdeiro veio, mas pouco viveu. Desanimado, supersticioso ao extremo (a Bíblia dizia no Levítico que irmão não poderia casar-se com viúva de irmão), Henrique VIII tentou de todos os modos que o papa anulasse seu casamento. Tudo parecia acertado. Ocorre que o poderoso Carlos V, sobrinho de Catarina, pressionou o papa pela validade do matrimônio, que se fizera mediante licença papal. Sem saída, Henrique, por sugestão do teólogo Thomas Cranmer (1489-1556), consultou diversas universidades europeias sobre a validade do casamento. Oito universidades deram pareceres (*Professorenrecht*) favoráveis à anulação: casamento com viúva de irmão era nulo! O papa não poderia ter permitido o casamento. Cranmer foi nomeado arcebispo da Cantuária (Canterbury), celebrando o tão sonhado e ansiado enlace na Páscoa de 1533. "Ana coroada; Henrique excomungado; era o rompimento com Roma" (MAUROIS, ob. cit., p. 218 e seg.). Ver Catherine of Aragon (Disponível em: http://tudorhistory.org/aragon. Acesso em: 13.03.2007).

63 A Igreja Anglicana acha-se dividida em duas arquidioceses (Canterbury e York) que, por sua vez, se compõem de dioceses. As dioceses são forma-

A Reforma Protestante abriu as portas para a alfabetização em grande escala. Era fundamental ler a Bíblia[64] na língua vernácula.[65] Toda família devia ter um exemplar das Escrituras em casa. Esse fenômeno tornou-se bem perceptível tempo depois: no século XIX, na Alemanha e na Escandinávia, o analfabetismo era muito menor do que nos países predominantemente católicos.[66] *Sir* Ivor

---

das de paróquias. Atualmente, a rainha da Inglaterra é a chefe da Igreja. Os dois arcebispos e mais vinte e quatro bispos fazem parte da Câmara dos Lordes. (Disponível em: http://www.cofe.anglican.org/about/frame_history.html. Acesso em: 13.03.2007). Ainda que as formas de adoração na Igreja Anglicana não advenham do Parlamento, o Parlamento acabou por "positivar" tais ritos, os quais só podem ser alterados mediante decisão legislativa. A *Act of Uniformity* de 1558, com alterações posteriores, deu sanção legal ao "Livro de Oração" (*Prayer Book*) da Igreja Anglicana. A Escócia, como a Inglaterra, também tem sua *Established Church*: a Igreja Presbiteriana (*Presbyterian Church*). A Irlanda do Norte (*Northern Ireland*) e o País de Gales (*Wales*) não têm igrejas nacionais (cf. WADE, E.C.S.; BRADLEY, A W. *Constitutional law: an outline of the law and practice of the constitution including central and local government, the citizen and the state and administrative law.* 7. ed., 2. impression. London: Longmans, 1966, p. 478 e seg.). A propósito de comunhão entre a chefia da igreja e a chefia do Estado, há uma situação no mínimo bizarra, acontecida na Noruega no século XIX, e contada por Duverger: o parlamento norueguês quase teve que baixar uma lei posicionando-se quanto à existência ou inexistência do inferno... (DUVERGER, Maurice. *As modernas tecnodemocracias – poder econômico e poder político.* Trad. Max da Costa Santos. Rio de Janeiro: Paz e Terra, 1975, p. 14).

64 LASKI (ob. cit., p. 100) lembra que se aplicado o critério religioso para proibir obscenidade, a Bíblia e grandes obras da literatura universal, como as de Shakespeare, Rabelais (1494-1553), Platão, Horácio (65-8 a.C.) e Catulo (87/84-57/54 a.C.) – nomes escolhidos a esmo – jamais chegariam ao conhecimento do público.

65 Em Portugal, ocorreu exatamente o contrário. Com a instauração da Inquisição (*Cum ad nihil magis*) a Bíblia só poderia ser lida em latim.

66 Cf. ROBERTS, J. M., ob. cit., p. 538. É curioso observar que a expansão do conhecimento trouxe rebeldia intelectual. Daí a censura imposta por líderes religiosos aos livros considerados atentatórios aos bons costumes, ao

Jennings, em *A Constituição Britânica,* registra que na Escócia os fiéis, ainda que não tivessem escolaridade, aprendiam nos presbitérios a discutir e a participar de questões políticas. "O artesão escocês, por exemplo, exercia influência na política britânica em relação à Escócia bem antes de o artesão inglês exercer muita influência na política britânica em relação à Inglaterra".[67]

Os colonos ingleses da Nova Inglaterra,[68] de um modo geral, foram muito influenciados por pasquins e panfletos que lhes chegavam da metrópole.[69] No ano de 1720, circu-

---

governo e à fé religiosa. Segundo observa o casal Durant, a proibição protestante ultrapassou, em números, a proibição católica (DURANT, Will e Ariel. *The story of civilization: 7 – The age of reason begins.* New York: MJF Books, 1961, p. 547). Do censor religioso, passou-se ao censor civil, que julgava qualquer crítica à ordem social existente "perigosa e destrutiva" (*dangerous and destructive* – LASKI, ob. cit., p. 99).

67 JENNINGS, Ivor. *A constituição britânica.* Trad. Carlos Alberto Lamback. Brasília: Universidade de Brasília, 1981, p. 5

68 O nome *New England* foi dado pelo capitão John Smith, no ano de 1614. Os puritanos ingleses passaram a colonizar a região, que se tornou notável pela difusão da educação. Duas grandes universidades foram implantadas mais tarde: Harvard, em 1636, e Yale, em 1701 (cf. Encyclopaedia Britannica). A primeira colônia inglesa no Novo Mundo foi fundada por Francis Drake, em 1577, com o nome *New Albion* (cf. LOEWENSTEIN, Karl. *Verfassungsrecht und Verfassungspraxis der Vereinigten Staaten.* Berlin: Springer, 1959, S. 1). BRASIL. É interessante observar que quase cem anos antes, Duarte Coelho (1485-1554) chamara a Capitania de Pernambuco de *Nova Lusitânia* (cf. ABREU, Capistrano de. *Capítulos de história colonial -1500-1800.* 7. ed. Belo Horizonte/São Paulo: Itatiaia/Empresa Folha da Manhã S.A., 2000, p. 71).

69 BRASIL. Até a vinda da Família Real para o Brasil (1808), a cultura política luso-brasileira era uma só. Os livros importados por livreiros brasileiros ficavam condicionados à aprovação da Real Mesa Censória e ao Desembargo do Paço. Em 1794, o vice-rei do Brasil, conde de Resende II (1744-1819), mandou prender suspeitos sob o fundamento de que eles estariam reunidos para discutir acontecimentos políticos da Europa [cf. NEVES,

laram em Londres ensaios atacando a administração de *sir* Robert Walpole (1676-1745),[70] sabidamente corruptor de parlamentares. Um desses ensaios – *Letter no. 15* –, que versava sobre a *Liberdade de Fala* – teve muita repercussão na América. Os artigos eram assinados por *Cato* (Catão), pseudônimo de John Trenchard (1662-1723) e Thomas Gordon (*circa* 1692-1750).[71] Outro caso de muita influência e repercussão na América inglesa foi o do deputado John Wilkes (1725-1797). Seu jornal, o *North Briton*,[72] foi empastelado e a edição – número 45 – que atacava o rei Jorge III (1760-1820), queimada publicamente. Cerca de

---

Lúcia Maria Bastos Pereira das. *Corcundas e constitucionais: a cultura política da independência (1820-1822)*. Rio de Janeiro: Revan, 2003, p. 34]. Um dos livros visados pela polícia era *History of America*, do escocês William Robertson (1721-1793), publicado em 1777 (*ibidem*, p. 38). Com a liberdade de imprensa (28.08.1821), mais do que nas obras teóricas, o leitor encontrava nos pasquins, folhetos e periódicos as notícias e críticas ao *Ancien Régime* português (*ibidem*, p. 39). O primeiro "periódico" a tratar de assuntos políticos foi o *Revérbero Constitucional Fluminense*, fundado em 15.09.1821 (cf. SOUSA, Octavio Tarquinio de. *História dos fundadores do império do Brasil: a vida de d. Pedro I*. 3. ed. Rio de Janeiro: José Olympio Editora, 1957, p. 317).

70 Com a morte da Rainha Ana, o trono inglês foi ocupado pelo Eleitor de Hanôver, que recebeu o título de *George I da Grã-Bretanha*. O novo monarca não falava inglês. Passou, então, a comunicar-se em latim com Robert Walpole, que fazia parte de seu Conselho Privado. A presença do rei em conselho se tornou ociosa. Walpole e seus companheiros (conselheiros) passaram a responder diretamente perante a Câmara dos Comuns. Nasceu, então, o Regime de Gabinete (cf. MAUROIS, ob. cit., p. 365). De qualquer sorte, só com o governo do segundo Pitt é que o cargo de primeiro ministro adquiriu as feições que tem hoje (*ibidem*, p. 366).

71 BLASI, Vincent. The checking value in first amendment theory (excertos) *in* GARVEY, John H.; SCHAUER, Frederick. *The first amendment: a reader*. 2 ed. St. Paul: Min: West Publishing Co., 1996, p. 3.

72 Texto do *North Briton*, de número 45, pode ser consultado pela Internet. (Disponível em: http://en.wikipedia.org/wiki/John_Wilkes#Radical_journalism. Acesso em: 05.05.2008).

duzentas pessoas foram presas ao fundamento de que se achavam envolvidas na publicação e distribuição do jornal. Wilkes foi processado por *seditious libel*,[73] sendo expulso da Câmara dos Comuns.[74] Fugiu para a França, de onde continuou mandando seus escritos para Londres.[75] O processo e a expulsão de Wilkes provocou vivo debate aquém e além mar. Entre os colonos da América, apareceram dois panfletários na defesa de Wilkes. Usavam pseudônimos: *Father of Candor* e *Junius*. Nunca se apurou quais seus verdadeiros nomes.[76]

No tocante à liberdade de imprensa, registro ligeiro deve ser feito sobre as leis publicadas pelo Congresso americano no ano de 1798, que, em conjunto, ficaram conhecidas como *The Alien and Sedition Acts*. Na época, houve a divulgação de artigos em jornais e panfletos, muitos deles feitos por ingleses e franceses, concitando o povo a se rebelar. O governo americano procurou proteger-se, baixando quatro leis: *The Naturalization Act*, de 18 de junho, *The Alien Act*, de 25 de junho, *The Alien Enemies Act*, de 6 de julho, e *The Sedition Act*, de 14 de julho. Essa última lei – a *Sedition Act* – foi a que mais celeuma causou. Cerca de vinte e cinco pessoas foram presas com base

---

73 O Black´s conceitua *seditious libel* como sendo "(u)ma comunicação escrita com o intento de incitar o povo a mudar o governo através de meios outros que não os legais, ou advogar a queda do governo através da força ou violência" (*A communication written with the intent to incite the people to change the government otherwise than by lawful means, or to advocate the overthrow of the government by force or violence*). Cf. BLACK, Henry Campbell. *Law dictionary*. 5. ed. St. Paul, Minn.: West Publishing Co., 1979.

74 *Ibidem*, p. 3.

75 *Ibidem*, p. 4.

76 *Ibidem*, p. 4.

nela. Dez receberam penas.[77] Tratava-se de lei temporária, pois sua seção 4 continha a data limite de sua eficácia: 3 de março de 1801 (*That this act shall continue to be in force until March 3, 1801, and no more...*). A tese que então prevalecia era de que um "governo livre não poderia ser difamado por seus cidadãos".[78] Hoje, como se sabe, a tese prevalecente é exatamente o contrário: o governo não tem como amordaçar seus críticos.[79]

Como já se noticiou, nas comunidades da Nova Inglaterra, a tradição puritana impôs, desde o início, a ampliação e melhoria do ensino. Em 1647, ficou decidido que as vilas com cinquenta ou mais casas deveriam ter uma escola primária.[80] A leitura livre da Bíblia foi básica para a formação das "ideias políticas" do legislador constitucional americano. Roscoe Pound, a propósito, observa que três modalidades de ideias influíram na Constituição americana: políticas, jurídicas e filosóficas. As *political ideas* são aquelas forjadas na revolta contra a autoridade: na interpretação individual da Bíblia, na dissidência da organização religiosa, e na consorciação, mais do que na subordinação ao governo. São ideias do primado do indivíduo como pessoa, e, em decorrência, como unidade política.[81]

---

77 COMMAGER, Henry Steele (Ed.). *Documents of American history*. 6. ed. New York: Appleton-Century-Crofts, Inc., 1958, p. 175 e seg.

78 TRIBE, ob. cit., p. 862.

79 *Ibidem*, p. 862.

80 SELLERS, Charles; MAY, Henry; McMILLEN, Neil R. *Uma reavaliação da história dos Estados Unidos*. Trad. Ruy Jungmann. Rio de Janeiro: Jorge Zahar Editor, 1990, p. 27.

81 *The political ideas are those of an era of revolt from authority; of individual interpretation of the Bible and nonconformity in religious organization, and of consociation*

Não há dúvida de que um dos fatores que levaram sobremodo à inserção das cláusulas religiosas na Emenda n. 1 foi exatamente a diversificação de crenças existentes nos Estados Unidos.[82] As colônias da Nova Inglaterra foram fundadas por perseguidos religiosos. Durante mais de dois séculos, a Europa continuou a "despejar" refugiados políticos e religiosos nas Américas.[83] Os puritanos[84]

---

rather than subordination in government. They are ideas of primacy of the individual man as the moral and so the political unit. (POUND, Roscoe. *The development of constitutional guarantees of liberty*. New Haven: Yale University Press, 1957, p. 102 e seg.).

82 BRASIL. Por ocasião da formação do Estado brasileiro (1822), sua população era esmagadoramente católica romana. Quando da discussão da liberdade religiosa na Constituinte de 1823, muito se falou sobre a extensão da liberdade ao "judaísmo ou religião judaica". O constituinte padre Antônio da Rocha Franco foi favorável, uma vez que a religião dos judeus havia sido "como a luz matutina ou crepúsculo" do cristianismo. O visconde de Cairu achou que também os muçulmanos deveriam ser contemplados. Sua ideia foi repelida na hora: eram polígamos. Felisberto Caldeira Brant Pontes de Oliveira Horta (marquês de Barbacena, 1772-1842) lembrou que se não houvesse tolerância religiosa não se teria como atrair mão de obra estrangeira para o Brasil. Como observa MENCK, José Theodoro Mascarenhas [*A liberdade religiosa e o parlamento imperial brasileiro (1823-1889)*. Brasília: Ser, 1996, p. 107], não foi difícil admitir a tolerância religiosa na Constituinte de 1823, pois, anteriormente (1808), dom João VI foi compelido pelos ingleses a assinar o Tratado de Comércio e Navegação, onde se garantiu que nos territórios e domínios portugueses os vassalos de S. M. Britânica não seriam "perturbados, inquietados, perseguidos ou molestados por causa de sua religião". A respeito da construção de uma "casa particular", que não poderia ter o aspecto de igreja, ver os detalhes do reverendo Walsh [WALSH, Robert. *Notícias do Brasil (1828-1829)*. Trad. Regina Régis Junqueira. Belo Horizonte: Itatiaia, 1985, v. 1, p. 142 e seg.].

83 BRASIL. Huguenotes franceses tentaram estabelecer a França Antártica no Rio de Janeiro (cf. PRADO JR., Caio. *Formação do Brasil contemporâneo*. São Paulo: Publifolha, 2000, p. 14).

84 Influenciados pelas ideias de Calvino, alguns protestantes ingleses não concordavam com o anglicanismo da rainha Elizabeth I (1533-1603), di-

do Mayflower, que antes tinham sido escorraçados por James I, foram para a Holanda. Voltaram à Inglaterra e, com a ajuda de comerciantes londrinos, vieram aportar nas cercanias de Plymouth, na América.[85] Nova Jersey, Pensilvânia e Maryland foram "concebidas e estabelecidas como *colônias de religião* (*as plantations of religion*)."[86] Virgínia[87] era dirigida por colonos que se consideravam "protestantes militantes".

Não podemos ignorar que muitos dos fundadores da Nação americana (*Founding Fathers*) eram secularistas, como Washington, Franklin, John Adams, Madison e Jefferson. Jefferson, por sinal, na intimidade de suas cartas, se revelou agnóstico. Punha a razão no altar da consciência. Em carta de 10.08.1787, escrita de Paris ao sobrinho preferido, Peter Carr, ele deixa transparecer em seus aconselhamentos sua dúvida religiosa: "Questiona com coragem até a existência de um Deus; porque, se houver um, ele deve aprovar mais a veneração à razão, do que o medo cego".[88]

---

zendo que ele se achava muito impregnado de catolicismo... Passaram a ser chamados de "puritanos" (cf. MAUROIS, André, ob. cit., p, 244).

85 SELLERS *et al.*, ob. cit., p. 24.

86 Religion and the founding of the American republic. Disponível em: http://www.loc.gov/exhibits/religion/rel01.html. Acesso em: 15.03.2007.

87 Inicialmente, o objetivo de toda "colonização" era estabelecer feitorias comerciais. Um dos propósitos da *Virginia Company of London* era descobrir uma passagem para o Oceano Pacífico (cf. PRADO JR., Caio, ob. cit. p. 12).

88 *Question with boldness even the existence of a God; because, if there be one, he must more approve of the homage of reason, than that of blindfolded fear* (*Letter to Peter Carr* in *The life and selected writings of Thomas Jefferson.* Coletânea editada por Koch, Adrienne; Peden, William. New York: The Modern Library, Random House, 1944, p. 431).

Por outro lado, se os americanos tinham muitas religiões,[89] possuíam, em compensação, a "mesma maneira de encarar a religião". Também comungavam das "mesmas ideias sobre a liberdade", professando "as mesmas opiniões sobre a imprensa, o direito de associação, o júri, a responsabilidade dos agentes do poder".[90]

A Emenda n. 1, como já se antecipou, começa com as cláusulas "religiosas", proibindo ao Congresso[91] *instituir religião oficial*, bem como *embaraçar o exercício religioso.* Garante, ainda, a liberdade de manifestação de pensamento, inclusive a liberdade de imprensa.[92] As duas cláusulas

---

89 Nos Estados Unidos, em 1780, havia cerca de duas mil e quinhentas congregações religiosas; em 1820, onze mil, e, em 1860, cinquenta e duas mil (cf. ARMSTRONG, Karen. *Em nome de Deus – o fundamentalismo no judaísmo, no cristianismo e no islamismo.* Trad. Hildegard Feist. São Paulo: Companhia das Letras, 2001, p. 115).

90 TOCQUEVILLE, Alexis de. *A democracia na América.* Trad. Eduardo Brandão. São Paulo: Martins Fontes, 1998, p. 431. BRASIL. No inventário da biblioteca deixada pelo senador Diogo Antônio Feijó havia um exemplar da Democracia na América (cf. SOUSA, Octavio Tarquinio de. *História dos fundadores do império do Brasil. Diogo Antônio Feijó.* 2. ed. Rio de Janeiro: José Olympio, v. VII, 1957, p. 386).

91 Embora o *Bill of Rights* não contenha palavra alguma relativa ao presidente da República, é intuitivo que não só o Congresso, mas também o presidente está igualmente contemplado nas vedações (cf. TRIBE, Laurence H. *God save this honorable court – how the choice of Supreme Court justices shapes our history.* New York: New American Library, 1986, p. 52).

92 A Declaração dos Direitos do Homem e do Cidadão, que foi votada um mês e um dia após a votação do *Bill of Rights*, estabelece: *Art. 10º Ninguém pode ser inquietado pelas suas opiniões, incluindo opiniões religiosas, contando que a manifestação delas não perturbe a ordem pública estabelecida pela lei (...). Art. 11. A livre comunicação dos pensamentos e das opiniões é um dos mais preciosos direitos do homem; todo o cidadão pode, portanto, falar, escrever, imprimir livremente, respondendo, todavia, pelos abusos desta liberdade nos termos previstos na Lei* [MIRANDA, Jorge (Coord. e trad.). *Textos históricos do direito constitucional.* Lisboa: Imprensa Nacional-Casa da Moeda, 1980, p. 59].

religiosas nem sempre andam de braços dados. Muitas vezes são conflitantes.[93]

"Liberdade de pensamento", que significa mais do que "liberdade de consciência", compreende a "liberdade de religião".[94] O direito, evidentemente, não vai cuidar do que se passa no âmago de cada pessoa. Até pode ser que num futuro distante isso seja possível, por intermédio de aparelhagem eletrônica, saber-se o que se pensa... A eventualidade de um *Big Brother* mais sofisticado nunca pode ser de todo afastada. O "Programa Prisma", da U.S. National Security Agency, denunciado pelos jornais *The Guardian* e *The Washington Post* em junho de 2013, já seria um primeiro passo para o novo orwellianismo?

O que se protege é a exteriorização do pensamento: por palavras, gestos, imagens, cartuns, e-mails ou por outro meio qualquer de comunicação.[95] Com Norberto Bobbio, podemos falar em "liberdade" sob a óptica "liberal" e "liberdade" sob a óptica "democrática". A primeira é a liberdade de Montesquieu; a segunda, a de Rousseau.[96] O primado da liberdade liberal está no "individual"; o da liberdade democrática, no "coletivo".[97]

---

93 É o caso, por exemplo, de as Forças Armadas manterem capelão militar para exercício religioso de soldado: a *Establishment of Religion* estaria em riste com a *Free Exercise* (cf. TRIBE, *American constitutional...*, ob. cit., p. 1.157).

94 Cf. PONTES DE MIRANDA, ob. cit., p. 419 e seg.

95 A jovem comunista Yetta Stromberg não usou palavras para protestar. Usou um símbolo: uma bandeira vermelha, vedada em tais circunstâncias por lei estadual da Califórnia [cf. *Stromberg v. California, 283 U.S. 359 (1931)*].

96 BOBBIO, Norberto. *Teoria geral da política: a filosofia política e as lições dos clássicos.* Trad. Daniela Beccaccia Versiani. Rio de Janeiro: Campus, 2000, p. 103 e seg.

97 Quem primeiro teria percebido a distinção entre as liberdades – liberal e democrática – teria sido Benjamin Constant (*ibidem*, p. 101). RAWLS, John,

À medida que o indivíduo foi tomando consciência de sua independência, passou a ver na sociedade a que se acha ligado uma ameaça constante a seus direitos fundamentais.

A religião intolerante sempre espalhou o medo e o terror. Foi o medo da Inquisição que levou muitas pessoas que "pensavam" a camuflar, a escamotear, a desvirtuar ou a não externar suas ideias ou pensamentos.[98] Foi o

---

em seu já clássico *Uma teoria da justiça* (Trad. Vamireh Chacon. Brasília: Editora Universidade de Brasília, 1981, p. 163, nota de rodapé n. 142), indica uma série de autores que analisaram as ideias de Benjamin Constant sobre a "liberdade dos antigos" e a "liberdade dos modernos". BRASIL. As ideias políticas de Benjamin Constant (1767-1830) repercutiram em nosso constitucionalismo. Depois da proclamação da Independência, suas obras eram encontradas com relativa facilidade. O jornal *Diário do Rio de Janeiro*, de 29 de outubro de 1823, trouxe anúncio da livraria de Evaristo da Veiga (1799-1837) e de seu irmão, João Pedro, que vendia, "por preços cômodos", o *Cours de Politique Constitutionnelle*, de Benjamin Constant, em oito volumes (cf. SOUSA, Octavio Tarquinio de. *História dos fundadores do império do Brasil – Evaristo da Veiga*. 2. ed. Rio de Janeiro: Livraria José Olympio Editora, 1957, v. VI, p. 28). Com a dissolução da Assembleia Geral Constituinte e Legislativa, em 12 de novembro de 1823, foi nomeado por dom Pedro um Conselho de Estado para fazer novo projeto de constituição para o Império. No fundo, o relator José Joaquim Carneiro de Campos, que havia participado como deputado constituinte do projeto anterior, prevaleceu-se das linhas gerais do esboço de Antônio Carlos Ribeiro de Andrada Machado e Silva. Enxertou no novo projeto o instituto do "poder moderador", que devia ser a "chave de toda a organização política". Frei Caneca (1779-1825), que participara da malograda Revolução de 1817, fez uma síntese do enxerto constitucional: *O Poder Moderador de nova invenção maquiavélica é a chave mestra da opressão da Nação brasileira e o garrote mais forte da liberdade dos povos* (cf. BONAVIDES, Paulo; PAES DE ANDRADE. *História constitucional do Brasil*, 3. ed. Rio de Janeiro: Paz e Terra, 1991, p. 80).

[98] Durante o Estado Novo português (1933-1974), os escritores passaram a burlar a censura. Usavam palavras inocentes como "aurora", "primavera", "vampiro" que significavam "socialismo", "revolução" e 'polícia",

medo que impediu Copérnico (1473-1543) de divulgar sua teoria. Foi o medo que levou Galileu (1564-1642), em 22 de junho de 1633, no Convento de Minerva, a abjurar, de joelhos, que havia acreditado que o Sol fosse o centro do mundo,[99] muito embora possa ter murmurado entre dentes a célebre frase *Eppur si muove...*[100] Foi o medo que obrigou sóror Juana Inés de la Cruz (1651?-1695) a cultivar a "cultura de silêncios" em muitos de seus sonetos, décimas e seguidilhas.[101] Muitos que "pensavam" foram torturados, envenenados, queimados, crucificados, esquartejados ou decapitados. A lista é longa, e vem da Antiguidade. Muitos foram os Sócrates,[102]os Jan Hus, os Jerônimo de Praga, os Brunos, os Vanini, os Espinosas, os Thomas More[103] e os Antônio José da Silva.[104] Ainda

---

respectivamente. (Disponível em: http://pt.wikipedia.org/wiki/Censura_em_Portugal#O_Estado_Novo. Acesso em: 21.06.2010).

99 GEYMONT, Ludovico. *Galileu Galilei*. Trad. Eliana Aguiar. Rio de Janeiro: Nova Fronteira, 1997, p. 210.

100 Cf. LIVIO, Mario. *Deus é matemático?* Trad. Jesus de Paula Assis. Revisão técnica, Diego Vaz Bevilaqua. Rio de Janeiro: Record, 2010, p. 104.

101 PAZ, Octavio. *Sóror Juana Inés de la Cruz*. Trad. de Wladir Dupont. São Paulo: Mandarim, 1998, p. 352.

102 Como esclarece Ernest BARKER (1874-1960) em sua *Teoria política grega* (2. ed. Trad. Sérgio Bath. Brasília: Universidade de Brasília, 1978, p. 100), a perseguição religiosa era desconhecida na época de Sócrates. "Ele (Sócrates) morreu porque se temia que fosse perigoso à ordem política regida pelo Estado: mas como essa ordem estava ligada à adoração formal dos deuses cívicos, ele foi acusado também de não acatar essa regra". Em resumo, a acusação religiosa foi um *plus* a fim de criar um clima negativo de suspeita contra o filósofo.

103 Thomas More, que não quis renegar sua fé católica, foi decapitado em 1535, sendo canonizado por Pio XI (1935).

104 Antônio José da Silva, conhecido como "O Judeu", nasceu no Rio de Janeiro, em 1705. Foi o maior escritor de peças teatrais da língua portuguesa de sua época. Sofreu torturas nas masmorras portuguesas da Inquisição,

hoje, quantas e quantas pessoas são silenciadas em nome da religião! Não faz muito tempo, vimos a cabeça de Salman Rushdie (1947-...) ser posta a prêmio em decorrência de uma *fatwa* baixada por um aiatolá.

Como já se antecipou, as "cláusulas religiosas" da Emenda n. 1 se dividem em duas: a que veda a instituição de religião oficial (*Establishment Clause*), e a que assegura o livre exercício religioso (*Free Exercise Clause*). Embora haja íntima conexão entre as duas cláusulas, também como já se frisou, não deixa, por outro lado, de haver também tensão entre elas:

> *Ambas* (as cláusulas) *protegem a liberdade de crença e de exercício religioso (...) Por exemplo, se o Estado criasse uma religião e compelisse sua participação, ele, obviamente, estaria estabelecendo (uma) religião e, ao mesmo tempo, negando o livre exercício àqueles que optassem por crença diferente (...). Por outro lado, há também frequente tensão entre a establishment e a free exercise clauses (...). Por exemplo, se o Governo paga e mantém ministros (religiosos) para os que se acham (servindo) nas forças armadas, ele, indubitavelmente, estará estabelecendo religião; mas, se o Governo recusa fazer a mesma coisa (invocando) tais motivos, sem dúvida estará denegando o livre exercício religioso.*[105]

Madison fez o esboço inicial das *religious clauses,*[106] que foi modificado na Câmara dos Deputados.[107] O Senado,

---

ficando inválido. No ano de 1739, foi garroteado e, em seguida, teve seu corpo queimado.

105 CHEMERINSKY, Erwin. *Constitutional law – principles and policies.* New York: Aspens Law & Business, 1997, p. 968 (Tradução livre).

106 *The civil rights of none shall be abridged on account of religious belief or worship, nor shall any national religion be established, nor shall the full and equal rights of conscience be in any manner, or on any pretext, infringed.* (Disponível em: *http://www.heritage.org/Research/PoliticalPhilosophy/Em729.cfm.* Acesso em: 17.09.2007).

107 *Congress shall make no law establishing religion, or to prevent the free exercise thereof, or to infringe the rights of conscience.*

por sua vez, alterou o texto que lhe chegou às mãos.[108] Por ironia, a redação do texto final coube ao próprio Madison, que então ocupava a presidência da comissão de redação das duas Casas. É curioso observar que depois que os prédios do Congresso e da Casa Branca foram incendiados pelos ingleses, Madison, defensor do *separatism* entre Estado e igreja, baixou um provimento instituindo o "dia especial de orações pelo êxito das armas americanas contra as inglesas".[109] A tradição e o receio político falaram mais alto.

Não deixa de ser oportuno lembrar que muitos revolucionários, constituintes[110] e legisladores da Nação americana estudaram direito na Inglaterra, onde as lições de Edward Coke (*Second Institute*) eram repetidas quase que de cor pelos estudantes. Ninguém mais do que Coke se bateu pela liberdade de religião, liberdade de pensamento e liberdade de imprensa.[111]

Como explica Joseph Story[112] em seus *Commentaries on the Constitution of the United States,* quando se elaborou a

---

108 *Congress shall make no law establishing articles of faith, or a mode of worship, or prohibiting the free exercise of religion.*

109 RABKIN, Jeremy. *A ordem constitucional americana – 1787/1987.* Trad. José Lívio Dantas. Rio de Janeiro: Forense Universitária, 1987, p. 215.

110 Dos sessenta e um constituintes eleitos para a Convenção da Filadélfia, vinte e seis tinham educação superior (cf. MEE JR. Charles L. *A história da constituição americana: relato da criação do governo durante a convenção constitucional.* Trad. Octávio A. Velho. Rio de Janeiro: Expressão e Cultura, 1993, p. 119).

111 POUND, Roscoe, ob. cit., p. 66.

112 STORY, Joseph. *Commentaries on the constitution of the United States.* New York: Da Capo Press, v. I, 1970. Joseph Story, quando tinha apenas trinta e dois anos de idade, foi indicado por Madison para a Suprema Corte. Jefferson nunca viu com bons olhos "aquele advogado de Salém. Chegou mesmo a dizer a Madison, seu sucessor na presidência dos Estados Unidos,

Constituição e o seu *Bill of Rights* era entendimento geral de que o fomento à religião, "desde que cristã", não era incompatível com o sentimento americano.[113] Certo. Isso já vinha de longe: o item 16 do *Bill of Rights* da Virgínia, depois de asseverar que a "religião só podia ser orientada pela razão e pela convicção, não pela força ou violência", arrematava, lembrando que "todos os homens estão igualmente intitulados ao livre exercício da religião, de acordo com os ditames da consciência; que era a obrigação mútua de todos praticarem a indulgência *cristã*, amor e caridade de um para com o outro".[114]

O objetivo das "cláusulas religiosas", como se sublinhou no início deste capítulo, não era, pois, o de evitar o favorecimento das religiões cristãs, mas impedir que se criasse uma "religião oficial", e se obstasse ou dificultas-

---

que não era só o fato de o indicado ser muito moço, mas sobretudo por ser "*unquestionably a tory*" (um pseudo-republicano). O presidente Andrew Johnson, por sua vez, ressaltou que Story era "o homem mais perigoso da América". Story, que ficou na Corte por mais de 34 anos, tornou-se um dos maiores juízes que o país já teve. Interessou-se, a vida inteira, pelo problema da educação, inclusive de mulheres. Foi um dos fundadores da Harvard Law School [cf. HICKOK, Eugene W.; McDOWELL, Gary L. *Justice vs. law – courts and politics in American society*. New York: The Free Press – a Division of MacMillan, Inc., 1993, p. 128-129, e, ainda, GOLDINGER, Carolyn (Ed.) *The Supreme Court at work*. Washington: Congressional Quarterly Inc., 1990, p. 142].

113 STORY, ob. cit., § 1868. Thomas COOLEY (*The general principles of constitutional law*. 4. ed. Boston: Little, Brown, and Company, 1931, p. 259f) lembra que "a religião cristã sempre foi reconhecida na aplicação do *common law*".

114 *16. That religion, or the duty which we owe to our Creator, and the manner of discharging it, can be directed only by reason and conviction, not by force or violence; and therefore all men are equally entitled to the free exercise of religion, according to dictates of conscience; and that it is the mutual duty of all to practise Christian forbearance, love, and charity towards each other.* Patrick Henry teria sido o autor desse dispositivo sobre a liberdade religiosa (cf. COMMAGER, ob. cit., p. 103).

se a coexistência de outras seitas e cultos.[115] As "cláusu-

[115] KILLIAN, Johnny H. (Ed.). *The constitution of the United States of America – analysis and interpretation.* Washington: U.S. Government Printing Office, 1987, p. 965. BRASIL. No Brasil, ocorreu o oposto. O Império continuou com o regime do padroado (*patronatus*), que já vinha de Portugal. A tendência da Igreja, por ser universal, era sobrepor-se à qualquer nação. Daí a criação do denominado *jus cavendi*: o Estado tinha o direito de precaver-se contra a submissão à Santa Sé. Três decorrências advêm do *jus cavendi*: o *padroado*, o *exequatur* e o *recurso de força*. Pelo padroado, o imperador tinha o "direito de apresentação", isto é, cabia a ele indicar o bispo ou arcebispo a ser nomeado pelo papa. As ordenanças papais só valiam no Brasil após o *exequatur* imperial. Pelo "recurso de força", tanto o civil quanto o próprio clérigo podiam, se sentenciados pela Igreja, recorrer ao imperador (cf. MENCK, ob. cit. p. 51/52). O Projeto de Constituição da Assembleia Constituinte de 1823, embora tenha garantido "a liberdade religiosa" (art. 7. º, III), erigiu a "religião católica apostólica romana" como religião oficial do Estado, sendo "a única mantida por ele" (art. 16). A Carta de 1824, que teria partido do Projeto de Antônio Carlos (cf. HOMEM DE MELLO, F. I. Marcondes. *A constituinte perante a história.* Rio de Janeiro: Typographia da Actualidade, 1863, p. 20), restringiu mais a liberdade de culto não católico: só em "casas para isso destinadas, sem forma alguma exterior de templo". Como já se falou, dom Pedro, ao dissolver a Assembleia Constituinte, nomeou um Conselho de Estado, encarregando-o de elaborar um projeto "duplamente mais liberal" do que o anterior. Para Octavio Tarquinio de SOUSA (*História dos fundadores do império do Brasil: A vida de d. Pedro I.* 3. ed. Rio de Janeiro: José Olympio, t. II, v. III, 1957, p. 579 e seg.), o principal artífice do novo projeto foi o marquês de Caravelas, José Joaquim Carneiro de Campos. É oportuno registrar que, com a "revolução constitucionalista" do Porto (agosto de 1820), as ideias de um governo representativo ganharam toda a Colônia. Começou pela Bahia. No Rio de Janeiro, as tropas militares forçaram dom João VI a jurar a Constituição portuguesa que estava sendo votada à sua revelia em Portugal. A ânsia pela liberdade era tamanha, que diversos rastilhos se acenderam pelas Capitanias. No Arraial do Tijuco (Diamantina), Minas Gerais, onde o povo era regido pelo despótico *Livro de Capa Verde* (Regimento da Demarcação Diamantina), os "constitucionais" saíram gritando pelas ruas "abaixo o despotismo" e "viva a federação". Na capital (Vila Rica), o bispo recusou-se a jurar a Constituição *in fieri*. Apregoou que só a juraria se "o poder temporal ficasse sujeito ao poder espiritual" (cf. SANTOS, Joaquim Felício dos. *Memórias do distrito diamantino da Comarca do Serro Frio.* 4. ed. Belo Horizonte: Itatiaia, 1976, p.

las religiosas" são uma antevisão idealística da sociedade norte-americana: cultos religiosos livres da interferência do Estado e de vizinhos.[116] Nos Estados Unidos da atualidade tem crescido o número de pessoas que não se declaram ateias ou agnósticas. Fazem questão de afirmar que não se acham filiados a nenhuma igreja (*not Church*). São os *nones*.

---

269). Nossa primeira Constituição republicana (1891), na "Declaração de Direitos", tomou outro rumo, colocando todas as religiões no mesmo pé de igualdade, afastando a possibilidade de o Estado subvencionar qualquer culto ou igreja (art. 72, § 3.º e § 7.º). O primeiro partido político brasileiro a desfraldar a bandeira da "liberdade de consciência e de cultos" foi o Partido Liberal Radical, em 1868. Em 1870, o Partido Republicano Brasileiro e o Partido Republicano Paulista lançaram a plataforma eleitoral "separação da Igreja e do Estado" (cf. MAXIMILIANO, Carlos. *Commentarios a constituição brasileira.* Rio de Janeiro: Jacintho Ribeiro dos Santos, Editor, 1918, p. 220). No pontificado de Pio IX, quando se publicaram as encíclicas e bulas anatematizando a maçonaria, as relações entre a Igreja e a Maçonaria no Brasil azedaram mais ainda. Em março de 1872, um padre, Almeida Martins, por ter participado de uma solenidade maçônica e feito um discurso, foi suspenso pelo bispo do Rio de Janeiro (MENCK, ob. cit., p. 171 e seg.). No fim do ano (1872), o bispo de Olinda, dom Vital Maria Gonçalves de Oliveira (1844-1878), determinou às irmandades sob sua jurisdição que obrigassem os maçons-confrades a abjurar seu credo. Seu exemplo foi seguido pelo bispo do Pará, dom Antônio de Macedo Costa (1830-1891). As atitudes dos dois prelados foram consideradas atentatórias à liberdade civil e à Carta política. Ambos foram condenados a quatro anos de prisão. Presos, continuaram a porfiar em suas ideias. Houve agitação política no País. O Gabinete Rio Branco caiu. O novo Gabinete, chefiado por Caxias, pôs cobro à "Questão Religiosa", anistiando os envolvidos (cf. LEAL, Hamilton. *História das instituições políticas do Brasil.* Brasília: Ministério da Justiça, 1994, p. 335 e seg.). Tais acontecimentos não deixaram de preparar o advento da separação entre o Estado e a Igreja. A "Questão Religiosa" é apontada como causa secundária do advento da República (cf. ROCHA POMBO. *História do Brasil.* Rio de Janeiro: Jackson, v. V, 1953, p. 306).

116 FINER, Samuel E. *Governo comparado.* Trad. Sérgio Duarte. Brasília: Universidade de Brasília, 1981, p. 185.

Há um caso interessante,[117] de mais de meio século atrás, que envolveu um cidadão chamado Roy Torcaso, nomeado para o cargo público de tabelião. Na hora de assinar o termo de posse, o encarregado de colher seu compromisso perguntou-lhe, por exigência da constituição de Maryland, se ele acreditava na existência de Deus. Roy respondeu que não. Em decorrência, não tomou posse. Em juízo, alegou que a constituição estadual violava as Emendas n. 1 e 14.

Impende lembrar que o Art. VI da Constituição dos Estados Unidos, ao dispor sobre o compromisso de quem assume cargo ou função pública tem o dever de se comprometer a defender e respeitar a Constituição. O *justice* Hugo Black, que respondeu pelo Colegiado no caso de Torcaso, após invocar o precedente *Everson v. Board of Education, 330 U.S. 1, 17 (1947)*, disse que nem o Estado, nem o Governo federal podiam, constitucionalmente, forçar alguém, ao tomar posse em cargo público, a professar que cria ou descria em qualquer religião.

Por ocasião da fundação dos Estados Unidos, sua população era esmagadoramente de "protestantes britânicos".[118] Como o protestantismo, com sua anarquia religiosa, estava pulverizado em diversas religiões e seitas,

---

117 *Torcaso v. Watkin, 367 U.S. 488 (1961).*

118 Por ocasião da Guerra da Independência, os católicos representavam apenas 1% da população americana (cf. ARMSTRONG, ob. cit., p. 114). Na segunda metade do século XIX, com a chegada de imigrantes irlandeses, italianos e poloneses, a estatística mudou: hoje, de cada cinco americanos, um é católico. Os judeus representam cerca de 2,5% (cf. FINER, ob. cit., p. 184). Os mulçumanos andam entre quatro e seis milhões (cf. DEMANT, ob. cit., p. 182).

procurou-se fomentar a existência de outras religiões.[119] No Brasil ocorreu exatamente o inverso. O Estado brasileiro tinha sua religião.[120] A Carta Política de 1824 (Império) era bem clara:

---

119 FUKUYAMA, Francis. *A grande ruptura: a natureza humana e a reconstituição da ordem social.* Trad. Nivaldo Montingelli Jr. Rio de Janeiro: Rocco, 2001, p. 247 e p. 251.

120 BRASIL. A jurisprudência do Supremo Tribunal Federal brasileiro é pobre a respeito da temática religiosa. Um caso interessante e teoricamente valioso é o do bispo de Maura. Infelizmente, o STF não entrou no mérito. Um ex-bispo católico romano impetrou um mandado de segurança no então Tribunal Federal de Recursos, que se deu por incompetente, enviando os autos para o STF (MS n. 1.114, de 1949). A questão de fundo era a utilização pela igreja dissidente (Igreja Católica Apostólica Brasileira) dos mesmos ritos e paramentos da Igreja Católica Apostólica Romana em missas campais. O STF, por entender que a questão demandava dilação probatória, "indeferiu" o *writ.* O ministro Hahnemann Guimarães (1901-1980), vencido, chegou a entrar no mérito, concedendo a segurança: "O ex-bispo de Maura, Dom Carlos Duarte Costa, não quer reconhecer o primado do Pontífice Romano, quer constituir uma Igreja Nacional, uma Igreja Católica Apostólica Brasileira com o mesmo culto católico. É-lhe lícito exercer esse culto no exercício da liberdade outorgada pela Constituição (1946), no art. 141, § 7.°, liberdade cuja perturbação é, de modo preciso, proibida pela Constituição, no art. 31, inciso II" (COSTA, Edgard. *Os grandes julgamentos do Supremo Tribunal Federal.* Rio de Janeiro: Civilização Brasileira, S.A, v. 3, 1964, p. 148). Outro julgamento, de muita repercussão na época, foi o de Roberto Lengruber, condenado pela prática de curandeirismo. O réu ajuizou um *habeas corpus* no Tribunal de Alçada de São Paulo, instando no trancamento da ação penal. Perdeu. Recorreu ordinariamente para o STF (RHC 62.240-SP). Alegou falta de justa causa para a ação penal, argumentando que se achava protegido pelo § 5.° do art. 153 da Carta política (liberdade religiosa). Ponderou que os "passes" que dava nos doentes (muitas sessões foram transmitas por TV) decorriam de "exercício religioso". O relator, ministro Francisco Rezek (1944-...), argumentou que a "garantia da liberdade de culto seguramente não alcança, pois, a prática de atos que, sem embargo de sua roupagem mística, são tipificados pela lei penal". O recurso foi improvido (RTJ 114/1.038). Outro caso, mais recente, julgado no STF em 22.05.2002: o Partido Liberal ajuizou uma ação para declarar inconstitucional dispositivo de uma lei federal que vedava "proselitismo de

Art. 5º A Religião Católica Apostólica Romana continuará a ser a religião do Império. Todas as outras religiões serão permitidas com seu culto doméstico ou particular, em casas para isso destinadas, sem forma alguma exterior de templo.

Nossa Constituição republicana de 1891, ao recepcionar o Decreto n. 119A/1890, dentro da cartilha positivista, deu uma guinada total no sistema anterior, erradicando a igreja estabelecida. Dispôs o art. 72 (*Declaração de Direitos*):

§ 3.º Todos os indivíduos e confissões religiosas podem exercer pública e livremente o seu culto, associando-se para esse fim e adquirindo bens, observadas as disposições do direito comum.

....

§ 7.º Nenhum culto ou igreja gozará de subvenção oficial, nem terá relações de dependência ou aliança com o Governo da União ou dos Estados.

A Constituição brasileira em vigor (1988) toma um caminho menos radical do que a Constituição norte-americana, tal como vem sendo ultimamente interpretada pela Suprema Corte. Nosso Estatuto torna imune a impostos os "templos de qualquer culto" (art. 150, VI, *b*) e permite, em caráter excepcional, que as pessoas constitucionais (União, Estados, Distrito Federal e Municípios) colaborem com entidades religiosas, desde que haja "interesse público" (art. 19, I, e art. 213). No mais, nossa Constitui-

---

qualquer natureza na programação das emissoras de radiodifusão comunitária". O autor da ação (ADI 2566-DF) arguiu que o dispositivo violava, dentre outros, o inciso VI do art. 5º da Constituição de 1988 ("liberdade de consciência e de crença" e o "livre exercício dos cultos religiosos"). A medida cautelar foi indeferida. Outro caso digno de registro é o RE 31.179/DF (*Hahnemann Guimarães*), julgado em 1958: a regulamentação de normas religiosas fica afeta exclusivamente às autoridades eclesiásticas e não às autoridades temporais.

ção de 1988 impede a subvenção (ou embaraço) de "cultos religiosos ou igrejas" (art. 5º, VI).

Voltemos à Emenda n. 1. Sua redação primitiva, que Madison submetera à Câmara dos Deputados, era bem explícita: "(...) nenhuma religião nacional será oficializada (...)."

Em 1785/86, é certo, houve um movimento legislativo no Estado da Virgínia com o propósito de restaurar tributos para a sustentação da Igreja Anglicana, que ainda era vista como a *established church*. Madison e Jefferson se opuseram tenazmente. O projeto acabou por ser arquivado, e as duas casas legislativas aprovaram o famoso *Virginia Bill for Religious Liberty*, redigido por Thomas Jefferson.[121] Esse *bill* foi imediatamente traduzido para o italiano e para o francês.[122] No documento, ficou dito com todos os efes e erres que "compelir um homem a fornecer contribuição em dinheiro para a propagação de opiniões nas quais ele não crê, é pecaminoso e tirânico".[123]

Cooley (1824-1898) registra que a Emenda n. 1 é dirigida *somente* ao Congresso, não obrigando os Estados-

---

121 Ver o voto de Hugo Black em *Everson v. Board of Education, 330 U. S. 1 (1947)*. Indagado de que maneira gostaria de ser lembrado após sua morte, Jefferson teria dito que por três feitos: a) elaborador da Declaração da Independência; b) criador da Universidade da Virgínia e c) autor do *bill* sobre liberdade religiosa da constituição de seu Estado natal.

122 COMMAGER, ob. cit., p. 125.

123 "that to compel a man to furnish contributions of money for the propagation of opinions which he disbelieves, is sinful and tyrannical" (*ibidem*, p. 125). Na Europa, em alguns Estados, o próprio governo se encarrega de cobrar compulsoriamente um tributo do fiel para sua igreja. É o caso da Alemanha, em que a *Kirchensteuer* tem base no art. 140 da Lei Fundamental. (Disponível em: http://de.wikepedia.org/wiki/Kirchensteuer. Acesso em: 10.05.2011).

membros. Todavia, complementa: "A Emenda Quatorze talvez seja ampla o bastante para dar garantias se elas se tornarem indispensáveis".[124] Foi o que a Suprema Corte fez em dois julgamentos de 1940 e 1947: a *Establishment Clause* também se aplicava aos Estados.[125] Em outro caso célebre, de 1963, em que uma adventista do Sétimo Dia perdeu o emprego (sem indenização) por se recusar a trabalhar aos sábados, foi reiterada a aplicação das cláusulas religiosas da Emenda n. 1 aos Estados-membros.[126] Hoje, prevalece o entendimento de que os provimentos da Emenda n. 1 se aplicam às entidades federadas. Aliás, sob a alegação de proteção de direito fundamental, a corrente hermenêutica vitoriosa na Suprema Corte é de que qualquer cláusula das diversas emendas, se aplicáveis aos Estados-membros, devem merecer o mesmo tratamento dispensado na órbita federal. Essa corrente recebeu o sugestivo nome de *Bag and Baggage Theory*.[127]

Pesquisa histórica mostra que os constituintes da Emenda n. 14 tinham em mente a não extensão das *religious clauses* da Emenda n. 1.[128] Bem andou a Suprema Corte em afastar-se do elemento histórico em sua exegese.

Cooley arrola alguns princípios fundamentais relativos às cláusulas religiosas a serem observados pelos Estados, os quais podem ser assim resumidos:

---

124 COOLEY, ob. cit., p. 259.

125 *Cantwell v. Connecticut, 310 U. S. 296 (1940)* e *Everson v. Board of Education, 330 U. S. 1(1947)*.

126 *Sherbert v. Verner, 374 U. S. 398 (1963)*.

127 Cf. NOWAK, John E.; ROTUNDA, Ronald D. *Principles of constitutional law*. 3. ed. St. Paul: West, 2007, p. 240-1.

128 Cf. TRIBE, *American constitutional...*, ob. cit., p. 1.161.

> todas as religiões são igualmente respeitadas pela lei, sem favorecimento de uma às expensas de outras;
>
> as pessoas não são obrigadas a custear cultos religiosos;
>
> não pode haver restrição ao livre exercício de religião de acordo com os ditames da consciência;
>
> não se pode utilizar dinheiro público para fins sectaristas.[129]

Por meio do fenômeno da "mutação constitucional", a Suprema Corte dos Estados Unidos, certamente preocupada com as minorias – religiosas, agnósticas, ateias ou desvinculadas (*nones*) –, afastou-se da literalidade das *religious clauses* da Emenda n. 1.[130] A Corte buscou consolidar sua jurisprudência no sentido de que o Estado deve ser aconfessional. Essas decisões, que já duram muitas décadas, não deixam de encontrar ressonância na famosa resposta que o então presidente Thomas Jefferson, como já se falou anteriormente, deu a uma comissão de batistas: o propósito da Emenda n. 1 era o de construir *um muro de separação entre a Igreja e o Estado.* Em *Reynolds v. United States, 98 U.S. 145, 164 (1879)*, o *chief justice* Morrison R. Waite (1816-1888) frisou que esta frase de Jefferson soava

---

129 COOLEY, ob. cit., p. 260f. No tocante à isenção de impostos sobre a propriedade de igrejas, Cooley diz que se trata de "matéria de política", que pode ser corrigida, se for o caso. O que importa é que a "isenção, para que seja válida, deve ser imparcial entre as seitas" (p. 263). BRASIL. No Brasil, é tradição constitucional vedar a instituição de impostos sobre "os templos de qualquer culto" (CF/1988, art. 150, VI, *b*).

130 FUKUYAMA, ob. cit., p. 247, observa que houve um tempo em que a sociedade americana não hesitaria em denominar-se uma "nação cristã". Hoje isso já não acontece, valendo apenas para uma pequena minoria. Os valores compartilhados com uma sociedade moderna tendem mais para a política do que para a religião.

"quase como uma declaração oficial do escopo e efeito da Emenda". Mas, perto de cem anos depois, o *chief* Burger (1907-1995) lembrou que a metáfora jeffersoniana *não era totalmente apropriada*, uma vez que a Constituição não exigia uma separação radical entre a Igreja e o Estado.[131] As cláusulas religiosas da Emenda n. 1 têm sofrido mudanças hermenêuticas de acordo com os humores dos *justices*. É o que veremos daqui a pouco.

Em 1947, foi decidida questão interessante,[132] provocada por um contribuinte (Everson), que teve como inconstitucional uma lei do Estado de Nova Jersey, a qual permitia a uma entidade controladora de ensino (*Board of Education*) local reembolsar despesas com passagens de ônibus. A *Board* baixou uma resolução, autorizando o reembolso a pais de alunos que frequentavam escolas paroquiais. A *New Jersey Court of Errors and Appeals* decidiu que nem a lei estadual nem a resolução da *Board of Education* tinham ferido as Constituições federal e estadual. A Suprema Corte americana (Black), porém, argumentou que a *Establishment Clause* vedava não somente a ajuda a determinada religião, mas a "toda" religião. Hugo L. Black (1886-1971), em seu extenso e erudito voto, se reportou às lutas religiosas na Europa, onde "católicos perseguiram protestantes, protestantes perseguiram católicos... que (por sua vez) perseguiram judeus"...

---

131 *Lynch v. Donnelly, 465 U. S. 668,104 S. Ct. 1355 (1984)*. Em *Walz v. Tax Comm. of City of New York, 397 U. S. 664, 694-97 (1970)*, o *chief* Burger disse que "o princípio geral dedutível da Primeira Emenda e de tudo que tem sido dito pela Corte é o seguinte: nós não toleramos nem religião estabelecida governamentalmente nem interferência governamental em (matéria) de religião."

132 *Everson v. Board of Education 330 U.S. 1, 15 (1947)*.

Não obstante o bom caminho jurisprudencial trilhado pela Suprema Corte, vez por outra há tentativas de legisladores radicais em sua mudança por meio de emenda constitucional. Foi o que se deu em março de 1998. Uma Comissão da Câmara dos Deputados (*Judiciary Committee*), por dezesseis votos a onze, aprovou emenda constitucional para derrubar a jurisprudência da Suprema Corte, permitindo que alunos voltem a rezar em escolas públicas.[133]

George W. Bush, em sua campanha eleitoral, prometeu que indicaria juristas como Antonin Scalia (1936-...) e Clarence Thomas (1948-...), ambos francamente favoráveis à mudança da jurisprudência conservadora da separação entre Estado e igrejas.[134] Em seu livro *The God Delusion*, Richard Dawkins (1941-...) observa que se os Estados Unidos nasceram sob uma aura secularista, hoje o "gênio do fanatismo religioso está à solta".[135]

Páginas antológicas já foram e continuam sendo viradas pela Suprema Corte dos Estados Unidos com base nas *religious clauses*, variando de combate à poligamia de

---

133 O deputado Ernest Istook (1950-...), de Oklahoma, um dos defensores da proposta de emenda, foi enfático: "Estamos caminhando no sentido de reverter o dano de 36 anos de decisões da Corte, que têm esmagado as liberdades religiosas". Já outro deputado, John Conyers Jr. (1929-...), de Michigan, rotulou a proposta como um verdadeiro "assalto à Constituição".

134 Cf. artigo doutrinário do professor Erwin CHEMERINSKY, divulgado pela *American Bar Association: The future of the establishment clause*. (Disponível em: http//www.abanet.org/irr/hr/spring01/chemerinsky.html. Acesso em: 19.03.2007).

135 DAWKINS, Richard. *Deus, um delírio*. Trad. Fernanda Ravagnani. São Paulo: Companhia das Letras, 2007, p. 53.

mórmones[136] ao proselitismo ativo de testemunhas de Jeová em praça pública.[137]

Em 1962, a Suprema Corte teve como inconstitucional portaria do departamento de educação pública de Nova York, a qual determinava que os alunos de escola primária rezassem em voz alta na primeira aula.[138] Tais soluções, evidentemente, não são apanágio do Judiciário americano. Caso de repercussão internacional, julgado em maio de 1995, foi do Tribunal Constitucional Federal da Alemanha (*Bundesverfassungsgericht*), que teve como procedente uma *Verfassungsbeschwerde*[139] que acoimava de inconstitucional lei do Estado da Baviera, a qual tornava obrigatória a colocação de um crucifixo nas salas de aulas de escolas públicas. Por maioria, a Câmara julgadora (*Senat*[140]) competente determinou a retirada do crucifixo da sala de aula. Os autores da ação judicial alegaram que a presença do crucifixo atentava contra sua liberdade de religião e de educação (*Religions-und Erziehungsfreiheit*). No Brasil, país com maioria católica romana, ainda mais

---

136 *Reynolds v. United States, 98 U.S. 145 (1879).*

137 *Cantwell v. Connecticut, 310 U.S. 296 (1940).*

138 *Engel v. Vitale, 370 U.S. 421 (1962).*

139 Costuma-se traduzir *Verfassungsbeschwerde* por "recurso constitucional". Prefiro, para evitar a confusão com "recurso" no sentido processual, chamar de "ação constitucional". JARASS, Hans D.; PIEROTH, Bodo, advertem que a *Verfassungsbeschwerde* não é um recurso, "mas um meio de impugnação extraordinário (...) o qual não tem efeito suspensivo" (*Grundgesetz für die Bundesrepublik Deutschland – Kommentar.* 2. Aufl. München: C.H. Beck´sche, 1992, S. 705).

140 A Lei Orgânica do Tribunal Constitucional Federal (*Gesetz über das Bundesverfassungsgericht*), que é de março de 1951, instituiu no § 2.° dois *Senate*, cada um deles com oito juízes (cf. Beck'sche Textausgaben. *Grundgesetz für die Bundesrepublik* Deutschland: München: C.H. Beck'sche Verlagsbuchhandlung, 1969, S. 116).

de rito do que de fundo (como diria Gilberto Freyre), os símbolos cristãos, a despeito do arroubo positivista de nossa Primeira República, continuam vivos. No Superior Tribunal de Justiça (STJ), onde fui juiz por alguns anos, tivemos um fato no mínimo curioso. Houve muita polêmica e discussão *interna corporis* na ocasião. O STJ, instituído pela Constituição de 1988, absorveu pequena parte do acervo processual do Tribunal Federal de Recursos, que foi extinto. O Governo fez nova sede para o STJ, em Brasília. Quando da mudança para o prédio novo, surgiu discussão se o crucifixo[141] instalado no prédio do antigo Tribunal Federal de Recursos, onde hoje funciona provisoriamente o Tribunal Regional Federal da 1ª Região, deveria ser ou não levado para o novo edifício, projetado pelo arquiteto Oscar Niemeyer (1907-2012). O presidente do Tribunal colocou em votação a proposta. No dia 13 de junho de 1995, em sessão administrativa, decidiu-se, por maioria apertada (14 a 12), que o crucifixo seria levado. O Supremo Tribunal Federal, por sua vez, em sua sala de sessões (Plenário), ostenta tranquilamente um crucifixo esculpido por Alfredo Ceschiatti (1918-1989), obra de arte que se acha assentada sobre lenho de pau-brasil. Se não a totalidade, pelo menos a maioria dos fóruns das quase duas mil e setecentas comarcas brasileiras ostenta crucifixos em seus salões de júri.

---

141 O Conselho Nacional de Justiça (CNJ), em junho de 2007, decidiu (Pedidos de Providência 1.344, 1.345, 1.346 e 1.362) que a existência de crucifixo em salas de audiência não fere o princípio da separação entre Igreja e Estado: é de nossa tradição cultural.

Em 1963, a Suprema Corte norte-americana julgou outro caso de prece em escola pública.[142] Uma lei do Estado da Pensilvânia permitia que na primeira aula fossem lidos, sem comentários ou explicações, dez versículos da Bíblia, além da reza do pai-nosso. Os alunos que não quisessem participar da cerimônia deveriam trazer, por escrito, o assentimento de seus pais. Edward Schempp, que era unitarista[143] e tinha filhos na Abington Senior High School (Filadélfia), acionou o Judiciário, alegando que seus filhos, mesmo não sendo obrigados a ouvir a leitura dos versículos e a rezar, se sentiam discriminados em relação aos professores e aos próprios colegas. Por outro lado, tal imposição arrostava a *Establishment Clause* da Emenda n. 1, aplicada aos Estados-membros por força da Emenda n. 14.

A Corte teve o provimento como inconstitucional. Em voto *per curiam*, Clark (1899-1977) frisou:

> *A leitura de versículos, ainda que sem comentários, possui um caráter devocional e constitui, com efeito, um preceito religioso.*
>
> *A natureza devocional e religiosa das atividades matinais torna-se mais realçada (ainda) pelo fato de que a leitura da Bíblia é seguida imediatamente pela recitação uníssona do Pai-Nosso. O fato de que alguns alunos, ou, teoricamente, todos os alunos*

---

142 *School District of Abington Township, Pennsylvania v. Schempp, 374 U. S. 203 (1963).*

143 O Unitarismo, uma dissidência do Protestantismo, procura interpretar "racionalmente" a Bíblia. Os unitaristas se opõem aos dogmas da Trindade e do Pecado Original. Têm Cristo como uma figura humana, daí se aproximarem, no particular, dos arianos da Idade Média. (Disponível em: http://www.geocities.com/anzua_2000/About_unitarianism.html. Acesso em: 07.05.2008. Disponível em: http://www.bbc.co.uk/religion/religions/unitarianism/history/history.shtml. Acesso em: 07.05.2008). John Adams, John Quincy, Jefferson e Taft, presidentes dos Estados Unidos, eram tidos como unitaristas.

possam se negar a comparecer às atividades não mitiga a natureza obrigatória da cerimônia.

Mais tarde, no caso *Wallace v. Jaffree, 472 U.S. 38 (1985)*, a Suprema Corte americana julgou inconstitucional lei do Estado do Alabama que autorizava "um minuto para meditação ou prece" em todas as escolas públicas. Diferentemente, já tivera, numa votação de seis a três, em acórdão "relatado"[144] pelo *justice* Burger, por não ofensiva a cláusulas religiosas a prece de capelão oficial na abertura de trabalhos legislativos. É que nesse último caso, além da tradição histórica, os participantes já eram adultos, e, presumidamente, não sofreriam nenhuma influência de doutrinação religiosa.[145]

No caso *Allegheny County v. Greater Pittsburgh ACLU, 492 U. S. 573*, de 1989, a exposição de presépio no saguão da prefeitura municipal foi considerada ofensiva à Emenda n. 1. Todavia, tolerou-se a exibição de um menorá ao lado de uma árvore de natal no exterior de prédio público.[146]

Outro caso curioso: na cidade de Providence (Rhode Island), nas cerimônias de formaturas de cursos ginasiais ou colegiais (*middle* e *high schools*) tradicionalmente os

---

144 O art. 41 do vigente Regimento Interno da Suprema Corte dos Estados Unidos (*Rules of the Supreme Court – 2010*) dispõe sobre a votação em sessão, sua divulgação e publicação. Não existem regras fixas. Ver artigo de John P. KELSH, ex-assessor (*law clark*) do presidente Rehnquist, *The opinion delivery practices of the United States Supreme Court – 1790-1945*. (Disponível em: www.http://lawreview.wustl-edu/inprint/... Acesso em: 18.03.2011).

145 *Marsh v. Chambers, 463 U.S. 783, 792 (1983)*. Brennan, Marshall e Stevens ficaram vencidos.

146 Ver MACIEL, Adhemar Ferreira. Presépios e menorás na justiça *in Dimensões do direito público*. Belo Horizonte: Del Rey, 2000, p. 51.

diretores (*principals*) dos estabelecimentos públicos convidavam clérigos para *invocations* ou simples *benedictions* (bênçãos) aos formandos. Os alunos ficavam de pé e, em silêncio, escutavam as palavras religiosas. Em uma das escolas que se formava Deborah Weisman, judia, o diretor convidou um rabino, admoestando-o de que ele não poderia fazer proselitismo, tal como dispunha o roteiro para a cerimônia cívica adrede preparada pela Conferência Nacional de Cristãos e Judeus. O pai da formanda entrou com medida judicial preventiva contra o diretor do estabelecimento de ensino, instando fosse vedada a invocação e bênção religiosa em geral. Ponderou que o colégio, com essa cerimônia incorporada à solenidade de formatura, constrangia oficialmente os formandos e, por consequência, violava a *Establishment Clause.* O réu (diretor Lee) contra-argumentou que Deborah não era obrigada a ouvir o rabino falar. Se quisesse, poderia chegar depois de sua fala, sem prejuízo da diplomação. A medida cautelar foi indeferida no primeiro e segundo graus. Weisman obteve *certiorari*, vencendo na Suprema Corte. A votação foi de cinco a quatro. O *justice* Kennedy falou pela Corte: "uma escola (não) pode persuadir ou compelir um estudante a participar de culto religioso. E isso se fez no caso, o que é proibido pela *Establishment Clause* da Emenda n. 1."[147]

A Suprema Corte, em 2000, julgou *Santa Fe Independent School Dist. v. Doe, 530 U.S. 290.* Com os votos vencidos de Rehnquist, Scalia e Thomas, a Corte (Stevens) teve como ofensiva à Emenda n. 1 (*Establishment Clause*) prece feita por estudante, eleito por colegas, antes do início de partida de futebol escolar. Utilizava-se autofalante da esco-

[147] *Lee v. Weisman, 505 U. S. 577 (1992).*

la, o que emprestava caráter público religioso ao certame esportivo. Ainda no ano de 2000, com Clarence Thomas à frente, respaldado por Scalia, Kennedy e Rehnquist, a Suprema Corte decidiu, por seis a três, que uma lei federal permissiva de distribuição de livros, bibliotecas, computadores, projetores de filme, retroprojetores etc. para escolas primárias e secundárias, públicas ou privadas, não maltratava a *Establishment Clause.*[148] Pelo simples fato de alguns desses estabelecimentos particulares serem de congregações religiosas (católicas), não ficava configurada a violação constitucional: o material didático era igualmente distribuído, sem se levar em conta se se tratava de escola de filiação "religiosa, irreligiosa ou arreligiosa" (Thomas). Vencidos ficaram os *justices* Souter (1939-...),[149] que capitaneou a corrente minoritária, Stevens (1920-...) e Ginsburg (1933-...). Souter argumentou que o programa da lei arguida como inconstitucional por Mary Helms e outros afrontava a *Establishment Clause.* Grande parte do

---

[148] *Mitchell et al. v. Helms et al, 530 U. S. 793 (2000).*

[149] David Souter ocupou na Suprema Corte a vaga de William Brennan Jr. Com a aposentadoria de Souter, o presidente Obama, em 26 de maio de 2009, indicou para seu lugar Sonia Sotomayor (1954- ....), experiente magistrada: foi juíza federal (*District*) e ocupava, quando da indicação, o cargo de juiz de tribunal regional federal (*Second Circuit*). Em 6 de agosto de 2009, o Senado, com sessenta e oito votos a favor e trinta e um contra, confirmou a indicação. A posse se deu em 08.08.2009. Trata-se da terceira mulher (a primeira latino-americana) a ocupar o cargo de *associate justice* na Suprema Corte. A seguir, para a vaga de John Paul Stevens, foi indicada a quarta mulher: Elena Kagan (1960-...), ligada ao magistério superior (Universidade de Chicago e Universidade de Harvard) e ao próprio Judiciário (United States Court of Appeals). Kagan também assessorou a presidência da República (Clinton) e foi *Solicitor General* no primeiro governo de Obama. (Disponível em: http://en.wikipedia.org/wiki/Elena_Kagan. Acesso em: 19.03.2012)

equipamento federal não era de uso individual do aluno, mas coletivo: projetores de *slides*, de filmes, gravadores, mapas etc., todos eles facilmente utilizáveis por professores na divulgação de sua religião. Na verdade, como se decidiu em *Wolman*, em *Meek*, em *Levitt* e em outros precedentes, havia "risco potencial" (*potential risk*) no programa de ajuda governamental. O fato de serem de congregações religiosas diferentes, as escolas beneficiadas pelo programa federal, não é, por si, suficiente para tirar a pecha de inconstitucionalidade da lei. O governo pode distribuir *neutramente*. Pouco importa. O que conta é *uso sectário* da aparelhagem ou dos implementos na formação da criança ou do adolescente. Seu voto não prevaleceu, como se disse.

Caso também curioso, que acabou por revelar importante ângulo de hermenêutica constitucional, foi o do capitão Goldman, judeu ortodoxo, acantonado em uma base aérea da Califórnia. Por preceito religioso, tinha ele que usar *yarmulke* (solidéu) em recinto fechado, contrariando as normas militares disciplinares. Ameaçado de corte marcial por seus superiores, Goldman ajuizou ação, invocando a *religious clause* da Emenda n. 1. Ganhou em primeira instância. Perdeu em segunda. Seu caso foi parar na Suprema Corte dos Estados Unidos, que não reconheceu, nas circunstâncias fáticas, a precedência religiosa. O formulador do voto vencedor asseverou que "para levar a cabo sua missão, a corporação militar deve instilar obediência instintiva, unidade, compromisso, e *esprit de corps*" (...).[150]

---

150 *Goldman v. Weinberger, 475 U.S. 503 (1986)*. Cf. WELLINGTON, Harry H. *Interpreting the constitution: the Supreme Court and the process of adjudication*. New Haven: Yale University Press, 1990, p. 7.

Como sublinha Laurence Tribe, no texto original da Constituição só se fala em "religião" na denominada *religious test clause* do Art. VI, que veda a exigência de profissão de fé para a assunção de cargo público.[151]

Outro julgamento interessantíssimo, valioso para o estudo de sociologia, moral, religião e direito, é *Wisconsin v. Yoder, 406 U.S. 205 (1972).* Até que ponto o Estado pode interferir no fanatismo sectário de um pai para obrigá-lo a dar educação básica convencional ao filho? Em algumas comunidades dos Estados Unidos, vivem descendentes de religiosos suíço-alemães que vieram para a Pensilvânia no início da colonização. Essa gente austera procura manter distância dos costumes desenfreados da sociedade consumista contemporânea. Fala o patoá "alemão da Pensilvânia" (*Pennsylvania Dutch*), e professa uma religião – *amish* – que tira seus cânones da interpretação literal do Novo Testamento. A lei do Estado de Wisconsin, onde vivia uma dessas comunidades religiosas, penalizava o pai por não obrigar seu filho a frequentar a escola até atingir dezesseis anos de idade. Três pais, dentre eles Jonas Yoder, proibiram os filhos de frequentar escola além do oitavo grau. Todos foram condenados na primeira instância e absolvidos pela Suprema Corte de Wisconsin. O Estado recorreu extraordinariamente. Na Suprema Corte dos Estados Unidos, o presidente (Burger), que falou pelo Colegiado, disse que os pais *amish*, por convicção religiosa e velhos costumes, não queriam que seus filhos

---

151 TRIBE, *American constitutional*, ob. cit., p. 1.155. BRASIL. A Carta de 1824 impunha ao imperador (art. 103), ao seu sucessor (art. 106) e aos conselheiros de Estado (art. 141) o juramento de "(...) manter a religião Católica Apostólica Romana". Com a República, essa cláusula caiu.

fossem além do oitavo grau do ensino fundamental. Estavam com razão: o poder público não tinha como obrigá-los a manter os filhos na escola contra as convicções religiosas paternas, sob pena de violação das *Religious Clauses* da Emenda n. 1. Em seu voto, o *chief* Burger enfatizou:

> Como os dados processuais demonstram, a frequência escolar compulsória até a idade de 16 anos para crianças amish acarretaria uma ameaça real à comunidade amish e à prática religiosa tal como existe hoje; eles (os amish) teriam que abandonar sua fé e ser assimilados pela sociedade como um todo, ou, então, forçados a se mudarem para outra região mais tolerante.

O *justice* Douglas, vencido em parte, defendeu a tese de que a criança – a verdadeira parte prejudicada –, se tivesse maturidade suficiente, deveria ser consultada, sob o risco de invasão aos seus direitos.

Nos Estados Unidos, a partir da Primeira Guerra Mundial, ganhou corpo uma corrente religiosa, denominada Fundamentalista,[152] que sustentava que as Escrituras Sagradas deveriam ser interpretadas no sentido literal. Isso não deixa de ser resquício da Idade Média: nos séculos XII e XIII, na Europa, as guildas de mestres tinham suas atividades universitárias submetidas ao crivo censório de bispos, papas e reis. Como consequência, professores eram ocasionalmente silenciados, e suas doutrinas condenadas.[153]

---

[152] Os protestantes norte-americanos, no final do século XIX e início do século XX, foram os primeiros a usar o termo "fundamentalismo" para se distinguirem dos "protestantes liberais" (cf. ARMSTRONG, ob. cit. p. 10, 98. No mesmo sentido, DEMANT, ob. cit., p. 197).

[153] CANTOR, ob. cit., p. 440.

Outra questão rumorosa, que envolveu fé, ciência e fundamentalismo: em 1927, Bob Jones criou uma universidade (BJU) na Flórida, transferida mais tarde para o Tennessee e, por último, para a Carolina do Sul. Professores, empregados e alunos tinham que se sujeitar aos estatutos da universidade, que vedavam peremptoriamente o ensino de teorias evolucionistas. Pois bem, influenciados por fundamentalistas, alguns poucos legislativos estaduais norte-americanos editaram leis considerando ilícito penal menos grave (*misdemeanor*)[154] o ensino das teorias de Lamarck (1744-1829), Darwin (1809-1882), Haeckel (1834-1919), Hugo De Vries (1848-1935) e tantos outros que defendiam o evolucionismo e suas variantes. Assim, o Estado do Tennessee promulgou, em 1925, uma lei que ficou conhecida como "Lei do Macaco" (*Monkey Law*). Como o judiciário só julgava o caso concreto, a American Civil Liberties Union colocou anúncio em jornais, oferecendo-se para custear as despesas forenses para qualquer professor que quisesse desafiar a *Monkey Law*. Um cidadão da pequena Dayton, de nome George Rappleyea, leu a notícia num jornal de Chattanooga. Procurou convencer seu amigo John Scopes,[155] professor de matemática em um colégio e substituto eventual de um colega licenciado, professor de biologia, a desafiar

---

154 Como nos Estados Unidos cada Estado pode legislar sobre direito material, fica um tanto difícil dar uma noção do que seja *misdemeanor*. Mas, de qualquer sorte, pode-se dizer que se trata de um "ilícito penal" de menor gravidade do que *fellony*. Como registra o *Black´s Law Dictionary* (ob. cit.), sob a legislação federal, e a legislação de muitos Estados, procura-se tipificar *fellony*. Os demais ilícitos penais passam a ser, por exclusão, *misdemeanors*.

155 Cf. *Scopes Trial Home Page*. Cf., também, *An introduction*, por Douglas LINDER. (Disponível em: http://www.law.umkc.edu/faculty/projects/ftrials/scopes/scopes.htm. Acesso em: 16.03.2007).

a lei. O julgamento de Scopes durou oito dias. A pequena cidade de Dayton tornou-se centro de atenções mundiais. Só de repórteres de jornal e de rádio, havia mais de duzentas pessoas. Operadores de telégrafo andavam na casa dos sessenta. Dois grandes advogados se defrontaram na refrega. Scopes acabou por perder a causa, que não chegou à Suprema Corte. Foi o primeiro julgamento forense coberto pela radiofonia.[156] Um dos defensores da *Monkey Law* foi William Jennings Bryan (1860-1925), que, nos anos de 1920, havia feito uma cruzada nacional contra o ensino da teoria da evolução.[157] No polo oposto, isto é, na defesa de Scopes, estava Clarence Darrow (1857-1938). Darrow, por intermédio de argumentação lógica, fez com que Bryan admitisse publicamente que o mundo tinha bem mais de seis mil anos de existência... Poucos dias depois do julgamento, Bryan, arrasado, faleceu.[158]

O Estado de Arkansas, um pouco mais tarde (1928), palmilhou o mesmo caminho do Tennessee, fazendo editar sua *Anti-Evolution Statute*: o professor que ensinasse nas universidades ou escolas públicas estaduais, ou que

---

[156] Disponível em: http://www.angelfire.com/co/pscst/monkey.html. Acesso em: 16.03.2007.

[157] ARMSTRONG, ob. cit., p. 205.

[158] *Ibidem*, p. 206. O julgamento deu origem a peças teatrais e a filmes. Em 1951, Jerome Lawrence (1915-2004) e Robert E. Lee escreveram a peça *Inherit the Wind* ("O Vento será tua Herança"), a qual serviu de base para dois filmes. A primeira produção, sob a direção de Stanley Kramer (1913-2001), estrelada por Spencer Tracy (1900-1967) e Frederic March (1897-1975). [Disponível em: http://en.wikipedia.org/wiki/Inherit_the_Wind. Acesso em: 29.09.2011]. A segunda versão (Trevor Nunn) , desempenhada pelos atores Jack Lemmon (1925-2001) e George Scott (1927-1999). [Disponível em: http://emporium.turnpike.net/C/cs/wind.htm. Acesso em: 16.03.2007].

adotasse livros-texto esposando a tese de que o "homem descendia de uma ordem inferior de animais", estaria sujeito a perder o emprego, além de ser penalmente incriminado. Tudo corria bem, até que a administração de um colégio (*Central High School*) da cidade de Little Rock resolveu, por indicação dos professores de biologia, incluir no currículo de 1965-1966 um capítulo sobre a teoria de Darwin. Uma jovem professora, Susan Epperson, ficou em dúvida se cumpria a lei estadual ou o currículo de sua escola. Propôs, então, uma ação declaratória na *State Chancery Court*. Ficou decidido que a Lei Antievolução feria as Emendas n. 1 e 14 da Constituição americana: "o direito de o Estado prescrever currículo para a escola pública não compreendia o direito de proibir o ensino de teoria científica (...)"[159] Os órgãos governamentais apelaram. A Suprema Corte de Arkansas, em decisão imprecisa, deu provimento à apelação. Na Suprema Corte dos Estados Unidos, o *justice* Abe Fortas (1910-1982),[160]

---

159 *A State's right to prescribe the public school curriculum does not include the right to prohibit teaching a scientific theory...*" (Disponível em: http://www.law.umkc.edu/faculty/projects/ftrials/conlaw/Epperso.htm. Acesso em: 16.03.2007).

160 Fortas, nomeado pelo presidente Johnson, veio a ocupar a cadeira na Suprema Corte onde se assentaram grandes magistrados de origem judaica: Cardozo (1890-1938), Frankfurter e Goldberg (1908-1990). Daí, jocosamente, falar-se em "Jewish Seat". Já advogado brilhante e bem sucedido, Fortas fez amizade com Lyndon Johnson (1908-1973), então um obscuro congressista do Texas. Johnson, quando presidente da República, insistiu com Arthur Goldenberg, *associate justice*, para que ele se aposentasse. Ofereceu a vaga a Fortas, que a recusou: passaria a ganhar pouco, prejudicando o conforto da família. Mesmo com a recusa, Lyndon Johnson indicou Fortas para o lugar de Goldenberg. A posse na Suprema Corte se deu em outubro de 1965 (cf. CUSHMAN, Clare – Editor. *The supreme court justices: illustrated biographies, 1789-1993*. Washington, D. C.: Congressional

encarregado de lavrar o "acórdão", lembrou que desde 1923 a Corte vinha apodando de inconstitucionais leis que buliam na liberdade de ensino. Foi com esse entendimento – continuou – que James McReynolds (1862-1946) julgou atentatória à liberdade de ensino lei do Estado de Nebraska, a qual capitulava como ilícito penal ensinar qualquer disciplina em língua que não fosse a inglesa.

Fortas prosseguiu em seu voto:

> *No presente caso não pode haver dúvida de que* (o Estado do) *Arkansas procurou impedir seus professores de discutir a teoria da evolução porque ela é contrária à crença de alguns de que o Livro do Gênesis deve ser a única fonte de doutrina a respeito da origem do homem.*[161]

Por sua vez, o *justice* Black fez uma série de considerações preliminares, algumas de natureza processual. Ponderou que o Estado de Arkansas nunca se esforçara para dar cumprimento à lei (*to enforce the law*). Desse modo, ele, Black, tinha dúvida se se estava mesmo diante

---

Quarterly, 1993, p. 471 e seg.). Mais tarde, uma reportagem da revista *Life*, demonstrando que Fortas havia recebido honorários do financista Louis Wolfson (Fundação), acabou por levá-lo a pedir exoneração de seu cargo: "Deixo a Corte prosseguir com seu trabalho vital, livre de (qualquer) pressão estranha". Segundo WOODWARD, Bob; ARMSTRONG, Scott (*The Brethren – inside the supreme court.* New York: Avon Books/The Hearst Corporation, 1981, p. 14 e seg.), o Ministério Público, por intermédio de John Mitchell (1913-1988), procurou investigar a ligação de Fortas com a Fundação Wolfson. No início, apurou-se que o juiz havia recebido vinte mil dólares (quantia mais tarde devolvida). Depois, o próprio Wolfson teria entregue documento provando que Fortas receberia, através da Fundação, vinte mil dólares por ano durante toda sua vida (ou de sua viúva).

161 *In the present case, there can be no doubt that Arkansas has sought to prevent its teachers from discussing the theory of evolution because it is contrary to the belief of some that the Book of Genesis must be the exclusive source of doctrine as to the origin of man.*

de caso genuinamente contencioso (*genuinely justiciable*) a ser dirimido pelo Judiciário. Aliás, a lei acoimada de inconstitucional fora defendida palidamente na Corte, sem muito entusiasmo, pelos órgãos governamentais, o que já denunciava a diminuta preocupação em seu *enforcement.* Nos autos não havia notícia se a autora da ação (professora Epperson) ainda exercia ou não o magistério, muito embora a imprensa tivesse noticiado que ela deixara o emprego, e se mudara para uma cidade distante. Por outro lado, o currículo escolar continha um capítulo inteiro sobre a teoria da evolução. Ademais, não havia prova de que a teoria de Darwin não estivesse livremente sendo ensinada na escola.[162] Não cabia à Suprema Corte, desse modo, dizer qual a matéria a constar do currículo. Mais para frente, frisou que nem a teoria criacionista nem a teoria da evolução se achavam a salvo de desafios. Por derradeiro, Black disse:

> *A Corte, parece-me, comete um grave erro ao passar por cima da clara vagueza de inconstitucionalidade desta lei a fim de ampliar e decidir a incomodante, para mim, questão* (relativa) *à Emenda I. Por mais sábia que esta Corte possa ser ou venha a ser no futuro, é* (sempre) *duvidoso que, por se estar em Washington, possa-se, com sucesso, supervisionar e censurar o currículo de toda escola pública em todo povoado e cidade dos Estados Unidos. Eu duvido que nossa sabedoria seja tão infalível assim.*[163]

[162] O pai de dois alunos foi admitido como interveniente na ação declaratória. Pleiteou o ensino da teoria da evolução a seus filhos. Daí a preocupação da Corte em saber se o currículo novo estava sendo cumprido ou não.

[163] *The Court, it seems to me, makes a serious mistake in bypassing the plain, unconstitutional vagueness of this statute in order to reach out and decide this troublesome, to me, First Amendment question. However wise this Court may be or may become hereafter, it is doubtful that, sitting in Washington, it can successfully supervise and censor the*

Em seu voto, o *justice* Harlan, depois de ponderar que a decisão recorrida era "opaca", lamentou tenha a suprema corte estadual "transferido o abacaxi" para a Suprema Corte dos Estados Unidos. Também teve a lei do Arkansas como afrontosa à *Establishment of Religion Clause.*

Em março de 2000 foi feita uma pesquisa de âmbito nacional nos Estados Unidos sobre "criacionismo *versus* evolucionismo". A pesquisa foi conduzida por DYG, Inc., sob os auspícios da Fundação *People for the American Way.* Cerca de 83% dos entrevistados responderam que a teoria de Darwin é assunto de aulas de ciência; 70% não viam conflito entre as duas teorias. Dos favoráveis ao ensino do evolucionismo, 20% foram pela supressão do criacionismo dos currículos escolares; 17%, diferentemente, apoiaram a explicação religiosa do criacionismo. 29% já entenderam que ambas as teorias podem ser perfeitamente ensinadas nas aulas de ciência, desde que fique bem claro que o "criacionismo" é questão de fé, ao passo que o "evolucionismo" é uma teoria científica.[164]

Ainda sobre o mesmo tema acima, mas com ligeiras variações fáticas, vamos dar notícia de outra decisão também importante. Trata-se do célebre caso *Edwards v. Aguillard, 482 U.S. 578 (1987),*[165] que, processualmente, envolveu inúmeras associações religiosas e científicas

---

curriculum of every public school in every hamlet and city in the United States. I doubt that our wisdom is so nearly infallible.

164 Disponível em: http://www.pfaw.org/pfaw/general/default.aspx?oid=2097. Acesso em: 16.03.2007.

165 Disponível em: http://www.agh-attorneys.com/4_edwards_v_aguillard.htm. Acesso em: 16.03.2007.

como *amici curiae.*[166] O legislativo do Estado de Louisiana editou uma lei – a "Lei do Criacionismo" (*Creationism Act*) –, proibindo que se ensinasse nas escolas primárias e secundárias estaduais a "Teoria da Evolução", salvo se, concomitantemente, também se ensinasse a "Teoria do Criacionismo". Na Suprema Corte, a *justice* Sandra Day O´Connor, concorrendo, reportou-se à definição da chamada *Creation Science*, de Boudreaux, e ao conceito dado por Luther Sunderland (1929-1987) de "que tudo (que existe) foi criado por uma inteligência ou poder externo ao universo" (*that everything was created by some intelligence or power external to the universe*).[167] Em resumo, Deus é a causa primária de tudo. A constitucionalidade da lei fora questionada perante a Justiça Federal de primeiro grau (*Federal District Court*), confirmada em segundo grau (*Court of Appeals*): sim, a lei contrariava a *Establishment Clause.* Em suas razões de apelação, os recorrentes (governador do

---

166 O instituto processual do *amicus curiae* permite, quando se tratar de causas com "grande interesse público" (*broad public interest*), que entidades públicas ou mero particulares ingressem no processo. Vez por outra, o interesse é meramente científico e de natureza didática, como foi o caso *Arizona v. Gant, 556 U. S. ... (2009)*, em que um professor de direito (Universidade de Iowa) se habilitou como *legal scholar* para que a Suprema Corte derrubasse precedente anterior. Quanto ao instituto processual, ver o artigo doutrinário do Autor "Amicus Curiae: um instituto democrático" (Brasília: *Revista de Informação Legislativa, n. 153, ano 39.* São Paulo: *RePro, n. 106, ano 27.* Belo Horizonte: *Revista da Faculdade de Direito Milton Campos, v. 8. Doutrinas Essenciais – Teoria Geral do Processo II – 100 Anos – v. III* – Organizadores: Luiz Rodrigues Wambier e Teresa Arruda Wambier – São Paulo: Revista dos Tribunais, 2011). No caso *Edwards v. Aguillard,* apresentaram "*briefs*" como *amici curiae: Catholic League for Religious and Civil Rights, Christian Legal Society, Concerned Women for America, Rabbinical Alliance, Reverend Bill McLean* etc.

167 O livro *Darwin's enigma – fossils and other problems*, de Luther D. Sunderland, é constantemente invocado nas discussões envolvendo "criacionismo *versus* evolucionismo".

Estado e outros) sustentaram que, ao contrário do que diziam os apelados, a lei tinha o propósito de legitimar interesse secular, ou seja, de secundar a "liberdade de ensino". O tribunal de apelação, porém, ao negar provimento ao recurso, afirmou que a lei questionada favorecia "uma determinada crença religiosa" (*a particular religious belief*), violando, desse modo, a *Establishment Clause.* Na Suprema Corte, Brennan falou pela maioria. Com ele, votaram Marshall, Blackmun, Powell, Stevens e O´Connor. Vencidos os *justices* Scalia e Rehnquist.

Brennan, em seu voto, disse que a *Establishment Clause* protegia a liberdade individual de consciência na "escolha de uma, ou (então) de nenhuma fé religiosa" (*to select any religious faith or none at all*). A lei do Estado de Louisiana, sob a capa de *academic freedom*, não atingia tal propósito:

> *O objetivo de tornar o currículo científico mais abrangente não é atingido nem pela proscrição do ensino da evolução, nem pela exigência do ensino da ciência criacionista.*[168]

Examinemos, agora, a cláusula do "livre exercício religioso". Existe um caso relevante, que por sinal subiu à Suprema Corte dos Estados Unidos por duas vezes, sendo revogado, alguns anos depois, por lei federal. Refiro-me a *Employment Division v. Smith, 494 U. S., 872 (1990).* A questão estava em se saber até que ponto o exercício de uma religião é compatível com a lei que capitula como crime a utilização de alucinógeno em ritos religiosos. Dois empregados (um deles, Smith, era índio) foram dispensados

---

[168] Tradução livre. No original: *The goal of providing a more comprehensive science curriculum is not furthered either by outlawing the teaching of evolution or by requiring the teaching of creation science.*

de uma organização antidroga ao fundamento de que, sob a aparência de exercício religioso (*Native American Church*[169]), estavam, na realidade, consumindo peiote. Não tiveram, com a dispensa do emprego, assegurados seus benefícios trabalhistas. A legislação do Estado de Oregon, como a de muitas outras unidades federadas, tipificava como crime possuir, usar ou transportar substâncias alucinógenas.[170] Por maioria (seis a três), a Suprema Corte decidiu que a lei estadual não violava a *Free Exercise Clause*. O *justice* Scalia, que falou pela Corte, lembrou que a lei estadual tinha caráter geral. Apanhava todos, indistintamente. Se assim não se entendesse – retrucou –, o pagamento de tributos, a vacinação obrigatória, a prestação de serviço militar etc. poderiam ser declinados por razões religiosas.

Em 1994, o Congresso alterou lei anterior (*American Indian Religious Freedom Act*). Em seu § 4.º, faz alusão ao julgamento *Employment Division*, que teria lançado "incerteza jurídica" na aplicação da Cláusula de Livre Exercício Religioso. O objetivo do novo provimento legal era acabar com a diversidade das legislações estaduais: "a falta de proteção legal adequada e clara para o uso religioso do peiote por índios pode servir para estigmatizar e marginalizar as tribos e culturas indígenas".[171]

---

169 A *Native American Church*, ao que tudo indica, surgiu no Estado de Oklahoma. Tem raízes na tradição indígena: uso de peiote em rituais religiosos. (Disponível em: http://en.wikipedia.org/wiki/native-American-Church. Acesso em: 28.05.2009).

170 BRASIL. A Lei n. 11.343 – Lei de Entorpecentes – tipifica como ilícito penal o consumo de substância entorpecente, mesmo para uso próprio (art. 28).

171 *Public Law 103-344 (H.R.4230)*. BRASIL. No Brasil, a denominada "Igreja do Santo-Daime" utiliza ayahuasca (*mariri*) em seus rituais.

A Emenda n. 1, como já se falou rapidamente, também contempla a liberdade de expressão e pensamento, inclusive da imprensa e pela imprensa.[172] A Emenda, é certo, não menciona expressamente *freedom of association.*[173] Mas, de qualquer sorte, a liberdade de associação se acha implícita, como se decidiu em *NAACP v. Alabama ex rel. Patterson, 357 U.S. 449 (1958).*[174]

A doutrina e os tribunais, de um modo geral, entendem que existem duas cláusulas distintas de proteção a essa liberdade fundamental: uma, referente à liberdade de fala (*freedom of speech*), e, a outra, à liberdade de imprensa (*liberty of the press*). Englobadamente, pode-se falar em "liberdade de expressão". É oportuno lembrar, desde já, que talvez não haja dispositivo constitucional que tenha dado azo a tanta controvérsia quanto às denominadas *Free Speech and Free Press Clauses.* Pode-se mesmo dizer que

---

[172] A primeira atitude de Hitler (1889-1945) no dia seguinte ao incêndio do Reichtstag (27.02.1933) foi baixar um decreto vedando a liberdade de imprensa. Era o fim da República de Weimar (cf. HOBSBAWN, Eric. *Tempos interessantes: uma vida no século XX.* Trad. S. Duarte. São Paulo: Companhia das Letras, 2002, p. 93).

[173] BRASIL. A Carta brasileira de 1824 também não contemplava a liberdade de associação. A Constituição republicana de 1891, porém, foi expressa no § 8.º do art. 72: "A todos é lícito associarem-se e reunirem-se livremente sem armas; não podendo intervir a polícia, senão para manter a ordem pública". Observa BARBALHO que mesmo à época do Império sempre se reconheceu a liberdade de associação como um "desdobramento da liberdade individual" (BARBALHO, João. *Constituição federal brazileira. Commentarios.* Rio de Janeiro: Typographia da Companhia Litho Typographica em Sapopemba, 1902, p. 315). A Constituição vigente (1988) separa a "liberdade de reunião" (item XVI) da "liberdade de associação" (item XVII), dispondo, no último caso: "é plena a liberdade de associação para fins lícitos, vedada a de caráter paramilitar".

[174] TRIBE, *American constitutional...*, ob. cit., p. 785, note 1.

a Suprema Corte até hoje não logrou desenvolver uma tese compreensiva, segura, dessas cláusulas. Um exemplo eloquente começa com a interpretação da Lei da Espionagem de 1917 (*Espionage Act*). Essa lei, que criminalizava quem concitasse ou tentasse concitar os jovens a não se alistarem para a guerra, sofreu, ao longo dos anos, interpretações conflitantes. Desde os tempos áureos de John Marshall que se falava, ainda que extrajudicialmente, que a liberdade de expressão não era indiscriminada. A Emenda n. 1 garantia a liberdade de fala, não seu conteúdo em si.[175]

Logo após o término da Primeira Guerra Mundial, o *justice* Oliver Wendell Holmes (1841-1935), "por certo a mente juridicamente mais atilada que jamais teve assento na Suprema Corte",[176] defendeu a aplicação do critério *Clear and Present Danger*: se nas circunstâncias fáticas o grupo social corresse "um insofismável e iminente perigo", a liberdade de expressão não poderia ser sustentada, ainda que pudesse ser invocada. Esse entendimento está em *Schenck v. United States, 249 U.S. 47, 51-52 (1919)* e em *Debs v. United States, 249 U.S. 211(1919)*.

No caso *Schenck*, Holmes disse:

> *Nós admitimos que em muitos lugares e em épocas normais* (o caso judicial girava em torno de lançamento de panfletos e circulares concitando ao não alistamento para a guerra) *os réus ao dizer tudo aquilo que foi falado na circular estaria em seus direitos constitucionais. Todavia, o caráter de cada ato depende das circunstâncias nas quais ele foi feito. A*

---

175 Cf. FALLON JR., Richard H. *The dynamic constitution – an introduction to American constitutional law*. Cambridge: Cambridge University Press, 2004, p. 35.

176 *Ibidem*, p. 38.

> *mais rigorosa proteção da liberdade de fala não protegeria um homem de, falsamente, gritar "fogo" no teatro e causar pânico... A questão em cada caso está (em saber) se as palavras usadas o foram de tal modo a criar um perigo claro e iminente* (a clear and present danger), *o qual causará males efetivos que o Congresso tem o direito de evitar.*

Mais tarde, Holmes, agora vencido, mudou de tom e desenvolveu, com base na teoria econômica de John Stuart Mill (1806-1873), outro critério para proteger ainda mais a liberdade de se criticar o governo, afastando a incidência da *Espionage Act*: nasceu o famoso critério *Marketplace of Ideas.*[177] Para a genuína democracia, nada melhor do que permitir que cada um expusesse e defendesse seu ponto de vista de modo livre e aberto, como se faz em uma feira. Louis Brandeis (1856-1941), que ficou na Corte de 1919 a 1939, fez parelha com Holmes. No caso *Abrams v. United States, 250 U.S. 616 (1919)*, ambos os juízes ficaram vencidos. Jacob Abrams e outros, que atiraram panfletos em Nova York açulando greves em fábricas de material bélico, foram condenados a vinte anos de prisão.

Anos depois, já na Corte Warren, William Brennan sustentou:

> *que o direito a discussão pública da gestão de agentes públicos (...) (é) o princípio fundamental da forma de governo americano... (o registro histórico) reflete um amplo consenso de que a Lei (*Sedition Act*), por causa da restrição que ela impõe à crítica ao governo e agentes públicos, era inconsistente com a Primeira Emenda.*[178]

---

[177] LEWIS (ob. cit., p. 46) diz que ainda continua um "mistério" essa guinada de Holmes.

[178] *Sullivan v. United States, 395 U. S. 275, 276 (1969).*

Em *United States v. O'Brien, 391 U.S. 367 (1968)*, a Suprema Corte manteve a condenação de O'Brien que, nas escadarias de um tribunal, destruiu publicamente seu cartão de identificação militar, protestando contra a Guerra do Vietnã. A maioria da Corte acompanhou o *chief* Warren: o Congresso tinha "interesse fundamental" em ordenar o recrutamento militar. O provimento legislativo não foi feito – como argumentou a defesa – para cercear a liberdade de expressão. A cláusula *freedom of speech* não ficou arranhada. David O'Brien dispunha de outros meios de expressão. O *justice* Douglas (1898-1980), o único que dissentiu, sustentou que a lei impugnada (*Universal Military Training and Service Act*) só era válida no caso de guerra *legalmente* declarada pelo Congresso. Não era o caso do conflito armado com o Vietnã. Questionou, mais, a constitucionalidade de recrutamento militar sem guerra oficialmente proclamada.[179] Um ano depois foi julgado *Tinker v. Des Moines Independent Community School District, 393 U.S. 503 (1969)*. Três secundaristas, todos menores de dezesseis anos, apareceram em sala de aula com braçadeiras negras: protesto contra a Guerra do Vietnã. Foram suspensos do estabelecimento de ensino. Por sete a dois, a Suprema Corte afirmou que a Emenda n. 1 era aplicável a estabelecimento de ensino. Os estudantes tinham o legítimo direito de protestar, pois no caso concreto não

---

179 Hannah ARENDT, em *Crisis of the republic*, no capítulo relativo à desobediência civil, critica a atitude absenteísta da Suprema Corte no que tange à Guerra do Vietnã – guerra não legalmente declarada. A Corte, no lugar de julgar inconstitucional a guerra, preferiu acomodar-se, dizendo que se tratava de "questão política", defesa ao Judiciário (*Crises da república*. 2. ed. Trad. de José Volkmann. São Paulo: Editora Perspectiva S.A., 2004, p. 54).

havia dano em potencial. Não existia distúrbio da disciplina escolar.

Muitas vezes, a solução de um caso concreto qualquer de *liberdade de expressão*, em virtude da dificuldade da aplicação da Emenda n. 1, acaba por forçar uma "escolha", ainda que não seja a ideal. Foi o que se deu em 1978 no conhecido caso *National Socialist Party v. Village of Skokie, 434 U.S. 1327 (1977)*: neonazistas do Partido Nacional-Socialista da América comunicaram à polícia de Skokie, "cidade" nas cercanias de Chicago, que no dia primeiro de maio de 1977 iriam desfilar diante da prefeitura com suas fardas marrons e braçadeiras com a suástica. Ocorre que mais de cinquenta por cento da população de Skokie (70.000 habitantes) eram de judeus, muitos deles com passagem por campos de concentração. Diante da ameaça de uma contramarcha de judeus (de doze a quinze mil, segundo foi anunciado), o executivo local conseguiu uma medida judicial preventiva impedindo a marcha dos nazistas. Formalmente ficou ferido o direito de expressão. A marcha acabou por se realizar, só que apagadamente, em outro local e em outra data: em um parque público de Chicago.

A dificuldade do enquadramento constitucional dos conflitos de interesses continuam. Em 21 de junho de 2010, a Suprema Corte decidiu caso expressivo e atualíssimo, embora tenha sido desencadeado há mais de uma dezena de anos antes por um médico, um pacifista[180] e meia dúzia de entidades domésticas: a constitucionalidade de apoio didático ou técnico a organizações estrangeiras consideradas por órgão do poder executivo, encarregado

---

[180] Cf. LIPTAK, Adam. Justices uphold a ban on aiding terror groups. *The New York Times, June 22, 2010.*

de preencher norma penal em branco, como "organização terrorista". Nessa decisão recente, o caso *O'Brien* foi invocado. Trata-se de *Holder, Attorney General, et al. v. Humanitarian Law Project et al., 561 U.S.---2010*, "relatado" pelo *chief justice* da Suprema Corte. O art. 18 do Código Penal Federal (*U. S. Code*), em seu § 2339B, descreve tipos penais abertos de "apoio material" (*material support*) a organismo estrangeiro, rotulado "terrorista" pelo *Department of State*. Quatro são as modalidades de tipos abertos que incriminam o "suporte material" à organização terrorista estrangeira: "treinamento", "assistência ou aconselhamento técnico", "serviço" ou "pessoal". Em preliminar, a Corte reconheceu que a ação era *justiciable*, isto é, oferecia condições de ser examinada *in concreto* pelo Judiciário, segundo a moldura constitucional do Art. III. Os seus autores, efetivamente, corriam risco potencial de serem processados caso prestassem aconselhamento ou assistência técnica para que membros do PKK (Partido Curdo da Turquia) ou do LTTE (Facção tâmil do Sri Lanka) efetivassem, ainda que pacificamente, seus objetivos políticos separatistas. Desse modo, "aconselhamento jurídico em direito internacional", bem como o manejo de "petições à ONU" para as duas organizações separatistas internacionais eram considerados *material support* para os fins do § 2339B, do art. 18, do Código da União.

Voltemos à proposta histórica de Madison para as *Speech and Press Clauses* (junho de 1789): "O povo não será privado ou terá diminuído seu direito de falar, de escrever ou de publicar suas opiniões; e a liberdade de imprensa, como um dos maiores bastiões da liberdade, será inviolável".[181] A Comissão Especial alterou e ampliou[182] a proposta. No Senado, a proposta foi novamente revirada: "O Congresso não fará lei diminuindo a liberdade de fala, ou de imprensa, ou o direito de o povo se reunir pacificamente e deliberar sobre seus interesses comuns, e requerer ao governo indenização por gravames".[183]

Os Anais do Congresso (n. 434) mostram a anotação de Madison:

> *A liberdade de imprensa é, na verdade, essencial à natureza do Estado, mas isso consiste em não impor restrição prévia às publicações, e não na liberdade de censura em matéria criminal quando publicada. Todo homem tem o indubitável direito de expressar publicamente o que lhe aprouver; proibir isso, seria destruir a liberdade de imprensa; mas, se ele publica o que é impróprio, malévolo ou ilegal, deve arcar com as consequências de sua própria temeridade.*

A despeito da consagração pela Emenda n. 1 da liberdade de imprensa, em 14 de julho de 1798 o Congresso aprovou a *Sedition Act,* que tipificava como *public crime*, apenado com multa e prisão, quem, oralmente ou por escrito, difamasse os Estados Unidos, a Câmara dos Deputados, o Senado, o Presidente, bem como instilasse

---

181 *The people shall not be deprived or abridged of their right to speak, to write or to publish their sentiments; and the freedom of the press, as one of the great bulwarks of liberty, shall be inviolabl*e (*Annals of Congress*).

182 *The freedom of speech and of the press, and the right of the people peaceably to assemble and consult for their common good, and to apply to the Government for redress of grievances, shall not be infringed.*

183 *That Congress shall make no law abridging the freedom of speech, or of the press, or the right of the people peaceably to assemble and consult for their common good, and to petition the government for a redress of grievances.*

insurreição, desobediência a leis, se acumpliciasse para favorecer nações estrangeiras contra os Estados Unidos etc.[184] Madison considerou esse diploma ofensivo à Emenda n. 1.

Na verdade, o tipo penal da *Sedition Act* era muito abrangente.[185] A lei, ainda que não tenha logrado aprovação popular, foi aplicada por juízes federais.[186] Adams e seus "federalistas"[187] se utilizaram à larga dessa legislação para perseguir seus desafetos. Thomas Jefferson, depois, deu o troco político, anistiando os condenados.[188]

À evidência, as cláusulas relativas à liberdade de expressão são uma reação à censura imposta pela metrópole aos colonos. Nos séculos XVI e XVII, o direito de controlar a publicação de livros na Inglaterra pertencia à Coroa, que, sob circunstâncias especiais, podia delegá-lo à guilda dos *stationers* londrinos, formada por noventa e sete tipógrafos. As infrações pertinentes eram julgadas pelo

---

184 *(...) false, scandalous, and malicious writing or writings against the government of the United States, or either house of the Congress of the United States, or the President of the United States, with intent to defame (...) or to bring them (...) into contempt or disrepute (...) or to excite against them (...).* (Disponível em: http://caselaw.lp.findlaw.com/data/constitution/amendment01/06.html. Acesso em: 18.09.2007).

185 Para ver o texto na íntegra, consulte COMMAGER, Henry S. (Ed.), ob. cit., p. 177f.

186 Cf. WILLOUGBHY, Westel W. *Principles of the constitutional law of the United States.* New York: Baker, Voorhis & Co., 1938, p. 492.

187 Os "federalistas" eram os partidários da Constituição tal como foi redigida; os "antifederalistas", os que se opunham à sua ratificação incondicional (cf. SCHWARTZ, Bernard. *The bill of rights: a documentary history.* New York: Chelsea House Publishers, in association with Hill Book Company, 1971, v. I, p. 443).

188 Cf. CHEMERINSKY, ob. cit., p. 750.

Star Chamber,[189] sem a participação de júri popular. Com o tempo, o *Star Chamber* também permitiu às universidades a impressão de livros.[190]

Não se pode falar em "liberdade de imprensa", e muito menos em "Emenda n. 1", sem se tocar, ainda que de leve, na *Areopagítica*. O poeta John Milton, que foi ministro de Oliver Cromwell, publicou um panfleto intitulado *Areopagitica – Speech for the Liberty of Unlicenc'd Printing, to the Parlament of England* (ortografia da época). Em sua publicação, John Milton atacava um provimento do Parlamento (*Licensing Order*, de 1643), o qual dispunha que "nenhum livro, panfleto, ou escrito seja, de agora em diante, impresso sem ser previamente aprovado e licenciado por tais (pessoas credenciadas)".[191] No fundo, o objetivo de Milton tinha conotação pessoal e política. Pessoal, porque ele havia publicado naquele mesmo ano de 1643 seu polêmico *Doctrine and Discipline of Divorce*. Político, porque temia, como puritano, que a supremacia dos presbiterianos no Parlamento esmagasse as minorias religiosas. O título do panfleto é alusivo ao *Areopagítico* de Isócrates. Isócrates (436-338 a.C.) advogava uma reforma constitu-

---

189 O nome "Star Chamber", como já se falou alhures, advém de estrelas pintadas ou incrustadas no teto da sala de julgamento do tribunal. O *Star Chamber*, sob a presidência (*chancellorship*) de Thomas Wolsey (1471-1530), alcançou grande projeção, opondo-se aos tribunais do *common law*. Tornou-se um tribunal arbitrário. Aplicava multas altas, ordenando prisões, determinando mutilações, marca com ferrete, chibatadas e colocação no pelourinho. O *Star Chamber* foi extinto pelo Longo Parlamento, em 1641 (cf. *Encyclopaedia Britannica CD – 1999* – Standard Edition).

190 DICEY, A. V. *Introduction to the study of the law of the constitution*. 9. ed. London: MacMillan and Co., Limited, 1952, p. 260.

191 *that no book, pamphlet, or paper shall be henceforth printed, unless the same be first approv'd and licenc't by such*.

cional que restabelecesse a democracia,[192] como nos bons tempos de Sólon e Clístenes (565-492 a.C.), sem demagogia e irresponsabilidade como a gerada pelos Trinta Tiranos.[193] Queria um areópago forte e vigilante dos costumes corrompidos.[194]

Se o discurso de Milton politicamente não teve maior repercussão no Parlamento,[195] o mesmo não se pode dizer quanto à sua ressonância, muitos anos depois, entre os constituintes americanos de 1789, e mesmo entre pensadores franceses, como Mirabeau (*Sur la Liberté de la Press*). Milton somente se rebelara contra a censura prévia. Admitia, porém, punição *a posteriori,* de acordo com a lei. Dizia que os "livros não são coisas absolutamente mortas; contêm uma espécie de vida em potencial, tão prolífica quanto a da alma que os engendrou." (*For Books are not absolutely dead things, but doe contain a potencie of life in them to be as active as that soule was whose progeny they are*). Reconhecia a importância para a igreja e para o Estado (*Commonwealth*)

---

192 FUKUYAMA prefere falar em "republicanismo clássico" no lugar de "democracia" quando se refere aos Estados gregos antigos: pouca gente votava ou participava da formação política (cf. FUKUYAMA, Francis. *As origens da ordem política...* , ob. cit., p. 35).

193 Após o fim da Guerra do Peloponeso, que durou vinte e sete anos, os espartanos, ao invés de arrasar a cidade de Atenas, como exigiam seus aliados de Corinto, selecionaram trinta colaboradores atenienses para governar seu povo com mão de ferro. Os novos governantes ficaram conhecidos como os "Trinta Tiranos" (cf. MARTIN, Thomas R. *Ancient Greece: from prehistoric to Hellenistic times.* New Haven: Yale University Press, 1996, p. 162).

194 Cf. JAEGER, ob. cit., p. 785 e seg.

195 Cf. FORTUNA, Felipe *in* Prefácio para a tradução de *Areopagitica: discurso pela liberdade de imprensa ao parlamento da Inglaterra.* Trad. Raul de Sá Barbosa. Rio de Janeiro: Topbooks Editora e Distribuidora de Livros Ltda., 1999.

em manter "um olhar vigilante tanto sobre o comportamento dos livros quanto dos homens", podendo "confiná-los, encarcerá-los e submetê-los à mais rigorosa justiça como malfeitores".[196]

Em 1695, portanto bem mais cedo do que no Brasil,[197] os colonos norte-americanos conseguiram sacudir o jugo da "licença prévia", que tinha sido abolida na Inglaterra no reinado de Guilherme III (1650-1702), mas ainda campeava nas colônias da América.[198] O primeiro jornal

---

196 MILTON, John. *Areopagítica – discurso pela liberdade de imprensa ao Parlamento da Inglaterra.* Trad. de Raul de Sá Barbosa. Rio de Janeiro: Topbooks, 1999, p. 61.

197 BRASIL. João ARMITAGE (*História do Brasil.* 3. ed. Brasileira. Rio de Janeiro: Zelio Valverde, 1943, p. 29) observa que "(n)ão havia em todo o Brasil uma só tipografia, uma só Universidade. Durante todo o governo do conde Rezende, desde 1790 até 1801, tentou-se o estabelecimento de uma Academia Literária no Rio de Janeiro, porém os seus membros foram alvo de tanta perseguição, que se viram na necessidade de dissolver essa associação logo no seu começo". No primeiro Reinado e na Regência Trina, o número de pasquins aumentou assustadoramente. Octavio Tarquinio de SOUSA (1889-1959) diz que em princípios de 1832 havia cerca de cinquenta jornais no Brasil (*História dos fundadores do império do Brasil – Evaristo da Veiga,* v. VI, 1957, p. 114 e 123). Luiz EDMUNDO averba que na época do conde de Bobadela só existia uma tipografia no Rio de Janeiro, que foi destruída por ordem do marquês de Pombal (*O Rio de Janeiro no tempo dos vice-reis.* Belo Horizonte: Editora Itatiaia, 2000, p. 142). Felisbelo FREIRE (*História constitucional da república dos Estados Unidos do Brasil*: Brasília: Universidade de Brasília, 1983, p. 178) fala que no final de 1808 existia um único jornal no país: a Gazeta do Rio de Janeiro.

198 É certo que STORY observa que na Inglaterra o "poder de censurar está adormecido, (e) não morto". Os diversos *bills of rights* ingleses não contemplam ou fazem referência à vedação da possibilidade de censura (cf. ob. cit., v. III, p. 735). DICEY (ob. cit., p. 261) nota que, em 1695, a Câmara dos Comuns, que havia recusado a revigorar a Lei de 1662 (*Licensing Act*), não tinha consciência da importância do ato que estava fazendo.

publicado na América inglesa data de 1690. Logo após seu primeiro número, foi empastelado.[199]

Paralelamente, não se pode deixar de falar, ainda que pouco, sobre a censura em Portugal e no Brasil. Portugal e suas colônias ficaram marcados pela censura. Primeiramente, censura da Igreja; depois, censura concomitante da Igreja e do Estado. A atividade censória lusa principia com dom Fernando (1345-1383), que solicitou ao papa Gregório XI (1329-1378) para institucionalizá-la em seu reino. No governo de dom Sebastião (1554-1578), um provimento de 1571 confiscava bens daquele que fosse pilhado com livro indexado. A pena podia ser exacerbada: degredo no Brasil ou mesmo a perda da vida. Com o correr do tempo, além da censura imposta pelo Santo Ofício e pelos bispos (*Censura do Ordinário da Diocese*), o Estado passou a utilizar-se do *Desembargo do Paço*. Se no princípio a censura se limitava quase que exclusivamente ao teatro, que era o grande veículo de comunicação numa sociedade de iletrados, alcançou, com o tempo e o progresso das comunicações, os livros, os jornais, e, mais recentemente, o rádio, a televisão e a Internet. No governo do marquês de Pombal (1750 a 1777), o foco censório mudou do religioso para o político. Foi criada a *Real Mesa Censória*, que muito atravancou a cultura brasileira. Com a abolição do tribunal do Santo Ofício (1821), veio a Carta Política de 1822, que estabeleceu a "livre comunicação de pensamento" (art. 7º). Sua duração foi efêmera: um ano depois, com a *Vilafrancada*, a censura prévia foi restabelecida. A Carta de 1826 (art. 145º) vedou a censura prévia, embora tenha deixado por conta da legislação infraconstitucional

---

[199] POUND, ob. cit., p. 69.

estabelecer o processo de responsabilidade por abuso. No período republicano, a "rolha" apresentou altos e baixos. A Constituição de 1933 não deixou de ser ambígua no tocante à liberdade de expressão. Se no art. 8º, 4, garantiu a "liberdade de pensamento sob qualquer forma", no item 20 deixou a cargo de lei especial regulamentar o "exercício de liberdade de pensamento". Famoso se tornou o "lápis azul" dos censores estados-novistas. Os livros, que já não mais se achavam adstritos à censura prévia, podiam ser confiscados após a publicação. Hoje, a Constituição de 1976, atenta aos mais de quatrocentos anos de mordaça e autoritarismo, é peremptória: no art. 37º, garante a "liberdade de expressão e informação" e, no art. 38º, a "liberdade de imprensa e meios de comunicação social".[200]

Como em Portugal, a censura da liberdade de expressão no Brasil tornou-se uma regra crônica.[201] A história de nossa imprensa não começa aqui. Começa em Londres, no ano de 1808, com o *Correio Braziliense.* Nesse mesmo ano, em setembro, dom João VI (1767-1826) lança seu jornal oficial: *Gazeta do Rio de Janeiro.*[202] Em 1821, os ventos liberais da Cidade do Porto atingiram as terras brasileiras. Dezenas de jornais e pasquins passaram a circular. Qualquer pessoa, mesmo com pouco dinheiro, tinha como

---

200 A "liberdade de expressão", ainda que intimamente ligada à "liberdade de comunicação social", com ela não se confunde. É mais ampla (cf. MIRANDA, Jorge. *Manual de direito constitucional.* Coimbra: Coimbra Editora, 1988, t. IV, p. 374).

201 Cf. RESENDE, Lino Geraldo. *A censura contra a cidadania: o caso do Brasil.* (Disponível em: http://www.bocc.uff.br/pag/resende. Acesso em: 24.06.2010).

202 Disponível em: http://pt.wikipedia.org/wiki/Gazeta_do_Rio_de_Janeiro. Acesso em: 24.06.2010.

fazer seu jornal e publicar seus panfletos. Muitos deles com vida curta. Alguns morriam no primeiro número. O visconde de Cairu (1756-1835), contumaz defensor da censura, funda, em 1º de março, o *Conciliador do Reino.*[203] No plano constitucional, a Carta de dom Pedro I (1824) suprimiu a censura prévia (art. 179, IV), mas deixou para a legislação infraconstitucional (*...pela forma da lei*) a coibição dos abusos. Por outras palavras: permitia, mas ameaçava. A Constituição republicana de 1891 trilhou o mesmo caminho (art. 72, 12). Trouxe, todavia, uma novidade: a proibição do anonimato, que continua até hoje. Durante a primeira República (1889 a 1930), a liberdade de expressão sofreu grandes hiatos. Com a Revolução de 1930, o Estado Novo de Getúlio Vargas passou a controlar a imprensa, o teatro, o rádio e a censurar a publicação de livros. As amostras violentas se fizeram bem à maneira das tropas da *Sturmabteilung*: na madrugada de 26 de fevereiro de 1932, cerca de cento e oitenta soldados, fortemente armados, pararam seus caminhões na praça Tiradentes, no Rio de Janeiro. Em seguida, metralharam a sede do jornal *Diário Carioca*, de José Eduardo de Macedo Soares (1882-1967), que em edição anterior falava do fracasso do regime de Vargas, que se apoiava em homens incompetentes.[204] Restaurada a democracia, a Constituição de

---

203 Gonçalves Ledo (1781-1847) e Januário da Cunha Barbosa (1780-1846), ainda em 1821, fundaram o *Revérbero Constitucional Fluminense*. Nos anos que se seguiram, foram fundados novos jornais, como *O Malagueta* (Luiz Augusto May), a *Sentinela da Liberdade* (Cipriano Barata), *O Tífis Pernambucano* (Frei Caneca), *O Tamoyo* (irmãos Andradas), o *Diário de Pernambuco* (Miranda Falcão), *A Aurora Fluminense* (Evaristo da Veiga), o *Jornal do Commercio* (Pierre Plancher) e muitos outros.

204 LIRA NETO. *Getúlio: 1930-1945. Do governo provisório à ditadura do estado novo.* Companhia das Letras – Edição *e-book*.

1946 (art. 141, § 5º) manteve a proibição do anonimato e vedou a censura, "salvo quanto a espetáculos e diversões públicas... na forma que a lei preceituar". No último período militar (1964-1985), os meios de comunicações passaram por cabrestilho, ora mais arrochado (Médici, Costa e Silva), ora menos (Figueiredo). Quando da publicação do Ato Adicional n. 5, em 13 de dezembro de 1968, diversos jornais foram ocupados por militares. Alguns, de modo permanente. Começa a fase dos "bilhetinhos", dizendo *o que não se podia divulgar.* O jornal *O Estado de São Paulo*, por exemplo, que havia publicado matéria protestando contra o AI-5, teve toda sua edição confiscada. Daí para frente, optou por publicar versos de Camões no lugar dos trechos censurados... A censura atingiu também o rádio, as letras de canções, os espetáculos públicos, a televisão, o cinema.[205] Algumas empresas jornalísticas simplesmente faliram, uma vez que deixaram de receber verba de anúncios e propagandas que provinham de órgãos governamentais ou de "patrocinadores pressionados". Os meios de comunicação entram, então, na fase da propaganda governamental chauvinista. É a Copa Mundial de Futebol, o Milagre Econômico Brasileiro... O slogan *Brasil, ame-o ou deixe-o*, funcionava como advertência.

Voltemos à Emenda n. 1, que anuncia enfaticamente: *Congress shall make no law respecting* (...) *the freedom of speech, or of the press* (...).

---

[205] O Decreto-lei n. 1.077/1970 (Médici), em seu art. 2º, encarregou o Ministério da Justiça, por intermédio da Polícia Federal, de fazer a censura a tudo que fosse ofensivo "à moral e aos bons costumes". A censura atingia não só a publicação escrita, inclusive aquela vinda de outros países, mas também as letras de músicas, os espetáculos públicos de rádio e televisão. O ministro da Justiça (Armando Falcão) baixou a famigerada Portaria n. 427.

Na época dos constituintes da Filadélfia, tranquilas eram a doutrina e a jurisprudência britânica no sentido de que a imprensa tinha liberdade para publicar o que bem entendesse, embora pudesse responder, depois, civil e penalmente, por notícias inverídicas, infundadas ou difamantes. Então, todos tinham bem gravado na mente as palavras do mestre Blackstone[206] em seus *Commentaries on the Law of England*: "(a) liberdade de imprensa consiste em não impor restrições prévias em publicações, e não em se livrar de censura em matéria penal, quando publicada".[207] O professor Zechariah Chafee Jr. (1885-1957), da Universidade de Harvard, a propósito da *Blackstonian theory*, observa que, por diversas razões, ela não poderia ser aceita na América: primeiramente, Blackstone não estava interpretando a Constituição americana, mas falando sobre o direito inglês de sua época, quando não havia censura ou mesmo processos penais decorrentes de abuso. Em segundo lugar, Blackstone sustentara a imposição tributária contra os colonos ingleses na América e fora rotulado por seus próprios colegas como um "advogado antirrepublicano" (*an anti-republican lawyer*).[208] Ainda hoje, a *libel law* (Lei da Sedição) inglesa é bem mais restritiva de liberdade do que o atual direito norte-americano, como

---

[206] O livro *Commentaries on the Laws of England* foi publicado entre 1765 e 1769. Acredita-se que cerca de mil exemplares chegaram aos Estados Unidos antes da edição americana, que se deu entre 1771/1772 (cf. GILMORE, Grant. *As eras do direito americano.* Trad. A. B. Pinheiro de Lemos. Rio de Janeiro: Forense-Universitária, 1978, p. 130).

[207] *(t)he liberty of the press consists in laying no 'previous' restrains upon publications, and not in freedom from censure for criminal matter when published (...)* (cf. CHEMERINSKY, ob. cit., p. 748).

[208] CHAFEE JR., Zechariah. *Free speech in the United States.* Cambridge, Massachusetts: Oxford University Press, 1942, p. 9.

se verá com mais vagar no caso *New York Times Co. v. Sullivan*. O objetivo da lei inglesa de indenização por calúnia ou difamação pela imprensa protege mais o indivíduo do que o direito de ampla divulgação pela imprensa.[209]

Antes de abordamos o importantíssimo caso *New York Times Co. v. Sullivan*, vamos dar notícia de um precedente de 1931, da Corte Hughes (1930 a 1941), que entendeu que a cláusula *due process*, da Emenda n. 14, "absorvia" determinadas proteções clausuladas na Emenda n. 1, como a liberdade de imprensa (*Doutrina da Incorporação Seletiva*).[210] Trata-se de *Near v. Minnesota ex rel. Olson, 283 U.S. 697*. O jornal Saturday Press, de Minneapolis, publicou uma série de reportagens ligando a polícia a gângsteres locais. Os ofendidos conseguiram na justiça (estadual) uma *injunction* para que as publicações não mais saíssem sem censura prévia. Na Suprema Corte, a medida judicial foi considerada *an infringement of the liberty of the press guaranteed by the Fourteenth Amendment*. Pouco importava o conteúdo da matéria publicada pelo jornal, se verdadeiros ou não os fatos. O *chief justice* Hughes arrematou, dizendo que "mal maior resultaria se autoridades públicas (*officials*) pudessem determinar quais histórias deviam ser publicadas".[211]

A essa altura, já se pode considerar o caso *New York Times Co. v. Sullivan, 376 U.S. (1964)*, que "redefiniu" a liberdade da imprensa nos Estados Unidos e se tornou,

---

209 Ver o caso rumoroso de ação ajuizada pelo inglês David Irving contra a escritora americana Deborah Lipstadt a propósito de seu livro *Denying the Holocaust*, publicado em 1993.

210 Cf. KILLIAN, ob. cit., p. 955.

211 Anthony LEWIS frisa que "*Near vs. Minnesota* foi e continua a ser um baluarte da liberdade de imprensa americana" (ob. cit., p. 64).

inegavelmente, a *modern foundation of the American law of free speech.*[212] *New York Times Co. v. Sullivan* foi "relatado" pelo grande juiz William Brennan Jr.[213] Nesse marco judicial, discute-se até que ponto o órgão de divulgação de notícias ou ideias é responsável por aquilo que divulga. Até que ponto deve a direção do jornal ou revista responder pelos fatos noticiados, cuja veracidade não foi previamente verificada por ela. Entra em cena, então, a questão fática do *onus probandi*: toca à entidade noticiosa provar que não agiu dolosamente (*without malice*) ou negligentemente (*recklessly*)? Exige-se "dolo direto" (*actual malice*)[214] por parte da imprensa para que ela seja condenada no caso de ação judicial por ofensa à honra de autoridade pública (*libel suit*)? Até que ponto é viável, legalmente, limitar as ações propostas por servidores públicos contra jornais ou revistas se muitas dessas ações podem ter cunho puramente reparatório da honra e não visam a indenizações pecuniárias? A uma *libel law* estadual (no caso concreto, Alabama), poder-se-ia aplicar a Emenda n. 1?

---

212 DWORKIN, Ronald. *Freedom's law.* Cambridge, Massachusetts: Harvard University Press, 1996, p.196.

213 BRASIL. Em 19.02.2008, o Partido Democrático Trabalhista (PDT) ajuizou no Supremo Tribunal Federal uma Arguição de Descumprimento de Preceito Fundamental (ADPF), alegando a incompatibilidade da Lei de Imprensa (Lei n. 5.250/1967) com o novo ordenamento jurídico (1988) e com a Declaração Universal dos Direitos do Homem e do Cidadão. Na petição inicial, o autor juntou, na íntegra, o caso Sullivan. (Disponível em: http://www.stf.jus.br/portal/peticaoInicial/ PeticaoInicial.asp?base=ADPF&s1=130&processo=130. Acesso em: 15.05.2009). Por maioria, o STF julgou a arguição procedente em 30.04.2009.

214 Como no direito brasileiro, o direito americano distingue "dolo direto" (*actual malice* ou *malice in fact*) de "dolo eventual" (*malice in law*). A propósito, confira BLACK, ob. cit., p. 863. No tocante ao conceito de "dolo", ver Aníbal BRUNO. *Direito penal.* 3. ed. Rio: Forense, t. 2, 1967, p. 57 e seg.

A questão melindrosa da prova do "dolo direto" (*malice in fact* ou *actual malice*) já havia, evidentemente, sido ventilada em muitos outros processos que antecederam a *New York Times Co. v. Sullivan.*[215] Pois bem, ainda que possa ter havido, antes do caso em comento, votos esparsos sobre a importância de uma imprensa livre, somente com *New York Times Co. v. Sullivan* é que a Suprema Corte garantiu a proteção de uma imprensa, ainda que imprecisa quanto aos fatos divulgados, e mesmo "apressada" no relativo a notícias dadas. A possibilidade de indenizações polpudas por difamação ou calúnia não deixa de ser, no fundo, uma barreira para a atuação de uma imprensa livre. O receio de condenação judicial – mais civil do que mesmo penal – pode funcionar como "bloqueador" da crítica a órgãos públicos, nem sempre atuando no interesse da coletividade. Daí ter ficado registrado no voto de Brennan Jr. que "(...) o medo de indenização por danos (...) pode ser, inquestionavelmente, mais inibidor do que o medo de condenação sob uma lei penal".[216] A decisão *New York Times* foi tão importante, que livros sobre o assunto foram publicados.[217] Houve mesmo quem pusesse em xeque se a investigação de Watergate (1972) teria chegado a bom termo caso não existisse o precedente *New York Times.*[218]

---

215 *Charles Parker Co. v. Silver City Crystal Co., 142 Conn. 605, 618, 446 (1955); Phoenix Newspaper, Inc. v. Choisser, 82 Ariz. 271, 277, 278 (1957).*

216 *The fear of damage awards (...) may be markedly more inhibiting than the fear of prosecution under a criminal statute.*

217 Anthony LEWIS (1927-...), autor de *Gideon's Trumpet*, escreveu o livro *Make no law: The Sullivan case and the first amendment* (Random House).

218 DWORKIN, ob. cit., p. 195/6.

Brennan, ao começar seu voto, ciente da importância do precedente *in fieri*, admoestou:

> *(...) foi-nos solicitado, neste caso, determinar, pela primeira vez, até que ponto as proteções constitucionais de fala e de imprensa limitam o poder do Estado em conceder indenizações em ação por difamação aforada por um servidor público contra críticas de sua conduta funcional.*[219]

O caso julgado pode ser faticamente resumido: o New York Times de 29 de março de 1960 publicou matéria intitulada *Heed Their Rising Voices* (Prestai Atenção aos seus Clamores), que tinha por fim levantar fundos para a defesa do líder negro Martin Luther King Jr. (1929-1968), acusado de sonegação fiscal estadual. O jornal não teve muito cuidado na apuração dos fatos atribuídos à polícia local (Montgomery, Alabama). Por outro lado, a legislação do Alabama vedava ao servidor público utilizar-se diretamente de ação pedindo indenização por crimes contra sua honra (*libel action*). Antes da propositura da ação, o funcionário que se sentisse difamado ou caluniado deveria interpelar, por escrito, o órgão de imprensa que divulgara a notícia. No caso concreto, o comissário L. B. Sullivan interpelou o jornal, que não se retratou publicamente. Limitou-se a dirigir-lhe uma carta, afirmando que em nenhum momento a matéria publicada havia se referido ao interpelante. Sullivan (mais tarde parte passiva no *certiorari* admitido contra decisão da Suprema Corte do Alabama) julgou-se ofendido em sua honra, uma vez que ele estava na chefia de polícia da cidade de Montgo-

219 *We are required in this case to determine for the first time the extent to which the constitutional protections for speech and press limit a State's power to award damages in a libel action brought by a public official against critics of his official conduct.*

mery. Sentiu-se vilipendiado por notícia paga, publicada no periódico *New York Times*, contando uma série de fatos, muitos deles truncados e falsos, relativos a Luther King Jr. Alguns dados, não inteiramente verdadeiros, narravam truculência de policiais, tiroteio contra a casa do reverendo King, colocando em risco a vida dele e de seus familiares; a prisão de King, ao argumento de que ele estava incurso no "crime de vadiagem", e assim por diante.

A publicação não citava expressamente o nome do *Commissioner* Sullivan. Mas, Sullivan se sentiu maliciosamente nomeado no pronome "eles", muitas vezes citado e repetido. Assim, por exemplo, na frase "Eles prenderam o dr. King por sete vezes"... "Eles" aí significava – argumentou – "ele", Sullivan. Daí o ajuizamento de ação para reparação por difamação. O juiz presidente do júri (*Circuit Court of Montgomery County*), onde todos os jurados eram brancos, depois de ressaltar que fora a "raça anglo-saxônica" que trouxera a "justiça" para os Estados Unidos, fixou a indenização em quinhentos mil dólares. A sentença foi confirmada pela Suprema Corte do Alabama. Teve-se a notícia veiculada pelo periódico como "difamatória em si" (*libelous per se*), em que "a falsidade e o dolo são presumidos" (*falsity and malice are presumed*). Houve, por isso, "irresponsabilidade" do jornal, que dispunha de arquivos para apurar antecipadamente a veracidade dos diversos fatos veiculados em matéria paga. E o *New York Times* não se preocupou com isso, agindo temerariamente.

Não deixa de ser um truísmo, daí a reiteração: não existe democracia moderna sem imprensa livre. A Constituição brasileira de 1891, espelhada na Constituição da Filadélfia, dispôs (ortografia da época) em seu art. 72, § 12:

> *Em qualquer assumpto é livre a manifestação do pensamento pela imprensa ou pela tribuna, sem dependencia de censura, respondendo cada um pelos abusos que cometter, nos casos e pela forma que a lei determinar. Não é permitido o anonymato.*

Nosso Estatuto político de 1988, de modo mais sintético, fala que "é livre a manifestação de pensamento, sendo vedado o anonimato" (art. 5.º, IV).[220]

A liberdade de expressar o pensamento toma várias formas. A comunicação panfletária de dois séculos atrás foi substituída pela rapidez da Internet. Muitas vezes, um simples gesto significa mais do que um amontoado de palavras, muitas delas ofensivas.[221] Todos sabemos o significado trágico do "polegar para baixo" do césar no Coliseu ou a tradução fescenina do dedo médio em riste (Estados Unidos) ou a junção do polegar com o indicador (Brasil) em discussões nervosas de trânsito. Por tais motivos, a proteção da Emenda n. 1 não fica só na liberdade de palavra escrita ou falada.[222] Quantas e quantas vezes uma caricatura ou um mero cartum irreverente nos dá, em um

---

220 BRASIL. A Lei n. 5.250/1967 dispõe no *caput* do art. 1.º: "É livre a manifestação do pensamento e a procura, o recebimento e a difusão de informações ou ideias, por qualquer meio, e sem dependência de censura, respondendo cada um, nos termos da lei, pelos abusos que cometer". Como já se explicou em nota de rodapé mais acima, o STF julgou procedente a ADPF 130/DF, aforada pelo Partido Democrático Trabalhista. (Disponível em: http://www.stf.jus.br/portal/peticaoInicial/verPeticaoInicial.asp?base=ADPF&s1=130&processo=130. Acesso em: 15.05.2009).

221 Para protestar contra a Guerra do Vietnã, Paul Robert Cohen desfilou nos corredores de um tribunal de Los Angeles com os dizeres estampados em sua jaqueta: *Fuck the Draft!* (O Recrutamento que se Dane!). Foi condenado por "perturbação da paz pública". A Suprema Corte dos Estados Unidos, todavia, reverteu o julgamento com base na cláusula de liberdade de expressão [*Cohen v. California, 403 U.S. 15 (1971)*].

222 Cf. *Texas v. Johnson, 491 U. S. 397 (1989).*

átimo, o que um livro inteiro não consegue? Os exemplos são inúmeros. Assim, uma lei estadual norte-americana vedava expressamente que se colocasse em lugares públicos ou particulares símbolos da KKK (cruz em chamas) ou do nazismo (suástica). A Suprema Corte, ao julgar *R.A.V. v. City of St. Paul, 505 U. S. 377 (1992)*, considerou inconstitucional a restrição, reformando a decisão *a quo*, da Suprema Corte de Minnesota.

No Brasil dos séculos XVIII e XIX, como de resto em toda Europa, quando se queria dar apoio a acontecimento político, os habitantes de vilas ou cidades simplesmente iluminavam feericamente suas residências ou estendiam toalhas vistosas nos parapeitos das janelas.[223] Não havia apoio popular maior, ainda que sem palavras. Daí o próprio governo, em determinadas ocasiões, insistir para que a população prestigiasse dado fato ou data de seu interesse, iluminando suas casas ou lojas.[224]

Há casos curiosos de invocação da liberdade de expressão, como *Barnes v. Glen Theatre, Inc, 501 U. S. 560 (1991)*. Dançar nu em cabaré estaria protegido pela Emenda n. 1 como "liberdade de expressão corporal"? Em South Bend (Indiana), duas casas que exploravam tais modalidades de danças foram fechadas com base em lei estadual

---

223 Em 14.09.1830, quando chegou ao Rio notícia da queda do francês Carlos X, houve comemoração com a iluminação de casas em S. Paulo, Bahia, Pernambuco e Rio (cf. ARMITAGE, ob. cit., p. 281).

224 Em compensação, quando o povo queria mostrar profunda insatisfação com o governo, fazia o contrário. Na combalida República de Weimar, o Reichspräsident Ebert (1871-1925) ao visitar uma cidade viu uma série de lojas com cuecas e ceroulas expostas ostensivamente por comerciantes (cf. FRIEDRICH, Otto. *Antes do dilúvio: um retrato de Berlim nos anos 20*. Trad. Valéria Rodrigues. Rio de Janeiro: Record, 1997, p. 182).

que tipificava o ilícito penal como *indecent behavior*. Entendeu-se que dançar publicamente despido ou com simples tanga ou "fio dental" não estava protegido pela Emenda n. 1. Apenas na aparência a dança configurava liberdade de expressão. Um dos precedentes invocados foi *United States v. O'Brien, 391 U.S. 367 (1968)*. Evidentemente, tudo dependia do modo, lugar e finalidade da expressão corporal. Não era o que ocorria *in concreto*, quando o fim colimado era outro: libidinagem. Mais tarde, a mesma questão (dança erótica como liberdade de expressão) ressurgiu em *City of Erie v. Pap's A.M., 529 U.S. 277 (2000)*. Um provimento municipal (*ordinance*) vedava que se dançasse publicamente nu. Exigia, no mínimo, fosse usado "tapa-sexos" (*pasties*) ou "fio-dental" (*G-string*). O juiz de primeira instância teve a lei municipal como inconstitucional. Um segundo tribunal reformou essa decisão que, por sua vez, foi reformada pela suprema corte estadual (Pensilvânia). Na Suprema Corte, algumas questões de ordem processual trouxeram muita divergência entre os julgadores. Para alguns deles, não havia mais interesse processual: a "danceteria" fora espontaneamente fechada e vendida. O *writ* estava sem objeto. A decisão da Suprema Corte, um tanto imprecisa, foi no sentido de que se a restrição legal não tivesse por objetivo limitar a liberdade de expressão, como um todo, o governo gozava de certa discrição (*a freer hand*) na limitação de conduta de expressão.

Matéria que vez por outra espoca na imprensa é a "queima de bandeira" como protesto político. Rica é a jurisprudência da Suprema Corte dos Estados Unidos envolvendo casos de execração pública do símbolo estadunidense. Inúmeros incidentes têm envolvido queima do pavilhão nacional, e até mesmo seu uso indevido em fundilhos de calças ou maiôs.[225] A título de ilustração, vamos narrar um caso. Em *Street v. New York, 394 U.S. 576 (1969)*, um rapaz de cor, de nome Sidney Street, estava tranquilamente ouvindo rádio em seu apartamento, no Brooklyn, Nova York, quando ficou sabendo que James Meredith, líder negro de direitos humanos, havia sido baleado. Num gesto tresloucado, de extrema indignação e raiva, pegou uma bandeira nacional que guardava em seu apartamento, e saiu desvairado pela rua. Na interseção de James Place com a avenida Lafayette, pôs fogo no símbolo nacional: "Nós não precisamos desta merda de bandeira! Se deixaram isso acontecer a Meredith, não precisamos de uma bandeira americana!". O guarda que lavrou a ocorrência certificou que havia cerca de trinta pessoas presentes. A Corte de Apelação de Nova York condenou Street por violação do Código Penal de Nova York *(1325, subd. 16, par. d)*. O *justice* Harlan,[226] incumbido de lavrar o "acórdão", argumentou no final de seu voto:

---

225 Diferentemente do Brasil de hoje, nos Estados Unidos há um verdadeiro culto à bandeira. É tradição americana, sobretudo nas escolas primárias, a saudação à bandeira. O patriotismo do americano é apontado por Samuel E. FINER (1915-1993) como uma das forças unificadoras da sociedade americana (ob. cit., p. 188 e seg.).

226 John Marshall Harlan, que estudou na Universidade inglesa de Oxford, foi condecorado com a Legião do Mérito dos Estados Unidos e com a *Croix de Guerre* de França e Bélgica na Segunda Guerra Mundial. Mais tarde, tornou-se advogado de excepcional brilho. Quando juiz da *U.S. Court of Appeals (Second Circuit)*, o presidente Eisenhower o indicou para a Suprema Corte dos Estados Unidos. Formava uma parelha com Felix Frankfurter na defesa dos direitos fundamentais. Revelou-se um ferrenho defensor do federalismo. Destacou-se sobretudo na interpretação liberal do direito de expressão. Permaneceu na Corte de 1955 a 1971, quando morreu pratica-

Nós acrescemos que o desrespeito por nossa bandeira é de ser lamentado, tanto nesses tempos conturbados, quanto nos períodos mais tranquilos de nossa história (...). Todavia, não temos como manter uma condenação que se alicerça numa forma de expressão, ainda que condenável, que a Constituição tolera e protege.

Vale a pena uma palavrinha sobre Meredith. James Meredith (1933-...) escreveu, com coragem e obstinação, uma das belas páginas dos direitos civis nos Estados Unidos. Em 20 de janeiro de 1961, oficiou à Universidade do Mississippi, solicitando formulário para matrícula. "Sou um cidadão norte-americano, negro, do Mississippi".[227] Seu pedido foi recusado. Estimulado por um amigo (Medgar Evers[228]), intentou uma ação judicial. Perdeu em primeira instância. Recorreu, ganhando no *Fifth Circuit*: o recorrente foi preterido simplesmente por ser negro. O governador do Estado, Ross Barnett (1898-1987), após invocar a carunchada doutrina de Calhoun,[229] ponderou

---

mente cego, com câncer na espinha [cf. CUSHMAN, Clare (Ed.), ob. cit., p. 441-445].

227 SCHLESINGER JR., Arthur. *Mil dias – John F. Kennedy na casa branca.* Trad. Waltensir Dutra. Rio de Janeiro: Civilização Brasileira, 1966, p. 941.

228 Evers foi assassinado pelas costas em Jackson, no dia 12.06.1963. Tinha menos de trinta e oito anos. Sua morte apressou uma série de medidas legislativas sobre direitos civis pelo presidente Kennedy. O líder negro Bayard Rustin (1912-1987), a título de desagravo, organizou uma marcha a Washington (*March on Washington*), onde compareceram cerca de duzentas e cinquenta mil pessoas. Luther King Jr foi o último a falar. Pronunciou, então, o célebre discurso "I have a dream" (cf. SCHLESINGER JR., ob. cit., p. 967 e 972).

229 Como já mencionado alhures, John Caldwell Calhoun (1782-1850) era um ardoroso partidário da escravidão como "instituição necessária". Afirmava que o Congresso americano não tinha competência para proibir a presença de escravos nos Territórios então criados. Pregou abertamente

que não cumpriria a decisão judicial federal: "Considero os tribunais do Mississippi tão dignos quanto qualquer outro, e muito mais capazes... Obedecerei às leis do Mississippi".[230] Estava, assim, declarada "guerra" contra o governo federal. Em conversa telefônica com Robert Kennedy, o governador disse que seria melhor para Meredith se ele fosse para outra universidade, não para a "Ole Miss" (nome carinhoso dado à Universidade do Mississippi). O *general prosecutor* (Robert Kennedy) respondeu que Meredith queria ir para a *Ole Miss* porque gostava dela... O governador, não satisfeito com a ironia de Robert Kennedy, açulou o povo contra a tentativa de entrada de negro na universidade. Armou-se uma verdadeira "praça de guerra". O presidente John Kennedy baixou um decreto federalizando a Guarda Nacional do Estado. Enviou tropas federais para Memphis. Foi à televisão e pronunciou um discurso que até hoje nos cala como uma verdadeira lição viva da submissão de todos ao império da lei:

> *Se este País chegar ao ponto em que qualquer grupo de homens, ou qualquer homem, pela força ou ameaça da força, puder desafiar as ordens de nossos tribunais e de nossa Constituição, então nenhuma lei estaria livre de dúvida, nenhum juiz teria certeza de que seus mandados seriam cumpridos, nenhum cidadão estaria protegido contra o seu vizinho.*[231]

Houve até mortes na refrega, mas Meredith acabou por matricular-se. Teve, evidentemente, que frequentar as au-

---

o direito de secessão dos entes federados em relação à União. Suas ideias acabaram por sustentar doutrinariamente a guerra intestina entre o Sul e o Norte (*Civil War*).

230 SCHLESINGER JR., ob. cit., p. 943.

231 *Ibidem*, p. 947.

las sob escolta policial. De sua experiência, escreveu um livro: *Three Years in Mississippi* (1966). Organizou, em seguida, uma "Passeata contra o Medo" (*Walk against Fear*) de Memphis a Jackson, quando foi baleado.[232] Daí a indignação de Sidney Street.

Em 1974, no caso *Smith v. Goguen, 415 U. S. 566 (1974)*, a Suprema Corte considerou inconstitucional lei estadual que tipificava como crime mutilar publicamente, pisotear, desfigurar ou tratar desdenhosamente a bandeira dos Estados Unidos. No caso concreto, uma pessoa foi enquadrada e condenada por estar usando uma bandeira em miniatura, costurada nos fundilhos de suas calças. A Corte entendeu que a lei estadual pecava por sua imprecisão, utilizando-se de expressão ambígua ("desdenhosamente").[233]

No famoso caso *United States v. Eichman, 110 S. Ct. 2404 (1990)*, a Suprema Corte, conduzida mais uma vez por William Brennan Jr.,[234] com a adesão dos *justices* Marshall (1908-1993), Blackmun (1908-1999), Scalia e Kennedy (1936-...), decidiu que queimar bandeira nacional, vedada por uma lei federal de 1989,[235] era uma lídima manifestação da liberdade de expressão política, e encontrava

---

232 Disponível em: http://www.olemiss.edu/depts/english/ms-writers/dir/meredith_james/. Acesso em: 16.03.2007.

233 Cf. CHEMERINSKY, ob. cit., p. 871.

234 Sobre Brennan Jr., ver o pequeno artigo do Autor "O Juiz William Brennan", publicado na *Revista de Direito Renovar*. Rio de Janeiro: Editora Renovar Ltda., n. 9, p. 131-132, set./dez. 1997.

235 *Flag Protection Act*. BRASIL. A Constituição Federal, em seu art. 13, § 1.°, tem a bandeira como um dos símbolos nacionais. A Lei n. 5.700/1971, alterada pela Lei n. 8.421/1992, em seu art. 31, considera como contravenção penal manifestação de desrespeito aos símbolos nacionais. A destruição da bandeira, todavia, configura crime, apenado com detenção de dois a quatro anos (Decreto-lei n. 898/1969, art. 44).

amparo na Emenda n. 1. A orientação foi a mesma do precedente *Texas v. Johnson. 491 U.S. 397 (1989)*. Nesse último caso, julgado em 1989, um ativista, de nome Gregory Johnson, durante uma convenção republicana de 1984, em Dallas, queimou publicamente uma bandeira da União a título de protesto contra a política econômica do Governo Reagan. O Código Penal do Texas, no art. 42.09, sob a rubrica *Desecration of Venerated Object*, tipificava como ilícito penal "ofensa intencional" à "bandeira estadual ou nacional". O réu foi condenado pela *State Court of Appeals*, e absolvido pela *Texas Court of Criminal Appeals*. Na Suprema Corte, Brennan falou pelo Colegiado. O *chief* Rehnquist (1924-2005), que ficou vencido, após lembrar aforismo do juiz Holmes ("uma página da História vale um volume de lógica") acrescentou que, "por mais de 200 anos, a bandeira americana tem ocupado uma única posição como símbolo da Nação, particularidade que justifica a proibição governamental contra a queima da bandeira, tal como se deu com o réu Johnson". Em junho de 2006, no Governo Bush, o senador Orrin Hatch (Utah) apresentou um projeto que alterava a Emenda n. 1: *The Congress shall have Power to prohibit the physical desecration of the flag of the United States*. Perdeu por apenas um voto...[236]

Outro problema que tem agitado a Corte é o da proibição de se divulgar dados, pela imprensa, que possam pôr em risco a segurança nacional.[237] Foi o caso de *New*

---

236 Ver as considerações de ACKERMAN, Bruce (*Nós, o povo soberano. Fundamentos do direito constitucional*. Trad. Mauro Raposo de Mello. Belo Horizonte: Del Rey, 2006, p. 18).

237 O filósofo espanhol Julián Marías (1914-2005), que ministrou cursos em algumas universidades americanas no início da década de 1950, observa que os Estados Unidos parecem dominados pela publicidade. A imprensa

York Times Co. v. United States, 403 U.S. 713 (1971), relativo à "Guerra do Vietnã". A vedação foi tida por constitucional (seis a três).

Como se falou mais acima, durante a Primeira Guerra Mundial, alguns ativistas contra a presença dos Estados Unidos no conflito armado imprimiram panfletos endereçados aos convocados. Entre 1917 e 1920, houve muitas prisões e condenações contra aqueles que se manifestaram a favor da melhoria do relacionamento com a Alemanha vencida. Eram indistintamente tachados de "pacifistas". Chafee Jr. lembra que num país onde John Adams havia defendido soldados britânicos acusados do Massacre de Boston,[238] país onde o general Grant havia insistido na anistia ao general Lee,[239] era sumamente difícil entender

---

americana tem por hábito entrar em detalhes da vida particular das pessoas (cf. MARÍAS, Julián. *Um mundo novo – os Estados Unidos*. Trad. de Diva Toledo de Ribeiro Piza. Rio: Presença, 1964, p. 199). Exemplo vivo, recente, está no escândalo Strauss-Kahn/Nafissatou Dialo (*Newsweek, August 1 & 8*, 2011, p. 16 e seg.). A atração por fofocas e escândalos não é apanágio da imprensa americana. Recentemente, no Reino Unido, estourou escândalo criminoso patrocinado por tabloides da News Corporation, empresa espalhada por mais de meia centena de países.

238 Após a malograda "Lei do Selo" (*Stamp Act*), o governo inglês resolveu baixar tributos sobre a importação de algumas mercadorias pelos colonos (vidro, tinta, papel e chá). Os colonos novamente se rebelaram contra a imposição fiscal vinda de um parlamento no qual os contribuintes ou seus representantes não eram ouvidos. Em 1770, em Boston, cerca de cinco agitadores (*rioters*) foram mortos por soldados ingleses, que, levados a julgamento, foram absolvidos. O incidente ficou conhecido como "Boston Massacre". (Cf. ROBERTS, ob. cit., p. 576).

239 Em 1864, durante a Guerra de Secessão, o general Ulysses Simpson Grant (1822-1885) foi designado comandante em chefe do exército da União. No ano seguinte, o general Robert Edward Lee (1807-1870), comandante do exército Confederado, rendeu-se em Appomattox (cf. Microsoft Bookshelf'94).

o porquê da intolerância da maioria contra manifestações a favor do abrandamento do armistício. Nessa onda de intolerância, o próprio *justice* Charles Evans Hughes (1862-1948)[240] fora acusado de ser um *disloyal.*

Questões que se acham conexionadas com a liberdade de palavra é a da liberdade de fazer propaganda para fins comerciais. Normalmente, essa modalidade de expressão se acha mais sujeita a restrições.[241] Em julgado de 1980,[242] a Suprema Corte logrou estabelecer alguns critérios capazes de orientar os julgadores na jurisprudência de *Commercial Speech*, que são conhecidos como *Central Hudson Test.* Em 1942, no caso *Valentine v. Chrestensen, 316 U.S. 52 (1942)*, todavia, a Suprema Corte decidira que a liberdade de propaganda comercial não estava protegida pela Emenda n. 1. Chegou-se à conclusão de que legislação local poderia perfeitamente, sem vezo de inconstitucionalidade, impedir a distribuição de boletins ou folhetins nas ruas da cidade. Mais tarde, em 1951, o mesmo critério foi aplicado em propaganda pela modalidade de *outdoors* (*Breard v. City of Alexandria, 341 U.S. 622*). Em 1975, no caso *Bigelow v. Virginia, 421 U.S. 809*, outro já foi o enfoque. O fato envolvia propaganda de serviços médicos (aborto), feita

---

240 Em 1910, Hughes entrou para a Suprema Corte como *associate justice,* muito embora fosse desejo do presidente Taft (1857-1930) indicá-lo para a cargo de *chief justice.* Em 1916, exonerou-se para candidatar-se pelo Partido Republicano à presidência da República. Perdeu para Woodrow Wilson (1856-1924). Mais tarde (1930), no governo Hoover (1874-1964), foi indicado e "confirmado" (13.02.1930) como *chief justice.* Coincidentemente, a vaga na Suprema Corte era a de Taft [cf. CUSHMAN (Ed.), ob. cit., p. 309].

241 Cf. *United States v. Edge Broadcasting Co., 509 U. S. 418 (1993).*

242 *Central Hudson Gas & Eletric Corp. v. Public Service Commission of New York, 447 U. S. 557 (1980).*

por intermédio de jornais. A Suprema Corte, ao anular a decisão do tribunal *a quo*, pronunciou-se pela inconstitucionalidade de lei estadual proibitiva, asseverando que a liberdade "de fala não está descartada da proteção da Emenda n. 1 só porque ela se exterioriza através da propaganda comercial."[243] O mesmo se deu com propaganda de contraceptivos,[244] inclusive com encomendas pelos correios.[245]

Há um caso interessante, envolvendo firmas de advogados que enviavam cartas a vítimas de acidentes ou a seus parentes, oferecendo seus préstimos profissionais. A resolução da Ordem de Advogados da Flórida que coibia tal prática foi confirmada pela Suprema Corte em *Florida Bar v. Went For It, Inc., 515 U. S. 618 (1995).*

Propaganda de jogos de azar tem sido vedada pela Suprema Corte. Foi o caso de *Posadas de Puerto Rico Associates v. Tourism Company of Puerto Rico, 478 U.S. 328 (1986).* A Corte enfatizou que o legislativo porto-riquenho, ao proibir a propaganda de jogo de azar, demonstrava um autêntico *interesse substancial* em proteger a saúde, a segurança e o bem-estar de seus cidadãos.

Questão polêmica é a censura prévia no caso de publicações obscenas. Jurisprudencial e doutrinariamente, faz-se distinção entre "obscenidade" (*obscenity*) e "pornografia" (*pornography*). Nem a lei, nem as cortes têm sido lenientes com a obscenidade, embora deixem, com fulcro na Emenda n 1, passar casos de pornografia. O Judiciário

---

243 Cf. CHEMERINSKY, ob. cit., p. 883.

244 *Carey v. Population Services International, 431 U.S. 678 (1977).*

245 *Bolger v. Young Drug Products Corp., 463 U. S. 60 (1983).*

se tem orientado no sentido de que a obscenidade não está protegida pela cláusula constitucional.[246] A Suprema Corte possui alguns critérios para saber se se trata de manifestação artística ou pornográfica: se a obra for predominantemente voltada para o apelo lúbrico, se ofender os padrões da comunidade, e não tiver nenhum valor social, pode vir a ser considerada obscena. O conjunto de critérios seletivos – *Miller Test* – ficou fixado, ainda que com imprecisão, no julgamento de *Miller v. California, 413 U. S. 15, 27 (1973).*

De um modo geral, a Suprema Corte entende que, no caso de livros, periódicos ou filmes, a censura não pode ficar a cargo de órgãos governamentais. Toca ao Judiciário decidir em cada caso concreto.[247]

Em *Paris Adult Theatre I v. Slaton,*[248] a Corte considerou constitucional lei proibitiva de venda de material pornográfico: "os Estados têm o direito de manter uma sociedade decente". Em *Stanley v. Georgia, 394 U.S. 557, 559 (1969)*, porém, decidiu-se que "a simples posse privada de material obsceno não pode, constitucionalmente, tornar-se crime". O *justice* Thurgood Marshall, falando pela Corte, enfatizou:

> *(...) se a Emenda n. 1 quer dizer alguma coisa, essa coisa significa que um Estado não tem nada que se intrometer, dizendo a um homem, que se acha sozinho em sua casa, que livros ele pode ler ou quais filmes pode ver.*[249]

---

246 *Roth v. United States, 354 U.S. 482, 483 (1957*); *Paris Adult Theatre v. Slaton, 413 U.S. (1973).*

247 *Times Film Corp. v. City of Chicago, 365 U.S. 43 (1961); Freedman v. Maryland, 380 U.S. 51 (1965).*

248 Cf. CHEMERINSKY, ob. cit., p. 841.

249 *Stanley v. Georgia, 394 U.S. 565 (1969*).

A venda de material pornográfico para crianças, ou mesmo sua posse, tem sido duramente combatida pela legislação, com o respaldo do Judiciário. Em *Osborne v. Ohio, 495 U.S. 103 (1990)*, a Suprema Corte declarou que o governo tem "interesse jurídico" em proibir e punir a posse privada de pornografia infantil, podendo, em consequência, esvaziar o mercado a fim de proteger menores de idade. Outra questão séria e atualíssima é a obrigatoriedade de instalação de filtro em computadores (*software filter*) de bibliotecas publicas para impedir o acesso de menores de idade a material pornográfico ou obsceno. Em 2000, o Congresso fez promulgar a *Children Internet Protection Act* (CIPA), lei que obriga bibliotecas subsidiadas pelo governo a colocar em seus computadores filtros censores. O objetivo legal era a proteção do público das denominas *K-12 Schools* (ensino fundamental), embora acabasse por atingir também usuários maiores de idade e trazer ônus para as bibliotecas. Diversos patrocinadores e a American Library Association ingressaram com ação judicial alegando violação da Emenda n. 1. Saíram vitoriosos em primeiro grau, mas, em grau de apelação, sucumbiram. O julgamento de *U.S. v. American Library Association, Inc. et al., 539 U.S. 194* se deu em 2003. A Suprema Corte, conduzida pelo presidente Rehnquist, considerou que o provimento em testilha (CIPA) não violava o direito dos patrocinadores à garantia da Emenda n. 1. Os *justices* O'Connor, Scalia e Thomas acompanharam Rehnquist. Breyer e Kennedy também deram pela constitucionalidade da CIPA, frisando que *in casu* o ônus legal imposto aos usuários de computadores públicos era desproporcionalmente menor do que aquele infligido às bibliotecas, que poderiam, em sendo o caso, desbloquear os sites. Os *justices* Stevens, Ginsburg e Souter dissentiram. Esse último juiz (Souter) lembrou em seu voto que nos "tempos do McCarthysm" a apelada American Library Association havia lutado contra a censura. As bibliotecas devem gozar dos mesmos direitos reservados às universidades.

Até que ponto os denominados *crush films* ou *crush videos*, isto é, imagens sequenciadas de esmagamento de pequenos animais ou mesmo briga de cães (*dogfighting*) ou de galos (*cockfighting*) merecem a proteção da *Free Speech Clause* da Emenda n. 1? Em 20 de abril de 2010, a Suprema Corte considerou inconstitucional lei federal que criminalizava como "crueldade contra animais" filmes ou vídeos contendo tais cenas de sadismo. Por expressiva maioria (oito a um), a Corte teve a lei por inconstitucional.[250] Vencido, o *justice* Samuel Alito Jr (1950-...) frisou que a decisão da Corte jogava por terra uma lei que não visava à supressão da liberdade de expressão, "mas evitar atos horripilantes de crueldade contra animais" (*...but to prevent horrific acts of animal cruelty*).[251]

A apologia de ato ilícito, sobretudo por meio de piquetes ou de panfletos, tem sido vedada pelos tribunais.[252] Organizações ligadas a partidos estrangeiros, especialmente ao Partido Comunista Internacional, que no fundo visam à derrubada do governo democrático estabelecido,[253] fo-

---

250 *United States v. Stevens, 559 U. S. ... (2010).*

251 BRASIL. A Lei n. 9.605/1998 dispõe sobre maus-tratos a animais, com cominação de pena de deetenção (três meses a um ano) e multa.

252 *Frohwerk v. United States, 249 U.S., 204, 206 (1919).*

253 A Lei Smith, de 1940, tornou crime todo proselitismo, advocacia ostensiva que tivesse por fim derrubar o governo federal ou de qualquer Estado pela força ou pela violência ou, mais, aliciasse alguém a fazer parte de tais organizações subversivas.

ram enquadradas como "subversivas" (Lei de Segurança Interna, de 1950). A Suprema Corte, em *Communist Party v. SACB, 367 U.S. 1 (1961)*, julgou constitucional a exigência legal de registro de dinheiro vindo do exterior, registro de relação de impressoras etc.

A liberdade de expressão oferece os mais variegados matizes: do *tête-à-tête* ao *sit-in*. Em *Hague v. CIO*, julgado de 1939,[254] o *justice* Owen J. Roberts (1875-1955) disse em seu voto: "(...) tal uso de ruas e de lugares públicos tem, desde os tempos remotos, sido parte dos privilégios, imunidades, direitos, e liberdades dos cidadãos". Esse voto (vencido) tem servido de orientação para as decisões subsequentes da Suprema Corte. Cabe ao Poder Público evitar tumulto, barulho perturbador, mais de uma reunião marcada para o mesmo local e hora, perturbação de tráfico, bloqueio de entrada de edifícios governamentais[255] etc. Desse modo, a Suprema Corte tem afirmado que piquetes, marchas e desfiles (paradas) diante de estabelecimentos comerciais acham-se amparados pela Emenda n. 1.

Tema embaraçoso surgiu em *The Florida Star v. B. J. F., 491 U. S. 524 (1989)*: quanto à constitucionalidade de lei (estadual) que vedava a publicação pela imprensa de nome de vítima de estupro. A Suprema Corte decidiu que desde que os dados tenham sido licitamente obtidos, a vedação legal era atentatória à liberdade de imprensa.

Focalizaremos, ainda que brevemente, o "direito de petição", que tem suas longínquas raízes na *Magna Carta Libertatum* inglesa (cap. 61). Historicamente, o direito de petição

---

254 *307 U. S. 496 (1939).*

255 *Heffron v. ISKCON, 452 U.S. 640, 647-650 (1981).*

significava o direito de reunir-se pacificamente para requerer ao poder público reparo por agravos (*the right of the people peaceably to assemble, and to petition the Government for a redress of grievances*). Se no início era restrito ao rei ou aos parlamentares, o *direito de petição*, por força do cap. 5 do *Bill of Rights* de 1689, se estendeu aos súditos.[256] Como se deixou claro em *United States v. Cruikshank*, trata-se de direito fundamental, já reconhecido bem antes da criação do Estado americano. É um atributo da cidadania.[257] Hoje, essa cláusula constitucional se expandiu. Não se restringe mais ao direito de reunião pacífica para apresentar memoriais e reivindicações ao poder público.[258] Engloba também o *jus actionis*.[259]

Com a finalidade de tornar mais claras as garantias e os direitos, as Cartas e Constituições brasileiras têm consagrado em dispositivos distintos o "direito de ação" e o "direito de petição".[260]

A propósito do *direito de petição*, não se pode deixar de noticiar fato pitoresco, ocorrido em 1840. O Congresso

---

[256] *That it is the right of the subjects to petition the king, and all commitments and prosecutions for such petitioning are illegal.* Em português: "Que constitui direitos dos súbditos o direito de petição perante o rei e que são ilegais todas as prisões e processos por causa do seu exercício" [Cf. MIRANDA, Jorge (Org. e trad.). *Textos históricos do direito constitucional.* Lisboa: Imprensa Nacional-Casa da Moeda, 1980, p. 24].

[257] Ver WILLOUGHBY, ob. cit., p. 499 e seg.

[258] KILLIAN, ob. cit., p. 1.142.

[259] *California Motor Transport Co. v. Trucking Unlimited, 404 U.S. 508, 510 (1972).*

[260] BRASIL. O *jus actionis* está no inc. XXXV do art. 5° da CF/1988 (*a lei não excluirá da apreciação do Poder Judiciário lesão ou ameaça a direito*); o *jus petitionis*, no inc. XXXIV (*são a todos assegurados, independentemente do pagamento de taxas: a) o direito de petição aos Poderes Públicos em defesa de direito ou contra ilegalidade ou abuso de poder*) e obliquamente no inc. XIV (*é assegurado a todos o acesso à informação...*).

norte-americano baixou um provimento legislativo, proibindo qualquer "petição, memorial, resolução, ou qualquer tipo de escrito que porfiasse pela abolição da escravidão no Distrito Federal, ou em qualquer outro Estado ou Território então existentes". A razão de tal provimento estava no fato de que, a partir do início de 1830, centenas de petições, memoriais e reivindicações, pedindo a extinção da escravidão, começaram a entulhar o Congresso. Cerca de cinco anos depois, graças aos esforços de John Quincy Adams (1767-1848), esse dispositivo congressual foi tido por inconstitucional.

Tratamento bem diferenciado é o da "isenção tributária" de jornais. A matéria, em princípio, é da alçada dos fiscos estaduais: taxam-se jornais e periódicos, como se faz com outra mercadoria qualquer. Em *Arkansas Writers' Project v. Ragland, 481 U. S. 221 (1987)*, a Suprema Corte considerou inconstitucional lei do Arkansas que isentava de imposto jornais que veiculavam matéria religiosa ou esportiva. Em *Leathers v. Medlock, 499 U. S. 439 (1991)*, ficou decidido que os Estados podem tratar fiscalmente de modo diferente, sem incorrerem em inconstitucionalidade, os veículos de comunicação, como os serviços de TV a cabo ou via satélite. No Brasil, a Constituição Federal de 1988 impede a instituição de imposto (uma modalidade de tributo) sobre "livros, jornais, periódicos e o papel destinado a sua impressão" (art. 150, VI, *d*). Mais tecnicamente, nossa Constituição torna os livros, jornais etc. "imunes" a impostos.

Desde a fundação do Estado norte-americano, mesmo com a "dogmática" separação entre Estado e Igreja Estabelecida, que os Estados-membros têm isentado instituições religiosas de pagamento de alguns tributos.[261] As imunidades (*immunities*) ou isenções (*exemptions*) são as mais variadas. Há um julgamento que, pela grandeza da discussão doutrinária e jurisprudencial dos juízes da Suprema Corte, merece notícia. Trata-se de *Walz v. Tax Commission of the City of New York, 397 U.S. 664 (1970)*. O *justice* William O. Douglas, única voz divergente, enfrentou o peso dialético de Brennan Jr. e Harlan. O fato é o seguinte: a constituição do Estado de Nova York tornava imune ao imposto predial as organizações religiosas que utilizassem suas propriedades exclusivamente para cultos religiosos ou para fins educacionais ou caritativos. Um proprietário de imóvel em Richmond County, de nome Walz, que não pertencia a nenhuma entidade religiosa, embora fosse cristão, entendeu que a imunidade fiscal do Estado de Nova York malferia as Emendas n. 1 e 14. Em decorrência, aforou medida preventiva para evitar a efetivação do dispositivo legal. Walz alegou que ele, como contribuinte, estava, ainda que por tabela, financiando instituições confessionais, o que era defeso pelo *Bill of Rights*. O *chief* Burger, que respondeu pela maioria esmagadora da Corte, ponderou que o escopo da lei (constituição estadual) não era patrocinar ou manter igreja. Por outro lado, todos os cinquenta Estados da Federação concediam, constitucional ou infraconstitucionalmente, tais privilégios fiscais a entidades religiosas. Lembrou casos históricos de *tax exemptions* concedidas pelo Congresso ainda no amanhecer da Nação americana. Em duzentos anos de história da Federação, jamais surgiu qualquer sinal, por

---

[261] BRASIL. A Constituição de 1988 veda a instituição de "impostos" sobre "templos de qualquer culto" (art, 150, VI, *b*).

mais leve que fosse, capaz de indicar a volta da igreja oficial (*established church*). O *justice* Douglas, ao dissentir, trouxe à colação o caso *Torcaso v. Watkins* (acima analisado), onde ficou dito que nem o Estado nem o Governo federal podiam impedir um ateu de ter acesso a cargo público só por não acreditar em Deus. Esse mesmo princípio, firmado em *Torcaso v. Watkins*, devia reger o caso de Walz, em julgamento. Douglas analisou um por um dos precedentes trazidos por Burger, Brennan e Harlan. Procurou penetrar no pensamento político de Madison a respeito das cláusulas religiosas da Emenda n. 1. Disse que se os religiosos tinham direito a vantagens fiscais, também os que não professavam religião deveriam gozar do mesmo direito. Quanto ao precedente *Everson v. Board of Education*, tão valorizado pela corrente vencedora, sublinhou que o caso era inaplicável. Em *Everson*, o pano de fundo era "ensino"; em *Walz*, "religião". A Constituição fomentava o primeiro, e evitava a segunda. "As igrejas, tais como os jornais, gozavam de direitos previstos na Emenda n. 1, nem por isso tinham imunidade constitucional a todos os tributos" [*Murdock v. Pennsylvania, 319 U.S. 150 (1943)*]. No caso concreto, a imunidade tributária configurava um lídimo subsídio a instituições religiosas, o que era proibido pelas Emendas n. 1 e 14.

Capítulo VII

A Emenda n. 2

Raízes históricas. Redação do texto da Emenda. Dificuldade de interpretação. *Militia versus Mercenary Force.* Entendimento constitucional de Cooley. Legislação do Congresso. A mudança dos tempos: necessidade de restrição à venda e ao porte de arma. A nódoa da *Ku Klux Klan.* A inconstitucionalidade da *Brady Handgun Violence Prevention Act.* Duas decisões recentes: *District of Columbia v. Heller, 554 U.S. 570 (2008)* e *McDonald et al. v. City of Chicago, Illinois, et al., 561 U.S. 3025 (2010).*

A Emenda n. 2, qual como se dá com a Emenda n. 3, não tem merecido a devida atenção de estudiosos e mesmo das faculdades de direito norte-americanas.[1] Historicamente, ambas as Emendas são frutos de apreensão e tensão entre os norte-americanos do início da República e seus colonizadores. A Emenda n. 2 se acha intimamente

1 AMAR, Akhil Reed. *Bill of rights: creation and reconstruction.* New Haven: Yale University, 1998, p. xi.

ligada à locução *We the people* do Preâmbulo da Constituição e da Emenda n. 1 (... *the people peaceably to assemble*...).[2]

Em uma democracia, o poder político teoricamente repousa no povo, ou, melhor dizendo, no "cidadão". Enquanto o *jus suffragii* for restrito, não se pode, nos dias de hoje, falar em "democracia".[3] A rigor, o *povo* sempre tem o direito de, pacificamente reunido em assembleia, mudar seu regime de governo, evitando o arbítrio e os abusos de seus representantes. É a doutrina de santo Agostinho e de Locke, em sua velhice.[4]

Na elaboração das Emendas 2 e 3 ecoaram as palavras de Edmund Pendleton (1721-1803), então presidente da Assembleia da Virgínia: *O povo tem o direito de reunir-se pa-*

---

2 *Ibidem*, p. 47.

3 "A democracia perfeita não pode existir, ou de fato jamais existiu" (BOBBIO, Norberto. *Teoria geral da política. A filosofia política e as lições dos clássicos.* Trad. Daniela Beccaccia Versiani. Rio de Janeiro: Campus, 2000, p. 421). Tanto na Grã-Bretanha quanto nos Estados Unidos, a "democracia" veio bem depois das conquistas do "primado da lei" e da "responsabilidade do Governo". Só no século passado é que o *jus suffragii* foi efetivamente universalizado (cf. FUKUYAMA, Francis. *As origens da ordem política: dos tempos pré-humanos até a Revolução Francesa.* Trad. Nivaldo Montingelli Jr. Rio de Janeiro: Rocco, 2013, p. 452).

4 LOCKE, em seus *Ensaios Maiores*, todavia, havia pregado a "obediência civil", mesmo se o governante fosse injusto. Sustentou na ocasião (c. 1662): *Que o súdito está obrigado a uma obediência passiva, quaisquer que sejam os decretos dos magistrados, justos ou injustos, não podendo um cidadão particular, seja com que fundamento for, opor-se aos decretos do magistrado pela força das armas, embora, de fato, se a matéria for ilegítima o magistrado peque ao ordená-la* [LOCKE, John. *Ensaios políticos* (Org. Mark Goldie). Trad. Eunice Ostrensky. São Paulo: Martins Fontes, 2007, p. 77]. No mesmo sentido, BOBBIO, Norberto. *Locke e o direito natural.* 2. ed. Trad. Sérgio Bath. Brasília: Universidade de Brasília, 1998, p. 246.

cificamente em assembleia para deliberar sobre o bem comum, ou de instruir seus deputados.[5]

A redação da Emenda n. 2, por estar na ordem indireta, não é boa: *Sendo necessária à segurança de um Estado livre a existência de uma Milícia bem organizada, o direito de o povo de possuir e usar armas não poderá ser impedido.*[6] No original: *A well regulated Militia, being necessary to the security of a free State, the right of the people to keep and bear Arms, shall not be infringed.*[7] Sob a óptica literal, a Emenda não proíbe expressamente os cidadãos de também possuírem e usarem armas.[8]

---

5 *Apud* AMAR, *Bill of...*, ob. cit., p. 28. No original: *The people have a right peaceably to assemble together to consult for the common good, or to instruct their representatives.*

6 *Constituição do Brasil e constituições estrangeiras.* Brasília: Senado Federal, 1987, v. 1. *The constitution of the United States with the declaration of independence.* 13. ed. Washington, D.C.: Published by the Commission on the Bicentennial of the United States Constitution, 1991.

7 *The constitution of the United States with the declaration of independence*, ob. cit.

8 BRASIL. No Brasil, no período que antecedeu e sucedeu à abdicação de dom Pedro I (7 de abril de 1831), tivemos agitações na cidade do Rio de Janeiro (capital do Império). Alguns soldados da força pública se aliaram a arruaceiros, pedindo fosse implantada uma república federativa. A Regência (Trina) cogitou de criar uma "milícia cidadã", inspirada em modelos da França e dos Estados Unidos. Numa situação de emergência, criou-se a Guarda Municipal, comandada por um juiz de paz (ROCHA POMBO. *História do Brasil.* Rio de Janeiro: W. M. Jackson, Inc., v. IV, 1953, p. 329). Mais tarde, em 18 de agosto de 1831, a Guarda Municipal foi extinta, e instituída pela Câmara de Deputados a Guarda Nacional (cf. SOUSA, Octavio Tarquinio de. *História dos fundadores do império do Brasil: Diogo Antônio Feijó.* 2. ed. Rio de Janeiro: Livraria José Olympio Editora. v. VII, 1957, p. 168). No início do Segundo Reinado, com a reforma do Código de Processo Criminal e com o advento da Lei de Interpretação do Ato Adicional, houve centralização do poder público. A Guarda Nacional perdeu seu propósito inicial, e passou a ser comandada pelo ministro da Justiça (cf. FAORO, Raymundo. *Os donos do poder: formação do patronato político brasileiro.*

À época da Independência (*Revolution*), o conscrito largava sua enxada, seu arado para pelejar contra os frequentes abusos de tropas mercenárias, arregimentadas pelo governo inglês.

Quando se discutiu o projeto do *Bill of Rights*, antifederalistas, preocupados com a instituição de um governo central forte, propuseram redação clara para a Emenda n. 2: *The people have the right to bear arms for the defense of themselves and their own State, or the United States, or for the purpose of killing game.*[9]

Possuir uma arma em casa era uma maneira segura de precatar-se contra virtual tirania de governo despótico, fosse ele nacional ou mesmo estadual. Hoje, a preocupação já não repousa tanto na eventualidade de um "governo despótico", mas nos frequentes assaltos e assassinatos que apavoram principalmente as periferias das grandes cidades. Mas, no outro prato da balança de interesses pesa a diminuição do número de vítimas por armas de fogo em razão das leis proibitivas de porte ou mesmo guarda em domicílio para defesa pessoal.

A redação da Emenda n. 2, com a inserção de uma famigerada vírgula depois da palavra *Militia* por um amanuense da Câmara dos Deputados (*House of Representatives*), é a seguinte:

---

10. ed. São Paulo: Globo/Publifolha, v. I, 2000, p. 379). Um dos objetivos dos ultraliberais era a abolição da Guarda Nacional (cf. FAORO, Raymundo, ob. cit., p. 54).

9 Em tradução livre: *Os cidadãos têm o direito de portar armas para a defesa deles mesmos, de seus Estados, ou dos Estados Unidos, ou para utilizá-las em caçadas.*

> *Sendo necessária à segurança de um Estado livre a existência de uma Milícia bem organizada, o direito de o povo possuir e usar armas não poderá ser impedido.*[10]

As palavras-chaves da Emenda – "povo" e "milícia" – hoje têm uma conotação inteiramente diferente daquela que tinham mais de dois séculos atrás. Daí dizer Akhil Reed Amar que

> *a sintaxe da Emenda tem trazido perplexidade aos leitores modernos precisamente porque esses leitores, de modo persistente, entendem mal as palavras 'milícia' e 'povo', impondo definições do século vinte e do século vinte e um a texto do século dezoito.*[11]

Uma leitura com os olhos de 1789, porém, mostra que nas duas cláusulas da Emenda "milícia" e "povo" significam a mesma coisa: *'Militia' of the first clause with 'the people' of the second.*[12] O direito de portar ou possuir armas era considerado "direito político" (*political right*), privilégio do "cidadão de primeira classe".[13] Thomas Cooley, na interpretação de seu tempo, enfatizava que portar e ter armas era um direito, como muitos outros, que tinha

---

10 No original: *A well regulated Militia, being necessary to the security of a free State, the right of the people to keep and bear Arms, shall not be infringed* (Washington, D.C.: National Archives and Records Administration).

11 Tradução livre. No original: *The Amendment's syntax has perplexed modern readers precisely because these readers persistently misconstrue the words 'Militia' and 'people' by imposing twentieth-and twenty-first century definitions on the eighteenth-century text* (AMAR, Akhil Reed. *America's constitution – a biography*. New York: Random House, 2005, p. 323).

12 *Ibidem*, p. 323.

13 AMAR, *Bill...*, ob. cit., p. 48.

vindo do *Bill of Rights* inglês de 1689.[14] Certo. Na Inglaterra, a *militia* foi organizada na época Tudor, sob o comando de um *Lord Lieutenant*.[15] No ano de 1600, somente os turcos dispunham de um exército permanente. No final do século XVII, a maioria dos países da Europa já o possuía. Na França, o exército permanente veio com o cardeal Richelieu (1585-1642); na Inglaterra, só em 1660.[16] Quando se fundou o Estado brasileiro (1822), nossas forças armadas – Marinha e Exército – eram comandadas, sobretudo, por mercenários estrangeiros, os "lansquenetes" (*Landsknechte*)[17] suíços, alemães e irlandeses. Muitos desses mercenários não tinham compromisso com o país a que serviam a peso de ouro.[18] Um bom exemplo está nos batalhões arruaceiros do Rio de Janeiro, por ocasião da Regência. Diogo Feijó (1784-1843), então ministro da Justiça, reuniu às pressas seiscentos milicianos e mandou cercar um quartel de tropas rebeldes, que se renderam sem luta.

Nos Estados Unidos, a milícia foi sempre vista como *popular*, associada a um governo democrático. Diferente-

---

14 COOLEY, Thomas. *The general principles of constitutional law in the United States of America*. 4. ed. Boston: Little, Brown, and Company, 1931, p. 340.

15 HUNTINGTON, Samuel. *Political order in changing societies*. New Haven: Yale University Press, 1968, p. 120.

16 *Ibidem*, p. 121.

17 No ano de 1527, Carlos de Bourbon e seus lansquenetes invadiram Roma, deixando um rastro de pilhagem, incêndio, estupro e carnagem (cf. MELO FRANCO, Afonso Arinos de. *Amor a Roma*. 2. ed. Rio de Janeiro: Nova Fronteira, 1982, p. 190).

18 OLIVEIRA LIMA lembra que "em vez de conservar-se um elemento de ordem, o exército tornou-se o maior elemento de desordem" [*O império brasileiro (1821-1889)*. Belo Horizonte: Itatiaia, 1989, p. 73].

mente, o exército permanente (*standing army*) era *impopular* e sempre ligado a *governo despótico*. Na época de Oliver Cromwell, que governou com o apoio de seus *major-generals*, o povo tomou pavor do exército.[19] Muitas vezes, como aconteceu no Brasil, o exército era formado de grande número de estrangeiros, homens sem berço, sem pátria, sem compromisso social ou familiar. Engajavam-se no exército para fazer fortuna. *Army* significava, na época, *mercenary force*.[20] Ressalte-se que um dos motivos da Guerra da Independência americana foi o inconformismo com o exército permanente inglês.[21] Como veremos no comentário à Emenda n. 3, as denominadas "Leis Intoleráveis", dentre elas as leis de requisições de residências de colonos para abrigar tropas do exército inglês, foram um rastilho de pólvora para a Guerra da Independência.

Na realidade, o costume de se ter e portar armas vem da Antiguidade,[22] quando o Estado era inteiramente ausente. Então não se podia imaginar um homem livre que andasse desarmado. A arma era sua projeção, sua sombra.[23]

---

19 MAUROIS, André. *História da Inglaterra*. Trad. Carlos Domingues. Rio de Janeiro: Irmãos Pongetti Editores, p. 321.

20 Cf. AMAR, *Bill...* , ob. cit., p. 53.

21 *Ibidem*, p. 121.

22 Os hoplitas das Cidades-Estados gregas tinham suas próprias armas. Alguns estudiosos chegam a apontar o fato – soldados de infantaria com armas deles, e não da *pólis* – como sendo a razão pela qual pessoas que não pertenciam à elite dominante entraram na vida política (cf. MARTIN, Thomas R. *Ancient Greece – from prehistoric to Hellenistic times*. New Haven: Yale University Press, 1996, p. 62).

23 Maurois (1885-1967), ao historiar os antecedentes do predomínio do Parlamento inglês, lembra: "Nem o soberano, nem o Conselho Privado teriam podido constranger à obediência uma população de cinco milhões

Maquiavel foi um grande entusiasta do porte de armas. Suas ideias vieram, direta ou indiretamente, reforçar o entendimento de que todo o homem livre podia ter e usar armas.[24] O pensador florentino dizia que um Estado se fazia com "boas leis e boas armas". Gostava de lembrar, como exemplo, que "Roma e Esparta foram durante muitos séculos bem armadas e livres". No século XVI, seu livro *Dell'Arte della Guerra*[25] foi traduzido para o inglês, alcançando três edições sucessivas. James Harrington (1611-1677), no século seguinte, abraçou o pensamento de Maquiavel, substituindo o "governo do príncipe popular" pela "república de possuidores de bens de raízes". Na Inglaterra de Henrique II, a *Assize of Arms* (1181) autorizava o uso de armas com o fim de proteger o rei. O *common law* foi além: permitiu seu uso para defesa do próprio súdito.

O *Bill of Rights* inglês, como se vê pela afirmação abalizada de Cooley, assegurava expressamente o direito de os

---

de almas, acostumada desde séculos a conservar armas nas suas casas de campo e adestrar em servir-se do arco e da espada" (MAUROIS, André, ob. cit., p. 272).

24 Goethe (1749-1832), em sua *Italiensche Reise*, iniciada aproximadamente um ano antes da promulgação da Constituição dos Estados Unidos, conta que em Malcesine, quando o estalajadeiro viu que ele portava uma pequena pistola no bolso, teria chamado "felizes àqueles a quem era permitido carregar armas tão belas, o que ali era proibido e alvo das mais severas punições" (GOETHE, Johann Wolfgang von. *Viagem à Itália – 1786 – 1788*. Trad. Sérgio Tellaroli. São Paulo: Companhia das Letras, 1999, p. 41). Alguns dias depois, já em Verona, o Poeta observa que as "pessoas de classe mais elevada", ao andar na rua, balançavam somente o braço direito. O braço esquerdo ficava imóvel por causa de espadas que carregavam na cintura (*ibidem*, p. 60).

25 Ver *Dell'Arte della Guerra* na Internet (*Progetto Machiavelli* – Prof. Giuseppe Bonghi – Fausernet).

protestantes "terem armas para sua defesa de acordo com suas condições, tal como permitido por lei" (*That the subjects which are Protestants may have Arms for their Defence to their Conditions, and as allowed by Law*).

No Reino Unido, como impera o princípio da *supremacia parlamentar*;[26] o Parlamento, atento às mudanças sociais, tem restringido em suas seguidas *Firearms Acts* (1920, 1968, 1982, 1997 etc.) o velho direito do *common law* de se andar armado para defesa pessoal.[27] Mesmo antes da promulgação do *Bill* inglês (1689), a colônia da Carolina, em março de 1669, já havia editado suas *Fundamental Constitutions*, que obrigavam, em seu art. 116, todo homem livre, com idade entre dezessete e sessenta anos, a andar armado.[28] Esse documento, que não foi ratificado pela

---

26 Os princípios fundamentais da Constituição britânica, segundo A. V. Dicey (1835-1922), repousam na *parliamentary sovereignty* e na *rule of law*. Para ver o aspecto polêmico e a contradição apontada entre os termos "Soberania do Parlamento" e "Estado de Direito", consulte o capítulo "The rule of law and parliamentary sovereignty" *in* TURPIN, Colin; TOMKINS, Adam. *British government and the constitution*, 6. ed. Cambridge: Cambridge University Press, 2007. Atualmente, alguns estudiosos de política constitucional observam que o princípio da "Supremacia do Parlamento", depois da entrada do Reino Unido para a União Europeia, deixou de ser, pelo menos na prática, "o princípio da Constituição britânica" (Ver o estudo de Andrew Blick "Codifying – or not codifying – the UK constitution" (Centre for Political and Constitutional Studies – King's College London, p. 14).

27 Disponível em: http://en.wikipedia.org/wiki/Right_to_bear_arms. Acesso em: 08.03.2007.

28 Disponível em: http://ritter.tea.6state.tx.us/ssc/primary_researches/pdf/Constitution_of_South_Carolina_1669.pdf. Acesso em: 12.04.2010. Tudo indica que Locke não deve ter colaborado diretamente na elaboração do projeto das Constituições Fundamentais da Carolina, uma vez que seu "comentário" data de julho de 1669. Seu trabalho teria sido "comentar" e "corrigir" o texto original (cf. LOCKE, John, ob. cit., p. 200 e 225). Niall Ferguson, porém, diz que John Locke teria esboçado, a mando do conde

Assembleia, não deixou de repercutir nos futuros estatutos constitucionais das duas Carolinas.[29]

Pouco antes de estourar a Guerra da Independência norte-americana, os ingleses da metrópole procuraram dificultar a aquisição de armas por parte dos colonos da América. Esses, alegando que também eram *súditos ingleses*, retrucaram que o *common law* e o *Bill* de 1689 lhes garantiam armas para defesa pessoal. Desse modo, pode-se afirmar que, na verdade, a Emenda n. 2 não foi pura invenção de Madison: já vinha da Europa como um todo.

A Emenda n. 2 tem ensejado interpretações opostas, conflitantes. A primeira observação a ser feita é quanto ao velho costume vindo da Inglaterra, como se antecipou, que fala no "direito de se ter e portar arma para defesa própria" (*the right to keep and bear arm to self-defense*) e o texto da Emenda n. 2, que menciona o "direito de o povo guardar e portar armas" (*the right of the people to keep and bear Arms*). As duas expressões são sinônimas? A dicção constitucional é mais ampla? A vírgula colocada depois de "Militia" altera profundamente o texto, dando-lhe maior amplitude? O que a Emenda quer dizer com "the people"? A palavra "state" é mesmo com le-

---

Shafesbury, um dos oito *Lords Proprietor of the Province*, as *Fundamental Constitutions of Carolina*. Por imposição de Shafesbury, Locke colocou no art. 96 das *Constitutions* que a Igreja Anglicana era a "única verdadeira e ortodoxa, e a religião nacional de todos os domínios do rei (*which being the only true and orthodox and the national religion of all the King's dominions...*). Ocorre que os colonos não seguiram à risca o que estava no documento (cf. FERGUSON, Niall. *Civilization: the west and the rest.* New York: Penguin Press, 2011, p. 158).

29 Disponível em: http://en.wikipedia.org/wiki/Fundamental_Constitutions_of_Carolina. Acesso em: 12.04.2010.

tra minúscula? Ou "State", com letra maiúscula? Outras *phrases* da Emenda podem e devem ser questionadas nos dias de hoje.

David T. Hardy (1951-...)[30] mostra que duas correntes se consolidaram na interpretação do texto acima, embora nenhuma delas possa, isoladamente, prevalecer. Esse entendimento doutrinário – relatividade das correntes –, acabou por encontrar eco em decisão de 2008 da Suprema Corte [*District of Columbia v. Heller, 554 U. S. 570 (2008)*]. A primeira corrente é no sentido de que o direito é "coletivo", isto é, da "milícia". As milícias dos Estados podem ter e portar armas. A outra vertente, mais compreensiva, entende que ao *cidadão* também é dado, individualmente, possuir e portar armas. Ter e portar armas não seria só direito da milícia, mas também direito do cidadão.

Historicamente, há explicação para a inserção das duas correntes na composição da Emenda. O *Bill of Rights* da Virgínia dispunha em seu item 13:

> *Que uma milícia bem organizada, formada por um corpo de pessoas bem treinadas com armas, consiste na defesa própria, natural e segura de um Estado livre.*[31]

Já a Declaração de Direitos da Constituição da Comunidade da Pensilvânia, elaborada pouco depois do *Bill* da Virgínia, na seção 21, enfatizava: *O direito de os cidadãos*

---

30 HARDY, David T. The second amendment and the historiography of the bill of rights [*4 Journal of Law and Politics 1-62 (1987)*].

31 No original: *That a well-regulated militia, composed of the body of the people trained to arms, is the proper, natural and safe defense of a free state* [COMMAGER, Henry Steele (Ed.). *Documents of American history.* 6. ed. New York: Appleton-Century-Crofts, Inc., 1958, p. 104].

portarem armas na defesa deles mesmos e do Estado não será questionado.[32]

Ao comentar a Emenda n. 2, com o propósito de afastar a exegese restritiva (só a milícia pode ter armas), Cooley afirma:

> *O significado do provimento* (constitucional) *é, indubitavelmente, que o povo, do qual a milícia provém, terá o direito de guardar ou portar armas, não necessitando, para tanto, permissão ou regulamentação legal.*[33]

À evidência, o mundo de hoje não é o do final do século XVIII ou mesmo o mundo da época de Cooley (século XIX). As palavras de então nem sempre têm o mesmo sentido que portam hoje. Aliás, quase nunca têm. É o caso das palavras *people* e *militia* da Emenda n. 2. *People* estava intimamente ligada a "eleitor", a "jurado", a *minuteman*,[34] enfim, ao "cidadão do sexo masculino". Desse modo, a Emenda n. 2 deve ser entendida, na prática, dentro do contexto atual, diante de quadro quase diário em que crianças apanham armas em casa e matam coleguinhas de escola, professores ou simples passantes de rua. Também o Congresso deve restringir a compra, guarda e uso de armas de fogo.[35] Na verdade,

---

32 No original: *The right of the citizens to bear arms in defense of themselves and the State shall not be questioned.*

33 COOLEY, ob. cit., p. 341.

34 Originalmente, *minuteman* era o civil que se achava sempre pronto ("no primeiro minuto após receber a notícia") para lutar contra as forças inglesas da época da Independência. (Disponível em: http://www.urbandictionary.com/define.php?term=minutemen. Acesso em: 16.05.2008).

35 BRASIL: Em nosso País, a Lei n. 10.826/2003 dispôs em seu art. 35: "É proibida a comercialização de arma de fogo e munição em todo território nacional, salvo para as entidades previstas no art. 6.° desta Lei". O

os Estados Unidos de hoje não podem ser aquele país de alguns anos atrás, onde se compravam armas de fogo pelos Correios.

Para muitos teóricos, a Emenda n. 2 é destinada ao Congresso, e não aos legislativos estaduais.[36] De fato, alguns Estados-membros há muito baixaram provimentos legislativos, regulando ou mesmo vedando inteiramente a posse e o uso de armas de fogo ou outras armas.[37] Em *United States v. Miller*, porém, a Suprema Corte teve por constitucional lei federal que determinava o registro de armas de fogo em repartição da União. A partir daí, como os tempos já eram outros, e grande já era a incidência de crimes praticados com armas de fogo, o Congresso passou a fazer leis que dificultassem a posse e o comércio

---

Senado Federal, porém, resolveu submeter esse dispositivo à consulta popular. Baixou, para tanto, o Decreto Legislativo n. 780/2005. A votação se deu em 23.10.2005. Cerca de 85.375.824 eleitores compareceram às urnas. 63,94% dos votos válidos foram contra a proibição estatuída pelo art. 35 (Disponível em: http:www.justicaeleitoral.gov.br. Acesso em: 20.12.2005).

36 COOLEY, ob. cit., p. 341. A juíza Karen L. Henderson (1944-...), da *U.S. Court of Appeals for the District of Colombia,* ficou vencida no julgamento da preliminar da constitucionalidade de regulamento (1975) do Distrito Federal que impunha uma série de restrições para se ter revólveres e rifles em casa. Henderson sustentou, em interpretação literal, que a Emenda era inaplicável ao Distrito Federal, que não era considerado "Estado" pela Constituição. (Disponível em: http://en.wikipedia.org/wiki/District_of_Columbia_v. Heller. Acesso em: 27.06.2008). John NOWAK e Ronald ROTUNDA (*Principles of constitutional law.* 3. ed. St. Paul: West, 2007, p. 240) observam que a Suprema Corte ainda não sustentou a aplicabilidade da Emenda n. 2 aos Estados da Federação.

37 FERGUSON, John H.; McHENRY, Dean E. *The American federal government.* New York: McGraw-Hill Book Company, Inc., 1950, p. 149. Cf. *Robertson v. Baldwin, 165 U.S. 275 (1897).*

de armas de fogo.[38] Leis eivadas de inconstitucionalidade, na literalidade da Emenda n. 2

Como já se falou, a Suprema Corte julgou até agora poucos casos relacionados diretamente com a Emenda n. 2. O primeiro deles – que se revelou um autêntico bloqueador de leis que efetivavam direitos civis dos afro-americanos – foi *United States v. Cruikshank, 92 U.S. 542 (1876).* A questão de fundo se prendia à votação de negros libertos (*freedmen*), que seguiam a linha do Partido Republicano. Mais de cem pessoas de cor foram cercadas e mortas por uma milícia de brancos, do Partido Democrata. Muitos brancos pertenciam à organização racista Ku Klux Klan. William Cruikshank e outros *klansmen* foram denunciados e condenados por violarem leis federais de efetivação de direitos civis (*Enforcement Acts*). Na Suprema Corte, porém, a condenação foi anulada ao fundamento de que o direito de portar armas era "direito natural" e antecedia, pois, à formação do próprio Estado.

Na oportunidade, não se pode deixar de dizer algumas poucas palavras sobre a KKK, que deixou um rastro de ódio racial escrito a sangue na Histórica americana. Após a Guerra de Secessão (*Civil War*), seis fazendeiros que tinham lutado contra a União fundaram uma sociedade secreta em Pulaski, no Tennesee, com o objetivo de combater, por meio de incêndio, destruição e morte a ascensão social de afro-americanos. Nasceu, assim, a Ku Klux Klan (*Clan*), nome derivado de *kyklos*, que em grego significa "círculo". Efetivamente, os *ku klux klanners* se

---

38 KILLIAN, Johnny H. (Ed.). *The constitution of the United States of America – analysis and interpretation.* Washington, D. C.: Congressional Research Service – Library of Congress, 1987, p. 1.148-1.149.

reuniam à noite, normalmente em volta de fogueiras e de uma cruz em chamas, todos encapuzados, para concertar seus ataques contra suas vítimas. Em 1915, a sociedade foi reorganizada em Atlanta. Teve o objetivo ampliado: também os judeus e católicos deveriam ser excluídos da supremacia branca americana. Em 1922, a KKK contava cerca de um milhão de membros. A partir de 1928, todavia, começou a entrar em declínio, recebendo certo alento no ano de 1960. Há um fato interessante que pode aqui ser encaixado: Franklin Roosevelt, em 1937, indicou o senador Hugo Lafayette Black, do Alabama, para *justice* da Suprema Corte americana. Black (a despeito do nome...) foi denunciado como membro da KKK. Teve a hombridade de confessar, por uma cadeia de rádio, que durante dois anos (1920/21) havia realmente participado da agremiação racista. Prometeu, todavia, ser o mais imparcial possível em questões que envolvessem direitos de minorias. Cumpriu sua palavra.[39]

Além do caso *Cruikshank*, acima mencionado, há registro de outro julgado no século XIX: *Herman Presser v. Illinois, 116 U.S. 252 (1886)*, que girou em torno do direito de um grupo (organizado por Herman) desfilar publicamente com armas. "A regulamentação em tal situação tocava aos Estados", não ao governo federal. *In dicta*,[40] todavia,

---

39 Cf. ABRAHAM, Henry J. *The judicial process – an introductory analysis of the courts of the United States, England and France*. 5. ed. New York: Oxford University Press, 1986, p. 87.

40 *In dicta* é expressão usada para designar manifestações de um juiz fora do contexto vinculante do tribunal. Em outras palavras, é manifestação individual, incapaz de obrigar ou criar precedente judicial. O Black´s Law Dictionary averba: *Opinions of a judge which do not embody the resolution or determination of the court. Expressions in court´s opinion which go beyond the facts*

já se falou coisa inteiramente diferente: "É indubitável que todo cidadão capaz de portar armas constitui a força militar de reserva ou milícia de reserva dos Estados Unidos, bem como dos Estados."

No século XX, como já se antecipou mais acima, a Corte julgou caso que acabou por ensejar interpretações contraditórias nos tribunais inferiores: *United States v. Miller, 307 U.S. 174 (1939)*. Não ficou solucionado se o indivíduo tem ou não o direito de possuir e portar armas. Nesse julgado estava em jogo a constitucionalidade de uma lei federal de 1934, a *National Firearms Act*, que regulamentava a transferência de armas de fogo, obrigando seu registro. Jack Miller e Frank Layton figuraram como réus. A Suprema Corte decidiu que a lei federal em questão não havia usurpado competência estadual. Fugindo à boa hermenêutica, porém, abalançou-se a definir o termo "milícia". Depois de dizer que se tratava de *um corpo de cidadãos arregimentados com o propósito de disciplina militar*, falou mais do que devia: *(...) dos quais (*cidadãos*) se esperava que aparecessem portando armas fornecidas por eles mesmos.*

Em outro julgado – *Lewis v. United States., 445 55 (1980)* –, um condenado (1961) por "crime grave" (*felony*) adquiriu bem mais tarde (1967) uma arma de fogo. Foi acusado, por isso, de violar a *Omnibus Crime Control and Safe Streets Act*, que vedava o uso de armas de fogo por um *felon*, ou seja, por quem tivesse sido condenado por *felony*.

---

before court and therefore are individual views of author of opinion and not binding in subsequent cases (BLACK, Henry C. *Law dictionary*. 5.ª ed. St. Paul Minn: West Publishing Co, 1979). A expressão *in obiter dictum* é muita usada (Ver o verbete *dictum* no Black's, p. 409).

Em 1993, o Congresso modificou a "Lei de Controle de Armas de Fogo" (*The Gun Control Act*), de 1968. O novo provimento legislativo ficou conhecido como *Brady Handgun Violence Prevention Act*. Esse provimento legislativo obrigava os delegados de polícia dos condados (*County sheriffs*), enquanto não fosse efetivado o controle por repartições federais, a levantar, registrar e fiscalizar a vida pregressa dos candidatos à compra de armas de fogo. Dois *sheriffs*, um de Montana (Jay Printz) e o outro do Arizona (Richard Mack), arguíram, separadamente, a inconstitucionalidade da lei: o Congresso não poderia atribuir a eles, ainda que provisoriamente, a incumbência de controlar o comércio de armas. Se o serviço era *federal*, o servidor estadual não estava obrigado a fazê-lo.

A Justiça Federal de primeiro grau (*District Court*)[41] teve o dispositivo legislativo como inconstitucional. Outro,

---

41 O primeiro grau da justiça federal é formado pelos *District Judges*, que são nomeados pelo presidente da República, com a aprovação do Senado. Normalmente, a escolha recai em advogados com o beneplácito de partidos políticos, de senadores da região (*senatorial courtesy*), do próprio ministro da Justiça, de entidades de classes etc. Assim, a "qualidade profissional" do *District Judge* costuma variar de região para região. O *United States District for the District of Columbia*, certamente por se achar mais a salvo de influências políticas deletérias, tem-se sobressaído pela qualidade de seus juízes. Alguns *justices* da Suprema Corte saíram de lá. A partir de 1929, os candidatos ao cargo vitalício de juiz federal são sabatinados pelo Senado, procedimento que tem servido para depurar a qualidade moral e profissional dos indicados (cf. MAYERS, Lewis. *The American legal system*. New York: Harper & Brothers, Publishers, 1955, p. 384 *e seg.*). A primeira Lei Orgânica da Justiça Federal americana é o *Judiciary Act of 1789*, esboçada por William Paterson e Oliver Ellsworth [cf. GERBER, Scott Douglas (Ed.). *Seriatim: the supreme court before John Marshall – Introduction*. New York: New York Press, 1998]. Na Seção 2, dispôs a lei orgânica: *That the United States shall be, and they hereby are, divided into thirteen districts, to be limited and called as follows(...)*. Mais à frente, na seção 11, a

porém, foi o entendimento do segundo grau (*Ninth Circuit*),[42] que considerou a lei constitucional.

Os dois feitos subiram à Suprema Corte por intermédio de *writs of certiorari.* O julgamento se fez num *simultaneus processus,* com o registro de *Printz v. United States, 521 U. S. 898 (1997).* A votação foi apertada: ficaram vencidos os *justices* Stevens, Souter, Ginsburg e Breyer. Scalia falou pelo Colegiado. O *justice* Scalia ponderou que a solução para o desafio dos recorrentes, diante da ausência de texto

---

Lei Orgânica toca na competência dos *Circuits: That the circuit courts have original cognizance (...) And the circuit courts shall have appellate jurisdiction from the district courts under the regulations and restrictions hereinafter provide (...)* (cf. COMMAGER, ob. cit., p. 153 e seg.).

42 Os Estados do Arizona e de Montana estão sob a jurisdição do *Ninth Circuit.* Oficialmente, os tribunais (federais) de apelação têm o nome de *U.S. Courts of Appeals.* O novo *nomen juris* surgiu com a reforma de 1948 (cf. ABRAHAM, Henry J., ob. cit., p. 170). Mesmo assim, continuam sendo conhecidos por *Circuits,* nome de batismo (*Judiciary Act* de 1891). Tais tribunais equivalem, *mutatis mutandis*, aos nossos tribunais regionais federais, criação da Constituição de 1988 (sobre os Tribunais Regionais Federais, ver MACIEL, Adhemar Ferreira. *Dimensões do direito público.* Belo Horizonte: Del Rey, 2000, p. 205 e seg.). Ainda que muitos *district judges* venham a ocupar cargo em um *circuit*, não se trata de "promoção", pois não existe "carreira judicial" (federal) nos Estados Unidos. Advogados proeminentes, professores e estudiosos do direito (*scholars*) são também recrutados diretamente para esses altos e cobiçados cargos. A indicação de candidato ao cargo de juiz federal de primeira ou de segunda instância é um verdadeiro "obscure process". Depende muito do Senado, sobretudo dos senadores interessados da região (*home-state senators*), e do próprio presidente da República, que faz a indicação. A Comissão Judiciária do Senado (*Senate Judicial Committee*) envia um *blue slip*, ou seja, um ofício em papel azul claro para os dois senadores do Estado em que o juiz terá assento. O senador emite um "approve" ou "disapprove" ao nome indicado, devolvendo o ofício. Por outro lado, o FBI (*Federal Bureau of Investigation*) esquadrinha a vida pregressa e os antecedentes criminais do candidato ao cargo. Normalmente, o candidato deve ter no mínimo doze anos de experiência legal. (Para detalhes, ver http://www.judicialselection.us.).

expresso na Constituição, deveria ser buscada no "conhecimento histórico e prático, na estrutura da Constituição, e nos julgados da Corte." O pitoresco é que "*O Federalista*" serviu de base histórica para votos a favor e contra. O *Paper* n. 27 (Alexander Hamilton), por exemplo, foi lido e entendido de modo diferente pelas duas correntes (Scalia X Souter). O trecho cotado foi o seguinte:

> *Merece particular atenção, a este respeito, o fato de as leis da Confederação, 'especificados' e 'legítimos' objetos de sua jurisdição, passarão a constituir a SUPREMA LEI do país, cujo compromisso de observância por todos os funcionários do Legislativo, do Executivo e do Judiciário em cada Estado será selado pela solenidade de um juramento. Assim, as assembléias, os tribunais e os magistrados que os integram serão partícipes da atividade do governo nacional, 'na esfera abrangida por sua justa e constitucional autoridade', tornando-se auxiliares para o cumprimento de suas leis.*[43]

Scalia lembrou um precedente – *New York v. United States, 505 U. S. 144 (1992)* – no sentido de que os legislativos estaduais não se acham subordinados ao Congresso. De acordo com a Constituição, há "dupla soberania"[44]: a nacional e a estadual. Os Estados-membros, embora tenham renunciado a favor do Governo central muito de seus poderes, preservaram, todavia, uma *soberania residual e inviolável*. Como ficou ressalvado no precedente mencionado (*New York v. United States*), (o)*s constituintes explicita-*

---

43 A tradução do texto transcrito foi tirada de *Publius* (HAMILTON, Alexander; MADISON, James; JAY, John. *O federalista*. Trad. Heitor Almeida Herrera. Brasília: Editora Universidade de Brasília, 1984, p. 259).

44 *Gregory v. Ashcroft, 501 U.S. 452, 457 (1991); Tafflin v. Levitt, 493 U.S. 455, 458 (1990).*

mente escolheram uma Constituição que confere ao Congresso o poder de regular pessoas, não Estados.[45]

A *justice* Sandra O´Connor, ao aderir ao voto de Scalia, sublinhou que o entendimento da Corte não significava o fim do objetivo da Lei Brady. "Os funcionários estaduais e os encarregados da aplicação da lei" – encareceu ela – "podiam, voluntariamente, continuar a participar do programa federal".

Em suma, a Corte positivou que os *sheriffs* não estavam obrigados a executar o serviço federal de controle de armas, embora o pudessem fazer de modo voluntário.

Em 26 de junho de 2008, a Suprema Corte julgou inconstitucional provimento do Distrito Federal (*District of Columbia*) que impunha uma série de restrições para se ter revólveres e rifles em casa. A decisão provocou muitas manifestações de constitucionalistas (Tribe, Chemerinsky, Eastman) e políticos (McCain, Obama, Daley). Em 2002, seis pessoas ajuizaram uma ação questionando a constitucionalidade do regulamento de controle de armas no Distrito Federal (1975). Por motivos processuais, somente o autor Dick Heller, um guarda de segurança, permaneceu no processo. O regulamento atacado exigia registro prévio da arma de fogo, a qual deveria dispor de trava de segurança e estar sempre descarregada e bem guardada em casa. A Justiça Federal de primeiro grau julgou improcedente o pedido. O Tribunal Regional Federal (*U.S. Court of Appeals*) deu provimento ao recurso. Pedidos de *certiorari*, de ambas as partes, foram admiti-

45 No original: *The Framers explicitly chose a Constitution that confers upon Congress the power to regulate individuals, not States.*

dos pela Suprema Corte. Cerca de sessenta e sete *amici curiae* apresentaram suas razões (*briefs*) a favor ou contra o provimento. Scalia falou pela maioria (cinco votos). Foi acompanhado por Roberts, Kennedy, Thomas e Alito Jr. Ficaram vencidos Stevens, Souter, Ginsburg e Breyer (com voto em separado). Em seu voto, o *justice* Scalia frisou que o "direito da Emenda n. 2, como muitos direitos, não é ilimitado". Não se tem direito de portar ou guardar qualquer (*any*) tipo de arma. Não são todas as pessoas que podem ter armas de fogo em casa.[46]

Em 28 de junho de 2010, a questão de manter armas de fogo em casa agitou novamente a Corte: *McDonald v. Chicago, 561 U.S. 3025 (2010)*, que veio sanar algumas dúvidas do precedente *District of Columbia v. Heller.* Otis McDonald, um engenheiro aposentado, comprou uma casa com gramado em bairro residencial de Chicago. Criou sua família. Nos últimos anos, porém, sua vida mudou: gangues de maconheiros e drogados passaram a jogar latas de cerveja, resto de comida e outras modalidades de lixo em seu jardim. Sua casa foi arrombada por mais de uma vez. Meliantes entraram em sua garagem, infernizando a até então pacata vida da vizinhança. Otis, que já tinha rifles em casa, procurou comprar um revólver para se defender com mais facilidade. Foi impedido por provimento municipal. Com mais três vizinhos, propuseram uma ação judicial contra o Município de Chicago. O caso chegou à Suprema Corte via *certiorari*, que, por cinco votos a quatro, decidiu que a Emenda n. 2 se aplicava aos Estados e aos Municípios por força da cláusula *due process*

---

[46] Disponível em: http://en.wikipedia.org/wiki/District_of_Columbia_v. Heller. Acesso em: 27.06.2008.

da Emenda n. 14 que dizia claramente *No State shall make ...any Law which shall abridge the privileges or immunities of the citizens ... without the due processo of Law"*. Cerca de trinta e três *amici curiae* engordaram o processo. Uma associação estadual de armas de fogo (*Ilinois State Rifle Association*) custeou as despesas forenses. O *justice* Alito, que respondeu pela Corte (houve divergências quanto a alguns tópicos), foi acompanhado pelo *chief* Roberts, Scalia (voto em separado), Kennedy e Thomas. Ficaram vencidos: Stevens (voto em separado), Breyer, Ginsburg e Sotomayor. Stephen G. Breyer (1938-...), também dissidente, formulou um voto longo e minucioso, onde analisa o direito "não fundamental" de se guardar arma leve de fogo em casa. Sua análise principia no nascedouro da Nação americana e chega até o presente século XXI. Enaltece o papel do legislador (sobretudo municipal), que tem mais sensibilidade do que o juiz para apreender e sopesar as diferenças regionais. Critica, com veemência, a interpretação histórica de que o direito de portar ou guardar armas de defesa pessoal esteja "profundamente enraizado na História e na tradição da Nação (*deeply rooted in this Nation's History and tradition*). O que há – sublinhou – é muita ambiguidade e incerteza. Pondera, ademais, que a "incorporação (pela Corte) do direito reconhecido em *Heller* pode alterar a legislação de muitos dos cinquenta Estados da Federação" (*...incorporating the right recognized in Heller may change the Law in many of the 50 States*).

De acordo com a estatística da *Small Arms Survey* (2011), os Estados Unidos ocupam o primeiro lugar no mundo em armas de fogo de pequeno porte: de cada 100 pessoas, cerca de 88,8 possuem armas de fogo; o Brasil, felizmente, aparece com apenas 8. Ainda assim, só para o Estado de São Paulo, a Secretaria de Segurança Pública apresentou uma estatística preocupante: No ano de 2011, 4.732 assassinatos; em 2012, 5.555.[47]

[47] Disponível em: http://g1.globo.com/sao-paulo/noticia/2012/11/numero-de-assassinatos-em-sp.html. Acesso em: 09.07.2013.

Capítulo VIII

A Emenda n. 3

Inexistência de casos na Suprema Corte. Pobreza da jurisprudência nos Tribunais de Apelação. A Lei do Aquartelamento como revide ao *Boston Tea Party*. O registro de Goethe em suas memórias. O "direito de aposentadoria real" no Rio de Dom João VI.

A Emenda n. 3, como se falou no comentário à Emenda n. 2, não tem merecido atenção de estudos universitários.[1] A Emenda cuida de aquartelamento de soldados (*Quartering of Soldiers*) em casas particulares, em tempo de paz, sem o consentimento do dono. Essa emenda tem razões históricas: mesmo antes da Guerra da Independência, era comum a militares ingleses requisitarem casas de colonos para abrigar soldados. O arbítrio militar aumentou sobremaneira após um incidente grave, em 16 de dezembro de 1773, que ficou politicamente conhecido

1 AMAR, Akhil Reed. *Bill of rights: creation and reconstruction.* New Haven: Yale University, 1998, p. xi.

como *Boston Tea Party*.[2] O Parlamento britânico, como retaliação, baixou uma lei (*Quartering Act*) determinando a ocupação das casas dos colonos que tivessem participado do bloqueio naval ou da destruição da carga de chá trazida por navios que se achavam atracados na baía de Boston. Essa e outras leis britânicas da época, que foram apodadas pelos comerciantes e colonos americanos de "Leis Intoleráveis",[3] apressaram a reunião de representantes de todas as colônias (salvo os da Geórgia) na cidade de Filadélfia. Esse encontro deu origem ao "Primeiro Congresso Continental", que plantou as raízes da Independência.

Para o colono, não havia humilhação maior do que ter sua casa requisitada para abrigar e alimentar soldados.[4] Cooley ressalta que

> *É difícil de imaginar meio mais terrível de opressão do que seria, sob a autoridade do executivo, ou de um comandante militar, lotar a casa de uma pessoa cheia de ódio, com uma com-*

---

2 Em 1773, o Parlamento britânico promulgou uma lei – a "Lei do Chá"-, que dava exclusividade à Companhia das Índias Orientais para vender chá diretamente aos colonos da América. Com isso, o contrabando caiu vertiginosamente, afetando alguns comerciantes e ricos contrabandistas, como John Hancock. Hancock organizou um boicote, fazendo com que o chá fosse importado diretamente da Holanda. Houve tumulto e escaramuças em diversos portos americanos. No dia 16 de dezembro de 1773, colonos disfarçados de índios *mohawk* bloquearam a baía de Boston, jogando os fardos de chá no mar. Esse ato de rebeldia repercutiu intensamente em Londres. O porto de Boston foi fechado até que os colonos pagassem pela carga destruída (cf. SELLERS, Charles; MAY, Henry; MCMILLEN, Neil. *Uma reavaliação da história dos Estados Unidos*. Trad. Ruy Jungmann. Rio de Janeiro: Jorge Zahar Editor, 1985, p. 61 e seg. Consultar também: http://en.wikipedia.org/wiki/Boston_Tea_Party. Acesso em: 21.05.2008).

3 SELLERS..., ob. cit., p. 62.

4 FERGUSON, John H.; McHENRY, Dean E. *The American federal government*. New York: McGraw-Hill Book Company, Inc., 1950, p. 149.

panhia de soldados, os quais devem ser alimentados e aquecidos à sua custa.[5]

Dispõe a Emenda: "Nenhum soldado poderá, em tempo de paz, instalar-se em um imóvel sem autorização do proprietário, nem em tempo de guerra, senão na forma a ser prescrita em lei."[6]

A Suprema Corte dos Estados Unidos não registra julgamento relativo à Emenda em comento.[7] O único caso é o "curioso" *Engblom v. Carey, 677 F. 2d 957 (1982),* julgado pelo *Second Circuit.*[8] Mas, a essência dessa Emenda – é fácil de se perceber – está no "direito à privacidade". Quem tem seu lar ocupado compulsoriamente perde toda sua liberdade, todo seu "direito à intimidade".

A propósito de ocupação de residência por militares, não podemos nos furtar de lembrar o livro *Memórias: Poesia e Verdade* (*Aus meinem Leben, Dichtung und Wahrheit*), de

---

5 Tradução livre. No original: *It is difficult to imagine a more terrible means of oppression than would be the power in the executive, or in a military commander, to fill the house of an obnoxious person with a company of soldiers, who shall be fed and warmed at his expense* (COOLEY, Thomas. *The general principles of constitutional law in the United States of America.* 4. ed. Boston: Little, Brown, and Company, 1931, p. 264).

6 *Constituições do Brasil e constituições estrangeiras.* Brasília: Senado Federal, v. I, 1987, p. 429. Texto no original: *No Soldier shall, in time of peace be quartered in any house, without the consent of the Owner, nor in time of war, but in a manner to be prescribed by law.*

7 Disponível em: http://caselaw.lp.findlaw.com/data/constitution/amendment03/. Acesso em: 19.01.2007.

8 KILLIAN, Johnny H. (Ed.). *The constitution of the United States of America – analysis and interpretation.* Washington, D. C.: Congressional Research Service – Library of Congress, 1987, p. 1.151. O *Second Circuit,* com sede em Nova York, abrange os Estados de Nova York, Connecticut e Vermont. Atualmente, conta um *chief judge* e onze *judges,* além de nove *senior judges.*

Goethe.[9] Goethe registra, em uma das mais belas páginas da memorialística universal, a ocupação da casa de seus pais, em Frankfurt (1759), pelo francês conde de Thorane, *lieutenant du roi.* Ainda que o ocupante fosse um homem letrado e de boa educação, não podia haver maior humilhação para o pai do poeta alemão. A ocupação forçada tirou toda a privacidade da família.[10]

No Brasil Colônia, a população do Rio de Janeiro, sobretudo a mais abastada, passou por momento de constrangimento e arbítrio, quando teve de ceder à força suas casas para a comitiva real que acabara de chegar de Lisboa. Refiro-me ao conhecido "direito de aposentadoria real". Em 30 de setembro de 1807, no Palácio de Nossa Senhora da Ajuda, o Conselho de Estado português resolveu que a família real deveria transladar-se para o Brasil em razão da invasão das tropas de Napoleão.[11] As forças do general Junot (1771-1813) já se achavam nas cercanias de Lisboa quando, em 29 de novembro daquele ano de 1807, a frota luso-inglesa deixou a barra, rumando para o Brasil.[12] A população do Rio de Janeiro, em março

---

9 GOETHE, Johann Wolfgang von. *Memórias: poesia e verdade.* Trad. Leonel Vallandro. Porto Alegre: Globo, v. 2, 1971.

10 No ensaio *Goethe als Repräsentant des bürgerlichen Zeitalters* (Goethe como representante da época burguesa), Thomas Mann (1875-1955) descreve as sensações que ele, Mann, sentiu ao entrar no museu (casa paterna de Goethe), em Frankfurt. Ali pôde ver e respirar o que havia de cidadania e patriarcalidade, onde pátria e grandeza humana se encontravam (cf. MANN, Thomas. *O escritor e sua missão – Goethe, Dostoiévski, Ibsen e outros*. Trad. Kristina Michaelles, rev. Samuel Titan. Rio de Janeiro: Zahar, 2011, p. 69 e seg.).

11 OLIVEIRA LIMA, Manuel. *Dom João VI no Brasil.* 4. ed. Rio de Janeiro: Topbooks, 2006, p. 47.

12 *Ibidem*, p. 54. Para detalhes da frota, ver LIGHT, Kenneth H. *A viagem marítima da família real: a transferência da corte portuguesa para o Brasil.* Rio de

de 1808, quando ali aportou a família real portuguesa, era estimada entre cinquenta e sessenta mil habitantes.[13] A comitiva real tinha perto de menos de cinco mil civis.[14]

Janeiro: Zahar, 2008, p. 224 e seg. Em 1810, o tenente irlandês Thomas O'Neil, que esteve no Rio de Janeiro logo após a vinda da Corte lusa, escreveu um pequeno livro, mistura de ficção e realidade, sobre a viagem de dom João VI e sua comitiva. Menciona quatro mil soldados a bordo e cerca de dezesseis a dezoito mil "súditos portugueses" (O'NEIL, Thomas. *A vinda da família real portuguesa para o Brasil.* 3. ed. Trad. Ruth Sylvia de Miranda Salles. Rio de Janeiro: José Olympio Editora, 2008, p. 59). Ver o resumo de BRANDÃO, Fernando Antônio Xavier. *A viagem marítima da família real portuguesa para o Brasil.* Belo Horizonte: IHGMG, 2008.

13 EDMUNDO, Luiz. *O Rio de Janeiro no tempo dos vice-reis.* Belo Horizonte: Editora Itatiaia, 1988, p. 58. Também os naturalistas alemães (bávaros) Johann Baptist von Spix (1781-1826) e Carl Friedrich Philipp von Martius (1794-1868), que estiveram no Brasil de 1817 a 1820, falam que o Rio de Janeiro devia ter uma população de cento e dez mil habitantes. Antes da chegada da Família Real, a população era estimada em cinquenta mil almas (SPIX, Johann Baptist von; MARTIUS, Carl Friedrich Philipp von. *Viagem pelo Brasil.* Trad. Lúcia Furquim Lahmeyer. Belo Horizonte: Itatiaia, 1981, v. I, p. 52). Para John Luccock, comerciante inglês que chegou cerca de três meses depois da vinda da Corte portuguesa, a população do Rio de Janeiro atingia sessenta mil habitantes (cf. GOMES, Laurentino. *1808.* São Paulo: Planeta do Brasil, 2007, p.155). John Mawe (1764-1829) calculou em "cem mil almas" a população do Rio (MAWE, John. *Viagens ao interior do Brasil.* Trad. Selena Benevides Viana. Belo Horizonte: Itatiaia, 1978, p. 81). Só para se ter uma ideia, no ano de 1800, Londres era a maior cidade do mundo: um milhão de habitantes (cf. PORTER, Roy. *London: a social history.* Cambridge, Massachusetts, 1995, p. 186). A população de Lisboa andava em pouco mais de duzentos mil habitantes [cf. WILCKEN, Patrick. *Império à deriva: a corte portuguesa no Rio de Janeiro (1808-1821).* Trad. Vera Ribeiro. Rio de Janeiro: Objetiva, 2005, p. 45].

14 Faoro (1925-2003) menciona entre dez e quinze mil civis (cf. FAORO, Raymundo. *Os donos do poder: formação do patronato político brasileiro.* 10. ed. São Paulo: Globo/Publifolha, v. I, 2000, p. 281). Luiz EDMUNDO (ob. cit., p. 58) alude a quinze mil. Com base em Camilo Luís de Rossi, Pedro CALMON menciona dez mil pessoas (*História do Brasil.* 2. ed. Rio de Janeiro: Livraria José Olympio Editora, v. IV, 1963, p. 1.390).

Como não havia casas para todos no Rio de Janeiro, o governo requisitou as melhores habitações de comerciantes, quase todos eles portugueses. O procedimento administrativo tinha natureza sumária: colocava-se na porta da habitação requisitada as iniciais "P.R." (Príncipe Real),[15] e a residência estava automaticamente requisitada... O vulgo, na fina ironia carioca, traduzia o "P.R." como 'ponha-se na rua".[16]

---

15 Ver o artigo do Autor "P.R.= Príncipe Real = Ponha-se na Rua". *Revista do Instituto Histórico e Geográfico de Minas Gerais* – v. XXXI – julho de 2008. Belo Horizonte: Editora Santa Clara.

16 Cf. FAORO, ob. cit., p. 290. No mesmo sentido, CALMON, Pedro, ob, cit., p. 1.400.

Capítulo IX

A Emenda n. 4

Proteção da propriedade privada. A parêmia *My home, my castle*. Os *General Warrants* ingleses. As *Lettres de Cachet* do *Ancien Régime*. Fragmento do discurso de William Pitt no Parlamento. *Writs of Assistance*. A cláusula *Unreasonable Searches and Seizures*. Casuísmo jurisprudencial. Convocação da imprensa para fazer cobertura de prisão domiciliar. Exame de urina para candidatos a cargos públicos. Morte em rodovia em decorrência de perseguição de policiais. Dirigir alcoolizado (*drunk driving*). Exame de sangue compulsório. "Bafômetro" (*breath test device*). Casuísmo. *No-knock entry* justificada diante das circunstâncias fáticas. GPS para rastrear o deslocamento de veículo de suspeito de tráfico de drogas. As doutrinas *exclusionary rule* e *fruit of poisonous tree*. Repercussão no direito brasileiro.

A Emenda n. 4 acha-se intimamente entrelaçada com as Emendas n. 1, 5 e 7. Se no início era entendida como uma emenda de alcance "puramente federal", passou, por força da Emenda n. 14, a ser também aplicada aos Estados-membros.[1]

A base da Emenda n. 4 repousa na "proteção da propriedade privada", menina dos olhos dos federalistas. Se na Declaração da Independência (1776), Jefferson fala em *Life, Liberty, and the Pursuit of Happiness*, Madison, na Emenda n. 5, preferiu substituir *pursuit of happiness* por *property*: "No person... (*shall not be*) deprived of life, liberty, or *property*, without due process of law".[2] Era a tônica lockiana, como se viu anteriormente.

Desde Roma Antiga, ainda que por razões religiosas – respeito aos deuses lares e penates –, que se protege a *domus* do indivíduo contra invasões de estranhos. O Digesto, no livro II, título IV, frase 18, já dispunha: *Domus tutissimum cuique refugium ac receptaculum sit* (A casa é o refúgio seguríssimo e receptáculo de cada um).[3] Mas na Idade Média nem sempre foi assim. A prepotência do rei ou dos nobres não encontrava limites. Seus beleguins varejavam casas e revistavam pessoas e as prendiam por mera suspeita. Muitas vezes os agentes públicos vinham munidos de "mandados genéricos e inominados" (*general warrants*)[4]:

---

1 Cf. o voto do *justice* Clark em *Ker v. California, 374 U. S. 23 (1963)*, quando ele fala que os *standards* da *Exclusionary Rule Doctrine* (Emenda n. 4) são logicamente válidos para os tribunais estaduais. No mesmo sentido, NOWAK, John E.; ROTUNDA, Ronald D., *Principles of constitutional Law*. 3. ed. St. Paul: West, 2007, p. 240.

2 Cf. AMAR, Akhil Reed. *The bill of rights: creation and reconstruction*. New Haven: Yale University Press, 1998, p. 79.

3 *Apud* BARBALHO, João. *Constituição federal brazileira. Commentarios*. Rio de Janeiro: Typographia da Companhia Litho-Typographia, em Sapopemba, 1902, p. 318.

4 Cf. WILLOUGHBY, Westel W. *Principles of the constitutional law of the United States*. 2. ed. New York: Baker, Voorhis & Co. 1938, p. 481.

serviam para tudo, e até mesmo valiam por tempo indeterminado. Na França do *Ancien Régime*, o rei expedia *Lettres de Cachet* ordenando o confinamento ou o banimento de pessoas consideradas incômodas ao grupo social. Sua ordem era irrecorrível. Não havia processo formal, e o preso não tinha direito de ser ouvido. Com o passar do tempo, autoridades administrativas menores, que eram "proprietárias" de seus cargos, passaram a emitir *Lettre* em "nome do monarca". Pouco antes da Revolução de 1789, muitas *Lettres* eram inominadas, podendo ser vendidas. Há casos notáveis de prisões decorrentes de *Lettre de Cachet.* Vamos lembrar apenas um, o de Mirabeau (1749-1791). Seu pai obteve uma *Lettre* e encarcerou o filho nas masmorras de Vincennes, onde ele escreveu *Des lettres de cachet et des prisons d'état*, livro publicado em 1782.[5]

Certamente, o precedente inglês mais importante, e que, no fundo, teria ensejado a Emenda n. 4, foi julgado em Westminster, em 1765. Trata-se do *Wilkes's Case,* ou seja, de decisão proferida em *Entick v. Carrington, 95 Eng. Rep. 807 K.B. (1765).* Em novembro de 1762, Nathan Carrington e outros galfarros do conde de Halifax (*secretary of state*), sob o pretexto de reter um número do jornal de John Wilkes, considerado subversivo (*seditious*), invadiram sua casa e apreenderam todos seus papéis particulares. A notícia da prisão de John Wilkes foi seguida de perto por muitos dos fundadores da Nação americana, com quem ele mantinha correspondência epistolar.

---

5 Disponível em: http://en.wikipedia.org/wiki/Lettre_de_cachet. Acesso em: 21.04.2010. As obras de Mirabeau, edição de 1835, foram digitalizadas pelo Google.

No processo envolvendo Wilkes, o presidente do tribunal *Common Pleas,* lorde Camden (Charles Pratt, 1714-1794), anulou a apreensão por ser contrária à lei e ao *common law,* enfatizando lockianamente:

> *O principal objetivo dos homens ao entrar para a sociedade foi o de proteger suas propriedades. (...) Pelas leis da Inglaterra, toda invasão da propriedade privada, ainda que por instantes, se traduz numa invasão ilegal.*

De todo o *Bill of Rights,* a Emenda n. 4 é, sem dúvida alguma, a que brotou mais diretamente de experiência amarga pela qual passaram os ingleses da Ilha e depois os ingleses do Continente americano.

Em nosso mundo luso a situação era a mesma, se não fosse pior. No reinado do dissoluto e despótico dom João V (1689-1750), com as descobertas de diamantes em Minas Gerais, na Comarca da Vila do Príncipe do Serro Frio, no século XVIII, era usual a invasão das casas de moradores por agentes públicos: desentocar pedras preciosas amoitadas, que, se encontradas, podiam resultar em confisco e mesmo em degredo.[6] Se a indignação era natural, humana, ficava por isso mesmo. Não se tinha como reclamar. O caminho era a sujeição ou a rebelião. Nunca os tribunais.

Quando se fala na Emenda n. 4, pensa-se imediatamente em suas raízes inglesas, fortalecidas contra as arbitrariedades e violências judiciais do "tristemente célebre" (Gustav Radbruch) tribunal que ficou conhecido como "Câmara Estrelada". Como já se falou alhures, o

---

[6] Cf. SANTOS, Joaquim Felício dos. *Memórias do distrito diamantino da comarca do Serro Frio.* 4. ed. Belo Horizonte: Itatiaia, 1976, p. 49 e seg.

Star Chamber, acomodado no Palácio de Westminster, em Londres, tinha estrelas brilhantes incrustadas ou pintadas no teto de sua sala de sessões. Daí seu nome. No princípio, o *Star Chamber* era utilizado como tribunal de revisão pelo rei e por seus conselheiros. Passou, no século XV, a julgar também matéria criminal. Na época de Henrique VIII, essa corte adquiriu competência originária, transformando-se em foro político, onde as pessoas, açuladas por Wolsey e Cranmer, apresentavam denúncias contra aqueles que discordavam do regime político vigente. Em 1641, após séculos de arbitrariedade e violência, o *Star Chamber* foi extinto pelo Parlamento.[7] Mesmo assim sua sombra continuava. Nas colônias inglesas da América não era incomum a expedição de *writs of assistance*, sobretudo no caso de mera suspeição da existência de mercadoria contrabandeada, contra moradores perplexos e indefesos. Bens, papéis, documentos, tudo era recolhido com o fim de se fazer prova contra o morador da casa.

Diz a Emenda n 4:

> *O direito do povo à inviolabilidade de suas pessoas, casas, papéis e haveres contra busca e apreensão arbitrárias não poderá ser infringido; e nenhum mandado será expedido a não ser mediante indícios de culpabilidade e confirmados por juramento ou declaração, e particularmente com a descrição do local da busca e indicação das pessoas ou coisas a serem apreendidas.*[8]

---

7 Disponível em: http://en.wikipedia.org/wiki/Star_Chamber. Acesso em: 18.01.2007.

8 *Constituição do Brasil e Constituições estrangeiras.* Brasília: Senado Federal, v. I, 1987. No texto original: *The right of the people to be secure in their persons, houses, papers, and effects, against unreasonable searches and seizures, shall not be violated; and no Warrants shall issue but upon probable cause, supported by Oath or affirmation, and particularly describing the place to be searched, and the persons or things to*

Madison propôs a seguinte redação:

> *The rights to be secured in their persons, their houses, their papers, and their other property, from all unreasonable searches and seizures, shall not be violated by warrants issued without probable cause, supported by oath or affirmation, or not particularly describing the places to be search, or the persons or things to be seized.*[9]

A Suprema Corte tem sufragado o entendimento de que a palavra "povo", inserta na cláusula constitucional, significa *indivíduo que pertence à comunidade americana ou com ela estreitamente relacionado.*[10] Desse modo, um estrangeiro não residente nos Estados Unidos, que se encontrasse em território alienígena, não poderia invocar tal proteção.[11]

A Emenda n. 4 é desdobramento da velha parêmia inglesa *every man's house is his castle* ou, mais sinteticamente, *my home, my castle.*[12] No mundo feudal, o servo só encontrava refúgio e segurança no castelo de seu senhor. Daí a

---

be seized (*The constitution of the United States of America.* Washington, D.C.: National Archives and Records Administration, 1986).

9 Disponível em: http://www.let.rug.nl/~usa/P/jm4/speeches/amend.htm. Acesso em: 19.01.2007.

10 *United States v. Verdugo-Urquidez, 494 U.S. 259, 265 (1990).*

11 BRASIL. A Constituição brasileira (1988), no *caput* do art. 5° (*Dos Direitos e Deveres Individuais e Coletivos*), por certo preocupada com a concisão, falou menos do que pretendia: "Todos são iguais perante a lei, sem distinção de qualquer natureza, garantindo-se aos brasileiros e aos *estrangeiros residentes no País,* a inviolabilidade do direito à vida, à liberdade, à igualdade, à segurança e à propriedade, (...)". É evidente que o estrangeiro não residente no Brasil, mas em contato com a nossa ordem jurídica, faz jus às mesmas garantias concedidas ao estrangeiro aqui residente (Cf. BASTOS, Celso Ribeiro; MARTINS, Ives Gandra. *Comentários à constituição do Brasil.* São Paulo: Saraiva, 1989, v. 2, p. 4).

12 COKE escreveu em seu *Third Institute* "domus sua cuique tutissimum refugium", frase certamente inspirada no Digesto.

expressão, que continuou, quando o feudalismo desapareceu, a valer também para aqueles que viviam nas cidades.[13]

Em um dos mais famosos precedentes ingleses, o Caso *Semayne*, julgado em 1603,[14] o prolóquio foi invocado por Edward Coke como sendo um dos alicerces da Constituição britânica: "A casa de cada pessoa não (serve) só como seu repouso, mas é como se fosse para ela seu castelo e fortaleza, bem como sua defesa contra a injúria e a violência."[15]

Todas as Cartas e Constituições brasileiras consagraram o princípio da inviolabilidade da "casa", ou seja, do "domicílio" do indivíduo. Pontes de Miranda fala, expressivamente, que "a casa foi, desde cedo, como se fora o casco, ou a couraça do homem".[16] A Constituição de 1988, art. 5º, diz:

> *XI – a casa é asilo inviolável do indivíduo, ninguém nela podendo penetrar sem consentimento do morador, salvo em caso de flagrante delito ou desastre, ou para prestar socorro, ou, durante o dia, por determinação judicial.*[17]

---

13 Cf. PONTES DE MIRANDA. *Comentários à constituição de 1946*. Rio de Janeiro: Editor Borsoi, t. V, 1963, p. 10.

14 *Semayne's Case, 5 Co. Rep. 91a., 77 Eng. Rep. 194 (K. B. 1603).*

15 *The house of every one is to him as his castle and fortress, as well for his defense against injury and violence as for his repose* (Referência de John Bartlett). Disponível em: http://www.bartleby.com/100/122.4.html. Acesso em: 19.01.2007.

16 PONTES DE MIRANDA, ob. cit., p. 10.

17 Um simples quarto de hotel, uma barraca de cigano, um escritório de advogado tudo isso pode ser entendido como 'domicílio' para os fins de proteção constitucional. Outros casos, porém, tornam-se polêmicos: uma casa de jogos ilegais, um prostíbulo? Em *Katz v. United States, 389 U.S. 347 (1967)*, discutido logo adiante (texto), teve-se como violação do direito de intimidade a escuta telefônica da conversa de um contraventor penal. BRASIL. No HC 79.512-9/RJ, relator ministro *Sepúlveda Pertence*, o STF

A prática de expedir *general warrants* a fim de se prenderem pessoas inominadas e apreender seus bens continuou sendo um poderoso instrumento utilizado pelo mencionado *Star Chamber* com base numa lei do Parlamento, a *Licensing Act*, de 1662. Em três processos, que ficaram conhecidos como *General Warrant Cases*, firmou-se que a prisão de quem formalmente não estava acusado de crime era ilegal.[18] Até hoje retumbam as palavras proferidas por William Pitt (1708-1788) no Parlamento britânico, em 1763:

> *O mais pobre dos homens pode desafiar todas as forças da Coroa em seu casebre, que pode ser frágil, com telhado solto. O vento pode atravessá-lo (de fora a fora). A tempestade pode entrar. A chuva pode entrar. Mas o Rei da Inglaterra não pode. Suas forças não ousarão cruzar seus arruinados umbrais.*[19]

Thomas Cooley ressalta que, provavelmente, a colocação na Emenda n. 4 das cláusulas relativas à proibição de busca e apreensão de pessoas ou coisas, sem mandado

---

entendeu, num caso de prova emprestada, que mesmo sem o competente mandado judicial, não fere a Constituição a entrada de fiscais tributários no recinto da empresa se não houver resistência ou oposição por parte de seu dono ou de seus prepostos. "Só a entrada *invito domino*" ofenderia a Constituição.

18 Cf. WADE, E.C.S., BRADLEY, A W. *Constitutional law – an outline of the law and practice of the constitution including central and local government, the citizen and the state and administrative law.* 7. ed., 2. impression. London: Longmans, 1966, p. 493.

19 *The poorest man may in his cottage bid defiance to all the force of the crown. It may be frail – its roof may shake – the wind may blow through it – the storm may enter, the rain may enter – but the King of England cannot enter -all his force dares not cross the threshold of the ruined tenant* (cf. KILLIAN, Johnny H. (Ed.). *The constitution of the United States of America – analysis and interpretation.* Washington, D. C.: U. S. Government Printing Office, 1987, p. 1.155).

legal, está na apreensão de papéis de cunho político de Algernon Sidney e Wilkes, acusados de sedição pelo governo inglês.[20] Algernon Sidney (1623-1683), político altamente temido por sua obstinação, combateu a monarquia absoluta de Carlos II e a tirania implantada por Cromwell. Foi preso em junho de 1683 e decapitado em dezembro do mesmo ano. Seus papéis, inclusive o esboço do *Discourses concerning Government*,[21] foram confiscados. Sua influência no pensamento político britânico e americano do século XVIII é, por muitos analistas políticos, comparável à de Locke. John Wilkes, a seu turno, escreveu panfletos atacando não só a polícia, mas o próprio rei.

Outro caso judicial importantíssimo é o do "escrevinhador" (*hack writer*) John Entick (1703?-1773), que teve sua casa invadida, móveis quebrados, documentos confiscados. Em decorrência, ajuizou uma ação.[22] Esse "grande julgamento" inglês foi, mais tarde, invocado pela Suprema Corte dos Estados Unidos em *Boyd v. United States, 116 U.S. 616, 626 (1886)*, como sendo "um dos marcos da liberdade inglesa *(one of the landmarks of English liberty)*, "e guia para a compreensão daquilo que os Constituintes queriam dizer ao escrever a Quarta Emenda" (*and a guide to an understanding of what the Framers meant in writing the Fourth Amendment*).

---

20 COOLEY, Thomas. *The general principles of constitutional law in the United States of America*. 4. ed. Boston: Little, Brown, and Company, 1931, p. 267.

21 Os *Discursos* de Sidney podem ser consultados na Internet. (Disponível em: http://www.constitution.org/as/dcg_000.htm. Acesso em: 16.09.2013).

22 *Entick v. Carrington, 5 Eng. Rep. 817, 818*. Para detalhes, ver "The Founders' Constitution" (Disponível em: http://press-pubs.uchicago.edu/founders/documents/amendIVs6.html. Acesso em: 19.01.2007).

Efetivamente, só em 1886, com *Boyd v. United States*, é que a Suprema Corte norte-americana se deteve em exame mais cuidadoso da Emenda n. 4.[23] Boyd, acusado de fraudar o fisco, foi condenado com base em provas produzidas por ele mesmo, e contra sua vontade. Não se conformando com a arbitrariedade, Boyd entrou com um *writ of error*, alegando violação da Emenda n. 4. O *justice* Bradley,[24] em seu voto, observou que a essência do gravame governamental contra Boyd não estava

> *na quebra de suas portas ou na vasculhadela de suas gavetas (...) invadir uma casa e abrir caixas e gavetas são circunstâncias agravantes (...)", o gravame estava "(...) na invasão de seu inegável direito pessoal à segurança, à liberdade pessoal e à propriedade privada (...) qualquer extorsão forçada ou compulsória do próprio testemunho de um homem ou de seus papéis privados para serem utilizados como prova de crime contra si ou confisco de seus bens (...) merecem repulsa.*[25]

Na prática, a expressão *unreasonable searches and seizures* indica que a regra geral é que se faça busca e apreensão somente de posse de mandado expedido por autoridade competente (*judge* ou *magistrate*), e endereçado ao sujeito

---

[23] Cf. WILLOUGHBY, ob. cit., p. 481.

[24] Joseph P. Bradley (1813-1892) foi nomeado pelo presidente Grant. Serviu por quase vinte e um anos na Suprema Corte. Era conhecido por sua excentricidade, pragmatismo e grande cultura humanista. Seu interesse intelectual descambava para o mundo da filosofia e da física. Chegou a inventar um calendário que fornecia, na hora, as datas passadas e futuras. Em sua biblioteca, havia mais de dezesseis mil volumes, muitos deles com anotações em francês, latim e espanhol. Faleceu em 22.01.1892, quando ainda estava no cargo [CUSHMAN, Clare (Ed.). *The supreme court justices.* Washington, D.C.: Congressional Quarterly, 1993, p. 201 e seg.].

[25] KILLIAN, ob. cit., p. 1.178-1.179.

da constrição.[26] A cláusula constitucional, que nasceu para proteger a propriedade, evoluiu para a proteção da intimidade da pessoa,[27] como decidiu a Suprema Corte em *Warden v. Hayden*, julgado em 1967:

> *(...) nós temos reconhecido que o principal objeto da Emenda n. 4 é a proteção da privacidade, muito mais do que (a proteção) da propriedade. Temos, seguidamente, descartado as ficções e as barreiras processuais baseadas no conceito de propriedade.*

Com isso, protege-se também a intimidade da pessoa contra escuta telefônica ou outros meios elétricos ou eletrônicos.[28] Há caso, de 1999, no qual policiais federais e estaduais teriam convidado a imprensa televisiva para acompanhar de perto a prisão de um rapaz em seu lar.[29] O pai do preso, Charles Wilson, entrou com uma ação, acoimando a prisão o filho de inconstitucional (Emenda n. 4). Perdeu na primeira instância. O caso chegou à Suprema Corte (*certiorari*). A Corte, por decisão unânime, concluiu que os repórteres nada tinham com os policiais,

---

26 *To be reasonable they* (os mandados) *must be made by authority of search warrant except in a few instances where circumstances will not allow or justify the delay* (FERGUSON, John; McHENRY, Dean E. *The American federal government.* New York: McGraw Hill Book Company, Incorporation, 1950, p. 153).

27 BRASIL. A Constituição brasileira (1988), em seu art. 5º, inciso X, protege expressamente *a intimidade, a vida privada, a honra e a imagem das pessoas, assegurado o direito de indenização pelo dano material ou moral decorrente de sua violação.* Houve inovação em relação aos textos constitucionais anteriores. Todavia, é importante registrar que o STF (RE 91328/SP, *Djaci Falcão*) já havia reconhecido, em julgamento de 11.12.1981, o direito de proteção à própria imagem.

28 *Nardone v. United States, 302 U.S. 379 (1937).*

29 *Wilson v. Layne, 526 U. S. 603 (1999).*

não sendo, em decorrência, "indispensáveis" à execução do *arrest warrant*.[30]

Caso interessante é *Chandler v. Miller*, julgado pela Suprema Corte em 15 de abril de 1997.[31] Lei do Estado da Geórgia, de 1990, exigia que o candidato a cargo público (no caso concreto: *cargo eletivo*) se submetesse a exame de urina (*urinalysis drug test*) com o fim de constatar, antecipadamente, se não era usuário de drogas.[32] Os autores da ação (Walker L. Chandler e outros) sustentaram violação das Emendas n. 1, 4 e 14. A justiça federal de primeiro grau baseou-se em diversos precedentes,[33] julgando improcedente o pedido. Em grau de apelação (*Eleventh Circuit*), a sentença foi confirmada. O argumento de ambas as instâncias era de que entre o interesse privado e o público, deveria prevalecer o último. Por outro lado, a exigência administrativa não afrontava o *Bill of Rights*, vez que se esteava em lei ordinária. Por maioria expressiva (oito a um), a Suprema Corte decidiu que, de fato, a Emenda n. 4 vedava "buscas e apreensões" sem suspeitas plausíveis, ainda que permitisse "certo grau de discricionariedade". No caso concreto, todavia, a lei estadual não justificava a plausibilidade da suspeita: não fora demonstrado existir um *drug problem* entre os funcionários estaduais, capaz de justificar a aplicação do provimento a candidatos a cargo

---

30 Disponível em: http://www.oyez.org/cases/case/?case=1990-1999/1998/1998_98_83. Acesso em: 19.01.2007.

31 *Chandler v. Miller, 520 U. S. 305 (1997).*

32 *Each candidate seeking to qualify for nomination or election to a state office shall as a condition of such qualification be required to certify that such candidate has tested negative for illegal drugs* (excerto do voto da *justice* GINSBURG).

33 *Vernonia School Dist. 47J v. Acton, 515 U.S. 646 (1995); Treasury Employees v. von Raab, 489 U. S. 656, 659 (1989) etc.*

eletivo.[34] A *opinion of the Court* foi da *justice* Ginsburg, que finalizou seu voto lembrando que, diferentemente das revistas em aeroportos ou em edifícios públicos, no caso em julgamento "a segurança pública não corria risco", e a "Emenda n. 4 impedia busca sem suspeita (fundada), pouco importando a maneira convenientemente ajustada". O *chief justice* Rehnquist, em voto vencido, redarguiu que cabia ao legislativo estadual proteger seus próprios interesses. Por outro lado,

> *(n)ada existe na Emenda 4 ou em qualquer outra parte da Constituição que impeça um Estado de fazer uma lei, cujo principal defeito é de que ela possa estar mal direcionada ou que pareça ridícula aos membros desta Corte. Mantenho a decisão do Tribunal de Apelação.*

Mais um caso que mostra que a *Search and Seizure Clause* não pode ser entendida *ad litteram*: trata-se de *Richards v. Wisconsin, 520 U.S. 385 (1997)*. A polícia de Madison (Wisconsin) suspeitava de que um hóspede de um hotel, de nome Steiney Richards, fosse traficante de cocaína. O juiz competente negou o pedido de expedição de mandado de busca e apreensão *no-knock entry*, isto é, um mandado que permitisse aos policiais invadir o quarto do suspeito "sem bater à porta". A polícia bateu. Richards abriu a porta. Ao deparar com os agentes, fechou imediatamente a porta, que foi forçada, e o suspeito agarrado à força. A cocaína estava lá, escondidinha no banheiro. Richards alegou judicialmente que a Emenda n. 4 havia sido arrostada. Perdeu nas instâncias ordinárias e também na extraordinária.

---

[34] *Ibidem.*

A Suprema Corte disse que um mandado convencional, de bater à porta e anunciar a diligência (*knock-and-announce entry*), frustraria a finalidade, traria risco, além de ensejar a destruição de provas. As circunstâncias fáticas justificaram por si mesmas a medida excepcional.[35]

A jurisprudência da Corte tem oscilado muito na compreensão da cláusula *unreasonable searches and seizures* e até mesmo na abrangência do termo "autoridade competente" (*judge* ou *magistrate*) para ordenar ou apreciar as diligências de busca, apreensão de papéis, coisas, documentos ou prisões. Os tribunais têm acentuado que a autoridade deve ser neutra, *detached*, isto é, sem nenhuma vinculação com os executores da ordem. Não necessita ser um "juiz", isto é, servidor com prerrogativas constitucionais. A pessoa que expede o mandado deve ser *neutral and detached, and he must be capable of determining whether probable cause exists for the requested arrest or search*.[36]

É oportuno lembrar que a Constituição brasileira em vigor, diferentemente das Cartas de 1967 e 1969, é muito mais precisa e rigorosa nesse particular. Exige, em seu art. 5º, LXI, que o mandado de prisão seja por *escrito*, *fundamentado*, e expedido por autoridade *judiciária* competente. Em linguagem mais técnica, a prisão deve ser feita por ordem do *juiz natural* de quem está para ser preso. Nos Estados Unidos, o termo *magistrate* é impreciso. O *public civil officer*, que muitas vezes não goza das prerrogativas do

---

35 Casos excepcionais de falta de mandado: *Fisher v. United States, 425 U. S. 391, 401 (1976), California Bankers v. Shultz, 416 U. S. 21, 78, 79 (1974).*

36 *Shadwick v. City of Tampa, 407 U. S. 345, 354 (1972).*

juiz, pode expedir mandados de busca e apreensão.[37] Daí a importância, na órbita federal, do júri civil para avaliar *a posteriori* a legalidade das buscas e apreensões efetuadas. É uma garantia da qual os antifederalistas não abriam mão. Por outro lado, uma *tort action* (ação de indenização) é sempre uma ameaça que pode ser eventualmente concretizada contra funcionário truculento, desidioso ou de má-fé.

No tocante à possibilidade de dispensa de mandado formal de busca e apreensão, o entendimento tem variado muito na Suprema Corte. Muitas das vezes, bastava a alteração da sua composição para que a decisão contrariasse julgado anterior. Em *Harris v. United States, 331 U.S. 145 (1947)*, por exemplo, decidiu-se que era "razoável" a busca sem mandado em um apartamento de quatro cômodos, achando-se o suspeito lá dentro. A urgência justificava o meio. Um ano depois, em *Trupiano v. United States, 334 U.S. 699 (1948)*, outra foi a solução jurídica. Pouco mais de dois anos depois dessa última decisão, a Corte voltou atrás, firmando que o que deve ser *reasonable* não é a busca sem mandado, mas saber-se se a diligência, nas circunstâncias fáticas, era "razoável".[38] Em *Terry v. Ohio, 392 U.S. 1, 20 (1968)*, ficou assentado que "a polícia devia, sempre que possível, obter a anuência judicial prévia, através do procedimento de mandado, para (fazer) buscas e apreensões." No início da década de 1980 foi decidido caso marcante, *New York v. Belton, 453 U. S. 454 (1981)*,

37 O *Black's law dictionary*, após conceituar o termo *magistrate*, particulariza quanto aos magistrados da União: *a judicial officer, appointed by judges of federal district courts, having some but not all the powers of a judge*. BLACK, Henry Campbell. *Black's law dictionary*. 5. ed. St. Paul Minn: West Publishing Co., 1979, p. 857.

38 *United States v. Rabinowitz, 339 U.S. 56, 66 (1950)*.

que até abril de 2009 se mantinha de pé, não obstante as assacadilhas e críticas acerbas de advogados e estudiosos do direito: a possibilidade de a polícia fazer, mesmo sem mandado judicial (*warrantless*), busca e apreensão em veículo cujo ocupante não esteja mais em seu interior, sendo, por consequência, impossível a destruição de provas que eventualmente o pudesse comprometer. No caso concreto, a polícia voltou ao automóvel e, ao revistá-lo, achou cocaína no paletó de um de seus ocupantes (Belton). Em *Arizona v. Gant, 556 U. S. 332 (2009)*, a Suprema Corte buliu nesse precedente de 1981. Falou pela maioria do Colegiado o *justice* Stevens. Na cidade de Tucson (Arizona), Gant estacionou seu carro. Saiu. Quando estava a alguns passos de distância, foi abordado por policiais que faziam uma blitz rotineira. Como sua carteira de motorista estava vencida, foi, com outras pessoas, levado a uma rádio -patrulha estacionada nas cercanias. Por conta própria e sem razoável justificativa circunstanciada, os policiais foram até o carro e o revistaram, encontrando cocaína e um revólver. Resultado: o detido foi preso e condenado por porte ilegal de armas e tráfico de entorpecentes. Na Suprema Corte houve muita polêmica, com a invocação do precedente *New York v. Belton*. O *justice* Scalia, que votou com a maioria, particularizou seu voto. Insistiu na revogação do Caso *Belton*. Argumentou que só se deve admitir busca em veículo quando houver "probable cause" de que o detido pela polícia tenha cometido o delito.

Outro caso curioso, entremeado de filigranas fáticas, é *Florida v. Harris, 565 U.S.... (2013)*, decidido pela Suprema Corte no mês de fevereiro de 2013. Clayton Harris, que já estava respondendo a processo sob fiança, foi parado em batida policial pela segunda vez pelo mesmo agente em Liberty County (Flórida). Harris recusou-se a abrir o porta-malas de seu carro. Alegou que não havia base legal capaz de justificar a operação investigativa. O experiente policial lançou mão de seu cão farejador, que, ao cheirar a maçaneta da porta do chofer, deu o alerta. Acontece que no porta-malas havia apenas pseudoefedrina e o animal fora adestrado para detectar só maconha, cocaína, ecstasy, heroína e metanfetamina... Harris foi condenado em primeiro grau e absolvido pela corte superior estadual. Na Suprema Corte, o réu tentou mostrar que cães farejadores nem sempre acertam. Logo, não são confiáveis a ponto de desencadear legalmente buscas e apreensões sem mandado. Ele, Harris, achava-se, assim, sob a proteção da Emenda n. 4. A Corte, à unanimidade (Elena Kagan), teve o bom senso de passar por cima de suas argumentações, dizendo que o que se deve levar em conta, na busca e apreensão, são as circunstâncias em seu conjunto, em sua inteireza.

Outro caso (*United States v. Jones, 565 U.S....2012*), que movimentou o mundo forense, foi julgada pela Suprema Corte um ano antes, em janeiro de 2012. A polícia instalou um GPS (*Global Positioning-System*) no chassi de um carro de suspeito de tráfico de drogas. A votação – com muita variação no enquadramento do clichê constitucional – se fez à unanimidade (no resultado). O julgamento trouxe muita expectativa nos meios forenses e sociais. Uma série de medidas irregulares e abusivas por parte da polícia acabou por levar à nulidade da condenação de Antoine Jones, sabidamente traficante de cocaína. A polícia do Distrito Federal (*District of Columbia*) obteve mandado de busca (*search warrant*) para a instalação sub-reptícia de um aparelho rastreador de movimento de um Jeep Grand

Cherokee. A autorização foi por dez dias. No décimo primeiro dia – portanto fora do prazo judicial –, a polícia instalou o artefato no carro, que estava em um estacionamento público de outro Estado (Maryland). A circulação do veículo foi toda ela registrada durante vinte e oito dias. Antoine foi condenado em primeiro grau e absolvido em segundo. Na Suprema Corte, o *justice* Scalia, que respondeu pelo Colegiado, confirmou a decisão absolutória de segundo grau (*U.S. Court of Appeals*). Diversos precedentes foram invocados.[39] Um deles, *Katz v. United States, 389 U.S. 347 (1967)*, merece registro, ainda que sumário. Katz fechava a cabina de telefone público e de lá mesmo telefonava para outras cidades, fornecendo resultado de jogos de azar. O FBI instalou um aparelho de escuta telefônica na cabina, e passou a gravar as conversas de Katz. A Suprema Corte, por maioria (Black, vencido), entendeu que quando o infrator fechava a porta da cabina telefônica ele gozava da proteção constitucional do "direito à privacidade". A Corte também precisou, naquele momento, o que se deveria entender por "busca" (*search*). Para caracterizá-la não era necessária a invasão física do patrimônio do suspeito.

No caso *Jones,* alinharam-se ao *justice* Scalia: Roberts, Kennedy e Thomas. Sotomayor, que também acompanhou os demais colegas na conclusão, insistiu na tecla da invasão da privacidade. Por seu turno, o *justice* Alito, em voto bem estudado e minucioso, lembrou que a aplicação

39 *Katz v. United States, 389 U.S. 347 (1967), Kyllo v. United Sates, 533 U.S. 27-33 (2001), Alderman v. United States, 394 U.S. 165 (1968), Soldal v. Cook Country, 506 U.S. 56 (1992), United States v. Knotts, 460 U.S. 276, 286 (1983), United States v. Karo, 468 U.S. 705 (1984), New York v. Class, 475 U.S. 106 (1986), Oliver v. United States, 466 U.S. 170 (1984), Silverman v. United States, 365 U.S. 505 (1961)* etc.

de norma relativa a direito privado (*tort law*), do século XVIII, a fato do século XXI, redundava em verdadeira ironia. Com Alito se alinharam Breyer, Ginsburg e Elena Kagan.

A Emenda n. 4 não protege só a "casa", mas se estende ao escritório, à loja, ao empório, à oficina etc. Para proteger a *intimidade pessoal*, protegidos também ficam sua correspondência, livros, contas bancárias, e-mails, skype. A esta altura é de indagar-se: *até que ponto haveria violação da intimidade pessoal, garantida constitucionalmente, no caso de imagens de corpo inteiro feitas por scanner nos aeroportos?* No caso *Chandler v. Miller*, mais acima mencionado, julgado em 1997, a *justice* Ginsburg, ainda que *obiter dictum*, justificou as revistas em aeroportos. Hoje, a *full body image* tem um poder de violação da intimidade corporal muito mais vivo. Nos Estados Unidos, a agência governamental TSA (*Transportation Security Administration*) constrange, em nome da "segurança nacional", o passageiro a submeter-se a um scanner de corpo inteiro, com imagem em três dimensões. Suas roupas íntimas, suas partes pudendas são mostradas com nitidez. Em breve essa questão estará batendo às portas da Suprema Corte.

Mais um julgamento onde se invocou, dessa vez infrutiferamente, a Emenda n. 4. Trata-se de *County of Sacramento et al. v. Lewis, 523 U. S. 833 (1998)*. Um rapaz de dezesseis anos (Philip Lewis) estava na garupa de uma moto em alta velocidade na rodovia. O piloto da moto perdeu o controle, derrapando na pista. O carro da polícia do Condado de Sacramento, que vinha logo atrás, capotou em cima de Lewis, matando-o. Os pais da vítima aforaram uma ação por violação da Emenda n. 4. Ganharam na primeira e segunda instância. O Condado de Sacramento conseguiu reverter o julgamento (*certiorari*). A Suprema Corte, à unanimidade, decidiu que não houve violação do *substantive due process of the right of life* da vítima, nem tampouco ilegalidade na perseguição do motociclista. A decisão da Corte foi lavrada pelo *justice* Souter,[40] que frisou que a Emenda n. 4 só cobria "buscas e apreensões". Seguramente, não era o caso dos autos.

Como já se andou antecipando, a jurisprudência dos tribunais e a jurisprudência da própria Suprema Corte têm tolerado e mitigado, em casos excepcionais, a viabilidade de busca, a apreensão de coisas e prisão de pessoas sem a prévia exibição do competente mandado.[41] A falta de mandado não presume *ipso facto* ilegalidade. A "totalidade das circunstâncias" (*totality of circunstances*), em seu conjunto, é que vai dizer da necessidade ou não de mandado

---

40 David Hackett Souter cursou a Universidade de Harvard, onde defendeu tese sobre Oliver Wendell Holmes. Recebeu o grau de mestre pela Magdalen College. Advogou em Concord (New Hampshire). Mais tarde, ingressou no Ministério Público, trabalhando na área penal como *assistant attorney general.* Em 1976, foi nomeado chefe do Ministério Público estadual (*attorney general*), quando se destacou no combate a jogos de azar. Em 1978, tornou-se juiz da *Superior Court* (estadual), uma espécie de "tribunal itinerante", que lhe deu uma visão ampla das questões judiciais. Em 1983, foi nomeado *justice* da Suprema Corte de New Hampshire. George Bush (1990) o nomeou juiz da *U.S. Court of Appeals for the First Circuit.* Com a aposentadoria de Brennan, Souter foi indicado para a Suprema Corte. No Senado, sua aprovação (02.10.1990) se fez com noventa votos contra nove. Notabilizou-se por sua inteligência, charme pessoal, cultura e senso de humor. Gosta de música clássica, e alpinismo (cf. CUSHMAN, Clare, ob. cit. p. 521 e seg.). Souter aposentou-se em maio de 2009. Para seu lugar, o presidente Obama indicou a juíza Sonia Sotomayor.

41 Ver alguns critérios relacionados por FERGUSON e McHENRY, ob. cit., p. 153, nota de rodapé n. 3.

prévio. Assim, por exemplo, tem-se por legal a prisão de suspeito, quando feita em lugar público, *on probable cause*,[42] mesmo sem o correspondente mandado.[43] Já a prisão de quem se acha em casa, não dispensa, de regra, o mandado.[44] Todavia, é bom ficar atento às constatações de Akhil Reed Amar (1958-...), professor da Universidade de Yale: "buscas sem mandado não são presumidamente ilegítimas e nem toda busca e apreensão sem mandado exige *probable cause*".[45]

Quando da presidência Warren, a Suprema Corte julgou caso que se tornou célebre no meio forense e fermentou e ainda fermenta acirradas divergências entre os *justices*: *Schmerber v. California, 384 U.S. 757 (1966)*. Para o recorrente (Armando Schmerber), sua condenação em primeiro e segundo graus por DWI (*driving while intoxicated*) afrontou as Emendas n. 4, 5 e 14. Contra sua vontade e sem o competente mandado judicial, Schmerber foi obrigado, por imposição policial, a fazer prova contra si mesmo: *exame de sangue para dosagem alcoólica*. Schmerber havia colidido seu carro com outro veículo, sendo levado pela polícia a um hospital de emergência. O policial, que observara que o acidentado apresentava visíveis sintomas

---

42 O conceito de *on probable cause* é puramente jurisprudencial. Seria uma situação de fato tal que levasse o agente público a deter uma pessoa sobre fundada suspeita de violação da lei. A Corte teve como *on probable cause* a prisão sem mandado (*warrantless arrest*) de um suspeito de tráfico de narcótico tal como descrito por um informante fidedigno. Tudo levava a crer que aquele homem no trem tal, com tal traje e portando tal maleta, fosse o indigitado criminoso (cf. KILLIAN, ob. cit., p. 1.173).

43 *United States v. Watson, 423 U.S. 411 (1976).*

44 *Payton v. New York, 445 U.S. 573 (1980).*

45 AMAR, ob. cit., p. 79.

de embriaguez, pediu a um médico para coletar amostra de sangue. O paciente consultou seu advogado na hora, que o aconselhou a não dar permissão. A amostra de sangue foi extraída à força. Na Suprema Corte houve muito polêmica e divergência. Inúmeros precedentes – como soe acontecer na sistemática do *Common Law* – vieram à tona. Os *justices* Brennan ("relator"), Harlan e Stewart mantiveram a condenação *a quo*. O *chief* Warren dissentiu. Limitou-se a invocar voto (vencido) proferido em *Breithaupt v. Abram, 352 U.S. 432 (1957)*. Brennan, ao falar pela maioria, voltou a analisar, ainda que rapidamente, os tópicos principais do caso *Breithaupt* ("devido processo", "autoincriminação", "direito a se aconselhar com advogado", "busca e apreensão"). No final de seu voto, o *justice* Brennan lembrou que o caso de Schmerber estava sendo analisado dentro dos fatos estritamente provados, admoestando:

> *A integridade individual de uma pessoa é um valor que nutre nossa sociedade. De tal modo que se nós, hoje, falamos que a Constituição não proíbe aos Estados pequenas (cirurgias) invasivas no corpo de uma pessoa em estritas condições, isso não quer dizer, de modo algum, que ela* (a Constituição) *possa permitir (cirurgias) invasivas mais substanciais ou invasivas sob outras condições.*[46]

Em julgamento realizado na Suprema Corte em 17 de abril de 2013, o precedente *Schmerber* foi invocado, dentre outros. Trata-se de *Missouri v. McNeely*. A alegação de

46 *The integrity of an individual's person is a cherished value of our society. That we today told that the Constitution does not forbid the States minor intrusions into an individual's body under stringently limited conditions in no way indicates that it permits more substantial intrusions, or intrusions under other conditions.*

que o teor alcoólico no sangue começa a cair uma vez interrompida a ingestão da bebida, não justifica *per se* teste de sangue compulsório sem mandado expedido por autoridade competente. A situação fática pode ser assim sumariada: Tyler McNeely foi parado por uma patrulha rodoviária no Estado do Missouri. Dirigia com excesso de velocidade. Os patrulheiros pediram a McNelly para que ele se submetesse ao teste do bafômetro. Houve recusa. MacNelly foi conduzido a uma clínica médica, onde seu sangue foi extraído sem seu consentimento. O teor alcoólico estava acima do nível permitido por lei. O ilícito penal foi enquadrado como DWI (dirigir embriagado). Na Suprema Corte, a *justice* Sotomayor falou pela maioria (Scalia, Kennedy, com voto em separado, Ginsburg e Kagan). Ficaram vencidos Roberts, Breyer, Alito e Thomas, que discordou quanto a alguns pontos.

Caso estranho, que fere nosso "sentimento de justiça" (*Rechtsgefühl*, como diriam os alemães) foi julgado pela Suprema Corte americana em março de 1996. Aliás, sensação de injustiça (*unfairness*) que atazanou a consciência dos juízes Stevens, Souter, Breyer e Kennedy (vencidos). No fundo, a decisão majoritária sufragou "culpa objetiva". Trata-se do caso *Tina B. Bennis, Petitioner, v. Michigan, 516 U. S. 442 (1996)*, envolvendo o confisco de bem de casal, quando um dos cônjuges é inocente, e o bem foi utilizado eventualmente na prática de crime. O casal Bennis possuía dois carros. Tina Bennis (o nome da autora da ação) emprestou seu veículo ao marido. O marido foi flagrado pela polícia fazendo sexo com uma prostituta dentro do carro, que se achava estacionado na rua. O delito foi tipificado como *gross indecency*.[47] Pelas leis penais do Estado de Michigan, o bem devia ser perdido por "dano público" (*public nuisance*).[48] A esposa traída não se conformou com a injustiça. Entrou com uma ação. Perdeu no primeiro grau, mas logrou reverter no segundo. A suprema corte estadual deu provimento ao recurso do Estado. A senhora Bennis recorreu à instância extraordinária, que lhe garantiu *certiorari* a fim de examinar se houve, efetivamente, violação do devido processo legal. Na Suprema Corte, Tina Bennis perdeu por um voto. Pela maioria, falou o conservador Rehnquist, que invocou uma série de precedentes,[49] inclusive um de 1827.[50] Em seu voto, o *chief* lembrou que há setenta e cinco anos a jurisprudência era pacífica no sentido da perda de bem que ensejasse a prática de crime. "O automóvel dos Bennis, acha-se

---

[47] BRASIL. O Código Penal brasileiro tipifica o crime de Ato Obsceno no art. 233: "Praticar ato obsceno em lugar público, ou aberto ou exposto ao público".

[48] BRASIL. Nossa Constituição vigente prevê a "perda de bens" (art. 5.º, XLVI, b) só mediante o "devido processo legal" (art. 5.º, LIV). O Decreto-lei n. 37/1966 fala, em seu art. 96, I, na perda do veículo transportador de mercadoria descaminhada. Também prevê (art. 104, V) a perda do veículo que conduzir mercadoria sujeita a perdimento. Evidentemente, só se perde o veículo quando demonstrado que seu proprietário sabia do transporte ilegal. Por outro lado, a jurisprudência de nossos tribunais se pacificou no sentido de não se decretar a perda de veículo quando houver uma desproporção gritante entre seu valor e o valor da mercadoria transportada. É a aplicação do denominado "princípio da insignificância" (cf. *REsp 34325/RS, Adhemar Maciel*, e *REsp 111127/RS, Ari Pargendler*).

[49] *Van Oster v. Kansas, 272 U. S. 465 (1926). Calero-Toledo v. Pearson Yacht Leasing Co, 416 U. S. 663 (1974); United States v. Fuller, 409 U. S. 488, 492 (1973); Foucha v. Louisiana, 504 U. S. 71 (1992).*

[50] *Palmyra, 12 Wheat 1 (1827).* Um navio foi apreendido e tido como corsário a serviço da Espanha. O autor da ação entendeu que se teria, primeiro, que provar que se tratava de corsário, sob pena de violação do devido processo legal.

assentado, ensejou e foi utilizado em atividade criminosa" (*The Bennis automobile, it is conceded, facilitated and was used in criminal activity*).

Vale a pena transcrever um ou outro tópico de votos vencidos. O *justice* Stevens, depois de lembrar que por séculos as meretrizes exerciam seu comércio em propriedades alheias, como palácios, hotéis de luxo, transatlânticos, dormitórios, boleia de caminhões e bancos traseiros de automóveis, dando inúmeras oportunidades ao governo de cortar cerce tais atividades ilícitas. Só recentemente, porém, é que se lembrou de punir pessoas inocentes, com confisco de suas propriedades por mero intercurso sexual. Por outro lado, não havia lógica no caso concreto. É de conhecimento geral que centenas de passageiros transportam cigarros de maconha em suas malas. Nem por isso se vai confiscar o avião que transportou o passageiro infrator. Stevens procurou separar situações em que o bem era instrumento de crime, de casos em que o produto criminoso era contrabandeado etc. Mais à frente, arrematou:

> *Afora a falta de nexo causal entre o carro da recorrente e o crime que seu marido cometeu, eu dou provimento ao recurso, uma vez que a recorrente se acha inteiramente sem responsabilidade por tal ato. É princípio de justiça evitar a punição de pessoas inocentes.*[51]

O *justice* Kennedy, por seu turno, ao acompanhar Stevens, disse que não via analogia entre os precedentes invocados com o caso de Bennis:

---

51 Tradução livre. No original: *Apart from the lack of a sufficient nexus between petitioner's car and the offense her husband committed, I would reverse because petitioner is entirely without responsibility for that act. Fundamental fairness prohibits the punishment of innocent people.* (Disponível em: http://usff.com/StevensDissenting.html. Acesso em: 12.09.2007).

> *Ademais, como mostrou o Justice Stevens, (...) o automóvel, no caso concreto, não foi usado no transporte de contrabando, e, assim, sua apreensão vai além do limite dos casos que justificam argumentação do governo de confiscar para suprimir o tráfico daquela espécie.*[52]

Para finalizar essas considerações sobre a Emenda n. 4, não podemos deixar de mencionar, ainda que de maneira concisa, a *Fruit of the Poisonous Tree Doctrine*, que é uma variação particularizada (Emenda n. 4) da *Exclusionary Rule Doctrine*.

Simplificadamente, pode-se dizer que a *Exclusionary Rule* se traduz na exclusão, no processo penal, de provas obtidas com violação dos direitos fundamentais do suspeito.

Quando da Corte Burger, alguns ministros (*justices*) andaram insistindo na necessidade de se revogar ou pelo menos diminuir drasticamente o alcance da *Exclusionary Rule*.[53] Dentre os argumentos apontados, estavam os altos custos com as operações acoimadas de ilegais pelo suspeito de crime.[54] Ademais, os criminosos acabariam sendo beneficiados em detrimento da sociedade. Passou-se, então, a valorizar a boa-fé (*good faith*) do agente público como sendo uma exceção à regra geral.[55]

---

52 Tradução livre. O texto no original: *Furthermore, as JUSTICE STEVENS points out, ante, at 6, the automobile in this case was not used to transport contraband, and so the seizure here goes beyond the line of cases which sustain the government's use of forfeiture to suppress traffic of that sort.* (Disponível em: *http://usff.com/StevensDissenting.html.* Acesso em: 12.09.2007).

53 Cf. KILLIAN, ob. cit., p. 1.208.

54 *United States v. Leon, 468 U. S. 897, 907 (1984).*

55 *Stone v. Powell, 428 U. S. 465, 536 (1976).*

Foi na segunda década do século XX, em *Silverthorne Lumber Co. v. United States, 251 U. S. 385 (1920)*, que a Suprema Corte começou a esboçar um conjunto de princípios, regras e critérios que vinte anos depois (*Nardone v. United States*) seriam batizados de "Doutrina do Fruto de Árvore Envenenada": a prova inicial, ilegalmente obtida, é capaz de contaminar toda a prova posterior, ainda que legalmente produzida. Os próprios fatos de 1920 nos ajudam a entender a tese. Silverthorne, proprietário de uma madeireira, foi detido por problemas ligados ao comércio de madeira. Agentes policiais, sem dispor de mandado de busca e apreensão, entraram nos escritórios da madeireira e descobriram indícios incriminadores contra seu proprietário. A acusação, a seguir, intimou o incriminado para que ele exibisse documentação contra si próprio. Silverthorne se negou a cumprir a ordem. Em decorrência, foi encarcerado por "desacato" (*contempt of court*). Propôs, a seguir, ação judicial, alegando que a prova era simplesmente insubsistente, já que obtida de modo ilegal (sem mandado). Outros casos, além de *Nardone v. United States*, foram consolidando a "doutrina"[56]: interrogatórios obtidos por meio de ardis policiais, prisões arbitrárias e buscas e apreensões feitas ilegalmente tinham a propriedade de eivar o processo

---

[56] A palavra "doutrina" possui muitos significados (cf. o verbete de BINETTI, Saffo Testoni, in *Dicionário de política*, de BOBBIO, Norberto; MATTEUCCI, Nicola; PASQUINO, Gianfranco. Trad. Luís Guerreiro Pinto Cascais *et alii*. Brasília: Universidade de Brasília, 1986). Na metodologia do direito, a "expressão *doutrina* designa o conjunto de ensino do direito, em oposição, por outro lado, ao texto da lei e, por outro, à jurisprudência". Também pode designar a tese sustentada por jurista de renome (LALANDE, André. *Vocabulário técnico e crítico da filosofia*. Trad. Fátima Sá Correia et al. São Paulo: Martins Fontes, 1999).

penal. Foi o caso *Wong Sun v. United States, 371 U. S. 471 (1963).*[57] Daí a metáfora "fruto de árvore envenenada", que leva à exclusão da prova (*exclusionary rule*).

O direito brasileiro, mesmo antes do advento da Constituição de 1988 (art. 5º, LVI), já vedava a utilização de prova ilicitamente obtida (Código de Processo Civil, art. 332, *contrario sensu*).[58] Na esfera penal, tanto no Supremo Tribunal Federal quanto no Superior Tribunal de Justiça, existem inúmeros julgados em que a denominada doutrina da imprestabilidade de prova inicialmente contaminada é agitada, nem sempre com sucesso. Do Supremo Tribunal Federal, a título de mera ilustração, pode-se citar, dentre outros: *HC 69912-RS (Sepúlveda Pertence), HC 93050-RJ (Celso de Mello),* RHC *90376-RJ (Celso de Mello), HC 83921-RJ (Eros Grau), HC 81993-MT (Ellen Gracie), HC 80949-RJ (Sepúlveda Pertence), HC 76203-SP (Marco Aurélio), HC 74599-SP (Ilmar Galvão), HC 74678-SP (Moreira Alves)* e *HC 72588-PB (Maurício Corrêa)*; do Superior Tribunal de Justiça: *HC 117678-RS (Maria Thereza de Assis Moura), HC 61271-SP (Arnaldo Esteves Lima), HC 67433-RJ (Felix Fischer), HC 60584-RN (Gilson Dipp), HC 59967-SP (Nilson Naves), HC 29174-RJ (Jorge Scartezzini), HC 30648-RJ (José Arnaldo da Fonseca), HC 16965-RJ (Fernando Gonçalves) e HC 3982-RJ (Adhemar Maciel).*

---

57 Esse precedente americano foi invocado no *HC 69912-RJ, do STF (Sepúlveda Pertence).*

58 A Lei n. 11.690/2008, que alterou o Código de Processo Penal (art. 157), dispõe: "são inadmissíveis, devendo ser desentranhadas do processo, as provas ilícitas, assim entendidas as obtidas em violação a normas constitucionais ou legais". A Lei n. 9.784/1999 diz no art. 30: "são inadmissíveis no processo administrativo as provas obtidas por meios ilícitos".

Capítulo X

A Emenda n. 5

A instituição do júri popular. Raízes históricas. Os heliastas gregos. Os *judices jurati* de Roma. A *Assize of Clarendon*. O *Grand Jury* e o *Petit Jury*. A soberania do Júri e a *Jury Nullification Theory*. Passado e presente. A cláusula *Double Jeopardy*. Jurisprudência. A proibição da autoincriminação. O *Taking the Fifth*. Oscilação da jurisprudência no tocante às *Miranda Warnings*. A *Due Process of Law Clause*. A *Substantive Due Process Clause*. Repercussões no direito brasileiro. Embaraços hermenêuticos na implantação do *New Deal*. O plano de Roosevelt para aumentar o número de juízes da Suprema Corte. O *Dominium Eminens*. Notícia do *Saltpeter Case*. O direito de indenização no caso de desapropriação. Jurisprudência. A preocupação do Judiciário em não entrar no mérito político-administrativo da desapropriação. Evolução do instituto.

A Emenda n. 5 contém uma série de cláusulas, com predominância de matéria penal. A primeira dessas cláusulas dá à pessoa que sofre uma acusação de natureza criminal grave na área federal o direito de produzir suas provas perante um colegiado leigo, denominado *grand jury*. Esse corpo, formado por cidadãos comuns, não tem o propósito de condenar ou absolver ninguém. Sua função é tão somente a de avaliar se o indiciado ou interessado, pelas provas produzidas por ele ou contra ele, merece ser julgado por um segundo colegiado, também leigo, denominado *petit* ou *petty jury*. Diz a primeira cláusula da Emenda:

> *Ninguém será detido para responder por crime capital ou outro crime infamante, salvo por denúncia ou acusação perante um Grande Júri, exceto em se tratando de casos que, em tempo de guerra ou de perigo público, ocorram nas forças de terra ou mar, ou na milícia, durante serviço ativo (...).*[1]

O Art. III da Constituição – relativo ao Judiciário –, na seção 2, última cláusula, fala em *Trial of all Crimes, except in Cases of Impeachment, shall be by Jury* (...). Essa redação descontentou os antifederalistas, que se mostraram cautelosos com a não alusão ao júri civil.[2]

Ruy Barbosa, ao escrever sobre o júri (sentido estrito), diz que o *júri* e o *governo representativo* são duas instituições que "descem das mesmas vertentes para o mundo contemporâneo, apresentam a mesma antiguidade", havendo

---

1 *Constituição do Brasil e constituições estrangeiras*. Brasília: Senado Federal, 1987. Texto original em inglês: *No person shall be held to answer for a capital, or otherwise infamous crime, unless on a presentment or indictment of a Grand Jury, except in cases arising in the land or naval forces, or in the Militia, when in actual service in time of War or public danger* (*The constitution of the United States of America*. Washington, D. C.: National Archives and Records Administration).

2 Cf. AMAR, Akhil Reed. *America's constitution: a biography*. New York: Random House, Inc., 2005, p. 233.

entre elas uma "afinidade quase orgânica".[3] Efetivamente, como mostra Maitland em sua obra *The Constitutional History of England*, os conquistadores normandos levaram para a Inglaterra seus vetustos costumes: os aldeões se reuniam a fim de jurar as leis e julgar seus semelhantes.[4] Nesse último caso, a decisão dos jurados era um *veredictum Patriae*. Por outras palavras, os jurados agiam como se fosse por *representação* de seus pares.[5]

Ainda que um tanto combatida na atualidade, pode-se falar que possivelmente não haja instituição mais cara ao anglo-saxão do que a do júri popular, quando as pessoas são julgadas por seus próprios concidadãos. A razão era histórica e advinha, como se verá a seguir, de experiência dolorosa dos colonos americanos. Todas as constituições estaduais previam o júri em seus textos.[6] Um dos tópicos arrolados pelos revolucionários norte-americanos na Declaração da Independência foi exatamente o da "supressão" (*for depriving us*) pelo rei inglês, em muitos casos (*in many cases*) dos "benefícios do julgamento pelo júri" (*of the benefits of trial by jury*). Na década de 1760 e até meados da década seguinte, muitas infrações penais cometidas por americanos passaram a ser julgadas por tribunais marítimos (Almirantado ou Vice-Almirantado) ou, então, eram desaforadas para tribunais da metrópole (Londres). No fundo, o julgamen-

---

3 Cf. *O júri sob todos os aspectos – textos de Ruy Barbosa sobre a teoria e a prática da instituição.* Pesquisa, classificação e preparo de LYRA FILHO, Roberto; SILVA, Mário César. Rio de Janeiro: Editora Nacional de Direito, 1950, p. 27.

4 MAITLAND, F. W. *The constitutional history of England – a course of lectures delivered.* Cambridge: University Press, 1950, p. 7 e 71.

5 *Ibidem*, p 71.

6 Cf. AMAR, ob. cit., p. 234.

to era "só para constar", "julgamento simulado" (*Mock Trial*). Isso causou revolta nos colonos, que insistiam no julgamento pelo júri do distrito da culpa. Thomas Jefferson, em suas inúmeras cartas e discursos, reiterava que a instituição do júri e a liberdade de imprensa são os "direitos mais caros" ao cidadão americano.[7]

A evolução da instituição do júri, segundo as melhores fontes,[8] teria ocorrido da seguinte maneira: o acusador, se não quisesse submeter-se às provas então instituídas pelos costumes [juízo de Deus, embate judicial, "compensação de sangue" (*Wergeld*) etc.], jurava que o fato se dera tal como ele, acusador, narrara perante os representantes da comunidade. Em abono de seu juramento, apresentava outras pessoas – *coniuratores* –, as quais, pela credibilidade que gozavam entre seus pares, endossavam sua versão. Mais tarde, o juramento dos *coniuratores* passou a ser *pro scientiae*: as testemunhas só afirmavam aquilo que sabiam por conhecimento próprio, não *per credulitatem* de sua pessoa. Com o tempo, as testemunhas, que variavam de doze a quarenta e oito, acabaram por transformar-se em jurados.[9]

Como se falou alhures, na época de Henrique II, quando houve a centralização das cortes feudais, as questões possessórias passaram a ser decididas por jurados.[10] Foi um meio engenhoso que o rei maquinou para resolver

---

7 DEWEY, John. *O pensamento vivo de Jefferson*. Trad. Leda Boechat Rodrigues. Rio de Janeiro: Livraria Martins, 1942, p. 67.

8 Cf. MAITLAND, ob. cit., p. 12. Cf. também TORNAGHI, Hélio. *Instituições de processo penal*. São Paulo: Saraiva, v. 2, 1977, p. 73.

9 MAITLAND, ob. cit., p. 211.

10 *Ibidem*, p. 12.

disputas de terras abandonadas por cruzados ou participantes de guerras civis: juízes itinerantes (*justices in eyre*[11]) visitavam periodicamente as "vilas e povoados"[12] e selecionavam as pessoas de maior representatividade (*sword-girt knights*) para que solucionassem as disputas possessórias. Em 1176, Henrique fez uma grande reforma no processo: os casos criminais não mais seriam decididos por ordálios ou por embates judiciais, mas pelo corpo de jurados, tal como as pendengas relativas à posse de terras.[13] Assim, pode-se afirmar que o júri cível[14] veio bem antes do júri criminal.[15] A finalidade do júri, como esclarece Cooley, era dar segurança ao réu contra autoridades

---

11 "Eire" em francês arcaico significa "viagem", "jornada". Normalmente, esses julgadores itinerantes percorriam todo o reino de sete em sete anos (cf. BLACK, Henry Campbell. *Black's law dictionary*. St. Paul Minn: West Publishing Co, 1979).

12 Preferi falar em "vilas e povoados", expressão tradicional lusitana. A divisão político-administrativa local, tanto na Inglaterra quanto nos Estados Unidos, prima pela falta de sistematização e racionalidade. Tem assento histórico. Na Inglaterra do século XI, existia o *shire*, uma divisão territorial local, que era administrado por um delegado da Coroa, denominado *sheriff* (*shire-reeve*). O termo *shire* evoluiu para *county*. Com a reforma política de 1888 (*Local Government Act*), ficou a cargo de um conselho, eleito pelo povo, a escolha das autoridades locais. Nos Estados Unidos, *county* pode ter acepções diferentes, dependendo do Estado. Por vezes, abrange mais de uma *city* e *town*. *Borough* é outra divisão administrativa complicada para nós (ver o Black's law dictionary. 9. ed. St. Paul, MN: West Publishing Co., 2009, p. 209).

13 MAITLAND, ob. cit., p. 13.

14 Como o "júri cível" não está previsto expressamente na Emenda n. 14, a Suprema Corte tem decidido que ele não é obrigatório para os Estados-membros (cf. NOWAK, John E.; ROTUNDA, Ronald D. *Principles of constitutional law*. 3. ed. St. Paul: West, 2007, p. 212).

15 TORNAGHI, ob. cit., p. 74.

acusatórias, muitas vezes imbuídas de paixão, interesses ou intuito de perseguição.[16]

É importante assinalar que a Magna Carta de 1215, jurada por João Sem Terra (1166-1216), confirmou, no particular, os costumes que vinham de Henrique II. Diz ela em seu item 39:

> *Nenhum homem livre será detido ou sujeito a prisão, ou privado dos seus bens, ou colocado fora da lei, ou exilado, ou de qualquer modo molestado, e nós não procederemos nem mandaremos proceder contra ele senão mediante um julgamento regular pelos seus pares ou de harmonia com a lei do país.*[17]

Se o júri tem seus apologistas, também tem seus opositores e críticos ferinos. Os utilitaristas viam no júri popular uma instituição reveladora de "ignorance and inefficiency".[18] Émile Faguet (1847-1916) se destaca:

> *O júri nada mais é do que um requinte do culto da incompetência. A sociedade, tendo que defender-se dos ladrões e dos assassinos, deixa o cuidado de defendê-la a alguns cidadãos,*

---

16 COOLEY, Thomas M. *The general principles of the constitutional law of the United States of America.* Boston: Little, Brown, and Company, 1931, p. 362.

17 MIRANDA, Jorge (Org. e trad.). *Textos históricos do direito constitucional.* Lisboa: Imprensa Nacional-Casa da Moeda, 1980, p. 15. Na versão da British Library: *No free man shall be seized or imprisoned, or stripped of his rights or possessions, or outlawed or exiled, or deprived of his standing in any other way, nor will we proceed with force against him, or send others to do so, except by the lawful judgment of his equals or by the law of the land.* (Disponível em: http://www.bl.uk/treasures/magnacarta/translation.html. Acesso em: 03.01.2007).

18 Cf. HAMBURGER, Joseph. Utilitarianism and the constitution *in* BLOOM, Allan (Ed.). *Confronting the constitution.* Washington, D.C.: The AEI Press, 1990, p. 253.

com uma arma, que é a lei, mas escolhe, para isso, cidadãos que não conhecem essa arma e é assim que se acredita defendida.[19]

Alguns estudiosos, creio que sem razão, insistem que as raízes mais longínquas e profundas do júri inglês estão mergulhadas em Atenas[20] e Roma.[21] Há mesmo quem diga que foram os legionários de Júlio César (100-44 a.C.) que teriam levado a instituição para a Província da *Britannia*. É certo que, no caso da Grécia Antiga, os heliastas se reuniam em praça pública, ao nascer do sol, para julgar seus semelhantes. No mais conhecido julgamento popular da História, Sócrates (469-399 a.C.) foi condenado por um tribunal composto por 501 "jurados".[22] Em Roma, os *judices jurati* eram escolhidos, não por sorte, mas por um pretor. Integravam "uma classe investida do privilégio

---

19 *Apud* PRATES, Lincoln *in* "O tribunal do júri", artigo doutrinário publicado na *Revista Forense*, ano XLVI, n. 547, v. CXXI, jan. 1949, p. 341. Ver FAGUET, Émile. *The cult of incompetence*. London: The Echo Library, versão digitalizada, 2009, p. 49.

20 ABRAHAM, Henry J. *The judicial process – an introductory analysis of the courts of the United States, England and France*. 5. ed. New York: Oxford University Press, 1986, p. 106.

21 *Ibidem*, p. 103.

22 Grande parte dos heliastas era formada de sapateiros, pedreiros, calceteiros, vendeiros, pisoeiros e bufarinheiros (cf. TOULEMON, André. *La question du jury*. Paris: Recueil Sirey, 1930, p. 17). A Helieia se compunha de um grande número de "jurados": entre 201 e 2.501 (cf. ARAÚJO, Nádia de; ALMEIDA, Ricardo R. de *in* "O tribunal do júri nos Estados Unidos – sua evolução histórica e algumas reflexões sobre seu estado atual", artigo doutrinário publicado na *Revista Brasileira de Ciências Criminais*, ano 4, n. 15, p. 201, julho/setembro 1996). É interessante notar que Sócrates foi condenado quatro anos após a restauração da democracia. Dois de seus antigos discípulos – Cármides e Crítias – fizeram parte dos Trinta Tiranos (cf. MOSSÉ, Claude. *Atenas: a história de uma democracia*. 2. ed. Trad. João Batista da Costa. Brasília: Universidade de Brasília, 1982, p. 83).

da judicatura", julgando questões de fato e de direito.[23] Hélio Tornaghi (1915-2004) afirma que o júri inglês se formou *usu exigente et rebus ipsius dictantibus*, sem nenhum vínculo histórico com os povos mais antigos, como os gregos e romanos, ou mesmo os suecos e noruegueses (ob. cit., p. 73). Essa vertente parece-me mais próxima da realidade.

André Toulemon observa que há dois traços históricos da instituição que não podem ser esquecidos: a escolha dos jurados se fazia através da sorte (Deus); os jurados eram soberanos no julgamento sobre a culpabilidade do acusado.[24]

O professor Henry J. Abraham (1921-...), secundando o entendimento esposado por Maitland, também afirma que a instituição do júri "inglês" tem origem "francesa", ou seja, normanda. O mesmo se dá com nosso Carlos Maximiliano,[25] que em seu livro *Commentarios a Constitui-*

---

23 TOULEMON, ob. cit., p. 17. Émile FAGUET (ob. cit., p. 48), porém, observa que "as questões de direito" eram julgadas pelas centúrias.

24 *Ibidem*, p. 15. BRASIL. A Constituição Federal brasileira em vigor, em seu art. 5°, inciso XXXVIII, alínea "c", garante somente a soberania dos veredictos do júri.

25 Carlos Maximiliano Pereira dos Santos (1873-1960) é um dos destaques da cultura jurídica brasileira. Homem dotado de reconhecida inteligência, espírito científico, seriedade com a coisa pública. No ano de 1898, recebeu o título de bacharel em Ciências Jurídicas e Sociais pela antiga Faculdade Livre de Direito de Belo Horizonte, fundada em Ouro Preto (1892). Além da notável obra *Commentarios a Constituição Brasileira* (de 1891), edição de 1918, deixou livro de consulta obrigatória para todos que se ocupam do difícil problema da hermenêutica e interpretação jurídica: *Hermenêutica e Aplicação do Direito* (1925). Foi consultor-geral da República (1932), procurador-geral da República (1936), e ministro da Justiça. Em 1936, com a morte do ministro Arthur Ribeiro de Oliveira (1866-1936), foi nomeado (Getúlio Vargas) para o Supremo Tribunal Federal, onde ficou até 1941.

ção Brasileira, edição de 1918,[26] depois de falar que "as origens do instituto, vagas e indefinidas, perdem-se na noite dos tempos", diz que a instituição do júri foi trazida para a Inglaterra pelos normandos, com o nome de *inquisitio*.[27] Com o andar do tempo, a designação passou para *recognitio* e *assisa*,[28] respectivamente; depois, para *jurata*,[29] que teria sido o "embrião do júri moderno". O fato é que, como se viu, com a conquista dos normandos, a instituição foi implantada na Ilha, sofrendo alterações ao longo do tempo.[30]

Como já se antecipou, Henrique II, bisneto de Guilherme O Conquistador, por meio da *Assize of Clarendon*, criou nas comunidades inglesas um corpo de doze[31] gen-

---

(Disponível em: http://www.stf.gov.br/institucional/ministros/republica.asp?cod_min=82. Acesso em: 17.03.2008).

26 MAXIMILIANO, Carlos. *Commentarios a constituição brasileira*. Rio de Janeiro: Jacintho Ribeiro dos Santos, 1918, p. 755.

27 Guilherme o Conquistador teria instituído o *presentment of Englishry* (cf. ARAÚJO, Nádia de; ALMEIDA, Ricardo R., artigo doutrinário cit., p. 203).

28 "*Assisa* (asáyza). No antigo direito inglês e escocês, a *assise* era uma espécie de júri ou inquérito" (cf. BLACK, ob. cit.).

29 "*Jurata*. Direito inglês antigo, um júri de doze homens que prestam juramento. Especialmente, um júri do *common law*, que se distingue da *assisa*" (*Ibidem*, p. 765).

30 ABRAHAM, ob. cit., p. 103.

31 O número "doze" parece provir dos dozes apóstolos, bem como das doze tribos de Israel ou mesmo dos doze oficiais de Salomão (cf. MAXIMILIANO, ob. cit., p. 756, com base em Watson). A quem diga que "doze" é um número mítico da cultura druida (cf. MEHREN, Arthur T. von; MURRAY, Peter L. *Law in the United States*. 2. ed, Cambridge: Cambridge University Press, 2007, p. 209). As *Fundamental Constitutions of Carolina* (1609), que não foram ratificadas pelo legislativo, dispunham no art. 69 *Every jury shall Consist of twelve men*. (Disponível em: http://ritter.tea.state.tx.us/ssc/primary_resources/pdf/Constitution_of_South_Carolina_1669.pdf. Acesso em: 13.04.2010).

tis-homens encarregados de apurar os crimes cometidos por quem fosse notoriamente considerado "salteador, assassino ou ladrão, ou todo aquele que haja acobertado salteadores, assassinos ou ladrões desde quando o rei começou a reinar".[32] No início, a função desse órgão era nitidamente acusatória, um *presenting jury*.

A instituição do júri veio com o *common law* para o Novo Mundo, trazida pelos colonos. A Carta de Liberdade e Privilégios de 1683 permitiu a formação de um corpo de jurados na Colônia de Nova York.[33]

Na íntegra, a Emenda n. 5 tem a seguinte redação:

> *Ninguém será detido para responder por crime capital ou outro crime infamante, salvo por denúncia ou acusação perante um Grande Júri, exceto em se tratando de casos que, em tempo de guerra ou de perigo público, ocorram nas forças de terra ou mar, ou na milícia, durante serviço ativo; ninguém poderá pelo mesmo crime ser duas vezes ameaçado em sua vida ou saúde, nem ser obrigado em qualquer processo criminal a servir de testemunha contra si mesmo; nem ser privado da vida, liberdade, ou bens, sem processo legal; nem a propriedade privada poderá ser expropriada para uso público, sem justa indenização.*[34]

32 *A robber, or a murder or a thief, or anybody who is a harborer of robbers, or murderes, or thieves, since the king began to reign* (cf. ABRAHAM, ob. cit., p. 106).

33 Cf. KILLIAN, Johnny H. (Ed.). *The constitution of the United States of America – analysis and interpretation.* Washington: Library of Congress, 1987, p. 1.215.

34 *Constituição do Brasil e constituições estrangeiras,* ob. cit. Versão inglesa: *No person shall be held to answer for a capital, or otherwise infamous crime, unless on a presentment or indictment of a Grand Jury, except in cases arising in the land or naval forces, or in the Militia, when in actual service in time of War or public danger; nor shall any person be subject for the same offence to be twice put in jeopardy of life or limb; nor shall be compelled in any criminal case to be a witness against himself, nor be deprived of life, liberty, or property, without due process of law; nor shall private property be taken for public use, without just compensation* (*The constitution of the United States of America.* Washington, D. C.: National Archives and Records Administration).

O esboço da Emenda constitucional n. 5 é atribuído a Madison. Tudo indica que o projeto da Emenda não teria provocado maiores discussões no seio da constituinte, pois não há registros.

Em *Costello v. United States*, julgado em 1956, a Suprema Corte procurou esclarecer, didaticamente, a herança e o escopo da primeira cláusula da Emenda n. 5:

> *O propósito básico do grande júri inglês foi o de ensejar um método justo, instituindo procedimento criminal contra as pessoas que se acreditava tivessem cometido crimes. Os jurados do grande júri eram selecionados entre um corpo* (de gente) *do povo, e seus trabalhos não eram embaraçados por procedimento rígido ou regras de provas. Realmente, os jurados do grande júri podiam atuar de acordo com seus próprios conhecimentos, podendo fazer suas próprias acusações* (presentments) *ou* (acolher) *as representações* (indictments) (contidas) *em tal denúncia* (information), *quando elas fossem julgadas satisfatórias.*[35]

Para nós, brasileiros, não é lá muito fácil entender o papel do "grande júri".[36] Primeiramente, nosso juiz fica adstrito à velha regra do *ne procedat judex ex officio*, isto é, o juiz, mesmo sabendo particularmente da existência de um crime, não pode, por conta própria, desencadear uma ação penal, uma vez que o *dominus litis* é o Ministério Público.[37] Em segundo lugar, por tratar-se de crime da competência do tribunal do júri, o *judicium accusationis* começa com o ofe-

---

[35] KILLIAN, ob. cit., p. 1.215/6.

[36] O nome *grand jury* advém de ser normalmente composto de maior número de pessoas em relação ao *petit jury* (cf. BLACK, ob. cit., p. 768). No reinado de Henrique II, esse número era de vinte e quatro homens livres (*sword-girt knights*).

[37] Constituição Federal, art. 129, I.

recimento da denúncia pelo Ministério Público, terminando com o trânsito em julgado da sentença de pronúncia,[38] lavrada pelo juiz monocrático. O julgamento propriamente dito é feito pelos jurados, sob a supervisão do magistrado.[39]

Como já se antecipou, o principal papel do *grand jury* é, nos "crimes",[40] ou seja, nos ilícitos penais mais graves, verificar se há indícios capazes de levar alguém a ser julgado por um segundo corpo popular, denominado *petit jury* ou *petty jury*. O *grand jury* – repita-se – não condena, não julga ninguém. Limita-se a verificar se há provas suficientes para que o indiciado seja julgado pelo *petit jury*. Digamos, funciona como juízo de pronúncia.

O *grand jury* pode atuar como um órgão de investigação. Essa, aliás, era sua função no tempo de Henrique II.[41] Ainda hoje, se o *grand jury*, por investigação própria, decide que há indícios suficientes para incriminar alguém, ele emite, por escrito, um *presentment*.[42] Trata-se de procedimento atípico, uma vez que é feito *ex parte* e em segredo.[43]

---

38 Código de Processo Penal, art. 408.

39 Código de Processo Penal, art. 478.

40 Nos Estados Unidos – repetimos mais uma vez-, diferentemente do Brasil, a palavra "crime" tem maior compreensão. Abrange o que nós chamamos de "crime" (ou delito) e as "contravenções penais". Seria, para nós, o gênero "ilícito penal". No verbete "crime", o Black's Dictionary esclarece: *CRIME and MISDEMEANOR, properly speaking are synonymous terms; though in common usage CRIME is made to denote such offenses as are of a more serious nature* (ob. cit., p. 334).

41 MAITLAND, ob. cit., p. 211, diz que desde os tempos de *sir* John Fortescue (1385-1479), *chief justice* do *King's Bench*, o procedimento do júri é o mesmo de hoje.

42 Cf. BLACK, ob. cit., p. 1.066.

43 MEHREN/MURRAY, ob. cit., 207. A locução latina "ex parte" oferece, na linguagem forense americana, diversas versões. Pode significar, por

Mas, de um modo geral, o *grand jury* age mediante provocação (*bill of indictment*) da autoridade acusatória. Se acolhido o indiciamento, emite-se um *true bill*, que é o "passaporte" para o julgamento pelo *petit jury*. Se, ao contrário, o *bill of indictment* não encontra ressonância nas provas, o *grand jury* pronuncia um *ignoramus* ou *no bill*.

Na área federal, o *grand jury*, hoje, é formado de vinte e três jurados (*jurors*). Para alguns, o dispositivo constitucional não se aplica aos Estados-membros.[44] A Emenda n. 14, é certo, não menciona a instituição do *grand jury*. Estatística de 1984 noticiava que dos cinquenta Estados da Federação americana, só vinte se utilizavam do sistema do *grand jury*.[45] Em alguns Estados-membros, o instituto é usado tão somente na apuração de ilícitos do funcionalismo público.[46]

No tocante ao *petit jury*, Henry J. Abraham observa que essa instituição popular tem diminuído de importância no mundo todo. Na Inglaterra e no País de Gales, é utilizada, de modo limitado, na área penal. Na área civil,

---

exemplo, "a requerimento de uma parte, sem a presença da parte contrária". Muitas vezes equivale à nossa "inaudita altera parte", expressão muito usada em ação cautelar, mandado de segurança e *habeas corpus*. Assim, "o juiz concedeu medida *inaudita*", isto é, não ouviu a parte adversa para a decisão de natureza provisória. Nos Estados Unidos, nos cabeçalhos de casos judiciais, a locução indica que a decisão do tribunal foi provocada por alguém no nome de quem vem logo após "ex parte". Desse modo: *Ex parte Quirin, 317 U.S. 1 (1942)*, significa que o caso decidido pela Suprema Corte o foi em nome de alguém chamado "Quirin". O *Black's* averba: "Ex parte, *in the heading of a reported case, signifies that the name following is that of the part upon whose application the case is heard*".

44 Cf. NOWAK, John E.; ROTUNDA, Ronald, ob. cit., p. 212.

45 ABRAHAM, ob. cit., p. 107.

46 *Ibidem*, p. 107.

só em casos excepcionais.[47] Nos Estados Unidos, alguns Estados admitem o *petit jury* para matéria penal e civil; outros, só para matéria penal.[48]

As diferenças entre o júri nos Estados Unidos e na Inglaterra são relativamente pequenas.[49] Alguns fatores têm concorrido para a diminuição da utilização do júri nos Estados Unidos, não obstante sua relevância histórica. No cível, a instituição do juízo arbitral; no crime, o instituto *plea bargain* ou *plea bargaining*.[50] Outro fator relevante para a diminuição do papel do júri: as "surpresas" que um julgamento popular pode trazer.

A própria Emenda n. 5 excepciona do júri matéria de natureza militar. Também questões de equidade[51] se acham fora de seu alcance.

Questão prática e teoricamente instigante diz respeito à "soberania do júri". O conselho de jurados fica preso à matéria de fato ou pode avançar em matéria de direito? No caso de lei desarrazoada, injusta, deve ela ser aplicada assim mesmo, violando a "consciência da comunidade" (*conscience of the community*)? O juiz presidente do júri, em

---

47 *Ibidem*, p. 111 e 133.

48 *Ibidem*, p. 113.

49 MEHREN/MURRAY, ob. cit., p. 200.

50 Em alguns Estados da Federação americana, as partes, com o propósito de evitar publicidade e diminuir os custos com o processo, utilizam-se do *rent-a-judge system*: um juiz aposentado, experiente, é contratado para resolver a pendenga. Por sua vez, o instituto da *plea bargain* consiste em transação entre os advogados das partes em determinadas modalidades de ilícito penal. Em alguns Estados, a *plea bargaing* não é admitida (http://dictionary.law.com/Default.aspx?selected=1541. Acesso em: 18.04.2011).

51 Cf. WILLOUGBHY, Westel W. *Principles of the constitutional law of the United States*. New York: Baker, Voorhis & Co., 1938, p. 462.

suas instruções aos jurados, deve tocar no "poder" de os jurados aplicar ou não a lei na qual o fato está sendo subsumido? Entra em cena a denominada *Jury Nullification Theory.*[52] Há um caso clássico, ocorrido em 1670. Trata-se do *Bushell's Case.* Lei inglesa de 1664 (*Conventicle Act*) vedava a reunião de mais de cinco pessoas para discutir, sem a licença prévia da Igreja Anglicana, qualquer questão de fé. William Penn (1644-1718) e William Mead, que eram quacres, foram levados a júri sob argumento de que tinham violado a lei do conventículo. O tribunal do júri, contrariando o juiz presidente, entendeu que os dois réus não podiam ser condenados, ainda que faticamente se enquadrassem no clichê legal. O juiz manteve os jurados presos e sem água no fórum, até que julgassem de acordo com a lei... Como os jurados se recusaram, foram presos por desacato e multados. Edward Bushell, um dos jurados presos, ajuizou um *habeas corpus* na Court of Common Pleas, presidida por *sir* John Vaughan (1603-1674). Vaughan sentenciou que jurado algum poderia ser preso e multado em razão de seu veredicto.

Sob a presidência de John Jay, a Suprema Corte dos Estados Unidos julgou *Georgia v. Brailsford, 3 U.S. 1(1794).* Recomendou-se, então, que o juiz presidente do júri lembrasse, antes do julgamento, que o conselho de jurados poderia decidir questões de fato e mesmo de direito.[53]

---

52 Consultar CONAWAY, Teresa L.; MUTZ, Carol L.; ROSS, Joan M. *Jury nullification: a selective, annotated bibliography* (Disponível em: http://scholar.valpo.edu/vulr/vol39/1552/5. Acesso em: 06.06.2013).

53 BRASIL. A Carta de 1824, em seu art. 152, dizia: "Os Jurados pronunciam sobre o fato, e os Juízes aplicam a Lei". A Constituição de 1988, no art. 5º, XXXVIII, deixa para a lei ordinária a regulamentação do júri. Dentre outros requisitos, a Constituição impõe (cláusula pétrea) "c) a soberania dos

Cem anos depois, outro foi o entendimento: o juiz não era obrigado a admoestar os jurados de seu direito de entrar no mérito da lei.[54]

Os anais do júri criminal americano registram casos de jurados terem aplicado a *Jury Nullification Theory* antes mesmo da Guerra de Secessão, como na hipótese de descompasso do tribunal do júri com a lei que mandava punir escravos fujões. No século passado quantos e quantos pacifistas (Guerra do Vietnã) foram absolvidos mesmo tendo formalmente violado a lei? São muitos. Akhil Amar sintetiza o poder de revisão de lei pelo tribunal do júri nos dias de hoje: "uma mera sombra daquilo que ele (júri) foi para nossos ancestrais" (*Jury review today is just a shadow of what it was to our forebears*), arrematando com ironia: *But it still lives – perhaps* (AMAR, Akhil Reed, ob. cit., p. 242).

Na realidade, se a *Jury Nullification* pode corrigir injustiças pode, ao reverso, provocá-las. Muitas vezes a absolvição do réu, quando as provas dos autos apontam condenação, pode trazer impacto social. Foi o caso da absolvição de policiais brancos, filmados casualmente por videotape amador, que espancaram, de modo bárbaro e desnecessário, o negro Rodney King (1965-2012). Los Angeles (distrito da culpa) ficou em pé de guerra. O processo de King foi desaforado para Simi Valley (Ventura County), com a absolvição dos quatro réus. A cidade de Los Angeles foi

---

veredictos". A Lei n. 11.689/2008 fez mudanças substanciais no nosso Código Penal. O art. 483, com a nova redação, diz, no inciso V, § 2º, que o juiz presidente do júri, na hipótese de mais de três jurados negarem a materialidade do fato e a autoria do crime, indagará do jurado se ele "absolve o acusado".

54 *Sparf v. United States, 145 U.S. 51 (1895).*

literalmente tomada de arruaças e incêndios. O incidente, um dos mais graves da história americana, tornou-se conhecido como *Rodney King Riots*. Mais de cinquenta manifestantes morreram; milhares ficaram feridos. Em novo julgamento, houve condenação.[55]

A segunda cláusula da Emenda se refere ao *double jeopardy*: *nor shall any person be subject for the same offence to be twice put in jeopardy of life or limb*. No contexto, "life or limb" – esclarece o clássico Westel W. Willoughby (1867-1945) –, tem o sentido de "qualquer punição" (*any punishment*).[56]

Em julgamento de 1957, a Suprema Corte esclareceu:

> *A proibição constitucional contra o* double jeopardy *teve por propósito proteger o indivíduo de ser submetido aos riscos de julgamento e possível condenação por um indigitado delito. (...) A ideia motriz, já profundamente arraigada no sistema anglo-americano de direito, pelo menos, é de que ao Estado, com todos seus recursos e poder, não deveria ser possibilitado fazer sucessivas tentativas de condenar uma pessoa por um indigitado delito, sujeitando-a, desse modo, a constrangimento, despesas e provações, compelindo-a a viver num permanente estado de ansiedade e insegurança, bem como criar a possibilidade para que ela possa, mesmo inocente, ser considerada culpada.*[57]

Por certo, a vedação de múltiplo processo pela mesma infração é quase tão velha quanto a história do homem civilizado, uma vez que se assenta na razão e no sentimento de justiça. Cooley diz que essa proibição remonta ao

---

55 cf. MEHREN, Arthur T. von; MURRAY, Peter L. *Law in the United States*. 2. ed. Cambridge: Cambridge University Press, 2007, p. 201 e seg.).

56 WILLOUGHBY, ob. cit. p. 475.

57 *Green v. United States, 355 U.S. 184, 187-188 (1957).*

tempo em que as "punições de sangue eram comuns".[58] Na Inglaterra, seu realce pretoriano se deu com Coke e Blackstone.[59]

Madison apresentou uma redação da cláusula *double jeopardy* na Câmara dos Deputados, que não foi encampada *in totum* pelo Senado: "Ninguém será sujeito, salvo nos casos de *impeachment,* a mais de duas punições ou julgamento pelo mesmo delito".[60]

Em *Palko v. Connecticut, 302 U.S. 319 (1937)*, a cláusula foi tida por inaplicável aos Estados-membros. Já em *Benton v. Maryland, 395 U. S. 784 (1969)*, outra foi a solução: a cláusula *double jeopardy* também se aplicava aos Estados, uma vez que se trata de um ideal fundamental herdado constitucionalmente. Hoje, portanto, prevalece a tese de que a *Double Jeopardy Clause* é válida para ambos os níveis, federal e estadual.[61]

A denominada "Doutrina da Dupla Soberania" (*Dual Sovereignty Doctrine*), com raízes na Emenda n. 10, tem trazido confusão e incertezas no cenário doutrinário e pretoriano, e até pesadas injustiças na avaliação da cláusula *double jeopardy*. Por razões históricas, os Estados Unidos da América foram formados por treze Estados distintos, isto é, entidades sem nenhum liame político entre elas. Por "força do hábito" (Ruy Barbosa), continuou-se, mes-

---

58 COOLEY, ob. cit., p. 370.

59 Cf. KILLIAN, ob. cit., p. 1.221.

60 *No person shall be subject, except in cases of impeachment, to more than one punishment or trial for the same offense (Annals of Congress 434 – June 8, 1789).*

61 *Crist v. Bretz, 437 U. S. 28 (1978).* Falou pela maioria da Corte, o *justice* Stewart.

mo depois de constituído o Estado federal, a falar-se em "soberania" dos Estados-membros.

Um dos primeiros casos (1820), no qual se permitiu julgamento pela mesma infração por duas ordens políticas distintas (Pensilvânia e União), foi o do recalcitrante miliciano Houston.[62] Mais de um século e meio depois, com votos vencidos de Brennan e Marshall, a justice Sandra O'Connors afastou, com arrimo no princípio da dupla soberania, a proteção da cláusula *double jeopardy*. Trata-se de *Heath v. Alabama, 474 U. S. 82 (1985)*. Larry Heath contratou dois sicários para que sequestrassem sua mulher, grávida de nove meses, e a matassem. O sequestro se deu no Estado do Alabama. O assassinato, todavia, ocorreu no Estado vizinho da Geórgia. A justiça da Geórgia se adiantou, condenando o mandante à prisão perpétua. Ao ser julgado pelo mesmo crime no Alabama (o júri recomendou pena de morte), Heath invocou a proteção constitucional da *Double Jeopardy Clause*. Argumentou que o princípio de duas soberanias só podia, logicamente, coexistir entre a União e um Estado, nunca entre dois Estados (Alabama e Geórgia). O'Connors, invocando precedente de 1922 (*United States v. Lanza*), ponderou que já se achava firmemente assentado pela Corte que, quando alguém, através de uma só ação, viola a "paz e a dignidade" de duas soberanias diferentes, comete "duas ofensas distintas", podendo, por conseguinte, ser punido por cada uma das ordens políticas ofendidas.

No caso *United States v. Lanza, 260 U. S. 377 (1922)*, mencionado em *Heath v. Alabama*, a Suprema Corte admitiu

---

62 *Houston v. Moore, 18 U. S. 1 (1820).*

a possibilidade de alguém, que já tenha sido condenado pela justiça estadual, ser também, pelos mesmos fatos, julgado pela justiça federal:

> *uma ação denunciada como criminosa por ambas as soberanias – nacional e estadual – é um delito contra a paz e a dignidade das duas (ordens jurídicas), e pode ser punida por cada uma delas. A Quinta Emenda, como as demais garantias (existentes) nas oito primeiras Emendas, aplica-se somente ao processo federal (Barron v. City of Baltimore, 7 Pet. 243), e a proibição do* double jeopardy, *em decorrência, é para uma acusação sob autoridade do governo federal após um primeiro julgamento pelo mesmo delito sob a mesma autoridade.*

Outro caso curioso é *Brown v. Ohio, 432 U.S. 161 (1977)*: um rapaz praticou um "furto de uso" (*joyriding*) de um automóvel. Como se tratava do mesmo fato, entendeu-se que a punição pelo primeiro ilícito ("furto de uso"), ainda que de menor gravidade, impedia a condenação por furto (*theft*) do veículo.[63] À evidência, a aplicação da cláusula não se faz cegamente, como mostra *Illinois v. Vitale, 447 U. S. 410 (1980)*: condenação por excesso de velocidade na direção de veículo não impede condenação por homicídio culposo da vítima. Em *United States v. Frank Dennis Felix*, a Suprema Corte disse que, pelo fato de haver sido condenado por um crime (tentativa de manipulação de metanfetamina) não poderia o réu vir a ser apenado também por associação criminosa para a prática do mesmo delito pelo qual já havia sido condenado antes. Frank Dennis

---

[63] BRASIL. O Código Penal brasileiro vigente não contempla o "furto de uso". Não importa se a coisa móvel foi subtraída *sine animo habendi*. O tipo penal é o do art. 155.

Felix foi condenado por crime tentado (manipulação de droga proibida), com sentença condenatória confirmada pelo Tribunal da Oitava Região (*8th Circuit*). No segundo caso, em que o réu foi absolvido pelo Tribunal da 10ª Região (*10th Circuit*), a condenação de primeira instância foi por *societas sceleris*. O *justice* Rehnquist – e com ele o Colegiado- afirmou que não se podia invocar a proteção da cláusula *double jeopardy*, pois houve dois crimes distintos, ainda que conexos.[64] Rehnquist insistiu, no final de seu voto, que, no caso, "a acusação por associação criminosa (*conspiracy*) contra Felix foi um ilícito distinto do crime pelo qual ele havia sido previamente processado, e a Cláusula *Double Jeopardy* não impede o processo por aquela acusação".

Um dos pontos de divergência na interpretação da cláusula *double jeopardy* está em saber-se "quando" se dá a caracterização para a incidência da proibição constitucional. Para alguns *justices*, só com o *julgamento final*, com a absolvição ou com a condenação, é que se pode validamente invocar o dispositivo da Emenda n. 5. Alega-se que a sociedade merece mais proteção do que o indiciado ou acusado. Para outros julgadores, todavia, a proteção vai além. O que está sob a proteção da Emenda n. 5 é o direito de o indivíduo não ser colocado em julgamento por mais de uma vez pelo mesmo crime. Em *Crist v. Bretz, 437 U. S. 28, 32-36 (1978),* mencionado acima, em que uma corte de Montana, já com o júri legalmente constituído

64 BRASIL. O Código Penal brasileiro, em seu art. 69, contempla o "concurso material" de crimes: quando o agente, mediante mais de uma ação (ou omissão), pratica dois ou mais crimes. O juiz, nesse caso, soma as penas individualmente cominadas a cada delito.

(*empanelled and sworn*), antes mesmo de se ouvir a primeira testemunha, acabou por não se realizar, por razões processuais. Válida, então, foi a invocação da proteção constitucional (*double jeopardy*).

Em *North Carolina v. Pearce, 395 U. S. 711, 717 (1969)*, a Corte enfatizou que o propósito básico da cláusula constitucional é proteger o réu "contra um segundo processo pela mesma ofensa após (sua) condenação". Em 20.02.2013, a Suprema Corte reformou decisão da Suprema Corte de Michigan ao apreciar pedido de *certiorari* em *Evans v. Michigan, 568 U.S... (2013)*. Evans foi acusado de haver, de modo pensado, ateado fogo em uma casa.[65] A acusação, todavia, não fez prova de que o imóvel estivesse habitado, como havia afirmado em sua petição. O tribunal do júri, por interpretação errônea ou não, absolveu o acusado. Houve apelação por parte do Estado, ocasião em o réu alegou violação da cláusula *double jeopardy*. A suprema corte estadual, a seu turno, não acolheu a argumentação da defesa. A Suprema Corte, por maioria expressiva, afastou os precedentes colacionados pela acusação. O único voto dissidente foi o do *justice* Samuel Alito: a cláusula *double jeopardy* não protegia o impetrante (Evans). Ademais, o Estado de Michigan não teve a oportunidade de produzir a prova por ele requerida.

Na Constituição brasileira em vigor não se encontra dispositivo expresso sobre o princípio do *ne bis in idem*.

---

65 O Código Penal de Michigan (750.73) tipifica o crime de "incêndio em segundo grau" (*second degree arson*) quem, de modo voluntário ou doloso, queima, danifica ou destrói por fogo ou explosivo habitação, independentemente de se achar ela ocupada ou não etc. BRASIL. O Código Penal Brasileiro, por sua vez, no art. 250, aumenta a pena de um terço se o incêndio é em "casa habitada ou destinada a habitação".

Trata-se de princípio universal de garantia processual, que, no constitucionalismo brasileiro, pode entrar pela porta ampla dos §§ 2º e 3º do art. 5º da Constituição. Em 1992, o Governo brasileiro promulgou o Decreto n. 678, que mandou cumprir a Convenção Americana sobre Direitos Humanos (Pacto de S. José da Costa Rica, de 12.11.1969): "Art. 8º, 4. O acusado absolvido por sentença passada em julgado não poderá ser submetido a novo processo pelos mesmos fatos".[66]

A terceira cláusula da Emenda n. 5 é a de que ninguém é obrigado a testemunhar contra si mesmo em processo criminal (*nor shall be compelled in any criminal case to be a witness against himself*). Esse dispositivo pode ser condensado na parêmia latina: *nemo tenetur se ipsum accusare.* No comentário à Emenda n. 4 (Capítulo IX), já citamos um ou outro precedente da Suprema Corte norte-americana relativo a "produção de prova contra si". Agora, queremos apenas consignar que nosso Estatuto constitucional de 1988, embora não traga texto semelhante, não deixa de garantir esse direito tal qual se acha na Convenção Americana de Direitos Humanos, art. 8º, 2, *g*, incorporado à Constituição de 1988 por força dos §§ 2º e 3º, do art. 5º. No Supremo Tribunal Federal do Brasil, muitas vezes o julgador prefere, na ausência de cláusula constitucional expressa, como a americana, invocar o abrangente *devido processo legal* para garantir o direito de não se autoincri-

---

66 Disponível em: http://www.juareztavares.com/textos/pactosaojose.pdf. Acesso em: 19.07.2010. O Decreto n. 4.388/2002, por sua vez, manda cumprir o Estatuto de Roma, detalhando a proibição do *bis in idem* (art. 20).

minar,[67] ou então, o *direito de permanecer calado* (LXIII do mesmo art. 5º).

A expressão *in any criminal case*, da cláusula constitucional, foi acrescida à redação de Madison na Câmara dos Deputados.

É bom relembrar que na Inglaterra, em janeiro de 1649, o Conselho do Exército apresentou ao Parlamento esboço de direitos, que ficou conhecido como *Agreement of the People*. Como já se falou por mais de uma vez, esse documento, quase um século e meio depois, veio influenciar os constituintes norte-americanos de 1787 e 1789. A cláusula da proibição da *self-incrimination* fazia parte dos adendos ao esboço. O *Agreement of the People* ficou engavetado, e Oliver Cromwell, mais tarde, ditou seu próprio *Instrument of Government*, que, por sua vez, acabou por ser rejeitado pelo Parlamento de 1654.[68]

A garantia contra a *self-incrimination* não protege as pessoas jurídicas. Aplica-se, todavia, a estrangeiros, uma vez que a cláusula constitucional fala em "pessoa".[69] Vale, também, para os Estados-membros.[70]

---

67 Cf. *HC 103.446/ES* (*Celso de Mello*). Ver, ainda, *HC 77.135/SP* (*Ilmar Galvão*), *HC 83.096/RJ* (*Ellen Gracie*) e *HC 78.708/SP* (*Sepúlveda Pertence*).

68 SCHWARTZ, Bernard. *The bill of rights: a documentary history*. New York: Chelsea House Publishers in association with McGraw Hill Book Company, v. I, 1971, p. 22. *Constituição do Brasil e constituições estrangeiras*, ob. cit. Texto original em inglês: *No person shall be held to answer for a capital, or otherwise infamous crime, unless on a presentment or indictment of a Grand Jury, except in cases arising in the land or naval forces, or in the Militia, when in actual service in time of War or public danger* (*The constitution of the United States of America*. Washington, D. C.: National Archives and Records Administration).

69 NOWAK/ROTUNDA, ob. cit., p. 214.

70 *Ibidem*, p. 240.

Nos Estados Unidos, sobretudo na órbita penal, usa-se frequentemente uma expressão popular nos interrogatórios para se safar de compromisso formal (*oath*) perante autoridade judicial ou extrajudicial: *I take the Fifth*, que pode ser traduzido por "...eu invoco a Quinta (Emenda)", isto é, "fico calado no interrogatório". Quem invoca a proteção da cláusula *self-incrimination* tem o direito de não responder a perguntas que possam, potencialmente, vir a incriminá-lo. Modernamente, um dos casos de *taking the Fifth* de maior repercussão foi o do coronel Oliver North perante uma comissão do Congresso. North negou-se a falar sobre a destruição de papéis durante o *affair* Irã-Contra, um dos grandes escândalos da Administração Reagan (venda de armas a guerrilheiros do Irã e da Nicarágua). Mais recentemente (2008), um ex-governador de Illinois (Rod Blagojevich) foi preso pela polícia federal sob o argumento de que havia armado um esquema de propina e corrupção. O advogado alegou que seu cliente se prevaleceria do *taking the Fifth.*

No pertinente ao "direito de ficar calado", o art. 186 do Código de Processo Penal do Brasil, antes do advento da Lei n. 10.792/2003, rezava que o juiz, quando do interrogatório do réu, deveria adverti-lo de que ainda que ele, réu, não estivesse obrigado a responder às perguntas que lhe seriam feitas, "o seu silêncio poderá ser interpretado em prejuízo da sua própria defesa". O art. 186 do CPP sofreu alteração para adaptar-se ao novo ordenamento constitucional (1988): "O silêncio, que não importará em confissão, não poderá ser interpretado em prejuízo da defesa" (parágrafo único).

A cláusula de que ninguém será obrigado, em processo criminal, a fazer prova contra si, tem, ao longo dos anos, sido objeto de divergências jurisprudenciais nas cortes norte-americanas. Até o final do século XIX, as leis estaduais, de um modo geral, proibiam o réu de testemunhar em juízo. Em 1878, o Congresso passou uma lei vedando à acusação ou ao próprio juiz instrutor do júri de dizer aos jurados que o réu havia se recusado a depor. Hoje, essa vedação vem expressa no § 3481, capítulo 223, título 18, do Código Criminal da União, que tem alcance nacional: a recusa do acusado em depor contra si em processo penal não "estabelecerá nenhuma presunção contra ele (... *shall not create any presumption against him*).

Obrigatoriamente, tem-se de abordar uma decisão que se tornou famosa no mundo inteiro, pois repercutiu em muitas legislações estrangeiras. Refiro-me ao conhecidíssimo *Miranda Case*. Earl Warren (1891-1974),[71] então pre-

[71] Earl Warren foi o 14° presidente da Suprema Corte dos Estados Unidos (1953 a 1969). Nasceu em Los Angeles, filho de pais escandinavos. Seu pai foi trabalhar na Estrada de Ferro *Southern Pacific*. Não obstante a dificuldade de vida, não poupou esforço para que o filho estudasse direito (Universidade da Califórnia). Depois de formado, Earl trabalhou em alguns escritórios de advocacia. Mais tarde, assessorou órgãos legislativos (municipais). Já com família numerosa, e sempre encorajado pela mulher, tornou-se procurador-geral do Estado da Califórnia. Em 1942, foi eleito governador de seu Estado. Tentou, por duas vezes, ser candidato (Partido Republicano) à presidência da República. Acabou por apoiar Eisenhower (1890-1969), que o indicou para a Suprema Corte (vaga do *chief justice* Frederick Vinson). Ainda que não fosse considerado um *scholar*, tinha um espírito de liderança e se impunha sobre os colegas. A todos surpreendeu por sua liberalidade. Casos importantes foram julgados e orientados por ele: *Brown v. Board of Education, 347 U. S. 483 (1954), Gideon v. Wainwright, 372 U. S. 335 (1963), Miranda v. Arizona, 384 U. S. 436 (1966)* e muitos outros (cf. CUSHMAN, Clare (Ed.). *The supreme court justices: illustrated biographies, 1789-1993*. Washington, D.C.: Congressional Quarterly, 1993, p. 436 e seg.). Dizem que Einsenhower, que não esperava a atitude liberal de Warren, teria dito a amigos que a indicação de Earl Warren para a Su-

sidente da Suprema Corte, ao "lavrar o acórdão" do caso *Miranda v. Arizona, 384 U.S. 436 (1966)*, remontou-se a julgados do século anterior, dizendo que, com a expulsão dos Stuarts do trono, os ingleses forcejaram por banir o arbítrio e a prepotência. Era comum, então, a utilização do método inquisitorial. O indiciado ou a testemunha eram presos e intimidados a confessar. A confissão, assim obtida, era considerada válida para a condenação ou para a instauração de outro processo. No ano de 1966, quatro casos chegaram à Suprema Corte pela porta estreita do *certiorari*.[72] Todos eles envolviam interrogatórios e confissões de suspeitos, obtidos na delegacia por agentes policiais intimidadores. Propositalmente, aos detidos não se esclarecia que eles podiam se comunicar com seus advogados ou, quando interrogados, ficar em silêncio. Em todos os julgamentos, os réus foram judicialmente condenados. O mais célebre deles, que acabou por servir de exploração política em campanha eleitoral para a

---

prema Corte teria sido a maior asneira que ele jamais havia feito (*the biggest damned-fool mistake I ever made*).

72 O termo *certiorari*, de origem latina, significa "tornar mais certo" ou "mais bem informado". Normalmente, os processos findam na segunda instância. O Regimento da Suprema Corte (*Rules*) admite, todavia, que em determinados casos, "quando houver razões especiais e importantes para tanto" (*when there are special and important reasons therefore*), o sucumbente (que recebe o nome de *plaintiff* ou *petitioner*) possa requerer um *writ of certiorari* perante a Corte. A parte adversa (*respondent*) é ouvida. Após devidamente instruídos e arrazoados os autos, cada julgador (*justice*) recebe uma cópia. Segundo estatística de 1945/1985, apenas um por cento dos pedidos de *certiorari* era admitido (cf. ABRAHAM, ob. cit., p. 185). Hoje, de um modo geral, chegam à Suprema Corte pouco mais de sete mil casos por ano. Apenas cem casos (ou pouco mais) são conhecidos (cf. FALLON JR., Richard H. *The dynamic constitution – an introduction to American constitutional law*. Cambridge: Cambridge University Press, 2004, p. 194).

presidência da República (1968), foi, como se mencionou, o de um indigente mexicano (Ernesto Arturo Miranda), que se expressava mal na língua inglesa. Intimidado por detetives e investigadores, foi levado à confissão. A Suprema Corte considerou malferida a Emenda n. 5. O voto condutor da decisão, também como já se ponderou, foi de Earl Warren, que, após lembrar o caso *Escobedo v. Illinois, 378 U.S. 478 (1964)* –, arrematou:

> *(...) lá* (Escobedo), *como nos quatro casos (agora) diante de nós, funcionários encarregados de cumprir a lei tomaram o réu sob custódia e o interrogaram num posto policial com o propósito de obter confissão. A polícia não o advertiu, efetivamente, de seu direito de ficar calado ou de seu direito de consultar seu advogado. Ao contrário, eles o confrontaram com o alegado cúmplice, que o acusou de haver cometido assassinato.*

E, bem mais para a frente, depois de invocar decisão no caso *Weems v. United States, 217 U.S. 349, 373 (1910)*, o *chief justice* prosseguiu:

> *Esse foi o espírito no qual nós nos abeberamos, numa linguagem expressiva, a maneira pela qual os direitos constitucionais do indivíduo podem ser* (legalmente) *utilizados contra práticas policiais* (ainda que) *altamente zelosas. Fez-se mister em Escobedo, como aqui, assegurar que o que está proclamado na Constituição não se tornou um mero meio de assim dizer (...) nas mãos de funcionários do governo. E é com esse espírito, compatível com nosso papel de juízes, que nós, hoje, aderimos aos princípios de Escobedo.*

Hoje, depois do histórico *Miranda Case*, famosas ficaram as "advertências" (*Miranda Warnings*) que o policial tem de "recitar" na hora da prisão: *você tem o direito de ficar em silêncio; seu silêncio, porém, poderá ser usado contra você; você tem o direito de se comunicar com seu advogado (...).*

Atualmente, lembra o professor Laurence Tribe, é difícil encontrar uma criança, habituada com os filmes de crimes pela televisão, que não saiba de cor as *Miranda Warnings.*[73]

Vejamos fato ocorrido em fevereiro de 2000, no Estado de Nebraska. John J. Fellers, usuário e distribuidor de drogas, dormia em casa quando foi acordado por policiais que pediram permissão para entrar na residência. Fellers aquiesceu de boa vontade. Induzido pelos agentes, confessou que fazia uso e até distribuía drogas. Aí, então, os policiais abriram o jogo: ele havia sido indiciado por um *grand jury* por distribuição de metanfetamina. Preso, foi levado à delegacia. Ao ser novamente ouvido, agora com a advertência do *Miranda,* Fellers tornou a se autoincriminar. Em juízo, seu advogado alegou nulidade. Fellers foi condenado a doze anos de cadeia. Entrou, então, com um *writ of certiorari,* que provocou muita expectativa nos meios jurídicos e políticos: a possibilidade da derrubada do precedente *Miranda.* A Suprema Corte manifestou-se por meio do voto de Sandra O'Connor: a decisão recorrida (*Court of Appeals*) foi reformada. O réu, na verdade, só ficou a par do conteúdo da nota de culpa após ter sido indiciado. Não havia sido previamente advertido de seus direitos – embora tenha assinado a nota de culpa –, de ficar calado e de só falar na presença de advogado. O tribunal recorrido, disse O'Connor, aplicou equivocadamente o precedente *Oregon v. Elstad, 470 U. S. 298 (1985),* que coonesta a validade do interrogatório só quando a

---

[73] TRIBE, Laurence H. *God save this honorable court – how the choice of Supreme Court justices shapes our history.* New York: New American Library, 1986, p. 85.

confissão é feita de modo consciente e voluntário. Diferente era o caso concreto.

Inúmeros casos envolvendo o "direito de ficar em silêncio durante interrogatório criminal" já desfilaram perante os tribunais inferiores e perante a Suprema Corte. Um dos últimos foi o de Genovevo Salinas, julgado em 17 de junho de 2013 [*Salinas v. Texas, 570 U.S. ...(2013)*]. A votação foi apertada, por apenas um voto a favor do Estado do Texas, o que mostra oscilação jurisprudencial. A situação fática de Salinas não deixa de apresentar peculiaridades. Ele, na verdade, não estava sendo formalmente acusado de crime algum. Não era, tecnicamente, *defendant*, mas apenas *suspect*. Não se achava sob custódia policial. Em dezembro de 1992, em Houston, dois irmãos deram uma festinha em seu apartamento. Ambos foram assassinados. Uma testemunha disse que ouviu os tiros e viu, em seguida, um Chevrolet Camaro, de cor azul escura, sair em disparada. A polícia, ao seguir pistas, deu na casa de Salinas, que morava com os pais. A mãe de Salinas possuía um Camaro que coincidia com a descrição da testemunha. Os policiais, então, conversaram amistosamente com o pai de Salinas, que lhes mostrou um revólver que guardava em casa. Os investigadores convidaram Salinas para ir à delegacia. Informalmente, fizeram-lhe inúmeras perguntas durante quase uma hora. Salinas respondia a todas com tranquilidade. À indagação se as cápsulas de munição achadas no local do crime seriam semelhantes àquelas do revólver que lhes fora mostrado por seu pai, Salinas olhou para o chão e não deu resposta (*...looked down and refused to answer the questions*). Levado a júri, o julgamento não prosperou. Tempos depois, um amigo de Salinas contou para a polícia que Salinas lhe havia confessado que havia assassinado os dois irmãos. Salinas mudou de cidade e passou a viver sob nome falso. Em 2007, foi descoberto, processado e condenado a vinte anos de prisão e a cinco mil dólares de multa. Interpôs um *writ of certiorari* na Suprema Corte. No arrazoado do *writ*, os advogados de Salinas sustentaram que ele tinha direito assegurado pela Emenda n. 5 de ficar calado, estivesse ou não sob custódia. No caso, não lhe foi recitada a ladainha do *Miranda Case*. Invocaram precedentes como *Jenkins v. Anderson, 447 U.S. 231 (1980)*, *Griffin v. California, 380 U.S. 609 (1965)* e *Doyle v. Ohio, 426 U.S. 610 (1976)*. O "relator" do processo, *justice* Samuel Alito, entendeu que a cláusula constitucional não vinha em abono de réus que simplesmente insistiam em permanecer calados durante o interrogatório. No caso concreto, Salinas deveria ter invocado expressamente a proteção constitucional. Não invocou. O *justice* Clarence Thomas foi além (voto em separado): a garantia da Emenda n. 5 não seria aplicável no caso de Salinas mesmo se formalmente invocada por ele antes do interrogatório. Na realidade, Salinas não sofreu coação alguma. Logo, não podia prevalecer-se da proteção constitucional.

A próxima cláusula, que também se espalhou por todo o mundo dito civilizado, é a "do devido processo legal". Cláusula importantíssima na defesa do cidadão norte-americano, em razão de sua elasticidade protetora. A Emenda, depois de dizer que "ninguém será compelido em qualquer feito criminal a ser testemunha contra si próprio", veda, de modo enfático, a perda da vida, da liberdade ou da propriedade "sem o devido processo legal": *nor be deprived of life, liberty, or property, without due process of law.*

No Brasil, desde nossa primeira Constituição republicana (1891), tem-se, ainda que acanhadamente, invocado a garantia anglo-saxônica.[74] Hoje, nossa Constituição de 1988 a contempla expressamente no inciso LIV do art. 5º: "ninguém será privado da liberdade ou de seus bens sem o devido processo legal".

Aos olhos de um observador de outras plagas, pode-se estranhar por que na redação brasileira não se fala em "vida". Só se alude a valores outros, como a "liberdade" e "bens". A razão é simples: a nossa Constituição, no inciso XLVII, alínea "a", do art. 5º, veda a pena de morte (excetua, todavia, "em caso de guerra" legalmente declarada).

A cláusula do devido processo legal foi trazida da Inglaterra pelos colonos. Muitos constituintes norte-americanos tinham estudado nos livros de Edward Coke, que foi rotulado, com justiça, de "oráculo do *common law*" e "campeão da liberdade" por Roscoe Pound.[75] Coke, ao comentar o capítulo 39 da Magna Carta, escrita em latim, mostra que a expressão *per legem terrae*, ali inserida, remonta ao reinado de Eduardo III, e era equivalente ao *due process of law*.

Não resta dúvida de que a cláusula *due process* é uma das mais importantes do *Bill of Rights*, bem como um dos provimentos mais controvertidos das garantias constitucio-

---

74 Cf. BITTENCOURT, Lúcio. *O controle jurisdicional da constitucionalidade das leis*. 3. ed. Rio de Janeiro: Forense, p. 90.

75 POUND, Roscoe. *The development of constitutional guarantees of liberty*. New Haven: Yale University Press, 1957, p. 42. Ver, também, MACIEL, Adhemar Ferreira. Due Process of Law, artigo doutrinário publicado na revista portuguesa *Scientia Ivridica*, n. 250/252, 1994, p. 369-377.

nais norte-americanas.[76] Karl Loewenstein, em sua festejada obra *Verfassungsrecht und Verfassungspraxis der Vereinigten Staaten* (Berlin: Springer, 1959, S. 510), lembra que a "*Due process-Klausel*" é, "hoje, a mais forte barreira protetora dos direitos de liberdade do cidadão contra a usurpação do poder público".[77] Também Bernard Schwartz, depois de tecer considerações sobre o "Documento de Boston" (1772), que acrescia vibrantemente "o direito dos colonos à Vida, à Liberdade, e à Propriedade", ressalta: "Essa, por certo, a trilogia lockiana mais tarde preservada, talvez pelo mais importante dispositivo do *Bill of Rights* – a Cláusula do Devido Processo da Emenda 5."[78]

Foi com base na cláusula *due substantive process of law* que decisões marcantes da Suprema Corte, que sacudiram toda a sociedade americana, perpassaram por *Skinner v. Oklahoma, 316 U.S. (1942)* e *Eisenstadt v. Baird, 405 U.S. 438 (1972)*, culminando em *Roe v. Wade, 410 U.S. 113 (1973)*.[79]

Alguns articulistas norte-americanos, como o ultraconservador juiz Robert Bork (1927-2012),[80] veem na palavra "liberdade" da cláusula do devido processo um meio pelo

---

76 FERGUSON, John H.; McHENRY, Dean E. *The American federal government*. New York: McGraw-Hill Book Company, Inc., 1950, p. 139.

77 *(...) die DUE PROCESS-Klausel heute die stärskte Schutzmauer der bürgerlichen Freiheitsrechte gegen Eingriffe der öffentlichen Gewart.*

78 SCHWARTZ, Bernard, ob. cit., p. 53. Quanto à influência de Locke, cf. LLOYD, Dennis. *A idéia de lei*. Trad. Álvaro Cabral. São Paulo: Martins Fontes, 1998, p. 97.

79 Cf. FALLON JR., ob. cit., p. 144.

80 Bork, como já se andou falando, que foi indicado pelo presidente Reagan para a Suprema Corte na vaga de Powell, trouxe grande expectativa quando da apreciação de seu nome pelo Senado. Como havia assumido papel crítico de algumas decisões liberais da Suprema Corte, sobretudo em relação à cláusula *equal protection*, encontrou fortes oponentes (ver a coletânea de

qual a Suprema Corte, sob a capa de proteção da minoria em detrimento da maioria, acaba por legislar.[81]

A Suprema Corte evita a definição do devido processo legal. Thomas Cooley procurou nos legar uma ideia do leque de sua proteção:

> *O termo devido processo legal é usado para explicar e expandir os termos vida, liberdade e propriedade e para proteger a liberdade e a propriedade contra legislação opressiva ou não razoável, para garantir ao indivíduo o direito de fazer de seus pertences o que bem entender, desde que seu uso e ações não sejam lesivos aos outros como um todo.*[82]

No caso *Twining v. New Jersey, 211 U.S. 78 (1908)*, a Suprema Corte foi feliz ao manifestar-se sobre o instituto:

> *Poucas cláusulas do direito são tão evasivas de compreensão exata como essa (...). Esta Corte se tem sempre declinado em dar uma definição compreensiva dela e prefere que seu significado pleno seja gradualmente apurado pelo processo de inclusão e exclusão no curso de decisões dos feitos que forem surgindo.*

Em *Holden v. Hardy 169 U.S. 366, 389 (1898*), caso julgado há mais de cem anos, a Suprema Corte já havia dito:

> *Esta Corte jamais tentou definir com precisão as palavras* due process of law *(...) basta dizer que existem certos princípios imutáveis de justiça aos quais é inerente a própria ideia de governo livre, o qual nenhum membro da União pode desconhecer.*

Felix Frankfurter, em *Solesbee v. Balkcom, 339 U.S. 9, 16 (1950*), buscou mostrar que o velho instituto é supralegal,

---

artigos de DWORKIN, Ronald. *Freedom's law – the moral reading of the American constitution.* Harvard University Press, 1996, p. 265 e seg.).

81 *Apud* TRIBE, Laurence H.; DORF, Michael. *On reading the constitution.* Cambridge: Harvard University Press, 1991, p. 51.

82 COOLEY, ob. cit., p. 279.

achando-se profundamente arraigado na tradição anglo-americana:

> *Acha-se assentada a doutrina por esta Corte de que a Cláusula do Devido Processo enfeixa um sistema de direitos baseado em princípios morais tão profundamente enraizados nas tradições e sentimentos de nossa gente, de tal modo que ela deve ser julgada fundamental para uma sociedade civilizada tal como concebida por toda nossa história. Devido Processo é aquilo que diz respeito às mais profundas noções do que é imparcial, reto e justo.*

Se no início a cláusula era encarada como de cunho puramente processual (garantia), evoluiu para proteger também direitos materiais.[83] É a denominada *substantive due process.*[84] Autores há, como John Hart Ely (1938-2003),[85] que afirmam que falar em *substantive due process* é uma verdadeira contradição em termos. *Due process* só pode ter – afirmam os partidários dessa corrente – conotação *processual.* Em muitas decisões, é certo, a Suprema Corte tem preferido falar em violação da cláusula *equal protection of laws,* ladeando as dificuldades hermenêuticas da *substantive due process.*[86] Mas, o fato é que a maioria dos autores, com arrimo na jurisprudência consolidada da Suprema Corte americana, tem o *substantive due process* como um dos esteios dos direitos e garantias individuais. A *Substantive Due Process Clause* implica, nesta perspectiva, a necessidade de o Poder Público ter que justificar-se, isto é, de mostrar a *razoabilidade* da subtração da vida, da liberdade ou da pro-

---

83 NOWAK, John; ROTUNDA, Ronald, ob. cit., p. 225.

84 WILLOUGHBY, ob. cit., p. 726.

85 CHEMERINSKY, Erwin. *Constitutional law – principles and policies.* New York: Aspen Law & Business, a Division of Aspen Publishers, Inc., 1997, p. 421.

86 *Ibidem*, p. 533. Cf., ainda, NOVAK/ROTUNDA, ob. cit., p. 234.

priedade de alguém. "O *substantive due process* cura da existência de justificação suficiente para o ato de governo".[87] Por volta de 1798, no caso *Calder v. Bull*, a Suprema Corte, pela primeira vez, discutiu sua competência para invalidar leis com base no direito natural. O juiz Samuel Chase, defensor dessa corrente, ficou vencido. Suas ideias, porém, ganharam expressão tempos depois.[88] Do início do século XX até o advento do governo de Franklin Roosevelt, a Suprema Corte esposou a tese de que as leis que violavam a "liberdade de contratar" ou feriam a "livre concorrência de mercado" podiam ser declaradas inconstitucionais, tudo de acordo com a doutrina do *Substantive Due Process Clause.* Perfilhava, então, seu próprio entendimento, firmado bem antes, em 1897 (*Allgeyer v. State of Louisiana, 165 U. S. 578*). A liberdade de contratar era vista como uma das liberdades protegidas pela cláusula *due process.*[89]

Franklin Delano Roosevelt (1882-1945), em seu primeiro mandato (1932), elaborou um plano de recuperação econômica do país, o NIRA (*National Industrial Recovering Act*), que seria o eixo de sua política (*New Deal*). Em 1933, o Congresso lhe deu o aval. O mesmo não ocorreu com a Suprema Corte, que sistematicamente passou julgar inconstitucionais as leis de recuperação. Assim, em *Morehead v. New York ex rel. Tipaldo (1936)*, a Corte considerou inconstitucional lei que estabelecia salário-mínimo para mulheres, por considerá-la contraveniente à cláusula do *due process* da Emenda n. 14.

---

87 *In other words, substantive due process looks to whether there is a sufficient justification for the government's action* (CHEMERINSKY, ob. cit., p. 420).

88 NOWAK/ROTUNDA, ob. cit., p. 222 e p. 241.

89 *Ibidem*, p. 229.

Pouco antes, em 1935, a Suprema Corte irritara profundamente o Governo com *A. L. A. Schechter Poultry v. United States*, decisão rotulada por Roosevelt como a mais funesta depois de *Dred Scott*.[90] Em decorrência propalou pela imprensa que pretendia defender sua política econômica e social: seria automaticamente criado mais um cargo na Suprema Corte, que não poderia passar de dezesseis membros, quando o ministro (*justice*) completasse setenta anos e não se aposentasse. Seu *packing the Court Plan* provocou mais de seis meses de discussões acaloradas no Congresso, e agitou toda a opinião nacional. Não foi aprovado, evidentemente. Mas, alguns juízes se mostraram sensíveis aos apelos sociais do *New Deal*, aposentando-se ou, então, fazendo nova interpretação da cláusula *substantive due process*.[91] Em 1937, no caso *West Coast Hotel Co. v. Parrish, 300 U. S. 379*, lei concessiva de salário-mínimo do Estado de Washington foi considerada constitucional com base no novo entendimento.[92]

---

90 Cf. McLEAN, Iain. *What's wrong with the British constitution?* Great Britain: Oxford University Press, 2010, p. 38.

91 Conhecida ficou anedota maldosa que circulou em razão da "mudança de posição" do *justice* Owen J. Roberts, que teria salvado os nove ministros da Suprema Corte: "Switch in time that saved nine". (Disponível em: *http://en.wikipedia.org/wiki/The_switch_in_time_that_saved_nine*. Acesso em: 21.05.2011). Na verdade, bem antes das ameaças de ampliação da Suprema Corte, Roberts, no caso *Nebbia v. New York, 219 U.S. 502 (1934)*, já havia, como "relator", mostrado-se sensível à interpretação que favorecesse o bem-estar da coletividade. Seu voto em *West Coast Hotel Co. v. Parrish*, favorável ao *New Deal*, advém, assim, de entendimento anterior, não de qualquer pressão por parte do Executivo.

92 BRASIL. O Supremo Tribunal Federal, em decisões mais recentes, tem-se prevalecido da cláusula *substantive due process* para invalidar leis de natureza abusiva, preferindo falar em "princípio da razoabilidade" [cf. os acórdãos dos seguintes relatores: *Celso de Mello* (RE-AgR 200844-PR, RE-AgR

O *justice* Harlan mostrou em *Poe v. Ullman, 367 U.S. 497, 540, 541 (1961)*, que a cláusula *due process*, caso fosse tomada só como garantia processual, seria ineficaz na defesa contra leis que pusessem em risco a vida, a liberdade e a propriedade do indivíduo. Sintetizou seu pensamento, invocando *Hurtado v. Califórnia, 110 U. S. 516 (1884)*:

> *Assim, as garantias do devido processo, embora tendo suas raízes no* per legem terrae *da Magna Carta são consideradas como salvaguardas processuais contra a usurpação e tirania, também se transformaram neste país numa (verdadeira) barreira contra a legislação arbitrária.*

Na órbita administrativa, a Suprema Corte não tem sido muito rigorosa na aplicação da cláusula do devido processo legal.[93] Admite que se contorne a regra do *audiatur et altera pars*, pelo menos quando se trata de início do processo administrativo.[94] Em se tratando de direitos constitucionais, as decisões das *administrative agencies*[95] ou mesmo da administração direta (*executive officers*) podem ser atacadas por meio de procedimentos judiciais.

No tocante à revisão judicial de questões decididas por tribunais militares, há divergência na Corte. Em *In Re Yamashita, 327 U.S. 1 (1946)*, a Suprema Corte não conhe-

---

233600-RS, ADI-MC 2667-DF, ADI-MC 1407-DF, ADI-MC 1158-AM), *Sepúlveda Pertence* (ADI-MC 1975-DF e ADI-MC 1817-DF), *Carlos Velloso* (ADI-MC 1511-DF)].

93 BRASIL: No Brasil, por força do disposto no inciso LV do art. 5º da Constituição, garante-se expressamente no "processo judicial ou administrativo" ampla defesa e contraditório. Em decorrência, os tribunais têm anulado decisões que não seguem de perto o devido processo.

94 *Opp Cotton Mills v. Administrator, 312 U.S. 126, 152, 153 (1941).*

95 Karl LOEWENSTEIN observa que as *regulatory agencies* são outra peculiaridade do direito americano (ob. cit., p. 245).

ceu, ainda que por votação divergente, de pedido de *certiorari*. Também indeferiu ordens de *habeas corpus* para revisão de julgado militar, que condenara militares por crime de guerra. Em *Burns v. Wilson, 346 U.S. 137, 140, 141, 146, 147, 148, 150, 153 (1953)*, a Corte denegou pedido de revisão de julgamento feito por tribunal militar da Ilha de Guam, no qual se alegava violação de direitos fundamentais.

A última cláusula da Emenda n. 5 dispõe sobre a justa indenização no caso de desapropriação, servidão ou requisição administrativa. Contextualmente, essa garantia não atinge as desapropriações feitas pelos governos estaduais. A Suprema Corte, todavia, decidiu que a *Taking Clause* está incorporada à Emenda n. 14 pela porta larga da *Due Process Clause*.[96] É bem verdade que, no período compreendido entre 1776 e 1780, apenas duas constituições estaduais continham dispositivos expressos mandando pagar indenização (*just compensation*) no caso de desapropriação feita pelo poder público.[97] Mesmo àquela época, os tribunais dos Estados admitiam a perda da propriedade só mediante indenização justa.[98] A Suprema Corte, a seu turno, tem sufragado o entendimento de que a *Just Compensation Clause* é *safeguard* que vale contra o poder público dos Estados.[99] A salvaguarda constitucional reza: "nem a propriedade privada poderá ser desapropriada para uso público, sem justa indenização" (*nor shall private property be taken for public use, without just compensation*). Uma simples leitura da cláusula mostra que a Constitui-

96 NOWAK/ROTUNDA, ob. cit., p. 267.

97 *Ibidem*, p. 266.

98 *Ibidem*, p. 266.

99 *Ibidem*, p. 212.

ção reconhece a existência prévia do chamado "domínio eminente" do poder público.[100] À evidência, o exercício do poder eminente só pode ser feito através de lei, diretamente, ou por delegação legislativa.[101] De qualquer sorte, a Suprema Corte tem ressaltado que a *justa indenização* não é uma *limitação* do domínio eminente, mas a condição de seu exercício.[102]

A denominada "teoria do domínio eminente" merece algumas linhas a mais, ainda que breves.

Uma vez firmado o conceito de *soberania nacional*, foi dado um primeiro passo para a conceituação do *dominium eminens*: poder pessoal de império do príncipe sobre todas as coisas e pessoas que se achavam em seu território. Na época de Grotius, quando já se tinha separado o poder pessoal do príncipe do poder do Estado, o domínio eminente foi conceituado como poder de o Estado, ou alguém por ele, gravar a propriedade dos súditos, tendo em conta sua utilidade pública (*De Jure Belli ac Pacis,* 1625).[103] Todavia, cabia ao governo, no caso de propriedade toma-

---

[100] *Ibidem*, p. 266.

[101] Cf. *Noble v. Oklahoma City, 297 U. S. 481 (1936); Luxton v. North River Bridge Co., 153 U. S. 525 (1895).* [Disponível em: http://supreme.lp.findlaw.com/constitution/amendment05/14.html. Acesso em: 12.01.2007]. BRASIL: A Constituição de 1988, em matéria de "desapropriação", dá competência para legislar somente à União Federal (art. 22, II).

[102] NOWAK/ROTUNDA, ob. cit., p. 298.

[103] Hely Lopes MEIRELLES (1917-1990) conceitua modernamente o domínio eminente como sendo "o poder político pelo qual o Estado submete à sua vontade todas as coisas de seu território" (*Direito administrativo brasileiro.* 15. ed. São Paulo: Revista dos Tribunais, 1990, p. 420). Por sua vez, o *Merriam-Webster's Dictionary of Law,* edição de 1996, registra: *the right of the government to take property from a private owner for public use by virtue of the superior dominion of its sovereignty over all lands within its jurisdiction.* (Disponível

da em benefício da sociedade, indenizar pela perda do bem. Blackstone, tal como Grotius, também encampava a tese do pagamento de uma *just compensation.*[104]

A essa altura, não se pode deixar de mencionar caso histórico, registrado pelos anais judiciais ingleses: o *Saltpeter Case*, considerado o primeiro julgado de aplicação da teoria do *dominium eminens.* Rei inglês, sob a alegação de que necessitava de salitre (*saltpeter*) para fazer pólvora, apossou-se de uma mina de um súdito. O espoliado não se intimidou.[105] Ajuizou uma ação, instando na devolução da mina e na indenização pelo prejuízo sofrido. O Judiciário decidiu que o soberano poderia, com base em seu *eminent domain*, "tomar" *private property for public use.* A instituição inglesa veio para a América. Com a independência das Colônias, o direito de desapropriar por interesse público ou necessidade social passou para as novas entidades políticas. A Constituição Federal e algumas constituições estaduais, como já se falou, consagram a denominada *Taking Clause,* que se assenta

em: http://dictionary.lp.findlaw.com/scripts/result.pl?co=. Acesso em: 02.03.2007). Cf., ainda, NOVAK/ROTUNDA, ob. cit., p. 265.

104 Cf. NOVAK/ROTUNDA, ob. cit. p. 265.

105 Muito conhecida e citada é a lenda do "Moleiro de Sans-Souci" (*Der Müller von Sanssouci*), episódio narrado por autor anônimo em 1787, na França, no livro *Vie de Frédéric II.* Frederico, rei da Prússia, teria tentado comprar um moinho de vento que estaria fazendo muito ruído e atrapalhando a vista de seu castelo de verão, em Postdam. O moleiro lhe teria dito que não venderia sua propriedade, que pertencera a seus ancestrais e ficaria para seus descendentes. O rei, então, lhe teria dito ameaçado, afirmando que poderia tomar-lhe a propriedade quando bem entendesse. O moleiro, por sua vez, teria desafiado o rei: "Majestade, ainda temos juízes em Berlim!" (Para a outra versão sobre o moleiro Johann Grävenitz, ver *König und Müller im Rechtsstreit.* (Disponível em: *http://www.berliner-mieterverein.* Acesso em: 11.07.2013).

em dois pilares: *public use* e *just compensation*. No início, a Suprema Corte interpretava restritivamente a expressão "uso público". Com o passar dos tempos, houve flexibilização. Foi o que se deu em *Berman v. Parker, 348 U. S. 26 (1954)*. O Congresso editou, em 1945, uma lei para o Distrito Federal (*District of Columbia Redevelopment Act*), permitindo a desapropriação de áreas abandonadas, faveladas ou na iminência de favelização (*in order to prevent slum*), ou mesmo com edificações em péssimo estado de conservação. O objetivo era reurbanizar tais áreas, com venda de terrenos a terceiros. Alguns proprietários de lotes e construções atingidos alegaram que o poder público fazia uso indevido de seu domínio eminente, uma vez que suas propriedades não teriam destinação pública, pois seriam vendidas a particulares. Na Suprema Corte, a votação foi unânime. Douglas, que falou pelo Tribunal, frisou que as cortes não tinham como entrar no mérito da questão (tamanho da área, exclusão de imóveis etc.). Isso era atribuição do ramo legislativo. Ao judiciário bastava verificar se o projeto governamental tinha propósito público. No caso concreto, os "direitos dos proprietários se realizavam no instante em que eles recebessem a justa compensação que a Quinta Emenda fixa como (sendo) o preço da desapropriação".[106] Mais tarde, esse precedente foi utilizado em *Hawaii Housing Authority v. Midkiff, 467 U. S. 229 (1984)*. Em seu voto, Sandra Day O'Connor concluiu que também os poderes legislativos dos Estados mereciam o mesmo tratamento de deferência em relação a seus atos políticos quanto o Congresso. Na realidade, os

---

106 *The rights of these property owners are satisfied when they receive that just compensation which the Fifth Amendment exacts as the price of the taking.*

especialistas do legislativo estão mais qualificados do que os juízes para aquilatar a questão de domínio eminente. Em 26 de junho de 2005, foi julgado pela Suprema Corte dos Estados Unidos um *writ of certiorari*, encabeçado por Susette Kelo, contra decisão da Suprema Corte do Estado de Connecticut, que teve como constitucional lei municipal de New London.[107] Essa lei, calcada no poder eminente do Município, desapropriou áreas com o propósito de vendê-las, ativando a região e, consequentemente, criando empregos e aumentando a arrecadação de tributos. Na Suprema Corte, a maioria foi formada por apenas um voto (cinco a quatro). Manteve-se a decisão *a quo*. Stevens, respondendo pela maioria, frisou que uma "interpretação literal" de fim público devia ceder lugar a "uma interpretação mais ampla e natural".[108]

Nos primeiros anos da Nação norte-americana, o *domínio eminente federal* ficou adormecido. Somente em 1876, com *Kohl v. United States, 91 U. S. 367,* é que a Suprema Corte reconheceu sua pré-existência.[109] Mais tarde, com *Boom Co. v. Patterson, 98 U. S. 403, 406 (1879),* ficou assentado que o domínio eminente "pertence a todo governo independente. Não exige reconhecimento constitucional. É atributo da soberania".[110] Alguns anos antes, em *Barron*

---

107 *Kelo v. City of New London,545 U.S.469 (2005).*

108 Disponível em: http://www.law.cornell.edu/supct/html/04-108.ZS.html. Acesso em: 02.03.2007.

109 Disponível em: http://supreme.lp.findlaw.com/constitution/amendment05/14.html. Acesso em: 12.01.2007.

110 Disponível em: http://supreme.lp.findlaw.com/constitution/amendment05/14.html. Acesso em: 12.01.2007.

v. Baltimore, 32 U. S. (Pet) 243 (1833), já se havia decidido que a Emenda n. 5 não se aplicava aos Estados.[111]

Sem se confundir, o *domínio eminente* se acha intimamente ligado ao *poder de polícia*. A Administração pública, para atingir seus fins, sobretudo nas esferas da saúde pública, da segurança, do bem-estar social e da moral pública, dispõe do poder de restringir atividades ou mesmo a fruição de bens particulares. Nesses casos, como regra, não há *taking*, descabendo falar-se, assim, em *just compensation*.

Pela mencionada cláusula da Emenda n. 5, todo aquele que tiver bens gravados por ato governamental deve receber o equivalente ao valor da perda ou prejuízo sofrido.[112] Não se leva em conta eventual ganho por parte do poder público ou da sociedade. Se houver demora na efetivação do pagamento, vencem juros. Não fica descartada, todavia, a hipótese de nova avaliação.[113] A indenização se faz "em dinheiro", já se decidiu há mais de cem anos.[114] Aos poucos, porém, esse entendimento deixou de ser rígido.[115]

Por vezes, a Suprema Corte, em um comportamento bem puritano, tem evitado falar em "juros". Opta por circunlóquio: *an amount sufficient to produce the full equivalent of that value paid contemporaneously with the taking...*

---

111 Disponível em: http://supreme.lp.findlaw.com/constitution/amendment05/14.html. Acesso em: 12.01.2007.

112 A cláusula se aplica aos Estados-membros (cf. NOWAK/ROTUNDA, ob. cit., p. 240).

113 *Ibidem*, p. 299.

114 *Monongahela Navigation Co. v. United States, 148 U.S. 312, 326 (1893)*.

115 *Regional Rail Reorganization Act Cases, 419 U. S. 102, 105 (1974)*. BRASIL. Para fins de "reforma agrária", a lei brasileira manda que se pague a terra nua em títulos da dívida pública, resgatáveis em longo prazo. Para evitar prejuízo maior, o título é monetariamente corrigido e vencem juros.

As primeiras decisões da Suprema Corte não mandavam indenizar por prejuízo sofrido *per tabellam*: no caso de fechamento de uma rua para passagem de trem urbano, por exemplo, o vizinho, que só tinha sofrido dano indireto, não tinha direito à indenização. Com o passar dos anos, porém, a jurisprudência da Suprema Corte foi mudando. Assim, em *United States v. Causby, 328 U.S. 256 (1946)* e *Griggs v. Allegheny County, 369 U.S. 84 (1962)*, a Corte determinou que empresas operadoras de aeroportos indenizassem os proprietários da adjacência pelo barulho, luzes e até mesmo... pelo pavor de possíveis desastres com a baixa altitude de aviões na hora do pouso.[116]

E no Brasil? Nossa Carta de 1824, em seu art. 173, parágrafo 22, garantia o direito de propriedade, mandando indenizar previamente o proprietário, nos termos da lei, no caso de uso e emprego pelo poder público de sua propriedade. A Constituição republicana de 1891, em seu art. 72, § 17, dispunha: "o direito de propriedade mantém-se em toda a sua plenitude, salvo a desapropriação por necessidade ou utilidade pública, mediante indenização prévia." A Constituição vigente, depois de garantir a propriedade privada, clausula, porém, que ela "atenderá a sua função social" (art. 5º, XXIII). No item seguinte (XXIV) do mesmo art. 5º, o Estatuto brasileiro diz que a lei estabelecerá o procedimento para "desapropriação por necessidade ou utilidade pública, ou por interesse social, mediante justa e prévia indenização em dinheiro, ressalvados os casos previstos nesta Constituição".[117]

---

[116] Cf. KILLIAN, ob. cit., p. 1.319.

[117] Alguns exemplos de exceção constitucional: terras improdutivas para fins de reforma agrária, indenizáveis em títulos da dívida pública, não em di-

Questão complicada, tanto nos Estados Unidos quanto aqui no Brasil, é a possibilidade de o Judiciário examinar por meio da *judicial review* o mérito da desapropriação. Em *Berman v. Parker*, já mencionado, o *justice* Douglas tocou no assunto:

> *Não estamos reunidos para decidir se determinado projeto de habitação é ou não desejável. O conceito de bem-estar público é amplo e inclusivo. Os valores que ele representa são tanto espirituais quanto físicos, estéticos ou monetários. Acha-se na competência do legislativo determinar se a comunidade deve ser agradável, bem como saudável, espaçosa, bem como limpa, harmoniosa, bem como diligentemente policiada. No presente caso, o Congresso e suas agências autorizadas determinaram que se leve em conta ampla variedade de valores. Não podemos reavaliá-los.*

---

nheiro; glebas com o cultivo de culturas ilegais de plantas psicotrópicas. Nesse último caso, melhor seria falar-se em "expropriação", não em "desapropriação".

Capítulo XI

A Emenda n. 6

Antecedentes históricos. O item 8 da Declaração da Virgínia. A Seção 14 da Declaração de Direitos de Delaware. As Constituições brasileiras e a cláusula do "julgamento penal rápido". Critérios casuísticos de *Barker v. Wingo*. O emaranhado de *Boyer v. Louisiana*. A *Confrontation Clause*. O caso Gideon. Extensão ao caso Escobedo. Expansão da jurisprudência na década de 1930.

A Emenda n. 6 cuida do julgamento penal, que deverá ser público, imparcial, rápido e por meio de juiz natural previamente instituído por lei, ensejando ao acusado o contraditório e a assistência técnica que o caso requerer. Suas raízes imediatas estão na Declaração de Direitos da Virgínia (1776), e, remotamente, no Capítulo 40 da Magna Carta de 1215.[1]

---

1 "Não venderemos, nem recusaremos, *nem protelaremos* o direito de qualquer pessoa a obter justiça" [MIRANDA, Jorge (Coord. e trad.). *Textos históricos do direito constitucional.* Lisboa: Imprensa Nacional-Casa da Moeda, 1980,

Dispõe a Emenda n. 6:

> *Em todos os processos criminais, o acusado terá direito a um julgamento rápido e público, por um júri imparcial do Estado e distrito onde o crime houver sido cometido, distrito esse que será previamente estabelecido por lei, e de ser informado sobre a natureza e a causa da acusação; de ser acareado com as testemunhas de acusação; de fazer comparecer por meios legais testemunhas da defesa, e de ser defendido por um advogado.*[2]

Como o próprio Edmund Randolph reconheceu em seu *Ensaio*, escrito cerca de trinta anos após a Declaração da Virgínia, foram apresentados vários esboços da Declaração, mas o de George Mason a todos suplantou.[3] No item 8 da Declaração, está expresso que em todo o processo penal tem-se o direito de saber qual a *natureza da acusação*, *quem é o acusador* e quais são as *testemunhas arroladas*. O julgamento, por sua vez, deverá ser *público*, *rápido* e

---

p. 15]. Quanto a dados históricos contemporâneos à Magna Carta, ver a conferência de A. J. CARLYLE, pronunciada no Terceiro Congresso do Instituto Internacional de Filosofia do Direito, em Roma, 1937, sob o título *La Justicia en el Medievo*. (Disponível em: http://www.antorcha.net/biblioteca-virtual/drecho/justia/justicia.html. Acesso em: 24.09.2007).

2 *Constituição do Brasil e constituições estrangeiras*. Brasília: Senado Federal, v. 1, 1987. Texto em inglês: *In all criminal prosecutions, the accused shall enjoy the right to a speed and public trial, by an impartial jury of the state and district wherein the crime shall have been committed, which district shall been previously ascertained by law, and to be informed of the nature and cause of the accusations; to be confronted with the witnesses against him; to have compulsory process for obtaining witnesses in his favor, and to have the assistance of counsel for his defense* (CULLOP, Floyd G. (org.). *The constitution of the United States – an introduction*. New York: New American Library. Mentor, 1984, p. 114).

3 SCHWARTZ, Bernard. *The bill of rights: a documentary history*. New York: Chelsea House Publishers in association with McGraw Hill Book Company, v. I, 1971, p. 232 e 234.

imparcial. No caso de julgamento por meio de júri, deverá ele ser formado por *pessoas do nível social do acusado* (*peers*), recrutadas no *distrito da culpa* (*vicinage*).[4] Diz, mais, que o réu não será obrigado a fazer prova contra si e "ninguém será privado de sua liberdade, salvo pela lei do país" [(...) *that no man be deprived of his liberty except by the law of the land*]. A Declaração de Direitos de Delaware, posterior à da Virgínia, embora do mesmo ano (1776), no § (seção) 14 dispunha que

> *(e)m todas as infrações criminais, todo homem tem o direito de ser informado da acusação contra si, de ter advogado, de contraditar os acusadores ou testemunhas, de examinar as provas sob juramento em seu favor, e a um julgamento rápido por um júri imparcial (...).*

No tocante à cláusula do "julgamento rápido", a Suprema Corte, em *United States v. Ewell, 383 U.S. 116,120 (1966),* lembrou que esse dispositivo constitucional

> *é uma importante salvaguarda para evitar encarceramentos indevidos e opressivos antes do julgamento, diminuindo a ansiedade, ensejando o acompanhamento da acusação pública, com limitação de que a possibilidade de delongas (no julgamento) possa prejudicar o acusado em sua defesa própria.*[5]

---

4 A competência do foro firma-se normalmente *locus delicti* [cf. *Beavers v. Henkel, 194 U.S. 73, 83 (1904)*]. Vã foi a tentativa de Madison de explicitar o termo *vicinage.* O Senado alterou sua redação [cf. KILLIAN, Johnny H. (Ed.). *The constitution of the United States of America – analysis and interpretation.* Washington: Library of Congress, 1987, p. 1.348]. Burke, deputado pela Carolina do Sul, propôs fosse substituída a palavra *vicinage* por *district or county in which the offense had been committed.* A proposta foi recusada (cf. SCHWARTZ, Bernard. *The bill of rights: a documentary history*, ob. cit., v. II, p. 1.053).

5 No original: *an important safeguard to prevent undue and oppressive incarceration prior to trial, to minimize anxiety and concern accompanying public accusation and*

Normalmente, a demora no julgamento não precisa ser demonstrada pelo réu.[6] No caso *Klopfer v. North Carolina,* julgado em 1967, a Suprema Corte frisou que a garantia de um julgamento rápido "é um dos direitos básicos preservados pela nossa Constituição", incorporado ao *Bill of Rights*, aplicável aos Estados por força da Emenda n. 14.[7] Como se verá a seguir, esse "direito básico" nem sempre fica assegurado na prática, sobretudo quando se trata de "réu miserável" (*indigent defendant*).

Um julgamento rápido interessa tanto ao acusado quanto à sociedade e ao Estado, equilíbrio nem sempre fácil de ser alcançado. Muitas vezes, é o acusado, em conluio com seus advogados, que dá motivo ao retardamento; outras, o próprio Poder Público. Daí a necessidade de exame acurado de "caso por caso" (*case-by-case*). Em *Barker v. Wingo, 407 U.S. 514 (1972)*, a Suprema Corte procurou estabelecer, sem muita rigidez, um roteiro a ser seguido. A longa experiência a levou à fixação de quatro fatores: a) a extensão da demora (*length of delay*); b) os motivos pela demora (*the reason for the delay*); c) tempo e modo gastos pelo réu para reclamar por seu direito (*the time and manner in which the defendant has asserted his right*) e d) a quantificação do dano causado ao réu pelo atraso (*the degree of prejudice to the defendant, which the delay has caused*).

Recentemente, em 29 de abril de 2013, a Suprema Corte, por cinco a quatro, julgou *Boyer v. Louisiana, 569 U.S...*,

---

to limit the possibility that long delay will impair the ability of an accused to defend himself.

6 Cf. *United States v. Marion, 404 U. S., 307, 320 (1971)* e *Barker v. Wingo, 407, U. S 514, 536 (1972).*

7 *Klopfer v. North Carolina, 386 U.S. 213 (1967).*

caso que mostra procrastinação, desorganização financeira do setor público encarregado do custeio de advogados dativos (*assigned counsels*), despreparo de defensor, mudança, pela acusação, no enquadramento de crimes e despreocupação para com réu "miserável". No caso de Boyer, até *vis major* (Furacão Rita) foi invocada para justificar o retardo de sete anos. Como se vê, são minudências fáticas que dificultam a aplicação da cláusula *Speedy Trial Right*. Em 2002, Jonathan Boyer e seu irmão caminhavam ao longo de uma rodovia no Estado da Louisiana, quando pegaram carona. Já na boleia do caminhão, Jonathan exigiu dinheiro ao motorista. A recusa foi o bastante para que o caminhoneiro tomasse três tiros na cabeça. Um mês depois, Jonathan Boyer foi preso, acusado de assassinato não premeditado (*second-degree murder*[8]) e roubo qualificado (*armed robbery*[9]). Inicialmente, a acusação insistiu na pena de morte. Aí principia o emaranhado burocrático: o Estado dispunha, no caso de pena capital, de um órgão público, o LCAC (*Louisiana Capital Assistance Center*) para

---

8 A tipificação de "homicídio" (*murder*) pode variar de Estado para Estado. Normalmente, o *first-degree murder* é o homicídio doloso premeditado. No *second-degree murder*, embora exista dolo, não há premeditação. Trata-se de *non -premeditaded killing* [cf. os verbetes do BLACK'S. *Law dictionary*. 9. ed. (Bryan A. Garner Editor in Chief). St. Paul, Minn.: West Publishing Co, 2009).

9 O Código Penal brasileiro (art. 157) tem o "roubo" como tipo autônomo, com pena própria. Mas, mesmo assim, não passa de um *furto qualificado* pela violência contra a pessoa (cf. HUNGRIA, Nélson. *Comentários ao código penal*. 1. ed. Rio de Janeiro: Revista Forense, v. VII, p. 51, 1955. Ver ainda MAGALHÃES NORONHA, E. *Direito penal*. 16. ed. São Paulo: Saraiva, v. 2, 1980, p. 259). Quando o roubo é feito com o uso de arma, a pena é agravada (§ 2º, I). Também nos Estados Unidos, de um modo geral, o *robbery* indica *theft* (furto) com violência, podendo ser enquadrado como *simple robbery* ou *aggravated robbery*. O roubo com o emprego de arma (*armed robbery*) é uma modalidade de roubo agravado.

defesa de réu miserável. Só que o LCAC não dispunha de verba para contratação de advogado e mesmo para pagamento de custas. Cinco anos depois, com o réu ainda preso, a acusação resolveu pedir prisão perpétua, no lugar de pena de morte. O auxiliar do advogado principal de defesa, por inexperiência, fez uma série de petições, que acabaram por retardar mais ainda o julgamento de Boyer, que foi condenado nas instâncias ordinárias. Boyer alegou que seu "direito a um julgamento rápido" havia sido violado. A Corte de Apelação de Louisiana bateu na tecla de que a responsabilidade pela demora no julgamento não advinha só da "crise de provisão financeira" para contratação de advogados e pagamento de custas. O réu e seus advogados também concorreram. A Suprema Corte, por maioria de um voto, conheceu do *certiorari* para depois negar-lhe provimento. Em outras palavras, não enfrentou a questão da responsabilidade de órgãos públicos no provimento de meios financeiros para a contratação de advogado dativo e pagamento de custas. Vencidos, os *justices* Sotomayor, Ginsburg, Breyer e Kagan votaram a favor de Boyer. Sonia Sotomayor, que conduziu a corrente minoritária, foi enfática: "É importe que os Estados entendam que é deles a responsabilidade de proteger o direito constitucional a um julgamento rápido (...) Situações dessa espécie não podem persistir sem pôr em risco direitos constitucionais" (*Conditions of this kind cannot persist without endangering constitutional rights*).

A propósito da Emenda n. 6, vem a pelo lembrar que no final de 2001, com a sanção da *Patriot Act,* lei que procurou condensar os "instrumentos necessários para interceptar e obstruir o terrorismo" (*appropriate tools required to intercept and obstruct terrorism*),[10] muitas das garantias da Emenda n. 6, conquistadas a duras penas e ao longo de séculos, caíram por terra. Assim, a comunicação da prisão ao juiz pode não ser imediata (*Sec. 213*), o estrangeiro que entrar ilegalmente no país pode ser preso sem mais delonga, sem direito a *habeas corpus* (*Subtitle B – Sec. 412*). Em 30 de dezembro de 2005, o Congresso baixou a *Detainee Treatment Act*, lei que dispõe sobre o tratamento a ser dado a preso que se ache à disposição do Ministério da Defesa (*Department of Defense*) e confinado na prisão militar de Guantánamo, em Cuba.[11]

Ainda se acha vivo nos anais históricos e jurídicos o confinamento de mais de cento e vinte mil japoneses radicados nos Estados Unidos e de *sanseis* em campos de concentração durante a Segunda Guerra Mundial.[12] Esse ato extremo teria se justificado? Mera manobra política? Não estamos dizendo que não se devam tomar precauções contra o terrorismo sem face. Não é isso. Estamos apenas apontando – e lamentando – a quebra de direitos

---

10 A *USA Patriot Act* resultou do Projeto de Lei n. H.R. RDS 3162. (Disponível em: http://www.epic.org/Privacy/terrorism/hr3162.html. Acesso em: 13.09.2007).

11 Em *Hamdan v. Rumsfeld, 548 U.S. 551 (2006)*, muita discussão sobre o pedido de *certiorari* a favor de Salim Ahmed Hamdan, ex-motorista de Bin Laden, preso no Afeganistão e removido para Guantánamo, se travou entre os oito ministros da Suprema Corte (o presidente Roberts se deu por impedido). O *justice* Scalia (vencido) discutiu em longo voto o provimento legal (*Detainee Treatment Act*) que retira a competência de qualquer "court, justice, or judge" para conhecer e julgar *habeas corpus* impetrado pelo próprio detido de Guantánamo ou a seu favor. (Disponível em: http://www.supremecourt.gov/opinions/05pdf/05-184.pdf. Acesso em: 15.06.2013).

12 Cf. MACIEL, Adhemar Ferreira. A sombra duradoura de Fred Korematsu *in Dimensões de direito público*. Belo Horizonte: Del Rey Editora, 2000, p. 45.

e garantias tão caros aos americanos e aos povos do mundo ocidental. Ninguém mais que o americano Gordon Hirabayashi (1918-2012), mais tarde sociólogo de renome, soube bradar um grito de revolta e impotência: "Nossa Constituição foi reduzida a tira de papel" (*Our Constitution was reduced to a scrap of paper*).[13] Que restou do "julgamento rápido", do "devido processo"?

O texto original da Constituição brasileira de 1988 não dispunha sobre "julgamento rápido". Mas a porta ampla do § 2.º do art. 5.º, se abriu para a Convenção Americana sobre Direitos Humanos (Pacto de S. José da Costa Rica, de novembro de 1969), que prevê um julgamento "dentro de um prazo razoável" (art. 7º, 5) para os processos penais.[14] A Emenda Constitucional n. 45/2004, porém, veio sanar expressamente a omissão: acresceu o inciso LXXVIII ao art. 5º, assegurando a todos, no âmbito judicial e administrativo, "a razoável duração do processo e os meios que garantam a celeridade de sua tramitação".[15] A lei infraconstitucional prevê, há

---

13 O Caso Hirabayashi foi julgado em 1943 (ver Capítulo 16).

14 BRASIL. O Decreto Legislativo n. 27/1992 aprovou o texto do Pacto de S. José da Costa Rica, e o Decreto n. 678, de 06.11.92, homologou seu depósito, efetivado em 25.09.92. O art. 7º da Convenção diz: "5. Toda pessoa presa, detida ou retida deve ser conduzida, sem demora, à presença de um juiz ou outra autoridade autorizada por lei a exercer funções judiciais e tem o direito de ser julgada em prazo razoável ou de ser posta em liberdade, sem prejuízo de que prossiga o processo. Sua liberdade pode ser condicionada a garantias que assegurem o seu comparecimento em juízo."

15 A Constituição da República Portuguesa, no art. 32º, diz que o todo o acusado (arguido) deve ser julgado "no mais curto prazo compatível com as garantias de defesa" [CANOTILHO, Gomes J. J.; MOREIRA, Vital (Org.). Coimbra: Coimbra Editora, 1989].

muito, prazos processuais para cada fase do inquérito policial ou do processo penal. Se tais prazos não forem cumpridos, haverá "coação ilegal", podendo o paciente, ou alguém por ele, utilizar-se de *habeas corpus* para livrar-se solto ou mesmo trancar o andamento do feito por justa causa.[16]

Nossa Constituição federal, ainda no art. 5º, arrola uma série de direitos e garantias de natureza penal, os quais se acham compactados na Emenda n. 6 à Constituição norte-americana.[17] O *U. S. Code*, no Título 18, Capítulo 208, § 3161, sob a rubrica *Time Limits and Exclusion*, traz

---

16 BRASIL. Se se tratar de indiciado preso, o inquérito policial deve estar concluído em dez dias, e a denúncia apresentada em cinco. A jurisprudência de nossos pretórios não tem sido rígida quanto às fases processuais, se já ultrapassadas. Para o processo de rito ordinário, tem-se estabelecido em oitenta e um dias o prazo. Para o "crime organizado" (Leis n. 9.034/95 e 9.303/96), o prazo máximo de prisão é também de oitenta e um dias (cf. MIRABETE, Julio Fabbrini. *Código de processo penal interpretado.* 7. ed. São Paulo: Atlas, 2000, p. 1.434).

17 BRASIL. Nossa Constituição (1988) diz: inc. XXXVII, "não haverá juízo ou tribunal de exceção". Trata-se do repudiado *kangaroo court* dos direitos inglês e americano. No inc. XXXVIII, depois de reconhecer a "instituição do júri" (*caput*) para "crimes dolosos contra a vida" (alínea "d"), e assegurar a "soberania" (alínea "c") de seus julgamentos, também garante o "sigilo de votações" (alínea "b"), bem como a "plenitude de defesa" (alínea "a") para o acusado; no inc. XXXIX, firma o princípio da anterioridade da lei penal (*lex post facto*), com a possibilidade de retroatividade só de lei (material) *mitior*; no inc. XLV, estatui o princípio da pessoalidade da pena; no LIV, explicita a cláusula do *due process of law;* no inc. LVII, estabelece o denominado "princípio da inocência"; no inc. LX, princípio tão caro aos anglo-americanos: o da publicidade das audiências; no inc. LXI, vem o princípio da autoridade competente para determinar a prisão que não seja aquela em flagrante delito; no inc. LXII, por sua vez, garante a imediata comunicação da prisão ao juiz e familiares do preso; no inc. LXVI, estabelece a regra geral da fiança; no inc. LXVIII, a Constituição garante o *habeas corpus* no tocante à liberdade física.

dispositivos com o propósito de garantir um "julgamento rápido" (*speedy trial*).[18]

À evidência, um "julgamento rápido" não pode prejudicar os princípios da ampla defesa e do devido processo, sobretudo na esfera penal. Mas, por outro lado, o processo não pode se eternizar, pois acaba por levar ao descrédito a própria Justiça, muitas vezes alvo de advogados hábeis e de juízes timoratos e perplexos. Todo ilícito penal abala a sociedade. Se a resposta da Justiça demora demais, cria uma sensação de impunidade, de falência do Estado na proteção da Sociedade. Aqui no Brasil, pelos menos no estágio de politização no qual nos encontramos, a transmissão de julgamentos rumorosos pela televisão tem sido mais um mal, ainda que possa, no fundo, avivar o espírito de cidadania. Traz desconfiança, espalhando insegurança e ansiedade no meio social. O povo sempre necessita crer em valores morais superiores, que a Justiça pode e deve dar.

Outro fator negativo à Justiça é querer o juiz ficar "sempre em dia" com as novidades tecnológicas em detrimento do fundo do direito. Julgar, ainda que em colegiado, é ato de profunda humildade, responsabilidade para com a sociedade que mantém os órgãos judicantes. A máquina, por mais aperfeiçoada que possa ser, é incapaz de substituir o homem quando esse julga seu semelhante. Se a Justiça fosse só lógica, os robôs e as *smart machines* suplantariam com vantagem e eficiência os juízes humanos.

Questão interessante, ligada à tecnologia eletrônica, é o *closed-circuit* para o interrogatório de réu ou oitiva de

---

18 Disponível em: http://www4.law.cornell.edu/uscode. Acesso em: 08.03.2007.

testemunha, sobretudo de testemunha menor de idade. Pode trazer economia processual e até mais segurança na apuração de fatos. Mas deve ser considerado *case-by-case*. Nos Estados Unidos, como já se falou por mais de uma vez, tanto o direito material quanto o processual podem variar de Estado para Estado. Na Virgínia, por exemplo, a lei processual permite, para evitar constrangimento de testemunha menor de idade (abaixo de quatorze, quando dos fatos, ou menor de dezesseis, quando do depoimento), que se utilize de aparelhagem de televisão de circuito fechado (*closed-circuit equipment*).[19] Aqui no Brasil, o entendimento, por exigência legal, era outro: a Segunda Turma do Supremo Tribunal, na sessão de 14.08.2007, ao julgar o HC 88.914/SP, concedeu o *writ* pleiteado, entendendo que interrogatório por meio de circuito fechado de televisão feria os princípios do *due process of law* e da ampla defesa: "a adoção da videoconferência leva à perda da substância do próprio fundamento do processo penal, e torna a atividade judiciária insensível", ponderou o relator, ministro Cezar Peluso (1942-...). Dois anos depois, o Congresso promulgou a Lei n. 11.900/2009, alterando os art. 185 e 222 do Código de Processo Penal. Agora, excepcionalmente, "por decisão fundamentada" do juiz, o réu poderá ser interrogado, e a testemunha ouvida, respectivamente, pelo "sistema de videoconferência ou outro recurso tecnológico de transmissão de sons e imagens em tempo real".

---

19 Cf. http: www.dcjs.virginia.gov/juvenile/resources/childWitnessTestimony.pdf. Acesso em: 02.08.2007. Na Austrália, a vítima ou testemunha menor, sobretudo em matéria de "abuso sexual", conta com um "intermediador" para filtrar as indagações do juiz e interpretar o que a criança diz.

A fim de que melhor se possa entender a posição da Suprema Corte norte-americana nos casos abaixo mencionados, tenho por oportuno trazer noção, ainda que aligeirada e setorizada, do processo penal.

Como se acabou de repetir, nos Estados Unidos, diferentemente do Brasil, cada Estado-membro legisla sobre direito material penal e processual penal. Hoje, a União também tem seu *Code*.[20] Em 24 de setembro de 1789, o Congresso baixou a primeira *Judiciary Act*. Tratava-se de lei curta, que fornecia as coordenadas da jurisdição federal. Na seção 1, dispunha o documento que a Suprema Corte era composta de um presidente (*chief justice*) e de cinco vogais (*associate justices*). Fixava o quórum mínimo de votação, o período de atividade da Corte etc. No § 2, dividia o país em 13 *districts*.[21] Em resumo, essa lei orgânica do Judiciário deixou para os respectivos tribunais a especificação das normas processuais e procedimentais.[22] Até a década de 1930, as normas processuais federais variavam em cada Estado. Na prática, cada unidade judicante da União (*court*) fazia suas próprias regras. Leis de 1930 e 1940, porém, atribuíram competência à Suprema

---

20 BRASIL: No início de nossa República, foi baixado o Decreto n. 848/1890, que criou a justiça federal e o Supremo Tribunal Federal, inspirado diretamente na *Judiciary Act* de 1789. Esse decreto regulava o "processo federal", tanto assim é que dizia no art. 386: "Os estatutos dos povos cultos e especialmente os que regem as relações jurídicas da República dos Estados Unidos da América do Norte, os casos de *common law* e *equity*, serão também subsidiários da jurisprudência e processo federal".

21 Para mais informações, consultar COMMAGER, Henry Steele (Ed.). *Documents of American history*. 6. ed. New York: Appleton-Century-Crofts, Inc., 1958.

22 MAYERS, Lewis. *The American legal system*. New York: Harper & Brothers Publishers, 1995, p. 137.

Corte para unificar o processo federal, o que ocorreu em 1946 com o *Federal Rules of Criminal Procedure*.[23] Pelo menos até o advento do *Code* da União, o *chief justice* da Suprema Corte e os *chief justices* dos tribunais federais se reuniam anualmente para discutir modificações e aprimoramentos das normas processuais. É o arraigado sistema associativo anglo-americano, que, no fundo, reflete a velha ética protestante, como já se ponderou em capítulo anterior.

Exemplo notável e invejável de sociabilidade do norte-americano está na criação do *American Law Institute* (ALI). Em 1923, uma plêiade de juízes, advogados, professores e *legal scholars*, liderada pelo reitor da Escola de Direito da Universidade da Pensilvânia, William Draper Lewis (1867-1949), fundou o Instituto com o objetivo de contribuir com estudos acadêmicos sobre os desencontros dos princípios gerais do *common law*, dando sugestões para se "promover a transparência e simplificação do direito e sua melhor adaptação às exigências sociais, com o propósito de assegurar melhor administração da Justiça, e incentivar o prosseguimento de trabalho científico no campo jurídico" (*to promote the clarification and simplification of the law and its better adaptation to social needs, to secure the better administration of justice, and to encourage and carry on scholarly and scientific legal work*).[24]

Com a atenção presa ao nosso objetivo limitado, podemos resumir: hoje há um código de processo único para os tribunais da União. Cada Estado-membro, porém, continua com seus próprios códigos.

---

23 *Ibidem*, p. 137.

24 Disponível em: *en.wikipedia.org/wiki/American_Law_institute*. Acesso em: 26.01.2012.

O procedimento criminal começa, na maioria das vezes, com a prisão em flagrante delito do infrator, efetuada por um *sheriff*, por um *constable* etc., enfim, por uma "autoridade" pública (*official*). Se isso acontece, o infrator deve ser levado imediatamente à presença de um *magistrate*, que pode não corresponder com exatidão ao nosso juiz de direito ou juiz federal. A autoridade competente, então, examina sumariamente a situação fática, podendo relaxar a prisão, arbitrar fiança (*release in bail*) ou manter o detido encarcerado (*held in custody*) até que venha a acusação formal (*formal accusation*). Quando a ação penal é iniciada formalmente, o acusado é citado (*arraignment*). Teoricamente, se não houver prisão em flagrante, só se pode ser detido por meio de mandado judicial, formalmente expedido (*warrant*). Em algumas unidades da Federação, a *formal accusation* pode vir, dependendo da gravidade da pena, como *information* ou *indictment*. A *information* assemelha-se à nossa *denúncia*. É apresentada pelo Ministério Público (*public prosecutor*). O *indictment* é expedido pelo *grand jury* (nem todos os Estados se utilizam desse órgão). O *magistrate* faz uma *preliminary examination*. Estatisticamente, mais da metade dos detidos são liberados nessa fase.[25] Cabe ao "juiz", nesse momento, advertir (sem prejuízo da admoestação presumidamente feita pela polícia – *Miranda Warning*) o preso que ele tem direito a advogado. Em alguns Estados, o juiz só ouve o detido quando ele estiver com seu advogado. Se a detenção for ilegal ou abusiva por excesso de prazo, pode-se utilizar, como no Brasil, de *habeas corpus*. O réu, se quiser, pode declarar-se "culpado" (*plead guilty*) ou "inocente" (*plead not guilty*) ou até

---

[25] MAYERS, ob. cit., p. 145.

mesmo ficar calado.[26] Às vezes, admite a acusação porque percebe que não possui alternativa, ou porque recebeu a promessa do promotor público de que vai insistir numa penalidade menor para ele etc. Estatisticamente, acha-se comprovado que inúmeras vezes o acusado "miserável" (*indigent defendant*), diante das dificuldades em conseguir advogado dativo, prefere logo abrir mão da defesa de seus direitos, confessando sua culpa. Nem todos têm a fé e perseverança de um Clarence Earl Gideon (caso mais abaixo enfocado). O *prosecutor* goza de muito prestígio social e tem muita força, podendo dizer que ele, na verdade, *administers the criminal law*.[27] No caso de declarar-se inocente, o denunciado vai, normalmente, a julgamento (*trial*). De acordo com algumas legislações estaduais, o juiz não pode sequer fixar o mínimo da pena, que fica a cargo de um colegiado (*board*). Consoante outras legislações estaduais, o mínimo da pena é fixado pela própria lei. Ainda que já tenha diminuído, a influência política, o ódio racial, o vedetismo (juiz, promotor), a preocupação com o eleitorado (juiz ou promotor) têm conspurcado a justiça americana. Como no Brasil, o julgamento pode ser desaforado (*change of venue*) para evitar tais mazelas.

O réu, em princípio, tem direito de arrostar as testemunhas arroladas contra ele. A propósito, caso muito interessante, envolvendo o direito de acareação ou de estar presente quando de depoimento de testemunha, é *Maryland v. Craig, 497 U.S. 836 (1990),* que chegou à Suprema Corte

---

26 BRASIL. Nosso Código Penal considera "circunstância atenuante" da pena a confissão espontânea da autoria do crime, quando feita perante a autoridade pública (art. 65, III, *d*).

27 MAYERS, ob. cit., p. 150.

por intermédio de *certiorari*. Uma mulher, de sobrenome Craig, foi acusada de ter abusado sexualmente de uma criança de seis anos de idade. A lei processual penal local (Estado de Maryland) permitia que, para evitar constrangimento psicológico, a testemunha ou vítima fosse ouvida por intermédio de circuito fechado de televisão, de uma só via. A acusada, então, alegou que tal procedimento afrontava a Emenda n. 6, que consagrava o direito de confronto "face a face" entre acusador, acusado e testemunhas. A Corte Estadual Especial de Apelação manteve o procedimento e a condenação da ré. A instância superior (Corte Estadual de Apelações) deu provimento ao recurso da acusada, ao fundamento de que o órgão julgador teria, primeiramente, que apurar se a criança-testemunha sofreria constrangimento no caso de ter de falar num circuito fechado de televisão de duas vias. A Suprema Corte, a seguir, disse que o direito de estar presente no depoimento de testemunha (*face to face meeting*) não era "absoluto".[28] Dessarte, o Estado de Maryland tinha interesse jurídico "em proteger menores que testemunhassem em processo de abuso sexual de criança, justificando o uso de procedimento especial" como *in casu*.

Como se falou, a Emenda n. 6 também garante ao réu penal a assistência de advogado (*assistance of counsel*), pouco importando se se trata de "crime" ou "contravenção".[29] A defesa deve ser efetiva, não puramente nominal. Se o réu

---

28 Em *Beavers v. Haubert, 198 U.S. 77, 87 (1905)*, já ficara decidido que "(o) direito a um julgamento rápido é necessariamente relativo" (*The right to a speedy trial is necessarily relative*), e depende das circunstâncias fáticas.

29 À evidência, a classificação norte-americana não corresponde à brasileira. Usa-se a palavra *felony* para infração penal mais grave, e *misdemeanor* para a menos grave.

tiver condições, nada impede que ele, se quiser, se defenda pessoalmente.[30] Na Inglaterra, no século XVII, uma pessoa acusada de *felony* não tinha direito de ser defendida judicialmente por advogado. Admitia-se, todavia, a representação por advogado nos casos de *misdemeanor*. A partir do século XVIII, a primeira regra (ilícito mais grave) passou a ser *greatly relaxed by the English courts*.[31] Essa observância do *common law* continuou nas colônias inglesas da América do Norte. A partir da Independência, permitia-se, de um modo geral, fosse o acusado defendido por advogado.[32]

Quanto ao instituto jurídico "direito a assistência de advogado" (*right to have assistance of counsel*), deve-se fazer uma distinção entre "direito de contratar defensor" (*right to employ counsel*) e "direito a defensor" (*right to counsel furnished*). Dentro da óptica individualista dos americanos, tudo indica que a Constituição, em seu cariz inicial, teve o propósito de apenas permitir que o acusado se fizesse representar por advogado por ele contratado, ou por seus familiares. Não cabia à comunidade arcar com despesas de um defensor.[33] Tal costume vinha da metrópole.

---

30 *Faretta v. California, 422 U.S. 806 (1975)*. BRASIL: O Código de Processo Penal brasileiro (1941), em seu art. 261, dispõe: "Nenhum acusado, ainda que ausente ou foragido, será processado ou julgado sem defensor". O Supremo Tribunal Federal editou a Súmula n. 523, que considera nulo o processo em que o réu não contou com defesa. Nada impede que ao lado do advogado, que se encarrega da "defesa técnica", o próprio acusado faça sua "autodefesa".

31 MAYERS, ob. cit., p. 138.

32 *Ibidem*.

33 *Ibidem*, p. 139 e seg. Diz Mayers: "está claro que era intenção dos Constituintes (*Framers*) somente assegurar que o defensor fosse contratado pelo acusado para conduzir a defesa; a noção de qualquer obrigação por parte da comunidade de fornecer advogado ainda ficou em cogitação" (*...it is*

A jurisprudência da Suprema Corte, a partir da década de 1930, ampliou a abrangência da cláusula do direito de defesa. Em *Powell v. Alabama, 287 U.S. 45 (1932),* seis jovens negros foram sentenciados à morte. Não contaram com a assistência de advogados. O *justice* Sutherland, ao falar em nome da Corte, enfatizou:

> *o direito de ser ouvido seria, em muitos casos, de pouca valia se não compreendesse o direito de ser ouvido através de advogado. Até mesmo pessoa leiga inteligente e bem educada tinha pouca, às vezes nenhuma, aptidão para a ciência do direito (...) Deixada sem a ajuda de advogado, ela pode ser levada a julgamento sem acusação apropriada, e condenada com base em prova insubsistente, ou (mesmo) irrelevante para a questão, ou, sobre outro aspecto, inadmissível.*[34]

Em 1938 veio a lume *Johnson v. Zerbst, 304 U.S. 458*. A Suprema Corte garantiu a presença de advogado para os acusados de *crimes federais* que não pudessem contratar defensor particular. Black, em seu voto, após lembrar voto de Sutherland, disse que "é imprescindível garantir os direitos humanos fundamentais da vida e liberdade". Em *Betts v. Brady and Progeny, 316 U.S. 455 (1942)*, tentou-se aplicar a mesma regra da ampla defesa para os

---

clear that it was intended by its framers merely to insure that the counsel employed by the accused would be permitted to conduct the defense; the notion of any obligation on the part of the community to furnish counsel was still in the future).

34 *The right to be heard would be, in many cases, of little avail if it did not comprehend the right to be heard by counsel. Even the intelligent and educated layman has small and sometimes no skill in the science of law. If charged with crimes, he is incapable, generally, of determining for himself whether the indictment is good or bad. (…) Left without the aid of counsel he may be put on trial without a proper charge, and convicted upon incompetent evidence, or evidence irrelevant to the issue or otherwise inadmissible.* (Disponível em: http://www.landmarkcases.org/gideon/decision.html. Acesso em: 17.09.2007).

acusados de crimes estaduais. O *justice* Owen J. Roberts (1875-1955) retrucou: a Emenda n. 6, no particular, não obrigava. Black, vencido, insistiu que a Emenda n. 14 tornava a Emenda n. 6 obrigatória também para as cortes estaduais.[35]

Em 1946, a Suprema Corte reforçou um dispositivo processual penal federal, que estatuía:

> *Se um réu vem à corte sem advogado, a corte deve adverti-lo de seu direito a defensor e de contratar advogado para representá-lo em qualquer fase do processo, salvo se ele preferir atuar sem defensor ou for capaz de conseguir um.*[36]

Infelizmente, tal provimento restou inaplicado, por algum tempo, por "falta de fundos"...[37]

Outro caso interessante, que de certa maneira revela o descompasso do direito penal nos Estados Unidos em relação ao do Brasil, está em *Uveges v. Commonwealth of Pennsylvania, 335 U.S. 437 (1948)*. Uveges, então um adolescente (dezessete), foi processado por *burglary*.[38] Pegou de

---

35 Disponível em: http://ww.landmarkcases.org/gideon/decision.html. Acesso em: 17.09.2007.

36 *If the defendant appears in court without counsel, the court shall advise him of his right to counsel and assign counsel to represent him at every stage of the proceeding unless he elected to proceed without counsel or is able to obtain counsel* (Cf. MAYERS, ob. cit., p. 140).

37 *Ibidem*. O caso de Boyer, já enfocado, mostra outro ângulo de defesa precária.

38 Antes da tipificação dos crimes (*common law*), *burglary* consistia na ação de penetrar à noite numa residência, normalmente com rompimento de obstáculo, com o propósito de cometer infrações penais. Hoje, pela maioria das legislações estaduais, o delito pode ser perpetrado mesmo à luz do dia, em recintos não residenciais (Cf. BLACK, Henry C. *Law dictionary*. 5. ed. St. Paul, Minn: West Publishing Co, 1979). O *U.S. Code* tipifica uma série de *burglaries* sob a rubrica *Robbery and Burglary* (Chapter 103 – Title 18).

cinco a dez anos de cadeia para cada um dos quatro delitos de *burglary*. Entrou com um pedido de *habeas corpus*, alegando que não havia sido informado de que possuía direito a advogado, e não lhe fora oferecido defensor dativo. Na fase preliminar (*pleading*), a acusação prometeu que ele ficaria pouco tempo num reformatório. Sem aconselhamento de advogado, aceitou. Não sabia bem o que estava fazendo. O *habeas corpus* foi denegado. Na Suprema Corte, coube a Staney F. Reed[39] falar pela maioria do Colegiado. Em seu voto, o *justice* Reed ponderou que Uveges era jovem e inexperiente quando cometeu os crimes. "Há uma inegável confirmação de que ele jamais fora avisado de seu direito a advogado. Os autos mostram que não houve tentativa do tribunal de fazer com que ele entendesse as consequências de sua *plead guilty*". A seguir, Reed concluiu que a falta de um defensor na fase de oitiva (*hearing*) do indiciado acabou por ensejar um julgamento injusto, com violação das Emendas n. 14 e 5 e 6.

Finalmente, em 1963, veio a furo o grande caso *Gideon v. Wainwright*. A Suprema Corte decidiu que a garantia da real defesa era extensiva aos Estados-membros.[40] Esse

---

[39] Stanley Forman Reed nasceu no Kentucky (1884). Quando *solicitor general*, defendeu perante a Suprema Corte a constitucionalidade do *New Deal*. Roosevelt o indicou para a Suprema Corte (1938), onde ele permaneceu por dezenove anos. Sua atuação foi muito importante nas questões raciais. Um de seus julgamentos marcantes foi *United States v. Appalachian Electric Power Co., 311 U.S. 377 (1940)*, ocasião em que se expandiu a prevalência do governo federal em questão de recursos hídricos. Mais tarde, quando aposentado, ocupou a presidência da Comissão de Direitos Civis (governo Eisenhower).

[40] *Gideon v. Wainwright, 372 U.S. 335 (*1963).

caso ganhou o mundo, sendo objeto de livro[41] e filme.[42] Mostra a persistência de um homem na defesa de seus direitos, em contraste com a dureza da lei (estadual). Graças à sensibilidade de um juiz (Black), o réu pôde ter em concreto a injustiça reparada, abrindo, com o precedente, picada para que os menos favorecidos pela natureza e pela sociedade também tivessem direito a defensor. Clarence Earl Gideon (1910-1972) foi acusado perante a justiça da Flórida de ter invadido domicílio, cometendo *felony* não punível com pena de morte. Pela lei local, ele poderia – pois não se tratava de "crime capital"[43]- ser condenado sem a assistência técnica de advogado. O réu pediu ao tribunal local que lhe fosse nomeado um defensor, pois era *indigent* ("miserável", na terminologia brasileira). Famosa ficou a resposta patética do "relator":

---

41 *Gideon's Trumpet*, escrito por Anthony Lewis (1927-...), jornalista, jurista, professor da Faculdade de Direito da Universidade de Colúmbia e professor-visitante da James Madison (cf. DWORKIN, *Freedom's law – the moral reading of the American constitution.* Harvard University Press, 1996, p. 198 e seg.).

42 O filme é de 1980. Henry Fonda (1905-1982) faz o papel de Gideon, e José Ferrer (1912-1992), o de Fortas.

43 No meado da década de 1950, em todos os Estados-membros era obrigatória a presença de advogado para crimes punidos com morte; em cerca de um quarto dos Estados, também era exigido advogado no caso de *felony* condenado a pena não capital; metade dos Estados também previa advogados dativos para *misdemeanors* (cf. MAYERS, ob. cit., p. 141 e seg.). Nos Estados Unidos, como no Brasil, teoricamente o juiz pode indicar qualquer advogado inscrito na Ordem (*member of the Bar Association*) para defender dativamente réu miserável. Na prática, o juiz indica aquele advogado dele conhecido. Esse sistema tem merecido crítica tanto nos Estados Unidos (*ibidem*, p. 142) como aqui no Brasil, uma vez que o advogado pode ser inexperiente para a defesa. Em algumas unidades da Federação norte-americana existe um quadro de advogados do Estado para a defesa de réu miserável, uma espécie de nossa "defensoria pública". É o caso do LCAC, já aludido.

> *Senhor Gideon, sinto muito, mas eu não tenho como indicar um advogado para o senhor neste caso. Sob as leis do Estado da Flórida, a única modalidade em que o Tribunal tem de nomear um advogado para o réu é quando ele está sendo acusado de crime capital. Sinto muito, mas tenho que indeferir seu pedido para que um advogado possa defendê-lo (dativamente) neste caso.*

Gideon acabou por fazer sua própria defesa.[44] Foi condenado a cinco anos de prisão. Não se conformou. Intentou *habeas corpus* perante a Suprema Corte da Flórida, insistindo que condenação sem assistência técnica (advogado) feria o *Bill of Rights*, que se aplicava aos Estados. Tornou a perder. Sua causa chegou à Suprema Corte (federal) por meio de *writ of certiorari*.[45] Por ser pobre, a Suprema Corte nomeou-lhe um advogado dativo, o grande Abe For-

---

[44] O Superior Tribunal de Justiça (STJ) julgou um caso penal com consequências práticas e doutrinárias instigantes. Fui o relator. Uma jovem, recém-saída do Colégio Sion, amasiou-se com um rapaz que tinha pleno domínio moral sobre ela. O casal tramou a morte dos pais da moça para ficar com a casa em que moravam e com uma pensão que seria deixada pelo pai. Uma bomba caseira, que era destinada aos pais da jovem, explodiu antes da hora planejada, matando uma transeunte e decepando a mão de um guarda-civil que tentou abrir o pacote que continha o artefato. Ao ler as cartas de amor trocadas entre os jovens, percebi que havia nítido conflito entre a defesa técnica, do advogado, e a da moça. Meu voto foi no sentido de anular o julgamento quanto à amante. Fiquei vencido. A sentença do tribunal do júri foi mantida, com a condenação de ambos.

[45] Por sugestão do *chief justice* Taft, o Congresso, em 1925, fez uma lei limitando o acesso recursal à Suprema Corte: a *Certiorari Act*. Estabeleceu-se o "critério de relevância". Na prática, os assessores dos juízes (*law clerks*) fazem uma triagem dos milhares de pedidos (*petitions for certiorari*) que anualmente chegam à Corte, apresentando um resumo dos fatos, e esboçando seus entendimentos pela concessão do *writ*. Os *justices* estudam o processo e admitem (*grant*) ou não (*deny*) o pedido. Na presidência de Rehnquist, eram admitidos em torno de cento e cinquenta casos por ano (cf. REHNQUIST, William H. *The supreme court – how it was, how it is*. New York: Quill, 1987, p. 253 e seg.).

tas (mais tarde juiz da Suprema Corte). Como *amici curiae* figuraram J. Lee Rankin, que falou pela *American Civil Liberties Union,* e outras entidades. Engrossaram a fileira dos defensores da tese sustentada por Gideon: Norman Dorsen, John Dwight Evans Jr., Melvon Wulf, Richard J. Medalie, Howard W. Dixon e Richard Yale Feder.

Pelo réu (Wainwright), sustentou Bruce R. Jacob, assistente do *attorney general* (uma mistura de nosso secretário estadual de Justiça e procurador-geral), que foi coadjuvado por Richard W. Erwin, *attorney general*, e A. Spicola Jr., seu assistente. Como *amici curiae* em defesa da tese de que em crime não punido com pena capital não era obrigatória a presença de advogado, porfiou George D. Mentz, do Ministério Público do Alabama. Também reforçaram a defesa do réu (*certiorari*) MacDonald Gallion (*attorney general* do Alabama), T. W. Bruton (*attorney general* da Carolina do Norte), e Ralph Moody (*assistant attorney general* da Carolina do Norte). As intervenções não ficaram nisso. Cerca de vinte e dois Estados e entidades públicas – pasmem!- foram admitidos como *amici curiae*... Cada um apresentou suas razões…

No caso *Escobedo v. Illinois, 378, U. S. 478 (1964)*, por mais de uma vez o "relator" (Goldberg[46]) invocou o pre-

46 Arthur Joseph Goldberg, filho de imigrantes judeus russos, nasceu em Chicago (1908). Especializou-se em direito do trabalho. Em 1961, o presidente Kennedy o nomeou ministro do Trabalho (*secretary of Labor*). Um ano e pouco depois, com a aposentadoria de Felix Frankfurter, Goldberg foi indicado para a Suprema Corte. Como já se falou anteriormente, Goldberg assentou-se na mesma cadeira ocupada antes por Frankfurter e por Benjamin Cardozo. A pedido do presidente Lyndon B. Johnson (1908-1973), que o queria na ONU, Goldberg pediu exoneração da Suprema Corte. Fazia questão de ser chamado não de "Mr. Ambassador", mas de "Mr. Justice". [cf. CUSHMAN, Clare (Ed.). *The supreme court justices.*

cedente *Gideon v. Wainwright*. Só que no primeiro caso, ao detido (Escobedo) foi negado o direito de falar com seu advogado, o qual se achava, no momento do interrogatório, na delegacia de polícia. Em outras palavras, Danny Escobedo[47] não pôde ser assistido por seu advogado "durante a fase policial" (interrogatório). Clarence Gideon, diferentemente, ficou privado de advogado "durante a fase judicial". Mas, tanto num caso como no outro, a Corte entendeu que houve violação do "direito de assistência de advogado".[48] Daí o *justice* Goldberg ter estendido o precedente, enfatizado em seu voto:

> *a questão crítica neste caso é se, sob as circunstâncias, a recusa da polícia em atender ao pedido do solicitante (Escobedo) de aconselhar-se com seu advogado durante o curso do interrogatório configura uma negativa à 'Assistência de Advogado', violando (assim) a Emenda Sexta da Constituição, que é 'obrigatória para os Estados pela Emenda Catorze.*

Washington, D.C.: Congressional Quarterly, 1993, p. 466]. Goldberg faleceu em 1990.

47 Escobedo, um jovem de vinte e dois anos, de origem mexicana, foi preso sob a acusação de que teria matado seu cunhado (Manuel). Após uma primeira prisão (juntamente com sua irmã, viúva de Manuel), livrou-se solto por força de *habeas corpus*. Na segunda prisão, efetuada alguns dias depois, tentou comunicar-se com seu advogado, que pouco antes havia acenado para ele no recinto. A polícia o impediu.

48 BRASIL: A Constituição brasileira (1988) contempla no art. 5°, inc. LXIII, o "direito de assistência de advogado". Aliás, o Estatuto político de 1988 ampliou o direito do preso, pois fala em "assistência da família e de advogado". A Constituição da República Portuguesa dispõe em seu art. 32° ("Garantias de processo criminal"), item 3, que "*o arguido tem direito de escolher defensor e a ser por ele assistido em todos os actos do processo, especificando a lei os casos e as fases em que essa assistência é obrigatória*".

Em outro caso – *Argersinger v. Hamlin, 407 U.S. 25 (1972)* –, a Suprema Corte reformou decisão da Suprema Corte da Flórida, que, por quatro a três, teve por constitucional julgamento de réu sentenciado por porte de arma a noventa dias de cadeia sem a presença de advogado. O "acórdão" foi lavrado por Douglas, com a adesão de Brennan, Stewart, White, Marshall e Blackmun. Invocaram-se precedentes.[49]

Em maio de 2002, a Suprema Corte, tendo como condutora a *justice* Ginsburg, julgou *Alabama v. Shelton*. A votação: cinco a quatro. Os precedentes de *Argersinger v. Hamlin, Scott v. Illinois* e *Gideon v. Wainwright* foram invocados. LeReed Shelton foi condenado por assalto a um ano de prisão e à multa de quinhentos dólares. A *Circuit Court*, todavia, suspendeu por dois anos a execução da sentença (*probation*). Shelton apelou, alegando que não tivera advogado designado para defendê-lo no processo criminal nem na aceitação da suspensão condicional da pena. Perdeu no tribunal de segundo grau: a decisão foi considerada não ofensiva à Emenda n. 6, uma vez que ele se achava *on probation*. Insatisfeito, Shelton recorreu à Suprema Corte do Estado do Alabama. O julgamento foi revertido. Por sua vez, o Estado do Alabama recorreu (*certiorari*) para a Suprema Corte dos Estados Unidos. Curiosamente, a Suprema Corte "convidou" um *amicus curiae*:[50] o professor Charles Fried (1935-...), da Harvard

---

49 *Duncan v. Lousiana, 391 U.S. 145, 159 (1968); Washington v. Texas, 388 U.S. 14 (1967); Pointer v. Texas, 380 U.S. 400 (1965); Gideon v. Wainwright, 372 U.S. 335 (1963).*

50 BRASIL. O instituto *amicus curiae* foi introduzido no direito positivo brasileiro por meio da Lei n. 9.868/1999 nas ações de controle direto de constitucionalidade de leis. Há diferenças expressivas entre o instituto im-

Law School, para sustentar um *terceiro ponto de vista* além daqueles defendidos pelas partes: a falta de indicação de advogado para defender um miserável (*indigent*) não impede a concessão da suspensão de pena em ilícito penal menor (*misdemeanor*), mesmo estando o réu preso em razão da revogação do *beneficium*.[51] A argumentação do *amicus* foi rejeitada.

Ginsburg, e com ela Stevens, O´Connor, Souter e Breyer, confirmaram a decisão da Suprema Corte do Alabama: "um réu que recebe uma sentença condenatória suspensa tem o direito constitucional a advogado".[52] Os *justices* Scalia, Rehnquist, Kennedy e Thomas divergiram. Scalia ponderou em seu voto que a questão colocada perante a Suprema Corte era outra: saber-se se a imposição de uma sentença condicionalmente suspensa em ilícito de *misdemeanor* implicava ou não o direito a advogado, garan-

---

portado (americano) e o brasileiro. Vamos mencionar, apenas a titulo de ilustração, duas: no Brasil, cabe ao relator admitir ou não o ingresso do *amicus*. Decisão irrecorrível. Nos Estados Unidos, o instituto, que vem regulamentado pelo Regimento Interno da Suprema Corte (Parte VII – Art. 37. *Brief for an Amicus Curiae*), exige-se que o *amicus* junte o assentimento prévio das partes (existem exceções). Para o *amicus* americano, exige-se tese nova, o que não ocorre com o *amicus* brasileiro. Ao consultar a jurisprudência de nosso STF, percebe-se a liberalidade no tocante ao *momento* da apresentação do pedido. Quanto ao instituto americano, ver o pequeno artigo doutrinário do Autor: "Amicus curiae: um instituto democrático" *in Revista de Informação Legislativa, a. 38, n. 153, jan./mar.* 2002, p. 6 e seg. Brasília: Senado Federal. Também *in Revista dos Tribunais*. Teoria Geral do Processo II. Edição comemorativa dos 100 anos. V. III. Organizadores: Luiz Rodrigues Wambier e Teresa Arruda Wambier, São Paulo, 2011.

51 Cf. http:www.law.cornell.edu/suspect/html/00-1224.html. Acesso em: 14.09.2007.

52 "[A] defendant who receives a suspended or probated sentence to imprisonment has a constitutional right to counsel".

tido pela Emenda n. 6. A resposta a essa pergunta – objetou Scalia – era "não". A simples imposição da sentença, no caso concreto, não privava o condenado de seu direito à liberdade. A hipótese de revogação do benefício, caso viesse a ocorrer no futuro, não estava em pauta.

Questão também palpitante é saber se o princípio do direito a advogado dativo (*in forma pauperis*) vale só quando a pena cominada for privativa de liberdade ou, então, vale também para apenação com multa pecuniária. Aubrey Scott foi condenado a pagar cinquenta dólares de multa por haver furtado mercadorias de uma loja. A cominação abstrata era de prisão de até um ano, multa de até quinhentos dólares, ou ambas. O caso *supra* – *Argersinger v. Hamlin* – foi invocado pelo réu. O *justice* Rehnquist, que respondeu pela maioria, argumentou que a Constituição (Emendas n. 6 e 14) garantia ao infrator a presença de advogado só no caso de pena privativa de liberdade, a menos, evidentemente, que houvesse lei estadual mandando fornecer advogado dativo em todos os casos. Não era o caso.

Vale a pena transcrever excerto do voto dissidente de William Brennan Jr. (acompanhado por Stevens e Marshall), sempre sensível aos menos favorecidos:

> *A Emenda 6 diz: 'Em todos os processos penais, o acusado gozará do direito ... de ter a assistência de advogado para sua defesa' (...). Gideon v. Wainwright, 372 U.S. 335 (1963), que estendeu o direito a advogado da Emenda 6 aos Estados através da Emenda 14, e sustentou que (esse) direito abrange o do indigente estar provido de defensor (...). No caso (concreto), suscita-se a questão se o direito a advogado se estende (também) a pessoa acusada de ilícito que, embora punível com encarceramento, foi, na verdade, punida apenas com multa. (...)*

> *A Corte, numa decisão que na melhor das hipóteses ignora os precedentes, afirma que a condenação de Scott, que se fez sem advogado, se deu porque ele foi condenado somente a pagar uma multa (...). No meu ponto de vista, a plena dicção da Emenda e dos precedentes da Corte força à conclusão de que a condenação de Scott, desacompanhada de defensor, viola as Emendas 6 e 14, e (por consequência) deveria ser revertida.*[53]

---

[53] Tradução livre. No original: *The Sixth Amendment provides: 'In all criminal prosecutions, the accused shall enjoy the right… to have the Assistance of Counsel for his defense'. Gideon v. Wainwright, 372 U.S. (1963), extended the Sixth Amendment right to counsel to the States through the Fourteenth Amendment and held that the right includes the right of the indigent to have counsel provided (…) This case presents the question whether the right to counsel extends to a person accused of an offense that, although punishable by incarceration, is actually punished only by a fine.(…) The Court, in an opinion that at best ignores the basic principles of prior decisions, affirms Scott´s conviction without counsel because he was sentenced only to pay a fine. In my view, the plain wording of the Sixth Amendment and the Court´s precedents compel the conclusion that Scott´s uncounseled conviction violated the Sixth and Fourteenth Amendments and should be reversed.*

Capítulo XII

A Emenda n. 7

Histórico. A preservação da instituição do júri para causas cíveis. Tentativa de introdução da cláusula nos derradeiros momentos da ultimação da Constituição de 1787. Não aplicação aos Estados-membros. Exclusões. Autonomia do júri. Repercussões no direito brasileiro.

A Emenda n. 7 preserva o júri para causas civis em processos do *common law*:

> *Nos processos de* common law, *quando o valor da causa exceder vinte dólares, será garantido o direito de julgamento por júri, cuja decisão não poderá ser revista por qualquer tribunal dos Estados Unidos senão de acordo com as regras do* common law.[1]

---

1 *Constituição do Brasil e constituições estrangeiras. Textos.* Brasília: Senado Federal, v. I, 1987. Em inglês: *In suits at common law, where the value in controversy shall exceed twenty dollars, the right of trial by jury shall be preserved, and no fact tried by*

Antes de tecermos qualquer comentário sobre a Emenda n. 7, vamos dar uma ideia, ainda que ligeira, sobre o que se entende por "casos", sejam eles aforados com base na "lei", seja com fulcro na *equity*. É que o § (seção) 2º do art. III da Constituição norte-americana dispõe que "O Poder Judiciário se estenderá a todos os *Casos* de aplicação da Lei e da *Equidade* ocorridos sob a presente Constituição"... (*The judicial Power shall extend to all Cases, in Law and Equity, arising under this Constitution*...).

Em consonância com o que já se expôs com mais detalhe no Capítulo 2, na Inglaterra, na Idade Média, cada senhor feudal tinha sua própria justiça. Com o tempo, esses "direitos particulares" se foram tornando "comum" a todos as baronias do reino. Daí se falar em *common law*. Com a colonização inglesa, os colonos trouxeram para a América o *common law*. A própria Declaração de Direitos do Primeiro Congresso Continental, realizado na Filadélfia em 1774, dizia que "As respectivas colônias têm direito ao *common law* da Inglaterra".[2] Com a Independência (*Revolution*), salvo uma ou outra recalcitrância, os americanos continuaram a aplicar o mesmo *common law* inglês. Os corpos políticos (Congresso, legislativos estaduais e municipais) continuaram a fazer leis (*laws, acts, statutes, ordinances*),[3]

---

a jury shall be otherwise re-examined in any court of the United States than according to the rules of the common law (*The constitution of the United States of America.* Washington, D. C.: National Archives and Records Administration, 1986).

2 MUNRO, William Bennett. *The government of the United States – national, state, and local.* 5. ed. New York: MacMillan, 1947, p. 556.

3 A divisão político-administrativa americana, à evidência, não corresponde à brasileira. De qualquer sorte, utiliza-se "ordinance" para os *municipal councils* ou, então, *by-law* para os provimentos referentes às cidades. "**ordinance** n. A statute enacted by a city or town." (Disponível

que muitas vezes modificavam regras do *common law*. Ainda hoje, diante da complexidade das relações jurídico-sociais da vida contemporânea, o *common law* continua tendo seu prestígio, a tal ponto de se poder afirmar que "nenhum advogado pode ser considerado um advogado proficiente a menos que domine os princípios do *common law*".[4] Mesmo naquelas unidades federativas com codificações, o *common law* vem sendo aplicado e estudado nas universidades.[5] Nos pretórios circula velho refrão: o *common law* é bom senso, a lei (*statute*), nem sempre.[6] Todavia, impende assinalar que diante da unidade cultural e de língua nos Estados Unidos, há um esforço consciente no sentido de maior uniformização, sistematização e racionalização de princípios do velho *common law*. Esforço desenvolvido por "universidades nacionais", por juízes e por entidades como o ALI, mencionada no capítulo anterior.

Como se disse, a Constituição (Art. III, § 2) alude a *Law* e *Equity*. Não deixa de ser um tanto embaraçoso para nós, brasileiros, entender o que vem a ser *equity* no sentido específico utilizado pela dicção constitucional,[7] uma vez que nosso juiz, pelo menos nos termos do direito

---

em: http://legal-dictionary.thefreedictionary.com/ordinance. Acesso em: 12.07.2013).

4 *No lawyer is a well-trained lawyer unless he has mastered the principles of the common law* (MUNRO, ob. cit., p. 557).

5 *Ibidem*.

6 *Ibidem*.

7 O Black´s conceitua: *Justice administered according to fairness as contrasted with the strictly formulated rules of common law* (BLACK, Henry Campbell. *Law dictionary*. 5. ed. St. Paul Minn: West Publishing Co, 1979).

positivo,[8] só pode "decidir por equidade" em casos expressamente previstos em lei.

Sob a óptica aristotélica, a equidade (*epieikeia*) consistia no abrandamento do rigor da letra da lei na solução de um dado caso particular.[9] A solução ideada por Aristóteles não encontrou ressonância prática na Atenas de seu tempo.[10] Na Roma Antiga, o rei (e depois o cônsul) dispunha do *ius edicendi*, que se exteriorizava por meio de *edicta*. Em torno do ano 367 a.C., esse poder de criar normas gerais ou específicas para o caso concreto foi delegado ao *praetor*.[11] No princípio, os pretores se limitavam a administrar a justiça de acordo com preceitos do direito vigente.[12] Tempos depois, passaram a desenvolver o denominado *direito pretoriano*, que complementava e muitas vezes até contrariava o *ius civile*. Esses magistrados decidiam as *actiones ex aequo et bono*, isto é, os casos concretos

---

8 BRASIL: o Código de Processo Civil brasileiro, art. 127, dispõe: "(...) o juiz só decidirá por equidade nos casos previstos em lei". Um bom exemplo está na Lei n. 9.099/1995, a Lei dos Juizados Especiais, que em seu art. 6.º diz: "O juiz adotará em cada caso a decisão que reputar mais justa e equânime, atendendo aos fins sociais da lei e às exigências do bem comum".

9 Na visão aristotélica, a epiqueia seria "a forma de equidade ou justiça superior, que se sobrepõe ao preceito jurídico positivo, em virtude da qual é lícito ao homem operar contra a letra de uma norma jurídica" (cf. BRUGGER, Walter. *Dicionário de filosofia*. 2. ed. Trad. Antônio Pinto de Carvalho. São Paulo: Herder, 1969, p. 152).

10 Cf. TODD, S. C. *A glossary of Athenian legal terms* (Selec. by Michael de Brauw). Disponível em: www.stoa.org/projects/demos/article_law_glossary?section=epieikeia. Acesso em: 14.09.2013.

11 Cf. BIONDI, Biondo. *Istituzioni di diritto romano*. 2. ed. Milano: Dott. A. Giuffrè – Editore, 1952, p. 17.

12 *Ibidem*, p. 19.

eram julgados de acordo com o que lhes parecessem reto e justo.[13] O mesmo fenômeno se repetiu na Inglaterra, ainda que com nuanças. No século XIV, por exemplo, quando alguém se sentia injustiçado, peticionava ao soberano para que ele decidisse *for the love of God and by way of charity*.[14] Ao lado da jurisdição do *common law*, começou a vicejar a jurisdição da *equity*.[15] Com o aumento de pedi-

---

[13] Cf. RADBRUCH, Gustav. *El espíritu del derecho inglés*. Versão para o espanhol por Fernando Vela. Madrid: Revista de Occidente, 1958, p. 52. É oportuno lembrar que, com a fundação da Universidade de Bolonha, passou-se a estudar o direito bizantino no continente europeu. Na Inglaterra, nessa época, estudava-se o direito romano clássico, que partia dos casos concretos (*case-law*). Daí o grande divisor de águas entre o direito romano-germânico e o direito anglo-saxão. Esse tem natureza indutiva: parte dos casos concretos para os princípios; aquele, diferentemente, tem natureza dedutiva: os princípios servem para enquadrar os casos. Em outras palavras: nosso direito (romano-germânico) tem como fonte quase exclusiva a lei, criada pela autoridade legiferante. No direito anglo-americano, a fonte mais importante está nos tribunais (*judge-made law*). Há quem pense que o *case-law* é direito não escrito. Efetivamente, houve época em que o *common law* poderia ser rotulado de "não escrito", pois os juízes que o aplicavam detinham seu monopólio, não o revelando de corpo inteiro aos advogados ou aos jurisdicionados. Mas, desde quando as Cortes de Westminster Hall começaram a aplicar o *common law* com fulcro em precedentes que ficaram anotados, não se poderia mais falar, com rigor, em direito não escrito (cf. MAINE, Henry James Sumner. *Ancient law*. London: J. M. Dent & Sons Ltd., 1936, cap. I).

[14] ABRAHAM, Henry J. *The judicial process – an introductory analysis of the courts of the United States, England and France*. 5. ed. New York: Oxford University Press, 1986, p. 14. Quanto à possibilidade de "transferência de jurisdição", ver FUKUYAMA, Francis. *As origens da ordem política: dos tempos pré-humanos até a Revolução Francesa*. Trad. Nivaldo Montingelli Jr. Rio de Janeiro: Rocco, 2013, p. 441.

[15] Na Inglaterra, o tribunal de *equity* permaneceu separado até 1875. Criou-se, então, a *Supreme Court of Judicature*, que decidia tanto os casos do *common law* como os de *equity*. No caso de conflito de normas do *rule of law* e da *equity*, prevalecem as normas da *equity* [cf. *Oxford dictionary of law* (Ed. by

dos, e com o volume de outros afazeres, o rei transferiu essa atividade a um *longa manus*, o *chancellor.* O tribunal presidido pelo *chancellor* ficou conhecido como *Court of Chancery*. Os *chancellors* começaram a solucionar as pendengas de acordo com sua *consciência.* Daí a crítica acerba e oportuna do jurista John Selden (1584-1654): as decisões baseadas na "consciência do julgador" não transmitiam segurança, tornando-se até cômicas.[16] Com o tempo, as soluções adotadas por essa *royal court* se convolaram em regras escritas, formando um *corpus*: a *equity*.[17] No início, os *chancellors* eram eclesiásticos, daí a influência do direito canônico;[18] depois, com a predominância de juristas, passou para o direito romano clássico, estudado com afinco na Universidade de Oxford.[19]

O sistema judicial inglês foi transladado para o Novo Mundo, como já se falou mais demoradamente no Capítulo 2. As principais diferenças entre o *common law* e a *equity* nos Estados Unidos são: a) a *equity* não se aplica a casos criminais, só a cíveis; b) não existem cortes federais separadas para julgar casos de *equity;* c) em alguns Estados-membros, o mesmo tribunal um dia julga *common law*, em outro dia, *equity*;[20] d) o processo da *equity* é simplifica-

---

Elizabeth A. Martin): Oxford University Press. E-book, 5. ed. 2003, p. 178-179].

16 Cf. RADBUCH, ob. cit., p. 54.

17 MUNRO, ob. cit., p. 558.

18 Cf. ZITSCHER, Harriet Christiane (com participação de colaboradores). *Introdução ao direito civil alemão e inglês*. Belo Horizonte: Del Rey, 1999, p. 133.

19 RADBRUCH, ob. cit., p. 53 e 15.

20 De acordo com Lewis MAYERS (*The American legal system*. New York: Harper & Brothers Publishers, 1995, p. 64), na década de 1950 só os Estados de Arkansas, Delaware, Mississippi e Tennessee ainda mantinham tribunais separados para as causas *equitable* e *legal.*

do; e) o *grand jury* não é, de regra, utilizado num tribunal de *equity;* f) em algumas matérias, há concorrência entre as duas jurisdições, em outras, só se resolve por meio da *equity*; g) a *equity* é muito utilizada em casos preventivos, sobretudo de dano potencial.[21]

O *equity judge*, ou seja, o juiz que julga em tribunal de *equity*, goza de certa discricionariedade em relação ao *common law judge*. Talvez um exemplo prático, colacionado pelo professor Henry J. Abraham, nos ajude a ter uma ideia melhor do que seja *equity*. John Miller tinha uma propriedade com uma velha árvore (faia) de folhas acobreadas. Toda sua família – mulher, filhos e netos – tinha um verdadeiro apego sentimental à velha árvore. Pois bem, o Estado (Pensilvânia) projetou uma rodovia, cujo traçado exigia a derrubada da faia. Tratava-se de um caso típico de desapropriação, pois o poder público detinha o domínio eminente do solo. Acontece que Miller e seus familiares não se interessavam por indenização. Queriam *sentir* a árvore, *contemplá-la*, *ficar sob sua sombra*. Em uma *equity court*, ele poderia ter alguma chance de vitória, o que fatalmente não ocorreria num tribunal de *common law*.[22]

À evidência, o mundo moderno exige uma legislação vigorosa, pronta e atuante, seja ela oriunda de órgãos com a atribuição clássica de fazer leis (Congresso, assembleias estaduais, *municipal councils*), seja de órgãos administrativos (*agencies, commissions*). Assim, ao lado do *common law* e da *equity* floresce a *statutory law*, que cada vez mais adquire importância na família anglo-saxônica.

---

21 *Ibidem*. Para maiores detalhes das máximas que compõem o corpo da *Equity* inglesa, consulte ZITSCHER, ob. cit., p. 134 e seg.

22 ABRAHAM, ob. cit., p. 15.

Voltemos à Emenda n. 7. Ela, como se viu, fala em *common law* e julgamento pelo júri. Segundo Willoughby, o *common law*, tal como referido pela Emenda, é o *common law* inglês, e o júri, que se compõe de doze pessoas, deve ser presidido por um juiz com poderes para explicar aos jurados as questões jurídicas e admoestá-los quanto às questões fáticas.[23] As partes podem abrir mão do júri civil.[24] Mesmo se não houver previsão expressa na lei, é possível a transação para que o caso não seja julgado por júri civil. Foi o que se decidiu em *Rogers v. United States, 141 U.S. 548, 554 (1891)* e em *Campbell v. Boyreau, 21 How (62 U.S.) 223 (1859).*

No tocante ao número de jurados, a Suprema Corte decidiu em *Colgrove v. Battin, 413 U.S. 155-156 (1973)* que a quantidade de jurados não necessita ser, como no tempo dos "Fundadores" da República (*Framers*), impreterivelmente de doze componentes. O que importa é que o número de julgadores de fato seja suficientemente elevado a fim de que haja equilíbrio no julgamento, e possa refletir a própria comunidade em que o réu vive. No caso *Minneapolis & St. Louis R.R. Co. v. Bombolis, 241 U.S. 211 (1916),* a Suprema Corte disse que o júri civil não é obrigatório para os Estados-membros.[25]

Quase no crepúsculo da Convenção da Filadélfia (12 de setembro de 1787), Madison rascunhou em suas notas: "Mr. Williamson[26] observou à Câmara que nenhum dispositivo ainda foi redigido no tocante a júris em cau-

---

23 *Ibidem*, p. 466. Ver *Traction Co. v. Hof, 174 U.S. 1, 13 (1899).*

24 *Parsons v. Armor, 28 U.S. 3 Pet. 413 (1830).*

25 Quanto à não obrigatoriedade para os Estados-membros, cf. NOWAK, John E.; ROTUNDA, Ronald D. *Principles of constitutional law.* 3. ed. St. Paul, MN: West, 2007, p. 212 e 240.

26 Hugh Williamson (1735-1819) era constituinte da Carolina do Norte.

sas cíveis, instando na sua necessidade". Três dias depois, tentou-se sua inserção no § 2º do Art. III da Constituição. A emenda não passou. Por ocasião da ratificação da Constituição, alguns antifederalistas fizeram questão de só apoiar o Documento político no caso de haver compromisso na preservação da instituição popular.

A Suprema Corte tem dito que a Emenda n. 7 não é aplicável, de um modo geral, ao direito público, como o direito marítimo, questões do Almirantado, direito administrativo,[27] ações envolvendo cancelamento de certificado de naturalização por fraude,[28] deportação de estrangeiro[29] etc. No caso *Minneapolis & St. Louis R.R. Co v. Bombolis, 241 U.S. 211*, já mencionado, julgado em 1916, decidiu-se que essa cláusula não atingia os Estados da Federação. Em 1973, esse entendimento foi revigorado.[30] Tudo, então, depende da legislação estadual.

Como se observa em *The constitution of the United States of America – analysis and intepretation*, "o propósito primordial da Emenda foi o de manter a linha histórica que separa a província do júri da (província) do juiz, sem, ao mesmo tempo, impedir o progresso processual, (desde) que não transgrida esta linha".[31]

A Emenda confere autonomia ao tribunal do júri em questões fáticas. Como regra geral, a absolvição pelo júri é final. Todavia, se estiver em jogo a negativa de direito

---

27 *Parsons v. Bedford, 28 U.S. (3 Pet.) 443, 447 (1830); NLRB v. Jones & Laughlin Steel Corp., 301 U.S. 1, 48 (1937).*

28 *Luria v. United States, 231 U.S. 9, 27 (1913).*

29 *Gee Wah Lee v. United States, 25 F.2d. 107 (C.A. 5, 1828).*

30 *Alexander v. Virginia, 413 U.S. 836 (1973).*

31 KILLIAN, Johnny H. (Ed.). *The constitution of the United States of America – analysis and interpretation.* Washington: Library of Congress, 1987, p. 1.381.

fundamental previsto na Constituição, a decisão é passível de revisão por corte superior.[32]

A Carta do Império do Brasil, em seu art. 151, instituiu o júri também para causas cíveis. Mas, como pondera João Barbalho, esse dispositivo nunca foi cumprido.[33] As Cartas e Constituições da República só falam no júri criminal. A primeira Constituição (1891), no art. 72, parágrafo 31, era expressa: "É mantida a instituição do jury". No projeto de Constituição que o Governo provisório enviou à Assembleia Constituinte de 1890/1891, não constava a instituição do júri. A Constituição vigente (1988), no título referente aos "Direitos e Garantias Fundamentais" (art. 5º, XXXVIII), diz que "é reconhecida a instituição do júri, com a organização que lhe der a lei, assegurados: a) a plenitude de defesa; b) o sigilo das votações; c) a soberania dos veredictos; d) a competência para o julgamento dos crimes dolosos contra a vida".

Nos Estados Unidos, comumente o corpo de jurados é formado por número par. Curiosamente, nossa Constituição de 1946 (art. 141, § 39) exigia um número ímpar: evitar que o juiz togado tivesse que desempatar.[34] Hoje, pela Constituição de 1988, toca à lei infraconstitucional fixar o número de jurados. Somente os crimes dolosos contra a vida são julgados pelo júri.[35]

---

32 *Time, Inc. v. Pape, 401 U.S. 279, 284-292 (1971).*

33 BARBALHO, João. *Constituição federal brazileira – commentarios.* Rio de Janeiro: Typographia da Companhia Litho-Typographia, em Sapopemba, 1902, p. 335.

34 PONTES DE MIRANDA. *Comentários à constituição de 1946.* Rio de Janeiro: Borsoi, t. V, 1963, p. 335.

35 BASTOS, Celso Ribeiro; MARTINS, Ives Gandra. *Comentários à constituição do Brasil.* São Paulo: Saraiva, v. 2, 1989, p. 208.

Capítulo XIII

A Emenda n. 8

Antecedentes. O item 9 da Declaração de Direitos da Virgínia. O princípio da Presunção da Inocência. O princípio da Capacidade Econômico-Financeira na aplicação da fiança e de multas penais. Banimento de penas cruéis e incomuns. A pena de morte. Solução constitucional brasileira. Castigos infligidos a presos. O menor de idade e a pena de morte. Prisão perpétua com liberdade condicional. Jurisprudência. Abusos sexuais em prisões: responsabilidade do Estado? Obstáculos administrativos e judiciais para se reclamar de abusos sexuais em prisões. A *Prison Litigation Reform Act* de 1995. Pode-se invocar a proteção da Emenda no caso de pena disciplinar em estabelecimentos de ensino?

A Emenda n. 8 é curta e objetiva: "Não poderão ser exigidas fianças exageradas, nem impostas multas excessivas ou penas cruéis ou incomuns".[1] Na verdade, o texto

1 *Constituição do Brasil e constituições estrangeiras*. Brasília: Senado Federal, 1987.

é repetição quase literal do item 9 da Declaração de Direitos do Estado da Virgínia (1776),[2] que, por seu turno, é cópia de cláusula do *Bill of Rights* inglês de 1689, que foi copiado do art. 10 da *Declaration of Rights*, documento apresentado a Mary e William pela Convenção parlamentar em 13 de fevereiro de 1689.

Na redação anglo-virginiana, vem "ought not be", expressão que foi substituída por "shall not be" pelos legisladores estadunidenses de 1789: *That excessive bail ought not to be required nor excessive fines imposed, nor cruel and unusual punishments inflicted.*

A inserção dessas cláusulas nos *Bills* inglês e americano tem o mesmo fundo histórico: evitar que governantes futuros resvalassem para os desmandos e arbítrios, como fizeram James II e o rei Jorge.[3]

As cláusulas da Emenda n. 8 se aplicam aos Estados da Federação. A *Excessive Bail Clause*, lembram os professores John Nowak e Ronald Rotunda, o são por inferência (*implication*).[4]

Na Emenda não se faz menção a "júri", só implicitamente a "juízes". Akhil R. Amar esclarece que a ausência do júri, todavia, ajuda a explicar a grande preocupação dos americanos do século XVIII com fianças desarrazoadas

---

2 Dispõe o *Bill of Rights* da Virgínia: "9. That excessive bail ought not be required, nor excessive fines imposed, nor cruel and unusual punishment inflicted" (COMMAGER, Henry Steele (Ed.). *Documents of American history*. 6. ed. New York: Appleton-Century-Crofts, Inc., 1958, p. 104).

3 Cf. CLAUS, Laurence. Methodology, proportionality, equality: which moral questions does the Eighth Amendment pose? In *Harvard Journal of Law & Public Policy*, v. 31, n. 1, p. 35.

4 NOWAK, John E.; ROTUNDA, Ronald D. *Principles of constitutional law*. 3. ed. St. Paul, MN: West, 2007, p. 240.

ou penas criminais excessivas, frequentemente arbitradas pelos juízes.[5] De um modo geral, a fiança é permitida em todos os casos, salvo naqueles punidos com a pena capital.[6] Mas, mesmo em se tratando de crime sancionado com prisão perpétua ou com pena de morte, fica ao arbítrio do tribunal conceder fiança.[7] Thomas Cooley, depois de asseverar que não se tem como estabelecer critérios apriorísticos para a fixação legal de fiança, conceitua, com base em jurisprudência da Suprema Corte de sua época (final do séc. XIX), que uma fiança se torna *excessiva* quando vai além da *necessidade* de assegurar satisfatoriamente a presença do réu no julgamento ou o cumprimento da sentença.[8]

Por se achar a *fiança excessiva* intimamente ligada à cláusula do *due process of law,* Willoughby arrolou, na década de 1930, uma série de casos da Suprema Corte sustentando esse ponto de vista.[9] Em 1984, foi promulgada uma lei federal – *Bail Reform Act* – que impedia a concessão de fiança se ficasse provado que o afiançando oferecia perigo para a segurança da sociedade.[10] Foi o caso de Anthony

---

5 Cf. AMAR, Akhil Reed. *America's constitution – a biography.* New York: Random House, 2005, p. 332.

6 COOLEY, Thomas M. *The general principles of constitutional law.* 4. ed. Boston: Little, Brown, and Company, 1931, p. 363.

7 *Ibidem*, p. 363.

8 *Ibidem*, p. 363.

9 WILLOUGHBY, Westel W. *Principles of the constitutional law of the United States.* New York: Baker, Voorhis & Co., 1938, p. 746.

10 BRASIL. Nossa Constituição Federal de 1988, embora deixe por conta de lei ordinária os critérios da fiança, restringe a liberdade do legislador ordinário: art. 5° – XLIII – "a lei considerará crimes inafiançáveis a prática de tortura, o tráfico ilícito de entorpecentes e drogas afins, o terrorismo e os definidos como crimes hediondos, (...)"

Salerno, mafioso ligado à *Cosa Nostra*. A Suprema Corte, em *United States v. Salerno, 481 U. S. 739 (1987)*, julgou constitucional a Lei da Fiança (*Bail Act*), dizendo que ela não afrontava a cláusula do *due process* ou a Emenda n. 8. Os juízes Marshall e Brennan ficaram vencidos.

A história da pena é tão velha quanto a humanidade. Punia-se por razão religiosa: aplacar a ira dos deuses. Com o passar do tempo, a punição passou para a esfera individual.[11] Leis, como a das XII Tábuas (453-451 a.C.),[12] tiveram o propósito de limitar a fúria do ofendido ou de seus familiares. Por ocasião da edição do *Bill of Rights* inglês, no final do século XVII, já corriam pela Europa as ideias de Hugo Grotius, que davam fundamento racional à pena:

---

11 Cf. FRAGOSO, Heleno Cláudio. *Lições de direito penal. Parte geral.* São Paulo: José Bushatsky, Editor, 1976, p. 26.

12 Werner JAEGER (1888-1961) lembra que na Grécia do século VI a.C. os nobres detinham o monopólio da justiça. Para afastar a arbitrariedade judicial, os não nobres passaram a exigir leis escritas (*Paidéia – a formação do homem grego.* Trad. Artur M Parreira. São Paulo: Martins Fontes, 1986, p. 91). Charles MAYNZ, em seu clássico *Cours de droit romain* (5. ed. Bruxelles: Bruylant-Christophe & Cie, 1891, t. 1, p. 74 e seg.), ensina que antes da edição da Lei das XII Tábuas os magistrados exerciam "sous le manteau de la justice, le pouvoir le plus arbitraire et le plus tyranique". Daí o tribuno C. Terentilius Arsa ter nomeado cinco pessoas encarregadas de fixar, por escrito, regras certas para limitar o poder consular, que estava na mão do patriciado. Os patrícios cederam em parte. Dez membros (patrícios) foram eleitos pelas centúrias, formando uma comissão para elaborar as leis. Um ano depois, nova comissão foi eleita, figurando entre seus membros três ou cinco plebeus. Duas novas tábuas foram escritas, complementando as já existentes. Dai o nome de *Lei das Doze Tábuas*. "La loi des Douze Tables fut ensuite régulièrement votée et sanctionnée par les centuries" (MAYNZ, ob. cit., p. 75). José Carlos MOREIRA ALVES (*Direito romano,* 10. ed., Rio de Janeiro: Forense, v. I, 1999, p. 24) lembra que no ano 454 a.C. uma comissão, composta de três membros, foi à Grécia com o propósito de estudar a legislação de Sólon.

a pena tinha *finalidade*, servindo para expiar o crime já praticado ou para impedir que se praticasse mais delito. A bandeira de Grotius foi empunhada por Puffendorf (1632-1694), Thomasius, Wolff, Montesquieu, Rousseau e Voltaire (1694-1778).[13] Em 1764, Cesare Beccaria (1738-1794) publica sua obra *Dei delitti e delle pene,* alicerce da penalogia moderna. Mesmos as ideias iluministas não aplacaram de todo a crueldade da punição estatal.

A ideia de "fiança excessiva" ou "multa excessiva", por sua natureza quantitativa, é de fácil entendimento. A fiança ou a multa pecuniária se tornam exageradas quando o condenado não tem ou dificilmente terá condições de cumpri-las.[14]

Hoje, penas que nos parecem revestidas de alta crueldade e sadismo, eram aceitas pelos súditos medievos.[15]

Não vamos lembrar, no presente momento, as penas de mutilação e lapidação na Ásia de hoje, nem falar nas torturas extrajudiciais praticadas por soldados americanos no Iraque ou em Guantánamo, ou dos regimes militares argentino, chileno e brasileiro de poucos anos atrás. O

---

[13] Cf. FRAGOSO, ob. cit., p. 42. Outro caso de intolerância religiosa extrema, que aterrorizou o mundo francês da época, foi o de Jean Calas (1698-1762). Calas foi acusado de ter assassinado um filho para evitar que ele abraçasse o catolicismo. Sofreu as mais atrozes torturas (roda, suplício da água, estiramento de membros, corpo quebrado a marreta, enforcamento, fogueira). Sempre negou a imputação. Cerca de três anos após sua morte, provou-se que ele era realmente inocente. Esse *affaire* impressionou tanto Voltaire, que ele escreveu o famoso *Traité sur la tolérance.*

[14] CLAUS, Laurence, artigo cit., p. 37.

[15] O próprio William Blackstone, que escrevia quando da fundação da Nação americana, esclareceu que o *Bill of Rights* inglês não condenava os métodos punitivos da época, mesmo se tratasse da prática grotesca do afogamento e esquartejamento de traidores (*ibidem*, p. 40).

fato é que a tortura e as penas cruéis são uma constante no mundo "civilizado". A título de mero avivamento histórico, vamos pinçar um ou outro caso já distante. O suplício do advogado e político inglês William Prynne (1600-1669), por exemplo. Por ordem do temido tribunal *Star Chamber*, Prynne teve suas duas orelhas cortadas. A mutilação fazia parte de sua pena pelo crime de haver escrito livros e panfletos considerados subversivos. Mais tarde, já no pelourinho, Prynne teve os cotos das orelhas macerados em cumprimento de segunda sentença.[16] Outro caso chocante se deu pouco antes, na *Merrie England* de Elizabeth I (1533-1603): um advogado puritano, de nome John Stubbs, publicou um panfleto dizendo que a rainha, que aceitara casar-se com um príncipe francês, tentava simplesmente bandear para o Catolicismo. Como pena, Stubbs teve sua mão direita decepada e, ao mesmo tempo, com a mão esquerda, foi obrigado a tirar o chapéu e exclamar: *Long live the Queen!*[17]

Ainda que a crueldade punitiva não tenha idade ou pátria, vamos lembrar punição requintada de barbaridade, ocorrida em Minas Gerais do século XVIII, bem antes do martírio de Tiradentes (1792). No ano de 1720, o português Felipe dos Santos Freire (1680-1720), que havia chefiado um grupo de pessoas contra a instalação das Casas de Fundição e Moeda, foi enforcado e teve seus braços e pernas atados a quatro cavalos.[18] Pouco mais

---

16 Cf. AMAR, Akhill Reed. *The bill of rights: creation and reconstruction.* New Haven: Yale University Press, 1998, p. 82.

17 Cf. DURANT, Will & Ariel. *The story of civilization: the age of reason begins.* New York: JF Books, 1961, p. 55.

18 Cf. ROCHA POMBO. *História do Brasil.* Rio de Janeiro: W. W. Jackson, Inc., v. III, 1953, p. 47 e seg.

de trinta anos depois, em Paris, o *écartèlement* foi ao vivo: Robert-François Damiens (1715-1757), que tentou matar Luís XV (1710-1774), foi amarrado a seis cavalos. A execução falhou. O carrasco, para facilitar o cumprimento da sentença, teve que desossar o condenado, que urrava de dor.[19]

Conhecido do mundo luso-brasileiro é o "Processo dos Távoras", já no crepúsculo da Idade Moderna. "O processo foi rápido e bárbaro – como são todos os processos políticos, em que os acusados vão já condenados à presença dos juízes".[20] O 8º duque de Aveiro (José de Mascarenhas da Silva e Lencastre, 1700-1759) e outros aristocratas portugueses, juntamente com alguns jesuítas e serviçais, foram acusados de suposto atentado contra a vida do rei de Portugal (dom José I), amante da nora (Mariana Teresa) do 3º marquês de Távora. Antes de ser morto, o duque de Aveiro teve suas pernas e braços quebrados a marreta. Ainda vivo, foi levado à fogueira (barrica de alcatrão);[21] suas cinzas, jogadas no rio Tejo. No mesmo dia – 13.01.1759 –, outros acusados foram supliciados e trucidados no mesmo patíbulo (Belém). O 3º marquês de Távora (Francisco de Assis de Távora, 1703-1759), que no reinado de dom João V havia sido vice-rei da Índia, e sua mulher e prima, Leonor (1700-1759), também foram

---

19 Disponível em: http://en.wikipedia.org/wiki/Robert%E2%80%93Fran%C3%A7ois_Damiens. Acesso em: 17.10.2006.

20 OLIVEIRA MARTINS. *Historia de Portugal.* Edições Vercial (Digital), p. 232.

21 Cf. AMEAL, João. *História de Portugal.* Porto: Livraria Tavares Martins, 1940, p. 527. Na época de dom Diniz foi feita em Portugal uma lei, de 07.01.1453, cominando a pena de arrancar pelo pescoço a língua de quem injuriasse Deus ou os santos (cf. FREYRE, Gilberto. *Casa-grande & senzala.* 47 ed. São Paulo: Global, 2003, p. 82).

cruelmente mortos. A marquesa de Távora, antes de ser decapitada, foi obrigada a dar uma volta no palanque armado de véspera para que o povo a visse bem. O carrasco, para aumentar sua agonia, mostrou-lhe cada um dos artefatos que seriam utilizados na execução do marido, filhos e genro.[22] A sentença foi proferida pela Suprema Junta de Inconfidência no dia 12 e a execução se deu no alvorecer do dia seguinte. Ao suplício da marquesa, segui-se a execução de seu segundo filho, quase imberbe, que estendido sobre uma aspa teve seus ossos quebrados.[23] A seguir, chegou a vez do marquês (novo) de Távora. Mais quatro réus foram trucidados (conde de Atouguia e três serviçais). À tarde desse mesmo dia 13, os algozes trouxeram o 3º marquês de Távora, então com 56 anos de idade. Antes de ser morto, foram-lhe exibidos os cadáveres de seus familiares.[24] Tudo indica que os Távoras eram inocentes. Por trás de toda essa carnificina estava o ministro Sebastião José de Carvalho e Melo (1699-1782), conde de Oeiras e mais tarde marquês de Pombal. Pombal é um dos personagens mais controversos da História portuguesa.[25] Procurou modernizar Portugal e, ao mesmo tempo, restaurar a autoridade monárquica, amesquinhando a alta nobreza. O historiador português António Ribeiro dos Santos (1745-1818) bem sintetiza a administração pombalina: "Este ministro (Pombal) quis uma impossível po-

---

22 Cf. CASTELO BRANCO, Camilo. *Perfil do marquês de Pombal*. 4. ed. Porto: Domingos Barreira/Editor, 1943, p. 12 e seg.

23 OLIVEIRA MARTINS, ob. cit., p. 233.

24 *Ibidem*, p. 233.

25 Quanto aos benefícios do governo pombalino para o Brasil, ver PEIXOTO, Afrânio. *Historia do Brasil*. Rio de Janeiro: Companhia Editora Nacional, 1944, transcrição para eBooksBrasil, 2008, capítulo VI.

lítica; quis civilizar a Nação e ao mesmo tempo fazê-la escrava".[26]

Voltemos à Emenda n. 8, cujas raízes remotas se perdem na ancianidade do direito inglês. Penas como decapitação, mutilação, ferro em brasa, chicotadas em público, pelourinho, empalamento, esquartejamento, enforcamento etc. sempre foram utilizadas na Inglaterra da Idade Média e do início da Idade Moderna. Quanto à fiança, ficava ao sabor do juiz concedê-la ou não. No Caso Darnel, conhecido também como o "Caso dos Cinco Cavaleiros" (*Five Knights' Case*),[27] não se admitiu o pagamento de fiança. Esse célebre julgado, de 1627, é apontado como uma das causas que levaram à elaboração da *Petition of Right* de 1628.[28] A Primeira Lei de Westminster (1275) já previa infrações afiançáveis. Todavia, os abusos por parte de magistrados continuaram, o que provocou a edição de outra lei, em 1679, pelo Parlamento – o *Habeas Corpus Act* -, que estabelecia pena para os juízes recalcitrantes. Os magistrados, então, se utilizaram de subterfúgio: concediam fiança, tal como a lei mandava, mas elevavam excessivamente seu montante, o que nulificava sua finalidade, e ia de encontro ao princípio da presunção de inocência do réu. Novo diploma legal foi ratificado pelo Parlamento em 1689 (*Bill of Rights*), vedando "fiança excessiva".

---

26 BARRETTO, Vicente; PAIM, Antonio. *Evolução do pensamento político brasileiro.* Belo Horizonte: Editora Itatiaia, 1989, p. 34.

27 *Darnel's Case, 3 How. St. Tr. 1-59 (K. B. 1627).*

28 Cf. KILLIAN, Johnny H. (Ed.). *The constitution of the United States of America – analysis and interpretation.* Washington: Library of Congress, 1987, p. 1.390.

Precisar-se com exatidão o que é uma pena "cruel e incomum" não deixa de ser, ainda hoje, tormentoso.[29] Mas, como reconheceu a Suprema Corte em *Wilkerson v. Utah, 99 U.S. 130, 134 (1878),* é certo afirmar que as punições de "tortura (tal como estiramento de membros e esquartejamento, estripamento enquanto vivo, decapitação, dissecação pública e morte pela fogueira), e outras (modalidades) de crueldade desnecessária, são vedadas por aquela emenda constitucional". Desde o século atrasado, porém, a Suprema Corte tem considerado que a morte por eletrocução não é inconstitucional.[30] No caso *Lousiana ex rel. Francis v. Resweber, 329 U.S. 459 (1947),* decidiu-se, por maioria, que uma segunda tentativa de eletrocução, tendo falhado a primeira, não violava o preceito constitucional de pena cruel. Willie Francis fora condenado à cadeira elétrica por homicídio. Por defeito na aparelhagem, não morreu. A ordem de execução (*death warrant*) foi então cancelada, com a volta do condenado para a cela. Marcou-se nova data para o cumprimento da sentença, com a expedição de nova *death warrant.* O condenado utilizou-se dos meios recursais a seu alcance, alegando que no caso de uma segunda execução sua pena se tornava *ipso facto* cruel, com a violação das Emendas n. 8 e 14.

Hoje, dos cinquenta Estados da Federação norte-americana, trinta e seis contemplam a pena de morte.[31] Entre

---

29 Para as modalidades de penas aplicadas na Inglaterra até o início do século XIX, ver http://www.oldbaileyonline.org/history/crime/punishment.html#introduction. Acesso em: 18.10.2006.

30 *In re Kemmler, 136 U.S. 436 (1890).*

31 Disponível em: http://pt.wikipedia.org/wiki/Pena_de_morte_nos_Estados_Unidos. Acesso em: 24.04.2012.

1608 e 1991, foram registradas quase quinze mil execuções capitais. Em 1935, foram cento e noventa e nove as execuções; em 1961, quarenta e duas; em 1963, apenas vinte e uma.[32] Em 1968, nenhuma.[33] Os crimes punidos com a pena de morte variam de Estado para Estado: estupro (Missouri), sequestro de criança (Califórnia), espionagem (Califórnia), incêndio criminoso etc.[34]

Como já se falou por inúmeras vezes, nos Estados Unidos, além da legislação federal, cada unidade federada tem suas próprias leis penais ou processuais penais, o que torna difícil uma abordagem, ainda que pela rama.[35] Desse modo, a expressão "direito americano", no fundo não deixa de ser mera *geographical expression,*[36] pouco importando as semelhanças que possam existir entre as diversas legislações estaduais, seja pela ancestralidade do *common law*, seja pelos vasos comunicantes da imitação. Atualmente, como vimos em capítulo anterior, as diferenças, pelo menos no tocante aos princípios fundamentais, estão sendo aparadas.

No Brasil, a Constituição de 1891 atribuía à União legislar sobre "direito criminal e processual da Justiça Federal" (art. 34, 23). Cada Estado-membro cuidava de sua legislação. Era o figurino americano. A partir da Cons-

---

32 FRIEDMAN, Lawrence M. *A history of American law.* 3. ed. New York: A Touchstone Book, published by Simon & Schuster, 2005, p. 573.

33 *Ibidem*, p. 573.

34 Disponível em: http://en.wikipedia.org/wiki/Capital_punishment_in_the_United_States#Controversy_over_use_of_death_penalty. Acesso em: 18.10.2006.

35 Cf. MAYERS, Lewis *The American legal system.* New York: Harper & Brothers Publishers, 1995, p. 198.

36 *Ibidem*, p. 360.

tituição de 1946 (art. 5º, XV, *a*), a União passou a legislar com exclusividade também sobre processo penal. Atualmente, temos uma só legislação penal – substantiva e processual – para todo o país. Nos Estados Unidos do final do séc. XIX e início do séc. XX, as infrações penais federais eram mínimas. Não existiam prisões federais. A União reembolsava os Estados pelas despesas com seus presos. Hoje, com o advento do rádio, televisão, Internet, drogas, tráfico de mulheres e crianças, terrorismo internacional etc., os "crimes federais" e as prisões federais aumentaram assustadoramente.

A propósito de legislação penal, o Código Penal brasileiro – aliás, um código cientificamente primoroso – é de 1940 (sofreu alteração substancial em 1984); o Código de Processo Penal data de 1941.[37] Nossa lei penal consiste em um sistema "fechado". Isso significa que, mesmo no caso de omissão ou lacuna, "não pode ser *suprida* pelo arbítrio judicial, ou pela analogia, ou pelos 'princípios gerais do

---

[37] Em 1830, o Brasil se adiantou em tema de legislação penal com a promulgação do Código Criminal do Império. O projeto, embora muito alterado, foi do deputado Bernardo Pereira de Vasconcellos (relator). O Código trouxe inovações e procurou racionalizar e humanizar as penas. A influência de Bentham se fez presente. Conta-se que doutrinadores estrangeiros, como Haus e Mittermayer, chegaram a estudar português para que pudessem ler o Código no original. Diversas legislações penais da América Latina receberam sua influência (cf. BRUNO, Aníbal. *Direito penal. Parte geral.* Rio: Forense, t. 1, 1967, p. 179). O historiador João Armitage, que viveu no Brasil na época de dom Pedro I, porém, faz críticas ao Código, que pecava por "certas teorias abstratas, e pouco atenderam a peculiares necessidades, circunstâncias e localidades do Brasil". Muitos crimes – continuou Armitage –, se achavam mal tipificados, e as penas impostas eram simplesmente insignificantes (cf. ARMITAGE, João. *Historia do Brasil.* 3. ed. brasileira. Rio de Janeiro: Zelio Valverde, 1943, p. 285).

direito', ou pelo *costume*".[38] É claro que a própria lei pode, em determinadas circunstâncias, dar alternativas ou oferecer margens ao juiz. Nos Estados Unidos, diferentemente, o órgão julgador goza de mais movimentação. O *arbitrium legis* se desloca para o *arbitrium judicis*, diante do caso concreto. É a velha sombra do *common law*, a despeito das "codificações" e da tendência moderna para tipificação legal do delito ou da quantificação da pena.

Como já se falou em outros capítulos, na órbita federal americana as ofensas penais são classificadas, na prática, de acordo com sua gravidade: *felonies*, as mais graves, e *misdemeanors*, as menos graves.[39] No Brasil, a classificação dos ilícitos penais também leva em conta a gravidade da pena cominada: "crimes" (ou "delitos") e "contravenções". Na verdade, não há um critério rígido, científico, para a divisão, uma vez que, ontologicamente, não existe diferença entre "crime" e "contravenção". A classificação é pura questão de política criminal. É o que se dá nos Estados Unidos: "*crime and misdemeanor, properly speaking, are synonymous terms; though in common usage 'crime' is made to denote such offenses as are of a more serious nature*".[40] No Brasil, positivamente é a lei que, em cada caso, vai descrever um fato como antijurídico, tipificando-o para, em seguida, cominar a pena. Nosso Código Penal não define "crime" e nem fornece critério apriorístico para apurá-lo. Daí Nélson Hungria frisar que "a conceituação jurídica de crime

---

38 HUNGRIA, Nélson. *Comentários ao código penal.* 3. ed. Rio de Janeiro: Revista Forense, t. 1, v. I, 1955, p. 11.

39 *Ibidem*, p. 331.

40 BLACK, Henry C. *Law dictionary.* 5. ed. St. Paul, Minn: West Publishing Co, 1979, p. 334.

é o ponto culminante e, ao mesmo tempo, um dos mais desconcertantes da moderna doutrina penal."[41]

De todas as penas, a de morte é a que tem suscitado mais debate e controvérsia. O tema "pena de morte" tem sido, há muito, uma verdadeira *vexata quaestio* para a Suprema Corte dos Estados Unidos. Há sempre divergências entre os julgadores, e as decisões são "apertadas", alteradas ao sabor da mudança física do Colegiado. No caso *Furman v. Georgia, 408 U.S. 238 (1972),* por exemplo, Brennan e Marshall, por razões distintas, tiveram a pena de morte como ofensiva à cláusula proibitiva de "pena cruel e incomum". Brennan ponderou que a pena capital era "incompatível com a dignidade humana"; Marshall, por sua vez, disse que a pena de morte, além de "excessiva", era "moralmente inaceitável". Outro juiz, Douglas, desabafou, verberando que a pena de morte era aplicada aos pobres e desvalidos, e não aos ricos, que dispunham de grandes advogados, "violando implicitamente o requisito da igualdade de tratamento que se encontra na Emenda n. 8." Entre 1973 e 1976, a Suprema Corte suspendeu as execuções capitais.[42] De 17 de janeiro de 1977, quando restabelecida a *death penalty*, até início dezembro de 2009, já tinham sido executadas mil cento e oitenta e cinco pessoas.[43]

Mesmo com divergências, predomina o entendimento de que a pena de morte, no caso de réu que matou pre-

---

41 HUNGRIA, Nélson. *Comentários ao código penal.* 3. ed. Rio de Janeiro: Edição Revista Forense, t. 2, v. I, 1955, p. 7.

42 Disponível em: http://en.wikipedia.org/wiki/Capital_punishment_in_the_United_States. Acesso em: 16.11.2006.

43 Disponível em: http://standdown.typepad.com/weblog/2009/12/texas-execution.html. Acesso em: 26.12.2009.

meditadamente (*first-degree murder*), não pode ser tachada *per se ipsa* de *cruel and unusual*. Em *Enmund v. Florida, 458 U. S. 782 (1982)*, a Corte disse que pena de morte só era justificável no caso de homicídio doloso.

No Brasil, é da tradição de nossas constituições e cartas a proibição da pena de morte (salvo no caso de guerra externa).[44] A Constituição de 1988 também proibiu "penas (...) cruéis" (art. 5º, XLVII, "e").[45] Na realidade, desde a Carta do Império do Brasil (art. 179, 19) que se aboliram "os açoites, a tortura, a marca de ferro quente, e todas as penas cruéis". Mas, na vigência dessa Carta, entendia-se que a "pena de morte" era admitida.[46]

Na área penal, há casos e mais casos interessantes e instigantes que enriquecem a jurisprudência norte-americana. Sem preocupação cronológica ou mesmo temática, vamos começar com uma decisão da Suprema Corte dos Estados Unidos, datada de 1998.[47] Pela legislação americana de então, não se podia deixar o país com mais de dez mil dólares em dinheiro sem declaração oficial antecipada. Num aeroporto internacional, cães farejado-

---

44 BRASIL. No Brasil Colônia, há notícias de degolas em Salvador (1607), Pernambuco (1687), Minas Gerais (1721 e 1722) [cf. CARVALHO FILHO, Luís Francisco. *Impunidade no Brasil – colônia e império*. (Disponível em: http://www.scielo.br/scielo.php?pid=S0103-40142004000200011&script=sci_arttext#tx30. Acesso em: 20.10.2006)].

45 A Constituição da República Portuguesa, que veda a pena de morte em qualquer circunstância, em seu art. 25.º, 2, dispõe que "Ninguém pode ser submetido a tortura, nem a tratos ou penas cruéis, degradantes ou desumanas".

46 Cf. PONTES DE MIRANDA. *Comentários à constituição de 1946*. 4. ed. Rio de Janeiro: Editor Borsoi, t. V, 1963, p. 356. Vale observar que o primeiro Estatuto político a abolir a pena de morte em "matéria política" foi a Constituição francesa de 1848, art. 5º: *La peine de mort est abolie en matière politique.*

47 *United States v. Bajakajian, 524 U. S. 321 (1998).*

res detectaram na mala de Hosep Krikor Bajakajian, que ia viajar para Chipre, cheiro de papel-moeda: trezentos e cinquenta e sete mil, cento e quarenta e quatro dólares. Preso, Hosep teve seu dinheiro confiscado. Entrou com uma ação judicial. Ganhou na primeira e segunda instâncias. O Governo conseguiu que a Suprema Corte reexaminasse o caso (*grant of certiorari*). O *justice* Clarence Thomas, falando pela Corte, disse que o confisco de "todo o dinheiro", ainda que baseado em lei (18 U.S.C. § 982), se traduzia numa *excessive fines clause*, que era vedada pela Emenda n. 8. Bajakajian não havia lesado o erário, e o dinheiro não era produto ilícito.

A expatriação também já foi entendida como ofensiva à Emenda n. 8. Um soldado raso, Albert Trop, foi julgado por corte marcial como desertor na Segunda Guerra Mundial. Apenado a três anos de trabalho forçado, pediu lhe fosse expedido passaporte para voltar aos Estados Unidos (estava no Marrocos). O documento lhe foi negado sob o argumento de que já não era mais cidadão americano. A Suprema Corte [*Trop v. Dulles, 356 U. S. 86 (1958)*] sentenciou que ninguém perde a nacionalidade a não ser em casos específicos. No caso do soldado, a pena de deserção jamais justificaria a perda de nacionalidade, configurando ofensa à Emenda n. 8. Quatro juízes, vencidos, sustentaram que a desnacionalização não é punição protegida constitucionalmente.

Mais outro caso. Caso velho, pois data de 1927. É sobre esterilização. Indaga-se: a esterilização compulsória, de homem ou de mulher, é uma "pena cruel"? No Caso *Buck v. Bell, 174 U. S. 200, 47 S. Ct. 584, 712. Ed. 1000 (1927)*, Carrie Buck, uma débil mental, filha de outra deficiente mental, interpôs um *writ of error* na Suprema Corte contra decisão proferida pela Suprema Corte da Virgínia que decidira que sua esterilização não violava a Emenda n. 8. Oliver Holmes, traduzindo o entendimento do Colegiado, manteve a decisão recorrida.[48]

O crime de estupro tem levado a uma grande variedade de decisões, algumas com pena de morte. Em 1971, pelo menos em dezesseis unidades da Federação norte-americana era permitida pena de morte para casos (graves) de estupro, sendo que a Geórgia previa, mesmo em se tratando de vítima adulta, a pena de morte. Mas, mesmo assim, em dez processos o tribunal do júri deixou de condenar nove réus à pena de morte.[49] A legislação do Estado de Louisiana, por exemplo, prevê, desde 1995, pena de morte quando a vítima violentada for menor de doze anos de idade.[50] Outros Estados, como Flórida, Montana, Carolina do Sul e Oklahoma etc. aprovaram recentemente leis que permitem a pena de morte no caso de estupro de crianças.[51] Em 2008, a Suprema Corte reformou (*certiorari*) decisão *a quo* que sentenciou à morte um padrasto (Patrick Kennedy) por haver violentado sua enteada de apenas oito anos de idade. A menina, que sofreu uma série de cirurgias, não faleceu. Trata-se do caso *Kennedy v.*

---

48 Disponível em: http://biotech.law.lsu.edu/cases/psyc/buck-v-bell.htm. Acesso em: 18.10.2006.

49 Cf. KILLIAN, ob. cit., p 1.403.

50 Cf. COLB, Sherry F. *Is capital punishment too harsh for rapists?* Disponível em: http://writ.corporate.findlaw.com/scripts/printer_friendly.pl?page=/colb/20030910.html. Acesso em: 14.11.2006.

51 Disponível em: http://www.latimes.com/news/nationworld/nation/la-na-execute10oct10,0,3071301.story?coll=la-home-headlines. Acesso em: 14.11.2006.

Louisiana, 554 U.S. 407 (2008). A maioria da Corte, tendo como "relator" o *justice* Kennedy, considerou que, no caso concreto, a pena de morte contrariava a Emenda n. 8. Era "desproporcional e cruel". O criminoso não tinha intenção de matar e a vítima não morreu. A divergência foi instaurada pelo *justice* Alito, com a adesão dos *justices* Roberts, Scalia e Thomas. A decisão majoritária foi duramente criticada por ambos os então candidatos à presidência da República (Obama e McCain), que consideraram o crime, nas circunstâncias, "o mais abominável dos crimes" (*the most heinous of crimes*).

Caso notável, invocado mais tarde em *Kennedy v. Louisiana*, é *Coker v. Georgia, 433 U.S. 584 (1977).* Coker, que já havia sido condenado e cumpria pena por estupro seguido de morte, conseguiu fugir da prisão. Estuprou, em seguida, uma mulher, roubou o carro da família dela e a tomou como refém. O júri o condenou à cadeira elétrica. A sentença foi mantida em segunda instância. Coker recorreu, alegando violação da Emenda n. 8. Os *justices* White (voto condutor), Stewart, Blackmun e Steves endossaram a tese de que a pena era *grossly disproportionate and excessive*, dando provimento ao *certiorari.* Marshall e Brennan foram além: toda pena de morte era, no fundo, cruel e desnecessária. Os *justices* Burger e Rehnquist ficaram vencidos.

Num caso das Filipinas [*Weems v. United States, 217 U.S. 349 (1910)*], um homem foi condenado a quinze anos de trabalho forçado, com cadeias nos pés, por haver falsificado documento público. Sua pena foi tida como excessiva e afrontosa à própria legislação local.

Outro caso sugestivo veio da Califórnia. Um viciado em entorpecentes foi sentenciado a noventa dias de prisão. O *justice* Stewart, falando pela Corte, lembrou que se tratava antes de *doença* do que mesmo de *crime*. Douglas, concorrendo, ressaltou que considerar uma pessoa que faz uso de drogas um criminoso violava a Emenda n. 8.[52]

A pena de morte pode ser infligida a menor de idade? O que se entende por "menor de idade"? A Convenção Internacional sobre Direitos Civis e Políticos (os Estados Unidos são signatários) veda, em seu art. 6º (5), "sentença de morte para crimes cometidos por menores de 18 anos de idade". No entanto, nos Estados Unidos – com o Texas à frente – adolescentes continuam sendo executados. Em 2002, havia nada menos de oitenta e dois menores de dezoito anos no "corredor da morte" (*death row*).[53] Dos cinquenta Estados da União americana, dezoito vedam pena de morte para menor de dezesseis, uma vez que ele não tem, ainda, maturidade suficiente. Há um *national consensus* – afirmou Sandra O'Connor em *Thompson v. Oklahoma, 487 U. S. 815 (1988)* – no sentido de que condenar à morte menor de dezesseis anos viola a Emenda n. 8, embora não haja nenhuma vedação constitucional expressa. Quanto ao *national consensus*, ele ainda não se mostrou suficientemente forte para apagar as velhas diferenças regionais, seja no tocante à pena de morte, seja quanto à prisão perpétua. Tudo indica que é questão de tempo.

Examinemos o caso de Thompson. Quando ele tinha apenas quinze, matou barbaramente, com requinte de perversidade, seu ex-cunhado. Foi condenado à morte. Apelou. Sua condenação foi confirmada em segundo

---

52 *Robinson v. California, 370 U. S. 660 (1962).*

53 Disponível em: http://web.amnesty.org/library/Index/ENGACT500072002. Acesso em: 17.11.2006.

grau. Por meio de *writ of certiorari*, logrou reverter a situação na Suprema Corte, que decidiu que "os parâmetros da decência fixam o progresso de sociedade amadurecida".

Em 2005 veio a lume *Roper v. Simmons, 543 U. S. 551 (2005)*, que considerou a pena de morte para menor de dezoito anos ofensiva à Emenda n. 8. Em decorrência, toda a jurisprudência reiterada em 1989, com *Stanford v. Kentucky, 492 U.S. 361 (1989)*, caiu ruidosamente por terra.[54] Em 1993, um adolescente (Simmons), de dezessete anos, e um comparsa cometeram um latrocínio premeditado. Amarraram uma senhora, vendaram seus olhos e a atiraram do alto de uma ponte. O fato se deu no Estado do Missouri, que previa *death penalty* para menor de idade. A sentença (tribunal do júri) foi: morte. A apelação restou improvida. A Suprema Corte estadual, ao reformar a sentença, invocou *Atkins v. Virginia, 536 U.S. 304 (2002)*, em que se levou em conta homicídio praticado por amental. A pena de morte de Simmons foi convolada em prisão perpétua, *sem direito a liberdade condicional*. Na Suprema Corte, o *justice* Kennedy, que respondeu pela maioria, trouxe uma série de argumentos científicos provando que o menor de dezoito anos não tem completa noção dos ilícitos penais e não podia ser equiparado, em matéria de responsabilidade, a adulto. Kennedy invocou, em seu voto, o *national consensus* contra a pena de morte para menores de dezoito anos. Lamentou, mais, o fato de os Estados Unidos, ao lado da Somália, não terem ratificado o art. 37 da

54 Estatística de 31.12.2004 mostra que o Texas era, até então, campeão nacional de menores aguardando para serem executados. De setenta e um menores americanos, quarenta por cento se achavam em prisões texanas. (Disponível em: http://www.deathpenaltyinfo.org/juvenile-offenders-who-were-death-row. Acesso em: 25.12.2009).

Convenção Internacional dos Direitos da Criança.[55] Reforçou seu ponto de vista, lembrando que a idade política era de dezoito anos, pois, antes disso, o jovem não tinha discernimento suficiente para votar. Em maio de 2010, o *justice* Anthony Kennedy manteve a mesma linha liberal, trazendo à colação legislação e prática internacionais para considerar violadora da cláusula "cruel and unusual punishment" a não concessão de liberdade condicional para menor (à época do delito) condenado à prisão perpétua por crime sem morte de vítima.[56] Em 2003, com apenas dezesseis anos de idade, Terrance Graham foi condenado a um ano de prisão simples. No ano seguinte, quando ainda se achava *on probation*, praticou roubo (invasão de domicílio). Um juiz o condenou *for life for violation of probation*. Na Suprema Corte, seis *justices* consideraram que a privação de liberdade condicional, quando o crime, sem vítima fatal, foi cometido por menor, ofendia a cláusula *cruel and unusual punishment*. Os *justices* Thomas, Scalia e Alito Jr. ficaram vencidos. Clarence Thomas, em voto divergente, sublinhou que as legislações e práticas sentenciais estrangeiras nada têm com a Constituição americana. São irrelevantes. Dos Estados da Federação, trinta e sete e o Distrito Federal têm legislação que permite sentença com prisão perpétua, sem a possibilidade de livramento condicional, quando o infrator é menor de idade.

---

55 "Art. 37: a) Nenhuma criança será submetida à tortura ou a penas ou tratamentos cruéis, desumanos ou degradantes. A pena de morte e a prisão perpétua sem possibilidade de libertação não serão impostas por infrações cometidas por pessoas com menos de 18 anos." (Disponível em: http://www.gddc.pt/direitos-humanos/textos-internacionais-dh/tidhuniversais/dc-conv-sobre-dc.html. Acesso em: 25.12.2009).

56 *Graham v. Florida, 560 U. S. .... (2010).*

Outra questão delicada, que tem trazido muita divergência nos tribunais americanos, inclusive na Suprema Corte, é a da prisão perpétua de menor de idade, sem a possibilidade de progressão de regime prisional (*mandatory life-without-parole*). Decisão recente – *Miller v. Alabama, 567 U.S...(2012)* – trouxe muita discordância na Suprema Corte. Evan Miller e Kuntrell Jackson, dois menores de idade (quatorze anos), após ingestão de álcool e drogas, mataram um comerciário e atearam fogo na loja em que ele trabalhava. A maioria da Corte, conduzida pela *justice* Elena Kagan, entendeu que condenar menor de dezoito anos a prisão perpétua sem a possibilidade de progressão de regime prisional violava a Emenda n. 8 (*cruel and unusual punishments*). No caso concreto, argumentou Kagan, dever-se-ia considerar a vida pregressa de Miller, que sofreu abuso sexual do padrasto. Dos nove votos do Colegiado, quatro (Roberts, Scalia, Thomas e Alito) dissentiram. O *chief* Roberts lembrou que nem a Constituição emendada nem os precedentes judiciais vedavam a condenação de menor de idade a prisão perpétua sem a possibilidade de liberdade condicional. Em reforço, lembrou que a maioria dos Estados da Federação admitia tal penalidade.

Muitas vezes não é a sentença em si que impõe pena cruel ou inusual. A própria demora processual para se chegar à sentença capital não deixa de ser cruel. Salvo um ou outro caso de veredicto rápido, como se deu com Zangara, em 1933,[57] os processos penais podem se arras-

---

[57] Giuseppe Zangara, pedreiro desempregado, tentou matar Franklin D. Roosevelt (1882-1945). Errou. Atingiu o prefeito de Chicago. Em poucas semanas, foi sentenciado e morto na cadeira elétrica (cf. FRIEDMAN, ob. cit., p. 574).

tar por dez, quinze ou mesmo mais anos.[58] Um dos *cause célèbre*, que virou livro, filme e comoveu o mundo foi o de Caryl Chessman, o "Bandido da Luz Vermelha", acusado de sequestros e estupros. Chessman ficou quase doze anos no corredor da morte, clamando por sua inocência. Houve um movimento internacional, com assinaturas de personalidades como Aldous Huxley, Robert Frost, Billy Graham, Eleanor Roosevelt para que o governador e a suprema corte do Estado (Califórnia) lhe concedessem indulto à última hora. Há lances dramáticos, espetaculares, cinematográficos. Quando o telefone da penitenciária de Saint Quentin tocou, trazendo a notícia do indulto, a câmara de gás já havia sido irreversivelmente acionada.[59] Caryl Chessman já estava nos estertores da morte.

Vez por outra, a crueldade pode estar na execução da sentença. Está no dia a dia da penitenciária. A Constituição brasileira de 1988, dentro de sua linha programática e estruturante, prevê no art. 5º uma série de medidas e garantias assegurando "aos presos o respeito à integridade física e moral" (inciso XLIX). Evidentemente, tudo isso continua no papel. Pouco importa. É relevante que esteja na Constituição. Infelizmente, nossas cadeias e penitenciárias, de um modo geral, acham-se superlotadas, afrontando a cláusula da "dignidade humana". As decapitações de presos por presos, greves de fome e rebeliões permanentes falam por si.

A polícia americana é mundialmente conhecida por sua truculência. A Suprema Corte não tem economizado

---

[58] *Ibidem*, p. 574.

[59] A partir de 1976, a modalidade preferida pelos Estados que adotam a pena capital é a *lethal injection*.

esforços na humanização do procedimento criminal e na tentativa de pôr cobro à brutalidade policial.[60] Em 2002, a Suprema Corte decidiu que guardas penitenciários não podem infligir castigos corporais a preso recalcitrante, sob pena de violação da Emenda n. 8. O *solicitor general* do Estado do Alabama, onde se deu o fato abaixo narrado, ponderou que tais táticas disciplinárias simplesmente faziam parte da "vida na prisão".[61] O caso concreto se deu com Larry Hope, que ficou dependurado por meio de algemas a uma barra metálica por mais de sete horas, sem direito a água e com sol escaldante nas costas nuas.[62] Falando pela Corte, Paul Stevens sublinhou que se achava na compreensão normal de qualquer guarda saber que dependurar um preso em uma barra metálica era ilegal.[63]

A propósito de maus tratos infligidos a presos, há um caso – *Hudson v. McMillan, 503 U.S. 1 (1992)* – que ainda suscita discussões uma década depois. Até que ponto uma luta corporal, sem maiores consequências físicas, para obrigar um detento a fazer ou deixar de fazer alguma coisa, pode configurar violação da cláusula *cruel and unusual punishment*? Por questão de somenos (lavagem de roupa na cela), guardas penitenciários entram em luta física com Keith Hudson, que ficou com o rosto inchado, perdeu um dente e teve sua dentadura trincada. Por maioria significativa (sete a dois), a Suprema Corte acolheu a

---

[60] FRIEDMAN, ob. cit., p. 575.

[61] Disponível em: http://writ.lp.findlaw.com/colb/20020424html. Acesso em: 15.11.2006.

[62] *Hope v. Pelzer, 536 U. S. 730 (2002).*

[63] Disponível em: http://www.oyez.org/oyez/resource/case/1492. Acesso em: 15.11.2006.

argumentação de que, nas circunstâncias, houve emprego excessivo de força, com violação da Emenda n. 8. O *justice* Thomas – acompanhado por Scalia – lamentou o fato de a Corte estar desconsiderando seus sólidos precedentes, afastando-se do escopo constitucional. Disse o magistrado que injúria física que acarreta somente danos de menor monta a preso pode ser "imoral", "danosa", "delituosa", mas jamais poderia ser constitucionalmente rotulada de *cruel and unusual punishment*. Como se percebe, a questão é melindrosa e de difícil equação no dia a dia de uma penitenciária.

Outro problema muito sério, que se relaciona com a Emenda n. 8, é o abuso sexual em prisões. Muitas e muitas vezes, o molestamento parte de agentes penitenciários, como foi o caso de Michelle Ortiz [*Ortiz v. Jordan, 562 U.S. __ (2011)*], ou, então, advém da indiferença de carcereiro, que trancafiou um transexual com presos comuns [*Farmer v. Brennan, 511 U.S. 825(1994)*]. É a velha cultura americana, que solidificou a inferioridade do negro, do índio e da mulher. Dentro dos muros da prisão, o encarcerado era considerado um "escravo do Estado". Como "morto civil", não tinha acesso aos tribunais.[64] No século XX, ainda que o preso não mais fosse considerado um "morto civil", encontrava os maiores obstáculos administrativos e judiciais para peticionar contra a administração.[65] Os tribunais passaram a adotar a "doutrina da não intervenção" (*hands-off doctrine*), isto é, a pendenga

---

[64] Cf. BUCHANAN, Kim Shayo. Impunity: sexual abuse in women's prisons. *Harvard Civil Rights-Civil Law Review, v. 42*, p. 57.

[65] No Estado de Nova York, por exemplo, o prazo para a mulher reclamar contra abuso sexual decai em quatorze dias (*ibidem*, p. 72).

deveria ser resolvida no seio da própria administração, e não externamente (judiciário). Todavia, em *Cruz v. Beto, 405 U.S. 319, 321 (1972)* reconheceu-se o direito de petição a um budista que fora colocado em uma solitária (*the hole*, na gíria) por porfiar pelo direito de comunicar-se com seu mentor religioso. Na década de 1970, as mulheres presas, molestadas sexualmente, que sistematicamente tinham suas petições indeferidas, passaram a utilizar-se maciçamente de *class actions.* O Congresso, então, para evitar a enxurrada de petições, editou a *Prison Litigation Reform Act* (PLRA, 1995), que impunha como condição da ação judicial a exaustão da instância administrativa. Em *Miller v. French, 530 U.S. 327(2000)*, o problema do esgotamento de instância foi arguido como atentatório ao princípio da separação de poderes.

Até que ponto o poder público responde pelas más condições e superlotações dos cárceres ou por conduta desregrada de outro preso ou mesmo de guarda? Em dezembro de 2000, foi feita uma pesquisa em sete prisões de quatro Estados dos Estados Unidos e se chegou à conclusão alarmante: 21% dos encarcerados sofrem abusos sexuais, sendo que um, em dez presos, fora "estuprado".[66] É evi-

---

[66] Disponível em: http://writ.news.findlaw.com/mariner/20020624.html. Acesso em: 15.11.2006. BRASIL. O Código Penal brasileiro considerava "estupro" só quando a vítima fosse mulher. A Lei n. 12.015/2009 alterou a redação do art. 213, pois fala em "constranger alguém" e não mais em "constranger mulher". Na Idade Média, o *stuprum violentum* era punido com pena de morte. As Ordenações do Reino (Livro V) seguiram essa trilha. Com o tempo, a pena foi abrandada. O nosso Código Criminal (1830) cominava a pena máxima de doze anos e a obrigação de o criminoso dar dote para a ofendida. O casamento do ofensor com a ofendida passou a extinguir a punibilidade (cf. HUNGRIA, Nélson. *Comentários ao código penal.* 3. ed. Rio de Janeiro: Revista Forense, 1956, v. VIII, p. 114).

dente que o número de encarcerados e sua impossibilidade de segregação concorrem para a violência sexual.[67] No fim de 2001, a população carcerária americana – maior do mundo – andava em quase dois milhões e duzentos mil presos.[68] Hoje, já ultrapassou a casa dos dois milhões e duzentos mil presos. A população carcerária feminina era pequena em relação à masculina: pouco mais de 6% (estatística de 1995). Com o advento da punição pelo uso e venda de drogas, tem aumentado assustadoramente.[69] Já anda em 8,7%.[70] Por sua vez, o contingente carcerário brasileiro, que vem logo depois do chinês e do russo, atinge mais de meio milhão de presos: 480.524 homens e 34.058 mulheres.[71]

Em 2003, o Congresso dos Estados Unidos aprovou a *Prison Rape Elimination Act* (42 U.S.C. 15601 a 15609), que procura, muito aquém da realidade e magnitude do problema, fornecer fundos e meios para diminuir a incidência de abusos sexuais em prisões e penitenciárias.

Impende lembrar que a cultura brasileira, diante da impotência ou inércia do poder público, costuma cerrar os

---

67 Em 1869, houve um movimento nos Estados Unidos para que se fizessem prisões separadas para mulheres e para homens. O Estado da Indiana foi pioneiro, em 1874.

68 Disponível em: http://en.wikipedia.org/wiki/Prison_rape. Acesso em: 26.12.2009.

69 Disponível em: http://www.heart-intl.net/HEART/030305/SexualAbuseofWomen.htm. Acesso em: 31.01.2012.

70 Disponível em: http://www.prisonstudies.org. Acesso em: 24.10.2012.

71 Relatório Estatístico do Sistema Prisional do Ministério da Justiça – dez. 2011. (Disponível em: www.portal.mj.gov.br. Acesso em: 24.10.2012). Em apenas seis meses (julho de 2012), nossa população carcerária aumentou cerca de 6%, passando para um total de 549.577.

olhos aos abusos sexuais em prisões. Recentemente, foram noticiados pela mídia casos de meninas confinadas em celas com homens ou de jovens do sexo masculino servindo de "boneco" para presos sexualmente famintos.[72] É a execução da pena, não a pena em si, que se torna cruel e acerba. Nos Estados Unidos, a propósito, os abusos sexuais são tão comuns, sobretudo contra "Black women" e "Latinas", que se tornou trivial a afirmação de se tratar de "um componente institucionalizado de punição por detrás dos muros da prisão" (*an institutionalized component of punishment behind prison walls*).[73]

Também relacionado com a superlotação de prisões, estaria o direito de o preso exigir, por parte do Estado, prisões limpas, higiênicas e não superlotadas. Notável ficou a atitude do juiz Henley, que teve, por mais de uma vez, todo o sistema prisional e penitenciário do Estado de Arkansas como contraveniente à Emenda 8. Ele ordenou à Comissão Correcional do Estado do Arkansas (*State Correction Board*) que elaborasse um plano para sanar o sistema carcerário estadual tido por ele como "inconstitucional".[74]

---

72 BRASIL. O Conselho Nacional de Justiça (CNJ), em 20.04.2010, aposentou uma juíza de direito do Estado do Pará por haver mantido, por quase um mês, uma jovem de quinze anos numa cela com cerca de trinta homens.

73 Cf. BUCHANAN, artigo doutrinário cit., p. 42, 45 e seg.

74 Em novembro de 2005, um juiz da Vara de Execuções Penais da Comarca de Contagem (Grande Belo Horizonte) mandou soltar dezesseis presos que se achavam amontoados em uma delegacia da cidade: superpopulação e falta de condições mínimas de higiene. Sua decisão foi revertida por meio de mandado de segurança. O Tribunal de Justiça de Minas Gerais, ao cassar a liminar, frisou que o juiz foi precipitado, e a soltura dos presos trazia "grave risco à segurança pública."

É factível invocar-se a Emenda n. 8 em casos de punição disciplinar de alunos escolares? A Suprema Corte diz que "não", como se pode ver em *Ingraham v. Whrigt, 430 U. S. 651 (1977)*: a Emenda não protege o aluno de escola sujeito a punição corporal por razões disciplinares, uma vez que seu campo de incidência é a *criminal punishment*.

Capítulo XIV

A Emenda n. 9

"A Emenda Esquecida". Os direitos não enumerados na Constituição. Regra de hermenêutica. Interrogações sobre o papel do Judiciário federal. O Caso *Griswold v. Connecticut*. Sua importância. A teoria do direito à privacidade do lar. A infindável discussão entre originalistas e ativistas. A *Constitutional Interpretation* e a *Constitutional Construction*. Observações de Carlos Maximiliano. Karl Loewenstein e a *Verfassungswandlung* americana. A *Living Constitution*. Repercussão da Emenda n. 9 em todas as Constituições republicanas brasileiras. O adendo da Lei Fundamental de Bonn.

Madison, por princípio, era contra a inserção na Constituição dos Estados Unidos de um *Bill of Rights*. Alegava que não se tinha como deixar consignados todos os direitos ou garantias fundamentais. No *Paper* 84 (*O Federalista*), por exemplo, ele insistiu que um rol de direitos, na área federal, seria até perigoso, "pois incluiria várias exceções aos poderes não delegados e, com isso, dando falsos pretextos em favor de maiores concessões".[1] Todavia, acabou por ceder, apresentando seu próprio esboço da mais tarde Emenda 9:

> *The exceptions here or elsewhere in the constitution, made in favor of particular rights, shall not be construed as to diminish the just importance of other rights retained by the people, or as to enlarge the powers delegated by the constitution; but either as actual limitations of such powers, or as inserted merely for greater caution.*

Tal como foi aprovada, a Emenda n. 9 contempla os "direitos não enumerados" (*unenumerated rights*) na Constituição: *A enumeração de certos direitos na Constituição não poderá ser interpretada como negando ou coibindo outros direitos inerentes ao povo.*[2]

A Emenda n. 9, por sua abstração e generalidade, tem suscitado uma série de controvérsias. Antes do julgamento de *Griswold v. Connecticut, 381 U.S. 479 (1965)*, raramente era invocada ou mesmo mencionada. Foi com base nesse precedente jurisprudencial que se consagrou o direito à intimidade entre marido e mulher ou entre o casal e seus médicos. Os juízes da Suprema Corte desenvolveram, então, a denominada "Teoria do Direito à Privacidade" (*Right to Privacy Theory*), uma vez que na Constituição ou

---

1 HAMILTON, Alexander; MADISON, James; JAY, John. *O federalista*. Trad. Heitor Almeida Herrera. Brasília: Universidade de Brasília, 1984, p. 626.

2 *Constituição do Brasil e constituições estrangeiras. Textos*. Brasília: Senado Federal, v. I, 1987. Texto em inglês: *The enumeration in the constitution, of certain rights, shall not be construed to deny or disparage others retained by the people* [CULLOP, Floyd G. (Org.). *The constitution of the United States – an introduction*. New York: New American Library. Mentor, 1984, p. 114].

no próprio *Bill of Rights* tal direito não é expressamente enumerado.

Tem-se entendido que a Emenda n. 9, acima de tudo, é uma "regra de hermenêutica jurídica" para a interpretação da jurisdição constitucional. Diferentemente das demais emendas do *Bill of Rights*, a Emenda n. 9 não traz expressamente nenhuma proteção a direito ou a garantia fundamental específica. Daí alguns teóricos, como se viu na *Introdução* deste livro, afirmarem que a Emenda n. 9, na verdade, não integraria o *Bill of Rights* da Constituição norte-americana. Por não ter destinação própria, raramente era invocada pelos magistrados, como também se falou. Por esse motivo, foi apodada "A Emenda Esquecida" (*The Forgotten Amendment*).[3] Mas, o que importa é que ela mostra inquestionavelmente que a Constituição, em matéria de direitos e garantias, não é um *numerus clausus.*

A Emenda n. 9 abre campo para discussão interminável sobre o papel constitucional do Judiciário federal na interpretação e aplicação da jurisdição constitucional. Teria o Judiciário federal sido criado como órgão "neutro" para interpretar e decidir "neutramente" pendengas entre os outros dois poderes? Teria sido uma ponta de lança arquitetada pelos federalistas[4] para manter a centralização e a coesão nacional contra eventuais maiorias legislativas? Um superórgão para manter o liberalismo em detrimento da genuína democracia? Ou, então, foi-lhe reservado mais do que isso: um papel ativo a fim de atualizar a Consti-

---

3 Cf. ATHERTON, Steven. *The forgotten ninth amendment* in http://awlawfirm.com/Articles/9thAmend. Acesso: em 10.12.2009.

4 Cf. ACKERMAN, Bruce. *Nós, o povo soberano.* Trad. Mauro Raposo de Mello. Belo Horizonte: Del Rey, 2006, p. 97 e seg.

tuição para a sociedade contemporânea? Qual o alcance da expressão *Living Constitution*?[5] Até que ponto o juiz de hoje estaria amarrado ao significado de um documento escrito há mais de duzentos anos para uma sociedade que estava deixando o estágio rural e se abrindo para o mundo capitalista?[6] O juiz pode arrogar a si "papel político de criador do direito", conferido constitucionalmente ao legislativo e ao povo? Até que ponto o "precedente judicial" deve ser seguido? E a cosmovisão (*Weltanschauung*) do juiz em matéria de interpretação constitucional? Qual seu peso? Qual deve ser o entendimento do texto constitucional diante da globalização de hoje?

Pelos menos duas correntes bem nítidas se formaram ao longo dos anos em matéria de exegese constitucional: a "originalista" e a "ativista".[7] Os defensores da *original understanding* se batem por uma interpretação constitucional estrita, sem laivos de criatividade. Um dos corifeus dessa corrente, o juiz Robert H. Bork, que, por seu conservadorismo, não teve seu nome referendado pelo

---

5 Fred BAUMAN critica a denominada doutrina da *living Constitution.* "A doutrina da *living Constitution*" – argumenta o professor da Kenyon College – "é, então, ambígua, uma vez que reconhece e (ao mesmo tempo) nega a continuidade e a autoridade da (própria) Constituição" (*The doctrine of the living Constitution is thus ambiguous, it once recognizes and denies the continuity and authority of the Constitution*" (Historicism and the constitution *in* BLOOM, Allan (Ed.). *Confronting the constitution*, obra coletiva. Washington, D.C.: The AEI Press, 1990, p. 286).

6 Ver as considerações de Hannah ARENDT sobre a Constituição americana ("mais alta lei") in *Crises da república.* 2. ed. Trad. José Volkmann. São Paulo: Editora Perspectiva S.A., 2004, p. 51 e seg.

7 Ver resumo comparativo entre as duas correntes doutrinárias in *Exploring Constitutional Conflicts – Theories of Constitutional Interpretation.* (Disponível em: http://www.law.umkc.edu/faculty/projects/ftrials/conlaw/interp.html. Acesso em: 29.11.2006).

Senado quando da sua indicação para a Suprema Corte, é peremptório:

> *(...) um juiz, pouco interessa o tribunal onde ele se assenta, jamais pode criar novos direitos constitucionais ou destruir os já existentes. Todas as vezes que ele assim faz, viola não só os limites de sua própria autoridade como, por tal razão, também viola os direitos do legislativo e do povo.*[8]

O "pragmatista" Richard Allen Posner (1939-...), no artigo doutrinário *Interpretation Revisited,* diz que por não ser a lei (*statute*) clara o bastante, e por não ter o juiz como interpelar o legislador, é forçado, muitas vezes, a colocar-se em seu lugar, utilizando-se do método da *imaginative reconstruction.* Dentre outros exemplos, fala no caso *Brown v. Board of Education,* uma *fixed star* no firmamento jurisprudencial americano. Não é um bom exemplo de interpretação judicial correta. Mas, sob o ponto de vista pragmático, trata-se de "uma coisa boa e útil para se crer".[9] O caso *Griswold* (mais abaixo) é outro exemplo vivo de criação constitucional. O *justice* William O. Douglas, condutor do voto vencedor, em uma interpretação sistemática, foi capaz de manter a unidade das diversas

---

8 (...) (*a judge, no matter on what court he sits, may never create new constitutional rights or destroy old ones. Any time he does so, he violates not only the limits to his own authority but, and for that reason, also violates the rights of the legislature and the people* BORK, Robert H. The original understanding, in BRISON, Susan J.; SINNOTT-ARMSTRONG, Walter (Ed.). *Contemporary perspectives on constitutional interpretation.* Boulder, Co: Westview Press, Inc., 1993, p. 53). Em 26 de junho de 1987, Lewis F. Powell (1907-1998) tornou público que ia se aposentar como *justice* da Suprema Corte. No mês seguinte, o presidente Reagan indicou o juiz Bork para a vaga.

9 BRISON Susan J.; SINNOT-ARMSTRONG, Walter, ob. cit., p. 106 e seg.

Emendas, extraindo aquilo que cada uma delas podia oferecer de útil para a proteção da intimidade do lar.

Na verdade, não se pode mais falar em "texto original" da Constituição, uma vez que ela já foi literalmente alterada (*changed*) ou teve alguns de seus dispositivos revogados (*repealed*) por outras emendas formais. Assim, a seção 2 do Art. I foi modificada pela Emenda n. 14. A Emenda n. 12 suprimiu parte da seção 1 do Art. II. Por sua vez, a Emenda n. 18, que proibia a fabricação, transporte, venda e consumo de bebidas alcoólicas, foi revogada pela Emenda 21. E assim, por diante. Como, então, falar-se em "texto original" como se fosse uma unidade? Os jeffersonianos não acusaram Washington, Adams e os juízes federalistas de terem traído os ideais da Revolução de 1776?[10]

Doutrinadores, como Keith E. Whittington,[11] da Princeton University, procuram distinguir entre *constitutional interpretation* e *constitutional construction*. A primeira, que seria condizente com o Judiciário, estaria mais ligada à "descoberta" (*discovery*) do significado de uma Constituição escrita e rígida. Já a segunda – a *constitutional construction* –, por causa de seu forte matiz político, implicaria um processo de maior "criatividade" (*creativity*), sendo, portanto, mais apropriada a órgãos políticos. Por tais razões, conservadores, como os "originalistas", advogam a tese de que o Judiciário se deve ater à "interpretação constitucional", e não à "construção constitucional".

É interessante consignar, porém, que nosso Carlos Maximiliano, em obra clássica, escrita na década de

---

10 Cf. ACKERMAN, ob. cit., p. 97.

11 Cf. DAVIS, Sue. http://www.bsos.umd.edu/gvpt/Ipbr/subpages/reviews/shitting.html. Acesso em: 07.06.2006.

1920, já observara que, *na prática*, os norte-americanos não faziam muita distinção entre "interpretação" e "construção". Assinalava, com espeque na autoridade de Sutherland (1862-1942), Black e do lexicógrafo e jurista John Bouvier (1787-1851), que

> *A Interpretação atém-se ao texto, como a velha exegese; enquanto a Construção vai além, examina as normas jurídicas em seu conjunto e em relação à ciência, e do acordo em geral deduz obra sistemática, um todo orgânico; uma estuda propriamente a lei, a outra conserva como principal objetivo descobrir e revelar o Direito; aquela presta atenção maior às palavras e ao sentido respectivo, esta ao alcance do texto; a primeira decompõe, a segunda recompõe, compreende, constrói.*[12]

Na realidade, lei alguma, sobretudo uma Constituição escrita há mais de dois séculos, pode ficar "congelada" no tempo, sob a alegação de que seus elaboradores ou ratificadores queriam assim ou assado. Como um "organismo vivo" – com o perdão do *justice* Scalia -, uma constituição está sempre em movimento, como a própria vida, e se acha "submetida à dinâmica da realidade que jamais pode ser captada através de fórmulas fixas".[13] Karl Loewenstein, ao falar sobre *Verfassungswandlung* ("mutação constitucional"), observa que as mutações foram tantas que os próprios pais da Constituição norte-americana teriam que "fazer um grande esforço par reconhecer sua criação".[14] O que se deve ter em mente é que

---

12 MAXIMILIANO, Carlos. *Hermenêutica e aplicação do direito.* 9. ed. Rio de Janeiro: Forense, 1979, p. 40.

13 LOEWENSTEIN, Karl. *Teoría de la constitución.* Versão espanhola por Alfredo Gallego Anabitarte. Barcelona: Ediciones Ariel, 1970, p. 164.

14 *Ibidem*, p. 167.

a Constituição norte-americana é, acima de tudo, uma constituição principiológica.[15] Por essa razão é que está de pé até hoje.[16] Seus princípios, sim, combinados com a diretriz da Declaração da Independência, é que devem ser preservados, servindo de bússola para legisladores e juízes.[17] No fundo, pouco importa se a Constituição não espelha mais o documento formal do século XVIII. O que importa é que ela possa guiar a sociedade que dela precisa em cada momento de sua história.

A Emenda n. 9 veio alimentar o art. 78 da Constituição brasileira de 1891,[18] o art. 33 da Constituição da República Argentina,[19] bem como o art. 16º, 1, da Constituição da República Portuguesa em vigor[20] e, mais recentemente, o

---

15 Por certo, quando Hannah Arendt (ob. cit., p. 53) fala que a principal característica da Constituição norte-americana "é a imutabilidade", ela se refere a seus princípios.

16 Lawrence M. Friedman observa, com inteira razão, que a durabilidade da Constituição americana advém da estabilidade política do país. Assinala, contudo, que alguns Estados-membros tiveram mais de uma constituição: Geórgia, seis; Louisiana, dez (FRIEDMAN, Lawrence. *A history of American law.* 3. ed. New York: A Touchstone Book, ed. by Simon & Schuster, 2005, p. 73).

17 O interesse específico da interpretação constitucional é recente (cf. MIRANDA, Jorge. *Manual de direito constitucional.* 2. ed. Coimbra: Coimbra Editora, v. II, 1988, p. 225).

18 "A especificação das garantias e direitos expressos na Constituição não exclui outras garantias não enumeradas, mas resultantes da forma de governo que ela estabelece e dos princípios que consigna".

19 "Art. 33. Las declaraciones, derechos y garantías que enumera la Constitución, no serán entendidos como negación de otros derechos y garantías no enumerados, pero que nacen del principio de la soberanía del pueblo y de la forma republicana de gobierno" (*Constituição do Brasil e constituições estrangeiras,* ob. cit., v. I).

20 CANOTILHO, Gomes J. J.; MOREIRA, Vital (Org.). *Constituição da República portuguesa – lei do tribunal constitucional.* 2. ed. Coimbra: Coimbra Editora, 1989.

art. 39,3 da Constituição da República da África do Sul.[21] Sua influência atingiu a seção 6 (*Interpretation*) do *Bill of Rights* da Nova Zelândia, alterado em 1993.[22] Todas as Constituições republicanas do Brasil contêm a mesma cláusula sufragada pela Emenda n. 9.[23]

Como já falou anteriormente, o § 2º do art. 5º da Constituição brasileira em vigor manteve a cláusula, acrescentando, expressamente, a incorporação em nossa ordem jurídica dos direitos e garantias advindos de tratados internacionais: "Os direitos e garantias expressos nesta Constituição não excluem outros decorrentes do regime e dos princípios por ela adotados, ou dos tratados internacionais em que a República Federativa do Brasil seja parte". A Emenda Constitucional n. 45/2004 acresceu ao art. 5º o § 3º:

> *Os tratados e convenções internacionais sobre direitos humanos que forem aprovados, em cada Casa do Congresso Nacional, em dois turnos, por três quintos dos votos dos respectivos membros, serão equivalentes às emendas constitucionais.*

---

21 *Interpretation of Bill of Rights does not deny the existence of any other rights or freedoms that are recognized or conferred by common law, customary or legislation, to the extent that they are consistent with the Bill* (Disponível em: http://www.polity.org.za/html/govdocs/constitution/saconst02.html?rebookmark=1. Acesso em: 12.06.2006).

22 Disponível em: http://www.oefre.unibe.ch/law/icl/nz01000_html. Acesso em: 13.06.2006. Note-se que a Nova Zelândia não possui uma constituição formal, codificada.

23 Uadi Lammêgo BULOS lembra que o § 2.º do art. 5.º da Constituição brasileira "colima proteger, *in continenti*, os direitos humanos fundamentais, que seguem uma disciplina exemplificativa no Texto de 1988, própria do regime constitucional das liberdades públicas" (*Constituição federal anotada*. 3. ed. São Paulo: Saraiva, 2001, p. 358).

Seguramente, a parte final do dispositivo acima foi inspirada diretamente no art. 25 da Lei Fundamental de Bonn:

> *As normas gerais do Direito Internacional Público constituem parte integrante do direito federal. Sobrepõem-se às leis e constituem fonte direta de direitos e obrigações para os habitantes do território federal.*[24]

O dispositivo mais acima transcrito, ou seja, o § 2º do art. 5º da Constituição brasileira, está ligado ao art. 59, 2, da *Grundgesetz* alemã:

> *Tratados que regulem as relações políticas da Federação ou se refiram a matérias da legislação federal requerem a aprovação ou a intervenção dos respectivos órgãos competentes da legislação federal, sob a forma de uma lei federal. Para acordos administrativos aplicam-se por analogia as disposições relativas à administração federal.*[25]

Pontes de Miranda, a propósito da Constituição brasileira de 1946, enfatizava que a enumeração de alguns direitos na Constituição não pode levar à interpretação "no sentido de excluir ou enfraquecer outros direitos que tem

---

24 *Constituição do Brasil e Constituições estrangeiras,* v. 1., ob. cit. Texto em alemão: *Die algemeinen Regeln des Völkerrechtes sind Bestandteil des Bundesrechtes. Sie gehen den Gesetzen vor und erzeugen Rechte und Pflichten unmittelbar für die Bewohner des Bundesgebietes* (JARASS, Hans D.; PIEROTH, Bodo. *Grundgesetz für die Bundesrepublik Deutschland.* 2. Aufl. München: *Verlag C. H. Beck,* 1992, S. 419).

25 Texto em alemão: *Art. 59 (2): Verträge, welche die politischen Beziehungen des Bundes regeln oder sich auf Gegenstände der Bundesgesetzgebung beziehen, bedürfen der Zustimmung oder der Mitwirkung der jeweils für die Bundesgesetzgebung zuständigen Körperschaften in der Form eines Bundesgesetz. Für Verwaltungsabkommen gelten die Vorschriften über die Bundesverwaltung entsprechend* (JARASS, Hans D.; PIEROTH, Bodo, ob. cit., S. 541).

o povo".[26] Carlos Maximiliano, ao comentar a Constituição de 1891, lembrava: "o texto (constitucional) não cria direitos: reconhece-os, protege-os. Especialmente enumera os mais importantes ou mais expostos à violação".[27] João Barbalho,[28] por sua vez, afirmava que, a exemplo da Constituição norte-americana, a nossa Constituição de 1891 colocou o dispositivo (art. 78) com o propósito de deixar claro que

> *a enumeração n'ella feita quanto a direitos e garantias não deve ser tida como suppressiva de outros não mencionados, os quaes ficam subsistentes, uma vez sejam decorrentes da fórma de governo que ella estabelece e dos princípios que consagra.*[29]

Como se observou no início deste livro, por ocasião da elaboração da Constituição de 1787 muito se discutiu sobre a necessidade e a vantagem de uma declaração de direitos para proteger o cidadão contra abusos do poder público, ainda que alicerçado na maioria eleita democraticamente.[30] Os mais tarde denominados "federalistas" se

---

26 PONTES DE MIRANDA. *Comentários à constituição de 1946*. Rio de Janeiro: Editor Borsoi, t. IV, 1963, p. 412.

27 MAXIMILIANO, Carlos. *Commentarios a constituição brasileira*. Rio de Janeiro: Jacintho Ribeiro dos Santos, 1918, p. 777.

28 João Barbalho Uchôa Cavalcanti, após exercer a advocacia, foi nomeado promotor público. Durante mais de dezesseis anos exerceu a diretoria-geral da Instrução Pública da Província de Pernambuco. Destacou-se como constituinte da primeira Constituição republicana brasileira (1891). Foi deputado estadual e senador federal. Em 1897, tornou-se ministro do Supremo Tribunal Federal. Sua obra mais notável (1902) é *Constituição Federal Brazileira – commentarios*.

29 BARBALHO, João. *Constituição federal brazileira – commentarios*. Rio de Janeiro: Typographia da Companhia Litho-Typographia, em Sapopemba, 1902, p. 344.

30 Robert BORK, no artigo doutrinário citado (p. 48), diz que a Constituição norte-americana tem como alicerce dois princípios opostos, que exigem

opuseram à colocação de um elenco de direitos fundamentais, exatamente pela impossibilidade de se enumerarem todos eles. Esse era o receio de Hamilton.[31] Madison, por ocasião da votação das Emendas constitucionais, após lembrar as objeções dos federalistas quando da votação da Constituição, deixou registrado:

> *Esse foi um dos argumentos mais plausíveis que jamais ouvi contra a admissão de um* bill of rights *no sistema; mas, creio eu, ele pode ser colocado em guarda. Tenho-me esforçado, como os cavalheiros podem ver pelo retorno à última cláusula da quarta resolução.*[32]

Embora tenham os federalistas, no início, tomado posição contra a inserção de um *bill of rights*, como se ressaltou por mais de uma vez, tiveram que ceder para que a Constituição fosse ratificada. Prometeram aos antifederalistas que, logo após a ratificação, emendas seriam feitas, introduzindo-se no documento político um rol de direitos e garantias fundamentais.[33] Essas garantias vieram por meio de dois instrumentos: diretamente, pelo *Bill of Rights* de 1789, ratificado em 1791, e, indiretamente, pela *judicial review*. Quanto à *judicial review*, como vimos em *Marbury v. Madison*, fator de risco apareceu com o poder pessoal de o juiz interpretar soberanamen-

---

constante conciliação: o governo da maioria e o respeito às minorias. O principal papel da Suprema Corte estaria, então, na solução do "Madisonian Dilemma".

31 TRIBE, Laurence H. *American constitutional law*. 2. ed. Mineola, New York: The Foundation Press, Inc., 1988, p. 774.

32 *This is one of the most plausible arguments I have ever heard against the admission of a bill of rights into this system; but, I conceive, that it may be guarded against. I have attempted it, as gentlemen may see by turning to the last clause of the fourth resolution.*

33 Cf. FRIEDMAN, ob. cit., p. 72.

te a Constituição e as leis, já que teoricamente sobre ele, juiz, não pesa nenhum controle.[34] "Teoricamente", porque, na prática, o juiz, que é eleito, estaria sujeito a não reeleição, e o juiz vitalício (como os juízes federais e os *justices* da Suprema Corte), só por meio do processo complicado do *impeachment*.[35]

Como se frisou mais acima, raramente a Suprema Corte invocava a Emenda n. 9 como "fonte de direitos". Todavia, no já mencionado caso *Griswold v. Connecticut*, o *justice* Goldberg se apoiou nela para inferir que o uso de contraceptivos (direito à intimidade) se achava constitucionalmente garantido. Esse julgado – *Griswold v. Connecticut* – merece atenção especial por sua inegável importância. É

---

34 Cf. as judiciosas considerações de TUSHNET, Mark. Constitutional interpretation, character, and experience *in* BRISON/SINNOTT-ARMSTRONG (Ed.), ob. cit., p. 211. É oportuno lembrar que a *Constitutional Review* tem sido um dos entraves para a adoção de uma constituição codificada no Reino Unido: o juiz, com seu ativismo, passaria a questionar os atos do Parlamento à luz da constituição.

35 O *impeachment* de juiz é raro, e, no fundo, há sempre a sombra do interesse político-partidário. Em 1804, o juiz (federalista) John Pickering sofreu *impeachment* sob a alegação de que era alcoólatra e não "batia bem da bola". O dedo político, porém, lá estava. O caso mais notável de tentativa de *impeachment* de juiz da Suprema Corte foi o de Samuel Chase, também "federalista" como Pickering. Há indícios de que o que se visava com o *impeachment* de Chase era a possibilidade de também se enlear John Marshall. Chase, homem temperamental e à frente de seu tempo, teria ofendido o presidente Jefferson em um julgamento. Jefferson era inimigo de Marshall, e queria ver, se possível, toda a Corte alijada. Em razão disso, a limpeza federalista começaria pelo mais susceptível deles, Samuel Chase (Ver as considerações de FRIEDMAN, ob. cit., p. 84 e seg., e, ainda, "Samuel Chase" in *The supreme court justices – illustrated biographies*, ob. editada por Clare CUSHMAN. Washington, D.C.: Congressional Quarterly, 1993, p. 41 e seg. Consultar também SCHWARTZ, Bernard. *A history of the supreme court*. New York: Oxford University Press, 1993, p. 57 e seg.).

uma das grandes decisões da Suprema Corte nos últimos tempos. Um lídimo *landmark*. Como se antecipou mais acima, esse caso envolveu *construction* e discussão sobre a *Substantive Due Process of Law Clause*. A questão fática é a seguinte: duas médicas, Estelle Griswold (diretora-executiva de uma associação de planejamento familiar) e Buxton (professora da *Yale Medical School*) foram condenadas (cem dólares) por terem orientado mulheres no uso de métodos para evitar filhos, e prescrito anticoncepcionais. A legislação penal do Estado de Connecticut (distrito da culpa) apenava com multa (não menos de cinquenta dólares, ou prisão, no mínimo de sessenta dias) quem se utilizasse de "qualquer droga, artigo médico ou instrumento com o propósito de evitar a concepção" (*Any person who uses any drug, medicinal article or instrument for the purpose of preventing conception*). Também incidia nas mesmas penalidades "toda pessoa que assiste, instiga, aconselha ou obriga outra a cometer" o crime. A lei era velha: 1879, com alterações em 1958. A condenação foi mantida em todas as instâncias ordinárias. O processo foi tumultuado, com diversos *amici curiae* (médicos, *American Civil Liberties, Catholic Council on Civil Liberties* etc.). Falou pela Corte o *justice* Douglas,[36] que, na sistemática do *Law-case*, fez verdadeira ginástica mental para levantar os precedentes que pudessem servir de apoio na solução do caso concreto. Primeiramente, procurou afastar certos precedentes inadequa-

---

36 William Orville Douglas nasceu em 1898. Foi nomeado *justice* por Franklin Roosevelt, prestando o compromisso (*judicial oath*) em 17.04.1939. Bateu o recorde de permanência na Suprema Corte: 36 anos. No último dia do ano de 1974, sofreu um derrame cerebral. Aposentou-se quase um ano depois (cf. REHNQUIST, William H. *The supreme court – how it was, how it is*. New York: Quill, 1987, p. 255. Ver CUSHMAN, Clare, ob. cit., p. 391 e seg.).

dos, como *Tileston v. Ullman, 318 U.S. 44 (1943), Lochner v. New York, 198 U.S. 45 (1906)* etc. Depois, aproveitou material de *Pierce v. Society of Sisters, 268 U.S., 510 (1925)* e *Meyer v. Nebraska, 262 U.S. 390 (1923)* etc. Lembrou que a Constituição ou o *Bill of Rights* não mencionam o "direito de associação" nem o "direito de os pais escolherem a escola para seus filhos" ou mesmo o "direito de se estudar uma língua estrangeira" (alemão). Nem por isso tais direitos deixam de existir e ser protegidos, como já decidiu a Corte. Pela mesma razão, não se podia concluir que pelo fato de a Constituição, original ou emendada, não falar em "intimidade da relação entre marido e mulher ou entre eles e seus médicos" não merecessem proteção constitucional. Essa proteção estava diluída nas diversas Emendas. Fez-se, então, uma *constitutional construction*. Foram invocados também casos, como *Boyd v. United States, 116 U.S. 616, 630 (1886)*, que dispunha sobre a "santidade do lar de um homem e sobre a privacidade de sua vida", ou *Mapp v. Ohio, 367 U.S. 643, 656 (1961)*, no qual se ressaltou a importância do direito à privacidade, ou ainda *Meyer v. Nebraska, 262 U.S. 390 (1923)*, em que ficou assentado que "o direito de casar, constituir um lar e educar filhos" era parte essencial garantida pela Emenda n. 14. Douglas, em seu voto (*Griswold*), frisou:

> *Lidamos com direito à privacidade,* (que é) *mais velho do que o Bill of Rights, mais velho do que nossos partidos políticos, mais velho do que nosso sistema de ensino. O casamento é uma união, para melhor ou para o pior – de preferência que dure – profunda ao ponto de ser sagrada. É uma associação que promove um modo de vida, e não conflitos; uma harmonia de vida, e não crenças políticas; uma lealdade bilateral, e não planos comerciais ou sociais. É também uma associação* (voltada)

> *para propósitos tão nobres quanto aqueles envolvidos em nossas decisões anteriores.*[37]

Goldberg,[38] por sua vez, após invocar lições de Madison e Story, disse:

> *A linguagem e a história da Nona Emenda revelam que os Elaboradores da Constituição acreditavam que existem direitos fundamentais adicionais, protegidos contra a infringência governamental, os quais existem ao lado dos direitos fundamentais especificamente mencionados nas oito primeiras emendas consti-*

---

37 *We deal with a right of privacy older than the Bill of Rights – older than our political parties, older than our school system. Marriage is a coming together for better or for worse, hopefully enduring, and intimate to the degree of being sacred. It is an association that promotes a way of life, not causes; a harmony in living, not political faiths; a bilateral loyalty, not commercial or social projects. Yet it is an association for as noble a purpose as any involved in our prior decision.*

38 Arthur Joseph Goldberg nasceu 08.08.1908. Caçula de uma família numerosa e pobre, formou-se em direito pela *Northwestern University* (1929). Tornou-se o primeiro aluno de sua turma. No princípio, trabalhou como advogado para escritórios. Mais tarde, montou sua própria banca. Durante a Segunda Guerra Mundial, atuou no serviço de inteligência. Após a guerra (1948), advogou para metalúrgicos. O principal voto de Goldberg está em *Escobedo v. Illinois* (1964). Com a Guerra do Vietnã, o presidente Johnson pediu que ele assumisse o cargo de embaixador dos Estados Unidos na ONU. As más línguas dizem que o presidente estava de olho na vaga para que pudesse indicar Abe Fortas (judeu ortodoxo). Prestou importantes serviços diplomáticos, mediando desinteligências entre judeus e árabes. Descontente com os rumos que a Guerra do Vietnã tomava, pediu exoneração, voltando a advogar e a lecionar. Escreveu um livro com o título *Equal Justice: The Warren Era of the Supreme Court*. Faleceu em 19.01.1990, de ataque cardíaco (Cf. CUSHMAN, ob. cit., p. 466 e seg.). Também como já se noticiou, a *Jewish Seat* teve uma interrupção lamentável: a revista *Life* publicou uma reportagem, afirmando que Fortas prestava assessoramento jurídico ao financista Louis Wolfson. Após a divulgação do escândalo, começou-se a falar em *impeachment* do magistrado. Em decorrência, em 14 de maio de 1969, Fortas apresentou seu pedido de exoneração ao presidente da Corte (Warren), protestando por inocência (*Ibidem*, p. 475).

tucionais (...) sustentar que um direito tão básico e fundamental, e tão profundamente arraigado em nossa sociedade, como o direito à privacidade do casamento, possa ser violado porque tal direito não está garantido em inúmeras palavras das primeiras oito emendas à Constituição, é ignorar a Nona Emenda e, em decorrência, deixar de atribuir-lhe efeito (...). A Nona Emenda demonstra uma crença dos autores da Constituição na existência de direitos fundamentais que não se acham expressamente enumerados nas oito primeiras emendas, e (demonstra) o intento de deixar patente que a lista de direitos incluídos não pode ser tida como exaustiva.[39]

Earl Warren (presidente) e William Brennan Jr. endossaram a argumentação de Goldberg. Diferentemente, Black e Stewart (1915-1985) dissentiram: na Constituição não havia dispositivo garantindo o direito à privacidade. Stewart alegou que a lei de Connecticut nada tinha de inconstitucional, embora não passasse de uma *uncommonly silly Law* (lei excepcionalmente ridícula). Black, em interpretação puramente literal, disse: "Gosto de minha privacidade como qualquer outro, mas, apesar disso, sou levado a admitir que o governo tem o direito de invadi-la, a menos que proibido por alguma provisão constitucional específica." O fato é que toda essa discussão propiciou base para futuros casos ligados à intimidade, como a união de homossexuais.

É oportuno lembrar que em 14 de março de 2005, o *justice* Antonin Scalia, em entrevista concedida à televisão no Woodrow Wilson International Center for Scho-

---

[39] KILLIAN, Johnny H. (Ed.). *The constitution of the United States of America – analysis and interpretation.* Washington: Library of Congress, 1987, p. 1.412-1.413.

lars in Washington, D.C.,[40] depois de rotular-se "originalista" (não um *strict constructionist*!) e criticar a expressão *Living Constitution* (até os secundaristas, em suas visitas à Suprema Corte, recitam que a Constituição é um *living document*...) procurou fatos históricos com o propósito de robustecer sua tese. Falou que os ativistas pecam por não terem critério. A *Living Constitution* – ponderou – pode significar a destruição da própria Constituição. Lembrou que logo após o término da Guerra de Secessão (*Civil War*) foi instituída a cláusula *Equal Protection*. Por que razão foi necessário, em 1920, emendar-se a Constituição (Emenda n. 19) para dar à mulher o direito de voto? Outro argumento – ponderou – é o "direito a advogado" para defender-se em juízo, tal como se acha na Constituição. Isso não significa tenha o Poder Público de arcar com o encargo para socorrer aquele que não pode pagar as despesas de um processo...

As argumentações de Scalia são ponderáveis, não resta dúvida. Mas creio – reiterando o que já afirmei – que o segredo da longevidade da Constituição de 1787 está exatamente na válvula da *construction*, combinada com a possibilidade de emendas políticas pelos representantes do povo. Essa faceta do *checks and balances* é a chave do sucesso do sistema político americano. Não podemos nos esquecer de que a Constituição de Madison foi escrita por uma elite e em seu benefício. Quando os menos favorecidos ficam de fora da inclusão social, há sempre uma Bastilha para ser derrubada. Não importa se no Oriente ou no Ocidente.

---

40 Disponível em: http://www.cfif.org/htocs/legal_issues/legal_updates/us_supreme court/scalia-consti. Acesso em: 29.11.2006.

Capítulo XV

A Emenda n. 10

Observações e considerações de Tocqueville. A criação do Estado federal pelos constituintes norte-americanos de 1787. A dificuldade de se conceituar doutrinariamente o Estado federal. A repercussão das ideias de John Calhoun nos Estados Unidos e fora dele. O *Bill of Rights* e a Declaração de Direitos do Homem e do Cidadão de 1789: particularidade de um, universalidade da outra. A República: preocupação maior do que a própria Federação. Os "poderes reservados". A influência da Emenda n. 10 nas constituições brasileiras. A Cláusula *Dormant Commerce* e a Cláusula *Supremacy*, do Art. VI da Constituição. A Teoria da Preempção da Lei Federal. Os "Grandes Silêncios" da Constituição norte-americana. A criação de um Banco Central. *McCulloch v. Maryland. Implied Powers v. Reserved Powers.*

A Democracia na América, de Alexis de Tocqueville (1805-1859), tornou-se um clássico do constitucionalismo norte-americano. Foi saudado por alguns entusiastas e ufanistas norte-americanos como "o maior livro jamais escrito por alguém sobre os Estados Unidos"[1] (*the greatest book ever written by anyone about America*).[2] Ainda que o jovem Tocqueville não tenha se preocupado muito com a realidade política e social da época de sua visita (1831), ele conseguiu desenvolver percucientemente as linhas mestras de uma democracia contemporânea. No livro, Tocqueville faz uma síntese doutrinária do governo de "associação de vários povos" e governo de "um povo único", concluindo que "(o)s povos únicos são, pois, naturalmente propensos à centralização, e as confederações ao desmembramento".[3] No tocante à União estadunidense, Tocqueville registrou que ela, ao zelar pelos *interesses gerais* do país, assegurava a independência e a grandeza da nação, ficando por conta dos Estados-membros a manutenção da liberdade e a regulamentação dos direitos e garantias da vida de cada cidadão.[4]

---

1 Sobre o ângulo prático e histórico, é mais cômodo usar-se "América" no lugar de "Estados Unidos da América". Fato pitoresco: em 1904, um diplomata e escritor mexicano – Frederico Gamboa (1864-1939)-, credenciado junto à embaixada de seu país em Washington, divulgou que uma circular do Governo norte-americano havia determinado que se usasse *America* como sinônimo de *United States*. Tomado de indignação, o diplomata teria exclamado: "Agora é o roubo de um nome que pertence igualmente a todos nós" (cf. KRAUSE, Enrique. Olhando para *eles*. Uma perspectiva mexicana sobre a lacuna em relação aos Estados Unidos *in* FUKUYAMA, Francis (Ed.). *Ficando para trás*. Trad. Nivaldo Montingelli Jr. Rio de Janeiro: Rocco, 2010, p. 75).

2 Cf. WALLACE-WELLS, David. The visitor *in Newsweek, 28 April 2010.*

3 TOCQUEVILLE, Aléxis de. *Democracia na América – leis e costumes*. Trad. Eduardo Brandão. São Paulo: Martins Fontes, 1998, p. 422.

4 *Ibidem*, p. 423.

As viagens de Tocqueville e seu colega Gustave de Beaumont (1802-1866) foram feitas quando os Estados Unidos estavam em sua infância. Após, muitos problemas graves de adolescência política surgiram, colocando em risco a Federação, tão engenhosamente construída. Um desses problemas, a *Guerra de Secessão*, que estouraria depois de publicado o primeiro volume da obra de Tocqueville (1835), evitou, é verdade, a desintegração da União, embora tenha semeado ódio, sangue e morte entre irmãos. No fundo, a experiência da *War of Secession* foi o primeiro degrau nas mudanças do federalismo norte-americano, tal como imaginado pelos Pais da nova República.

Antes de falarmos sobre a Emenda n. 10, abordaremos, ainda que por alto, pois o assunto é da mais alta complexidade, a figura do *Estado federal*, ponte entre confederação de Estados e Estado unitário. Podemos começar com uma pitada de humor: se na prática os constituintes norte-americanos de 1787 *inventaram* o Estado federal, os doutrinadores alemães, desde então, *tentam explicá-lo na teoria...*

Na verdade, o recorte do *Estado federal* está sempre sendo refeito. O federalismo dos Estados Unidos da Declaração da Independência (1776) ou da Constituição (1787) não é o mesmo federalismo do século XX ou do século XXI, quando se podia aludir a "equilíbrio entre governos locais e governo nacional" ou em "governo de poderes reservados". Vale, nesse particular, a observação de Roger Pinto (1901-2005) de que, se antes da Guerra de Secessão se podia falar de *États dans l'État*, a partir daí ficou reconhecida a *unité de l'État fédéral*.[5] Como se antecipou, o

---

5 PINTO, Roger. *Éléments de droit constitutionnel*. 12. éd. Lille: Morel & Corduant, 1952, p. 120.

federalismo norte-americano tomou outra feição após o fim Guerra de Secessão (1865), como ressalta Larry Catá Backer, professor da *College Law* da Universidade de Tulsa, no Estado de Oklahoma. O novo perfil político estaria assentado em cinco "parâmetros básicos":

1. A soberania ficou repartida entre a União (governo nacional) e os Estados-membros (governos locais);
2. Dentro de seu âmbito político, o governo nacional tem primazia em relação aos governos locais;
3. A competência para decidir sobre os poderes concedidos pela Constituição à União é privativa dos departamentos federais, em especial de seus tribunais;
4. Há uma relação direta entre o governo nacional e o povo dos diversos Estados-membros. Os Estados-membros, por consequência, não podem interferir nessas relações;
5. Os Estados-membros, embora possam teoricamente ser dissolvidos, não podem deixar a federação, ou seja, não existe a possibilidade de secessão.[6]

De qualquer sorte, não paira dúvida de que o Estado federal é criação dos norte-americanos, como bem obser-

[6] Cf. BACKER, Larry Catá. *Critical turnings in federalism*. ECSA, junho de 1999. (Disponível em: http://aei.pitt.edu/edu/2219/1/0028.PDF. Acesso em: 16.07.2013).

vam García-Pelayo (1909-1991),[7] André Hauriou[8] e Raul Machado Horta (1923-2005).[9] Foi "a forma mais imaginosa já inventada pelo homem para permitir a conjugação das vantagens da autonomia política com aquelas outras defluentes da existência de um poder central".[10]

Se é relativamente fácil conceituar a *Confederação* (*Staatenbund*), o mesmo não ocorre com o *Estado federal* (*Bundesstaat*), que é sumamente complexo.[11] No fundo, a conceituação jurídica do Estado federal gravitaria em torno do instituto da *soberania*,[12] que desde Jean Bodin[13] tem sofrido modificações e deformações. O próprio Bodin,

---

7 "El Estado Federal hace su entrada en la Historia con la Constitución americana de 1787" (GARCÍA-PELAYO, Manuel. *Derecho constitucional comparado.* 2. ed. Madrid: Manuales de la Revista de Occidente, 1951, p. 198).

8 HAURIOU, André; GICQUEL, Jean; GÉLARD, Patrice. *Droit constitutionnel et institutions politiques.* 6. éd. Paris: Éditons Montchrestien, 1971, p. 456. No mesmo sentido: PINTO, Roger, ob. cit., p. 115.

9 HORTA, Raul Machado. *Estudos de direito constitucional.* Belo Horizonte: Del Rey, 1995, p. 346.

10 BASTOS, Celso Ribeiro. *Comentários à constituição do Brasil.* São Paulo: Editora Saraiva, 1988, v. 1, p. 415.

11 Cf. CARRÉ DE MALBERG, R. *Teoría general del estado.* Versão espanhola por José Lion Depetre. México: Fondo de Cultura Económica, t. I, 1948, p. 103 e seg. Segundo García-Pelayo (ob. cit., p. 199), foram os autores alemães que distinguiram, com precisão, a palavra "federação" (*Bundesstaat*) de uma "confederação" (*Staatenbund*). Em *O Federalista* – a observação ainda é dele – utiliza-se "federal" no lugar de "confederação" e "nacional" no lugar de "estado unitário" (*ibidem*, p. 198).

12 Jellinek observa que, de todos os conceitos de direito político, o de *soberania* é o que mais está a exigir atenção e estudo (cf. JELLINEK, Georg. *Teoría general del estado.* Trad. de Fernando de los Ríos. Montevideo: Julio César Faira, Editor, 2005, p. 543).

13 Bodin, na versão latina de seu livro *Les six livres de la République*, ao conceituar Estado, usa *summa potestas* para soberania (cf. CARRÉ DE MALBERG, ob. cit., p. 85).

que se gabava de ter sido o primeiro autor a conceituar a *summa potestas* (*Les Six Livres de la République*),[14] tinha na cabeça a figura pessoal do *monarca*, não a do *Estado*.[15] A ideia de soberania, que classicamente foi sempre considerada *elemento essencial* do Estado,[16] perdeu sua natureza absoluta, indivisível, cedendo lugar, sobretudo com os estudos de Gerber (1823-1891), Laband (1838-1918) e Jellinek, à "potestade de dominação".[17] Pode existir Estado destituído de soberania, como se deu com o Iraque após a queda de Saddam Hussein (1937-2006).[18] Daí afirmarem os partidários dessa corrente doutrinária que se uma comunidade (*Gemeinschaft*) territorial tem condições de se auto-organizar politicamente, mantendo o poder de dominação (*Herrschaftsgewalt*), passa ela à condição de Estado, ainda que não disponha propriamente de soberania (*Souveränität*).[19] Essa doutrina, ainda que

---

14 JELLINEK, ob. cit., p. 563.

15 Cf. CARRÉ DE MALBERG, ob. cit., p. 87.

16 WILLOUGHBY, Westel W. (*Principles of the constitutional law of the United States*. 2. ed. New York: Baker, Voorhis & Co, 1938, p. 8), critica aqueles que admitem a divisibilidade da soberania, que é da essência do Estado. Procura fazer distinção entre Estado e Governo. Acrescenta: "Embora a vontade soberana do Estado não possa ser dividida, ela pode ser revelada por meio de vários porta-vozes legislativos, e a execução de seu comando pode ser delegada a uma variedade de órgãos governamentais" (Tradução livre. No original: *Though the sovereign will of State may not be divided, it may find expression through several legislatives mouthpieces, and the execution of its commands may be delegated to a variety of governmental agencies*).

17 Cf. CARRÉ DE MALBERG, ob. cit., p. 152, 157, 158.

18 *La soberanía les falta a muchos Estados: basta en efecto que un Estado se halle cualquier aspecto sometido a la voluntad de un Estado extranjero para que deje de ser soberano. Pero no por eso dejará de ser un Estado* (*ibidem*, p. 153).

19 Os franceses, não obstante a crítica acerba de doutrinadores alemães (cf. CARRÉ DE MALBERG, ob. cit., p.188), têm preferência pelo termo "soberania"; os alemães, por "potestade de dominação". É oportuno lem-

criticável como todas as outras, serviria para explicar a atual Federação norte-americana e até mesmo a Federação brasileira, na qual simples Províncias foram, por decreto, transformadas da noite para o dia em "Estados-membros" de uma federação.[20] Pela nomenclatura doutrinária de Jellinek,[21] o Estado-membro de uma federação, como a norte-americana ou mesmo a brasileira, gozaria de "autonomia".

No passado, o federalismo foi acerbamente criticado pelos utilitaristas, uma vez que incompatível com a soberania. Era – caçoava Jeremy Bentham – uma espécie de "relógio com duas molas mestras" (*like a watch with two main springs*).[22]

Na realidade, mesmo com as limitações impostas pela Constituição federal, o Estado componente goza do po-

---

brar que a Lei Fundamental de Bonn opta pelo termo *Hoheitsrecht* no lugar de *Souveränität*. Dentro dessa linha política, a *GrundG* alemã admite a *transferência* do direito de dominação para organizações de caráter supranacional [*Art. 24 (Beitritt zu internationalen Einrichtungen). (1). Der Bund kann durch Gesetz Hoheitsrechte auf zwischenstaatliche Einrichtungen übertragen* (JARASS/PIEROTH. *Grundgesetz für die Bundesrepublik Deutschland. Kommentar.* 2. Auflage. München: C.H. Beck'Sche Verlagsbuchhandlung, 1992, p. 410].

20 BRASIL. A Constituição Federal de 1891, em seu art. 2.°, dispunha: "Cada uma das antigas Províncias formará um Estado e o antigo Município Neutro constituirá o Distrito Federal, (...)." A Constituição vigente (1988), no art. 1.°, alçou o Município à condição de membro da Federação: "Art. 1.° A República Federativa do Brasil, formada pela união indissolúvel dos Estados e Municípios e do Distrito Federal (...)". Ainda que *formalmente*, a Constituição procurou resgatar a dívida política que o mundo luso-brasileiro tem para com o Município.

21 Cf. CARRÉ DE MALBERG, ob. cit., p. 169.

22 *Apud* HAMBURGER, Joseph. Utilitarianism and the constitution *in* BLOOM, Allan (Ed.). *Confronting the constitution.* Washington, D.C.: The AEI Press, 1990, p.239.

der de se auto-organizar, de fazer suas próprias leis, de governar e exercer, por órgãos dele mesmo, seu poder de fazer justiça.

No tocante ao "contraste" entre *Estado federal* e *confederação*, pode-se afirmar, sob óptica prática, que os Estados se unem em "confederação" com o escopo de se protegerem contra agressões ou ameaças externas e realizarem negócios internacionais. A ordem central, nesses termos, tem ingerência mínima nos Estados pactuantes. Já no Estado federal, diferentemente, a ingerência central (União) é acentuada. Nesse particular, existe a tendência à unificação em muitos campos, como o econômico, o financeiro, monetário e jurídico, os quais se achavam, antes, espalhados.[23] Mesmo o Estado federal típico, como o norte-americano, está em processo de movimentação centralizadora. Foi o que se deu acentuadamente com o modelo brasileiro e, de certo modo, ocorreu e está a ocorrer lenta e resistentemente com o próprio sistema norte-americano. Os modelos de federação têm variado desde sua criação. Se o federalismo mudou e está mudando nos próprios Estados Unidos, seu berço, o que dizer de outros sistemas ditos federalistas? Assim, melhor seria falar em federalismo "americano", "argentino", "brasileiro", "suíço", "alemão" e assim por diante. Cada um deles com nuança própria. A evolução política não cessa. Interesses maiores, açulados por problemas internacionais sérios como "guerra fria", "economia", "moeda", "câmbio", "comércio", "diplomacia", "drogas", "criminalidade", "terrorismo" têm criado formas novas de governo, como

---

23 KELSEN, Hans. *Teoría general del estado.* Versão para o espanhol por Luís Legaz Lacambra. Barcelona: Editorial Labor S.A., 1934, p. 272.

a União Europeia, que se acha em processo de formação há pelo menos meio século.

O certo é que, quando os norte-americanos criaram o novo modelo político – o *Estado federal* –, o relacionamento prático entre criação e criadores veio à tona. Questões colaterais, como a "liberdade dos cidadãos", a "soberania dos Estados-membros", a "cidadania" etc. também foram motivo de preocupação.[24] Na linha da teoria tradicional, uma confederação não dispõe de território e seu órgão central (Dieta/Congresso) não pode legislar para os diversos povos dos Estados confederados.

Hamilton, no *Paper* 32 de "O Federalista", procura defender e explicar, com linguagem simples e objetiva, o projeto político então engenhado, e que se encontrava aguardando ratificação:

> *(...) como o projeto da convenção visa apenas a uma união ou consolidação parcial, os governos estaduais conservariam sem dúvida todas as prerrogativas de soberania que possuíam antes e não expressamente delegadas, por aquele ato, aos Estados Unidos. Esta delegação expressa, ou melhor, esta alienação das soberanias estaduais somente aconteceria em três casos: quando a Constituição, em termos expressos, atribuir uma exclusiva autoridade à União; quando, atribuindo uma autoridade à União em determinado caso, em outro proíbe os Estados de exercê-la; e quando, atribuindo uma autoridade à União, tornaria absoluta e totalmente contraditório e incompatível o exercício da mesma autoridade nos Estados.*[25]

---

[24] John C. CALHOUN desenvolve bem a ideia de "segurança", "liberdade" e "igualdade" em seu escrito *Disquisition on government*. Disponível em: http://www.constitution_org./jcc/disq_gov.txt. Acesso em: 16.07.2013.

[25] HAMILTON, Alexander; MADISON, James; JAY, John. *O federalista*. Trad. Heitor Almeida Herrera. Brasília: Editora Universidade de Brasília, 1984, p. 283 e seg.

Feitas as rápidas considerações acima, vamos transcrever a Emenda n. 10:

> *Os poderes não delegados aos Estados Unidos pela Constituição, nem por ela negados aos Estados, são reservados aos Estados, respectivamente, ou ao povo.*[26]

Em junho de 1774, as assembleias de Virgínia e Massachusetts propuseram uma reunião de delegados para harmonizar as relações entre a Grã-Bretanha e suas colônias americanas, que se tornaram tensas depois da edição das "Leis Intoleráveis" pelo Parlamento. Em setembro daquele mesmo ano, representantes de doze colônias se reuniram na cidade de Filadélfia, constituindo o denominado Primeiro Congresso Continental. No dia 14 de outubro de 1774, foi assinada a "Declaração e Resoluções do Primeiro Congresso Continental", ficando decidido que, em maio do ano seguinte, haveria nova reunião. Thomas Jefferson, então deputado da House of Burgesses da Virgínia, foi um dos que acudiu à convocação para comparecer ao Segundo Congresso Internacional da Filadélfia. Jefferson já era conhecido como autor de *A Summary View of the of the Rights of British America*, documento lido e discutido no Primeiro Congresso Continental. Da "Comissão dos Cinco", além de Jefferson, participaram políticos respeitados e influentes como John Adams (Massachusetts), Roger Sherman (Connecticut), Benjamin Franklin (Pensilvânia) e Robert R. Livingston (Nova York). Como Jefferson tinha muita facilidade para escrever, foi-lhe encomendado a redação da Declaração da Independência

---

26 *The powers not delegated to the United States by the Constitution, not prohibited by it to the States, are reserved to the States respectively, or to the people..*

(*A Declaration by the the Representatives of the United States of America, in General Congress Assembled*). Seu esboço, retocado, é constituído de 375 palavras. É vazado em estilo límpido, fluente, fácil de ser entendido. Foi divulgado e lido por diversos recantos das Colônias.[27]

Depois que terminou a guerra contra a metrópole, em 1781,[28] as antigas colônias ratificaram os *Articles of Confederation*, que, para alguns constitucionalistas, seriam a "primeira" constituição dos Estados Unidos.[29] O Art. I deste documento, como já se observou anteriormente, dizia: "O título desta Confederação [30] será *Estados Unidos da*

---

27 Cf. FERLING, John. *Jefferson and Hamilton: the rivalry that forged a nation.* New York: Bloomsbury Press, 2013, cap. II.

28 Em 1781, os britânicos sofreram derrota em Yorktown: ficaram encantoados entre o exército dos rebeldes, por terra, e um esquadrão francês, por mar. O reconhecimento oficial da perda das colônias se deu dois anos depois, em Paris (cf. ROBERTS, J. M. *History of the world.* New York: Oxford University Press, 1993, p. 577).

29 Cf. CHEMERINSKY, Erwin. *Constitutional law – principles and policies.* New York: Aspens Law & Business, 1997, p. 9. Na realidade, como observa com acerto Georges BURDEAU (*Traité de science politique.* Paris: Librairie Générale de Droit et de Jurisprudence, t. II, 1949, p. 407 e seg.), historicamente as "confederações" se mostraram instáveis, com tendência para federações. O Estado federal é *une réalité juridique.*

30 Não é fácil conceituar "confederação de Estados". GARCÍA-PELAYO (ob. cit., p. 196 e seg.), depois de apresentar diversas teorias a respeito de "confederação", diz que a confederação está a meio caminho entre uma "liga" e uma "federação". É regida pelo direito internacional. A confederação, de regra, não tem ingerência sobre os cidadãos dos Estados confederados. Os Estados não têm o *jus belli* contra si ou contra terceiros. O órgão central da confederação recebe o nome de "dieta" ou "congresso". Esse órgão é constituído por representantes dos Estados pactuantes, com mandato imperativo, podendo ser destituídos a qualquer momento. As decisões da confederação não obrigam os cidadãos, salvo se forem incorporadas ao direito interno de cada entidade confederada. No mesmo sentido, JELLINEK, ob. cit., p. 917.

América" (*The Title of this Confederacy shall be The United States of America*).

Exatamente por se tratar de uma *confederação*, os *Artigos* não tinham dispositivo expresso sobre as "garantias individuais", relegando tal tarefa a cada Estado confederado. O Art. II (*Articles of Confederation*) dispunha: *Each State retains (...) every Power, Jurisdiction, and right, which is not by this Confederation expressly delegated to the United States.* Como se vê, aí se encontra o arcabouço da Emenda n. 10.[31] Não se pode esquecer, porém, que o Art. VI da Constituição de 1787, em sua cláusula segunda, complementa o pensamento constitucional: a Constituição e as leis do Congresso, bem como os tratados (internacionais) serão "the supreme Law of the Land", obrigando, por consequência, o judiciário estadual.[32]

Mesmo depois de consolidado o Estado federal, não faltaram vozes que defendiam a possibilidade de retirada da Federação de qualquer Estado-membro: se ele, Estado, era "soberano", não estava sujeito a poder político nenhum.[33] Em 1828, o Congresso baixou uma lei que au-

---

31 Cf. SCHWARTZ, Bernard. *The bill of rights: a documentary history.* New York: Chelsea House Publishers in association with McGraw Hill Book Company, v. I, 1971, p. 384.

32 *This Constitution, and the Laws of the United States which shall be made in Pursuance thereof, and all Treaties made, or which shall be made, under the Authority of the United States, shall be the supreme Law of the Land; and the Judges of every State shall be bound thereby (...)* [*The constitution of the United States of America.* Washington, DC: National Archives and Records Administration, 1986].

33 A Constituição de 1787 é omissa quanto ao direito de o Estado-membro retirar-se da Federação. No particular, não seguiu o precedente britânico de 1707 (*Union Act*), que tornou "perpetual" a união entre Escócia, Inglaterra e País de Gales (cf. McLEAN, Iain. *What's wrong with the British Constitution?* Great Britain: Oxford University Press, 2010, p. 40). A Constituição

mentava as alíquotas de impostos sobre produtos brutos, prejudicando os Estados agrícolas do Sul. O sulista John Caldwell Calhoun,[34] político influente (vice-presidente da República por duas vezes) e versado em filosofia política, reavivou a *Theory of Nullification*, antes defendida por Jefferson e Madison nas Resoluções do Kentucky e da Virgínia, ambas de 1789: quando o Congresso fizesse lei *ultra vires*, isto é, lei que ultrapassasse a competência que a Constituição lhe dera, cabia aos Estados-membros, através de seus tribunais, declarar nulo o provimento federal. Caso o Congresso não modificasse a lei tida como inconstitucional, ao Estado-membro era facultado deixar a União. Calhoun insistia que só existiam duas formas de Estado: o unitário e a confederação.[35] A Constituição americana era mero "acordo" (*convenant*) de Estados. A competência para anular leis do Congresso não seria da Suprema Corte dos Estados Unidos, mas dos Estados. Em suma, os Estados-membros gozavam do direito de secessão.[36] Célebre se tornou, no ano de 1830, a discussão travada entre os senadores Daniel Webster (1782-1852) e Robert Hayne (1791-1839). Wesbter teimava que a Constituição era um *contract*, não um simples *compact*, como queria Calhoun. As partes contratantes tinham também obrigações, não só direitos. Ademais, da própria Consti-

---

brasileira de 1891, atenta à História política americana, dispôs em seu primeiro artigo que a união entre os membros da Federação era "perpétua e indissolúvel".

34 Calhoun (1782-1850) nasceu na Carolina do Sul. Seu pensamento está revelado em *Disquisition on government*. Disponível em: http://www.constitution_org./jcc/disq_gov.txt. Acesso em: 16.07.2013.

35 HAURIOU/GICQUEL/GÉLARD, ob. cit., p. 449.

36 Cf. GARCÍA-PELAYO, ob. cit., p. 313.

tuição se extraia, em muitas passagens, a supremacia da União por intermédio de seus tribunais. Efetivamente, o próprio *O Federalista*, em seus *Papers* n. 33, 39, 44, 78 e 80, não deixava margens à dúvida: o novo Estado nacional estava assentado na premissa da supremacia da União, não podendo o Estado-membro declarar nula lei federal. Os constituintes de 1787 ou os ratificadores da Constituição não aventaram, por intermédio de suas assembleias, a possibilidade de anulação de leis federais por tribunais estaduais. Outro argumento em prol da supremacia das cortes federais estava no preâmbulo da Constituição nacional da Filadélfia: *We the People of the United States, in order to form a more perfect Union... do ordain and establish this Constitution for the United States of America.* A formação do novo Estado (nacional) tem como partes os *povos* dos diversos Estados-membros, não os *Estados-membros* em si.[37]

A doutrina de Calhoun não deixou de influir perigosamente na criação de uma nova república, formada no dia 9 de fevereiro de 1861, em Montgomery, no Estado de Alabama, com o nome de *Confederate States of America.*[38] No dia seguinte, os representantes de sete Estados (Alabama, Flórida, Geórgia, Louisiana, Mississippi, Carolina do Sul e Texas), reunidos em assembleia, escolheram Jefferson Davis (1808-1889) para a presidência do novo ente político.[39] A animosidade entre os Estados do norte e os

---

[37] STORY gasta muita tinta para explicar a natureza jurídica da Constituição americana (cf. STORY, Joseph. *Commentaries on the constitution of the United States.* New York: Da Capo Press, v. I, 1970, p. 279-343).

[38] O governo sul-confederado prestou uma homenagem a Calhoun, emitindo um selo postal de 1 *cent* com sua efígie.

[39] Disponível em: http://www.civilwarhome.com/confederacyoverview.htm. Acesso em: 12.12.2006.

Estados do sul se acirrou. Em 12 de abril de 1861, a artilharia confederada bombardeou uma fortificação federal na baía de Charleston, desencadeando a Guerra de Secessão (*Civil War*), que ceifou cerca de seiscentas e vinte mil vidas.[40]

A mesma tese de Calhoun foi defendida, também com *parti pris,*[41] na Alemanha por Max von Seydel (1846-1901), que buscava sustentar a soberania da Baviera em relação ao Reich,[42] "uma autêntica *Staatenbund*" (Confederação).

No Brasil, a História também registra arroubos e tentativas de autonomia política: na época dos vice-reis, a "Inconfidência Mineira", que ficou na gestação; no reinado de dom João VI, a "Revolução Pernambucana", que atingiu as Províncias do Nordeste, sendo logo sufocada por elementos conservadores locais antes mesmo da chegada das forças do governo;[43] na administração de dom Pedro I, a chama autonomista nordestina de 1817 reacendeu novamente com a "Confederação do Equador"; na Regência de Feijó, estancieiros do sul, descontentes

---

40 Disponíveis em: http://www.civilwarhome.com/casualties.htm e http://www.civilwarhome.com/ftsumter.htm. Acessos em: 12.12.2006.

41 PONTES DE MIRANDA (*Comentários à constituição de 1946*. 4. ed. Rio de Janeiro: Editor Borsoi, t. I, 1963, p. 207) lembra que Calhoun, Laband, Nawiaski e Jellinek agiram influenciados por "política do meio" do qual eles provinham.

42 GARCÍA-PELAYO, ob. cit., p. 204 e seg.

43 Cf. OLIVEIRA LIMA. *Dom João VI no Brasil.* 4. ed. Rio de Janeiro: Topbooks, 2006, p. 513. Várias causas teriam concorrido para o "simulacro da república" pernambucana: sentimento nativista, predominância de portugueses nos cargos públicos, conciliábulos maçônicos, carestia de víveres de primeira necessidade em razão das monoculturas do algodão e do açúcar, abandono do governo central por causa das guerras do sul, indisciplina militar.

com o tratamento que o governo imperial lhes dispensava, proclamaram, apoiados por argentinos e uruguaios, duas repúblicas: a "República Rio-Grandense" (setembro de 1836) e a efêmera "República Catarinense" (julho de 1839), que vieram a constituir, em 1839, uma "confederação".[44] Também no período da Regência, o médico Francisco Sabino Álvares da Rocha Vieira, em 7 de novembro de 1837, proclama na Bahia uma "República Provisória" (até a maioridade de Pedro II). Impende observar que, desde 7 de abril de 1831, quando dom Pedro I abdicou a favor de seu filho, havia na capital do Império (Rio de Janeiro) movimento ostensivo a favor da república e da federação.[45] Com a abdicação do imperador, o governo ficou a cargo de uma Regência, composta de três pessoas. Em 12 de agosto de 1834, com a Lei n. 16 (Ato Adicional), houve um verdadeiro passo rumo ao regime republicano. O art. 26 desta Lei dispunha que seria "o

---

44 A República Rio-Grandense foi proclamada por Antônio de Souza Neto em 11 de setembro de 1836. Alguns dias depois, em Jaguarão, a Câmara municipal considerou a Província "desligada da família brasileira". O coronel Bento Gonçalves da Silva (1788-1847) foi eleito presidente em Piratini (cf. ROCHA POMBO. *História do Brasil.* Rio de Janeiro: W. M. Jackson, Inc., v. 6, 1953, p. 21 e seg.). A separação política durou oito anos (*ibidem*, p. 23). Dois estrangeiros se destacaram nas tropas rebeldes: Giuseppe Garibaldi (1807-1882) e o norte-americano John Griggs (?-1839) [*ibidem*, p. 33]. Uma assembleia constituinte chegou a reunir-se em Alegrete (01.12.1842), fazendo um esboço de constituição. O barão de Caxias, todavia, espaventou o sonho dos rebeldes: em 29.12.1848, deu-se a última batalha entre as forças imperiais e sul-republicanas (*ibidem*, p. 63).

45 William Tudor (1779-1830), que foi embaixador dos Estados Unidos no Rio de Janeiro de dom Pedro I, observou que, pela experiência que ele tinha da América do Sul, *república* não tinha condições políticas e sociais de vingar no Brasil (SOUSA, Octavio Tarquinio de. *História dos fundadores do império do Brasil. A vida de d. Pedro I.* 5. ed. Rio de Janeiro: Livraria José Olympio Editora, t. III, v. IV, 1957, p. 814-815.

Império governado, durante a menoridade, por um Regente eletivo e temporário, cujo cargo durará quatro anos, renovando-se para esse fim a eleição de quatro em quatro anos".[46] Em 1840, com a Lei n. 105 (Lei de Interpretação do Ato Adicional), houve retrocesso no processo federativo.[47]

Ainda que se possa dizer com Thomas L. Pangle (1944-...) que a "Constituição americana é um produto, não de filósofos, mas de estadistas e legisladores",[48] é bom lembrar que seu principal artífice estava sempre em dia com as novidades de direito público que iam sendo publicadas na França. Efetivamente, Madison levava anotações e apontamentos para avivar sua memória durante as discussões na assembleia constituinte. Por outro lado, muitos constituintes originários e mesmo derivados tinham-se abeberado nos ensinamentos de Coke, Hume, Montesquieu e Blackstone. Desse modo, os principais edificadores do novo Estado possuíam uma linha filosófica de pensamento que se afinava com o espírito liberal da época. O liberalismo de então, político ou filosófico,

---

46 Diogo Antônio Feijó, que já havia feito parte da primeira Regência, foi eleito regente. Num universo de seis mil eleitores, logrou a maior votação: dois mil, oitocentos e vinte e seis votos (cf. SOUSA, Octavio Tarquinio de. *História dos fundadores do império do Brasil: Diogo Antônio Feijó*. 2. ed. Rio de Janeiro: José Olympio Editor, v. VII, p. 245).

47 SOUSA, Octavio Tarquinio de. *História dos fundadores do império do Brasil. Fatos e personagens em torno de um regime*. 2. ed. Rio de Janeiro: José Olympio Editor, v. IX, 1957, p. 298. Quanto ao texto da Lei de Interpretação, ver http://www2.camara.gov.br/legin/fed/lei/1824-1899/lei-105-12-maio-1840-532610-publicacaooriginal-14882-pl.html. Acesso em: 03.10.2011.

48 The philosophic understandings of human nature informing the constitution *in* BLOOM, Allan (Ed.). *Confronting the constitution*. Washington, D.C.: The AEI Press, 1990, p. 9.

tinha suas raízes na Inglaterra e na Holanda.[49] Estava intimamente ligado ao protestantismo; defendia os direitos de propriedade, o repúdio ao morgadio;[50] os estamentos medievais eram afastados em prol de uma nova sociedade, na qual os homens nasciam iguais,[51] distinguindo-se, depois, pelo trabalho honesto e produtivo; o direito divino dos soberanos dava lugar à escolha livre e racional dos governantes; o individualismo, reforçado por pesquisas científicas (Copérnico, Galileu, Kepler e Newton) e tra-

---

49 BRASIL: No Brasil, o liberalismo teve duas fases bem distintas. A primeira, conectada à França. A segunda fase, ligada diretamente à Inglaterra. É quando surge em Londres o "Correio Braziliense", dirigido por Hipólito José da Costa Pereira Furtado de Mendonça (1774-1823) [cf. MENCK, José Theodoro Mascarenhas. *A liberdade religiosa e o parlamento imperial brasileiro (1823-1889)*. Brasília: Ser, 1996, p. 42-43].

50 O morgadio é instituição jurídica de um patrimônio de família. Somente o primogênito herda os bens de raiz, com consequências na linhagem. O papa Gregório I, segundo Francis FUKUYAMA (*As origens da ordem política: dos tempos pré-humanos até a Revolução Francesa.* Trad. Nivaldo Montingelli Jr. Rio de Janeiro: Rocco, 2013, p. 481), teria decretado mudanças nas leis da herança para possibilitar que terras particulares pudessem ser legadas à Igreja. Em 1540, o Parlamento britânico (*Statute of Wills*) ensejou fosse o direito de primogenitura retirado do morgado. Nos Estados Unidos, o direito de primogenitura não teve larga aceitação. (Disponível em: http://www.bartleby.com/65/pr/primogen.html. Acesso em: 05.10.2007). BRASIL. A instituição medieval do morgadio veio de Portugal para o Brasil (Sobre o morgadio português, consultar ROSA, Maria de Lurdes. *O morgadio em Portugal – séculos XIV e XV*. Lisboa: Estampa, 1995).

51 CALHOUN (ob. cit.) diz que no tocante ao princípio de "que todos os homens nascem livres e iguais", nada pode ser mais sem fundamento e falso" (... *nothing can be more unfounded and false*). É importante frisar que no esboço original da Declaração da Independência, Jefferson atacava o rei e o Parlamento inglês, que haviam imposto a escravidão, violando o "sagrado direito natural" de negros e brancos. As expressões comprometedoras foram retiradas a pedido da Geórgia e da Carolina do Norte (cf. FERLING, John, ob. cit., cap. citado).

balhos filosóficos (Bacon, Descartes), estava no auge.[52] Esse, o *Geistzeit* reinante por ocasião da gestação do novo Estado norte-americano.

Como já se falou alhures, se se fizer um cotejo entre o *Bill of Rights* estadunidense e as *Declarações do Homem e do Cidadão* de 1789, notaremos um cunho pragmático no primeiro e um arroubo doutrinário nas segundas. Além das diferenças de mentalidade – anglo-saxônica e romano-germânica –, os americanos queriam uma Constituição para "eles"; os franceses, para "toda a humanidade".

Os revolucionários americanos se preocupavam talvez mais com o "regime de governo" (república) do que propriamente com a "forma de Estado" (federação).[53] Estava praticamente assentado pelos jusfilósofos da época – com Montesquieu à frente – que "república" não dava certo em grandes extensões territoriais. Uma república, tal como almejavam os "centralistas" norte-americanos, estava fadada ao fracasso, e somente se consolidaria através de governo despótico. Daí a preocupação dos "antife-

---

52 Cf. RUSSELL, Bertrand. *História da filosofia ocidental*. Trad. Brenno Silveira. 2. ed. São Paulo: Companhia Editora Nacional, v. 3, 1967, p. 124 e seg.

53 No sentido pleno, a Federação norte-americana foi a primeira, como já se insistiu por mais de uma vez. Na Antiguidade, surgiram arremedos de federação. Assim, as ligas gregas (délica, helênica, aqueia etc.). Séculos e séculos depois, a Aliança Eterna de cantões suíços, a União de Utrecht etc. "Os treze Estados americanos formaram com a Constituição federal de 1787 e, pela primeira vez na história, um Estado federal completamente estruturado", nas palavras de LOEWENSTEIN, Karl. *Teoría de la constitución*. 2. ed. Versão para o espanhol por Alfredo Gallego Anabitarte. Barcelona: Ariel, 1970, p. 354. BRASIL. No Brasil do Segundo Reinado foi dada mais atenção à federação: a autonomia das províncias foi tomada como "um princípio cardeal e solene que inscrevemos na nossa bandeira" (Ver o Manifesto Republicano, publicado no primeiro número do jornal *A República*, em 03.12.1870).

deralistas" com a cedência de direitos por treze[54] Estados soberanos em prol de um ente novo. Esse passo no escuro poderia redundar na perda da liberdade pela qual todos tinham lutado. Mas, os constituintes foram sábios o suficiente para criar um novo Estado, no qual os poderes delegados cediam em prol do governo da União. Foi uma obra genial de engenharia política, capaz de unir treze Estados (antigas colônias) sob um mesmo teto político.

Nos Anais do Congresso, ficou registrado que se apresentou um substitutivo à Emenda n. 10 proposta, com o enxerto do advérbio "expressamente" (*expressly*) antes da palavra "delegados". A proposta foi recusada.[55] Madison retrucou que "era impossível confinar o Governo ao exercício de poderes expressos", sob pena de obrigar a Constituição a descer a minúcias.[56] A redação aceita foi a seguinte: "Os poderes não delegados aos Estados Unidos pela Constituição, nem proibidos por ela aos Estados, são reservados aos Estados *respectivamente*, ou ao povo".[57]

---

54 BRASIL. Carlos MAXIMILIANO (*Commentarios a constituição brasileira.* Rio de Janeiro: Jacintho Ribeiro dos Santos, 1918, p. 137) aponta como um dos grandes erros dos republicanos brasileiros de 1889 a elevação de todas as Províncias ao *status* de Estados. Muitas dessas Províncias não tinham condições político-econômicas para tal, pois estavam nas mãos das oligarquias locais. Os brasileiros não seguiram, no particular, o exemplo prático dos norte-americanos.

55 A proposta da inserção do *expressly* foi feita por Thomas Tucker, da Carolina do Sul (cf. AMAR, Akhil Reed. *America's constitution. A biography.* New York: Random House, 2005, p. 320).

56 *Ibidem*, p. 320.

57 No original: *(...) and a motion to amend, by inserting the word 'expressly' before the word 'delegated' having been negatived, the article in the following amended form was agreed to – 'The powers not delegated to the United States by the Constitution, nor prohibited by it to states, are reserved to the states respectively, or to the people.*

O advérbio “expressamente”, recusado, achava-se no Art. II dos *Articles of Confederation*.[58]

Ao longo do tempo, a relevância da Emenda n. 10 oscilou. No caso *United States v. Darby Lumber Co., 312 U. S. 100, 124 (1941)*, a Corte, à unanimidade, a considerou como lídimo “truísmo”. Tal Emenda apenas se limitava a “declarar” o que já existia na Constituição, cujo “propósito não foi outro senão o de mitigar os temores de que o novo governo nacional pudesse exercer poderes não garantidos, e que os Estados não pudessem exercer plenamente seus poderes reservados”. Já em *Fry v. United States, 421 U.S. 542, 547 (1975),* teve-se como “relevante” a Emenda 10.

A Emenda n. 10 repercutiu nas Constituições brasileiras. A Constituição de 1988, na rubrica “Dos Estados Federados”, diz expressamente:

> *Art. 25. – Os Estados organizam-se e regem-se pelas Constituições e lei que adotarem, observados os princípios desta Constituição.*
>
> *§ 1º São reservadas aos Estados as competências que não lhes sejam vedadas por esta Constituição.*

Historicamente, o dispositivo acima vem do art. 65, 2º, da Constituição de 1891, que facultava aos Estados “em geral, todo e qualquer poder ou direito, que lhes não for negado por cláusula expressa ou implicitamente contida

---

58 BRASIL. Quando da votação da Constituição de 1891, tentou-se também colocar o advérbio “expressamente”, que foi recusado: limitaria o uso pela União de seus “poderes implícitos” (cf. BARBALHO, João. *Constituição federal brazileira – Commentarios.* Rio de Janeiro: Typographia da Companhia Litho-Typographica, em Sapopemba, 1902, p. 273).

nas cláusulas expressas da Constituição". Esse dispositivo constitucional (§ 2º) "pode se considerar a chave mestra da federação", no dizer de João Barbalho.[59] A partir da Constituição de 1946, passou-se a usar no texto constitucional o verbo "reservar" (art. 18, § 1.º, "aos Estados se reservam todos os poderes...)", que melhor se coadunava com a raiz histórica norte-americana.[60]

A Emenda n. 10 seguiu a mesma trilha utilizada pelo Art. IX dos Artigos da Confederação: limitação dos poderes do Congresso. O Art. IX principia: *The United States in congress assembled, shall have the sole and exclusive right and power of determining on peace and war, except* (...).[61]

Numa interpretação sistemática, a Emenda n. 10 deve ser examinada dentro do contexto geral da Constituição. Deve-se dispensar atenção dobrada ao § (seção) 8º do Art. I, que cuida da competência da União federal, e ao Art. VI, cláusula 2, que sufraga a Teoria da Preempção Federal. Refiro-me à "Commerce Clause" e à "Supremacy Clause", respectivamente.

Com base na denominada "Cláusula Comercial Latente" (*Dormant Commerce Clause*), tanto o Congresso quanto a

---

59 *Ibidem*, p. 273.

60 BRASIL: PONTES DE MIRANDA observa que a forma passiva utilizada no texto de 1946 indica que "aos Estados se reservam" e não que os "Estados-membros se reservam" os poderes (*Comentários à constituição de 1946*. 4. ed. Rio de Janeiro: Borsoi, t. II, 1964, p. 156 e seg.). As diversas constituições e cartas políticas brasileiras ora alargam, ora diminuem as autonomias dos Estados-membros diante da União. O professor Raul MACHADO HORTA (ob. cit., p. 389) anota que a Constituição de 1988 "adota a técnica da autonomia controlada, sem incorrer nos excessos centralizadores da Constituição de 1967" .

61 COMMAGER, Henry Steele (Ed.). *Documents of American history*. 6. ed. New York: Appleton-Century-Crofts, Inc., 1958, p. 113.

Suprema Corte – nem sempre em sintonia – têm alargado a competência federal em detrimento da competência dos Estados. "A *dormant commerce clause* é o princípio de que as leis estaduais e locais são inconstitucionais se elas impõem um gravame indevido ao comércio interestadual".[62] Já a Cláusula da Supremacia da União, condensada na velha sentença germânica *Reichsrecht bricht Landesrecht*, significa que, no caso de haver divergência entre lei federal e lei estadual ou municipal, deve prevalecer a primeira (federal).[63] Como já se assinalou pouco mais acima, o Art. VI, cláusula 2, da Constituição, ao consagrar a *Supremacy Clause*, dispõe, textualmente, que a Constituição, as leis e os tratados feitos de acordo com a Constituição *(...) are the supreme Law of the Land.* Nos casos *McDermott v. Wisconsin 228 U.S. 115 (1913*) e *Hisquierdo v. Hisquierdo 439 U.S. 572 (1979*) prevaleceu a lei federal, que conflitava com a lei estadual. Em *Crosby v. National Foreign Trade Council, 530 U.S. 363 (2000)*, a Suprema Corte, conduzida por Souter, afirmou, à unanimidade, que mesmo em não havendo conflito direto entre lei estadual e lei federal, mas for criado obstáculo para a execução da lei federal, prevalecerá a legislação da União. O Congresso não necessita dispor, de modo expresso, sobre a preempção da lei federal, que vem implícita.

---

62 *The dormant commerce clause is the principle that state and local laws are unconstitutional if they place an undue burden on interstate commerce* (CHEMERINSKY, ob. cit., p. 306).

63 Cf. KELSEN, ob. cit., p. 290. O princípio da "norma de colisão" (*Kollisionsnorm*) hoje aparece no art. 31 da Lei Fundamental de Bonn. BRASIL. O art. 24 da Constituição brasileira de 1988 estabelece competências concorrentes entre a União, os Estados e os Municípios. No § 4º, diz que a superveniência de legislação federal "sobre normas gerais suspende a eficácia da lei estadual, no que lhe for contrário".

Como averba Laurence H. Tribe,[64] a verdadeira potencialidade da *Commerce Clause* só foi efetivamente revelada com *Gibbons v. Ogden, 22 U. S. 1 (1824)*, ocasião em que John Marshall imprimiu um significado elástico à palavra "comércio".[65] Comércio não é só "tráfico de bens ou mercadorias". É muito mais: compreende intercâmbio, inclusive de pessoas.

Com arrimo num provimento de 1793, do Congresso, Gibbons havia obtido concessão para transportar, por mar, passageiros entre Nova York e Nova Jersey. Por outro lado, o legislativo estadual (Nova York) concedeu monopólio a Aaron Ogden para que ele fizesse, por meio de barcos a vapor, o mesmo percurso marítimo transportando cargas. A argumentação para a concessão do monopólio estadual era de que a Constituição falava em "comércio". Ora, comércio era de "coisas" (*cum+merx*), não de "pessoas" (*personae*). Logo, dentro dessa linha de raciocínio, o Congresso não teria legitimidade para legislar ou conceder exploração da linha de passageiros. Marshall pulverizou toda essa argumentação, frisando em seu voto:

> *A matéria a ser regulada é comércio. O advogado, na apelação, a reduz a tráfico, a compra e venda, ou a troca de mercadorias, e não admite que tal* (matéria) *possa compreender* (também) *a navegação. Isso acaba por restringir o termo geral, aplicado a muitas coisas, a um de seus significados. Co-*

---

64 TRIBE, Laurence H. *God save this honorable court – how the choice of Supreme Court justices shapes our history*. New York: New American Library, 1986, p. 26.

65 *Commercium*. Comércio; tráfico; direito de comprar e vender; 2. Mercadoria; provisões; 3. Preço; valor (cf. TORRINHA, Francisco. *Dicionário latino português*. 2. ed. Porto: Gráficos Reunidos, Lda., 1983).

> *mércio, sem dúvida alguma, significa tráfico, mas* (também) *é algo mais – é intercâmbio.*[66]

Atualmente, "comércio", na acepção constitucional, cobre qualquer espécie de movimento de pessoas ou coisas, mensagens etc., com ou sem intuito lucrativo.

Desde a presidência de John Marshall que a Constituição está, através de construções pretorianas, sendo moldada às exigências do momento. A Constituição americana, diferentemente da Constituição brasileira, que é analítica, oferece "grandes silêncios", para lembrar a expressão acertada do *justice* Jackson.[67] Através dessas *omissões constitucionais*, a Suprema Corte pode revelar o que não está escrito textualmente. Um dos casos mais significativos de "omissão constitucional" está na expansão hermenêutica que a Suprema Corte deu – e continua a dar – à denominada *Commerce Clause*, já mencionada. O § 8º do Art. I diz que cabe ao Congresso "regular o comércio com as nações estrangeiras, entre os diversos Estados, e com as tribos indígenas".[68] Dessa cláusula muita coisa foi tirada para fortalecer o governo central. Hoje, seguramente os Estados Unidos estariam política e geograficamente fracionados se não fosse a interpretação dada

---

66 Tradução livre. O texto original do voto: *The subject to be regulated is commerce. The counsel for the appellee would limit it to traffic, to buying and selling, or the interchange of commodities, and do not admit that it comprehends navigation. This would restrict a general term, applicable to many objects, to one of its significations. Commerce, undoubtedly, is traffic, but it is something more – it is intercourse* [(*Gibbons v. Ogden, 9 Wheat (22 U. S.), 1, 189 (1824)*].

67 TRIBE, Laurence. *Constitutional choices.* Cambridge: Harvard University Press, 1985, p. 42. Ver *Hood & Sons, Inc. v. DuMond, 336. U.S. 525 (1949).*

68 *Section 8. The Congress shall have Power To lay (...) To regulate Commerce with foreign Nations, and among the several States, and with the Indian Tribes.*

pela Suprema Corte a tal cláusula que, de modo implícito, contém poderes concedidos à União para que o Congresso realize aquilo que for "necessário" e "adequado" para sua consecução. Sempre houve dificuldade exegética no contrabalançar os *reserved powers* da Emenda n. 10 com os *implied powers* da doutrina e jurisprudência.[69]

Em decisão relativamente recente – *Gonzales v. Raich, 545 U. S. 1 (2005)* –, a Suprema Corte, com base na *commerce clause*, decidiu, pelo voto condutor do *justice* Stevens, que cabe ao Congresso legislar e controlar a utilização medicinal de maconha. Lei federal proíbe o plantio da erva para uso próprio, ainda que para fins terapêuticos.[70] Legislações de sete Estados da Federação, contudo, permitiam a plantação da *cannabis sativa* em tais circunstâncias, contrariando lei federal (*Controlled Substance Act,* de 1970). O caso concreto é interessante: duas californianas plantavam *marijuana* para uso pessoal, pois só con-

---

[69] Ver MACIEL, Adhemar Ferreira: Poderes reservados *versus* poderes implícitos *in* DOLGA, Lakowski. *Estudos de direito constitucional: homenagem ao professor Ricardo Arnaldo Malheiros Fiuza.* Belo Horizonte: Editora Del Rey, 2009. Há versão em inglês do artigo, publicado na BDJur do Superior Tribunal de Justiça.

[70] Ver o caso *United States v. Oakland Cannabis Buyers' Cooperative, 532 U.S. 483 (2001).* A decisão se fez à unanimidade a favor da lei federal (*Controlled Substance Act*). Recentemente, em maio de 2013, o Colorado promulgou lei permitindo, sob determinadas condições, que maior de 21 anos faça uso doméstico de maconha. BRASIL. O § 1° do art. 28, da Lei n. 11.343/2006, considera crime, mesmo para consumo pessoal, semear, cultivar ou colher "plantas destinadas à preparação de pequena quantidade de substância ou produto capaz de causar dependência física ou psíquica". O art. 2°, todavia, excepciona quando se tratar de "plantas de uso estritamente ritualístico-religioso". O Conselho Nacional de Políticas sobre Drogas (CONAD), por meio da Resolução n. 1/2010, relacionou a ayahuasca (um dos componentes do Chá do Santo Daime) como planta liberada para fins religiosos.

seguiam aliviar suas dores atrozes com o uso constante da droga. Tiveram suas plantações destruídas por agentes federais. O caso provocou uma série de votos apartados na Suprema Corte. O *justice* Thomas, vencido, foi incisivo: as duas rés (tratava-se de *certiorari*) jamais compraram ou venderam maconha, mercadoria que nunca saiu das fronteiras estaduais ou teve qualquer repercussão no comércio nacional. Por outro lado, "se ao Congresso é dado regular a questão com base na *Commerce Clause*, ele pode virtualmente regular qualquer coisa, e o Governo federal não mais estaria adstrito aos poderes limitados e enumerados".[71] Politicamente, a questão – uso de maconha para fins médicos – continua. Hoje, o número de Estados-membros que têm legislação permissiva de uso de *cannabis* para fins terapêuticos dobrou. Na Califórnia, que desde 1996 dispõe de uma *Compassion Use Act* aprovada por 56% do eleitorado, há movimento para reforma constitucional, com permissão indiscriminada para maior de vinte e um anos. No início de janeiro de 2010, o legislativo de Nova Jersey votou lei permitindo o uso terapêutico da maconha. A plantação da erva para uso próprio, porém, está vedada.[72]

A Emenda n. 10 está intimamente ligada à competência dada pela Constituição ao Congresso (última cláusula do § 8 do art. I):

> *Elaborar todas as leis necessárias e apropriadas ao exercício dos poderes acima especificados e dos demais que a presente*

---

[71] Tradução livre. No original: *If Congress can regulate this under the Commerce Clause, then it can regulate virtually anything--and the Federal Government is no longer one of limited and enumerated powers.*

[72] Disponível em: http://www.cnn.com/2010/POLITICS/01/11/new.jersey.medical.marijuana/. Acesso em: 12.01.2010.

Constituição confere ao Governo dos Estados Unidos ou aos seus Departamentos e funcionários.[73]

A inteligência das palavras "necessary" e "proper", do dispositivo acima, veio à tona em 1790/91, por ocasião da discussão sobre o projeto da instituição de um banco central.[74] Thomas Jefferson e seus partidários entendiam que o Congresso, com base nessa cláusula, não tinha competência para criar bancos.[75] Sua atribuição só poderia ser utilizada para a efetivação de "poderes enumerados" na Constituição, não para a efetivação de "poderes implícitos". Não fora assim, o Congresso acabaria por "engolir todos os poderes delegados" (*... swallow up all the delegated powers*).[76] Como tal competência (*power*) não se achava *enumerada*, pertenceria aos Estados. A Constituição falava em "necessary". E a criação de um banco federal não se

---

73 *Constituição do Brasil e constituições estrangeiras.* Brasília: Senado Federal, v. 1, 1987, p. 421. Texto em inglês: *To make all Laws which shall be necessary and proper for carrying into Execution the foregoing Powers, and all other Powers vested by this Constitution in the Government of the United States, or in any Department or Officer thereof* (*The constitution of the United States of America.* Washington, DC: National Archives and Records Administration, 1986, p. 9).

74 Cf. GARCÍA-PELAYO, ob. cit., p. 336.

75 BRASIL. O Banco do Brasil foi criado por dom João VI em 1808, com um capital de acionistas portugueses no valor inicial de mil e duzentos contos de réis. Uma de suas funções era emitir "notas bancárias". (Disponível em: http://pt.wikipedia.org/wiki/Banco_do_Brasil#Hist.C3.B3ria. Acesso em: 26.12.2006). Até a criação do Banco Central do Brasil (Lei 4.595, de 31.12.1964), o setor monetário ficava a cargo da SUMOC, do Banco do Brasil e do Tesouro Nacional, esse último com a missão de emitir moedas. A Constituição de 1988, no capítulo referente às "Finanças Públicas", dispõe no art. 164 que é da União a competência para emitir moedas, a qual será exercida exclusivamente pelo banco central.

76 *Apud* TRIBE, Laurence H. *American constitutional law.* 2. ed. New York: The Foundation Press, 1988, p. 301.

mostrava "necessária", muito embora fosse "conveniente". Hamilton procurou rebater a argumentação jeffersoniana:

> *O restante dos argumentos contra os dispositivos da Constituição relativamente à taxação está enxertado em diversas cláusulas; a última da oitava seção do artigo primeiro do projeto em apreço autoriza o Legislativo nacional a 'elaborar todas as leis que forem "necessárias" e "adequadas" para o exercício dos "poderes" de que esta Constituição investiu o governo dos Estados Unidos ou qualquer órgão ou delegado seu; e a segunda cláusula do artigo sexto declara "que a Constituição e as leis dos Estados Unidos elaboradas para esse fim, bem como os tratados firmados por efeito delas, terão a máxima hierarquia no país, não sendo válido qualquer dispositivo em contrário nas constituições ou na leis estaduais".* [77]

A primeira decisão judicial, que arrostou a interpretação da cláusula constitucional, data de 1819. Trata-se do famoso, sempre repetido e sempre lembrado caso *McCulloch v. Maryland, 17 U. S. (4 Wheat) 316 (1819)*, que sufragou a tese de Hamilton. Antes, cada Estado da Federação tinha seu banco próprio, que emitia dinheiro. A Constituição, como se falou, não dispunha de texto expresso que permitisse ao Congresso criar um banco central para todo o país. O Congresso, em 1816, concedeu carta-patente para o Segundo Banco dos Estados Unidos. O Estado de Maryland taxou os serviços da agência desse banco federal, com estabelecimento em Baltimore. James W. McCulloch, caixa do banco federal, recusou-se a pagar a exação, ajuizando ação contra o Estado de Maryland. John Marshall teve mais uma saída de gênio. Falou que "o poder de taxar compreendia o poder de destruir". Em

---

77 HAMILTON, Alexander; MADISON, James; JAY. John, ob. cit., p. 287.

decorrência, a Corte, à unanimidade, considerou inconstitucional a taxação estadual. Em seu voto, Marshall engendrou a denominada "doutrina dos poderes implícitos (*Implied Powers*) não enumerados na Constituição" (*Unenumerated Powers*).

Durante as presidências de Taft e Hughes na Suprema Corte, o movimento pendular tornou a se posicionar a favor dos Estados.[78] Em 1935, em *Baldwin v. Seeling, 294 U.S. 511*, Benjamin Cardozo[79] reiterou a interpretação constitucional ampla, alijando o "favoritismo paroquial" a fim de ensejar união e não divisão de forças.[80]

---

[78] LOEWENSTEIN, Karl, ob. cit., p. 361.

[79] Benjamin Nathan Cardozo foi outro grande juiz da Suprema Corte. Descendia de sefardins. Sua memória era simplesmente prodigiosa. Na Suprema Corte, citava precedentes e mais precedentes, com número dos repositórios, tudo de cor. Charles Evans Hughes dizia que Cardozo era uma verdadeira "enciclopédia jurídica ambulante" (*a walking encyclopedia of the laws*). Antes de ir para a Suprema Corte dos Estados Unidos, Cardozo foi eleito *justice* da Suprema Corte do Estado de Nova York. Na década de 1920, a convite da *Yale Law School*, proferiu uma série de palestras, que mais tarde foram reunidas no livro *The Nature of the Judicial Process* (A obra foi traduzida para o português por Lêda Boechat Rodrigues. São Paulo: Editora Nacional de Direito Ltda., 1956). Outros livros como *The Growth of Law* (1924) e *The Paradoxes of Legal Science* (1928) também lograram sucesso no mundo jurídico. Quando Oliver W. Holmes anunciou (1932) que ia aposentar-se, houve um verdadeiro movimento nacional entre juízes, advogados, faculdades de direito e políticos para que sua vaga fosse ocupada por Benjamin Cardozo. Cardozo alegou que sua saúde não era boa. Assim, não seria conveniente deixar Nova York. Em 24 de fevereiro de 1932, o Senado referendou seu nome. Infelizmente, Cardozo ficou apenas seis anos na Corte. Mas foi tempo suficiente para que deixasse sua grande marca no constitucionalismo norte-americano. Em janeiro de 1938, sofreu um derrame, falecendo alguns meses depois. "A justiça, a moral e o bem-estar social eram forças importantes na formação do direito constitucional", repetia ele.

[80] Cf. TRIBE, *God save*..., ob. cit., p. 27.

Maior ou menor autonomia legislativa dos Estados tem sido reconhecida pela Suprema Corte. Na época do *New Deal*, a Corte praticamente deu "carta branca" ao Congresso para legislar sobre a vida econômica e social dos americanos.[81] Com isso, os valores tradicionais da propriedade plena e da vinculação irrestrita a contratos sofreram abalos. Em 1976, porém, houve um revertério com *National League of Cities v. Usery, 426 U.S. 838*. A legislação federal de 1938 (*Fair Labor Standards Act*) impunha salário-mínimo e limitação de jornadas de trabalho para os trabalhadores em geral. Excluía, contudo, os funcionários dos Estados e de suas subdivisões político-administrativas. Em 1974, todavia, o Congresso alterou a referida lei, de modo a permitir sua abrangência também aos entes federados. Diversos Estados e Municípios entenderam que o Congresso estava exorbitando de sua competência. Ponderaram, mais, que não teriam como suportar financeiramente os custos com o salário-mínimo e com a limitação de jornada de trabalho.[82] A lide foi deduzida perante o *District Court of Columbia*. Na Suprema Corte, a decisão, proferida em 24 de junho de 1976, se deu por maio-

81 Cf. TRIBE, *American constitutional law*, ob. cit., p. 386.

82 BRASIL. No Brasil, todas as vezes que se vai aumentar o salário-mínimo, os Municípios mais pobres alegam que não têm como suportar financeiramente o aumento proposto... No fundo – tanto nos Estados Unidos quanto no Brasil – o problema é o mesmo. As consequências é que são diferentes. Nossa Constituição garante ao trabalhador de empresas privadas "salário mínimo, fixado em lei" (art. 7°, IV). Na seção relativa aos "servidores públicos", concede ao servidor público a mesma vantagem do salário mínimo (art. 39, § 3.°). Nos Estados Unidos, como não há fixação expressa no texto constitucional, tocou à Suprema Corte, como se viu, jogar por terra lei federal que mantinha salário-mínimo para todos, empregados particulares e públicos.

ria. Prevaleceu o voto do *justice* Rehnquist. O precedente *Gibbons v. Ogden* foi afastado. Rehnquist reconheceu que um dos atributos da "soberania"[83] dos Estados estava em, tradicionalmente, arbitrar o salário e a jornada de trabalho de seus próprios empregados. "A questão que devemos resolver" – ponderou Rehnquist – "é se tais determinações são *funções essenciais para a existência distinta e independente dos Estados*". Brennan, White e Marshall dissentiram.

As vacilações jurisprudenciais acima, ora ampliando a "soberania" dos Estados federados, ora encurtando-a, só vêm reforçar o que disse Manuel García-Pelayo: *El Estado federal es la síntesis dialéctica de dos tendencias contradictorias.*[84] No Brasil, as diversas constituições republicanas mostram essa instabilidade. Nos Estados Unidos, pela pequena amostra pinçada, a Suprema Corte tem dado, ora mais ora menos, corda aos Estados-membros. Agora, diante da mundialização da economia, da política, da guerra contra o terrorismo e contra a proliferação de armas nucleares, a tendência é a hipertrofia do poder central.[85]

---

83 Nas primeiras décadas do século XX, Ruy Barbosa advertia que, nos Estados Unidos, falar-se em soberania de um Estado-membro se fazia "pela força de um hábito mal eliminado" (BARBOSA, Ruy, ob. cit., p. 13).

84 GARCÍA-PELAYO, ob. cit., p. 224.

85 "O federalismo, nos Estados Unidos, caracteriza-se agora pelo predomínio da autoridade federal. O sistema social e econômico americano tem estado sujeito cada vez mais à regulamentação e ao controle por Washington." (SCHWARTZ, Bernard. *O federalismo norte-americano atual.* Trad. Elcio Cerqueira. Rio de Janeiro: Forense Universitária, 1984, p. 74).

Capítulo XVI

A Emenda n. 14

Art. V da Constituição da Filadélfia: válvula de bom senso político. Necessidade de modificações formais do texto original da Constituição norte-americana. Propósitos. Emendas da Reconstrução. Lincoln e a luta dos republicanos para suas aprovações e ratificações. O *Rump Congress*. Federação arranhada? A cidadania. *Ius sanguinis* e *ius soli*. Raízes históricas. A escravidão do negro: a *peculiar institution* nos Estados Unidos e o "elemento servil" no Brasil. Diferenças. Luta de mulheres em prol da abolição. A lenta absorção política do índio. *Person* e *citizen*. A doutrina do "igual, mas separado". O caso *Plessy v. Ferguson, 163 U.S. 537 (1896)*. A bela e triste história de Dred Scott. O voto de Roger Taney. Casos na Suprema Corte envolvendo a questão racial. A importância do precedente *Brown v. Board of Education, 347 U.S. 483 (1954)*. Antecedentes. A doutrina do *all deliberate speed*. A doutrina *Reverse Incorporation* em *Bolling v. Sharpe, 347 U.S. 497(1954)*. A segregação racial de japoneses e descendentes por ocasião da Segunda Guerra Mundial. Leis proibitivas de casamentos inter-raciais. Circunstância agravante no crime de adultério e fornicação, quando os infratores são brancos e negros. Os *Slaughter-House Cases*. Importância. Discriminação contra mulheres. Direitos políticos. *Due Process* e *Equal Protection*. Entrelaçamento. Questionamentos nos dias de hoje sobre o Princípio da Supremacia do Parlamento no Reino Unido. Vida familiar. Direito à intimidade. Intimidade sexual entre adultos. O caso *Lawrence v. Texas, 539 U.S. 558 (2003)*. Esterilização involuntária de indivíduos. O direito de procriar. O "direito de morrer". O comovente caso de Nancy Cruzan. Leis de "Morte com Dignidade" (*Death with Dignity Acts*).

Antes de falarmos sobre nossa última emenda, a Emenda n. 14, vamos dizer alguma coisa, ainda que pouca, sobre o Art. V da Constituição americana. Esse dispositivo – o Art. V – é obra de bom senso, visão e maturidade política. "Toda Constituição escrita e rígida," – sentenciou Adhémar Esmein (1848-1913) – "a menos que seja profundamente ilógica e sobremaneira imprudente, deve organizar o processo pelo qual poderá ser oportunamente revista e modificada".[1]

Na realidade, os constituintes de 1787 sabiam de antemão que na prática não se tinha como alterar os *Artigos da Confederação*, uma vez que seu Art. XIII exigia a anuência de todos os Estados pactuantes (*unless such alteration be agreed to in congress of the united states, and afterwards confirmed by the*

[1] *Apud* MAXIMILIANO, Carlos. *Commentarios a constituição brasileira*. Rio de Janeiro: Jacintho Ribeiro dos Santos, Editor, 1918, p. 801.

legislatures of every state). A impossibilidade se revelara logo no início da convenção convocada: o Estado de Rhode Island, que ainda se regia pela obsoleta Carta Régia inglesa (*Crown Charter*), nem sequer se dignou de enviar delegado à cidade de Filadélfia. Por outro lado, os constituintes de 87 não contavam com precedentes capazes de guiá-los na elaboração do novo documento (Constituição). As constituições de Virgínia, Carolina do Norte e Nova York, por exemplo, nada dispunham sobre emendas constitucionais. O estatuto político de Nova Jersey, ainda que mencionasse a possibilidade de alterações no seu texto, não trazia regras sobre o procedimento. A constituição da Geórgia (1777), a sua vez, impunha iniciativa popular, processo complicado e moroso.[2] Pois bem, o Art. V do novo documento (Constituição) foi mais sábio e de visão, uma vez que integrava o país e ao mesmo tempo abria suas portas para as mudanças do amanhã. Sua redação, todavia, como ponderou John Marshall, era "pesadona e confusa" (*unwieldy and cumbrous*).[3] Todas as vezes que dois terços de ambas as Casas do Congresso entendessem que a Constituição devia ser emendada, proporiam as alterações. Tal dispositivo facultou, mais, a iniciativa de emenda às assembleias legislativas estaduais, as quais, mediante quórum de dois terços, pediriam ao Congresso para que ele fizesse a convocação para as reformas colimadas.[4]

---

2 Cf. AMAR, Akhil Reed. *America's constitution – a biography*. New York: Random House, 2005, p. 287 e seg.

3 Cf. CORWIN, Edward S. *The constitution and what it means today*. New Jersey: Princeton University Press, 1946, p. 141.

4 BRASIL. A Carta imperial de 1824, em seu art. 174, fixava um período de quarentena para que pudesse ser reformada. A Constituição de 1891 não impunha prazo mínimo. A Constituição de 1988 (art. 60) acresceu um *plus*:

Esse dispositivo constitucional americano, modificado e melhorado, foi a base do art. 90 da primeira Constituição republicana brasileira: "A Constituição poderá ser reformada por iniciativa do Congresso Nacional ou das assembleias dos Estados" (*caput*).

Cada Emenda tem sua própria história. Algumas das Emendas foram feitas para corrigir desajustes iniciais que se revelaram no dia a dia político, como foi o caso da Emenda n. 12, que passou a exigir cédulas separadas para os candidatos à presidência e à vice-presidência da República;[5] outras, como a Emenda n. 13 (vedação da escravatura), fizeram correção de rumo, adaptando o texto original às novas exigências sociais; outras, finalmente, tiveram o claro propósito de revogar (*repeal*) decisões firmadas pela Suprema Corte dos Estados Unidos no inte-

também o presidente da República pode propor emendas. Algumas matérias (art. 60, § 4º) nem sequer podem ser objeto de deliberação de emenda constitucional. Essa vedação constitucional encontra precedência no art. 79 (3) da Lei Fundamental de Bonn.

5 Para as eleições presidenciais de 1800, Thomas Jefferson (republicano) teve como companheiro de chapa Aaron Burr. Como ambos tiveram a mesma votação, cabia à Câmara dos Deputados escolher o presidente e seu vice. Burr se recusou a fazer *lobby*. Hamilton, que não gostava de Jefferson, mas odiava Burr, fez campanha para Jefferson, que acabou por ser eleito presidente da República no trigésimo sexto escrutínio. Burr se sentiu perseguido e traído. Antes da opção pela Câmara dos Deputados, instalou-se uma séria "constitutional crisis" no país (*The crisis is momentous...*, disse o jornal *Washington Federalist*). Os boatos, os mais estapafúrdios, varreram a poeirenta Capital. Falou-se até que o *chief justice* John Marshall, há pouco na presidência da Suprema Corte, ocuparia provisoriamente a presidência da República... (cf. MEACHAM, Jon. *Thomas Jefferson: the art of power*. New York: Random House, 2012 (Prologue – The World's Best Hope). Daí o surgimento da Emenda n. 12 [*The Electors (...) shall name in their ballots the person voted for as President, and in distinct ballots the person voted for as Vice-President (...)*].

resse de uma minoria. Foi o que se deu com a seção 1 da Emenda n. 14, que veio para ab-rogar julgado de 1856 (*Dred Scott v. Sandford*), ou da Emenda n. 16 (1913), que derrubou *Pollock v. Farmers' Loan & Trust Co, 157 U.S. 429 (1895)*, considerado por Harlan um "desastre para o país", ou, ainda, da Emenda n. 26 (1971), que antecipou nacionalmente a idade política do *jus suffragii* para dezoito anos, sepultando, de vez, decisão de 1970 (*Oregon v. Mitchell, 400 U. S. 112*).[6] Muitos outros exemplos poderiam ser citados.

Se mesmo antes de Aristóteles (*Política, Ética a Nicômaco, Ética Eudêmia*) já se procurava justificar a escravidão – *natural* ou *legal* –, no século XIX de nossa era, a instituição foi política e socialmente desafiada. Os constituintes americanos de 1787, a despeito de a Declaração da Independência falar que *all Men are created equal*, evitaram pôr o dedo na chaga social. Thomas Jefferson bem que havia, em seu esboço inicial para a Declaração da Independência, registrado o mal causado pela escravidão. Estados como a Geórgia e Carolina do Norte se opuseram, alterando a redação. A mazela constitucional já vinha de documento de março de 1669 (*Fundamental Constitutions of Carolina*, art. 110) que, de modo claro, dizia que o proprietário (senhor) detinha *absolute Power and authority* sobre o escravo.[7]

---

6 Cf. CHEMERINSKY, Erwin. *Constitutional law – principles and policies*. New York: Aspen Law & Business, 1997, p. 12 e seg.

7 Disponível em http//Avalon.law.yale.edu/17th_century. Acesso em: 19.05.2013. Ver o interessante artigo doutrinário de David Armitage, professor do Departamento de História da Universidade de Harvard, denominado "John Locke, Carolina, and the Two Treatises of Government". (Disponível em: htttp://scholar.harvard.edu/files/armitage/files/armitage-locke.pdf. Acesso em: 22.05.2013).

Em 1858, antes de ser eleito presidente da República, Abraham Lincoln densificou em uma frase seu pensamento sobre a escravidão: *If slavery is not wrong, nothing is wrong.*[8] Ele sabia, porém, que nada era mais difícil do que abolir a escravidão nos Estados Unidos.[9] Tarefa para cem anos ou mais...[10] Em debate com Stephen A. Douglas (1813-1861), também candidato (democrata) à presidência da República, negou que fosse favorável "de qualquer maneira à realização da igualdade social e política das raças branca e negra".[11] Estratégia política! Logo que assu-

---

8 AMAR, ob. cit. p. 352.

9 BRASIL. Já no primeiro Reinado e na Regência Trina, vultos políticos como Martim Francisco, José Bonifácio, Muniz Barreto, Maciel da Costa, José da Silva Lisboa e Veloso de Oliveira defenderam a abolição da escravatura (cf. SOUSA, Octavio Tarquinio de. *História dos fundadores do império do Brasil. Fatos e personalidades em torno de um regime.* Rio de Janeiro: Livraria José Olympio Editora, v. IX, 1957, p. 296). É curioso registrar que José Bonifácio legou, por testamento, escravos à filha. Ruy Barbosa, por sua vez, manteve escravos herdados de sua mãe (cf. CASTRO NUNES, J. de *Alguns homens do meu tempo (memórias e impressões).* Rio de Janeiro: Livraria José Olympio Editora, 1957, p. 212).

10 Muitos norte-americanos olhavam com pessimismo a integração social do negro. Em 1816, o reverendo Robert Kinley e outros líderes fundaram a *American Colonial Society*, que tinha como um de seus objetivos repatriar a população negra para a África. Recursos financeiros levantados propiciaram a aquisição de expressiva área na costa do continente africano. A repatriação do negro livre evitaria conflitos sociais nos Estados Unidos e serviria, ao mesmo tempo, para difundir o cristianismo na África. Assim nasceu a Libéria, a primeira república africana. (Disponível em: http://www.pbs.org/wgbh/aia/part 3/AmericanC. Acesso em: 30.05.2010).

11 SELLERS, Charles; MAY, Henry; McMILLEN, Neil R. *Uma reavaliação da história dos Estados Unidos. De colônia a potência imperial.* Trad. Ruy Jungmann. Rio de Janeiro: Jorge Zahar Editor, 1985, p. 191. Nos debates públicos com Stephen Douglas (1858), Lincoln teria feito a observação de que ele "jamais se queixara *especialmente* da decisão Dred Scott de que um negro não podia ser (considerado) cidadão" ("never complained *especially* of the *Dred Scott* decision because it held that a negro

miu a presidência, Lincoln propôs a vedação da *Peculiar Institution* nos Territórios federais, que um dia se transformariam em Estados-membros da Federação. Em sua Mensagem Anual de 1862, em plena Guerra de Secessão, Lincoln insistiu em emendas constitucionais abolitivas. A primeira delas asseguraria a todo Estado que libertasse seus escravos antes do ano de 1900 uma compensação financeira.[12] O presidente não viveu para ver seu sonho realizado: foi assassinado em abril de 1865, quando exercia seu segundo mandato. O primeiro projeto (1861) não vingou. Com o assassinato do presidente, outro projeto (1866), radical em relação ao primeiro, rompeu com o princípio da propriedade absoluta e, *contrario sensu*, não permitiu indenização pela perda da propriedade do escravo.[13] Até hoje, *scholars* discutem quanto à ortodoxia constitucional das *aprovações* e *ratificações* das três emendas do pós-guerra civil, uma vez que se tratava de um *rump Congress*.[14] O federalismo da época da Fundação teria perdido sua rigidez, e o equilíbrio político rompido a favor da

---

could not be a citizen"). Cf. GRABER, Mark A. *Dred Scott and the problem of constitutional evil.* Cambridge: Cambridge University Press, 2006, p. 32. Lincoln se notabilizou por suas jogadas políticas. Daí seu caráter cheio de contrastes e contradições consigo mesmo. Sua visão estava voltada para o futuro distante.

12 SELLERS/MAY/McMILLEN, ob. cit., p. 197.

13 O § 4º da Emenda n. 14 declarou "ilegal e nulo" (*illegal and void*) os débitos decorrentes da "perda ou emancipação de qualquer escravo" (*the loss or emancipation of any slave*).

14 O termo *rump*, no caso, significa "remanescente". Na Inglaterra de Oliver Cromwell, o coronel Pride postou-se à porta do Parlamento. Tinha uma lista na mão. Somente os deputados favoráveis aos puritanos eram admitidos. O Parlamento, com pouca representatividade, ficou conhecido como *Rump Parliament* (cf. MAUROIS, André. *História da Inglaterra.* Trad. Carlos Domingues. Rio de Janeiro: Irmãos Pongetti Editores, p. 313). *The Rump Parliament is the name given to the Long Parliament after Pride's Purge of December 1648 in which those MPs who sought a negotiated*

União? Os Estados passaram a representar "apenas um papel secundário"?[15] Realmente, de acordo com o Art. V da Constituição, para se propor uma emenda constitucional era (e ainda é) exigido o quórum de dois terços de cada Casa do Congresso. Se aprovada a emenda, ela só teria eficácia se ratificada pelo menos por três quartos dos Estados-membros ou por três quartos de convenções estaduais para esse fim convocadas.

Com a eleição de Lincoln[16] para a presidência da República, o Estado da Carolina do Sul, em 20 de dezembro de 1860, deixou a Federação.[17] Caminho seguido, cerca de seis semanas depois, por meia dúzia de Estados,[18] cujos delegados se reuniram em Montgomery (Alabama), criando os Estados Confederados da América (*Confederate States of America*). O escravocrata Jefferson Davis, como já se falou anteriormente, assumiu a presidência da nova entidade política. Em 15 de abril de 1861, Lincoln, diante do bombardeio do forte Sumter pelos rebeldes sulistas, fez uma proclamação, pedindo a criação de uma força militar de setenta e cinco mil homens para esmagar os separatistas. Mais Estados deixaram a União.[19] O governo federal criou uma Junta Militar, que dividiu os Estados rebeldes em cinco distritos militares. Seus governadores,

---

settlement with King Charles I were forcibly expelled by the New Model Army. (Disponível em: www.british.civil-wars.co.uk. Acesso em: 20.03.2013).

15 Cf. ACKERMAN, Bruce. *Nós, o povo soberano – fundamentos do direito constitucional*. Trad. Mauro Raposo de Mello. Belo Horizonte: Del Rey, 2006, p. 62.

16 Lincoln foi eleito com menos de quarenta por cento dos votos populares (*ibidem*, p. 110).

17 Cf. SELLERS/MAY/McMILLEN, ob. cit., p. 186.

18 Mississippi, Flórida, Geórgia, Alabama, Luisiana e Texas (*ibidem*, p. 186).

19 *Ibidem*, p. 191 e seg.

que tinham sido legitimamente eleitos, foram depostos e substituídos por *major-generals*.[20] Estabeleceu-se uma condição para que os parlamentares dos Estados rebeldes voltassem ao Congresso e ocupassem suas cadeiras parlamentares: a ratificação das emendas. Diante desse quadro fático, anômalo, alguns teóricos passaram a questionar a legitimidade ou legalidade das três emendas.[21] Essa questão doutrinária ainda hoje levanta poeira, ainda que poeira meramente acadêmica, pois, na prática, em 1872, os dois principais partidos políticos dos Estados Unidos aceitaram as Emendas da Reconstrução.

A Emenda n. 13 foi ratificada em 6 de dezembro de 1865, a Emenda n. 14, em 9 de julho de 1868, e, por fim, a Emenda n. 15, em 3 de fevereiro de 1870. Essas três emendas, como se antecipou, tornaram-se conhecidas como "Emendas da Reconstrução". Bruce Ackerman (1943-...), professor das Universidades de Colúmbia e Yale, diz que tais emendas são um verdadeiro "ato de criação constitucional tão importante quanto o da Fundação (dos Estados Unidos) em si".[22]

A Emenda n. 14, que será objeto de nossas considerações, é sempre estudada em conjunto com as dez primeiras emendas, embora tenha sido ratificada bem depois.

---

[20] Cf. o artigo doutrinário de E. H. RANDLE, escrito há cem anos, intitulado The three last amendments to the constitution of the United States *in American Law Review, v. 44, p. 561-571.*

[21] O professor Harrison, da Universidade de Chicago, escreveu artigo doutrinário em que examina detalhada e profundamente a questão da legalidade das Emendas da Reconstrução (HARRISON, John. The lawfulness of the reconstruction amendments. *The University of Chicago Law Review, vol. 68, Spring 2001, number 2*).

[22] ACKERMAN, ob. cit., p. 64.

Materialmente, integra o *Bill of Rights*, ou melhor dizendo, a Emenda n. 14 abarca muitos dos direitos e garantias contidos nas Emendas n. 1, 4, 5, 6 e 8.[23] Sua chave de ouro está nas cláusulas *due process of law* e *equal protection.*

Das três *Emendas da Reconstrução*, a Emenda de número 14 é a que mais resistência encontrou por parte do sucessor de Lincoln, o presidente Andrew Johnson (1808-1875). Deputados e senadores, com o respaldo do eleitorado e tendo o exército como fiador,[24] ameaçaram o presidente de *impeachment* caso ele continuasse sistematicamente a torpedear a campanha pró-ratificação. Republicanos radicais, em fevereiro de 1868, apresentaram artigos de *impeachment* contra o presidente. No Senado, sob a presidência do *justice* Salmon Chase (1808-1873), Johnson escapou por apenas um voto. A Emenda, como também já se adiantou, foi ratificada em 9 de julho de 1868.[25] De todas elas, é, por certo, a mais invocada nos tribunais.

Quando da votação do *Bill of Rights*, Madison tentou inserir cláusulas de proteção aos direitos e garantias contra os Estados-membros no tocante ao júri criminal, ao direito de consciência, fala e imprensa. Não conseguiu.[26] Os *privilégios* e as *imunidades*, como se decidiu em *Barron v. Baltimore, 32 U. S. (7 Pet) 243 (1833)*, eram contra o *governo federal*, não contra os governos estaduais.[27] John Marshall,

---

23 TRIBE, Laurence H. *American constitutional law.* 2. ed. Mineola, New York: The Foundation Press, Inc., 1988, p. 772.

24 Se não fosse pela presença do exército, a Emenda n. 14 jamais teria sido ratificada (cf. AMAR, ob. cit., p. 370).

25 *Ibidem*, p. 67.

26 *Ibidem*, p. 386.

27 *Ibidem*, p. 386.

em seu voto condutor, deixou bem claro que a Emenda n. 5 (no caso concreto, indenização por desapropriação de propriedade particular) só valia contra o governo federal:

> *We are of opinion that the provision in the Fifth Amendment to the Constitution declaring that private property shall not be taken for public use without just compensation is intended solely as a limitation on the exercise of power by the Government of the United States, and is not applicable to the legislation of the States.*

Contra-argumentava-se, então: se os constituintes de 1787 quisessem colocar tal rol de proteção e direitos também contra os governos estaduais, como fizeram em outros dispositivos da Constituição, teriam sido expressos a respeito. Não foram. Logo, a proteção constitucional só tinha mesmo cabimento contra o *governo federal*. O deputado republicano John A. Bingham,[28] de Ohio, valendo-se da mesma retórica de John Marshall em *Barron v. Baltimore*, esboçou o projeto da Emenda n. 14, indo muito além do que modestamente pretendia Madison. Bingham utilizou-se do linguajar vigoroso da seção 10 do Art. I da Emenda n. 1, e, em especial, da seção 2 do Art. IV: *The Citizens of each State shall be entitled to all Privileges* and *Immunities of Citizens in the several States.*[29] Por outras palavras, o Art. IV, § 2, da Constituição, garantia aos cidadãos que estivessem em outros Estados-membros os mesmos "privilégios" e "imunidades" que eles gozassem em seu pró-

---

[28] John Armor Bingham fez parte do tribunal que julgou os implicados no assassinato do presidente Lincoln.

[29] *The constitution of the United States and the declaration of independence.* Washington, D.C. Published by the Commission on the Bicentennial of the United States Constitution, 1991.

prio Estado. Como registra o *justice* Clarence Thomas, em julgamento de 1999 (*Saez v. Roe, 526 U. S. 489)*, o termo "immunities", no direito americano, aparece na Carta da Virgínia (1606): (...) *all and every or any of the said several Colonies ... shall have and enjoy all Liberties, Franchises, and Immunities (...).*

É oportuno frisar que a seção 2, do Art. IV, supratranscrito, usa a conjunção "and", ao passo que a Emenda n. 14 utiliza a conjunção "or", como se pode ver da redação da segunda cláusula da seção (parágrafo) 1: *No State shall make or enforce any law which shall abridge the privileges* or *immunities of citizens of the United States, (…).*[30]

Dispõe a seção 1 da Emenda n. 14:

> *Todas as pessoas nascidas ou naturalizadas nos Estados Unidos, e sujeitas à sua jurisdição, são cidadãos dos Estados Unidos e do Estado onde tiver residência. Nenhum Estado poderá fazer ou executar leis restringindo os privilégios ou as imunidades dos cidadãos dos Estados Unidos; nem poderá privar qualquer pessoa de sua vida, liberdade, ou bens sem processo legal, ou negar a qualquer pessoa sob sua jurisdição a igual proteção das leis.*[31]

A Constituição, tanto na versão original quanto na versão emendada, não define "privileges" e "immunities". Porém, para fins puramente didáticos, podemos dizer que "privilégios" e "imunidades" equivalem aos nossos "direitos individuais".

Ao todo, são cinco os parágrafos (*sections*) da Emenda n. 14. Todavia, só vamos nos preocupar com a seção de

---

30 *Ibidem.*

31 *Constituição do Brasil e constituições estrangeiras.* Brasília: Senado Federal, Subsecretaria de Edições Técnicas, v. I, 1987.

número 1, transcrita logo acima, e com a seção 2, do qual daremos simples notícia. Diz essa última:

> *O número de representantes dos diferentes Estados será proporcional às suas respectivas populações, constando-se o número total dos habitantes de cada Estado, com exceção dos índios não taxados; quando, porém, o direito de voto em qualquer eleição para a escolha dos eleitores, do Presidente e do Vice-Presidente dos Estados Unidos, dos Representantes no Congresso, dos membros do Executivo, Judiciário e Legislativo estaduais, for recusado a qualquer habitante desse Estado, do sexo masculino, maior de 21 anos e cidadão dos Estados Unidos, ou quando esse seu direito for de qualquer modo cerceado, salvo o caso de participação em rebelião ou outro crime, será a respectiva representação estadual reduzida na mesma proporção que a representada por esses indivíduos em relação à totalidade dos cidadãos de sexo masculino, maiores de 21 anos, no Estado.*[32]

Como se observa, o parágrafo acima deu o primeiro passo para o advento da Emenda n. 15, uma vez que reduziu o número de deputados para os Estados que não franqueassem "a qualquer habitante desse Estado, do sexo masculino, maior de 21 e cidadão dos Estados Unidos", o *jus suffragii*.[33] Por outras palavras: a vedação do voto do homem de cor refletiria no número de cadeiras da Câmara dos Deputados.

A seção 1 (texto em português, mais acima) fala que

> *All persons born or naturalized in the United States and subject to the jurisdiction thereof, are citizens of the United States and of the State wherein they reside. No State shall make or enforce any law which shall abridge the privileges or immunities*

---

32 *Ibidem.*

33 SELLERS/MAY/McMILLEN., ob. cit., p. 207.

> *of citizens of the United States; nor shall any State deprive any person of life, liberty, or property, without due process of laws; nor deny to any person within its jurisdiction the equal protection of the laws.*[34]

Antes de maior consideração, é importante frisar que os direitos e garantias especificados na seção 1 são "direitos civis" (direitos individuais). Não abrangem os "direitos políticos" (*political rights*).[35] Desse modo, quando a Emenda n. 14, 1, diz que *Todas as pessoas nascidas nos Estados Unidos e sujeitas à sua jurisdição são cidadãos americanos*, não significa que tais pessoas pudessem, só por isso, votar ou ser votadas, ou seja, exercer o *ius suffragii* e o *ius honorum.* Os direitos políticos vieram logo a seguir, com a Emenda n. 15.[36]

No Brasil sempre se distinguiram os "direitos políticos" dos "direitos civis" ("direitos individuais").[37] As classificações doutrinárias foram evoluindo ao longo do tempo, tornando-se difícil sua sistematização. Cada autor que brilha no firmamento constitucional gosta de dar seu toque classificatório.[38] Já na *Declaração dos Direitos do*

---

34 *The constitution of the United States and the Declaration of independence*, ob. cit.

35 *Minor v. Happersett, 88 U. S. 161 (1875).*

36 *Section 1. The right of citizens of the United States to vote shall not be denied or abridged by the United States or by any State on account of race, color, or previous condition of servitude.* Antes da Emenda n. 15, em 1830, quatro Estados da New England permitiam ao negro votar em igualdade de condições com os brancos (cf. FRIEDMAN, Laurence M. *A history of American law.* 3. ed. New York: A Touchstone Book, published by Simon & Schuster, 2005, p. 160).

37 BRASIL. A Carta Política do Império (1824) englobou em um só título (Título 8º) os então denominados "direitos civis" e os "direitos políticos" (sobre os últimos, praticamente nada fala).

38 Cf. ALEXY, Robert. *Teoría de los derechos fundamentales.* Trad. para o espanhol por Ernesto Garzón Valdés. Madrid: Centros de Estudios Políticos y

Homem e do Cidadão, o legislador francês de 1789 buscou distinguir os direitos do homem, enquanto tal, dos direitos do homem, enquanto ser social.[39] A *Déclaration* da Constituição de 1793 diminuiu o individualismo de 1789 e ressaltou valores sociais, como a fraternidade. A *Déclaration* da Constituição de 1795, por sua vez, menciona "direitos" e "deveres" (*droits et devoirs*), que se tornaram a tônica das constituições do séculos XIX e XX.

A historiadora norte-americana Lynn Hunt (1945-...), professora da Universidade da Califórnia e estudiosa da "Revolução Francesa", em seu livro *Inventing Human Rights – A History*,[40] sublinha a importância do romance epistolar das décadas de 1760/1780 para o florescimento dos direitos humanos na Europa. Foi a "empatia" por personagens comuns, como *Pamela* (Richardson), *Clarissa* (Richardson), *Júlia* (Rousseau) e muitos outros, que despertaram no povo o sentimento de individualidade, igualdade, fraternidade e universalidade dos direitos humanos, politicamente cristalizados na *Declaração da Independência* (1776) e na *Declaração do Homem e do Cidadão* (1789).[41] Ao lado da velha terminologia tomista "direitos

---

Constitucionales, 2001. Cf. SARLET, Ingo Wolfgang. *A eficácia dos direitos fundamentais.* 4. ed. Porto Alegre: Livraria do Advogado Editora, 2004. Cf. MENDES, Gilmar Ferreira. *Direitos fundamentais e controle de constitucionalidade. Estudos de direito constitucional.* 2. ed. São Paulo: Celso Bastos, Editor. Instituto Brasileiro de Direito Constitucional, 1999. Cf. BOBBIO, Norberto; MATTEUCCI, Nicola; PASQUINO, Gianfranco. *Dicionário de política.* Brasília: Universidade de Brasília.

39 Cf. CANOTILHO, José Joaquim Gomes. *Direito constitucional.* Coimbra: Livraria Almedina, 1987, p. 435.

40 HUNT, Lynn. *A invenção dos direitos humanos – uma história.* Trad. Rosaura Eichenberg. São Paulo: Companhia das Letras, 2009.

41 *Ibidem*, p. 19 e seg.

naturais", procurou-se locução nova, que valorizasse a ideia de *virtù*, de valor individual, de independência e igualdade entre todos os homens. A partir do lançamento de *O Contrato Social* (1762) já se passou a falar em *droits de l'homme* ou simplesmente *droits humains*.[42] Com o tempo, os direitos assegurados constitucionalmente foram se ampliando mais e mais. Passaram a proteger os direitos sociais, como direito ao trabalho, à saúde, à greve, ao repouso semanal remunerado e assim por diante. Teorias foram sendo engendradas na proporção das conquistas políticas. Novas classificações como "direitos de primeira geração", de "segunda geração" e até de "terceira geração" apareceram no panorama classificatório.[43] Hoje há quem fale, como Hannah Arendt, em "direito a direitos" ou até mesmo em "direitos de quinta geração", que seriam "direitos ainda a serem desenvolvidos e articulados".[44]

Impende sublinhar que os autores de língua alemã têm preferência pela locução "direitos fundamentais", que apareceram na lista de direitos e garantias do povo alemão, elaborada no mês de dezembro de 1848. Com o título *Die Grundrechte des Deutschen Volkes*,[45] esse rol de direitos e garantias passou para a Constituição de 28 de

---

42 *Ibidem*, p. 21, 22 e seg.

43 Cf. MENDES, Gilmar Ferreira; COELHO, Inocêncio Mártires; BRANCO, Paulo Gustavo Gonet. *Hermenêutica constitucional e direitos fundamentais*. Brasília: Brasília Jurídica, 2000, p. 103 e seg.

44 SAMPAIO, José Adércio Leite. *Teoria da constituição e dos direitos fundamentais*. Belo Horizonte: Del Rey, 2013, p. 579.

45 SCHUSTER, Rudolf (Ed.). *Deutsche Verfassungen*. München: Goldmann Verlag, 1992, S. 128.

março de 1849,[46] elaborada na Igreja de São Paulo, em Frankfurt, que ficou conhecida como *Paulskirchenverfassung*.[47] Mas, de qualquer sorte, como ensina o professor Jorge Miranda, foi a partir da Constituição de Weimar (1919) que a expressão "direitos fundamentais" começou a se expandir.[48] No início, os direitos fundamentais ficaram mais no papel, sendo efetivados após o término da Segunda Mundial, com a Lei Fundamental de Bonn.[49] Os constituintes de Frankfurt jamais poderiam imaginar que cem anos depois o Tribunal Constitucional Federal, por meio de sua jurisdição constitucional, ampliaria e daria densidade às liberdades relacionadas no Capítulo VI (*Die Grundrechte des deutschen Volkes*) da Constituição alemã de 1849. Hoje, como assinala o professor Dieter Grimm (1937-...), ex-juiz do Tribunal Constitucional Federal alemão, a ampliação da liberdade constitucional feita pelo *Bundesverfassungsgericht* alemão é foco de atenção em todo o mundo político-jurídico.[50]

A Constituição brasileira de 1891, por certo a que mais de perto sofreu influência da Constituição da Filadélfia,

---

[46] No capítulo VI (*Die Grundrechte des deutschen Volkes*), a Constituição de 28 de março de 1849 arrola sessenta modalidades de direitos e garantias (*ibidem*, p. 108 e seg.).

[47] Disponível em: http://www.documentarchiv.de/nzjh/verfdr1848.htm. Acesso em: 01.06.2010. Cf. ZIPPELIUS, Rheinhold. *Teoria geral do estado*. 2. ed. Trad. António Cabral de Moncada. Lisboa: Fundação Calouste Gulbenkian, 1984, p. 167.

[48] Cf. MIRANDA, Jorge. *Manual de direito constitucional (direitos fundamentais)*. Coimbra: Coimbra Editora, Limitada, t. IV, 1988, p. 49.

[49] Cf. GRIMM, Dieter. *Constituição e política*. Trad. Geraldo de Carvalho. Apresentação do professor Inocêncio Mártires Coelho: Belo Horizonte: Del Rey, 2006, p. 82.

[50] *Ibidem*, p. 85/6.

reuniu sob o mesmo título seção sobre "cidadãos brazileiros" e seção sob a "declaração de direitos". A Constituição em vigor (1988), com redação mais aprimorada e sistematizada, não fala em "cidadão" ou "cidadania". Prefere o termo "brasileiro" e "nacionalidade". Também reúne no mesmo título (Título II) os "direitos e deveres individuais e coletivos" (Capítulo I), a "nacionalidade" (Capítulo III) e os "direitos políticos" (Capítulo IV), tudo sob a rubrica "Dos Direitos e Garantias Fundamentais". Dessarte, partindo-se da Constituição vigente, os *direitos e deveres individuais e coletivos* são parte dos *direitos e garantias fundamentais*.

Voltemos à Emenda n. 14. Seu primeiro parágrafo contém uma gama de tópicos. Começa pela cidadania (Não usa o termo "nacionalidade").[51]

Ao se falar em "cidadania", é importante que se faça um regresso, ainda que ligeiro, à Grécia Arcaica (750 a 500 a.C.). Foi na Cidade-Estado grega que se desenvolveu a ideia de "cidadão", isto é, aquele "homem[52] livre" (*eleutheros*) que vivia em seu território, prestando culto aos deuses comuns e participando da vida política da co-

---

51 As palavras "cidadania" e "nacionalidade", de um modo geral, são tomadas como sinônimas. Tecnicamente, todavia, pode-se fazer diferença entre elas. A nacionalidade está ligada às características culturais de determinada comunidade, ao passo que cidadania se refere a um *status* político-social concedido por um Estado-nação a seus membros [cf. GILBERTSON, Greta *in* Citizenship in a globalized world. (Disponível em: http://www.migrationinformation.org/Feature/display.cfm?id=369. Acesso em: 26.04.2007)].

52 É interessante observar que, pela legislação de Sólon, toda a educação era privada. Os pais eram obrigados a alfabetizar e educar os filhos. A obrigação não se estendia às filhas (ver BARKER, Ernest, *Teoria política grega*. 2. ed. Trad. Sérgio Bath. Brasília: Universidade de Brasília, 1978, p. 180).

munidade (*pólis*).[53] Se no início a riqueza era o signo da cidadania, com o ingresso dos novos hoplitas[54] e de pessoas menos favorecidas (*doulos*) no grupo político, o conceito de cidadania ampliou-se muito. Desse grupo não participavam os escravos e os *metecos* (estrangeiros com direitos limitados).[55] Por sua vez, a "mulher cidadã" (*politis*), que não fazia parte da vida política, tinha sempre um "guardião" (*kyrios*) para defendê-la e protegê-la. Era o *polites*.[56]

---

53 Cf. MARTIN, Thomas R. *Ancient Greece – from prehistoric to Hellenistic times*. New Haven: Yale University Press, 1996, p. 52 e seg.

54 Sócrates, que era ateniense, foi hoplita, isto é, serviu ao exército com escudo e armas metálicas fornecidas por ele mesmo (cf. BARKER, ob. cit., p. 93).

55 Os *metecos*, desde que tivessem permissão, podiam adquirir terras e buscar proteção nos tribunais (cf. MARTIN, ob. cit., p. 167). Os estrangeiros, de um modo geral, tinham capacidade jurídica para interpor recursos (*enktesis*) nos tribunais (cf. JELLINEK, Georg. *Teoría general del estado.*Versão espanhola por Fernando de los Ríos. Montevideo-Buenos Aires, 2005, p. 403).

56 MARTIN, ob. cit., p. 61. A democracia grega era bem diferente daquilo que atualmente se entende por democracia no mundo ocidental. Além de a mulher estar excluída da vida política, a escravidão era considerada "instituição natural" (cf. FRANK, Jill. *The political theory of classical Greece*. Oxford: The Oxford University Press, 2006, Chapter 9). Para alguns autores, um dos traços da democracia foi a instituição, por Péricles, da remuneração dos cargos públicos (*mistoforia*) para que os menos afortunados pudessem participar da administração (cf. MOSSÉ, Claude. *Atenas: a história de uma democracia*. 2. ed. Trad. João Batista da Costa. Brasília: Editora UnB, 1982, p. 36). Marc SAUTET (*Um café para Sócrates*. 3. ed. Trad. Vera Ribeiro. Rio de Janeiro: José Olympio, 1999, p. 214) faz observação interessante. Diz que as democracias modernas têm muito com a democracia grega. Há notável identidade de gênese: o período democrático sucedeu ao período aristocrático, que, por sua vez, surgiu após grandes invasões estrangeiras (dórios, na Grécia; germânicos, na Idade Média). Os invasores – dórios ou germânicos – trouxeram ordem à desordem que então imperava. Da desarticulação da ordem estabelecida teria nascido tanto a democracia grega quanto a democracia moderna.

Como a riqueza deixou de ser o único passaporte para a cidadania, passou-se a valorizar a linhagem, o sangue. Péricles fez votar uma lei que só considerava cidadão quem fosse filho de pai e mãe gregos.[57] O conceito do *ius sanguinis* do mundo greco-romano incorporou-se à civilização ocidental. A pessoa, não importa onde nasça, tem a nacionalidade de seus pais. Hoje, essa técnica política está mudando. Alguns Estados exigem uma combinação de ambos os critérios, *soli* e *sanguinis*: nacional é o que nasceu no território, desde que filho de nacional.[58]

É claro que cabe a cada Estado dizer quem é seu nacional, e, por exclusão, quem não é. A questão, digamos, é de *direito interno*. Mas não é tão simples como parece. A definição de "nacional" também fica adstrita às regras do *direito das gentes*. Francisco de Vitória (1492-1546) já pusera o *ius soli* como princípio de direitos das gentes, princípio que não foi seguido em sua inteireza, uma vez que o *ius sanguinis* continuou a ombrear-se com o *ius soli*.[59]

All persons – diz a seção 1 da Emenda – *born or naturalized in the United States, and subject to the jurisdiction thereof, are citizens of the United States and of the State wherein they reside.*

---

57 HATZFELD, Jean. *História da Grécia antiga*. Trad. Cristóvão Santos. Lisboa: Publicações Europa-América, 1965, p. 153.

58 TRIBE, Laurence H., ob. cit., p. 355. Em 2004, a Irlanda, após *referendum* popular, não mais considera cidadão nato o filho de estrangeiro nascido no país, salvo se ambos os pais forem irlandeses (cf. artigo doutrinário, cit., de Greta GILBERTSON). Nos Estados Unidos, vez por outra, políticos, como o senador Lindsey Graham, da Carolina do Sul, falam em limitar a "birthright citizenship" (*jus soli*): muitas pessoas entram ilegalmente no território americano para ali ter filhos (*anchor babies*), que se tornam *ipso facto* cidadãos americanos pelo nascimento.

59 PONTES DE MIRANDA. *Comentários à constituição de 1946*. 4. ed. Rio de Janeiro: Editor Borsoi, t. IV, 1963, p. 24.

Vê-se, aí, na primeira frase, a consagração do princípio do *ius soli*, que fazia parte da tradição inglesa.[60] A partir da Emenda n. 14, a cidadania nacional não mais depende da concessão do Estado-membro. Nascida no território dos Estados Unidos, ou aí naturalizada, automaticamente a pessoa é considerada cidadão americano e cidadão do respectivo Estado em que reside.[61]

A Constituição dos Estados Unidos emprega, em diversas passagens, o termo "cidadão" (*citizen*), sem conceituar "cidadania" (*citizenship*).[62] Segundo Laurence Tribe, "essa ausência de definição pode ter refletido a intenção, por parte dos Fundadores (da Nação), de evitar a fixação do *status* de escravos" (*This absence of definition may have reflected a desire on the part of the Framers to avoid fixing the status of slaves*).[63] O problema "escravidão", como se verá mais abaixo, gerou em 1857 uma decisão judicial moralmente estapafúrdia, cujos dois votos dissidentes colaboraram, no fundo, para a redação da seção 1 da Emenda n. 14.

Não obstante a abrangência da sentença constitucional *Todas as pessoas nascidas...*, os índios, *os verdadeiros donos da terra*, não eram considerados cidadãos dos Estados onde tinham nascido ou dos Estados Unidos, uma vez que não se achavam *sujeitos à jurisdição dos Estados ou da Federação*

---

60 Com a *Nationality Act* de 1981, o Reino Unido restringiu o conceito de nacional por nascimento.

61 Cf. WILLOUGHBY, Westel W. *Principles of the constitutional law of the United States*. 2. ed. New York: Baker, Voorhis & Co, 1938, p. 184.

62 *Ibidem*, p. 181.

63 TRIBE, ob. cit., p. 355.

(*...and subject to the jurisdiction thereof*).[64] Sua jurisdição, sua lei, era outra: a *tribal law*. O colono inglês adotou a política da exterminação e segregação do índio. Diferentes foram o português e o espanhol: optaram pela política da absorção e integração, valendo-se da força de trabalho da mulher indígena, aproveitando-a para a formação da família.[65] Segundo Niall Ferguson, professor da Universidade de Harvard, se no início das colonizações das Américas – do Norte e do Sul – a população indígena era mais ou menos uniforme, lá pelo ano de 1825, os silvícolas representavam menos de 4% na América do Norte, contra 59% no mundo hispânico e 21% no Brasil.[66] Nos Estados Unidos, a absorção social e política do índio pela comunidade dos brancos foi lenta, dolorosa, cheia de negaças e ardis. Aliás, para Andrew Jackson, o presidente da época dos desalojamentos em massa dos "selvagens", a assimilação do silvícola pela civilização era simplesmente impossível.[67] Tratados com diversas nações indígenas foram feitos aos poucos. Só em 2 de junho de 1924, com a *Indian Citizenship Act*, é que "todos os índios nascidos nos Estados Unidos" foram considerados efetivamente cidadãos

---

64 A primeira Constituição brasileira a se preocupar com os índios foi a de 1934 (art. 129), que determinava fossem respeitadas as terras permanentemente ocupadas por eles.

65 FREYRE, Gilberto. *Casa-grande & senzala*. 47. ed. São Paulo: Global, 2003, p. 70 e 79. Hoje, os silvícolas brasileiros, ou o que deles ainda resta (*Terras Indígenas*, Constituição, art. 231), estão sendo expulsos de suas terras e assassinados por madeireiros, mineradores, criadores de gado e agricultores.

66 Cf. FERGUSON, Niall. *Civilization: the west and the rest*. New York: Penguin Press, 2011, p. 176.

67 Cerca de cem mil índios foram removidos compulsoriamente de suas terras. Mais de quatro mil morreram (cf. SELLERS, Charles; MAY, Henry; McMILLEN, Neil R., ob. cit., p. 142).

americanos, independentemente de sua nação. Ainda assim, a absorção legal não foi de pronto, como se achava bem escrito na Constituição e na lei infraconstitucional.[68] Pela mesma razão, os negros, mesmo livres, nascidos no território americano e, por consequência, sujeitos à sua jurisdição, não eram considerados, antes da Emenda n. 14, "cidadãos" nos termos da Constituição.[69] Isto é, não gozavam de *civil rights*. Como já se falou anteriormente, a Constituição americana foi escrita por *homens brancos* para proteger *homens brancos* (com bem de raiz).[70] Daí o Art. I, 2, cláusula 3, ao cuidar do eleitorado, excluir, de modo expresso e pensado, os índios e "all other Persons" (leia-se sobretudo *negroes*...). Como se observou no primeiro capítulo deste livro, o americano foi sempre avesso ao cumprimento de leis, sobretudo de leis de expansão social em benefício de não brancos. Dessarte, mesmo depois de esvaecidas as nuvens de pólvora da Guerra de Secessão, os Estados do Sul começaram, devagar e manhosamente, a revigorar os *Black Codes*, que impediam a efetivação de direitos civis de negros. Foram promulgadas leis segregacionistas, que ficaram conhecidas como *Jim Crow*. Os negros deviam ficar segregados dos brancos. Com o propósito de manter a "supremacia branca", os

---

68 Ver artigo do professor Yasuhide KAWASHIMA, Strangers in their own land. (Disponível em: http://www2.univ-reunion.fr/~ageof/text/74c21e88-344.html. Acesso em: 24.04.2007).

69 Cf. WILLOUGHBY, ob. cit., p. 182.

70 A democracia americana começou com a exclusão de escravos, mulheres, povos indígenas e brancos sem bem de raiz. Demorou mais de duzentos anos para incluir mulheres e indígenas (cf. FUKUYAMA, Francis. Seriam as instituições falhas uma explicação para a lacuna de desenvolvimento entre os Estados Unidos e a América Latina? *in* FUKUYAMA, Francis. *Ficando para trás*. Trad. Nivaldo Montingelli Jr. Rio de Janeiro: Rocco, 2010, p. 253).

denominados *Black Codes* criaram uma série de barreiras ao liberto, que não podia ter propriedade imobiliária, participar de reuniões, possuir armas, fazer casamento inter-racial etc.[71] A "vagabundagem" (*vagrancy*) foi criminalizada, servindo de pretexto para que negros fossem presos e obrigados a trabalhar na lavoura e em obras públicas. Em 1866, o Congresso passou uma *Civil Rights Act*, afirmando claramente que todas as pessoas nascidas no país eram cidadãos dos Estados Unidos e gozavam de iguais benefícios e privilégios, inclusive os de natureza processual, para proteger suas pessoas e propriedades tais como aqueles já usufruídos pelos cidadãos brancos (... *as is enjoyed by White citizens*).[72] Em 1871, com nova lei de reforço, permitiu-se ao presidente da República (Grant) utilizar as forças armadas para restaurar a ordem em lugares considerados violentos. A garantia processual do *habeas corpus* poderia ser suspensa. Essa lei do Congresso foi apelidada de *Ku Klux Kan Act*. Tinha como rubrica "to enforce the provisions of the Fourteenth Amendment to the Constitution of the United States, and for others purposes".[73] Por incrível que possa parecer, em pleno ano de 1954, uma lei do Alabama ainda impedia o homem de cor de participar de qualquer espécie de jogos em público

---

[71] Após a Guerra de Secessão, o primeiro Estado a promulgar novas leis segregacionistas foi o Mississippi. Também o branco que cooperasse com o *negro* ou *mulatto* infrator estava sujeito a multa e a prisão. (Disponível em: http://en.wikipedia.org/wiki/Black.Codes (United States). Acesso em: 24.10.2013).

[72] Cf. NOWAK, John E.; ROTUNDA, Ronald D. *Principles of constitutional law*. 3. ed. St. Paul, MN: West, 2007, p. 226.

[73] Disponível em: http://en.wikipedia.org/wiki/Civil_Rights_Act_of_1871. Acesso em: 24.10.2011.

(futebol, golfe, baralho, piscina etc.) em que houvesse jogadores brancos... A despeito de Emenda Constitucional (nacional), de leis, de decisão da Suprema Corte vedando a proibição de casamento inter-racial (*Loving v. Virginia*), em 1967, dezesseis Estados-membros ainda mantinham em suas Constituições dispositivos vedando casamento de brancos com não brancos. O recalcitrante Mississippi só cedeu em 1987...[74] O racismo estava profundamente enraizado nos costumes e no sentimento americano. Não cedia diante de uma oposição branca inflexível, fossilizada, avessa ao cumprimento de leis.[75] Só em 2007 é que alguns legislativos estaduais (Maryland, Carolina do Norte, Geórgia etc.) baixaram provimentos apresentando "profundo arrependimento" (*profound regret*) pelos males que tinham infligido aos afrodescendentes americanos. O mal já estava feito.[76]

A seção 1 da Emenda n. 14 estabelece, de imediato, duas modalidades de cidadãos estadunidenses: os que nasceram no solo dos Estados Unidos e os que ali não nasceram, mas foram naturalizados americanos. Como Estatuto político eminentemente principiológico, a Constituição norte-americana, original ou emendada, fornece apenas linhas mestras, deixando para a legislação ordinária e para o judiciário sua complementação.

---

74 Cf. FERGUSON, Niall, ob. cit., p. 191.

75 SELLERS, Charles; MAY, Henry; McMILLEN, Neil R., ob. cit., p. 210.

76 É interessante recordar que Woodrow Wilson, em sua plataforma eleitoral (1912), prometeu que, se eleito presidente da República, agiria com absoluta lisura na questão racial. Não cumpriu sua palavra. Na primeira oportunidade, substituiu alguns negros que ocupavam cargos públicos federais por brancos. (Disponível em: http://www.pbs.org/wnet/jimcrow/print/p_stories_events_seg.html. Acesso em: 25.03.2010).

A Emenda n. 14, 1, fala em "pessoa" (termo mais abrangente do que "cidadão") nascida nos *Estados Unidos* e nos *Estados-membros* onde resida. Alguns juristas passaram a entender, com isso, que a Emenda n. 14 protegia também as "pessoas jurídicas", não só as "pessoas naturais ou físicas"; outros, diferentemente, tinham que a Emenda só protegia as pessoas físicas, uma vez que alude apenas a "pessoas nascidas etc."[77] Em *Santa Clara County v. Southern Pacific Railway Company, 118 U. S. 394 (1886)*, a Suprema Corte, com o *justice* Harlan (avô)[78] à frente, positivou que também as pessoas jurídicas estavam protegidas pela cláusula *due process*.

Na verdade, a seção 1, não obstante sua aparente amplitude, falou menos do que queria: não contemplou, *exempli gratia*, as pessoas nascidas em territórios federais ou no Distrito Federal (*District of Columbia*).

Para nós, brasileiros, não deixa de ser um tanto dissonante falar-se em "cidadania federal" e "cidadania estadual". É que nossa Federação nasceu de um sopro. Nasceu com um Estado unitário. Os Estados Unidos da América, ao contrário, foram constituídos pela união de Estados diversos, passando, primeiro, pelo estágio da confederação.

Em matéria de privilégios e imunidades, a Emenda n. 14 não faz distinção entre a pessoa (física) que nasce em solo americano daquela ali naturalizada. A cláusula da ci-

---

77 Cf. NOWAK, John E.; ROTUNDA, Ronald D., ob. cit., p. 214.

78 Com o nome de John Marshall Harlan, dois grandes juízes, avô (1833-1911) e neto (1899-1971), foram *associate justices* da Suprema Corte dos Estados Unidos. O avô ficou no cargo de 1877 a 1911; o neto, de 1955 a 1971.

dadania, por outro lado, nada diz sobre os filhos de americanos nascidos no exterior.[79]

Westel W. Willoughby, em seu notável livro *Principles of the Constitutional Law of the United States* (1938, p. 182), lembra que a Emenda n. 14 teve dois grandes propósitos: a) firmar que a cidadania nacional estava acima da cidadania estadual; b) garantir ao afro-americano ambas as cidadanias.[80] "Desde a adoção da Emenda Quatorze" – diz Willoughby – "ficou fora de dúvida de que todas as pessoas (inclusive os negros), nascidas ou naturalizadas

---

79 O Congresso baixou leis sobre o assunto (cf. TRIBE, ob. cit., p. 356).

80 A Emenda Constitucional n. 13 dispunha: *Neither slavery nor involuntary servitude, (...) shall exist within the United States, or any place subject to their jurisdiction.* BRASIL. Entre 1860 e 1880, o movimento abolicionista no Brasil atingiu seu ápice. A Inglaterra, seja por razões humanitárias, seja por motivos comerciais, forçou o Brasil a extinguir o tráfico do "elemento servil". Em 1815, dom João VI assinou um tratado com os ingleses. Esse tratado vedava o aportamento em território brasileiro de navios negreiros oriundos de terras africanas acima da Linha do Equador. A Câmara dos Lordes, em 1845, por proposta do ministro das Relações Exteriores (*Foreign Office*) da rainha Vitória (1819-1901), promulgou a *Aberdeen Act*, lei que autorizava o afundamento de navios negreiros que rumassem para o Brasil. Em 1871, o visconde do Rio Branco apresentou o projeto da "Lei do Ventre Livre": os filhos de escravos seriam considerados livres ao nascer. Mais tarde, em 1885, nova lei ("Lei dos Sexagenários") deu mais um passo: os maiores de sessenta anos tornaram-se livres. Por fim, em maio de 1888, foi assinada a "Lei Áurea", que aboliu de vez a escravidão no Brasil (cf. Projeto Biblioteca Nacional. Disponível em: http://consorcio.bn.br/escravos/introducao.html. Acesso em: 27.04.2007). Uma das narrativas mais espetaculares de perseguição e apresamento de navio negreiro pode ser lida em *Notícias do Brasil (1828-1829)*, do reverendo Walsh. Trata-se de livro importante da historiografia brasileira. A edição brasileira, em dois volumes, 1985, é da Editora Itatiaia. Robert Walsh, que ficou menos de um ano no Rio de Janeiro de dom Pedro I, voltava para a Inglaterra (maio de 1829), quando um navio negreiro foi avistado e perseguido pela nau de bandeira inglesa. No porão do navio negreiro, que não comportava pessoa em pé, havia 517 escravos e escravas amontoados. Alguns já haviam morrido.

nos Estados Unidos, tornam-se pela simples residência em um Estado cidadãos (daquele) Estado" (*Since the adoption of the Fourteenth Amendment there has been no question that all person (including the negroes) born or naturalized in the United States become by mere residence in a State citizens of the State)*. Em decorrência, passaram a gozar de privilégios e imunidades antes só concedidos a brancos. Passaram, em igualdade de condições, a possuir o *ius civitatis*.

Antes de abordar a primeira cláusula da seção 1 da Emenda n. 14, penso que seria útil para nosso estudo de direito comparado uma "parada", ainda que curta, na *questão abolicionista*. Ainda que a *peculiar institution* – como eufemisticamente se chamava a escravidão nos Estados Unidos, ou o *elemento servil*, tal como dom Pedro II a ela se referiu na Fala do Trono de 1867 – os fundamentos e os propósitos da abolição da escravatura se mostraram diferentes em ambos os países.

No tocante ao Brasil, poderemos começar por mencionar a *Representação à Assembleia Geral Constituinte e Legislativa do Império do Brasil sobre a Escravatura*, apresentada pelo deputado José Bonifácio em 1823.[81] O sábio estadista brasileiro entendia que o "problema escravidão" teria que ser atacado e solucionado logo no início da formação de nosso Estado. Por certo, seu pensamento coincidia com as ideias de Thomas Jefferson quando do primeiro rascunho da Declaração da Independência, apresentada no Segundo Congresso Continental. Bonifácio propunha, por intermédio de trinta e dois artigos, fossem abolidos gradativamente o tráfico e a venda de escravos para que

---

81 Para a íntegra da *Representação*, ver http://www.brasiliana.usp.br/bbd/handle/1918/01688900#page/2/mode/1up. Acesso em: 03.07.2011.

se pudesse formar "em poucas gerações uma Nação homogênea". Seu filantropismo lhe custou, pouco depois, a deportação para a Europa.[82] A seguir, podemos pular para *O Abolicionista*, de Joaquim Nabuco (1849-1910), que lançou o alicerce da sociologia brasileira.[83] Nabuco, que escreveu sua obra quando de seu exílio voluntário em Londres, mostra que, sobretudo na Inglaterra, o movimento contra a escravidão negra foi "pregado no púlpito, sustentado com fervor pelas diferentes igrejas e comunhões religiosas".[84] Já no Brasil, "o movimento abolicionista nada deve, infelizmente, à Igreja do Estado; pelo contrário, a posse de homens e mulheres pelos conventos e por todo o clero secular desmoralizou inteiramente o sentimento religioso de senhores e escravos".[85]

Lá no Norte, podemos sintetizar, foi a *religião* a alavanca abolicionista; aqui no Sul, a *política*. Ao contrário dos brasileiros, os norte-americanos não queriam ver a integração social do negro liberto. Queriam-no livre, não um igual.[86] A sociedade política era de *brancos* e *só para brancos*.

---

82 SOUSA, Octavio Tarquinio de. *História dos fundadores do império do Brasil. Fatos e personalidades em torno de um regime*. Rio de Janeiro: Livraria José Olympio Editora, v. IX, 1957, p. 25.

83 O historiador Evaldo Cabral de Mello, em conferência proferida no Itamaraty por ocasião dos 150 anos do nascimento de Joaquim Nabuco, teve o livro *O Abolicionismo* como "um dos textos fundadores da sociologia brasileira" (*Apud* Leonardo Dantas SILVA em "A atualidade de Joaquim Nabuco" in *O abolicionismo*. São Paulo: Nova Fronteira/Publifolha, 2000, p. xiii).

84 NABUCO, Joaquim. *O abolicionismo*. São Paulo: Nova Fronteira/Publifolha, 2000, p. 13.

85 *Ibidem*, p. 13.

86 BRASIL. Christiano Benedicto Ottoni (1811-1896), em sua autobiografia, ainda que por alto, coteja a escravatura nos Estados Unidos e no Brasil.

A integração racial se fez, como se verá pelo espelho judicial, a duras penas. Por largo tempo prevaleceu, com o respaldo da Suprema Corte, a doutrina do "Igual, mas Separado". No Brasil, em razão da miscigenação que já vinha da metrópole,[87] a inserção do negro no grupo social e na política não foi traumática.[88]

Para que se possa entender bem a primeira cláusula da seção 1, que atribuiu proteção judicial, direitos e garantias civis ao afro-americano, ou seja, àquela pessoa *sujeita à jurisdição dos Estados Unidos e ali nascida*, precisa-se abordar o caso *Dred Scott v. Sandford, 60 U. S. (19 How.), 393*, julgado em março de 1857 pela Suprema Corte dos Estados Unidos. O presidente (*chief justice*) Roger Brooke Taney (1777-1864), cuja família (católica) era de grandes plantadores de tabaco em Maryland, falou pela maioria da Corte. Sua decisão, ainda que respaldada pelas ambiguidades da

---

Frisa que nos Estados Unidos havia livros tentando mostrar a inferioridade racial do negro. Conta que nunca havia se esquecido do desgosto pelo qual passou ao ler um livro com que um de seus engenheiros, de nacionalidade americana, lhe dera (cf. *Cristiano Benedito Ottoni – autobiografia*. Brasília: Editora Universidade de Brasília, 1983, p. 145).

87 Cf. FREYRE, Gilberto, ob. cit., p. 66. Diz Freyre que o português era talhado para a colonização híbrida: "povo indefinido entre a Europa e a África" (...) "Sangue mouro ou negro correndo por uma grande população brancarrona". Antes mesmo da colonização do Brasil, os portugueses já se utilizavam do trabalho escravo africano (cf. FREYRE, Gilberto. *Brazil: an interpretation*. New York: Alfred A. Knopf, 1945, p. 19).

88 BRASIL. Em 1826, chegou ao Brasil um jovem alemão, Carl Seidler, que se alistou no Exército brasileiro. Como tenente, participou das campanhas do Sul. Embora com algumas imprecisões, o jovem militar faz observações pitorescas sobre nosso País. Por exemplo, ele não se conformava com mulatos ocupando cargos importantes na administração pública (cf. SEIDLER, Carl. *Dez anos no Brasil*. Trad. Bertoldo Klinger. Brasília: Senado Federal, 2003).

Constituição, não deixou de refletir o sentimento político dominante na época.[89]

O caso Dred Scott enriquece a antologia dos grandes julgamentos da História. É por demais conhecido, mas ainda assim merece ser rememorado para que se compreenda melhor o porquê da inclusão da cláusula em comento na seção 1 da Emenda n. 14. O constitucionalista Laurence Tribe diz que a decisão da Suprema Corte, no caso Scott, foi *politically disastrous*, mas, sob o ponto de vista constitucional, é do mais alto relevo: o acesso aos tribunais federais pressupunha cidadania nacional, um *status* diferente da cidadania estadual.[90] Os *scholars* de hoje deparam alguns senões no julgamento de Taney, que não foi suficientemente claro. Bruce Ackerman, por exemplo, lembra que essa decisão, ao invés de reforçar a descentralização político-administrativa almejada por Jefferson e Jackson, teve efeito contrário.[91] Outro tópico jurídica e politicamente relevante foi o da validade ou não da proibição, pelo Congresso, da escravidão em territórios federais. Para muitos exegetas da atualidade, essa questão não teria sido "decidida", ou seja, não integrou a *ratio decidendi* da sentença da Suprema Corte. Teria sido abordada *obiter*

---

89 Nos célebres debates da campanha presidencial de 1858, tanto Abraham Lincoln quanto Stephen Douglas, afirmavam que os resultados de Dred Scott não podiam ser conclusivos (cf. ACKERMAN, ob. cit., p. 110). Por outro lado, não deixa de ser oportuno registrar que Lincoln, com o falecimento de Taney, indicou Salmon Chase para a Suprema Corte. Foi na presidência de Chase que, pela primeira vez, admitiu-se a um homem de cor (John Rock, 1825-1866) postular perante aquele colegiado. (Disponível em: http://en.wikipedia.org/wiki/Salmon_P._Chase#Chief_Justice_of_the_United_States. Acesso em: 24.04.2012).

90 Cf. TRIBE, ob. cit., p. 549.

91 ACKERMAN, ob. cit., p. 110.

dictum, isto é, como simples meio argumentativo, sem a possibilidade de tornar-se *res judicata*.[92]

A vida de Dred Scott (1795-1858) enfeixa um belo episódio, ainda que triste e vergonhoso. Desvela tenacidade, persistência e luta de um homem de cor, que nem sobrenome tinha (era apenas *Sam*[93]), em busca de sua liberdade. Liberdade que lhe foi negada por diversas vezes por seus sucessivos amos.

A despeito de todo o Cristianismo, de toda eloquência da Declaração de 4 de julho de 1776,[94] de *que todos os homens são criaturas iguais; que todos são dotados pelo seu Criador com certos direitos inalienáveis, e que, entre estes, se encontram a vida, a liberdade e a busca da felicidade*,[95] a instituição da Escravidão persistia na maioria das unidades federadas norte-americanas. A Bíblia e a própria Constituição – duas leituras obrigatórias na América inglesa da época – ofereciam, ao sabor de interesses econômicos particulares, elementos a favor e contra a permanência da *Peculiar Institution.* O escravo era uma propriedade cara, assegurada pela Constituição.

Alguns Estados da nova Federação não admitiam escravos,[96] ainda que não os considerassem com os mes-

---

92 Cf. GRABER, ob. cit., p. 19.

93 BRASIL. No Brasil, como relata Joaquim Nabuco, o escravo às vezes nem sequer tinha nome de batismo matriculado na coletoria local (ob. cit., p. 27).

94 No pórtico do *Bill of Rights* da Virgínia, de 12 de junho de 1776, redigido por George Mason, já vinha solenemente registrado o pensamento de Jean-Jacques Rousseau e Locke de que "Todos os homens são igualmente livres e independentes pela Natureza" (*That all men are by nature equally free and independent*).

95 MIRANDA, Jorge (Org. e trad.). *Textos históricos do direito constitucional.* Lisboa: Imprensa Nacional – Casa da Moeda, 1980, p. 35.

96 Em 1802, um jornalista político, de nome James Callender, fez publicar em jornal de Richmond notícia de que o presidente da República (Jefferson)

mos direitos que os brancos;[97] outros, do Sul, continuaram com o regime escravista às escâncaras. Afinal, era o escravo que tocava a lavoura do algodão, do tabaco, da cana de açúcar.[98]

A tensão entre os a favor e os contra a escravidão foi sempre um foco de agitação político-social no país que se achava em franca expansão geográfica e começando a se projetar no cenário internacional. Essa tensão foi um

---

vivia em concubinato com uma escrava (Sally Hemings), tendo filhos com ela. Diversos jornais federalistas espalharam o mexerico pelos quatro cantos do país. Jefferson, que tinha por política não polemizar pela imprensa, manteve silêncio. Sally nunca foi alforriada, o mesmo não aconteceu com seus filhos, que foram contemplados por disposição testamentária, em março de 1826 (cf. BERAN, Michael K. *Jefferson's demons. Portrait of a restless mind.* New York: Free Press, 2003, p. 197. Ver, ainda, http://www.monticello.org/includes/printpage.php. Acesso em: 16.04.2007. Em 1998, foram feitos exames de DNA em descendentes diretos de Jefferson e em descendentes diretos de Sally. Para alguns, a dúvida quanto à paternidade ainda persiste (cf. BERAN, ob. cit., p. 163). A *Thomas Jefferson Foundation* e a *Thomas Jefferson Heritage Society Scholars Comission*, em pesquisa de 2001, afirmaram que os dois filhos de Sally que chegaram à vida adulta eram, efetivamente, de Thomas Jefferson. (Disponível em: http://www.En.wikipedia.org/wiki/Eston_Hemings. Acesso em: 31.03.2013). Para ver a fofoca jornalística publicada por J.T. Callender em o *Recorder* de 01.09.1802, consulte o capítulo 34 de MEACHAM, Jon. *Thomas Jefferson: the art of power.* New York: Random House, 2012.

97 CHEMERINSKY, ob. cit. p. 549.

98 BRASIL. O senador Bernardo Pereira de Vasconcellos, já em sua "fase regressista", manteve um diálogo com o senador Costa Ferreira, do Maranhão, sobre a importância para a economia do País na manutenção da escravidão e na possibilidade de importação de mão de obra europeia. Na sessão de 25 de abril de 1843, registrou-se o seguinte: *O senador Costa Ferreira*: "Já a África civiliza!". *Vasconcellos*: "É uma verdade; a África tem civilizado a América, e veja o nobre senador os grandes homens da América do Norte, os mais eminentes, onde têm nascido" [cf. CARVALHO, José Murilo de (Org. e Introdução). *Bernardo Pereira de Vasconcelos.* São Paulo: Editora 34, 1999, p. 268].

dos fatores que desencadearam a sangrenta Guerra de Secessão.[99]

Muitos cristãos não acreditavam na viabilidade da abolição, embora fossem filosoficamente contra ela. É o caso de Thomas Jefferson, cevado no credo de Locke, Coke, Montesquieu e Rousseau. Dizia ele que a emancipação dos escravos era inconcebível em razão da profunda "antipatia" entre brancos e negros.[100] Por outro lado, muita gente estava apavorada com a possibilidade de acontecer no Sul do país o que ocorrera nas Antilhas Francesas (S. Domingo) em 1790: escravos se rebelaram e mataram ou expulsaram milhares de senhores de engenho. Esse temor se concretizou mais tarde, em 1831, no próprio Estado natal de Jefferson: no condado de Southampton, Nathaniel ("Nat") Turner chefiou escravos rebeldes, que trucidaram quase setenta brancos. Houve revide, e centenas de negros, alguns inteiramente inocentes, foram caçados e assassinados por milicianos e cidadãos cegos de ódio.[101]

Com a incorporação do imenso Território da Louisiana (Arkansas, Missouri, Iowa, Oklahoma, Kansas, Nebraska

---

[99] Para o historiador James F. Rhodes, a "única" causa da Guerra de Secessão foi a escravidão (cf. SELLERS, Charles; MAY, Henry; McMILLEN, Neil R., ob. cit., p. 186). Já para Allan Nevis, a escravidão foi a "principal raiz" do conflito (*ibidem*, p. 186). BRASIL. No Brasil, a escravatura só virou "problema político" no Segundo Reinado.

[100] *Ibidem*, p. 162.

[101] *Ibidem*, p. 262. BRASIL. Em janeiro de 1835, escravos negros, das etnias nagô e hauçá, rebelaram-se em Salvador, na Bahia. Muitos eram alfabetizados em árabe. Mais de oitenta pessoas pereceram na refrega. Outras foram fuziladas, supliciadas e deportadas para a África. A rebelião ficou conhecida como "Revolta dos Malês". Malê é corruptela de "imalê", *mulçumano*. (Disponível em: http://educacao.uol.com.br/historia-brasil/revolta-dos-males-rebeliao-de-escravos-muculmanos-em-salvador.jhtm. Acesso em: 01.04.2011).

e Minnesota), comprado a Napoleão Bonaparte por Jefferson, a divergência entre as correntes políticas pró e contra a escravatura acirrou ainda mais.[102] Em 1820, foi promulgada uma lei federal, que ficou conhecida como *Missouri Compromise*. De acordo com essa lei, a escravidão era vedada acima do paralelo 36°30'.[103] Acontece que o menino Sam havia nascido na Virginia, um dos redutos escravocratas.[104] Quando homem feito, *Sam* tentou comprar sua liberdade. Não conseguiu. Em 1831, seu amo morreu. Sam buscou, mais uma vez sem sucesso, adquirir sua liberdade. A viúva meeira se negou a manumiti-lo. Um major-médico do exército da União, John Emerson, comprou Sam e o colocou a seu serviço. Foi, a seguir, transferido para o Estado de Illinois, onde não se admitia legalmente a escravatura. Dali, o major mudou-se para Wisconsin, então Território Federal, onde senhor e escravo viveram por um bom tempo. Em 1843, morre Emerson. Sam tentou mais uma vez obter sua alforria. A viúva do militar (Irene) se negou a libertá-lo. Sam e sua mulher, então, entraram com ação judicial. Venceram em

---

102 O valor da compra foi de quinze milhões de dólares. A Constituição não previa a possibilidade de compra de terras internacionais. Aliás, tal negócio ia de encontro ao espírito republicano. Daí se ironizar, afirmando que no negócio Thomas Jefferson teria sido mais federalista do que os próprios federalistas (cf. BERAN, ob. cit., p. 162).

103 Durante a Guerra Civil, todos os Estados abaixo do Paralelo 36°30' faziam parte da Confederação (salvo a Califórnia). Os Estados acima desse paralelo ficaram com a União, sendo que Kentucky e Missouri tinham governo no exílio. (Disponível em: http://en.wikipedia.org/wiki/36%C2%B030'_parallel_north. Acesso em: 17.04.2007).

104 É válido registrar que o Estado da Virgínia foi o primeiro a ter um governador negro. Lawrence Douglas Wilder foi eleito em 1989. (Disponível em: http://www.answers.com/topic/douglas-wilder. Acesso em: 26.06.2011).

primeiro grau, perdendo na Suprema Corte do Missouri.[105] Alguns anos depois, Sam conseguiu trocar seu nome para *Dred Scott.* Dois advogados abolicionistas[106] ajuizaram uma ação civil contra John F. A. Sandford, irmão de Irene, que ficara encarregado de administrar os negócios da família. Como Sandford residia em Nova York, ou seja, tinha "outra cidadania", a ação foi proposta no foro federal.[107] Os advogados sustentaram que pelo fato de ter Dred Scott vivido muito tempo em Estado e em Território Federal que vedavam a escravidão era *ipso facto* um "homem livre". Se era livre, gozava dos direitos civis. Logo, poderia ser sujeito ativo de ação judicial. A ação foi julgada improcedente. O caso chegou à Suprema Corte, que declarou nula a (*segunda*) cláusula do *Missouri Compromise,* asseverando que o Congresso não tinha legitimidade para legislar sobre "propriedade", instituição assegurada pela Constituição.[108] Dois *justices* – Benjamin Curtis e John McLean – dissentiram.[109] Argumentaram

---

105 Cf. GRABER, ob. cit., p. 18.

106 O primeiro advogado a lidar com Dred Scott, que assinou a rogo, foi Francis B. Murdoch. Coube a outro advogado, Roswell Field, peticionar. (Disponível em: http://www.sos.mo.gov/archives/resources/africanamerican/scott/scott.asp. Acesso em: 27.03.2012).

107 BRASIL. O Decreto n. 848/1890 (art. 15, *c*), seguindo a trilha aberta pela primeira lei de organização judiciária americana (1789), deu competência ao juiz federal para julgar as causas entre "habitantes" de Estados diferentes.

108 BRASIL. Esse mesmo argumento – garantia constitucional da propriedade – foi utilizado pelo partido conservador.

109 GRABER, em seu livro (ob. cit., p. 37/38), dá um rápido perfil partidário de cada juiz da Corte Taney. Curtis (1809-1874) ficou tão indignado com a decisão de Dred Scott, que requereu aposentadoria. McLean (1785-1861), quando da votação, contra-argumentou que o voto de Taney era mais "uma questão de gosto do que mesmo de direito". (Disponível em: http://en.wikipedia.org/wiki/John_McLean. Acesso em: 30.06.2011).

que, desde os Artigos da Confederação, os escravos eram considerados cidadãos dos respectivos Estados pactuantes, podendo, por consequência, demandar e serem judicialmente demandados. Além do mais, a Constituição de 1787 não vedava a cidadania ao filho de escravo nascido nos Estados Unidos.[110]

Em seu histórico voto, Taney colocou os escravos em uma espécie de "limbo extraconstitucional",[111] como observou William Wiecek. Com coerência, o *chief justice*, que respondeu pela maioria, manteve o mesmo entendimento por ele esposado em 1832, quando era *attorney general*: escravos nascidos nos Estados Unidos, mesmo alforriados, não eram cidadãos americanos.[112] Coerentemente, argumentou que se se tratasse de ex-escravo estrangeiro, naturalizado norte-americano, a questão seria outra. Nesse caso, como todo cidadão americano, o naturalizado gozaria de legitimidade para litigar nos tribunais. Mas essa não era a situação jurídica de Scott. Em seu voto, Roger Taney ponderou:

---

110 O Caso Dred Scott mostra artimanhas nos bastidores da Suprema Corte. O *justice* Curtis, logo após o julgamento, pediu a um funcionário da Corte para arranjar-lhe uma cópia de seu voto, que foi prontamente encaminhado a um jornal de Boston. Curtis, em Boston, apurou que os demais votos não tinham sido publicados. Só o seu. Ficou sabendo que o presidente Taney, diante de seu (Curtis) voto escrito, estava revendo seu próprio voto, refutando ponto por ponto a argumentação dissidente. Curtis não teve dúvida: requereu à secretaria da Corte cópia do voto original de Taney. Não conseguiu diante da nova regra: os votos só podiam ser divulgados após a publicação oficial... (cf. CUSHMAN, Clare (Ed.). *The supreme court justices – illustrated biographies, 1789-1993*. Washington, D.C.: Congressional Quarterly, 1993, p. 160).

111 *Apud* FRIEDMAN, ob. cit., p. 159.

112 Cf. GRABER, ob. cit., p. 31.

> *A presente questão concerne ao fato de ser ou não a classe de pessoas descritas no processo, em inferioridade, uma parte deste povo e se são membros constituintes desta soberania. Acreditamos que não e que não estão incluídas e não foram pretendidas de serem incluídas, sob a palavra 'cidadãos' na Constituição e, portanto, não podem reclamar nenhum dos direitos e privilégios que aquele Instrumento prevê e assegura aos cidadãos dos Estados Unidos.*
>
> *Sobre estas considerações se funda a opinião (entendimento) da Corte, de que o ato do Congresso que proibiu um cidadão de manter ou possuir propriedade desta espécie no território dos Estados Unidos ao norte da linha aqui mencionada, não está autorizado pela Constituição e é, portanto, nulo; e que nem Dred Scott, em pessoa, nem qualquer membro de sua família, foram libertos ao serem conduzidos para este território; mesmo que houvessem para lá sido levados pelo dono com a intenção de fixar residência permanente.*[113]

A viúva do major Emerson (Irene) se casou novamente. Seu segundo marido, porém, era abolicionista convicto. Não admitia escravos em casa. Scott, sua mulher e filhos foram devolvidos à família de seus antigos donos, que o libertaram.[114] Nove meses depois, em 1858, *Sam* morreu tuberculoso. A partir de 1997, Dred Scott e sua mulher entraram para o Panteão da Fama de Saint Louis.

Mais do que um caso judicial importante, Dred Scott foi um dos fermentos para uma guerra que vitimou mais

---

113 SWISHER, Carl Brent. *Decisões históricas da Corte Suprema.* Trad. Arlette Pastor Centurion. Rio de Janeiro: Companhia Editora Forense, 1964, p. 57 e seg.

114 BRASIL. Durante a Guerra do Paraguai, o escravo que se alistasse nas forças armadas brasileiras era considerado liberto. Sua mulher e filhos também eram atingidos pelo benefício. Por outro lado, o proprietário que consentisse no alistamento de seu escravo passou a ser premiado com títulos de nobreza.

de seiscentas mil pessoas e chegou mesmo a esboçar um cenário de guerra entre a União e a Inglaterra, que tinha interesse comercial no fornecimento de algodão para sua vigorosa indústria têxtil.[115]

Aproveitando o assunto, não podemos deixar de falar sobre os movimentos femininos para a libertação dos escravos nos Estados Unidos. A história americana preserva páginas memoráveis. Uma dessas páginas, que merece ser aberta e lida, se refere às irmãs Grimké, Sarah (1792-1873) e Angelina (1805-1879), que, cansadas de ver violências contra escravos nas *plantations* do próprio pai, deixaram o lar (Carolina do Sul) e rumaram para o Norte a fim de participarem de movimentos antiescravistas. *Como mulher não falava em público*, foram discriminadas pelos próprios abolicionistas do sexo masculino.[116] As duas irmãs não desistiram, e passaram a escrever panfletos[117] defendendo o direito de falar em público.[118] Outros nomes do "Grande Despertar" (movimento embalado pelo otimismo romântico da década de 1830), que merecem destaque, são os de Lucretia Mott (1793-1880), Elizabeth Stanton (1815-1902) e Susan Anthony (1820-1906).[119] Também merecem

---

115 Cf. FOREMAN, Amanda. *A world on fire: Britain's crucial role in the American civil war*. New York: Random House, Inc., 2011.

116 SELLERS, Charles; MAY, Henry; McMILLEN, Neil R., ob. cit., p. 158.

117 No ano de 1836, Angelina e Sarah escreveram, respectivamente, *Appeal to the Christian Women of the South* e *Epistle to the Clergy of the Southern States*. (Disponível em: http://www.pinn.net/~sunshine/whm2000/grimke4.html. Acesso em: 02.08.2010).

118 Cf. SELLERS, Charles; MAY, Henry; McMILLEN, Neil R., ob. cit., p. 158.

119 Susan B. Anthony, que se celebrizou como abolicionista à época da momentosa decisão de Dred Scott, lembrou que a sentença, ainda que *infamous*, não deixava de refletir "o espírito e a atitude do povo americano, tanto do norte quanto do sul" (cf. GRABER, ob. cit., p. 33).

a referência as sociedades abolicionistas organizadas por pessoas de cor: cerca de cinquenta, só em 1830.[120]

Voltemos à Emenda n. 14. As cláusulas seguintes da seção 1 impedem que os Estados-membros façam leis ou, se já existentes, que as executem, com o propósito de restringir as "imunidades ou os privilégios" dos cidadãos dos Estados Unidos. Para deixar mais claro ainda, o constituinte derivado especifica, dizendo que "nenhum Estado poderá privar qualquer pessoa de sua vida, liberdade, ou propriedade sem o competente processo legal, ou negar a qualquer pessoa sob sua jurisdição a igual proteção das leis" (*nor shall any State deprive any person of life, liberty, or property, without due process of law; nor deny to any person within its jurisdiction the equal protection of the laws*).

No tocante à questão racial, a Suprema Corte tem julgado inconstitucionais leis que elegem exclusivamente o *fator raça* com o intuito discriminatório. Assim, em *Strauder v. West Virginia,100 U. S. (Otto) 303 (1879),* uma lei estadual foi tachada de inconstitucional porque só admitia jurado branco. A mesma sorte teve outra lei estadual que impedia pessoas de cor de comprar casas em bairros só para brancos [*Buchanan v. Warley, 245 U. S. 60 (1917)*]. A questão não era de "direito político", mas de "direito civil".

Muitas vezes a discriminação racial não se achava limitada ao negro. Atingia o oriental, ainda que de modo sub-reptício. No século XIX e início do século XX, o "coolie" chinês foi vítima de discriminação na Califórnia. No governo do presidente Chester Arthur (1829-1886), o Congresso elaborou a *Chinese Exclusion Act*, que

120 Cf. SELLERS, Charles; MAY, Henry; McMILLEN, Neil R., ob. cit., p. 160.

só foi revogada em 1943, em razão de conveniência bélica. Também os japoneses passaram por discriminação. Caso notável se deu durante a Segunda Guerra Mundial: japoneses e seus descendentes americanos que moravam na costa oeste (Califórnia) foram segregados. A questão – ponderou-se – não era racial propriamente dita. A justificativa legal estava na possibilidade de ajuda na suposta invasão nipônica pela Costa do Pacífico... Entre cento e dez e cento e vinte e cinco mil japoneses e seus descendentes (*nisseis*), residentes nos Estados Unidos (*isseis*), foram confinados em campos rotulados de "Área de Relocação" [*Korematsu v. United States, 323 U. S. 214 (1944)*]. Na França, no crepúsculo da Terceira República, aconteceu fato que, *mutatis mutandis*, faz lembrar o dos japoneses da Califórnia. Em setembro de 1939, o président du Conseil Daladier (1884-1970) mandou confinar em "Campos de Internação" espalhados pelo país cerca de doze mil alemães e cinco mil austríacos que já moravam na França. Muitas eram pessoas que ali estavam em busca de liberdade intelectual, e não ofereciam perigo à segurança francesa. Foram, porém, enquadrados como "estrangeiros indesejáveis".[121]

Em outro caso [*Hirabayashi v. United States, 320 U. S. 81 (1943)*], somente os japoneses ou seus descendentes ficaram sujeitos a toque de recolher (*curfew*). Por questão de justiça, convém lembrar que em *Ex Parte Mitsuye Endo, 323 U. S. 283*, julgado em 1944, a Suprema Corte concedeu a ordem de *habeas corpus* a uma *nissei* que, apesar de ha-

---

121 RIDING, Alan. *Paris: a festa continuou – a vida cultural durante a ocupação nazista, 1940-4*. Trad. Celso Nogueira e Rejane Rubino. São Paulo: Companhia das Letras, 2012, p. 44.

ver jurado lealdade aos Estados Unidos, ainda continuava presa. O *justice* Roberts, que participou do voto majoritário (Douglas), lembrou que no caso concreto a detenção indefinida da impetrante violava a Constituição e o *Bill of Rights*, mormente a cláusula *due process*.[122]

Se a questão racial registra casos tristes e infamantes, como o de Dred Scott, por outro lado expõe questões pitorescas e até hilariantes. É o que se deu em *Pace v. Alabama, 106 U. S. (16 Otto) 583 (1883)*,[123] em que a Suprema Corte teve como constitucional lei do Estado do Alabama que aumentava a pena de adultério ou fornicação, em relação à pena virtualmente atribuída a casal de brancos, se um dos infratores fosse negro ou negra, e o outro, branco ou branca.[124] Em *McLaughlin v. Florida, 379 U.S. 184 (1964)*, lei estadual vedava compartilhamento à noite de quarto por brancos e negros. Pena: prisão simples (até doze meses) ou multa. Em votação unânime, a Suprema Corte derrubou a legislação racista por afronta à *Equal Protection Clause* da Emenda n. 14. Até o julgamento do histórico *Loving v. Virginia*, de 1967, dezesseis Estados da Federação vedavam miscigenação racial.[125]A Corte

---

122 São três os casos: *Hirabayashi v. United States, 320 U. S. 81 (1943); Korematsu v. United States, 323 U. S, 214 (1944)* e *Ex Parte Mitsuye Endo, 323 U. S. 283 (1944)*.

123 Disponível em: http://laws.lp.findlaw.com/getcase/us/106/583.html. Acesso em: 03.05.2007.

124 O Código penal do Alabama, em sua Seção 4.184, cominava a pena mínima para *adultery* ou para *fornication* em cem dólares, se a primeira vez, ou em trezentos, no caso de reincidência. Já na Seção 4.189, se o delito fosse entre pessoas brancas e negras, a pena cominada já não era mais pecuniária, mas privativa de liberdade: *imprisoned in the penitentiary or sentenced to hard labor for not less than two nor more than seven years*. (Disponível em: http://faculty.law.miami.ed/z. Acesso em: 16.12.2009).

125 Cf. FERGUSON, Niall, ob. cit., p. 191.

Warren fulminou lei estadual (*Racial Integrity Act of 1924*) que capitulava como infração penal o casamento inter-racial.[126] Mildred Jater, que era negra, residia no Estado da Virginia. Para se casar com Richard Loving, branco, foi ao Distrito Federal. Casados, voltaram a morar no Estado da Virgínia. Ambos foram condenados a um ano de cadeia (houve suspensão condicional da pena). O *chief justice* Earl Warren, que falou pela Corte, frisou:

> *A Décima Quarta Emenda ordena que a liberdade de escolha no casamento não fique restrita a odiosas discriminações raciais. Sob nossa Constituição, a liberdade de casar ou não casar com outra pessoa de outra raça, depende (somente) do indivíduo e não pode ser infringida pelo Estado.*[127]

Não se pode continuar a abordagem sobre segregação racial sem se trocar no conhecido, velho e sempre relembrado *Plessy v. Ferguson, 163 U. S. 537 (1896),* que foi base para outros julgamentos posteriores, embora sua doutrina (*Separate, but Equal*) tenha caído espetacularmente em 1954. Uma lei do Estado de Louisiana proibia negro de viajar em vagões ferroviários destinados a passageiro branco.[128] Homer Plessy, que não se considerava total-

---

126 Por mais de uma vez houve tentativa de se aprovar Emenda constitucional vedando "para sempre" (*forever*) casamento inter-racial de pessoas de cor com caucasianos: Andrew King, do Missouri, em 1817, e, em 1912 e 1913, Seaborn Roddenbery, da Geórgia. (Disponível em: http://en.metapedia.org/Wiki/Miscegenation. Acesso em: 18.05.2013).

127 Tradução livre. No original: *The Fourteenth Amendment requires that the freedom of choice to marry not be restricted by invidious racial discriminations. Under our Constitution, the freedom to marry, or not marry, a person of another race resides with the individual and cannot be infringed by the State.*

128 O *Black Code* da Louisiana exigia do liberto autorização por escrito para entrar nas cidades. À noite, só poderia se locomover sob a supervisão

mente negro (alegava que tinha mais sangue de branco do que de negro[129]) comprou bilhete e se assentou desafiadoramente no carro de brancos. Foi preso. Seu processo chegou à Suprema Corte, que decidiu que, desde que houvesse vagão com igual acomodação para negros, a discriminação era legal. Consagrou-se, então, a famosa e falaciosa doutrina do "Separado, porém Igual". A decisão, dada para transporte em veículos de passageiro (*conveyances*), acabou por alcançar escolas, restaurantes etc.[130]

Lavrado para ficar nas páginas da História, foi o único voto divergente, de John Marshall Harlan (avô):

> *Sob a Constituição, aos olhos da lei, não há neste país classe governante de cidadãos que se possa considerar superior, dominante. Aqui não existem castas. Nossa Constituição é cega a cores, e não conhece ou tolera a existência de classes entre os cidadãos. Sob o ângulo dos direitos civis, todos os cidadãos são iguais perante a lei. O mais humilde é par do mais poderoso...*[131]

Outro caso histórico de desafio às *Jim Crow Laws* é o de Heman Marion Sweatt (1912-1982), funcionário dos Correios. Em 1946, Heman Sweatt requereu sua matrícula na Faculdade de Direito da Universidade do Texas. Teve seu pedido indeferido pelo diretor (Theophilus Painter): não se admitia negro em universidade de brancos. Sweatt não

---

de residente branco. (Disponível em: http://en.wikipedia.org/wiki/Black.Codes. Acesso em: 24.10.2013).

129 NOWAK/ROTUNDA, ob. cit., p. 392.

130 *Ibidem*, p. 390.

131 Tradução livre. No original: *In the view of the Constitution, in the eye of the law, there is in this country no superior, dominant, ruling class of citizens. There is no caste here. Our Constitution is color-blind, and neither knows nor tolerates classes among citizens. In respect of civil rights, all citizens are equal before the law. The humblest is the peer of the most powerful* (...).

se conformou com o indeferimento. Ajuizou uma ação, patrocinada pela poderosa NAACP (*National Association for Advancement of Colored Peoples*), que teve como advogado o mais tarde *justice* da Suprema Corte Thurgood Marshall. Sweatt alegou violação da cláusula da igual proteção. Seu processo ficou engavetado por mais de seis meses, até que se criasse uma faculdade para negros. A Suprema Corte, à unanimidade (Fred M. Vison, 1890-1953), entendeu que a segregação de Sweatt "lhe negava a oportunidade de interagir com brancos", levando-o à decorrente inferioridade na concorrência profissional futura. Esse caso – *Sweatt v. Painter, 339 U.S. 629 (1950)* – , que buliu no precedente *Plessy*, foi um degrau para se chegar ao famoso *Brown v. Board of Education.*

Mais tarde, na temporada (*term*) 1952-3, havia cinco processos envolvendo questões raciais na Suprema Corte. Todos eles questionavam a doutrina já estabelecida em *Plessy* do "Igual, porém Separado". Naquela ocasião, dezessete Estados e o Distrito Federal (*District of Columbia*) mantinham segregação racial nas escolas públicas. Os fatos eram os mais variados possíveis. No primeiro deles – *Briggs v. Elliott et al., 342 U. S. 350 (1952)* – o sistema educacional da Carolina do Sul foi arrostado por tratamento racial desigual: as escolas para brancos tinham, em média, um professor para vinte e oito alunos; já nas salas para negros, um professor para quarenta e sete estudantes.[132] Em outro caso, colocou-se em cheque o tratamento dado a alunos negros: as escolas de brancos eram equipadas com instalações sanitárias que ficavam dentro do edifício; as dos alunos de cor, as instalações ficavam

---

[132] CHEMERINSKY, ob. cit., p. 560.

fora.[133] Em outro caso – *Davis v. County School Board of Prince Edward, 347 U.S. 483 (1954)* –, julgado no mesmo dia de *Brown I* (17.05.1954), uma escola "só para negros" não dispunha, como as outras "só para brancos", de cantina, sala de professores, quadra de esportes etc. Organizou-se, então, uma greve geral contra as más condições do estabelecimento. O quarto caso envolvendo questões raciais em escolas públicas, diferentemente, atacava ensino ministrado no Distrito Federal (Anacostia). Foi decidido também no dia 17.05.1954. Trata-se de *Bolling v. Sharpe, 347 U.S. 497 (1954).* A defesa alegou que a cláusula *equal protection* não se aplicava ao Distrito Federal, que não era considerado "Estado". A Suprema Corte, porém, teve como válvula protetora a *Due Process Clause*, da Emenda n. 5, que não excluía a cláusula coirmã (*equal protection*).

Num *simultaneus processus,* os cinco casos foram julgados sob a presidência de Earl Warren, então recém-nomeado *chief justice* pelo presidente Eisenhower. Warren reuniu informalmente os juízes na *conference room* e lhes disse que a doutrina do *Separate, but Equal* era simplesmente insustentável. Deveria ser revista. Um desses cinco processos tornou-se mundialmente famoso: *Brown v. Board of Education, 347 U. S. 483 (1954).* "É a decisão singular mais importante da era moderna", afirmou Bruce Ackerman, professor da Universidade de Yale.[134] O julgado não foi do agrado do presidente da República. Mas, com a segunda apreciação de *Brown*, em 1955, o próprio Eisenhower teve que mandar tropas federais para Little Rock (Arkansas), onde

---

133 *Ibidem*, p. 560. Ver as referências a *Simple Justice: the history of Brown v. Board of Education and Black America's Struggle for Equality*, de Richard KLUGER.

134 ACKERMAN, ob. cit., p. 183.

a decisão da Corte não estava sendo cumprida.[135] Em virtude de sua importância, vamos resumir as questões fáticas. Em Topeka, pequena cidade do Kansas, havia, como de resto em todo o *Deep South*, escolas públicas secundárias separadas para brancos e para negros, tudo de acordo com a decisão judicial chancelada em *Plessy*. Algumas crianças negras tinham que andar muito para chegar à sua escola (Monroe Elementary School), ainda que houvesse estabelecimento para brancos perto de suas residências. Patrocinados pela NAACP,[136] meninos e meninas, representados por seus pais (Oliver Brown, que deu nome à ação, era pai de Linda Brown, uma das alunas), ajuizaram uma *class action* na Justiça Federal de primeiro grau. Perderam. Recorreram. A Suprema Corte deu ganho de causa aos autores. Como a decisão foi unânime, o presidente Warren ficou incumbido regimentalmente de "lavrar" o julgado. Frisou o *chief justice* em seu voto:

> *Separá-los (os negros) de outros de mesma idade e qualificações somente por causa de sua raça gera um sentimento de inferioridade como seu status na comunidade que pode afetar irreversivelmente seus corações e mentes.*[137]

---

135 FRIEDMAN, ob. cit., p. 528.

136 Essa atuante associação em defesa da melhoria das pessoas de cor foi fundada em 1909 por negros, judeus e brancos.

137 Tradução livre. No original: *To separate them from others of similar age and qualifications solely because of their race generates a feeling of inferiority as to their status in the community that may affect their hearts and minds in a way unlikely ever to be undone.* No caso *Briggs v. Elliott*, um casal de peritos em psicologia – Kenneth e Mamie Clark – fez o sintomático "teste das bonecas": duas bonecas iguais, com a mesma roupa, foram colocadas lado a lado para que as crianças negras escolhessem qual a mais bonita. Uma das bonecas era preta, a outra branca. A quase totalidade das meninas testadas optou pela

Com as decisões capitaneadas por *Brown*, foram caindo uma série de leis ou atos de cunho segregacionista. Esse julgamento, um dos mais importantes do século passado, como se ressaltou, ficou conhecido como *Brown no. I.* Cautelosamente, a Suprema Corte se limitou a declarar inconstitucional a separação, por afronta à cláusula *equal protection.* Não lhe deu efetividade de imediato (*enforcement*). Mesmo no julgamento de *Brown no. II* (1955), em razão da dificuldade e complexidade de sua execução, a Suprema Corte, que invocou a doutrina do "all deliberate speed",[138] não forneceu às cortes inferiores ou às autoridades regras precisas.[139] Nesse mesmo ano de 1955, mais dois julgados: um, que impedia negros de frequentarem praias restritas a brancos (*Mayor and City Council of Baltimore City v. Dawson, 350 U. S. 877*), o outro, que proibia pessoa de cor de inscrever-se em cursos de golfe destinados a brancos (*Holmes v. City of Atlanta, 350 U. S. 879).* No ano seguinte, o *apartheid* em condução coletiva (*Gayle v. Browder, 352 U. S. 903*). A segregação em restaurantes públicos caiu em 1962, com *Turner v. City of Memphis, 369 U. S. 350.* Em 1963, chegou a vez de *Johnson v. Virginia, 373 U. S. 61*, quando se declarou atentatória às cláusulas de proteção constitucional a separação obrigatória em salas de audiências de tribunais.

---

boneca branca, que era "boa", "bonita". Tudo isso foi feito para demonstrar o sentimento de inferioridade gerado pela segregação racial.

138 A raiz semântica de *all deliberate speed*, expressão que consta do voto de Warren em *Brown* para indicar que a implantação da dessegregação deveria ser apressada cautelosamente, pode estar no oxímoro do imperador Augusto (63 a. C. – 14 a. D.) *Festina Lente* (Apresse-te devagar).

139 Cf. NOWAK/ROTUNDA, ob. cit., p. 400.

A essa altura não se pode deixar de registrar a história de Rosa Parks (1913-2005), uma negra de quarenta e dois anos de idade, que em 1º dezembro de 1955 retornava do serviço para casa, na cidade de Montgomery (Alabama). Os ônibus tinham lugares marcados para brancos (na frente) e para negros (atrás). Rosa estava assentada nos primeiros bancos da "colored section". Como dois ou três passageiros brancos estavam de pé, o motorista se dirigiu a Rosa e a outros ocupantes negros, pedindo-lhes para ceder seus lugares. Rosa se recusou. Foi presa. Alguns meses depois, numa entrevista radiofônica, ela enfatizou: "Eu deveria saber de uma vez por todas de meus direitos como ser humano e cidadã".[140]

A Constituição americana, em seu texto original, como bem lembra Erwin Chemerinsky (*Constitutional law – principles and policies, 1997,* p. 526), era uma lei de brancos e de homens. Em sendo assim, não precisava mesmo falar em *equal protection* para negros, índios ou mulheres. Formalmente, a Emenda n. 5 não contempla a cláusula *equal protection*. Só aborda a *due process*. Mas, diante do bom senso e da força da lógica jurídica, os tribunais, e em especial a Suprema Corte dos Estados Unidos, ampliaram o alcance da cláusula *due process of law* da Emenda n. 5 para jogar ali também a cláusula *equal protection*, expressamente prevista para os Estados-membros pela seção 1 da Emenda n. 14. Foi o que se deu em *Bolling v. Sharpe, 347 U.S. 497 (1954)*, em *Buckley v. Valeo, 424 U.S. 1 (1976)*, e outros julgados.

Por último, um importante registro: a questão racial calcada na cláusula *equal protection* não atinge os estabele-

---

140 Disponível em: http://www.en.wikipedia.org/wiki/Rosa_Parks. Acesso: em 11.08.2012.

cimentos de ensino privado, que podem manter sua política de segregação.[141] Calcula-se que *Brown v. Board of Education* tenha provocado, entre 1964 e 1975, uma evasão de cerca de meio milhão de estudantes brancos de escolas integradas. Para evitar a segregação forçada, foram criadas *Segregation Academies*. Com o andar do tempo, muitas dessas escolas privadas passaram a admitir minoria não branca ou foram sendo fechadas aos poucos.

As últimas cláusulas do parágrafo 1 da Emenda n. 14 têm o claro propósito de assegurar aos tribunais federais o *judicial control* de leis ou atos estaduais.[142] Na prática, tais cláusulas foram "testadas" em 1873 pela Suprema Corte. Como ocorreu no Caso Dred Scott, os votos que ficaram para o futuro foram os vencidos. O julgamento de 1873 tornou-se conhecido como *Slaughter-House Cases* (Casos dos Matadouros).[143] O *justice* Samuel Miller (1816-1890) respondeu pela maioria da Corte.[144] Sua visão constitucional foi sumamente restritiva. O fato jurígeno foi o seguinte: o legislativo da Louisiana promulgou uma lei concedendo monopólio a uma empresa (*Crescent City Company*) para abater animais de corte na cidade de Nova Orleans. Pequenos comerciantes que abatiam animais para

---

141 Cf. NOWAK/ROTUNDA, ob. cit., p. 405. Tais estabelecimentos, porém, ficam adstritos à *equal protection* no caso de recebimento de subsídio ou ajuda governamental. BRASIL. Hoje, a Constituição Federal, em seu art. 5.º, inciso XLII, considera a prática de racismo como "crime inafiançável". Infraconstitucionalmente, diversos diplomas legais regram a matéria. Em 1951, a Lei n. 1.390 (*Lei Afonso Arinos*), modificada em 1985 (Lei n. 7.437), tipificava o preconceito racial como "contravenção penal".

142 Cf. WILLOUGHBY, ob. cit., p. 147.

143 Cf. *Slaughter-House Cases. 16 Wall. (83 U. S.) U. S. 36, 81 (1873).*

144 Ficaram vencidos os *justices* Field, Bradley e Swayne.

vender se insurgiram contra a lei, argumentando que ela violava a Emenda n. 13 e, em particular, a Emenda n. 14, no relativo à restrição de imunidades, privilégios, propriedades, sem o devido processo legal. Se antes da Emenda, eles, como cidadãos, ficavam sujeitos às restrições legislativas da Louisiana, passaram, agora, com a Emenda n. 14, a cidadãos dos Estados Unidos. Tinham, pois, direito a igual tratamento perante a lei. O monopólio era discriminatório.

No julgamento de 1873, vieram à tona duas questões constitucionais politicamente delicadas: a) o controle do "poder de polícia" dos Estados por cortes estranhas às suas jurisdições, vale dizer, por tribunais federais; b) atribuição do Congresso, que só poderia legislar sobre "direitos federais".

As competências dos legislativos estaduais e federal (Congresso) são concorrentes em diversos campos,[145] como o social, econômico ou do bem-estar, moral pública, levando à restrição direitos individuais com o objetivo de proteger a coletividade e manter a ordem pública. A essa restrição a direitos individuais, inclusive o de propriedade, denomina-se genericamente "poder de polícia".[146]

A Suprema Corte, no julgamento de 1873, entendeu, por maioria inexpressiva, que o escopo da Emenda n. 14 era tão somente o de assegurar "a liberdade da raça es-

---

145 BRASIL. Os Estatutos políticos brasileiros distribuem, com minúcias, as competências legislativas federal, estadual e municipal. Ainda assim, inúmeras são as ações judiciais que chegam ao Supremo Tribunal Federal com o escopo de repelir invasão de competências.

146 "La police administrative est, on l'a indiqué, *une forme d'action de l'administration qui consiste à réglementer l'activité des particuliers en vue d'assurer le maintien de l'ordre public*" (LAUBADÈRE, André *et al. Traité de droit administratif.* 13. éd. Paris: Librairie Générale de Droit et de Jurisprudence, t. I, 1994, p. 743).

crava" (*the freedom of the slave race*). Não tinha o alcance que os autores da ação (açougueiros) lhe davam. O monopólio concedido não violava a "cidadania nacional". A própria Emenda – sofismou o *justice* Samuel Miller – reconhecia as duas cidadanias, o que reforçava sua tese. Ademais, a concessão de imunidades ou privilégios invocados na ação judicial implicaria transferir para o Congresso a atribuição de todos os direitos civis que até então pertenciam aos Estados. O Congresso só poderia legislar sobre direitos e privilégios relativos a sua órbita, como o *habeas corpus*, cargos públicos federais, direito de alto-mar, direito de reunião etc.

Na verdade, nos *Slaughter-House Cases*, uma mera questão de monopólio municipal deitou por terra o esforço político contido na Emenda n. 14.[147] A Emenda n. 14 não atingia os Estados, desobrigando-os de conceder imunidades ou privilégios aos negros.[148]

Na seção 1 da Emenda n. 14, vem expresso:

> *Nenhum Estado poderá fazer ou executar leis restringindo os privilégios ou as imunidades dos cidadãos dos Estados Unidos; nem poderá privar qualquer pessoa de sua vida, liberdade, ou bens sem processo legal, ou negar a qualquer pessoa sob sua jurisdição a igual proteção das leis.*

A cláusula do Devido Processo Legal, que foi inserida na Emenda n. 5 para a União, agora aparece na Emenda

---

147 Cf, KILLIAN, Johnny H. (Ed.). *The constitution of the United States of America – analysis and interpretation.* Washington, D. C.: Congressional Research Service – Library of Congress, 1987, p. 1.470.

148 SELLERS, Charles; MAY, Henry; McMILLEN, Neil R. (ob. cit., p. 210) averbam: "Nos casos *Slaughterhouses* (1873), o Supremo (*leia-se "Suprema Corte"*) decidiu que a Décima Quarta Emenda não conferia novos privilégios ou imunidades que protegessem os negros do poder dos estados".

n. 14, tornando-se preceito obrigatório também para os Estados-membros. A cláusula irmã *Equal Protection*, como já se alertou mais acima, está na Emenda n. 14, mas não consta da Emenda n. 5.

Due Process of Law tem o mesmo significado em ambas as Emendas? Essa é uma velha indagação feita por Willoughby em seu tratado *Principles of the Constitutional Law of the United States* (1938, p. 721). Ele mesmo responde que o significado parece ser o mesmo em ambas as cláusulas (*...would seem to have the same meaning*). Em mais de um julgado, a Suprema Corte falou que não. Em *Buckley v. Valeo, 424 U. S. 1, 93 (1976)*, porém, foi dito textualmente que *Equal Protection analysis in the Fifth Amendment area is the same as that under the Fourteenth Amendment.*

A frase *due process of law*, consagrada nas Emendas n. 5 e 14, não é invenção americana. Vem do direito inglês. Está no item 39 da Magna Carta de 1215.[149] Muitos doutrinadores detectam nos escritos e decisões de Edward Coke a consagração do "substantive due process of law".[150] Ocorre que, com a prevalência da *Supremacia do Parlamento*, o instituto jurídico não encontrou campo fértil na Inglaterra como foi encontrar nos Estados Unidos, onde o Judiciário goza de liberdade política no controle das leis.

---

[149] *Nullus liber homo capiatur, vel imprisonetur, aut disseisiatur, aut utlagetur, aut exuletur, aut aliquo modo destruatur, nec super cum ibimus, nec super cum mittemus, nisi per legale judicium parium suorum vel* per legem terrae. (Disponível em: www.magnacartaplus.org/magnacarta/latin.htm. Acesso em: 28.01.2010).

[150] Lorde Campbell, que rejeitava a ideia americana do *judicial control*, via no *substantive due process* uma autêntica asneira, que levava à adivinhação, merecendo, por isso, desprezo [(...) *a foolish doctrine...(...) a conundrum (that) ought to have been laughed at*]. (Disponível em: http://en.wikipedia.org/wiki/Due_process#cite_ref-13. Acesso em: 24.07.2013).

O juiz inglês, na impossibilidade de declarar inconstitucional uma lei elaborada pelo Parlamento, fala em *natural justice* ou em *rule of law* quando quer mostrar os vícios de direito ou de justiça.

O princípio *Parliamentary Sovereignty* ou *Parliamentary Supremacy* merece algumas observações, ainda que ligeiras, em virtude de sua importância para o constitucionalismo universal. O grande constitucionalista britânico A. V. DICEY (1835-1922), em *Introduction to the Study of the Law of the Constitution* (9. ed. London: MacMillan and Co., Limited, 1952, p. 39 e seg.), tido como um dos cunhadores da expressão, procura, logo no capítulo I de sua magna obra, explicar e defender a teoria da Soberania do Parlamento, isto é, do "Rei em Parlamento":

> *O princípio da Soberania do Parlamento significa nem mais nem menos do que isso, a saber: que o Parlamento, assim definido, tem, sob a Constituição inglesa, o direito de fazer ou desfazer qualquer lei que lhe aprouver e, mais, (que) pessoa alguma ou órgão (algum) é reconhecido pelo Direito da Inglaterra com o direito revogar ou deixar de aplicar a legislação do Parlamento.*[151]

Dentro do conceito ortodoxo inglês, a supremacia do Parlamento, que começou a ganhar corpo no final do século XVI e durante o século XVII, firmando-se com a *Coronation Oath Act* (1688), o juiz não pode deixar de cumprir o que o Parlamento legislou. Daí, como já se

---

151 *The principle of Parliamentary Sovereignty means neither more nor less than this, namely, that Parliamentary thus defined has, under the English constitution, the right to make or unmake any Law whatever; and, further, that no person or body is recognised by the law of England as having a right to override or set aside the legislation of Parliament.*

falou logo acima, os institutos da *constitutional review* e do *substantive due process* não terem se desenvolvido em solo britânico. Ocorre que o entendimento de hoje já não é mais o do século de Dicey. Muitos juristas, juízes e estudiosos do Direito constitucional britânico encontram hoje elementos capazes de colocar em xeque o princípio da *Supremacia do Parlamento*: a interpretação do tratado selado entre a Inglaterra e a Escócia (*Union Act of 1707*), o Direito da União Europeia (sobretudo a partir de 1997) e o fomento mundial da expansão dos direitos fundamentais dos indivíduos.

No Novo Mundo, o instituto *due process*, antes confinado à proteção processual, ganhou maior relevo e alcance, passando, aos poucos, a proteger também o direito material (substantivo). Por outro lado, sua invocação nos tribunais americanos era válida tanto contra provimentos legislativos quanto contra atos do executivo.

No meado do século XIX, os tribunais de Nova York ampliaram o sentido de *due process*. Em *Wynhamer v. The People of New York, 13 N. Y. 378 (1856)*, por exemplo, uma lei estadual foi tida por inconstitucional não por violação de direito ou garantia puramente processual, que estavam adrede prescritos. O tribunal entendeu que, em sua substância, a lei afrontava a Constituição. O caso concreto: toda bebida alcoólica (salvo para fins medicinais) encontrada em casa deveria ser sumariamente apreendida e destruída.[152]

Na realidade, a Suprema Corte só foi aplicar a doutrina do *substantive due process* em 1869, no caso *Hepburn v.*

---

152 A Emenda n. 18 (ratificada em 16.01.1919), que foi revogada (*repealed*) depois pela seção 1 da Emenda n. 21 (ratificada em 05.12.1933), vedava a fabricação, transporte e consumo de bebidas alcoólicas.

Griswold (8 Wall. 603).[153] Vinte e oito anos depois, a tese foi repetida em *Allgeyer v. Louisiana, 165 U.S. 578 (1897).*[154]

Por causa de sua abrangência, torna-se difícil definir o que seja "devido processo legal". Como observa Willoughby (1938, p. 735), a Suprema Corte, no caso *Twining v. New Jersey, 211 U. S. 78, 100 (1908)*, trouxe dados que ajudam na compreensão do instituto:

> *Existem certos princípios gerais, bem estabelecidos, os quais, todavia, limitam o campo de discussão (sobre devido processo), e podem servir de ajuda para corrigir as conclusões (a que se chegar). Esses princípios partem de proposição universalmente aceita pelos tribunais americanos com base na autoridade de Coke de que as palavras "devido processo legal" são equivalentes em significado às palavras "leis do país", contidas naquele capítulo da Magna Carta que estipula que "nenhum homem livre será detido, ou preso, ou desapossado, ou declarado fora da lei, ou exilado, ou de qualquer modo molestado; e nós não agiremos contra ele, salvo por meio de julgamento regular de seus pares, ou pela lei do país".*[155]

Falamos que a Suprema Corte evita definir o que seja *due process of law*. Mas, o certo é que desde Edward Coke se entende que *due process of law* é sinônimo de *law of the*

---

153 *Ibidem*, p. 728. Citation: *Hepburn v. Griswold, 75 U.S. 603 (1869)*

154 NOWAK/ROTUNDA, ob. cit., p. 228 e seg.

155 Tradução livre. No original: "There are certain general principles, well settled, however, which narrow the field of discussion, and may serve as helps to correct conclusions. These principles grow out of the proposition universally accepted by American courts on the authority of Coke, that the words *due process of law* are equivalent in meaning to the words *law of the land*, contained in that chapter of *Magna Charta* which provides that *no freeman shall be taken, or imprisoned, or disseised, or outlawed, or exiled, or any wise destroyed; nor shall we go upon him, nor send upon him, but by the lawful judgment of his peers, or by the law of the land.*"

Land. Mas a frase *due process* significa muito mais do que *common law* e do que lei regularmente votada (*statute law*). Muitas vezes, não basta que o ato esteja no costume ou na lei para que ele seja chancelado pelo *due process*. Quantas e quantas vezes o legislativo baixou um *bill of pains*,[156] confiscou propriedades ou as transferiu compulsoriamente para outrem? Tais provimentos eram considerados como *law of the Land*, mas nem por isso mereciam o endosso do Direito. Nas palavras de Cooley:

> *O* Due Process of law *tem sido tomado como sinônimo de 'lei do País (*law of the Land*), e, correta ou incorretamente, pouco importa, essa lei do País é levada em conta por haver garantido ou anunciado a prática da liberdade, não só em relação a tribunal e processo administrativo arbitrários, mas (também) em relação à legislação opressiva e essencialmente desarrazoável. O termo* due process of law *é usado para explicar e expandir os termos vida, liberdade e propriedade, e para proteger a liberdade e a propriedade contra regras não razoáveis e opressivas, para garantir ao indivíduo o direito de fazer o que bem entende, desde que seu uso ou ações não sejam danosos às pessoas, (consideradas) como um todo.*[157]

---

156 Um *bill of pains and penalties* é um provimento legislativo impondo pena a alguém, sem a intervenção do Judiciário.

157 Tradução livre. No original: *Due process of law has been held to be synonymous with the term* "law of the land", *and, correctly or incorrectly, it matters not, that law of the land is held to have guaranteed or announced a practice of freedom, not only from arbitrary court and administrative procedure, but a freedom from arbitrary, oppressive or fundamentally unreasonable legislation. The term due process of law is used to explain and to expand the terms, life, liberty and property, and to protect liberty and property from oppressive and unreasonable regulation, to guarantee to the individual the right to do with his own as he chooses, provided his use and actions are not injurious to the people as a whole* (COOLEY, Thomas. *The general principles of constitutional law of the United States of America*. 4. ed, Boston: Little, Brown, and Company, 1931, p. 279-80).

As duas cláusulas *due process of law* e *equal protection of laws*, que se acham ligadas no texto constitucional e na jurisprudência dos tribunais, são institutos distintos, ainda que entrelaçados. A Suprema Corte, como se dá com o *due process*, tem evitado definir *equal protection*.

A *equal protection*, tal como se acha na Emenda n. 14, aplicar-se-ia somente aos Estados e aos governos locais (municipais), não atingindo as ações do governo federal. Esse era o entendimento da Suprema Corte até a última década do século XIX (1890). Essa visão acanhada, se tomada ao pé da letra, violaria, por sua vez, a cláusula do devido processo legal, que vem expressa na Emenda n. 5.[158] A partir de 1937, a cláusula da *equal protection* foi ganhando força, transformando-se no "last resort of constitutional arguments" na proteção dos direitos individuais, segundo a feliz conceituação do juiz Holmes.[159] Em 1954, quando do primeiro julgamento de *Brown v. Board of Education*, foi decidido simultaneamente outro feito importante – *Bolling v. Sharpe, 347 U.S. 497.* A Corte (Warren) aplicou, à unanimidade, a denominada doutrina da *reverse incorporation*: se as garantias e direitos do *Bill of Rights* se aplicam aos Estados e aos Municípios, por igual razão, a cláusula da *equal protection*, prevista expressamente para os Estados (Emenda n. 14), deve proteger os indivíduos contra o governo federal. O caso *Bolling* tratava de discriminação racial em escolas no Distrito Federal, que não é política e juridicamente considerado um Estado.

---

158 NOWAK/ROTUNDA, ob. cit., p. 374.

159 *Ibidem*, p. 373.

A partir de 1937, de um modo geral, os *justices* passaram a se utilizar menos da *Substantive Due Process of Law Clause*, dando preferência à *Equal Protection Clause*, que, nos últimos anos, se tornou a maior garantia de proteção dos direitos individuais contra o arbítrio do executivo e do legislativo.[160]

Nem sempre é fácil diferenciar uma cláusula de outra na proteção dos *direitos fundamentais do cidadão*, campo de suas aplicações. Tradicionalmente, a Suprema Corte, diante de um caso concreto qualquer, começa por apurar se se trata, efetivamente, de violação de "direitos fundamentais" ou não. Se positivo, isto é, de se tratar de *fundamental rights violation*, a interpretação conduz a uma pesquisa profunda (*scrutiny*), com a distribuição do ônus probatório. Ora cabe ao poder público o *onus probandi* de que o ato (legislativo ou administrativo) impugnado é imprescindível e necessário para a realização de seu propósito,[161] ora cabe àquele que se julga lesado a prova de que o poder público agiu com intuito puramente discriminatório.

Há mais de um critério hermenêutico para se lidar com a *equal protection*. Um deles é verificar se a lei (ou o ato administrativo) trata as pessoas de modo igual (*equal treatment*). Exemplo: a lei que estabelece a idade mínima de dezesseis anos para se tirar carteira de habilitação para dirigir veículos trata todos de modo igual, homens e mulheres, negros ou brancos. O critério político da lei é a *idade*. Se alguém, digamos um rapaz de quinze que se te-

---

160 *Ibidem*, p. 373 e seg.

161 *The government has the burden of proof under strict scrutiny and the law will be upheld only if the government persuades the court that is necessary to achieve a compelling purpose* (CHEMERINSKY, ob. cit., p. 529).

nha física e mentalmente apto, resolve arguir a inconstitucionalidade da lei em juízo, o ônus probatório é dele. A presunção de constitucionalidade milita a favor da lei. Outro critério utilizado pelos tribunais é o do "resultado" (*equal result*), ou seja, das consequências diferenciadas da aplicação da lei. Exemplo: uma lei exige, para se ingressar na força pública, altura mínima de um metro e setenta e sete. Esse provimento, numa primeira visada, nada teria de inconstitucional, uma vez que o critério legal é o da *altura*. Ocorre que, estatisticamente, está comprovado que apenas dois por cento das mulheres estariam em condições de disputar o cargo. A lei, que escolheu a *altura* como critério seletivo, estaria tratando, no fundo, diferentemente as mulheres em relação aos homens (sessenta por cento deles têm a altura legal exigida).[162] O ônus probatório, nesse caso, tocaria ao poder público, não a quem questionasse *in judicio* a constitucionalidade do provimento legislativo.[163]

Em 2003, a Suprema Corte julgou, com fulcro na *Substantive Due Process Clause*, caso importante, que revogou julgado de 1986, apodado de *not correct*, mesmo para a época na qual foi decidido.[164] O julgamento revogado, de 1986, havia considerado constitucional lei da Geórgia que criminalizava a sodomia, ainda que praticada privadamente

---

162 Os exemplos foram dados pelo professor CHEMERINSKY (ob. cit., p. 528).

163 Na década de 1980, no Tribunal Regional Eleitoral de Minas Gerais, com confirmação pelo Tribunal Superior Eleitoral, o Autor, como relator, teve por inconstitucional lei federal que vedava propaganda pela TV de partido político sem representante no Congresso Nacional. No resultado, o tratamento era discriminatório.

164 *Bowers v. Hardwick, 478 U. S. 186 (1986).*

e entre sexos opostos.[165] A decisão revogadora – *Lawrence v. Texas, 539 U. S. 558 (2003)* – foi conduzida pelo voto de Anthony Kennedy.[166] Sandra O'Connors, que o acompanhou no resultado (*concurring opinion*), entendeu, todavia, que a cláusula constitucional ofendida tinha sido a *equal protection of law*, e não a *due process*. O *justice* Kennedy, em suas razões de decidir (*rationale*), invocou precedente da Corte Europeia de Direitos Humanos de outubro de 1981 (*Dudgeon v. United Kingdom, Appl. No. 7525/76, Council of Europe: European Court of Human Rights, 22 October*), o qual considerou atentatória aos direitos humanos lei do século XIX (Irlanda) que tipificava como crime relação homossexual. Kennedy, em seu voto, ressaltou que o Poder Público não tinha o direito, mesmo sob o tegumento de moralidade, de intrometer-se na vida sexual íntima do indivíduo. O precedente *Dudgeon v. United Kingdom* serviu, posteriormente, de base para outras decisões da mesma corte europeia.[167] O precedente *Griswold*, já estudado no Capítulo 14, e os casos *Eisenstadt v. Baird, 405 U.S. 438*

---

165 Michael Hardwick, que se achava na intimidade de seu quarto, foi preso em flagrante por sodomia. Mesmo sem culpa formada, entrou com ação em tribunal federal para que lei da Geórgia fosse declarada inconstitucional. Atualmente, cerca de dezessete Estados norte-americanos já aprovaram o *same-sex marriage*. (http://gaymarriage.procon.org/. Acesso: em 05.02.2014).

166 Ver FALLON JR., Richard. *The dynamic constitution – an introduction to American constitution*. Cambridge: Cambridge University Press, 2004, p. 147 e seg. (*Gay Rights*).

167 *Norris v. Ireland, 26.10.1988, Modinos v. Cyprus, 22.04.1993*. Em *Romer v. Evans, 517 U. S. 620 (1996)*, a Suprema Corte, por seis a três, teve uma emenda constitucional do Colorado por inconstitucional: violação dos direitos de *gays* e lésbicas à proteção dos poderes públicos. Na ocasião, também o *justice* Kennedy falou pela maioria. Vencidos: Scalia, Rehnquist e Thomas.

(1972) e *Roe* v. *Wade, 410 U. S. 113 (1973)* foram invocados por Kennedy em seu voto.[168]

Outra questão palpitante é a esterilização compulsória ou enganosa de amentais, criminosos, minorias raciais e desajustados sociais.[169] A separação entre esterilização genética, terapêutica e punitiva nem sempre é fácil de ser feita. Por outro lado, sob a aparência de uma modalidade pode estar escondida outra. Quantas e quantas índias foram esterilizadas nos Estados Unidos? Há quem fale em mais de sessenta mil.[170] Na Alemanha, perto de quatrocentas mil pessoas teriam sido esterilizadas durante o regime nazista.[171]

Bem antes do advento da política nazista do *Lebensunwertes Leben* (*Vida que não vale a pena ser vivida*), da política da *Rassenhygiene* (higiene racial),[172] que determinava a esterilização de judeus, negros, ciganos, homossexuais, epiléti-

---

168 BRASIL. Em maio de 2011, o STF julgou questão altamente polêmica: o reconhecimento, como "unidade familiar", da união de pessoas do mesmo sexo (ADI 4.277-DF, proposta pela Procuradoria-Geral da República, e ADPF 132, ajuizada pelo governador do Estado do Rio de Janeiro).

169 BRASIL. A Lei n. 9.263/1996, que trata do "planejamento familiar" (art. 226, § 7º, da Constituição), só admite, com limitações, esterilização voluntária. Tipifica como crime esterilização cirúrgica feita em desacordo com a prescrição legal.

170 Disponível em: http://www.ratical.com/ratville/sterilize.html. Acesso em: 01.02.2010.

171 A *Gesetz zur Verhütung erbkranken Nachmuchses* arrolava uma série de doenças que levavam à esterilização compulsória. (Disponível em: http://de.wikipedia.org/wiki/Gesetz_zur_Verh%C3%BCtung_erbkranken_Nachwuchses. Acesso em: 19.06.2013).

172 BRASIL. Essa política norte-americana de eugenia racial repercutiu no primeiro governo Vargas. Em pleno Estado Novo, foi baixado o Decreto-lei n. 3.010/1938, com 286 artigos, dispondo sobre cotas raciais visivelmente tendenciosas. Alguns estrangeiros estavam mesmo impedidos de desembarcar no território nacional:

cos, aleijados etc., nos Estados Unidos alguns Estados já possuíam suas *sterilization laws*. No século XIX, o médico Gordon Lincecum (Texas), por certo entusiasmado com os estudos feitos por Francis Galton (1822-1911), defendeu a *compulsory sterilization* para doentes mentais. Em 1907, o Estado de Indiana[173] aprovou sua primeira lei; a da Califórnia veio dois anos depois. Só para o Estado da Califórnia, a estatística aponta cerca de vinte mil esterilizações não consensuais entre 1909 e 1979.[174] Em 1927, a Suprema Corte teve como constitucional lei da Virgínia que permitia a esterilização de "fracos da cabeça" (*feeble-minded*) internos em instituições públicas para doentes mentais. No caso concreto, a vítima (Carrie Buck) era a terceira de uma geração que apresentava elevado grau de idiotia. Holmes, em seu voto, frisou que "três gerações de imbecis são mais que suficientes" (para justificar a esterilização).[175] Anos depois, em *Skinner v. Oklahoma ex. rel. Williamson, 316 U. S. 535 (1942)*, a Suprema Corte considerou uma lei estadual de Oklahoma, de 1935, que mandava esterilizar as pessoas que praticassem mais de três crimes envolvendo "torpeza moral" (*moral turpitude*), inconstitucional por se achar em descompasso com a *Equal Protection Clause*: o direito de procriar é direito fundamental. "O poder de esterilizar" – falou William Douglas pela Corte –, "se exercido, pode

---

indigentes, vagabundos, "ciganos e congêneres", doentes, aleijados, inválidos, cegos, surdos-mudos.

173 Em 1897, tentou-se passar lei de esterilização no Estado de Michigan. Pouco depois, a assembleia legislativa da Pensilvânia aprovou projeto de lei sobre *compulsory sterilization*, que sofreu veto por parte do governador.

174 Disponível em: http://www.ncbi.nlm.nih.gov/pmc/articles/PMC1449330/. Acesso em: 28.01.2010.

175 *Buck v. Bell, 274 U. S. 200 (1927).*

ter efeitos sutis, bem além do desejado e devastadores".[176] No caso concreto, Jack Skinner, por ter sido anteriormente condenado por "furto de galinhas" e assalto à mão armada, foi sentenciado à esterilização.

O *Rome Statute* (1998), em seu art. 7º, 1, alínea "g", tipifica a esterilização forçada como "crime contra a humanidade".[177]

No tocante à efetividade da cláusula *equal protection*, a Suprema Corte, de um modo geral, parte do princípio de que toda lei se *presume constitucional*. Deixa para o desafiante (*challenger*) demonstrar que ela "não tem propósito legítimo ou que os meios utilizados para se atingir o fim colimado não foram razoáveis".[178] Um exemplo elucidativo: uma lei do Estado de Oklahoma impedia que as óticas trocassem lentes de óculos sem receita médica. A Suprema Corte entendeu que a lei, ainda que favorecesse os oftalmologistas em detrimento dos óticos, se revestia de um *legitimate purpose*: saúde pública.[179]

Falemos, agora, ainda que rapidamente, sobre direitos políticos das mulheres, que também encontram amparo na cláusula *equal protection*. Há menos de um século, precisamente em janeiro de 1917, num dia chuvoso e frio, Alice Paul (1885-1977) e outras sufragistas empunharam faixas e cartazes diante da Casa Branca de Woodrow Wilson: *Até quando as mulheres terão que esperar por liberdade? Senhor Presidente, o que o senhor tem feito pelo o sufrágio feminino?* Para

---

[176] *Apud* CHEMERINSKY, ob. cit., p. 533.

[177] Disponível em: http://www.preventgenocide.org/law/icc/statute/part-a.htm. Acesso em: 01.02.2010.

[178] CHEMERINSKY, ob. cit., p. 534.

[179] *Williamson v. Lee Optical, 348 U. S. 483 (1955).*

que pudessem votar, as mulheres americanas tiveram que esperar mais de três anos pela Emenda n. 19.[180]

A mulher brasileira só conseguiu o direito de voto com o Código Assis Brasil (1932). Assim mesmo, com uma série de restrições (licença do marido, se casada; se solteira ou viúva, mediante a comprovação de que tinha propriedade). Em 1934, as restrições foram constitucionalmente eliminadas (art. 108). A obrigatoriedade do voto, porém, atingia somente a mulher que exercesse função pública remunerada (art. 109). A Constituição de 1946 eliminou a distinção (art. 133).

Também no Brasil tivemos grandes nomes femininos que se destacaram na luta por seus direitos políticos. Dois deles merecem menção: o da potiguar Nísia Floresta (1810-1885) e o da paulista Bertha Lutz (1894-1976). Nísia Floresta nunca concordou com a subordinação política da mulher. Teve a coragem de traduzir para o português obra polêmica da feminista britânica Mary Wollstonecraft (1759-1797). Bem mais tarde, a bióloga Bertha Lutz, após contato com o mundo cultural francês, trouxe para o Brasil as ideias que circulavam no velho continente. Tornou-se presidente de uma associação sufragista. Como no Estado do Rio Grande Norte era esporadicamente permitido o voto feminino (Lei estadual n. 660/1927),[181] Ber-

---

180 "O direito de votar dos cidadãos dos Estados Unidos não será negado ou dificultado pelos Estados Unidos ou por nenhum Estado em razão de sexo" (*The right of citizens of the United States to vote shall not be denied or abridged by the United States or any State on account of sex*).

181 Durante a constituinte de 1891, houve discussão sobre a extensão do direito de voto à mulher na Comissão dos 21. O deputado César Zama (1837-1906) se posicionou a favor. O deputado Almeida Nogueira (1851-1914), por sua vez, não via necessidade de ressalva expressa, pois só aos analfabetos, mendigos, praças de pré e religiosos de ordem monástica era

tha para lá se deslocou. Incentivou Alzira Soriano (1897-1963), viúva com 32 anos de idade, a candidatar-se para o cargo de prefeito da cidade de Lajes.[182] Alzira obteve mais de 60% dos votos. A Comissão Verificadora de Poderes do Congresso, porém, anulou sua eleição e todos os votos femininos. Apenas em 1933, na vigência do Código Eleitoral Assis Brasil (Decreto n. 21.076/1932), é que a médica Carlota Pereira de Queirós (1892-1982) conseguiu ser eleita deputada/constituinte.[183]

Quanto aos Estados Unidos, é claro que o *equal suffrage* ainda não foi tudo para as mulheres. Elas reivindicam, com razão, outras igualdades. Mais a título de ilustração, vamos enfocar um ou outro julgado da Suprema Corte americana. Muitos deles, com o aparente propósito de "proteger" a mulher. Por exemplo, em *Frontiero v. Richardson, 411, U.S. 677 (1973)*, o juiz Brennan Jr. ironizou: "Nossa Nação tem tido uma longa e infeliz história de discriminação sexual, racionalizada por meio do *paternalismo romântico* que, para efeitos práticos, coloca as mulheres não sobre um pedestal, mas em uma jaula".[184]

---

vedado o alistamento eleitoral. O texto aprovado (art. 70) menciona "cidadãos maiores de 21" (cf. LEAL, Aurelino. *Historia constitucional do Brazil*. Brasília: Ministério da Justiça, 1994, p. 232).

182 Esse fato foi noticiado no New York Times da época, com a manchete *Americanized Town Elects Brazil's First Major* (Cidade americanizada elege a primeira prefeita no Brasil). (Disponível em: http://arturricardo-historiador.blogspot.com/2010/11/alzira-soriano-abriu-espaco-feminino-no.html. Acesso em: 26.04.2011).

183 Disponível em: http://www1.folha.uol.com.br/folha/brasil/ult96u367001.shtml. Acesso em: 25.04.2011.

184 *Our Nation has had a long and unfortunate history of sex discrimination, rationalized by an attitude of 'romantic paternalism' which, in practical effect, put women, not on a pedestal, but in a cage.*

Vamos começar com uma lei de Illinois, que vedava a atividade de advogado à mulher. O *justice* Bradley, cujo voto impulsionou o entendimento da Corte, traduziu o sentimento da época:

> *O destino excelso e a missão das mulheres é preencher as nobres e boas tarefas de esposa e mãe. Essa a lei do criador. E as normas da sociedade civil devem-se adaptar, de um modo geral, à natureza das coisas, e não podem ser calcadas em casos excepcionais.*[185]

A luta da mulher brasileira para exercer a advocacia não foi diferente da luta da mulher americana. É o caso da fluminense Myrthes Gomes de Campos, tida como nossa primeira advogada (Em 1888, há registro de moças que se diplomaram pela faculdade do Recife). Myrthes Gomes de Campos formou-se em Direito pela então Faculdade Livre de Ciências Jurídicas do Rio de Janeiro, em 1898. Só em 1906, é que conseguiu inscrever-se como advogada no Instituto dos Advogados Brasileiros.[186]

---

185 *Bradwell v. Illinois, 83 U. S. (16 Wall.) 141 (1873)*. A busca por uma vida de maior conforto econômico empurrou a mulher para o mercado de trabalho, normalmente em prejuízo de seus filhos. Se no século XIX a mulher se contentava em ser professora ou trabalhar como datilógrafa ou secretária, hoje ela exige igualdade salarial com os homens e mostra-se apta a desempenhar altos cargos na "era da informação". Estudos estatísticos indicam que a mulher japonesa e coreana, por questão de tradição e religião, foram capazes de manter maior estabilidade familiar do que as americanas ou europeias. Na idade reprodutiva preferiam se dedicar ao lar (cf. FUKUYAMA, Francis. *A grande ruptura – a natureza humana e a reconstituição da ordem social.* Trad. Nivaldo Montingelli Jr. Rio de Janeiro: Rocco, 2000, p. 138 e seg.).

186 O Instituto dos Advogados Brasileiros foi instituído pelo Aviso de 07.08.1843. Em seu estatuto, art. 2º, estava dito que "o fim do Instituto é organizar a Ordem dos Advogados, em proveito geral da ciência da juris-

A restrição ao trabalho feminino continuou em diversos Estados norte-americanos. Em 1924, lei do Estado de Nova York, que proibia a mulher de trabalhar em restaurante entre dez horas da manhã e seis horas da tarde, foi mantida.[187] Em *Goesart v. Cleary, 335 U.S. 464 (1948)*, a Suprema Corte considerou constitucional lei que vedava trabalho feminino como *bartender*, salvo se o marido fosse o dono do bar. Em *Hoyt v. Florida, 368 U. S. 57 (1961)*, lei que dispensava mulher de servir obrigatoriamente como jurado foi confirmada pela Corte. Com *Taylor v. Louisiana, 419 U.S. 552 (1975)*, esse entendimento foi revogado, uma vez que se achava em jogo expectativa do réu.

A Suprema Corte, porém, teve como afrontosa à cláusula *equal protection* lei de Idaho que, após estabelecer categorias de vocação para administração de bens deixados por *de cujus,* dava preferência para homem, na hipótese de concorrência com mulher da mesma categoria.[188]

Por fim, examinemos questão complexa, de muita atualidade: o denominado "suicídio assistido". Com o progresso da técnica médica, muitos doentes terminais têm suas vidas prolongadas, às vezes contra suas vontades ou mesmo contra a vontade de familiares. Tem-se o "direito de morrer"?[189] Tem-se o direito de recusar tratamento para prolongar a vida? A cláusula *due process* da Emenda n. 14 garante ao moribundo a assistência médica para

---

prudência". Mas somente em 1930, com o Decreto n. 19.408, art. 17, é que foi criada a Ordem dos Advogados Brasileiros.

187 *Radice v. New York, 264 U. S. 292 (1924).*

188 *Reed v. Reed, 404 U. S. 71(1971).*

189 A expressão consagrada "direito de morrer" (*right to die*) é equívoca (cf. FALLON JR., ob. cit., p. 151).

antecipar sua morte? A questão, como se percebe, por sua complexidade, tem oferecido uma gama interminável de discussão e divergências nos tribunais e fora deles. Em 1997, sob a voz presidencial de Rehnquist, foram julgados dois casos importantes. O primeiro, *Washington v. Glucksberg, 521 U.S. 702*; o segundo, *Vacco v. Quill, 521 U.S. 793.* Em ambos, a Suprema Corte decidiu que o paciente terminal tem inequívoco direito de prolongar, com assistência médica adequada, sua vida, como tem igual direito de recusar o tratamento. Também goza do direito a medicamento certo para aliviar seus sofrimentos. Mas a Constituição não garantia o direito de assistência médica para morrer. Em outras palavras, o "suicídio assistido" não é garantido pela Emenda n. 14.

Em *Washington v. Glucksberg*, alguns médicos e uma entidade sem fins lucrativos se insurgiram contra lei do Estado de Washington (*Natural Death Act of 1979*) que vedava suicídio medicamente assistido. Os médicos alegaram que estavam protegidos pela cláusula *due process* da Emenda n. 14. Em *Vacco*, a cláusula invocada pelos autores da ação (primeiro grau) foi a *equal protection.* A lei do Estado de Nova York, acoimada de inconstitucional, criminalizava o médico por suicídio assistido, mesmo no caso de paciente terminal. O *chief* Rehnquist, em seu voto condutor, disse que a lei fazia distinção entre "assassinato" (*killing*) e "deixar morrer" (*letting to die*). Disse, mais, que o Estado de Nova York tinha interesse legal em criminalizar o médico. Concluiu que o doente, todavia, podia legalmente recusar tratamento para prolongar sua vida. Mas o médico que lhe obviasse a morte cometia crime.

Em 1990 foi julgado caso que, por sua relevância e impacto social, ganhou as manchetes de jornais: *Cruzan v.*

Director, Missouri Department of Health, 497 U.S. 261 (1990). Em 1983, Nancy Cruzan capotou seu carro, ficando perto de quatorze minutos sem oxigenação cerebral (hipoxia). Durante três semanas, esteve em coma profundo. Seus familiares, diante de seu estado vegetativo permanente (seis anos), solicitaram aos médicos que desligassem os aparelhos para que ela pudesse morrer em paz. O pedido foi negado. Em juízo, foi invocada a doutrina do *common law* do "consentimento previamente manifestado" (*informed consent doctrine*): um ano antes do acidente, Nancy teria dito a uma amiga íntima que se algum dia tivesse vida vegetativa, preferiria morrer. O tribunal de primeiro grau acolheu a tese dos autores da ação: a vítima tinha o direito constitucional de recusar tratamento que lhe poupasse a vida. Por outro lado, teve como provada testemunhalmente a intenção de morte da paciente. A Suprema Corte de Missouri, porém, deu provimento à apelação do Estado: a) não se tem direito de recusar tratamento médico para prolongar a vida; b) os autores da ação judicial não lograram demonstrar, de modo claro e convincente (*clear and convincing evidence*), que a paciente afirmara que preferia a morte à vida vegetativa. O caso chegou à Suprema Corte dos Estados Unidos por meio de *certiorari* (Rehnquist). A decisão *a quo* foi mantida *in partem*: os autores não fizeram prova, de modo insofismável, que a vítima havia segredado seu desejo de morrer, na hipótese de vida permanentemente vegetativa. Por outro lado, constitucionalmente se achava assegurado o direito de recusa para prorrogação artificial da vida. Brennan, Marshall, Blackmun e Stevens ficaram parcialmente vencidos. Stevens frisou que a proteção constitucional à vida devia ser examinada em cada caso concreto. *In casu*, a perícia médica positivara que a paciente jamais se recuperaria. "A atrofia de seu córtex cerebral era irreversível". Por outro lado – ponderou o magistrado-, "não existe fundamento razoável que nos leve a crer que Nancy Beth Cruzan tivesse interesse pessoal em perpetuar aquilo que o Estado decidiu fosse sua vida." No final de dezembro de 1990, Nancy Cruzan faleceu. Tinha trinta e três anos de idade, quando lhe foi retirada a parafernália hospitalar.

Alguns poucos Estados-membros da Federação americana, como Montana, Washington e Oregon, dispõem de leis que permitem ao médico, dentro de determinados limites e formalidades, prescrever medicamento letal para pacientes terminais (*terminally ill patients*). No Estado de Oregon, uma votação popular referendou (51,3%) a *Death with Dignity Act*, de 1994, que permitia a médicos a prescrição de medicamento para obviar a morte de quem era doente terminal. O *Attorney General*, todavia, resolveu questionar a aplicação da lei, alegando que ela violava uma lei federal de 1970 (*Controlled Substances Act*). O caso chegou à Suprema Corte [*Gonzales v. Oregon, 546 U.S. 243 (2006)*]. Por seis a três, a Corte (Kennedy) decidiu que o *Attorney General* não tinha competência para impedir a execução de uma lei estadual popularmente referendada. Ficaram vencidos os *justices* Scalia, Roberts e Thomas. Solução processual, não de mérito.

OBRAS CITADAS

Beck'sche Textausgaben. Grundgesetz für die Bundesrepublik Deutschland: München: C.H. Beck'sche Verlagsbuchhandlung, 1969.

Comptons's Interactive Encyclopedia.

Constituição do Brasil e constituições estrangeiras. Brasília: Senado Federal, v. I, 1987.

Der Brockhaus multimedial. Leipzig: FA Brockhaus AG, 1998.

Encarta, Microsoft Corporation, 1992.

Encyclopaedia Britannica CD. 1999 Standard Edition.

Les constitutions de la France depuis 1789. Paris: Garnier-Flammarion, 1979.

Merriam-Webster's Dictionary of Law, edição de 1996.

Newsweek, August 1 & 8, 2011.

Selected Illustrations from the Concise Columbia Encyclopedia. Copyright © 1991 by Columbia University Press.

The American heritage dictionary of the English language, Third Edition, licensed from Houghton Mifflin Company. Copyright © 1992 by Houghton Mifflin Company.

The Concise Columbia Encyclopedia - Microsoft Bookshelf '94.

The constitution of the United States of America. Washington, D. C.: National Archives and Records Administration, 1986.

The constitution of the United States with the declaration of independence. 13. ed. Washington, D.C.: Published by the Commission on the Bicentennial of the United States Constitution, 1991.

Oxford dictionary of law (Ed. by Elizabeth A. Martin): Oxford University Press, E-book, 5. ed., 2003.

ABRAHAM, Henry J. *The judicial process – an introductory analysis of the courts of the United States, England and France*. 5. ed. New York: Oxford University Press, 1986.

ABREU, Capistrano de. *Capítulos de história colonial – 1500-1800*. 7. ed. Belo Horizonte/São Paulo: Itatiaia/Empresa Folha da Manhã, 2000.

ACKERMAN, Bruce. *Nós, o povo soberano. Fundamentos do direito constitucional*. Trad. Mauro Raposo de Mello. Belo Horizonte: Del Rey, 2006.

AGOSTINHO, Santo. *A cidade de Deus*. Trad. Oscar Paes Leme. 5. ed. Petrópolis: Vozes, 2000.

ALEXY, Robert. *Teoría de los derechos fundamentales*. Versão para o espanhol por Ernesto Garzón Valdés. Madrid: Centros de Estudios Políticos y Constitucionales, 2001.

ALIGHIERI, Dante. *Tratado de monarquía*. Versão para o espanhol por Angel María Pascual. Madrid: Instituto de Estudios Políticos, 1947.

AMAR, Akhil Reed. *America's constitution – a biography*. New York: Random House, 2005.

AMAR, Akhil Reed. *The bill of rights: creation and reconstruction*. New Haven: Yale University, 1998.

AMEAL, João. *História de Portugal*. Porto: Tavares Martins, 1940.

ALMEIDA, Ricardo R.; ARAÚJO, Nádia de. O tribunal do júri nos Estados Unidos – sua evolução histórica e algumas reflexões sobre seu estado atual *in Revista Brasileira de Ciências Criminais*, ano 4, n. 15, 1996.

ARAÚJO, Nádia de; ALMEIDA, Ricardo R. O tribunal do júri nos Estados Unidos - sua evolução histórica e algumas reflexões sobre seu estado atual *in Revista Brasileira de Ciências Criminais*, ano 4, n. 15, 1996.

ARENDT, Hannah. *A condição humana*. 10. ed. Trad. Roberto Barroso. Rio de Janeiro: Forense Universitária, 2000.

ARENDT, Hannah. *A promessa da política.* Trad. Pedro Jorgensen Jr. Rio de Janeiro: DIFEL, 2008.

ARENDT, Hannah. *Crises da república.* 2. ed. Trad. José Volkmann. São Paulo: Editora Perspectiva S.A., 2004.

ARMITAGE, David John. Locke, Carolina, and the two treatises of government (Disponível em: htttp://scholar.harvard.edu/files/armitage/files/armitage-locke.pdf. Acesso em: 22.05.2013).

ARMITAGE, João. *História do Brasil.* 3. ed. brasileira. Rio de Janeiro: Zelio Valverde, 1943.

ARMSTRONG, Karen. *Em nome de Deus – o fundamentalismo no judaísmo, no cristianismo e no islamismo.* Trad. Hildegard Feist. São Paulo: Companhia das Letras, 2001.

ARMSTRONG, Scott; WOODWARD, Bob. *The Brethren – inside the supreme court.* New York: Avon Books/The Hearst Corporation, 1981.

ARMSTRONG, Scott; WOODWARD, Bob. *Por detrás da Suprema Corte.* Trad. Torrieri Guimarães. São Paulo: Saraiva, 1985.

ATHERTON, Steven. The forgotten ninth amendment. Disponível em: http://awlawfirm.com/Artricles/9thAmend. Acesso em: 10.12.2009.

BACKER, Larry Catá. *Critical turnings in federalism.* Disponível em: http://aei.pitt.edu/edu/2219/1/0028.PDF. Acesso em: 16.07.2013..

BALLADORE PALLIERI, Giorgio. *A doutrina do estado.* Trad. Fernando de Miranda. Coimbra: Coimbra Editora, v. I, 1969.

BARBALHO, João. *Constituição federal brazileira. Commentarios.* Rio de Janeiro: Typographia da Companhia Litho Typographica em Sapopemba, 1902.

BARBI, Celso Agrícola. *Do mandado de segurança.* 11. ed. Revisão e atualização pelo professor Bernardo Pimentel Souza. Rio de Janeiro: Forense, 2008.

BARBOSA, Ruy. *Teoria política.* Rio de Janeiro: W. M. Jackson, Inc., 1965.

BARKER, Ernest. *Teoria política grega.* 2. ed. Trad. Sérgio Bath. Brasília: Universidade de Brasília, 1978.

BARRETTO, Vicente; PAIM, Antonio. *Evolução do pensamento político brasileiro*. Belo Horizonte: Editora Itatiaia, 1989.

BASTOS, Celso Ribeiro; MARTINS, Ives Gandra. *Comentários à constituição do Brasil.* São Paulo: Saraiva, v. 1, 1988.

BASTOS, Celso Ribeiro; MARTINS, Ives Gandra. *Comentários à constituição do Brasil.* São Paulo: Saraiva, v. 2, 1989.

BAUMAN, Fred. Historicism and the constitution *in* BLOOM, Allan (Ed.). *Confronting the constitution.* Washington, D.C.: The AEI Press, 1990.

BEDERMAN, David J. *The classical foundations of the American constitution – prevailing wisdom.* Cambridge: Cambridge University Press, 2008.

BELL, Ashley M. God save this honorable court: how current establishment clause jurisprudence can be reconciled with the secularization of historical religious expressions *in American university law review*, v. 50.

BERTELLONI, Francisco; PIAIA, Gregório; SOUZA, José Antônio Camargo Rodrigues de. Introdução *in* MARSÍLIO DE PÁDUA. *Defensor Pacis.* Trad. e notas de José Antônio Camargo Rodrigues de Souza. Petrópolis: Vozes, 1997.

BINETTI, Saffo Testoni. Verbete "Doutrina" *in* BOBBIO, Norberto; MATTEUCCI, Nicola; PASQUINO, Gianfranco. *Dicionário de política* .Trad. Luís Guerreiro Pinto Cascais *et alii.* Brasília: Universidade de Brasília, 1986.

BIONDI, Biondo. *Istituzioni di diritto romano.* 2. ed. Milano: Dott. A. Giuffrè Editore, 1952.

BITTENCOURT, Lúcio. *O controle jurisdicional da constitucionalidade das leis.* 3. ed. Rio de Janeiro: Forense.

BLACK, Henry C. *Law dictionary.* St. Paul, Minn.: West Publishing Co, 1979.

BLACK, Henry C. *Law dictionary.* 9. ed. Bryan A. Garner, Editor in Chief. St. Paul, Minn.: West Publishing Co, 2009.

BLASI, Vincent. The checking value in first amendment theory (excertos) *in* GARVEY, John H.; SCHAUER, Frederick. *The first amendment: a reader.* 2 ed. St. Paul: Min: West Publishing Co., 1996.

BLICK, Andrew. "Codifying – or not codifying - the UK constitution" (Centre for Political and Constitutional Studies – King's College London).

BLOOM, Allan (Ed.) *Confronting the constitution.* Washington, D.C.: The AEI Press, 1990.

BLOOM, Harold. *O cânone ocidental: os livros e a escola do tempo.* Trad. Marcos Santarrita. Rio de Janeiro: Objetiva, 2001.

BOBBIO, Norberto; MATTEUCCI, Nicola; PASQUINO, Gianfranco. *Dicionário de política.* Trad. Luís Guerreiro Pinto Cascais *et alii.* Brasília: Universidade de Brasília, 1983.

BOBBIO, Norberto. *Locke e o direito natural.* 2. ed. Trad. Sérgio Bath. Brasília: Editora UnB, 1998.

BOBBIO, Norberto. *O positivismo jurídico – lições de filosofia do direito.* São Paulo: Ícone, 1995.

BOBBIO, Norberto. *Teoria geral da política. A filosofia política e as lições dos clássicos.* Trad. Daniela Beccaccia Versiani. Rio de Janeiro: Campus, 2000.

BOBBIO, Norberto. *Teoria geral do direito e do estado.* Trad. Luís Carlos Borges. São Paulo: Martins Fontes, 2000.

BODENHEIMER, Edgar. *Teoría del derecho.* Versão espanhola por Vicente Herrero. México: Fondo de Cultura Económica, 1946.

BONAVIDES, Paulo; PAES DE ANDRADE. *História constitucional do Brasil.* 3. ed. Rio de Janeiro: Paz e Terra, 1991.

BONGHI, Giuseppe. Dell´Arte della Guerra (*Progetto Machiavelli* Fausernet – Disponível na Internet).

BORGES, Jorge Luis. *Obras completas.* Trad. Sérgio Molina. São Paulo: Globo, v. II, 1999.

BORK, Robert H. The original understanding *in* BRISON, Susan; SINNOTT-ARMSTRONG, Walter (Ed.). *Contemporary perspectives on constitutional interpretation.* Boulder: Westview Press, Inc., 1993.

BRANCO, Paulo Gustavo Gonet; MENDES, Gilmar Ferreira; COELHO, Inocêncio Mártires. *Hermenêutica constitucional e direitos fundamentais.* Brasília: Brasília Jurídica, 2000.

BRADLEY, A W.; WADE, E.C.S. *Constitutional law: an outline of the law and practice of the constitution including central and local government, the citizen and the state and administrative law.* 7. ed., 2 impression. London: Longmans, 1966.

BRANDÃO, Fernando Antônio Xavier. *A viagem marítima da família real portuguesa para o Brasil.* Belo Horizonte: IHGMG, 2008.

BRISON Susan J.; SINNOT-ARMSTRONG, Walter. *Contemporary perspectives on constitutional interpretation.* Boulder: Westview Press, Inc., 1993.

BRUGGER, Walter. *Dicionário de filosofia.* 2. ed. Trad. Antônio Pinto de Carvalho. São Paulo: Herder, 1969.

BRUNO, Aníbal. *Direito penal. Parte geral.* Rio: Forense, t. 1, 1967.

BRUNO, Aníbal. *Direito penal.* 3. ed. Rio: Forense, t. 2, 1967.

BUCHANAN, Kim Shayo. Impunity: sexual abuse in women's prisons *in Harvard Civil-Rights – Civil Liberties Law Review.*

BULOS, Uadi Lammêgo. *Constituição federal anotada.* 3. ed. São Paulo: Saraiva, 2001.

BULOS, Uadi Lammêgo. *Manual de interpretação constitucional.* São Paulo: Saraiva, 1997.

BURDEAU, Georges. *Traité de science politique.* Paris: Librairie Générale de Droit et de Jurisprudence, t. II, 1949.

BURDEAU, Georges. *Traité de science politique.* Paris: Librairie Générale de Droit et Jurisprudence, t. III, 1950.

CADART, Jacques. *Institutions politiques et droit constitutionnel.* 2. éd. Paris: Librarie Générale de Droit et de Jurisprudence, t. II, 1979.

CHARLOT, Jean. *Os partidos políticos.* Trad. Carlos Alberto Lamback. Brasília: Editora Universidade de Brasília, 1982.

CALHOUN, John. *Disquisition on government.* (Disponível em: http://www.constitution_org./jcc/disq_gov.txt. Acesso em: 16.07.2013).

CALMON, Pedro. *História do Brasil.* 2. ed. Rio de Janeiro: Livraria José Olympio Editora, v. IV, 1963.

CLAUS, Laurence. Methodology, proportionality, equality: which moral questions does the Eighth Amendment pose? In *Harvard Journal of Law & Public Policy*, v. 31, n. 1.

CONAWAY, Teresa L.; MUTZ, Carol L.; ROSS, Joan M. *Jury nullification: a selective, annotated bibliography* (Disponível em: http://scholar.valpo.edu/vulr/vol39/1552/5. Acesso em: 06.06.2013).

CANOTILHO, José Joaquim Gomes; MOREIRA, Vital (Org.). *Constituição da república portuguesa – lei do tribunal constitucional.* 2. ed. Coimbra: Coimbra Editora, 1989.

CANOTILHO, José Joaquim Gomes. *Direito constitucional.* Coimbra: Livraria Almedina, 1987.

CANOTILHO, José Joaquim Gomes; MOREIRA, Vital. *Fundamentos da constituição.* Coimbra: Coimbra Editora, 1991.

CANTOR, Norman F. *The civilization of the middle ages.* New York: HarperCollins Publishers, 1993.

CAPPELLETTI, Mauro. *O controle judicial de constitucionalidade das leis no direito comparado.* Trad. Aroldo Plínio Gonçalves. Porto Alegre: Sergio Antonio Fabris Editor, 1984.

CARDOZO, Benjamin. *A natureza do processo e a evolução do direito.* Trad. Lêda Boechat Rodrigues. São Paulo: Editora Nacional de Direito Ltda., 1956.

CARLYLE, A. J. *La justicia en el medievo* (Disponível em: http://www.antorcha.net/biblioteca-virtual/drecho/justia/justicia.html. Acesso em 24.09.2007).

CARLYLE, A. J. *La libertad política.* Versão espanhola por Vicente Herrero. México: Fondo de Cultura Económica, 1942.

CARRÉ DE MALBERG, R. *Teoría general del estado.* Versão espanhola por José Lión Depetre. México: Fondo de Cultura Económica, t. I, 1948.

CARVALHO, José Murilo de (Org. e Introdução). *Bernardo Pereira de Vasconcelos.* São Paulo: Editora 34, 1999.

CARVALHO FILHO, Luís Francisco. Impunidade no Brasil – colônia e império. (Disponível em: http://www.scielo.br/scielo.

php?pid=S0103-40142004000200011&script=sci_arttext#tx30. Acesso em: 20.10.2006).

CASTELO BRANCO, Camilo. *Perfil do marquês de Pombal*. 4. ed. Porto: Domingos Barreira/Editor, 1943.

CASTRO NUNES, J. de. *Alguns homens do meu tempo* (*memórias e impressões*). Rio de Janeiro: Livraria José Olympio Editora, 1957.

CHAFEE JR., Zechariah. *Free speech in the United States*. Cambridge, Massachusetts: Oxford University Press, 1942.

CHEMERINSKY, Erwin. *American Bar Association: The future of the establishment clause*. (Disponível em: http//www.abanet.org/irr/hr/spring01/chemerinsky.html. Acesso em: 19.03.2007).

CHEMERINSKY, Erwin. *Constitutional law – principles and policies*. New York: Aspens Law & Business, 1997.

CHEVALLIER, Jean-Jacques. *As grandes obras políticas de Maquiavel a nossos dias*. Trad. Lydia Christina. Brasília: Universidade de Brasília, 1982.

COELHO, Inocêncio Mártires; MENDES, Gilmar Ferreira; BRANCO, Paulo Gustavo Gonet. *Hermenêutica constitucional e direitos fundamentais*. Brasília: Brasília Jurídica, 2000.

COLB, Sherry F. Is capital punishment too harsh for rapists? (Disponível em: http://writ.corporate.findlaw.com/scripts/printer_friendly.pl?page=/colb. Acesso em: 14.11.2006).

COLE, Charles D. *Comparative constitutional law: Brasil and the United States*. Birmingham, AL: Samford University Press, 2006.

COLLINS, Ron. A brief history of the pilgrims. (Disponível em: http://www.mayflowerfamilies.com/colonial_life/pilgrims.htm. Acesso em: 06.05.2011).

COMMAGER, Henry Steele (Ed.). *Documents of American history*. 6. ed. New York: Appleton-Century-Crofts, Inc., 1958.

CONAWAY, Teresa L.; ROSS, Joan M.; MUTZ, Carol L. *Jury nullification: a selective, annotated bibliography*. (Disponível em: http://scholar.valpo.edu/vulr/vol39/1552/5. Acesso em: 06.06.2013).

COOLEY, Thomas. *The general principles of constitutional law in the United States of America.* 4. ed. Boston: Little, Brown, and Company, 1931.

CORWIN, Edward S. *The constitution and what it means today.* New Jersey: Princeton University Press, 1946.

COSTA, Edgard. *Os grandes julgamentos do Supremo Tribunal Federal.* Rio de Janeiro: Civilização Brasileira, S.A., v. 3, 1964.

COSTA, Emília Viotti da. *Da monarquia à república – momentos decisivos.* 7. ed. São Paulo: UNESP, 1998.

CREVELD, Martin van. *Ascensão e declínio do estado.* Trad. Jussara Simões, versão Silvana Vieira. São Paulo: Martins Fontes, 2004.

CULLOP, Floyd G. (Org.). *The constitution of the United States – an introduction.* New York: New American Library. Mentor, 1984.

CUSHMAN, Clare. *The supreme court justices - illustrated biographies.* Washington, D.C.: Congressional Quarterly, 1993.

DAVID, René. *Os grandes sistemas do direito contemporâneo.* 2. ed. Trad. Hermínio A. Carvalho. Lisboa: Meridiano, 1978.

DAVID, René. *Tratado de derecho civil comparado - introducción al estudio de los derechos extranjeros y al método comparativo.* Versão espanhola por Javier Osset. Madrid: Editorial de Derecho Privado, 1953.

DAWKINS, Richard. *Deus, um delírio.* Trad. Fernanda Ravagnani. São Paulo: Companhia das Letras, 2007.

DAHL, Robert A. *How democratic is the American constitution?* New Haven: Yale University Press, 2001.

DEIRÓ, Eunápio. *Fragmentos de estudos da história da assembléia constituinte do Brasil.* Brasília: Edições do Senado Federal, 2006.

DEMANT, Peter. *O mundo mulçumano.* 2. ed. São Paulo: Editora Contexto, 2008.

DEWEY, John. *O pensamento vivo de Thomas Jefferson.* Trad. Leda Boechat Rodrigues. São Paulo: Livraria Martins, 1942.

DICEY, A. V. *Introduction to the study of the law of the constitution.* 9. ed. London: MacMillan and Co., Limited, 1952.

DORF, Michael; TRIBE, Laurence H. *On reading the constitution*. Cambridge: Harvard University Press, 1991.

DUGUIT, Léon. *Las transformaciones del derecho - público y privado*. Versão para o espanhol por Adolfo G. Posada, Ramón Jaén e Carlos G. Posada. Buenos Aires: Editorial Heliasta S.R.L., 1975.

DURANT, Will. *A história da civilização - VI - a reforma - história da civilização européia de Wyclif a Calvino: 1300-1564*. 2. ed. Trad. Mamede de Souza Freitas. Rio de Janeiro: Record, 1957.

DURANT, Ariel; DURANT, Will. *The story of civilization: 7 - The age of reason begins. A history of European civilization in the period of Shakespeare, Bacon, Montaigne, Rembrandt, Galileo, and Descartes – 1558-1648*. New York: MJF Books, 1961.

DURANT, Will; DURANT, Ariel. *The story of civilization: 7 - The age of reason begins. A history of European civilization in the period of Shakespeare, Bacon, Montaigne, Rembrandt, Galileo, and Descartes – 1558-1648*. New York: MJF Books, 1961.

DUVERGER, Maurice. *As modernas tecnodemocracias – poder econômico e poder político*. Trad. Max da Costa Santos. Rio de Janeiro: Paz e Terra, 1975.

DWORKIN, Ronald. *Freedom's law: the moral reading of the American constitution*. Cambridge, Massachusetts: Harvard University Press, 1996.

DWORKIN, Ronald. *O direito da liberdade. A leitura moral da constituição norte-americana*. Trad. Marcelo Brandão Cipolla. São Paulo: Martins Fontes, 2006.

DWORKIN, Ronald. *Uma questão de princípio*. Trad. Luís Carlos Borges. São Paulo: Martins Fontes, 2000.

EDMUNDO, Luiz. *O Rio de Janeiro no tempo dos vice-reis*. Belo Horizonte: Itatiaia, 2000.

FAIREN GUILLÉN, Victor. *Temas del ordenamiento procesal*. Madrid: Tecnos, t. I, 1969.

FALLON JR., Richard H. *The dynamic constitution – an introduction to American constitutional law*. Cambridge: Cambridge University Press, 2004.

FAGUET, Émile. *The cult of incompetence*. London: The Echo Library, versão digitalizada, 2009.

FAORO, Raymundo. *Os donos do poder: formação do patronato político brasileiro.* 10. ed. São Paulo: Globo/Publifolha, v. I, 2000.

FERGUSON, John H.; McHENRY, Dean E. *The American federal government.* New York: McGraw-Hill Book Company, Inc., 1950.

FERGUSON, Niall. *Civilization: the west and the rest.* New York: Penguin Press, 2011.

FERLING, John. *Jefferson and Hamilton: the rivalry that forged a nation.* New York: Bloomsbury Press, 2013.

FERRATER MORA, J. *Dicionário de filosofia.* Trad. Maria Stela Gonçalves *et alii.* São Paulo: Edições Loyola, t. I, 2000.

FINER, Samuel E. *Governo comparado.* Trad. Sérgio Duarte. Brasília: Universidade de Brasília, 1981.

FOREMAN, Amanda. *A world on fire: Britain's crucial role in the American civil war.* New York: Random House, Inc., 2011.

FORTUNA, Felipe. Prefácio *in* MILTON, John. *Areopagitica: discurso pela liberdade de imprensa ao parlamento da Inglaterra.* Trad. Raul de Sá Barbosa. Rio de Janeiro: Topbooks Editora e Distribuidora de Livros Ltda., 1999.

FRAGOSO, Heleno Cláudio. *Lições de direito penal. Parte geral.* São Paulo: José Bushatsky, Editor, 1976.

FRANK, Jill. *The political theory of classical Greece.* Oxford: The Oxford University Press, 2006.

FRASER, Antonia. *Oliver Cromwell: uma vida.* Trad. Marcos Aarão Reis. Rio de Janeiro: Record, 2000.

FRAY, William C.; SPAR, Lisa. *The debates in the federal convention of 1787 reported by James Madison: September 12* - Avalon Project - 1996. http://www.yale.edu/lawweb/avalon/debates.

FREIRE, Felisbelo. *História constitucional da república dos Estados Unidos do Brasil*: Brasília: Editora Universidade de Brasília, 1983.

FREYRE, Gilberto. *Brazil: an interpretation.* New York: Alfred A. Knopf, 1945.

FREYRE, Gilberto. *Casa-grande & senzala.* 47. ed. São Paulo: Global, 2003.

FRIEDMAN, Lawrence M. *A history of American law.* 3. ed. New York: A Touchstone Book, published by Simon & Schuster, 2005.

FRIEDRICH, Otto. *Antes do dilúvio: um retrato da Berlim nos anos 20.* Trad. Valéria Rodrigues. Rio de Janeiro: Record, 1997.

FUKUYAMA, Francis. *A grande ruptura: a natureza humana e a reconstituição da ordem social.* Trad. Nivaldo Montingelli Jr. Rio de Janeiro: Rocco, 2001.

FUKUYAMA, Francis. *As origens da ordem política: dos tempos pré-humanos até a Revolução Francesa.* Trad. Nivaldo Montingelli Jr. Rio de Janeiro: Rocco, 2013.

FUKUYAMA, Francis. *Confiança. As virtudes sociais e a criação da prosperidade.* Trad. Alberto Lopes. Rio de Janeiro: Rocco, 1996.

FUKUYAMA, Francis. Seriam as instituições falhas uma explicação para a lacuna de desenvolvimento entre os Estados Unidos e a América Latina? *in* FUKUYAMA, Francis (Ed.). *Ficando para trás.* Trad. Nivaldo Montingelli Jr. Rio de Janeiro: Rocco, 2010,

GARCÍA MORENTE, Manuel. *Fundamentos de filosofia. Lições preliminares.* 5. ed. Trad. Guilhermo de la Cruz Coronado. São Paulo: Mestre Jou, 1952.

GARCÍA-PELAYO, Manuel. *Derecho constitucional comparado.* 2. ed. Madrid: Manuales de la Revista de Occidente, 1951.

GARVEY, John H.; SCHAUER, Frederick. *The first amendment: a reader.* 2 ed. St. Paul: Min: West Publishing Co., 1996.

GAUDEMET, Yves; VENEZIA, Jean-Claude; LAUBADÈRE, André. *Traité de droit administratif.* 13. éd. Paris: Librairie Générale de Droit et de Jurisprudence, t. I, 1994.

GÉLARD, Patrice; HAURIOU, André; GICQUEL, Jean. *Droit constitutionnel et institutions politiques.* 6. éd. Paris: Éditons Montchrestien, 1971.

GERBER, Scott Douglas (Ed.). *Seriatim: the Supreme Court before John Marshall – Introduction.* New York: New York Press, 1998.

GEYMONT, Ludovico. *Galileu Galilei.* Trad. Eliana Aguiar. Rio de Janeiro: Nova Fronteira, 1997.

GIBBON, Edward. *Declínio e queda do império romano* (Edição abreviada). Trad. José Paulo Paes. São Paulo: Companhia das Letras, 1980.

GICQUEL, Jean; GÉLARD, Patrice; HAURIOU, André. *Droit constitutionnel et institutions politiques*. 6. éd. Paris: Éditons Montchrestien, 1971.

GILBERTSON, Greta. Citizenship in a globalized world. (Disponível em: http://www.migrationinformation.org/Feature/display.cfm?id=369. Acesso em: 26.04.2007).

GILL, Anthony. *The political origins of religious liberty*. Cambridge: Cambridge University Press, 2008.

GILMORE, Grant. *As eras do direito americano*. Trad. A. B. Pinheiro de Lemos. Rio de Janeiro: Forense-Universitária, 1978.

GODECHOT, Jacques. *A revolução francesa: cronologia comentada. 1787-1799*. Trad. Julieta Leite. Rio de Janeiro: Nova Fronteira, 1989.

GOETHE, Johann Wolfgang von. *Memórias: poesia e verdade*. Trad. Leonel Vallandro. Porto Alegre: Globo, v. 2, 1971.

GOETHE, Johann Wolfgang von. *Viagem à Itália – 1786 – 1788*. Trad. Sérgio Tellaroli. São Paulo: Companhia das Letras, 1999.

GOLDBERG, Joseph Arthur. *Equal justice: the Warren era of the Supreme Court. New York:* Farrar, Straus & Giroux, 1972.

GOLDINGER, Carolyn (Ed.). *The Supreme Court at work*. Washington: Congressional Quarterly Inc., 1990.

GOMES, Edgar da Silva. A separação Estado-Igreja no Brasil (1890): uma análise da pastoral coletiva do episcopado brasileiro ao marechal Deodoro da Fonseca. (Disponível em: http://www.nepp-dh.ufrj.br/ole/textos/t_g_gomes.pdf. Acesso em: 19.11.2012).

GOMES, Laurentino. *1808*. São Paulo: Planeta do Brasil, 2007.

GOMES, Orlando. *Introdução ao direito civil*. Rio de Janeiro: Revista Forense, 1957.

GRABER, Mark A. *Dred Scott and the problem of constitutional evil*. Cambridge: Cambridge University Press, 2006.

GRIFFITH, J. A. G. *The politics of the judiciary*. 5. ed. London: Fontana Press, 1997.

GRIMM, Dieter. *Constituição e política.* Trad. Geraldo de Carvalho. Belo Horizonte: Del Rey, 2006.

GROPPALI, Alessandro. *Introdução ao estudo do direito.* 3. ed. Trad. Manuel de Alarcão. Coimbra: Coimbra Editora, 1979.

HAMBURGER, Joseph. Utilitarianism and the constitution *in* BLOOM, Allan (Ed.). *Confronting the constitution.* Washington, D.C.: The AEI Press, 1990.

HAMILTON, Alexander; JAY, John; MADISON, James. *O federalista.* Trad. Heitor Almeida Herrera. Brasília: Universidade de Brasília, 1984.

HALPERIN DONGHI, Tulio. Dois séculos de reflexões sul-americanas sobre a lacuna de desenvolvimento entre os Estados Unidos e a América Latina *in* FUKUYAMA, Francis (Ed.). *Ficando para trás.* Trad. Nivaldo Montingelli Jr. Rio de Janeiro: Rocco, 2010.

HARDY, David T. The second amendment and the historiography of the bill of rights *in 4 Journal of Law and Politics 1-62* 1987.

HARRIS, Phil. *An introduction to law,* 7. ed. Cambridge: Cambridge University Press, 2007.

HARRISON, John. The lawfulness of the reconstruction amendments. *The University of Chicago Law Review, vol. 68, Spring 2001, number 2.*

HATZFELD, Jean. *História da Grécia antiga.* Trad. Cristóvão Santos. Lisboa: Publicações Europa-América, 1965.

HAURIOU, André; GICQUEL, Jean; GÉLARD, Patrice. *Droit constitutionnel et institutions politiques.* 6. éd. Paris: Éditons Montchrestien, 1971.

HENKEL, Heinrich. *Introducción a la filosofía del derecho - fundamentos del derecho.* Versão espanhola por Enrique Gimbernat Ordeig. Madrid: Taurus, 1968.

HICKOK, Eugene W.; McDOWELL, Gary L. *Justice vs. law - courts and politics in American society.* New York: The Free Press - a Division of MacMillan, Inc., 1993.

HOBSBAWN, Eric. *Tempos interessantes: uma vida no século XX.* Trad. S. Duarte. São Paulo: Companhia das Letras, 2002.

HÖFFE, Otofried. *Justiça política: fundamentação de uma filosofia crítica do direito e do estado.* Trad. Ernildo Stein. São Paulo: Martins Fontes, 2001.

HOMEM DE MELLO, F. I. Marcondes. *A constituinte perante a história.* Rio de Janeiro: Typographia da Actualidade, 1863.

HOMEM DE MELLO, F. I. Marcondes. *A constituinte perante a história.* Ed. *fac similar.* Brasília: Senado Federal, 1996.

HORTA, Raul Machado. *Estudos de direito constitucional.* Belo Horizonte: Del Rey, 1995.

HOWARD, Philip K. *The death of common sense – how law is suffocating America.* New York: Random House. 1. ed., 1994.

HUNGRIA, Nélson. *Comentários ao código penal.* 3. ed. Rio de Janeiro: Edição Revista Forense, v. I, t. 2, 1955.

HUNGRIA, Nélson. *Comentários ao código penal.* 3. ed. Rio de Janeiro: Revista Forense, v. I, t. 1, 1955.

HUNGRIA, Nélson. *Comentários ao código penal.* 1. ed. Rio de Janeiro: Revista Forense, v. VII, 1955.

HUNGRIA, Nélson. *Comentários ao código penal.* 3. ed. Rio de Janeiro: Revista Forense, v. VIII, 1956.

HUNT, Lynn. *A invenção dos direitos humanos.* Trad. Rosaura Eichenberg. São Paulo: Companhia das Letras, 2009.

HUNTINGTON, Samuel. *Choque de civilizações.* Trad. M. H. C. Côrtes. Rio de Janeiro: Objetiva, 1997.

HUNTINGTON, Samuel. *On reading the constitution.* Cambridge: Harvard University Press, 1991.

HUNTINGTON, Samuel. *Political order in changing societies.* New Haven: Yale University Press, 1968.

JAEGER, Werner. *Paidéia: a formação do homem grego.* Trad. Artur M. Parreira. São Paulo: Martins Fontes, 1986.

JARASS, Hans D.; PIEROTH, Bodo. *Grundgesetz für die Bundesrepublik Deutschland. Kommentar.* 2. Auflage. München: C.H. Beck'Sche Verlagsbuchhandlung, 1992.

JAY, John; MADISON, James; HAMILTON, Alexander. *O federalista.* Trad. Heitor Almeida Herrera. Brasília: Universidade de Brasília, 1984.

JEFFERSON, Thomas. *Letter to Peter Carr* in *The life and selected writings of Thomas Jefferson.* Coletânea editada por Koch, Adrienne; Peden, William. New York: The Modern Library, Random House, 1944.

JELLINEK, Georg. *Teoría general del estado.* Versão espanhola por Fernando de los Ríos. Montevideo-Buenos Aires: Julio César Faira, Editor, 2005.

JENNINGS, Ivor. *A constituição britânica.* Trad. Carlos Alberto Lamback. Brasília: Universidade de Brasília, 1981.

JOSÉ, Oiliam. *Tiradentes.* Belo Horizonte/São Paulo: Itatiaia/USP, 1985.

KAWASHIMA, Yasuhide. *Strangers in their own land.* (Disponível em: http://www2.univ-reunion.fr/~ageof/text/74c21e88-344.html. Acesso em: 24.04.2007).

KELSEN, Hans. *Teoría general del estado.* Trad. Luís Legaz Lacambra. Barcelona: Editorial Labor S.A., 1934.

KELSH, John P. *The opinion delivery practices of the United States Supreme Court – 1790-1945.* (Disponível em: www.http://lawreview.wustl-edu/inprint/... Acesso em: 18.03.2011).

KILLIAN, Johnny H. (Ed.). *The constitution of the United States of America - analysis and interpretation.* Washington: U.S. Government Printing Office, 1987.

KIRCHMANN, Julius von. *La jurisprudencia no es ciencia.* 2. ed. Versão espanhola por Antonio Truyol y Serra. Madrid: Instituto de Estudios Políticos, 1961.

KOCH, Adrienne; PEDEN, William (Ed.). *The life and selected writings of Thomas Jefferson.* New York. The Modern Library, 1944.

KRAUZE, Enrique. Olhando para *eles* in FUKUYAMA, Francis (Ed.). *Ficando para trás.* Trad. Nivaldo Montingelli Jr. Rio de Janeiro: Rocco, 2010.

KRISTOL, Irving *et alii.* O espírito de 87. *A ordem constitucional americana -1787/1987.* Trad. José Lívio Dantas. Rio de Janeiro: Forense-Universitária, 1987.

LABOULAYE, Édouard. *Histoire des États Unis, 1783-1787. La constitution des États Unis*. 3. éd. Paris: Charpentier, Libraire-Éditeur, 1868.

LAÊRTIOS, Diôgenes. *Vidas e doutrinas dos filósofos ilustres*. Trad. Mário da Gama Kury. Brasília: Editora Universidade de Brasília, 1988.

LALANDE, André. *Vocabulário técnico e crítico da filosofia*. Trad. Fátima Sá Correia *et al.* São Paulo: Martins Fontes, 1999.

LASKI, Harold J. *Liberty in the modern state*. London: Penguin Books, 1937.

LAUBADÈRE, André; VENEZIA, Jean-Claude; GAUDEMET, Yves. *Traité de droit administratif.* 13. éd. Paris: Librairie Générale de Droit et de Jurisprudence, t. I, 1994.

LEAL, Aurelino. *Historia constitucional do Brazil*. Brasília: Ministério da Justiça, 1994.

LEAL, Hamilton. *História das instituições políticas do Brasil*. Brasília: Ministério da Justiça, 1994.

LEGAZ Y LACAMBRA, Luis. *Filosofía del derecho,* Barcelona: Bosch, 1953.

LEWIS, Anthony. *Liberdade para as ideias que odiamos*. Trad. Rosana Nucci. São Paulo: Aracati, 2011.

LEWIS, Anthony. *Make no law: the Sullivan case and the first amendment,* Random House.

LIGHT, Kenneth H. *A viagem marítima da família real: a transferência da corte portuguesa para o Brasil*. Rio de Janeiro: Zahar, 2008.

LINDER, Douglas. An introduction. (Disponível em: http://www.law.umkc.edu/faculty/projects/ftrials/scopes/scopes.htm. Acesso em: 16.03.2007).

LINS, Álvaro. *A glória de César e o punhal de Brutus: Ensaios e estudos*. 2. ed. Rio de Janeiro: Civilização Brasileira S/A., 1963.

LIPTAK, Adam. Justices uphold a ban on aiding terror groups *in The New York Times, June 22, 2010.*

LIRA NETO. *Getúlio: 1930-1945. Do governo provisório à ditadura do estado novo*. Companhia das Letras – Edição *e-book*.

LIVIO, Mario. *Deus é matemático?* Trad. Jesus de Paula Assis. Revisão técnica, Diego Vaz Bevilaqua. Rio de Janeiro: Record, 2010.

LLOYD, Dennis. *A idéia de lei.* Trad. Álvaro Cabral. São Paulo: Martins Fontes, 1998.

LOCKE, John. *Ensaios políticos.* Trad. Eunice Ostrensky. São Paulo: Martins Fontes, 2007.

LOCKE, John. *Two treatises of government* (Disponível em: www.lonang.com/exlibris/locke. Acesso em: 07.07.2013).

LOCKE, John. *Second treatise on government.* Project Gutenberg. (Disponível em: http://www.gutenberg.org/catalog/wc. Acesso em 31.07.2013).

LOEWENSTEIN, Karl. *Teoría de la constitución.* 2. ed. Versão para o espanhol por Alfredo Gallego Anabitarte. Barcelona: Ariel, 1970.

LOEWENSTEIN, Karl. *Verfassungsrecht und Verfassungspraxis der Vereinigten Staaten.* Berlin: Springer, 1959.

LOT, Ferdinand. *El fin del mundo antiguo y comienzo de la edad media.* Versão espanhola por José Amoros Barra. México: Union Tipográfica Editorial Hispano Americana, 1956.

LUCAS, Fábio. *Mineiranças.* Belo Horizonte: Oficina do Livro, 1991.

LUCAS, John Randolph. *Democracia e participação.* Trad. Caio Paranhos Rocha. Brasília: Editora da Universidade de Brasília, 1975.

LYRA FILHO, Roberto; SILVA, Mário César da (Pesquisa e preparo). *O júri sob todos os aspectos - textos de Ruy Barbosa sobre a teoria e a prática da instituição.* Rio de Janeiro: Editora Nacional de Direito, 1950.

McDOWELL, Gary L.; HICKOK, Eugene W. *Justice vs. law - courts and politics in American society.* New York: The Free Press - a Division of MacMillan, Inc., 1993.

MACIEL, Adhemar Ferreira. A little of Antigone and of natural right. (Disponível em: http://bdjur.stj.gov.br/dspace/items-by-author?author=Maciel%2C+Adhemar+Ferreira).

MACIEL, Adhemar Ferreira. A sombra duradoura de Fred Korematsu *in* MACIEL, Adhemar Ferreira. *Dimensões de direito público.* Belo Horizonte: Del Rey, 2000.

MACIEL, Adhemar Ferreira. Amicus Curiae: um instituto democrático *in Revista da Faculdade de Direito Milton Campos, v. 8,* Belo Horizonte.

MACIEL, Adhemar Ferreira. Amicus curiae: um instituto democrático *in Revista de Informação Legislativa, Ano 38, n. 153,* 2002, Brasília: Senado Federal.

MACIEL, Adhemar Ferreira. Amicus Curiae: um instituto democrático *in RePro, n. 106, ano 27,* São Paulo.

MACIEL, Adhemar Ferreira. Amicus Curiae: um instituto democrático *in Doutrinas Essenciais – Teoria Geral do Processo II - 100 Anos.* São Paulo: Revista dos Tribunais – v. III, 2011. Organizadores: Luiz Rodrigues Wambier e Teresa Arruda Wambier.

MACIEL, Adhemar Ferreira. *Dimensões de direito público.* Belo Horizonte: Del Rey, 2000.

MACIEL, Adhemar Ferreira. Due process of law *in Scientia Ivridica,* n. 250/252, 1994 (Portugal).

MACIEL, Adhemar Ferreira. Etwas über Antigone und naturrecht. (Disponível em: http://bdjur.stj.gov.br/dspace/items-by-author?author=Maciel%2C+Adhemar+Ferreira).

MACIEL, Adhemar Ferreira. O juiz William Brennan *in Revista de Direito Renovar,* Rio de Janeiro: Editora Renovar Ltda., n. 9, 1997.

MACIEL, Adhemar Ferreira P.R.= Príncipe Real = Ponha-se na rua *in Revista do Instituto Histórico e Geográfico de Minas Gerais* – v. XXXI – julho de 2008, Belo Horizonte: Editora Santa Clara.

MACIEL, Adhemar Ferreira. Poderes reservados *versus* poderes implícitos *in* DOLGA, Lakowsky *et al.* (Coord.). *Estudos de direito constitucional: homenagem ao professor Ricardo Arnaldo Malheiros Fiuza.* Belo Horizonte: Del Rey, 2009.

MADISON, James; HAMILTON, Alexander; JAY, John. *O federalista.* Trad. Heitor Almeida Herrera. Brasília: Universidade de Brasília, 1984.

MAINE, Henry James Sumner. *Ancient law.* London: J. M. Dent & Sons Ltd., 1936.

MAITLAND, F. W. *The constitutional history of England – a course of lectures delivered.* Cambridge: at the University Press, 1950.

MANGABEIRA, João. *Rui: o estadista da república.* Brasília: Senado Federal, 1999.

MAGALHÃES NORONHA, E. *Direito penal.* 16. ed. São Paulo: Saraiva, v. 2, 1980.

MANN, Thomas. *O escritor e sua missão – Goethe, Dostoiévski, Ibsen e outros.* Trad. Kristina Michaelles, rev. Samuel Titan. Rio de Janeiro: Zahar, 2011.

MARÍAS, Julián. *Um mundo novo – os Estados Unidos.* Trad. de Diva Toledo de Ribeiro Piza. Rio: Presença, 1964.

MARTIN, Thomas R. *Ancient Greece: from prehistoric to Hellenistic times.* New Haven: Yale University Press, 1996.

MARTINS, Ives Gandra; BASTOS, Celso Ribeiro. *Comentários à constituição do Brasil.* São Paulo: Saraiva, v. 1, 1988.

MARTINS, Ives Gandra; BASTOS, Celso Ribeiro. *Comentários à constituição do Brasil.* São Paulo: Saraiva, v. 2, 1989.

MARTIUS, Carl Friedrich Philipp von; SPIX, Johann Baptist von. *Viagem pelo Brasil.* Trad. Lúcia Furquim Lahmeyer. Belo Horizonte: Itatiaia, 1981.

MATTEUCCI, Nicola; BOBBIO, Norberto; PASQUINO, Gianfranco. *Dicionário de política.* Trad. Luís Guerreiro Pinto Cascais *et alii.* Brasília: Universidade de Brasília, 1983.

MAUROIS, André. *História da Inglaterra.* Trad. Carlos Domingues. Rio de Janeiro: Irmãos Pongetti Editores.

MAWE, John. *Viagens ao interior do Brasil.* Trad. Selena Benevides Viana. Belo Horizonte: Itatiaia, 1978.

MAXIMILIANO, Carlos. *Commentarios a constituição brasileira.* Rio de Janeiro: Jacintho Ribeiro dos Santos, Editor, 1918.

MAXIMILIANO, Carlos. *Hermenêutica e aplicação do direito.* 9. ed. Rio de Janeiro: Forense, 1979.

MAXWELL, Kenneth. *A devassa da devassa – a inconfidência mineira: Brasil e Portugal –1750/1808.* 3. ed. Trad. João Maia. Rio de Janeiro: Paz e Terra S/A, 1985.

MAXWELL, Kenneth. Riscos ignorados in *Folha de S.Paulo* de 14.02.2008.

MAY, Henry; McMILLEN, Neil R.; SELLERS, Charles. *Uma reavaliação da história dos Estados Unidos*. Trad. Ruy Jungmann. Rio de Janeiro: Jorge Zahar Editor, 1990.

MAYERS, Lewis. *The American legal system*. New York: Harper & Brothers, Publishers, 1955.

MAYNZ, Charles. *Cours de droit romain*. 5. ed. Bruxelles: Bruylant-Christophe & Cie, t. 1, 1891.

McHENRY, Dean E.; FERGUSON, John H. *The American federal government*. New York: McGraw-Hill Book Company, Inc., 1950.

McLEAN, Iain. *What's wrong with the British constitution?* Great Britain: Oxford University Press, 2010.

McMILLEN, Neil R.; SELLERS, Charles; MAY, Henry. *Uma reavaliação da história dos Estados Unidos*. Trad. Ruy Jungmann. Rio de Janeiro: Jorge Zahar Editor, 1990.

MEACHAM, Jon. *Thomas Jefferson: the art of power*. New York: Random House, 2012.

MEE JR, Charles L. *A história da constituição americana - relato da criação do governo durante a convenção constitucional*. Trad. Octávio A. Velho. Rio de Janeiro: Expressão e Cultura, 1993.

MEHREN, Arthur T. von; MURRAY, Peter L. *Law in the United States*. 2. ed. Cambridge: Cambridge University Press, 2007.

MEIRELLES, Hely Lopes. *Direito administrativo brasileiro*. 15. ed. São Paulo: Revista dos Tribunais, 1990.

MELO FRANCO, Afonso Arinos de. *Amor a Roma*. 2. ed. Rio de Janeiro: Nova Fronteira, 1982.

MELO FRANCO, Afonso Arinos de. *Estudos de direito constitucional*. Rio de Janeiro: Forense, 1957.

MELO FRANCO, Afonso Arinos de. *Política e direito*. Brasília: Universidade de Brasília, 1981.

MENCK, José Theodoro Mascarenhas. *A liberdade religiosa e o parlamento imperial brasileiro (1823-1889)*. Brasília: Ser, 1996.

MENDES, Gilmar Ferreira. *Direitos fundamentais e controle de constitucionalidade. Estudos de direito constitucional*. 2. ed. São Paulo: Celso Bastos, Editor. Instituto Brasileiro de Direito Constitucional, 1999.

MENDES, Gilmar Ferreira; COELHO, Inocêncio Mártires; BRANCO, Paulo Gustavo Gonet. *Hermenêutica constitucional e direitos fundamentais*. Brasília: Brasília Jurídica, 2000.

MILTON, John. *Areopagitica: discurso pela liberdade de imprensa ao parlamento da Inglaterra*. Trad. Raul de Sá Barbosa. Rio de Janeiro: Topbooks Editora e Distribuidora de Livros Ltda., 1999.

MIRABETE, Julio Fabbrini. *Código de processo penal interpretado*. 7. ed. São Paulo: Atlas, 2000.

MIRANDA, Jorge. *Manual de direito constitucional* (*Direitos fundamentais*). Coimbra: Coimbra Editora, Limitada, t. IV, 1988.

MIRANDA, Jorge. *Manual de direito constitucional*. 2. ed. Coimbra: Coimbra Editora, v. II, 1988.

MIRANDA, Jorge. *Manual de direito constitucional*. 5. ed. Coimbra: Coimbra Editora, v. I, 1996.

MIRANDA, Jorge (Coord. e trad.). *Textos históricos do direito constitucional*. Lisboa: Imprensa Nacional-Casa da Moeda, 1980.

MONTELLO, Josué. *Os inimigos de Machado de Assis*. 2. impressão. Rio de Janeiro: Nova Fronteira, 1998.

MONTESQUIEU. *O espírito das leis*. Trad. Cristina Murachco. São Paulo: Martins Fontes, 1996.

MOREIRA ALVES, José Carlos. *Direito romano,* 10. Ed., Rio de Janeiro: Forense, v. I, 1999.

MOREIRA, Vital; CANOTILHO, José Joaquim Gomes (Org.). *Constituição da república portuguesa – lei do tribunal constitucional*. 2. ed. Coimbra: Coimbra Editora, 1989.

MORRISON, Wayne. *Jurisprudence: from the Greeks to post-modernism*. London: Cavendish Publishing Limited, 1997.

MOSSÉ, Claude. *Atenas: a história de uma democracia*. 2. ed. Trad. João Batista da Costa. Brasília: Universidade de Brasília, 1982.

MUNRO, William Bennett. *The government of the United States – national, state, and local*. 5. ed. New York: MacMillan, 1947.

MURRAY, Peter L.; MEHREN, Arthur T. von. *Law in the United States*. 2, ed. Cambridge: Cambridge University Press, 2007.

MUTZ, Carol L.; CONAWAY, Teresa L.; ROSS, Joan M. *Jury nullification: a selective, annotated bibliography*. (Disponível em: http://scholar.valpo.edu/vulr/vol39/1552/5. Acesso em: 06.06.2013).

NABUCO, Joaquim. *O abolicionismo*. São Paulo: Nova Fronteira/Publifolha, 2000.

NEVES, Lúcia Maria Bastos Pereira das. *Corcundas e constitucionais: a cultura política da independência (1820-1822)*. Rio de Janeiro: Renavan, 2003.

NOGUEIRA, Octaciano. *O poder legislativo no Brasil (1821-1930)*. Brasília: Departamento de Imprensa Nacional. Fundação Petrônio Portella e Fundação Milton Campos, 1981.

NOWAK, John E.; ROTUNDA, Ronald D. *Principles of constitutional law*. 3. ed. St. Paul, MN: West, 2007.

O'NEIL, Thomas. *A vinda da família real portuguesa para o Brasil*. 3. ed. Trad. Ruth Sylvia de Miranda Salles. Rio de Janeiro: José Olympio Editora, 2008.

OLIVEIRA LIMA, Manuel de. *Dom João VI no Brasil*. 4. ed. Rio de Janeiro: Topbooks, 2006.

OLIVEIRA LIMA, Manuel de. *O império brasileiro (1821-1889)*. Belo Horizonte: Editora Itatiaia Limitada, 1989.

OLIVEIRA MARTINS. *Historia de Portugal*. Edições Vercial (Digital).

OTTONI, Christiano Benedicto. *Cristiano Benedito Ottoni – autobiografia*. Brasília: Editora Universidade de Brasília, 1983.

PADOVER, Saul K. *A constituição viva dos Estados Unidos: história, textos, retratos dos signatários*. 2. ed. Trad. A. Della Nina. São Paulo: IBRASA, 1987.

PADOVER, Saul K. *Jefferson – a great American's life and ideas*. The New American Library, 1944.

PAES DE ANDRADE; BONAVIDES, Paulo. *História constitucional do Brasil*. 3. ed. Rio de Janeiro: Paz e Terra, 1991.

PAIM, Antonio; BARRETTO, Vicente. *Evolução do pensamento político brasileiro*. Belo Horizonte: Editora Itatiaia, 1989.

PANGLE, Thomas L. The philosophic understandings of human nature informing the constitution *in* BLOOM, Allan

(Ed.). *Confronting the constitution.* Washington, D.C.: The Aei Press, 1990.

PASQUINO, Gianfranco; MATTEUCCI, Nicola; BOBBIO, Norberto. *Dicionário de política.* Trad. Luís Guerreiro Pinto Cascais *et alii.* Brasília: Universidade de Brasília, 1983.

PAZ, Octavio. *Sóror Juana Inés de la Cruz.* Trad. de Wladir Dupont. São Paulo: Mandarim, 1998.

PAZ, Octavio. *Tempo nublado.* Trad. Sônia Régis. Rio de Janeiro: Guanabara, 1986.

PEDEN, William; KOCH, Adrienne (Ed.). *The life and selected writings of Thomas Jefferson.* New York: The Modern Library, 1944.

PEIXOTO, Afrânio. *Historia do Brasil.* Rio de Janeiro: Companhia Editora Nacional, 1944, transcrição para eBooksBrasil, 2008.

PEREIRA, Caio Mário da Silva. *Algumas lembranças.* Rio de Janeiro: Editora Forense, 2001.

PERELMAN, Chaïm. *Ética e direito.* Trad. Maria Ermantina Galvão G. Pereira. São Paulo: Martins Fontes, 1996.

PERROY, Édouard. *História geral das civilizações* (Direção de CROUZET, Maurice). 2. ed. Trad. Pedro Moacyr Campos. São Paulo: Difusão Européia do Livro, t. III, v. 1, 1958.

PIEROTH, Bodo; JARASS, Hans D. *Grundgesetz für die Bundesrepublik Deutschland. Kommentar.* 2. Auflage. München: C.H. Beck'Sche Verlagsbuchhandlung, 1992.

PIAIA, Gregório; SOUZA, José Antônio Camargo Rodrigues de; BERTELLONI, Francisco. Introdução *in* MARSÍLIO DE PÁDUA. *Defensor Pacis.* Trad. e notas de José Antônio Camargo Rodrigues de Souza. Petrópolis: Vozes, 1997

PINTO, Roger. *Éléments de droit constitutionnel.* 12. éd. Lille: Morel & Corduant, 1952.

PISIER, Evelyne. *et al. História das idéias políticas.* Trad. Maria Alice Farah Calil Antonio. Barueri, SP: Manole, 2004.

PIZZORUSSO, Alessandro. *Curso de derecho comparado.* Versão espanhola por Juana Bignozzi. Barcelona: Editorial Ariel SA, 1987.

PONTES DE MIRANDA. *Comentários à constituição de 1946,* 4. ed. Rio de Janeiro: Editor Borsoi, t. I, 1963.

PONTES DE MIRANDA. *Comentários à constituição de 1946,* 4. ed. Rio de Janeiro: Editor Borsoi, t. II, 1963.

PONTES DE MIRANDA. *Comentários à constituição de 1946.* 4. ed. Rio de Janeiro: Editor Borsoi, t. IV, 1963.

PONTES DE MIRANDA. *Comentários à constituição de 1946.* 4. ed. Rio de Janeiro: Editor Borsoi, t. V, 1963.

PORTER, Roy. *London: a social history.* Cambridge, Massachusetts, 1995.

POSNER, Richard A. Interpretation revisited *in* BRISON, Susan J.; SINNOTT-ARMSTRONG, Walter (Ed.). *Contemporary perspectives on constitutional interpretation.* Boulder: Westview Press, Inc., 1993.

POUND, Roscoe. *The development of constitutional guarantees of liberty.* New Haven: Yale University Press, 1957.

PRADO JR., Caio. *Formação do Brasil contemporâneo.* São Paulo: Publifolha, 2000.

PRATES, Lincoln. *O tribunal do júri in Revista Forense,* ano XLVI, n. 547, v. CXXI, jan. 1949.

RABKIN, Jeremy. *A ordem constitucional americana – 1787/1987.* Trad. José Lívio Dantas. Rio de Janeiro: Forense Universitária, 1987.

RADBRUCH, Gustav. *El espíritu del derecho inglés.* Versão para espanhol por Fernando Vela. Madrid: Revista de Occidente, 1958.

RANDLE, E. H. *The three last amendments to the constitution of the United* States *in American Law Review, v. 44, 1910.*

RAWLS, John. *Uma teoria da justiça.* Trad. Vamireh Chacon. Brasília: Editora Universidade de Brasília, 1981.

REHNQUIST, William H. *The supreme court – how it was, how it is.* New York: Quill, 1987.

RESENDE, Lino Geraldo. A censura contra a cidadania: o caso do Brasil. (Disponível em: http://www.bocc.uff.br/pag/resende. Acesso em: 24.06.2010).

RIDING, Alan. *Paris: a festa continuou - a vida cultural durante a ocupação nazista, 1940-4.* Trad. Celso Nogueira e Rejane Rubino. São Paulo: Companhia das Letras, 2012.

ROBERTS, J. M. *History of the world.* New York: Oxford University Press, 1993.

ROCHA POMBO. *História do Brasil.* Rio de Janeiro: W. M. Jackson, Inc., v. III, 1953.

ROCHA POMBO. *História do Brasil.* Rio de Janeiro: W. M. Jackson, Inc., v. IV, 1953

ROCHA POMBO. *História do Brasil.* Rio de Janeiro: W. M. Jackson, v. V, 1953.

ROCHA POMBO. *História do Brasil.* Rio de Janeiro: W. M. Jackson, Inc., v. VI, 1953.

ROSA, Maria de Lurdes. *O morgadio em Portugal – séculos XIV e XV.* Lisboa: Estampa, 1995.

ROSANVALLON, Pierre. *Counter-democracy – politics in the age of distrust.* Versão para o inglês por Arthur Goldhammer. Cambridge: Cambridge University Press, 2008.

ROSS Joan M.; MUTZ, Carol L.; CONAWAY, Teresa L. *Jury nullification: a selective, annotated bibliography.* (Disponível em: http://scholar.valpo.edu/vulr/vol39/1552/5. Acesso em: 06.06.2013).

ROTUNDA, Ronald D.; NOWAK, John E. *Principles of constitutional law.* 3. ed. St. Paul, MN: West, 2007.

ROURE, Agenor de. *A constituinte republicana.* Brasília: Senado Federal, coedição com a UnB, v. 1, 1979.

RUSSELL, Bertrand. *A filosofia entre a religião e a ciência.* Database/media/books.

RUSSELL, Bertrand. *História da filosofia ocidental.* 2. ed. Trad. Brenno Silveira. São Paulo: Companhia Editora Nacional, v. 2, 1967.

RUSSELL, Bertrand. *História da filosofia ocidental.* Trad. Brenno Silveira. 2. ed. São Paulo: Companhia Editora Nacional, v. 3, 1967.

SAMPAIO, José Adércio Leite. *Teoria da constituição e dos direitos fundamentais.* Belo Horizonte: Del Rey, 2013.

SANTOS, Joaquim Felício dos. *Memórias do distrito diamantino da Comarca do Serro Frio.* 4. ed. Belo Horizonte: Itatiaia, 1976.

SARLET, Ingo Wolfgang. *A eficácia dos direitos fundamentais.* 4. ed. Porto Alegre: Livraria do Advogado Editora, 2004.

SARTORI, Giovanni. *Comparative constitutional engineering - an inquiry into structures, incentives and outcomes.* 2. ed. New York: New York University Press, 1996.

SARTORI, Giovanni. *Engenharia constitucional: como mudam as constituições.* Trad. Sérgio Bath. Brasília: UnB, 1996.

SAUTET, Marc. *Um café para Sócrates.* 3. ed. Trad. Vera Ribeiro. Rio de Janeiro: José Olympio, 1999.

SCHLESINGER JR., Arthur. *Mil dias – John F. Kennedy na Casa Branca.* Trad. Waltensir Dutra. Rio de Janeiro: Civilização Brasileira S.A., v. I, 1966.

SCHAUER, Frederick; GARVEY, John H. *The first amendment: a reader.* 2 ed. St. Paul: Min: West Publishing Co., 1996.

SCHMITT, Carl. *La defensa de la constitución.* Versão para o espanhol por Manoel Sánchez Sarto. Madrid: Labor, 1931.

SCHUSTER, Rudolf (Ed.). *Deutsche Verfassungen.* München: Goldmann, 1992.

SCHWARTZ, Bernard. *A history of the supreme court.* New York: Oxford University Press, 1993.

SCHWARTZ, Bernard. *O federalismo norte-americano atual.* Trad. Elcio Cerqueira. Rio de Janeiro: Forense Universitária, 1984.

SCHWARTZ, Bernard. *The bill of rights: a documentary history.* New York: Chelsea House Publishers in association with McGraw Hill Book Company, v. I, 1971.

SCHWARTZ, Bernard. *The bill of rights: a documentary history.* New York: Chelsea House Publishers in association with McGraw Hill Book Company, v. II, 1971.

SCURR, Ruth. *Pureza fatal. Robespierre e a revolução francesa.* Trad. Marcelo Schild. Rio de Janeiro: Record, 2009.

SEIDLER, Carl. *Dez anos no Brasil.* Trad. Bertoldo Klinger. Brasília: Senado Federal, 2003.

SELLERS, Charles; MAY, Henry; McMILLEN, Neil R. *Uma reavaliação da história dos Estados Unidos*. Trad. Ruy Jungmann. Rio de Janeiro: Jorge Zahar Editor, 1990.

SILVA, Leonardo Dantas. A atualidade de Joaquim Nabuco *in* NABUCO, Joaquim. *O abolicionismo*. São Paulo: Nova Fronteira/ Publifolha, 2000.

SILVA, Mário César da; LYRA FILHO, Roberto (Pesquisa e preparo). *O júri sob todos os aspectos - textos de Ruy Barbosa sobre a teoria e a prática da instituição*. Rio de Janeiro: Editora Nacional de Direito, 1950.

SINNOTT-ARMSTRONG, Walter; BRISON, Susan J. A philosophical introduction to constitutional interpretation *in* BRISON, Susan-SINNOTT-ARMSTRONG, Walter (Ed.). *Contemporary perspectives on constitutional interpretation*. Boulder: Westview Press, Inc., 1993.

SKINNER, Quentin. *As fundações do pensamento político moderno*. Trad. Renato Janine Ribeiro e Laura Teixeira Motta. São Paulo: Companhia das Letras, 1996.

SÓFOCLES. *Antígona*. Trad. Millôr Fernandes. São Paulo: Paz e Terra, 1997.

SOUSA, Octavio Tarquinio de. *História dos fundadores do império do Brasil: José Bonifácio*. 2. ed. Rio de Janeiro: Livraria José Olympio Editora, v. I, 1957.

SOUSA, Octavio Tarquínio de. *História dos fundadores do império do Brasil: a vida de d. Pedro I*. 3. ed. Rio de Janeiro: José Olympio Editora, v. II, t. I, 1957.

SOUSA, Octavio Tarquinio de. *História dos fundadores do império do Brasil: A vida de d. Pedro I*. 3. ed. Rio de Janeiro: José Olympio, v. III, t. II, 1957.

SOUSA, Octavio Tarquinio de. *História dos fundadores do império do Brasil. A vida de d. Pedro I*. 3. ed. Rio de Janeiro: Livraria José Olympio Editora, v. IV, t. III, 1957.

SOUSA, Octavio Tarquinio de. *História dos fundadores do império do Brasil – Evaristo da Veiga*. 2. ed. Rio de Janeiro: Livraria José Olympio Editora, v. VI, 1957.

SOUSA, Octavio Tarquinio de. *História dos fundadores do império do Brasil: Diogo Antônio Feijó*. 2. ed. Rio de Janeiro: José Olympio, v. VII, 1957.

SOUSA, Octavio Tarquinio de. *História dos fundadores do império do Brasil: Fatos e personagens em torno de um regime*. Rio de Janeiro: Livraria José Olympio Editora, v. IX, 1957.

SOUZA, José Antônio Camargo Rodrigues de; BERTELLONI, Francisco; PIAIA, Gregório. Introdução *in* MARSÍLIO DE PÁDUA. *Defensor Pacis*. Trad. e notas de José Antônio Camargo Rodrigues de Souza. Petrópolis: Vozes, 1997.

SPAR, Lisa; FRAY, William C. The debates in the federal convention of 1787 reported by James Madison: September 12 - Avalon Project - 1996. Disponível em: http://www.yale.edu/lawweb/avalon/debates.

SPIX, Johann Baptist von; MARTIUS, Carl Friedrich Philipp von. *Viagem pelo Brasil*. Trad. Lúcia Furquim Lahmeyer. Belo Horizonte: Itatiaia, 1981.

STORING, Herbert A. constituição e a carta de direitos *in* PORTO, Walter Costa (Coord.) *A cidadania nos EUA*. Brasília: Ministério do Interior. Fundação Projeto Rondon, 1988.

STORY, Joseph. *Commentaries on the constitution of the United States*. New York: Da Capo Press, v. I, 1970.

SWISHER, Carl Brent. *Decisões históricas da Corte Suprema*. Trad. Arlette Pastor Centurion. Rio de Janeiro: Forense, 1964.

TALAMANCA, Mario *et al*. *Lineamenti di storia del diritto romano*. Milano: Giuffrè Editore, 1989.

TOCQUEVILLE, Alexis de. *Democracia na América - leis e costumes*. Trad. Eduardo Brandão. São Paulo: Martins Fontes, 1998.

TOCQUEVILLE, Alexis de. *Lembranças de 1848 – as jornadas revolucionárias em Paris*. Trad. Modesto Florenzano. São Paulo: Companhia das Letras, 2011.

TODD, S. C. *A glossary of Athenian legal terms* (Selec. by Michael de Brauw). Disponível em: www.stoa.org/projects/demos/article_law_glossary?section=epieikeia. Acesso em 14.09.2013.

TOMKINS, Adam; TURPIN, Colin. *British government and the constitution*, 6. ed. Cambridge: Cambridge University Press, 2007.

TORNAGHI, Hélio. *Instituições de processo penal.* São Paulo: Saraiva, v. 2, 1977.

TORRINHA, Francisco. *Dicionário latino português.* Porto: Gráficos Reunidos, Lda., 1983.

TOULEMAN, André. *La question du jury.* Paris: Recueil Sirey, 1930.

TOYNBEE, Arnold. *A humanidade e a mãe-terra: uma história narrativa do mundo.* 2. ed. Trad. Helena Maria Camacho M. Pereira. Rio de Janeiro: Zahar Editores, 1979.

TREVELYAN, George McCaulay. *A revolução inglesa.* Trad. Leda Bozacian. Brasília: Editora da Universidade de Brasília, 1982.

TRIBE, Laurence H. *American constitutional law.* 2. ed. Mineola, New York: The Foundation Press, Inc., 1988.

TRIBE, Laurence H. *Constitutional choices.* Cambridge: Harvard University Press, 1985.

TRIBE, Laurence H. *God save this honorable court - how the choice of Supreme Court justices shapes our history.* New York: New American Library, 1986.

TRIBE, Laurence H.; DORF, Michael. *On reading the constitution.* Cambridge: Harvard University Press, 1991.

TRIBE, Laurence H. *The invisible constitution.* New York: Oxford University Press, 2008.

TURPIN, Colin; TOMKINS, Adam. *British government and the constitution*, 6. ed. Cambridge: Cambridge University Press, 2007.

TUSHNET, Mark. Constitutional interpretation, character, and experience *in* BRISON/SINNOTT-ARMSTRONG (Ed.) *Contemporary perspectives on constitutional interpretation.* Boulder: Westview Press, Inc., 1993.

VALLANDRO, Leonel. *Dicionário inglês português.* Porto Alegre: Globo, 1967.

VARNHAGEN, Francisco Adolfo de. *História geral do Brasil.* 7. ed. São Paulo: Melhoramentos, v. I, 1962.

VARNHAGEN, Francisco Adolfo de. *História geral do Brasil.* 7. ed. São Paulo: Melhoramentos, t. III-IV, 1962.

VÉLEZ RODRÍGUEZ, Ricardo. A propaganda republicana *in* BARRETO, Vicente; PAIM, Antonio (Coord.). *Evolução do pensamento político brasileiro.* Belo Horizonte: Editora Itatiaia Limitada, 1989.

VENEZIA, Jean-Claude; LAUBADÈRE, André; GAUDEMET, Yves. *Traité de droit administratif.* 13. éd. Paris: Librairie Générale de Droit et de Jurisprudence, t. I, 1994.

VOLTAIRE. *Traité sur la tolérance.* (Disponível em: http://archive.org/stream/traitsurlatol02volt/traitsurlatol02volt_djvu.txt (texto na íntegra).

WADE, E.C.S.; BRADLEY, A W. *Constitutional law: an outline of the law and practice of the constitution including central and local government, the citizen and the state and administrative law.* 7. ed., 2 impression. London: Longmans, 1966.

WALLACE-WELLS, David. The visitor – *in Newsweek, 28 April 2010.*

WALSH, Robert. *Notícias do Brasil (1828-1829).* Trad. Regina Régis Junqueira. Belo Horizonte: Itatiaia, v. 1, 1985.

WELLINGTON, Harry H. *Interpreting the constitution: the Supreme Court and the process of adjudication.* New Haven: Yale University Press, 1990.

WELLS, H. G. *História universal.* 8. ed. Trad. Anísio Teixeira. Rio de Janeiro: Companhia Editora Nacional, v. 7, 1970.

WELZEL, Hans. *Derecho natural y justicia material.* Versão para o espanhol por Felipe González Vicén. Madrid: Aguilar, 1957.

WILLIAMS, Roger. The bloudy tenent of the persecution. (Disponível em: http://en.wikipedia.org/wiki/Separation_of_church_and_state_in_the_United_States#Jefferson.2C_Madison.2C_and_the_.22wall_of_separation.22. Acesso em: 02.04.2010).

WILCKEN, Patrick. *Império à deriva: a corte portuguesa no Rio de Janeiro (1808-1821).* Trad. Vera Ribeiro. Rio de Janeiro: Objetiva, 2005.

WILLOUGBHY, Westel W. *Principles of the constitutional law of the United States.* 2. ed. New York: Baker, Voorhis & Co., 1938.

WOOD, Gordon S. *The creation of the American republic.* New York: W. W. Norton & Company, 1972.

WOODWARD, Bob; ARMSTRONG, Scott. *Por detrás da Suprema Corte.* Trad. Torrieri Guimarães. São Paulo: Saraiva, 1985.

WOODWARD, Bob; ARMSTRONG, Scott. *The Brethren – inside the supreme court.* New York: Avon Books/The Hearst Corporation, 1981.

ZIPPELIUS, Reinhold. *Teoria geral do estado.* Trad. António Cabral de Moncada. 2. ed. Lisboa: Fundação Calouste Gulbenkian, 1984.

ZITSCHER, Harriet Christiane (com participação de colaboradores). *Introdução ao direito civil alemão e inglês.* Belo Horizonte: Del Rey, 1999.

REFERÊNCIAS DA REDE MUNDIAL DE COMPUTADORES

http://en.wikipedia.org/wiki/University_of_Bologna. Acesso em: 30.05.2008.

http//Avalon.law.yale.edu/17th_century. Acesso em: 19.05.2013.

http//www.abanet.org/irr/hr/spring01/chemerinsky.html. Acesso em: 19.03.2007.

http:// http://gaymarriage.procon.org/. Acesso: em 05.02.2014.

http:// www.british.civil-wars.co.uk. Acesso em: 20.03.2013.

http://74.1911enciclopedia.org/F/FE/Federalist-Party.htm. Acesso em: 28.07.2004.

http://arturricardo-historiador.blogspot.com/2010/11/alzira-soriano-abriu-espaco-feminino-no.html. Acesso em: 26.04.2011.

http://biotech.law.lsu.edu/cases/psyc/buck-v-bell.htm. Acesso em: 18.10.2006.

http://britannia.com/history/docs/assize.html. Acesso em: 19.09.2006.

http://caselaw.lp.findlaw.com/data/constitution/amendment01/06.html. Acesso em: 18.09.2007.

http://caselaw.lp.findlaw.com/data/constitution/amendment03/. Acesso em: 19.01.2007.

http://consorcio.bn.br/escravos/introducao.html. Acesso em: 27.04.2007.

http://constitutioncenter.org/experience/exhibitions/main-exhibition/public-printing-of-the-constitution. Acesso em 13.10.2013.

http://de.wikepedia.org/wiki/Kirchensteuer. Acesso em: 10.05.2011.

http://de.wikipedia.org/wiki/Gesetz_zur_Verh%C3%BCtung_erbkranken_Nachwuchses. Acesso em: 19.06.2013.

http://de.wikipedia.org/wiki/Gregor_Br%C3%BCck. Acesso em: 14.02.2008.

http://de.wikipedia.org/wiki/Karl_Loewenstein. Acesso em: 18.08.2008.

http://dictionary.law.com/Default.aspx?selected=1541. Acesso em: 18.04.2011.

http://dictionary.lp.findlaw.com/scripts/result.pl?co=. Acesso em: 02.03.2007.

http://educacao.uol.com.br/historia-brasil/revolta-dos-males-rebeliao-de-escravos-muculmanos-em-salvador.jhtm. Acesso em: 01.04.2011.

http://emporium.turnpike.net/C/cs/wind.htm. Acesso em: 16.03.2007.

http://en.wikipedia.org/wiki/36%C2%B030'_parallel_north. Acesso em: 17.04.2007.

http://en.wikipedia.org/wiki/American_Law_institute. Acesso em: 26.01.2012.

http://en.wikipedia.org/wiki/Black.Codes (United States). Acesso em: 24.10.2013.

http://en.wikipedia.org/wiki/Boston_Tea_Party. Acesso em: 21.05.2008.

http://en.wikipedia.org/wiki/Capital_punishment_in_the_United_States#Controversy_over_use_of_death_penalty. Acesso em: 18.10.2006.

http://en.wikipedia.org/wiki/Capital_punishment_in_the_United_States. Acesso em: 16.11.2006.

http://en.wikipedia.org/wiki/Civil_Rights_Act_of_1871. Acesso em: 24.10.2011.

http://en.wikipedia.org/wiki/District_of_Columbia_v. Heller. Acesso em: 27.06.2008.

http://en.wikipedia.org/wiki/Due_process#cite_ref-13. Acesso em: 24.07.2013.

http://en.wikipedia.org/wiki/Elena_Kagan. Acesso em: 19.03.2012

http://en.wikipedia.org/wiki/England_and_Wales. Acesso em: 30.05.2008.

http://en.wikipedia.org/wiki/Fundamental_Constitutions_of_Carolina. Acesso em: 12.04.2010.

http://en.wikipedia.org/wiki/Inherit_the_Wind. Acesso em: 29.09.2011.

http://en.wikipedia.org/wiki/John_McLean. Acesso em: 30.06.2011.

http://en.wikipedia.org/wiki/John_Wilkes#Radical_journalism. Acesso em: 05.05.2008.

http://en.wikipedia.org/wiki/Law_Commission_(England_and_Wales). Acesso em: 14.01.2012.

http://en.wikipedia.org/wiki/Lettre_de_cachet. Acesso em: 21.04.2010.

http://en.wikipedia.org/wiki/List_of_United_States_presidential_assassination_attempts_and_plots#Abraham_Lincoln. Acesso em: 30.12.2011.

http://en.wikipedia.org/wiki/native-American-Church. Acesso em: 28.05.2009.

http://en.wikipedia.org/wiki/Prison_rape. Acesso em: 26.12.2009.

http://en.wikipedia.org/wiki/Right_to_bear_arms. Acesso em: 08.03.2007.

http://en.wikipedia.org/wiki/Robert%E2%80%93Fran%C3%A7ois_Damiens. Pesquisa em: 17.10.2006.

http://en.wikipedia.org/wiki/Salmon_P._Chase#Chief_Justice_of_the_United_States. Acesso em: 24.04.2012.

http://en.wikipedia.org/wiki/Second_Amendment_to_the_United States_Constitution. Acesso em: 30.05.2006.

http://en.wikipedia.org/wiki/Separation_of_church_and_state_in_the_United_States#Jefferson.2C_Madison.2C_and_the_.22wall_of_separation.22. Acesso em: 02.04.2010.

http://en.wikipedia.org/wiki/Star_Chamber. Acesso em: 18.01.2007.

http://en.wikipedia.org/wiki/The_switch_in_time_that_saved_nine. Acesso em: 21.05.2011.

http://en.wikipedia.org/wiki/Trial_by_ordeal. Acesso em: 04.03.2008.

http://en.wikipedia.org/wiki/University_of_Bologna. Acesso em: 30.05.2008.

http://faculty.law.miami.ed/z. Acesso em: 16.12.2009.

http://g1.globo.com/sao-paulo/noticia/2012/11/numero-de-assassinatos-em-sp.html.

http://laws.lp.findlaw.com/getcase/us/106/583.html. Acesso em: 03.05.2007.

http://legal-dictionary.thefreedictionary.com/ordinance. Acesso em: 12.07.2013.

http://press-pubs.uchicago.edu/founders/documents/amendIVs6.html. Acesso em: 19.01.2007.

http://pt.wikipedia.org/wiki/Banco_do_Brasil#Hist.C3.B3ria. Acesso em: 26.12.2006.

http://pt.wikipedia.org/wiki/Censura_em_Portugal#O_Estado_Novo. Acesso em: 21.06.2010.

http://pt.wikipedia.org/wiki/Gazeta_do_Rio_de_Janeiro. Acesso em: 24.06.2010.

http://pt.wikipedia.org/wiki/Inquisi%C3%A7%C3%A3o. Acesso em: 21.06.2010.

http://pt.wikipedia.org/wiki/Pena_de_morte_nos_Estados_Unidos. Acesso em: 24.04.2012.

http://ritter.tea.6state.tx.us/ssc/primary_researches/pdf/Constitution_of_South_Carolina_1669.pdf. Acesso em: 12.04.2010.

http://ritter.tea.state.tx.us/ssc/primary_resources/pdf/Constitution_of_South_Carolina_1 669.pdf. Acesso em: 13.04.2010.

http://scholar.valpo.edu/vulr/vol39/1552/5. Acesso em: 06.06.2013.

http://standdown.typepad.com/weblog/2009/12/texas-execution.html. Acesso em: 26.12.2009.

http://supreme.lp.findlaw.com/constitution/amendment05/14.html. Acesso em: 12.01.2007.

http://tudorhistory.org/aragon. Acesso em: 13.03.2007.

http://usff.com/StevensDissenting.html. Acesso em: 12.09.2007.

http://web.amnesty.org/library/Index/ENGACT500072002. Acesso em: 17.11.2006.

http://writ.corporate.findlaw.com/scripts/printer_friendly.pl?page=/colb/20030910.html. Acesso em: 14.11.2006.

http://writ.lp.findlaw.com/colb/20020424html. Acesso em: 15.11.2006.

http://writ.news.findlaw.com/mariner/20020624.html. Acesso em: 15.11.2006.

http://www.4law.cornell.edu/uscode. Acesso em: 08.03.2007.

http://www.agh-attorneys.com/4_edwards_v_aguillard.htm. Acesso em: 16.03.2007.

http://www.angelfire.com/co/pscst/monkey.html. Acesso em: 16.03.2007.

http://www.answers.com/topic/douglas-wilder. Acesso em: 26.06.2011.

http://www.bartleby.com/100/122.4.html. Acesso em: 19.01.2007.

http://www.bartleby.com/65/pr/primogen.html. Acesso em: 05.10.2007.

http://www.bbc.co.uk/history/british/middle_ages/becket_01.shtml. Acesso em: 15.06.2010.

http://www.bbc.co.uk/religion/religions/unitarianism/history/history.shtml. Acesso em: 07.05.2008.

http://www.berliner-mieterverein. Acesso em: 11.07.2013.

http://www.bl.uk/treasures/magnacarta/translation.html. Acesso em: 03.01.2007.

http://www.bocc.uff.br/pag/resende. Acesso em: 23.06.2010.

http://www.brasiliana.usp.br/bbd/handle/1918/01688900#page/2/mode/1up. Acesso em: 03.07.2011.

http://www.britainexpress.com/History/medieval/clarendon.htm. Acesso em: 15.06.2010.

http://www.bsos.umd.edu/gvpt/Ipbr/subpages/reviews/shitting.html. Acesso em: 07.06.2006.

http://www.cfif.org/htocs/legal_issues/legal_updates/us_supreme court/scalia-consti. Acesso em: 29.11.2006.

http://www.civilwarhome.com/casualties.htm. Acesso em: 12.12.2006.

http://www.civilwarhome.com/confederacyoverview.htm. Acesso em: 12.12.2006.

http://www.civilwarhome.com/ftsumter.htm. Acessos em: 12.12.2006.

http://www.classicitaliani.it/index091.htm. Acesso em: 15.03.2007.

http://www.cnn.com/2010/POLITICS/01/11/new.jersey.medical.marijuana/. Acesso em: 12.01.1010.

http://www.cofe.anglican.org/about/frame_history.html. Acesso em: 13.03.2007.

http://www.constitution.org/as/dcg_000.htm. Acesso em: 16.09.2013.

http://www.constitution.org/bcp/otis_rbcap.htm. Acesso em: 02.09.2009.

http://www.dcjs.virginia.gov/juvenile/resources/childWitnessTestimony.pdf. Acesso em: 02.08.2007.

http://www.deathpenaltyinfo.org/juvenile-offenders-who-weredeath-row. Acesso em: 25.12.2009.

http://www.documentarchiv.de/nzjh/verfdr1848.htm. Acesso em: 01.06.2010.

http://www.en.metapedia.org/Wiki/Miscegenation. Acesso em: 18.05.2013.

http://www.En.wikipedia.org/wiki/Eston_hemings. Acesso em: 31.03.2013.

http://www.en.wikipedia.org/wiki/Jesse_Root. Acesso em: 21.04.2008.

http://www.en.wikipedia.org/wiki/Rosa_Parks. Acesso: em 11.08.2012.

http://www.epic.org/Privacy/terrorism/hr3162.html. Acesso em: 13.09.2007.

http://www.gddc.pt/direitos-humanos/textos-internacionais-dh/tidhuniversais/dc-conv-sobre-dc.html. Acesso em: 25.12.2009.

http://www.geocities.com/anzua_2000/About_unitarianism.html. Acesso em: 07.05.2008.

http://www.greatwomen.org/women.php?action=viewone&id=69. Acesso em: 01.08.2010.

http://www.hank-edmondson.com/amgovchapt7/a-brief-history-of-america.html. Acesso em: 07.09.2013.

http://www.heart-intl.net/HEART/030305/SexualAbuseofWomen.htm. Acesso em: 31.01.2012.

http://www.heritage.org/Research/PoliticalPhilosophy/Em729.cfm. Acesso em: 17.09.2007.

http://www.infidels.org/library/modern/church-state/decisions.html. Acesso em: 15.03.2007.

http://www.infoplease.com/t/hist/antifederalist/agrippa13.html#ixzz1mGmUS48h. Acesso em: 13.02.2012.

http://www.juareztavares.com/textos/pactosaojose.pdf. Acesso em: 19.07.2010.

http://www.judicialselection.us. Acesso em: 30.11.2012.

http://www.justicaeleitoral.gov.Br. Acesso em: 20.12.2005.

http://www.landmarkcases.org/gideon/decision.html. Acesso em: 17.09.2007.

http://www.latimes.com/news/nationworld/nation/la-na-execute10oct10,0,3071301.story?coll=la-home-headlines. Acesso em: 14.11.2006.

http://www.laughtergenealogy.com/bin/history/hamilton3.html. Acesso em: 05.10.2006.

http://www.law.cornell.edu/supct/html/04-108.ZS.html. Acesso em: 02.03.2007.

http://www.law.cornell.edu/suspect/html/00-1224.html. Acesso em: 14.09.2007.

http://www.law.umkc.edu/faculty/projects/ftrials/conlaw/Epperso.htm. Acesso em: 16.03.2007.

http://www.law.umkc.edu/faculty/projects/ftrials/conlaw/interp.html. Acesso em: 29.11.2006.

http://www.law.umkc.edu/faculty/projects/ftrials/scopes/scopes.htm. Acesso em: 16.03.2007.

http://www.lawreview.wustl-edu/inprint. Acesso em: 28.03.2011.

http://www.let.rug.nl/~usa/P/jm4/speeches/amend.htm. Acesso em: 19.01.2007.

http://www.loc.gov/exhibits/religion/rel01.html. Acesso em: 15.03.2007.

http://www.mayflowerfamilies.com/colonial_life/pilgrims.htm. Acesso em: 06.05.2011.

http://www.michaelariens.com/ConLaw/Justices/chaseam.htm. Acesso em: 10.08.2006.

http://www.monticello.org/includes/printpage.php. Acesso em: 16.04.2007.

http://www.multirio.rj.gov.br/historia/modulo02/cod_proc.html. Acesso em: 08.08.2006.

http://www.ncbi.nlm.nih.gov/pmc/articles/PMC1449330/. Acesso em: 28.01.2010.

http://www.oefre.unibe.ch/law/icl/nz01000_html. Acesso em: 13.06.2006.

http://www.oldbaileyonline.org/history/crime/punishment.html#introduction. Acesso em: 18.10.2006.

http://www.olemiss.edu/depts/english/ms-writers/dir/meredith_james/. Acesso em: 16.03.2007.

http://www.oyez.org/cases/case/?case=1990-1999/1998/1998_98_83. Acesso em: 19.01.2007.

http://www.oyez.org/oyez/resource/case/1492. Acesso em: 15.11.2006.

http://www.pbs.org/wgbh/aia/part3/AmericanC. Acesso em: 30.05.2010.

http://www.pbs.org/wnet/jimcrow/print/p_stories_events_seg.html. Acesso em: 25.03.2010.

http://www.pfaw.org/pfaw/general/default.aspx?oid=2097. Acesso em: 16.03.2007.

http://www.pinn.net/~sunshine/whm2000/grimke4.html. Acesso em: 02.08.2010.

http://www.polity.org.za/html/govdocs/constitution/saconst02.html?rebookmark=1. Acesso em: 12.06.2006.

http://www.portal.mj.gov.br. Acesso em: 24.10.2012.

http://www.preventgenocide.org/law/icc/statute/part-a.htm. Acesso em: 01.02.2010.

http://www.prisonstudies.org. Acesso em: 24.10.2012.

http://www.ratical.com/ratville/sterilize.html. Acesso em: 01.02.2010.

http://www.religioustolerance.org/virg_bil.htm. Acesso em: 11.03.2008.

http://www.scielo.br/scielo.php?pid=S0103-40142004000200011&script=sci_arttext#tx30. Acesso em: 20.10.2006.

http://www.senado.gov.br/publicacoes/anais/pdf/Anais_Imperio/1823%. Acesso em: 24.10.2012.

http://www.sos.mo.gov/archives/resources/africanamerican/scott/scott.asp. Acesso em: 27.03.2012.

http://www.stf.gov.br/institucional/ministros/republica.asp?cod_min=82. Acesso em: 17.03.2008.

http://www.stf.gov.br/institucional/ministros/republica.asp?cod_min=35.

http://www.stf.gov.br/processos/. Acesso em: 17.10.2006.

http://www.stf.jus.br/portal/peticaoInicial/verPeticaoInicial.asp?base=ADPF&s1=130&processo=130. Acesso em: 15.05.2009.

http://www.supremecourt.gov.uk/about/history.html. Acesso em: 25.03.2013.

http://www.supremecourt.gov/opinions/05pdf/05-184.pdf. Acesso em: 15.06.2013.

http://www.urbandictionary.com/define.php?term=minutemen. Acesso em: 16.05.2008.

http://www.watch.pair.com/amendment.html. Acesso em: 12.10.2007.

http://www1.folha.uol.com.br/folha/brasil/ult96u367001.shtml. Acesso em: 25.04.2011.

http://www2.camara.gov.br/legin/fed/lei/1824-1899/lei-105-12-maio-1840-532610-publicacaooriginal-14882-pl.html. Acesso em: 03.10.2011.

CASOS CITADOS

Abrams v. United States, 250 U.S. 616 (1919)

ADI 2391/SC, STF (Ellen Gracie)

ADI 2566-DF, STF (Sydney Sanches/Cezar Peluso)

ADI 4.277-DF, STF (Ayres Britto)

ADI-MC 1158-AM, STF (Celso de Mello/Dias Toffoli)

ADI-MC 1407-DF, STF (Celso de Mello/Sepúlveda Pertence)

ADI-MC 1511-DF, STF (Carlos Velloso/Celso de Mello)

ADI-MC 1817-DF, STF (Sepúlveda Pertence/Dias Toffoli)

ADI-MC 1975-DF, STF (Sepúlveda Pertence/Joaquim Barbosa)

ADI-MC 2667-DF, STF (Celso de Mello)

ADPF 130-DF, STF (Ayres Britto)

ADPF 132-RJ, STF (Ayres Britto)

ADPF 186-DF, STF (Ricardo Lewandowski)

Alabama v. Shelton, 535 U.S. 654 (2002)

Alderman v. United States, 394 U.S. 165 (1968)

Alexander v. Virginia, 413 U.S. 836 (1973)

Allegheny County v. Greater Pittsburgh ACLU, 492 U.S. 573 (1989)

Allgeyer v. State of Louisiana, 165 U.S. 578 (1897)

Argersinger v. Hamlin, 407 U.S. 25 (1972)

Arizona v. Gant, 556 U.S. 332 (2009)

Arkansas Writers' Project v. Ragland, 481 U.S. 221 (1987)

Atkins v. Virginia, 536 U.S. 304 (2002)

Baldwin v. Seeling, 294 U.S. 511 (1935)

Barker v. Wingo, 407, U.S. 514, 536 (1972)

Barnes v. Glen Theatre, Inc, 501 U.S. 560 (1991)

Barron v. Mayor & City Council of Baltimore, 32 U.S. (Pet.) 243 (1833)

Bayard v. Singleton (North Carolina, 1787)

Beavers v. Haubert, 198 U.S. 77, 87 (1905)

Beavers v. Henkel, 194 U.S. 73, 83 (1904)

Benton v. Maryland, 395 U.S. 784 (1969)

Berman v. Parker, 348 U.S. 26 (1954)

Betts v. Brady and Progeny, 316 U.S. 455 (1942)

Bigelow v. Virginia, 421 U.S. 809 (1975)

Bolger v. Young Drug Products Corp., 463 U.S. 60 (1983)

Bolling v. Sharpe, 347 U.S. 497 (1954)

Boom Co. v. Patterson, 98 U.S. 403, 406 (1878)

Bowers v. Hardwick, 478 U.S. 186 (1986)

Boyd v. United States, 116 U.S. 616, 626 (1886)

Bradwell v. Illinois, 83 U.S. (16 Wall.) 141 (1873)

Breard v. City of Alexandria, 341 U.S. 622 (1951)

Breithaupt v. Abram, 352 U.S. 432 (1957)

Briggs v. Elliott et al., 342 U.S. 350 (1952)

Brown v. Board of Education, 347 U.S. 483 (1954)

Brown v. Ohio, 432 U.S. 161 (1977)

Buchanan v. Warley, 245 U.S. 60 (1917)
Buck v. Bell, 274 U.S. 200, 47 S. Ct. 584, 712. Ed. 1000 (1927)
Buckley v. Valeo, 424 U.S. 1 (1976)
Burns v. Wilson, 346 U.S. 137, 140, 141, 146, 147, 148, 150, 153 (1953)
Bushell's case, 124 Eng. Rep. 1006 (C.P. 1670)
Calder v. Bull, 3 U.S. 386 (1798)
Calero-Toledo v. Pearson Yacht Leasing Co, 416 U.S. 663 (1974)
California Motor Transport Co. v. Trucking Unlimited, 404 U.S. 508, 510 (1972)
California Bankers v. Shultz, 416 U.S. 21, 78, 79 (1974)
Campbell v. Boyreau, 21 How (62 U.S.) 223 (1859)
Cantwell v. Connecticut, 310 U.S. 296 (1940)
Carey v. Population Services International, 431 U.S. 678 (1977)
Central Hudson Gas & Electric Corp. v. Public Service Commission of New York, 447 U.S. 557 (1980)
Chandler v. Miller, 520 U.S. 305 (1997)
Charles Parker Co. v. Silver City Crystal Co., 142 Conn. 605, 618, 446 (1955)
Chase Securities Corp. v. Donaldson, 325 U.S. 304, 314 (1945)
Cherokee Nation v. Georgia, 30 U.S. 1 (1831)
City of Erie v. Pap's A.M., 529 U.S.277 (2000)
Cohen v. California, 403 U.S. 15 (1971)
Cohens v. Virginia 19 U.S. (6 Wheat) 264 (1821)
Coker v. Georgia, 433 U.S. 584 (1977)
Colgrove v. Battin, 413 U.S. 155-156 (1973)
Commonwealth v. Caton & AL. 8 Va 4 Call 5 (1782)
Communist Party v. SACB, 367 U.S. 1 (1961)
Costello v. United states, 350 U.S. 359 (1956)
County of Sacramento et al. v. Lewis, 523 U.S. 833 (1998)
Crist v. Bretz, 437 U.S. 28, 32-36 (1978)

Crosby v. National Foreign Trade Council, 530 U.S. 363 (2000)

Cruz v. Beto, 405 U.S. 319, 321 (1972)

Cruzan v. Director, Missouri Department of Health, 497 U.S. 261 (1990)

Darnel's Case, 3 How. St. Tr. 1-59 (K. B. 1627)

Davis v. County School Board of Prince Edward, 347 U.S. 483 (1954)

Debs v. United States, 249 U.S. 211 (1919)

District of Columbia v. Heller, 554 U.S. 570 (2008)

Doyle v. Ohio, 426 U.S. 610 (1976)

Dred Scott v. Sandford, 19 Howard 393 (1857)

Dudgeon v. United Kingdom, 7525 (1981) ECRH 5

Duncan v. Lousiana, 391 U.S. 145, 159 (1968)

Edwards v. Aguillard, 482 U.S. 578 (1987)

Eisenstadt v. Baird, 405 U.S. 438 (1972)

Employment Division v. Smith, 494 U.S., 872 (1990)

Engblom v. Carey, Second Circuit 677 F. 2d 957 (1982)

Engel v. Vitale, 370 U.S. 421 (1962)

Enmund v. Florida, 458 U.S. 782 (1982)

Entick v. Carrington, 95 Eng. Rep. 807 (K.B. 1765)

Escobedo v. Illinois, 378 U.S. 478 (1964)

Everson v. Board of Education, 330 U.S. 1, 17 (1947)

Ex parte Merryman, 17 Fed. Cas. 144 (1861)

Ex parte Mitsuye Endo, 323 U.S. 283 (1944)

Ex parte Quirin, 317 U.S. 1 (1942)

Faretta v. California, 422 U.S. 806 (1975)

Farmer v. Brennan, 511 U.S. 825 (1994)

Fisher v. United States, 425 U.S. 391, 401 (1976)

Fletcher v. Peck, 10 U. S. 87 (1810)

Florida Bar v. Went For It, Inc., 515 U.S. 618 (1995)

Florida v. Harris, 568 U.S. ….2013.
Foucha v. Louisiana, 504 U.S. 71 (1992)
Freedman v. Maryland, 380 U.S. 51 (1965)
Frohwerk v. United States, 249 U.S., 204, 206 (1919)
Frontiero v. Richardson, 411, U.S. 677 (1973)
Fry v. United States, 421 U.S. 542, 547 (1975)
Furman v. Georgia, 408 U.S. 238 (1972)
Gayle v. Browder, 352 U.S. 903 (1956)
Gee Wah Lee v. United States, 25 F.2d. 107 (C.A. 5, 1828)
Georgia v. Brailsford, 3 U.S. 1 (1794)
Gibbons v. Ogden, 22 U.S. 1 (1824)
Gideon v. Wainwright, 372 U.S. 335 (1963)
Goesart v. Cleary, 335 U.S. 464 (1948)
Goldman v. Weinberger, 475 U.S. 503 (1986)
Gonzales v. Oregon, 546 U.S. 243 (2006)
Gonzales v. Raich, 545 U.S. 1 (2005)
Graham v. Florida, 560 U.S. …(2010)
Gratz v. Bollinger, 539 U.S. 244 (2003)
Green v. United States, 355 U.S. 184, 187-188 (1957)
Gregory v. Ashcroft, 501 U.S. 452, 457 (1991)
Griffin v. Califórnia, 380 U.S. 609 (1965)
Griggs v. Allegheny County, 369 U.S. 84 (1962)
Griggs v. Duke Power Co., 401 U.S. 424 (1971)
Griswold v. Connecticut, 381 U.S. 479 (1965)
Grutter v. Bollinger, 539 U.S. 306 (2003)
Guinn v. United States, 238 U.S. 347 (1915)
Hague v. CIO, 307 U.S. 496 (1939)
Hammer v. Dagenhart, 247 U.S. 251 (1918)
Hamdan v. Rumsfeld, 548 U.S. 551 (2006)
Harris v. United States, 331 U.S. 145 (1947)

Hawaii Housing Authority v. Midkiff, 467 U.S. 229 (1984)
HC 42.108/PE, STF (Evandro Lins e Silva)
HC 117.678-RS, STJ (Maria Thereza de Assis Moura)
HC 16.965-RJ, STJ (Fernando Gonçalves)
HC 29.174-RJ, STJ (Jorge Scartezzini)
HC 30.648-RJ, STJ (José Arnaldo da Fonseca)
HC 3.982-RJ, STJ (Adhemar Maciel)
HC 59.967-SP, STJ (Nilson Naves)
HC 60.584-RN, STJ (Gilson Dipp)
HC 61.271-SP, STJ (Arnaldo Esteves Lima)
HC 67433-RJ, STJ (Felix Fischer)
HC 69.912-RS, STF (Sepúlveda Pertence)
HC 72.588-PB, STF (Maurício Corrêa)
HC 74.599-SP, STF (Ilmar Galvão)
HC 74.678-SP, STF (Moreira Alves)
HC 76.203-SP, STF (Marco Aurélio)
HC 77.135-SP, STF (Ilmar Galvão)
HC 78.708-SP, STF (Sepúlveda Pertence).
HC 79.512-9/RJ, STF (Sepúlveda Pertence)
HC 80.949-RJ, STF (Sepúlveda Pertence)
HC 80.949-RJ, STF (Sepúlveda Pertence)
HC 83.096-RJ, STF (Ellen Gracie)
HC 81993-MT, STF (Ellen Gracie)
HC 83.921-RJ, STF (Eros Grau)
HC 88.914-SP, STF (Cezar Peluso)
HC 93.050-RJ, STF (Celso de Mello)
HC 88.914, STF (Cezar Peluso)
HC 103.446-ES, STF (Celso de Mello)
Heath v. Alabama, 474 U.S. 82 (1985)
Heffron v. ISKCON, 452 U.S. 640, 647-650 (1981)

Hepburn v. Griswold, 75 U.S. 603 (1869)
Herman Presser v. Illinois, 116 U.S. 252 (1886)
Hirabayashi v. United States, 320 U.S. 81 (1943)
Hisquierdo v. Hisquierdo 439 U.S. 572 (1979)
Holden v. Hardy 169 U.S. 366, 389 (1898)
Holder, Attorney General, et al. v. Humanitarian Law Project et al., 561 U.S.---2010
Holmes v. City of Atlanta, 350 U.S. 879 (1955)
Holmes v. Walton (New Jersey, 1780)
Hood & Sons, Inc. v. DuMond, 336. U.S. 525 (1949)
Hope v. Pelzer, 536 U.S. 730 (2002)
Houston v. Moore, 18 U.S. 1 (1820)
Hoyt v. Florida, 368 U.S. 57 (1961)
Hudson v. McMillan, 503 U.S. 1 (1992)
Hurtado v. California, 110 U.S. 516 (1884)
Illinois v. Vitale, 447 U.S. 410 (1980)
In re Kemmler, 136 U.S. 436 (1890)
In re Yamashita, 327 U.S. 1 (1946)
Ingraham v. Whrigt, 430 U.S. 651 (1977)
Jenkins v. Anderson, 447 U.S. 231 (1980)
Johnson v. Eisentrager, 339 U.S. 763 (1950)
Johnson v. Virginia, 373 U.S. 61 (1963)
Johnson v. Zerbst, 304 U.S. 458 (1938)
Katz v. United States, 389 U.S. 347 (1967)
Kelo v. City of New London,545 U.S.469 (2005)
Kennedy v. Louisiana, 554 U.S. 407 (2008)
Ker v. California, 374 U. S. 23 (1963)
Kyllo v. United Sates, 533 U.S. 27 (2001)
Klopfer v. North Carolina, 386 U.S. 213 (1967)
Kohl v. United States, 91 U.S. 367 (1876)

Korematsu v. United States, 323 U.S. 214 (1944)

Lawrence v. Texas, 539 U.S. 558 (2003)

Leathers v. Medlock, 499 U.S. 439 (1991)

Lee v. Weisman, 505 U.S. 577 (1992)

Levitt v. Committee for Public Education, 413 U.S. 472 (1973)

Lewis v. United States., 445 U.S. 55 (1980)

Lochner v. People of State of New York, 198 U.S. 45 (1905)

Lousiana ex rel. Francis v. Resweber, 329 U.S. 459 (1947)

Loving v. Virginia, 388 U.S. 1 (1967)

Luria v. United States, 231 U.S. 9, 27 (1913)

Luxton v. North River Bridge Co., 153 U.S. 525 (1895)

Lynch v. Donnelly, 465 U.S. 668,104 S. Ct. 1355 (1984)

Mapp v. Ohio, 367 U.S. 643, 656 (1961)

Marbury v. Madison, 5 U.S. (1 Cranch) 137 (1803)

Marsh v. Chambers, 463 U.S. 783, 792 (1983)

Martin v. Hunter´s Lessee, 14 U.S. (1 Wheat) 304 (1816)

Maryland v. Craig, 497 U. S. 836 (1990)

Maxwell v. Dow, 176 U.S. 581 (1900)

Mayor and City Council of Baltimore City v. Dawson, 350 U.S. 877 (1955)

McCulloch v. Maryland, 17 U.S. (4 Wheat) 316 (1819)

McDermott v. Wisconsin 228 U.S. 115 (1913)

McDonald et al. v. City of Chicago, Illinois, et al., 561 U.S. 3025 (2010)

McLaughlin v. Florida, 379 U.S. 184 (1964)

Meek v. Pittenger, 421 U.S. 349 (1975)

Meyer v. Nebraska, 262 U.S. 390 (1923)

Miller v. Alabama, 567 U.S...(2012)

Miller v. California, 413 U.S. 15, 27 (1973)

Miller v. French, 530 U.S. 327(2000)

Minneapolis & St. Louis R.R. Co v. Bombolis, 241 U.S. 211 (1916)
Minor v. Happersett, 88 U.S. 161 (1875)
Miranda v. Arizona, 384 U.S. 436 (1966)
Mitchell et al. v. Helms et al, 530 U.S. 793 (2000)
Modinos v. Cyprus, (1993) ECRH
Monongahela Navigation Co. v. United States, 148 U.S. 312, 326 (1893)
Morehead v. New York ex rel. Tipaldo, 298 U.S. 587 (1936)
MS n. 1.114, STF (Lafayette de Andrada)
Murdock v. Pennsylvania, 319 U.S. 150 (1943)
NAACP v. Alabama ex rel. Patterson, 357 U.S. 449 (1958)
Nardone v. United States, 302 U.S. 379 (1937)
National League of Cities v. Usery, 426 U.S. 838 (1976)
National Socialist Party v. Village of Skokie, 434 U.S. 1327 (1977)
Near v. Minnesota ex rel. Olson, 283 U.S. 697 (1931)
Nebbia v. New York, 219 U.S. 502 (1934)
New York Times Co. v. Sullivan, 376 U.S. 254 (1964)
New York Times Co. v. United States, 403 U.S. 713 (1971)
New York v. Belton, 453 U.S. 454 (1981)
New York v. Class, 475 U.S. 106 (1986)
New York v. United States, 505 U.S. 144 (1992)
NLRB v. Jones & Laughlin Steel Corp., 301 U.S. 1, 48 (1937)
Noble v. Oklahoma City, 297 U.S. 481 (1936)
Norris v. Ireland, (1988) ECRH
North Carolina v. Pearce, 395 U.S. 711, 717 (1969)
Oliver v. United States, 466 U.S. 170 (1984)
Opp Cotton Mills v. Administrator, 312 U.S. 126, 152, 153 (1941)
Oregon v. Elstad, 470 U.S. 298 (1985)
Oregon v. Mitchell, 400 U.S. 112 (1970)
Ortiz v. Jordan, 562 U.S. __ (2011)

Osborne v. Ohio,495 U.S. 103 (1990)

Pace v. Alabama, 106 U.S. (16 Otto) 583 (1883)

Palko v. Connecticut, 302 U.S. 319 (1937)

Palmyra, 12 Wheat 1 (1827)

Paris Adult Theatre I v. Slaton, 413 U.S. 49 (1973)

Parsons v. Armor and Oakey, 28 U.S. 3 Pet. 413 (1830)

Parsons v. Bedford, 28 U.S. (3 Pet.) 443, 447 (1830)

Payton v. New York, 445 U.S. 573 (1980)

Phoenix Newspaper, Inc. v. Choisser, 82 Ariz. 271, 277, 278 (1957)

Pierce v. Society of Sisters, 268 U.S., 510 (1925)

Plessy v. Ferguson, 163 U.S. 537 (1896)

Poe v. Ullman, 367 U.S. 497, 540, 541 (1961)

Pointer v. Texas, 380 U.S. 400 (1965)

Pollock v. Farmers' Loan & Trust Co, 157 U.S. 429 (1895)

Posadas de Puerto Rico Associates v. Tourism Company of Puerto Rico, 478 U.S. 328 (1986)

Powell v. Alabama, 287 U. S. 45 (1932)

Printz v. United States, 521 U.S. 898 (1997)

PP 1.344/2007 (CNJ)

PP 1.345/2007 (CNJ)

PP 1.346/2007(CNJ)

PP 1.362/2007(CNJ)

R.A.V. v. City of St. Paul, 505 U.S. 377 (1992)

Radice v. New York, 264 U. S. 292 (1924)

RE 31.179/DF, STF (Hahnemann Guimarães)

RE 91328/SP, STF (Djaci Falcão)

RE-AgR 200844-PR, STF (Celso de Mello)

RE-AgR 233600-RS, STF (Celso de Mello)

Reed v. Reed, 404 U.S. 71 (1971)

Regents of the University of California v. Bakke, 438 U.S. 265 (1978)

Regional Rail Reorganization Act Cases, 419 U.S. 102, 105 (1974)

REsp 34325/RS, STJ (Adhemar Maciel)

REsp 111127/RS, STJ (Ari Pargendler)

Reynolds v. United States, 98 U.S. 145, 164 (1879)

RHC 90376-RJ, STF (Celso de Mello)

RHC 62.240-SP, STF (Franscisco Rezek)

Richards v. Wisconsin, 520 U.S. 385 (1997)

Robertson v. Baldwin, 165 U.S. 275 (1897)

Robinson v. California, 370 U.S. 660 (1962)

Roe v. Wade, 410 U.S. 113 (1973)

Rogers v. United States, 141 U.S. 548, 554 (1891)

Romer v. Evans, 517 U.S. 620 (1996)

Roper v. Simmons, 543 U.S. 551 (2005)

Roth v. United States, 354 U.S. 482, 483 (1957)

Saez v. Roe, 526 U.S. 489 (1999)

Salinas v. Texas, 570 U.S… (2013)

Santa Clara County v. Southern Pacific Railway Company, 118 U.S. 394 (1886)

Santa Fe Independent School Dist. v. Doe, 530 U.S. 290 (2000)

Schechter Poultry v. United States, 295 U.S. 495 (1935)

Schenck v. United States, 249 U.S. 47, 52 (1919)

Schmerber v. California, 384 U.S. 757 (1966)

School District of Abington Township, Pennsylvania v. Schempp, 374 U.S. 203 (1963)

Scott v. Illinois, 440 U.S. 367 (1979)

Semayne´s Case, 5 Co. Rep. 91a., 77 Eng. Rep. 194 (K. B. 1603)

Shadwick v. City of Tampa, 407 U.S. 345, 354 (1972)

Sherbert v. Verner, 374 U.S. 398 (1963)

Silverman v. United States, 365 U.S. 505 (1961)

Silverthorne Lumber Co. v. United States, 251 U.S. 385 (1920)

Skinner v. Oklahoma ex. rel . Williamson , 316 U.S. 535 (1942)

Slaughter-House Cases, 16 Wall. (83 U. S.) U.S. 36, 81 (1873)

Smith v. Goguen, 415 U.S. 566 (1974)

Soldal v. Cook Country, 506 U.S. 56 (1992)

Solesbee v. Balkcom, 339 U.S. 9, 16 (1950)

Sparf v. United States, 145 U.S. 51 (1895)

Stanford v. Kentucky, 492 U.S. 361 (1989)

Stanley v. Georgia, 394 U.S. 557, 559, 565 (1969)

Stone v. Powell, 428 U.S. 465, 536 (1976)

Strauder v. West Virginia, 100 U.S. (Otto) 303 (1879)

Street v. New York, 394 U.S. 576 (1969)

Stromberg v. California, 283 U.S. 359 (1931)

Stuart v. Laird, 5 U.S. 299 91803)

Sullivan v. United States, 395 U.S. 275, 276 (1969)

Súmula 523 (STF)

Sweatt v. Painter, 339 U.S. 629 (1950)

Tafflin v. Levitt, 493 U.S. 455, 458 (1990)

Taylor v. Louisiana, 419 U.S. 552 (1975)

Terry v. Ohio, 392 U.S. 1, 20 (1968)

Texas v. Johnson. 491 U.S. 397 (1989)

The Florida Star v. B. J. F., 491 U.S. 524 (1989)

Thompson v. Oklahoma, 487 U.S. 815 (1988)

Tileston v.Ullman, 318 U.S. 44 (1943)

Time, Inc. v. Pape, 401 U.S. 279, 284-292 (1971)

Times Film Corp. v. City of Chicago, 365 U.S. 43 (1961)

Tina B. Bennis, Petitioner, v. Michigan, 516 U.S. 442 (1996)

Tinker v. Des Moines Independent Community School District,393 U.S. 503 (1969)

Torcaso v. Watkins, 367 U.S. 488 (1961)

Traction Co. v. Hof, 174 U.S. 1, 13 (1899)

Treasury Employees v. von Raab, 489 U.S. 656, 659 (1989)

Trop v. Dulles, 356 U.S. 86 (1958)

Trupiano v. United States, 334 U.S. 699 (1948)

Turner v. City of Memphis, 369 U.S. 350 (1962)

Twining v. New Jersey, 211 U.S. 78, 100 (1908)

U.S. v. American Library Association, Inc. et al., 539 U.S. 194 (2003)

United States v. Appalachian Electric Power Co., 311 U.S. 377 (1940)

United States v. Bajakajian, 524 U.S. 321 (1998)

United States v. Causby, 328 U.S. 256 (1946)

United States v. Cruikshank, 92 U.S. 542 (1876)

United States v. Darby Lumber Co., 312 U.S. 100, 124 (1941)

United States v. Edge Broadcasting Co., 509 U.S. 418 (1993)

United States v. Eichman, 496 U.S. 310 (1990)

United States v. Ewell, 383 U.S. 116, 120 (1966)

United States v. Frank Dennis Felix, 503 U.S. 378 (1992)

United States v. Fuller, 409 U.S. 488, 492 (1973)

United States v. Karo, 468 U.S. 705 (1984)

United States v. Jones, 563 U.S.... (2012)

United States v. Knotts, 460 U.S. 276, 286 (1983)

United States v. Lanza, 260 U.S. 377 (1922)

United States v. Leon, 468 U.S. 897, 907 (1984)

United States v. Marion, 404 U.S. 307, 320 (1971)

United States v. Miller, 307 U.S. 174 (1939)

United States v. O'Brien, 391 U.S. 367 (1968)

United States v. Oakland Cannabis Buyers' Cooperative, 532 U.S. 483 (2001)

United States v. Rabinowitz, 339 U.S. 56, 66 (1950)

United States v. Salerno, 481 U.S. 739 (1987)

United States v. Stevens, 559 U.S. --- (2010)